वजूद और परछाईं

वजूद और परछाईं

दिलीप कुमार

द्वारा उदयतारा नायर को सुनाई

अनुवाद

प्रभात रंजन

वाणी प्रकाशन

वाणी प्रकाशन

4695, 21-ए, दरियागंज, नयी दिल्ली 110 002

शाखा

अशोक राजपथ, पटना 800 004

फ़ोन : +91 11 23273167 फ़ैक्स : +91 11 23275710

www.vaniprakashan.in
vaniprakashan@gmail.com
sales@vaniprakashan.in

WAJOOD AUR PARCHHAIEN
As told to Udaytara Nayar *by* Dilip Kumar
Translated from English to Hindi by Prabhat Ranjan,
Translation Editing by Vani Prakashan

ISBN : 978-93-5072-943-4
Autobiography

प्रथम संस्करण

मूल्य : ₹950

सिटी प्रेस, दिल्ली-110 095 में मुद्रित

वाणी प्रकाशन का लोगो मक़बूल फ़िदा हुसेन की कूची से

सुकूने-दिल के लिए कुछ तो एहतमाम करूँ
ज़रा नज़र जो मिले फिर उन्हें सलाम करूँ
मुझे तो होश नहीं आप मशविरा दीजिए
कहाँ से छेड़ूँ फ़साना कहाँ तमाम करूँ

अनुक्रम

भूमिका

मैं कुछ जोश और ख़ुशी के साथ अपने शौहर की आत्मकथा की भूमिका लिख रही हूँ, बरसों बरस मेरे उकसाने के बाद जिसे उन्होंने मेरी नजदीकी दोस्त उदयतारा नायर को दास्तान की तरह सुनाई। यह हमेशा से मुश्किल काम रहा है कि उनसे उनके बारे में, उनके जीवन के बारे में, उनकी कामयाबी के बारे में बातचीत की जाये। मुझे इस बात का इल्म है कि यह न तो उचित होगा न ही मेरे लिए सही कि आपने जिस किताब को हाथों में ले रखा है उसकी ख़ूबियों की चर्चा करूँ, हालाँकि मेरा जी बहुत हो रहा है ऐसा करने का। इसका एक कारण तो यह है और यह सब जानते हैं कि पिछले कई दशकों के साथ के दौरान अपने शौहर की मैं किस हद तक प्रशंसिका रही हूँ और मैंने किस फख़्र के साथ उनकी उन बातों को ध्यान में रखा है जो चाहे उन्होंने मुझसे कही हों या मेरी मौजूदगी में औरों से कही हों। शब्दों और भाषा के ऊपर उनकी ऐसी ज़बरदस्त पकड़ है चाहे अंग्रेज़ी हो या उर्दू, और मुझे इसमें कोई शक नहीं है कि ऐसा कहने वाली मैं अकेली नहीं हूँ।

जब पठान फल-व्यापारी के 22 साल के उस शर्मीले लड़के को भारतीय सिनेमा की महारानी देविका रानी ने बाम्बे टॉकीज की फ़िल्म 'ज्वार भाटा' में नायक बनने के लिए चुना, तो इस नौजवान के नाम में ज़रा सा बदलाव किया गया। युसूफ ख़ान दिलीप कुमार हो गये।

यह भारतीय सिनेमा के नये सितारे के आगमन की शुरुआत थी, और हिन्दी सिनेमा के पहले निर्णायक अभिनेता का जन्म हुआ। दिलीप कुमार ने एक के बाद एक फ़िल्मों में अपनी एक्टिंग की छाप छोड़ी—'शहीद' (1948), 'अन्दाज़' (1949), 'देवदास' (1955), 'नया दौर' (1957), 'गंगा जमुना' (1961),

'आज़ाद' (1955), 'कोहिनूर' (1960), 'मुग़ले-आज़म' (1960), 'राम और श्याम' (1967), 'गोपी' (1970), 'क्रान्ति' (1981), 'शक्ति' (1982), 'मशाल' (1984) और 'सौदागर' (1991)। दिलीप कुमार ने अपने शानदार फ़िल्मी सफ़र के दौरान एक्टिंग को कला का रूप देते हुए प्रतिभा के शिखर पर पहुँचा दिया। पिछले दशकों में हर बड़े अभिनेता ने उन्हें इज़्ज़त देते हुए एक्टिंग की मिसाल के बतौर देखा है। उन्होंने किसी स्कूल से एक्टिंग का प्रशिक्षण नहीं लिया लेकिन 'मेथड एक्टिंग' के भारत या विदेश में प्रचलन में आने से बहुत पहले उन्होंने भावपूर्ण अभिनय का अपना ही सलीका ईजाद किया।

अगली बेंच पर बैठकर सीटी बजाने वाले दर्शकों से लेकर सिनेमा के गम्भीर आलोचकों तक, दिलीप कुमार की एक्टिंग के तत्काल प्रशंसक बन जाते थे जबकि कई पीढ़ियों के अभिनेताओं

स्क्रिप्ट पढ़ते हुए

के लिए वे अच्छे अभिनय के शिखर पुरुष की तरह रहे जिनसे वे प्रेरणा ग्रहण करते रहे। उनकी बारीक नजाकत, और माशाअल्लाह! आवाज़ का उतार-चढ़ाव, बरसों तक हम फ़नकारों के लिए आदर्श की तरह रहे।

उनके असंख्य चाहने वालों में कुछ ही लोग जानते हैं कि दिलीप कुमार बहुत बड़े पढ़ाकू रहे हैं। चाहे वह कोई उपन्यास हो, चाहे नाटक या जीवनी, क्लासिक साहित्य के लिए उनका प्यार सबसे बढ़कर था। उर्दू, फ़ारसी और अंग्रेज़ी साहित्य की क्लासिक साहित्यिक किताबें हमारे घर के बुकशेल्फ़ की शोभा बढ़ाती थीं। जब उनकी लाइब्रेरी के बुकशेल्फ़ भर गये तो हमें हमेशा इसके लिए तैयार रहना पड़ता था कि कब उनको कौन सी किताब देनी पड़ जाये जो हमने बड़ी सावधानी से घर के बड़े से स्टोर रूम में सजाकर रखी थीं। बरसों बरस इस जीवन का हिस्सा मैंने उनकी आरामकुर्सी से लगी रीडिंग लैम्प के रात के अँधेरे से लेकर सुबह के उजाले तक चमकती रौशनी के साथ गुजारा है। चाहे मुम्बई का घर हो, या जम्मू एवं कश्मीर के डाचीगाम का सुदूर डाक बँगला हो, जहाँ इस बात पर कोई हैरानी नहीं होती थी जब कोई बालों वाला भालू जंगल से निकल कर हमारे बरामदे में खर्राटे भरता मिल जाता था, या कुल्लू-मनाली, स्विट्ज़रलैंड (Switzerland) या दुनिया के किसी भी हिस्से में, जहाँ वे वैसे पढ़ते जैसे कोई बच्चा अपने पसन्दीदा खेल में लगा हो, उसके पन्नों से हटने के लिए बिल्कुल तैयार नहीं होते जब तक कि मैं उनसे आराम के लिए बार-बार मिन्नतें नहीं करने लगती थी। अगर वह कोई क्लासिक (Classic) या यूजीन ओ नील (Ujin o neil), जोरोफ़ कोनराड (Joshef Konrad), फ्योदोर दास्तोव्यसकी (Fyodor Dostoevskyu) और टेनिसन विलियम्स (Tennyon Williems) जैसे लेखकों की कोई किताब नहीं होती थी तो निश्चित तौर पर किसी स्क्रिप्ट या सीन को पढ़ने में डूबे रहते थे अगली सुबह जिसकी शूटिंग होने वाली होती थी।

वे एक रागय में एक फ़िल्म में ही काम करते थे और यह उनके सम्पूर्ण समर्पण और उनकी एकाग्रता के कारण था। मुझे याद आता है कि वे 'सौदागर' की आउटडोर शूटिंग के दौरान निर्माता-निर्देशक सुभाष घई के साथ देर रात तक कुल्लू के बर्फ़ीले ठंडे मौसम का सीन लिख रहे थे, उसके ऊपर चर्चा करते रहे, और उसके बाद उन्होंने सुभाष घई को अपने कमरे में आराम करने

सायरा की नकल करते हुए

के लिए भेज दिया, वे उसके बाद भी सीन को उतने ही उमंग से भरे देखते रहे। करीब साढ़े चार बजे दिलीप साहब को कोई ज़बरदस्त आइडिया सूझा और उन्होंने सुभाष को उनकी नींद से जगाने में ज़रा भी हिचक नहीं दिखाई ताकि वे उनके साथ उस आइडिया के ऊपर चर्चा कर सकें! और फिर वे दोनों उस सीन पर चर्चा में तब तक मशगूल रहे जब तक कि उन्होंने उस सीन को पूरी तरह से पक्का नहीं कर लिया, और हाँ, अगले दिन तय समय पर वे सुबह की शूटिंग के लिए पूरी सावधानी से पहुँच गये!

इस आत्मकथा के पूरी हो जाने से मुझे ऐसी ख़ुशी है मानो कोई सपना पूरा हो गया हो। इस किताब का पहला खंड अलग-अलग पृष्ठभूमियों के क़िस्सों के माध्यम से आपको उस सफ़र का हिस्सा बना लेगा जो अंग्रेज़ भारत में उत्तर-पश्चिम सीमा प्रान्त से शुरू होकर नासिक जिले के देवलाली से लेकर ग्लैमर की दुनिया मुम्बई से लेकर परम्परागत मद्रास से लेकर शालीन लन्दन तक में फैले हुए हैं। दिल को दहला देने वाले तथा ख़ुशी भरे जो अनुभव उन्होंने यहाँ सुनाये हैं वह दिलीप कुमार नामक सितारे के बनने की कहानी से आपको रूबरू करवाएगा, जो इस किताब के शीर्षक के मुताबिक़ एक सामान्य, बच्चों जैसे, विश्वसनीय, एवं सच्चे आदमी दिलीप कुमार के वजूद और परछाईं का खाक़ा है।

सबसे बड़े शरारती

वास्तव में, लीक से हटकर लिखी गयी इस भूमिका के माध्यम से उस महान कलाकार और उसके व्यक्तित्व से जुड़े अनदेखे-अनजाने पहलुओं को साझा कर रही हूँ जिनको, ख़ुशकिस्मती से, मैं 12 साल की उम्र से गहराई से जानती रही हूँ जब मैंने उनको पहली बार देखा था।

मैं यह चाहती हूँ कि यह दुनिया जो कि उनके चाहने वाले और जानने वालों से भरी हुई है वह इस किताब की घटनाओं एवं प्रसंगों के माध्यम से दिलीप साहब की अन्दरूनी सादगी, साफ़-साफ़ कहने की कला तथा उनके दिल की अच्छाई से परिचित हो सके।

मैं अपने जीवन में शुरू से ही उनकी बहुत प्रशंसिका थी, और यह मेरे लिए ख़ुशकिस्मती की बात है कि मेरी उनसे शादी हुई और मुझे उस महान इंसान के अलग-अलग पहलुओं और उनके गुणों से रूबरू होने का मौक़ा मिला, एक ऐसे इंसान से मिलने या बात करने का मौक़ा मुझे दुनिया भर में नहीं मिला था जबकि मैं अपनी माँ नसीम बानो के साथ 7 साल की उम्र से दुनिया की सैर कर रही थी। मैं यही कहना चाहूँगी कि दिलीप कुमार साहब जैसे इंसान इस धरती पर कम ही पैदा होते हैं।

हम सब उनकी एक्टिंग के हुनर से और उनकी विद्वत्ता से परिचित हैं, लेकिन उनका व्यक्तित्व हर चीज़ से परे हो जाता है—धरती, धर्म, जाति। वह गोद में बच्चे की खिली-खिली मासूम मुस्कान की तरह हैं—उनकी आँखों में नदी के साफ़ बहते पानी

जैसी सच्चाई और ईमानदारी है। मुझे हमेशा इस बात से परेशानी होती थी कि वे किसी इंसान, किसी भी हालात के नकारात्मक पहलू की तरफ़ देखने से इनकार कर देते हैं क्योंकि वे जिस आदमी को पसन्द करते हैं, जिसके ऊपर विश्वास करते हैं उसकी गलतियों को नज़रअन्दाज़ कर देने की उनकी आदत से मुझे परेशानी होती है। बल्कि वे किसी आदमी के सकारात्मक पहलुओं के ऊपर ध्यान देते हैं और नकारात्मक पहलुओं को नज़रअन्दाज़ कर देते हैं क्योंकि उनका यह मानना है कि उन्होंने अभी तक ऐसा इंसान नहीं देखा है जिसमें कोई खोट न हो, जो पक्का इंसान हो। जब पहली बार छोटी उम्र में मैं उन्हें शर्माती हुई मिली थी तो मैं यह जानती थी कि वे दूसरे लोगों से अलग किस्म के इंसान थे, उनसे बेहतर किस्म के इंसान थे। उनके अन्दर उस तरह आभिजात्यता और महानता थी, जिसकी वजह से वे किसी भी सभा-समारोह में एकदम अलग दिखाई देते थे, चाहे वह घर का आयोजन हो, या बड़ी फ़िल्मी पार्टी हो, या राजपरिवारों या ऊँचे घराने के लोगों का किसी महल में चल रहा जलसा हो।

उनके धर्मनिरपेक्ष विचार सीधे उनके दिल से निकलते हैं और सभी धर्मों, जातियों, समुदायों एवं नस्लों के प्रति इज़्ज़त के भाव से।

उदाहरण के लिए, चमत्कारी जैन समुदाय के बच्चों का एक समूह जो कभी महीने भर का उपवास (जिसे मासखमण कहा जाता है) करता या कभी आठ दिनों का (अट्ठाई) करता था, वह यह चाहता था की जब वे उपवास तोड़ें तो वे आयें और गन्ने का रस चखाकर (यह 1980 की बात है जब वे मुम्बई के शेरिफ थे) उनके उपवास के ख़त्म होने का ऐलान करें। वे ख़ुशी-ख़ुशी तैयार हो गये। पवित्र क़ुरान को लेकर उनका ज्ञान और बचपन से याद रहे आये आयतों के पाठ से ज़रा भी कम उनका भगवद्गीता के संस्कृत पदों का ज्ञान नहीं था। कई बार उन्होंने अपने जीवन से जुड़े प्रसंगों को रेकॉर्ड करवाते समय अनौपचारिक बातचीत के दौरान उदयतारा को भगवद्गीता के उद्धरणों की क़ुरान और बाइबिल के उपदेशों से तुलना करके आश्चर्य में डाल दिया था। वे पटाखे चलाकर और हमारे मराठी खानसामे नर्मदा गौडे द्वारा घर में सजाये गये दीयों से चालीस साल तक दिवाली मनाते रहे, और उनको उतना ही मज़ा घर पर परिवार और नजदीकी दोस्तों के साथ ईद मनाने में आता। उनका अज़ान सबसे दिलकश होता

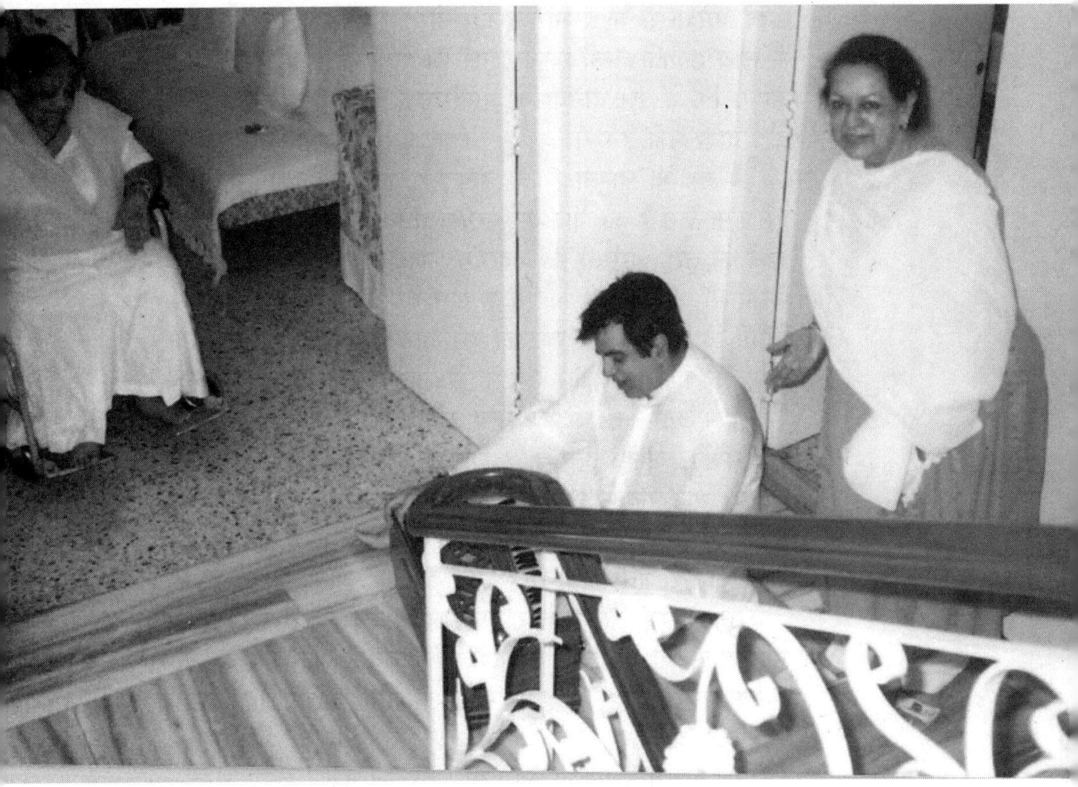

'नसीब दर पे तेरे आजमाने आया हूँ...' गाते हुए

था, जो हम सबको अल्लाह के सामने झुकने के लिए बुलाने वाला होता था, हम सब अपने-अपने जानमाजों के साथ अल्लाह के हुक्म पर उनकी इबादत करने लगते।

जब वे कोई भजन गाते हैं (जैसे कि उन्होंने 1970 की फ़िल्म गोपी में गाया था : सुख के सब साथी, दु:ख में न कोय...), तब कोई हिन्दू यह नहीं मान सकता कि दिलीप कुमार मुसलमान हैं, और यह कि इतनी श्रद्धा और भक्ति के साथ भजन गाने वाला युसूफ ख़ान है। उदाहरण के लिए, लखनऊ में एक मशहूर पानवाला है, जिसकी दुकान दिलीप कुमार की तस्वीरों से ढँकी हुई है। वह यह मानने को तैयार ही नहीं है कि दिलीप कुमार साहब हिन्दू नहीं हैं।

मेरे पति के करीबी मित्रों में पारसी हैं और उनको उसी तरह से पारसी गुजराती बोले हुए सुनना बहुत अच्छा लगता है जिस तरह से पारसी बोलते हैं। यह कहना बेकार है, कि

उनके हमेशा से बहुत सारे सरदार दोस्त रहे हैं, जिनमें से कई के साथ उनकी दोस्ती खालसा कॉलेज के दिनों से रही है। यह कहना कि वे इस दुनिया के नागरिक हैं अपने आप में कोई बड़ा दावा नहीं है।

मैं यह भी चाहती हूँ कि लोग यह जानें कि दिलीप कुमार ऐसे इंसानों में हैं जो जीने का भरपूर आनन्द उठाते हैं। वे किसी बच्चे की तरह शरारती हैं। जब मैंने शादी के कुछ समय के बाद फ़िल्मों में काम करना छोड़ दिया और घर का कामकाज सँभाल लिया, तो मेरे इस नये रूप की कई बार दिलीप कुमार ने ऐसी नकल की कि मुझमें और मेरी माँ में झगड़ा करवा दिया। वे सिर पर चश्मा चढ़ा लेते, बाँह के नीचे टेलीफ़ोन डायरी दबाकर, एक हाथ में कोई कपड़ा टेलर को दिखाने के लिए उठा लेते और मेरी ही तरह एक पाँव में पायजामा ऊपर चढ़ाकर कमरे में बेखयाली में मेरी नकल करते हुए इधर से उधर चक्कर लगाते रहते। वह देखने वाला नजारा होता था।

उनका एक और मज़ेदार रूप होता था जब वे पूरी ख़ूबी के साथ हेलेन जी के कैबरे की नकल किया करते थे। वह देखने लायक नजारा होता था। 'मोनिका ओ माई डार्लिंग' गाने की जो नकल वे किया करते थे वह ज़बरदस्त होता था। मैं हैरान हो गयी थी! वे हेलेन जी की ऐसी ज़बरदस्त नकल किया करते थे! वे बड़े मादक ढंग से तौलिये से अपनी टाँगें बाहर निकालकर अपनी घनी भौंहों को नचाकर अपने चेहरे पर वह भाव पैदा कर देते थे, जो एक तरह से हिन्दी सिनेमा की सबसे मशहूर नर्तकी के प्रति उनका अकीदत पेश करने का तरीका था! काश मैं उस सबकी फ़िल्म बना पायी होती ताकि आप सबको दिखा सकती कि वे कितनी अच्छी तरह नकलें उतारा करते थे।

इसी तरह, एक बार उन्होंने बड़ी अच्छी नकल उतारी थी कत्थक डांसर गोपी कृष्ण द्वारा वी. शान्ताराम की फ़िल्म 'झनक झनक पायल बाजे' में किये गये डांस की, जिसमें कुछ तो बहुत मुश्किल स्टेप्स थे। डांस में पक्के तौर पर खरे उतरने के लिए वे उसके साथ ज़रूरी तबला के बोल को भी गाने लगते थे, किसी पक्के डांसर की तरह वे गाते हुए चक्कर लगाने लगते थे, उनके सर के बाल माथे पर इधर-उधर उड़ते दिखाई देने लगते थे, और इस बीच आप उनकी आँखों की शरारत को देखते। हम हँसते-हँसते ज़मीन पर लोटने लगे थे। एक बार ख़ुद गोपीजी

उनके इस प्रदर्शन के गवाह बने थे, जब वे हमारे यहाँ मशहूर डांसर सितारा देवी के साथ आये थे।

मुझे दिलीप साहब के प्रशंसकों को उनके असंख्य गुणों को बताने के लिए एक किताब लिखनी होगी, जिसमें मैं उनके साथ अपने जीवन के अनुभवों के बारे में लिख सकूँ, माशाअल्लाह उनके साथ अल्लाह के रहम से चार दशक से भी अधिक समय शानदार तरीके से गुज़रा है।

दिलीप कुमार, जिसे दुनिया सबसे महान कलाकारों में एक मानती है, एक शानदार वक्ता और बौद्धिक के तौर पर, केवल शतरंज या ब्रिज जैसे दिमाग़ी खेल ही नहीं खेलते हैं, बल्कि अपने परिवार के साथ बच्चों की तरह भी खेलते हैं। डम्ब शराड के खेल में, उनके भीतर का कलाकार तरह-तरह के हाव-भाव से अजीब तरह की फ़िल्मों के नाम के लिए सुराग दिया करता, जैसे 'पाताल के नीचे', 'शिन शिनाकी बूबला बू', 'हातिम ताई', 'शौक़' जैसी फ़िल्मों के नाम।

वे हमेशा से जीवन को भरपूर जीना चाहते थे, प्रकृति की सुन्दरता का मज़ा उठाने के एक भी मौक़े को बिना चूके। उनको सूर्यास्त न देख पाने पर बहुत कोफ्त होती थी। पहले, वे पास के बेकरी में रुककर ताज़ा गर्म ब्रेड लेकर उसके ऊपर 'लाइट बटर' लगाकर खाते हुए मज़े से मुम्बई में बान्द्रा के बैंड स्टैंड में लाल सुर्ख़ सूर्यास्त की दिशा में गाड़ी चलाते हुए उस नजारे का लुत्फ़ उठाते। एक बार, जब मैं काफ़ी अधिक काम कर रही थी और मेरे पास ख़ुद के लिए पर्याप्त समय नहीं होता था, जब मैं अपने मेकअप रूम से दिन के वक़्त स्टेज फ्लोर पर शूटिंग के लिए जाती थी और सेट से जब निकलती थी तो बाहर अँधेरा हो चुका होता था, और मैं एक स्टूडियो से दूसरे स्टूडियो पागलों की तरह भाग रही थी कि दिलीप रास्ते में आये और उन्होंने मुझसे पूछा : 'सायरा, ये बताओ, पिछली बार तुमने सूर्यास्त कब देखा था?'

उनको अपने सफ़ेद कपड़ों से प्यार है, लेकिन हसीन और ज़हीन दिलीप कुमार को अपने जूतों, सूट और टाई के भण्डार पर भी नाज है। मैंने उनसे इनको सहेज कर रखने के बेहतरीन तरीके सीखे हैं। इन बरसों में, मुझे इस कला में पारंगत होने में ख़ुशी होती है। दिलीप कुमार के ख़ास जूतों के लिए पॉलिश ख़रीदने में ख़ासी मशक्कत से महारत हासिल की, जिनको टाँग

कर रखा जाता है और कपड़े में लपेटकर ताकि उनमें किसी तरह की नमी नहीं आये। उनके कपड़े रंगों के हिसाब से रखे जाते हैं, 'सफ़ेद सफ़ेद होता है और मटमैला मटमैले रंग का', यह बात उन्होंने हमारे दिमाग़ों में भर दी है। दिलीप कुमार का ध्यान रखने का यह तरीका मुझे मेरी माँ ने सिखाया, और आप इस किताब में पढ़ेंगे कि उनका एक ख़ास धोबी है प्यारेलाल जो किसी भी अन्तर्राष्ट्रीय क्लीनर से बेहतर तरीके से कपड़े साफ़ कर सकता है और जिसको दिलीप साहब तब से जानते हैं जब वे दोनों ही नौजवान थे।

मैंने दिलीप कुमार से इंसानियत सीखी है। अगर मेरी अपनी प्यारी माँ से ज़रा सी भी कहासुनी होती तो दिलीप साहब आहिस्ता से मेरे पास आते और मुझे इसके लिए तैयार करते कि मैं तुरन्त अपनी माँ के पास जाऊँ और उनसे अच्छी तरह से माफ़ी माँग लूँ। वे कहते, 'तुम कभी खुद को जन्म देने वाली माँ के क़र्ज से नहीं उबर सकती हो जिन्होंने प्यार और त्याग से तुम्हें पाल-पोसकर बड़ा किया।'

मुम्बई के पाली हिल के अपने घर में हम हमेशा पुराने ढंग की मच्छरदानी में सोया करते थे क्योंकि हमारे हरे-भरे बगीचे के कारण वहाँ ख़ूब सारे मच्छर थे। जब एक बार हम उसके भीतर आ जाते और मच्छरदानी को अच्छी तरह से दबा लेते तो मैं शरारत भरे अन्दाज़ में उनसे अनुरोध करती कि मेरे लिए पानी का गिलास ला दें जो बिस्तर की दूसरी तरफ़ होता था। मुझे लाड़ के साथ यह देखना अच्छा लगता था कि वे बड़ी आहिस्ता से मच्छरदानी हटाकर बाहर निकलते और मेरे लिए पानी का वह अमूल्य घूँट लेकर आते। उन्होंने कभी इसका शिकवा नहीं किया न ही मुँह बनाया; वे बड़े शाइस्ता अन्दाज़ में प्यार के साथ मेरी बगल में तब तक बैठे रहते थे जब तक कि उनके हाथ में खाली गिलास नहीं आ जाता था। और मैं उनकी इस अदा के लिए उनके सर को प्यार से चूम लिया करती थी, पिछले सालों में हम दोनों के बीच यह रोज़-रोज़ की रस्म जैसी रही।

एक बार, हमारे घर में नया रेफ्रिजरेटर आया, और उत्साह के साथ उसे खोलने पर मैंने पाया कि उसके अन्दर का एक रैक टूटा हुआ था। मेरी आँखों में आँसू आ गये कि मेरे नये फ्रिज का एक रैक टूटा हुआ था। दिलीप साहब ने मुझे दिलासा दिया और देखते देखते उसे कपड़ा टाँगने वाले हैंगर से अच्छी तरह से जोड़ दिया।

वे इसी तरह के हैं; अपनी पत्नी की आँखों में कभी किसी भी बात पर आँसू नहीं देख सकने वाले। मैं सोचती हूँ कि ऐसे कितने स्टार पति होंगे या फिर कहें कि ऐसे कितने पति होंगे जो अपनी पत्नी की आँखों के आँसू पोंछने के लिए ऐसा करते होंगे। सच्चे अर्थों में, दिलीप साहब की महानता देखी जा सकती है उनकी प्रभावित न होने वाली सादगी और पूरी तरह से अहंकार रहित व्यक्तित्व में।

शाम के समय पूरे परिवार के साथ चकरी लेकर उनको पतंग उड़ाना बहुत पसन्द है। हमारे पास देश भर की पतंगों और माँझा का ख़जाना है जिसे हमने एक बड़े बक्से में रखा हुआ है। पतंगों एवं माँझा को अच्छी तरह से काग़ज़ में लपेट कर रखा गया है ताकि वे नमी से बचे रहें और सुरक्षित रहें। आसपास की बिल्डिंग से तबरेज बरमावर (मेरी करीबी दोस्त फरीदा जलाल के पति) जैसे दोस्त दिलीप साहब की पतंग को काटने की कोशिश करते। यह एक तरह से त्योहार जैसा हो जाता था, परिवार, दोस्त, मेहमान सभी उस चहल-पहल का हिस्सा बन जाते थे जबकि हुनरमन्द रसोइये नर्मदा और कविता स्वादिष्ट नाश्ता बनाने में लग जाते! मुझे याद है कि निर्माता-निर्देशक-अभिनेता मनोज कुमार भी दिलीप कुमार के साथ पतंग उड़ाने आया करते थे जब वे दिलीप कुमार को फ़िल्म 'क्रान्ति'(1981 में रिलीज़) में काम करने का प्रस्ताव देना चाहते थे। उन्होंने एक ख़ास रेसिपी दिया था अचार-ऑमलेट बनाने का, जो दिलीप साहब को बहुत अच्छा लगता था।

दिलीप साहब को बरसों से सर में माइग्रेन का दर्द होता था। तब हम लोगों को घंटों उनका सर दबाते रहना पड़ता था, परदे लगाकर कमरे में अँधेरा कर दिया जाता था ताकि उनको कुछ आराम मिल सके। आश्चर्य यह कि आकाश में रंगीन पतंगों को उड़ते देख उनको सिरदर्द से आराम मिलता था। टैरेस पर बनाये किचेन में हम पतंगबाजी के उस दौर में आने वाले मेहमानों के खाने के लिए भजिये और ऑमलेट तलते थे।

न जाने किस ज़माने से मेरे परिवार को अच्छी शायरी, शास्त्रीय संगीत और नृत्य का शौक़ रहा है, और मैं इस मामले में खुशकिस्मत हूँ कि कला के शौक़ के मामले में दिलीप साहब के शौक़ भी इसी तरह के हैं। शास्त्रीय संगीत के महान कलाकारों बड़े गुलाम अली ख़ान साहब, जो मेरी नानी के साथ गाते थे, जिनका नाम था बेगम शमशाद अब्दुल वहीद ख़ान (अम्माजी),

जो जानी-मानी गायिका थीं, जो ऑल इंडिया रेडियो, दिल्ली पर लाइव गाती थीं, और कोलंबिया रेकॉर्ड्स ने उनके गाने रेकॉर्ड किये थे, सितार के उस्ताद विलायत ख़ान साहब, गुलाम अली साहब, उस्ताद मेंहदी हसन साहब, साबरी ब्रदर्स, और रेशमा जैसे गायक-गायिकाएँ, सितारा देवी, और मेरी गुरु पद्मश्री रोशन कुमारी, जिन्होंने मुझे बड़े प्यार से शास्त्रीय नृत्य की शिक्षा दी, और कई अन्य जाने-माने कलाकारों ने हमारे घर में अपनी प्रस्तुति दी है।

एक दिन जब अम्माजी हमारे घर की पहली मंज़िल पर रियाज कर रही थीं, तो दरबान ने उनके पास जाकर यह कहा कि एक फकीर ने गेट की सुरक्षा तोड़ दी है और वह अम्माजी के दर्शन करके उनका आशीर्वाद लेना चाहता है। वह अपने पेटी बाजा (हारमोनियम) के साथ आया था—दरबान ने आगे कहा। थोड़ी देर में हम क्या देखते हैं? एक साधारण सूती कपड़े में, सर पर गमछा बाँधे दिलीप साहब अपने पेटी बाजा के साथ धीरे-धीरे सीढ़ियाँ चढ़ने लगे और गाने लगे, अम्माजी की नकल करते हुए, अम्माजी हँसने लगीं और तब तक हँसती रहीं जब तक कि उनके गालों से ख़ुशी के आँसू नहीं ढुलकने लगे! ऐसे हैं मेरे शानदार दिलीप साहब! मेरे अनमोल रत्न, मेरे कोहिनूर।

अब मैं आपको इस शानदार इंसान और सरल आदमी के जीवन की कहानी को पढ़ने के लिए छोड़ जाती हूँ जिस आदमी को उनके नहीं जानने वाले तो पहेली समझते ही रहे हैं उनके कुछ नजदीकी दोस्त और सहकर्मी भी ऐसा मानते रहे हैं। उस खंड में जिसमें उनके कुछ साथी कलाकारों और प्रशंसकों ने उदयतारा को सुनाते हुए दिलीप साहब का जो खाक़ा खींचा है, उसमें उनके कुछ अनजाने पहलू, समाज के लिए उनके योगदान और उनकी कुछ ऐसी उपलब्धियों के बारे में भी चर्चा है जिनके बारे में उन्होंने कभी बात नहीं की थी। इसके माध्यम से वे सामने आयी हैं। इसलिए उस खंड में कुछ निजी संस्मरणों में मेरे लिए काफ़ी कुछ सीखने के लिए है, जो, हो सकता है मेरे कहने के कारण शेखी जैसी लगे, कि वह पहले खंड की तरह ही मज़ेदार है।

—सायरा बानो

सपने का सच होना

मैंने समझबूझकर कभी भी ख़ुद को अपने दर्शकों को न अधिक बेचा न ही उनके सामने बार-बार आया। जब मैं पीछे मुड़ कर देखता हूँ तो मुझे लगता है कि इसमें बेहद ख़तरा रहता है कि आप एक फ़िल्म में ही काम करें जबकि दूसरे एक्टर एक समय में दो या तीन फ़िल्में कर रहे होते थे। मैंने यह तय किया कि मैं एक समय में एक ही फ़िल्म में काम करूँगा। यह सिर्फ़ अपने चुने हुए विषय के प्रति मेरा विश्वास होता था और वह मेहनत जो मैं उस भूमिका के लिए करता था।

वह मुम्बई की गर्मियों के मध्य की एक उमस भरी दोपहर थी। साल था 2004।

मैं सायरा बानो के बेडरूम में बुकशेल्फ़ पर किताबों को सजाने में उनकी मदद कर रही थी जब दिलीप कुमार साहब ने एक किताब उठाई, जो एक ऐसे लेखक द्वारा लिखी गयी थी जिसका दावा था कि वह उनके बारे में जितना जानता है उतना कोई नहीं जानता। 'यह मेरी जीवनी कही जाती है और इसमें इतनी भ्रामक बातें और ग़लत सूचनाएँ हैं,' उन्होंने सायरा से कहा। 'आप अपने जीवन की कहानी ख़ुद क्यों नहीं लिखते?' सायरा ने ख़ुशी-ख़ुशी मौक़ा देखकर सवाल किया, वह लगातार इस बात के लिए कोशिश करती रहती थी कि वह उनको आत्मकथा लिखने के लिए तैयार करे।

सायरा का हमेशा से यह मानना था कि एक साधारण युवा युसूफ़ ख़ान, जो एक खाते-पीते फल व्यापारी का बेटा था, के सफलता के शिखर पर पहुँचकर दिलीप कुमार बनने, भारत के पहले सुपर स्टार बनने और जो दुनिया के महान अभिनेताओं में एक बनने, की प्रेरणादायक यात्रा की कहानी ज़रूर लिखी जानी चाहिए। उनको पक्का यक़ीन था कि असली कहानी से उन सभी

युवाओं को प्रेरणा मिलेगी जो जीवन के किसी भी चुने गये क्षेत्र में अपने सपनों का पीछा करते हुए जीते हैं।

एक पल की ख़ामोशी के बाद दिलीप साहब ने हम दोनों की तरफ़ मुड़ते हुए कहा, क्योंकि हम दोनों उनके जवाब का इन्तज़ार कर रहे थे।

'ठीक है, मैं अपनी कहानी सुनाऊँगा। लेकिन इसे संकलित करने का काम कोई ऐसा इंसान करे जो बुद्धिमान हो तथा जो मैं कहूँ उसके लिए पूरी मेहनत करने को तैयार हो और जो हमें अच्छी तरह से जानता भी हो,' उन्होंने कहा।

मैं यह सब सुन रही थी और अंग्रेज़ी एवं उर्दू भाषाओं की कहानियों एवं कविताओं के उस विशाल भण्डार को ठीक से रखती भी जा रही थी, जिन किताबों को दिलीप साहब ने बड़ी संजीदगी और ध्यान से पढ़ रखा था, जो पंक्तियाँ उन्हें अच्छी लगीं उनके नीचे लाइन खींची हुई थी और अपनी सुन्दर लिखावट में पन्नों के हाशिये पर हरी स्याही से उन्होंने नोट्स भी ले रखे थे।

'वह यहीं हमारे बीच है,' सायरा ने मेरी तरफ़ देखते हुए जवाब दिया।

दिलीप साहब ने भी मेरी तरफ़ देखा और मेरे चेहरे पर हैरत के उतार-चढ़ाव को देखकर हल्के से मुस्कुराने लगे।

'कब शुरू करें?' उन्होंने मुझसे पूछा और ख़ुशी और डर के मिले-जुले भाव के साथ मैं अपने दिल की तेज धड़कन को सुन सकती थी। क्या यह सच है या सपना, मैंने ख़ुद से पूछा, क्योंकि मैं उन जाने माने लेखकों की होड़ में नहीं थी जो दिलीप कुमार साहब के पीछे पड़े हुए थे कि वे उनको अपने जीवन की कहानी सुना दें।

बेहद निजी किस्म के इंसान होने के कारण वे हमेशा अपने बारे में और अपनी असीम उपलब्धियों के बारे में बातें करने में सहज महसूस नहीं कर पाते थे। ज़ाहिर तौर पर उन्होंने इसके लिए किसी को उत्साहित नहीं किया कि वह किसी किताब को लिखने के लिए उनके निजी जीवन के बारे में खोजबीन करे। जिसका नतीजा यह हुआ कि कुछ किताबें जो उनके ऊपर लिखी गयीं वे ऐसे लोगों द्वारा लिखी गयी थीं जिनका यह दावा था कि वे उनको जानते थे और उन लेखकों द्वारा लिखी गयीं जिन्होंने उनकी प्रकाशित भेंटवार्ताओं से अंश उठाये तथा दिलीप साहब

उदयतारा नायर और सायरा के साथ

और सायरा के तथाकथित निजी दोस्तों से भ्रामक सूचनाएँ जुटाईं और असली कहानी उन्होंने नहीं कही।

सायरा ने ख़ुशी के मारे दिलीप साहब को गले से लगा लिया और उनका उत्साह बढ़ाते हुए कहा : 'आज ही, लंच के बाद शुरू कर देते हैं जान, इससे पहले कि आपका इरादा फिर बदल जाये।'

'अपनी नौकरी की ज़रूरतों को नज़रअन्दाज़ मत करो। मैंने तुम्हें इसलिए चुना है क्योंकि तुम इस मेहनत भरे काम को करने के लिहाज़ से बिल्कुल समर्थ हो और तुम मेरे ख़यालों एवं अभिव्यक्तियों को सही-सही रख सकती हो। साथ ही, मुझे इस बात का पक्का भरोसा है कि तुम मेरी बातों को ग़लत तरीके से नहीं रखोगी। हम इसे अपनी रफ्तार से ही करेंगे और अगर उबाऊ लगने लगे तो मुझे टोकने में हिचकना नहीं,' दिलीप साहब ने मज़ाक़ किया।

सायरा पक्के दर्ज़े की पूर्णतावादी है, उसने एक बहुत बढ़िया टेप रेकॉर्डर तथा लिखने के लिए पैड का इन्तज़ाम किया ताकि अगर टेप रेकॉर्डर ख़राब हो जाये तो उसे काग़ज़ पर दर्ज़ किया जा सके। उसने दिलीप साहब से यह सुझाव दिया कि अच्छा यह होगा कि बाहर बगीचे के लॉन में बैठकर वे मुझसे बातें करें, क्योंकि वह उनको और उनकी उस बेचैनी को जानती थी जो उनको टोकने या परेशान करने से हो जाया करती थी। घर

में कहीं और, वह जानती थी कि फ़ोन लगातार बजते रहते थे। सबसे बढ़कर, सायरा यह जानती कि उनके पति को प्रकृति और खुले स्थानों से कितना लगाव है। वह इस बात को जानती थी कि उनको अपने बारे में बातें करना कितना नापसन्द था और अपनी आत्मकथा को लेकर उनमें किस कदर बेरुखी थी क्योंकि उसका मतलब होता, मैं का जमकर प्रयोग, जिससे वे नफ़रत करते थे। और अब चूँकि वे तैयार हो गये थे तो वह इस बात को पक्का कर लेना चाहती थी कि उनका ध्यान उससे न हटे।

ज़ाहिर तौर पर यह मेरे जीवन में मुझे सौंपे गये कामों में कोई आसान काम नहीं था। यह माहौल हर दिन बनाना पड़ता था और यह ऐसा काम था जो सायरा ही कर सकती थी। अपनी नायिकाओं के लिए बात करने के लिए उकसाने का काम भी सायरा ही कर सकती थी। यहाँ तक कि वह अनकही कहानी कि 1966 के साल आख़िरी दिनों में उन्होंने किस तरह सायरा से शादी करने का फ़ैसला किया, जिसकी उस समय बहुत माँग थी और जिसे उन दिनों फ़िल्मों में काम करने के लिए किसी भी हीरोइन से अधिक पैसे मिलते थे। उसके साथ गौरवपूर्ण ढंग से प्यार और फिर सायरा से यह कहना कि वह उनसे शादी कर लें, और जिसके लिए उनको अपने व्यक्तित्व से थोड़ा बाहर आना पड़ा। यह कहना बेकार है कि उन्होंने अपनी यह प्रेम कहानी जिस तरह से सुनाई है वह इस किताब के सबसे अच्छे अध्यायों में से एक है।

हफ़्ता-दर-हफ़्ता मैं उनके साथ बैठती रही, कभी उनके बगीचे में आम के बड़े पेड़ की छाया में, कभी ड्राइंग रूम में, कभी बान्द्रा के ओटेर्स क्लब के लॉन में समुद्र के सामने जहाँ से सूरज को नीचे जाते देखना उनको बहुत पसन्द था, जब सूरज अपने पीछे सुनहरी और सिन्दूरी रंग की लकीरों को छोड़कर नीचे डूब जाता था। हम जहाँ भी जाते टेप रेकॉर्डर हमारे साथ रहता, और अक्सर उनकी अनुमति से वीडियो कैमरा भी लगातार मौजूद रहता था।

जब रेकॉर्डिंग चलने लगा तो असली तस्वीर उभरकर आने लगी। मैंने यह देखा कि उनका दौर ऐसे खुलने लगा जैसे कोई सिनेमा सीन दर सीन खुलता है। जब वे अपनी मुलायम आवाज़ में अपनी कहानी सुना रहे थे तो मैंने यह ध्यान दिया कि पेशावर और देवलाली में गुजारे अपने बचपन के दिनों को याद करते हुए उनको कितना आनन्द आ रहा था। मैं उस दर्द को समान रूप से महसूस कर सकती थी जब उन्होंने अपने बड़े भाई अयूब

ख़ान की प्रतिभा और उनकी लगातार ख़राब सेहत के बारे में बातें कर रहे थे, जिसकी वजह से उनके सम्भावनाशील जीवन का अन्त हो गया।

यह महज़ एक युवा स्नातक युसूफ ख़ान की चामत्कारिक कहानी नहीं है, जो स्कूल और कॉलेज के दिनों में खेलकूद में बहुत अच्छा था, और जो ब्रिटिश भारत में गम्भीरता से एक नौकरी की तलाश में था और जिसने बहुत हिचकिचाते हुए बम्बई के एक प्रमुख फ़िल्म स्टूडियो बॉम्बे टॉकीज में अभिनेता बनना स्वीकार किया। यह केवल युसूफ ख़ान की कड़ी मेहनत के बारे में ही नहीं है जिसकी वजह से वे दिलीप कुमार नाम के सुपर स्टार के रूप में उभरकर आये और जो सात दशकों से भी अधिक समय से भारतीय सिनेमा में अभिनय की प्रतिमूर्ति के रूप में स्थापित हैं। मज़ेदार बात यह है कि मैंने यह भी सीखा कि किस तरह उन्होंने अपनी देशी बुद्धि और कौशल से अपने कैरियर का प्रबन्धन किया और अपना नाम बनाया।

1940 के दशक के आरम्भ में जब दिलीप कुमार साहब ने अपना कैरियर शुरू किया तो जहाँ तक अभिनेताओं की बात है तो उस क्षेत्र में तब तक प्रबन्धन के सिद्धान्त का आगमन नहीं हुआ था। अभिनेता अपने ढंग से व्यावसायिक होते थे, और उनको इस बात की कोई ज़रूरत नहीं थी कि वे प्रबन्धन कौशल सीखें या उसके सिद्धान्त को समझें। ज़्यादातर अभिनेताओं का यह मानना था कि अभिनेता का काम निर्देशक के निर्देश पर काम करना है, वह जो मेहनत और समय उस काम में लगाता है उसके लिए पैसा लेना और सिनेमा की सफलता और गुणवत्ता को लेकर किसी तरह की ज़िम्मेदारी न लेना। जिन थोड़े से अभिनेताओं ने अलग तरह से सोचा और काम किया उनमें दिलीप कुमार ही थे।

एक युवा अभिनेता के रूप में अपनी पहली फ़िल्म 'ज्वार भाटा' (1944) से पहली हिट फ़िल्म 'जुगनू' (1947) तक उन्होंने एक सफल फ़िल्म बनाने के ज़रूरी नुस्खों को समझना शुरू कर दिया। अपने अध्ययन से और फ़िल्म निर्माण की प्रक्रिया को देख-समझकर, और अन्त में उस फ़िल्म की मार्केटिंग तक की प्रक्रिया को समझकर वे इस नतीजे पर पहुँचे कि अभिनेता का काम मात्र अभिनय करके ही समाप्त नहीं हो जाता है। फ़िल्म की गुणवत्ता और सुन्दरता में एक अभिनेता का काफ़ी कुछ दाँव पर रहता था, जिसकी वजह से उसे व्यावसायिक सफलता हासिल

हुई। जिसका मतलब हुआ कि आधारभूत संरचना एवं संसाधनों के कुशल एवं समर्पित प्रबन्धन के साथ-साथ रचनात्मक प्रबन्धन, जो शुरू हुआ पटकथा लेखन एवं स्क्रीनप्ले लेखन से।

उस समय वे महज 22 साल के थे जब 'ज्वार भाटा' बनी और रिलीज हुई और वे तुरन्त इस बात को समझ गये कि अलग तरह से सोचने की क्षमता और साहस से अच्छा लाभ मिलता है जैसा कि उन्होंने ब्रिटिश आर्मी क्लब पूना में काम के दौरान पाया था। बजाय क्लब के मैनेजर द्वारा बताये गये काम को करने के उन्होंने फलों एवं सैंडविच का एक स्टाल लगाने के लिए अनुमति ली। इससे न केवल उनकी अधिक कमाई हुई और ब्रिटिश अफ़सरों के साथ उनके रिश्ते बने बल्कि उसकी वजह से क्लब में और अधिक लोग आने लगे; उसकी कमाई में काफ़ी बरकत हो गयी।

उस उभरते हुए सितारे ने जिनको रास्ता दिखाने वाला कोई भी नहीं था, ख़ुद से पूछा : 'क्यों न अलग तरीके से सोचें और पहल करके फ़िल्म के विभिन्न विभागों के रचनात्मक प्रबन्धन से जुड़ जायें जिससे यह सुनिश्चित किया जा सके कि अच्छा उत्पाद निकल कर आये?'

हमारी बातचीत के दौरान दिलीप साहब ने मुझे इस बारे में विस्तार से बताया कि उन्होंने फ़िल्म निर्माण की रचनात्मक प्रक्रिया की कला के बारे में किस तरह से सीखा जो वित्तीय प्रक्रियाओं की तरह ही मायने रखता है। उन्होंने कुछ देर सोचा और कहा : 'एस. मुखर्जी साहब प्रोडक्शन को लेकर काफ़ी सोचते थे और वे ख़ुद को कभी निर्देशक नहीं कहते थे। मैंने उनसे सीखने का फ़ैसला किया।'

1930 और 1940 के दशकों में स्टूडियो के प्रबन्धन के तरीके हॉलीवुड के आधार पर तय किये जाते थे। पश्चिमी प्रभावों के बारे में चर्चा करते हुए दिलीप साहब की टिप्पणी थी : 'विदेशों में, बड़े प्रबन्धकों की मेज़ पर जब बड़े-बड़े व्यापारी किसी विषय का चुनाव करते तो वे यह बात परखते थे कि सफलता की सम्भावना कितनी है क्योंकि वे सभी व्यापारी थे और वे नहीं चाहते थे कि उनका पैसा डूबे। उन्होंने दुनिया भर में यह चलन शुरू किया और हमने उनकी नकल करनी शुरू कर दी।'

दिलीप कुमार साहब अपने लिए कहानी की सामग्री का चुनाव बहुत ध्यान से करते थे। यह देखना कोई मुश्किल नहीं है

कि पटकथा के लिए वे जिन बातों का, जिन विचारों का चयन करते थे उनके अन्दर यह सम्भावना होती थी कि वे दर्शकों को आनन्दित करें और फ़िल्म ख़ूब सफल हो। साथ ही, अपनी बुद्धि से ऐसे विषयों का चुनाव करते थे जिनका दशकों बाद भी असर बना रहे। आप उनकी किसी भी सुपर हिट फ़िल्म को लीजिए और उसमें आपको समकालीन प्रासंगिकता की कमी नहीं मिल सकती।

इसलिए यह कोई आश्चर्य की बात नहीं है कि फ़िल्मों के निर्माता-निर्देशक इस बात को समझ गये कि विषय के चुनाव या अभिनेताओं के लिए या संगीत या सिनेमाटोग्राफ़ी या कला निर्देशन को लेकर वे जो भी सुझाव देते थे वह सिनेमा की गुणवत्ता को लेकर ही होता था। 'मुझे किसी ने यह सिखाया नहीं लेकिन मैं इस नतीजे पर पहुँचा कि मुझे सिनेमा को एक उत्पाद के बतौर

मोहम्मद रफ़ी के साथ

देखना चाहिए। बहुत बाद में जब मैं प्रबन्धन पर कोई किताब पढ़ रहा था तब मैंने यह पढ़ा कि अच्छे प्रबन्धन का बुनियादी सिद्धान्त यह है कि अन्तिम उत्पाद का ध्यान रखा जाये और उसकी गुणवत्ता सुनिश्चित की जाये,' दिलीप साहब ने मुझसे साझा किया।

निम्मी (अनेक फ़िल्मों में उनकी सह-अभिनेत्री) ने इस किताब में लिखे अपने संस्मरण में इस ओर ध्यान दिलाते हुए एक उदाहरण दिया है। उन्होंने खुलासा किया कि दिलीप कुमार ने महबूब ख़ान को यह सुझाव दिया था कि वे प्रेमनाथ को 'आन'(1952) में नकारात्मक भूमिका में पेश करें। कास्टिंग की वजह से वह फ़िल्म सुर्ख़ियों में आ गयी। मीडिया ने मुहूर्त के दिन से ही उस फ़िल्म को लेकर उत्सुकता जगाना शुरू कर दिया। उस फ़िल्म को लेकर पहले से ही काफ़ी प्रचार था क्योंकि उसमें दिलीप कुमार साहसी, तलवारबाज जय तिलक की भूमिका में थे, एक ऐसा ग्रामीण जो मिनटों में किसी घोड़े को पालतू बना सकता था, जो तलवारबाजी में किसी को भी बर्बाद कर सकता था। चर्चा एक अलग तरह की भूमिका में दिलीप कुमार द्वारा प्रभाव पैदा कर पाने की योग्यता को लेकर थी जबकि उनको ट्रेजेडी के हीरो के रूप में पहले से ही काफ़ी स्वीकृति मिली हुई थी।

लोग कहते, 'ये क्या हो रहा है, दिलीप कुमार के हाथ में तलवार दे दी?' निम्मी ने खुलासा किया। यह कुछ ऐसी बात थी जो उस समय सोची भी नहीं जा सकती थी। इसका नतीजा जो हुआ वह इतिहास बन गया। 'आन', जो भारत की पहली टेक्नीकलर फ़िल्म थी, 1952 की सबसे बड़ी हिट फ़िल्म साबित हुई और यह पहली फ़िल्म थी जिसने एक साल में 75 लाख रुपये कमाये जो कि उस समय के लिहाज से बहुत बड़ी राशि थी।

उन दिनों व्यावसायिक प्रबन्धन एजेंसियाँ नहीं होती थीं जो फ़िल्मों का प्रचार-प्रसार करें, यह दिलीप कुमार के ऊपर छोड़ दिया जाता था कि वे फ़िल्मों के प्रचार-प्रसार के लिए रणनीति बनाएँ और वे अपनी शालीन शैली में कल्पना और स्टाइल के साथ उसे अंजाम देते थे, बिना सस्ती लोकप्रियता के हथकंडों को अपनाये।

'मैंने समझबूझकर कभी भी ख़ुद को अपने दर्शकों को न अधिक बेचा न ही उनके सामने ज़रूरत से ज़्यादा आया। जब मैं पीछे मुड़ कर देखता हूँ तो मुझे लगता है कि इसमें बेहद ख़तरा रहता है कि आप एक फ़िल्म में ही काम करें जबकि दूसरे एक्टर एक समय में दो या तीन फ़िल्में कर रहे होते थे। मैंने यह तय

किया कि मैं एक समय में एक ही फ़िल्म में काम करूँगा। यह सिर्फ़ अपने चुने हुए विषय के प्रति मेरा विश्वास होता था और वह मेहनत जो मैं उस भूमिका के लिए करता था। ज़रूरत से अधिक बेचना व्यवसाय का कोई अच्छा तरीका नहीं है। मैं इस बात से सहमत हूँ कि विज्ञापन और प्रचार-प्रसार ज़रूरी होते हैं लेकिन केवल वहीं तक कि आप दर्शकों से यह वादा करते हैं कि यह एक ऐसा उत्पाद है जिसमें आपने अपने घंटे, दिन और महीने लगाकर कड़ी मेहनत की है और अपना सर्वश्रेष्ठ दिया है। इसलिए मैंने कभी अपने या अपने काम के प्रचार-प्रसार के लिए किसी को नहीं रखा,' दिलीप साहब ने खुलासा किया।

प्रबन्धन के गुरुओं द्वारा मानव संसाधन को सफल व्यावसायिक उपक्रम के महत्त्वपूर्ण पहलू के रूप में शामिल किये जाने से बहुत पहले दिलीप कुमार ने फ़िल्म निर्माण से जुड़े लोगों को उत्साहित तथा प्रेरित करने की दिशा में पहल की ताकि जल्दी और सन्तोषजनक परिणाम हासिल किये जा सकें।

इस पुस्तक में दिलीप साहब पर लिखते हुए धर्मेन्द्र ने जैसा कि अपने लेख में लिखा है : 'पंडित जवाहरलाल नेहरू जैसे ऊँचे प्रशंसक से लेकर स्टूडियो में काम करने वाले किसी कर्मचारी तक, जो उनको सलाम कहने के लिए इन्तज़ार करता था, दुआ-सलाम के लिए उनके हाथ एक सी गर्मजोशी में बढ़ते थे। उन्होंने कभी कुछ झूठमूठ नहीं किया चाहे किसी अभिनेता के अच्छे काम की तारीफ़ हो या मुश्किल में घिरे किसी सहकर्मी के लिए चिन्ता हो।'

जब मैंने दिलीप साहब से प्रोडक्शन के कर्मचारियों से घुलने-मिलने को लेकर सवाल किया, तो उनका जवाब था :

'दुनिया भर में प्रबन्धन के सिद्धान्त समान ही हैं। सिर्फ़ उनको लागू करने के तरीके में फ़र्क़ है। आपको उन सिद्धान्तों को इस तरह से लागू करना होता है कि उनको कोई भी समझ सके। अगर आप यह कहते हैं कि लाइटमैन यह समझ ले कि आप सीन में क्या चाहते हैं तो यह आप उसको आदेश देकर नहीं कर सकते। अगर आप उसको आदेश देंगे तो वह करेगा लेकिन आप उससे अच्छी तरह से पेश आते हैं और उसकी ज़ुबान में बात करते हैं तो वह आपके लिए आगे बढ़कर ऐसा काम करेगा जो उसके अपने सामान्य प्रदर्शन से हटकर होगा।

'मुझे पता नहीं कि मुझे कैसे 'मेथड एक्टर' कहा जाने लगा। मार्लन ब्रांडो को 'मेथड एक्टर' कहा जाता था...मेरे लिए

इस विशेषण का प्रयोग ब्रांडो से काफ़ी पहले से होने लगा था। सच्चाई यह है कि मैं एक ऐसा अदाकार हूँ जिसने एक पद्धति ईज़ाद की, जिसने मुझे विश्वसनीय बनाये रखा। मैंने पटकथा और चरित्र को गहराई से पढ़ने के महत्त्व को समझा और उसके आधार पर अपने तथा दूसरे कलाकारों के बारे में अपनी राय और अहसास कायम करने के महत्त्व को मेरे लिए हमेशा उन चरित्रों के बारे में पढ़ना भी मायने रखता है जो या तो मेरे करीब हों या मेरे विरुद्ध। मैं खुशकिस्मत हूँ कि मुझे ऐसे निर्देशकों के साथ काम करने का मौक़ा मिला जिन्होंने मेरे ऊपर विश्वास किया और मुझे बिना किसी बन्धन के काम करने की आज़ादी दी। वे भी मेरी ही तरह से समूह भावना में उतना ही विश्वास रखते थे। कला एवं कौशल के अन्य रूपों के विपरीत फ़िल्म बनाने में समूह भावना से बल मिलता है।'

दिलीप साहब से एक और बात सीखने की यह है कि उनको इस बात की साफ़ समझ है कि एक स्टार और नायक के रूप में उनका सामाजिक दायित्व क्या है। उन्होंने अपने कैरियर के आरम्भिक सालों वाले अध्यायों में इस बात का स्पष्ट खुलासा किया है कि उन्होंने किसी फ़िल्म का चुनाव उसकी सम्पूर्णता में किया। उन्होंने बिल्कुल आरम्भिक दौर में यह कोशिश की कि ऐसी कहानी मिलें जिनका कोई निश्चित सामाजिक सन्दर्भ हो तथा जिसका कोई सार्थक सन्देश भी हो। उन्होंने इस बात का भी ध्यान रखा कि परदे पर जो प्रेम के दृश्य वे करें उससे उन दर्शकों को शर्मिन्दगी न हो जो परिवार के साथ फ़िल्म देखने आते हैं।

एक ज्ञानवर्द्धन बातचीत में उन्होंने स्वीकार किया :

'मैंने इस बात की गम्भीरता से कोशिश की कि मैं एक अच्छा रोल मॉडल बनूँ। मैं इस बात में पूरी तरह यक़ीन करता हूँ कि एक एक्टर को अपने सामाजिक उत्तरदायित्वों की जानकारी होनी चाहिए तथा उसे उसके प्रति सजग होना चाहिए तथा अपने प्रशंसकों के चरित्र निर्माण की दिशा में योगदान करना चाहिए जो उसके काम तथा उसके व्यक्तित्व से प्रेरणा लेते हैं।'

मैं जिस दिलीप कुमार साहब को जानती हूँ वह एक साधारण इंसान हैं जिसकी पसन्द साधारण लेकिन अच्छी है। कभी-कभी दिलीप कुमार हैरान हो जाते हैं और सोचने लगते हैं कि उन्होंने वह सब कैसे कर लिया जिनके लिए उनको श्रेय दिया जाता है जबकि उनको न तो कोई सिखाने वाला था न ही कोई रोल

मॉडल जो उनको दिशा दिखाये। हाँ, दिलीप कुमार की पृष्ठभूमि बेहतर ज़मीन से जुड़ी थी, उनके माता-पिता ने उनसे यह कहा था कि वे जो भी पेशा अपनाएँ उसके प्रति पूरी तरह ईमानदार रहें और ईमानदारी से अपना पैसा कमाएँ। इसलिए मेहनत और समर्पण में कभी कमी नहीं आयी। पठानों के वंश से उनमें एकता, समर्पण और करुणा का भाव आया।

इसलिए इसमें कोई आश्चर्य की बात नहीं है कि दिलीप कुमार ने ही अपने समकालीनों के सामने यह उदाहरण रखा कि अच्छे कामों के समर्थन, राष्ट्रीय आपदा और संकट के दौर में सरकार के राहत कोष के लिए चंदे की उगाही के लिए अपने स्टारडम का उपयोग करना चाहिए।

1962 में भारत-चीन युद्ध में भारत की शर्मनाक हार के बाद सीमा पर तैनात सिपाहियों के उत्साह को बढ़ाने के लिए हिमालय की सीमा पर जाने वाले पहले जत्थे का नेतृत्व उन्होंने किया था। उनको उस बीहड़ यात्रा की हलकी-सी स्मृति है कि जब उनके दोस्त मोहम्मद रफी का इस जमाकर रख देने वाली ठंड में गला ख़राब हो गया था और वे बड़े दुखी महसूस कर रहे थे कि उनका गला ख़राब हो गया। 'हमने उनका हौसला बढ़ाया और घंटे-घंटे पर उनको गर्म पानी में शहद मिला कर देते रहे, तब तक देते रहे जब तक उनकी शानदार आवाज़ उन्हें वापस नहीं मिल गयी। रफी शराब को बिल्कुल हाथ नहीं लगाते थे जबकि साथ में गये बाकी लोग ठंड से बचने के लिए शराब पीते थे। यह कहना बेकार है कि वे जवानों एवं नये फ़ौजी अफ़सरों के आकर्षण के सबसे बड़े केन्द्र थे,' दिलीप साहब याद करते हैं।

उन दिनों को याद करते हुए पुराने अभिनेता चन्द्रशेखर मुम्बई की सड़कों पर ट्रक में निकले जुलूसों, उन दिनों हुए कई बेनिफिट मैचों, शो आदि में उन्होंने दिलीप कुमार को सबके बीच में ज़िम्मेदारी निभाते हुए देखा और किस तरह जब बत्ती जलती थी तो दिलीप कुमार मंच से चले जाते थे। दिलीप कुमार के समर्थ एवं अनथक प्रबन्धन के कारण जो धन इकट्ठा हुआ उसके बारे में उनका बल इस बात पर था कि पैसा या तो मुख्यमन्त्री को दिया जाये या प्रधानमन्त्री को।

जब कोर्पोरेट क्षेत्र के सामाजिक दायित्व की प्रबन्धन के क्षेत्र में शुरुआत नहीं हुई थी दिलीप कुमार ने राष्ट्रीय नेत्रहीन संघ के अध्यक्ष के रूप में सेवा की ज़िम्मेदारी ली। दिलीप कुमार द्वारा

राष्ट्रीय नेत्रहीन संघ के लिए किये गये कार्यों की जी खोलकर तारीफ करते हुए सामाजिक कार्यकर्ता वीरा राव, जिन्होंने उस संघ के लिए उनके साथ चन्दा उगाहने का काम किया था ताकि नेत्रहीन संघ आत्मनिर्भर संस्था बन जाये, ने कहा कि दिलीप कुमार की जब भी ज़रूरत हुई वे आये, चाहे चन्दा उगाहने से सम्बन्धित हो या नेत्रहीनों को प्रोत्साहित करने, शिक्षित करने या प्रशिक्षण देने का काम हो कि उनको सिखाया जाये कि किस तरह से अपने जीवन को उद्देश्यपूर्ण बनाया जाये।

पाठकों के मन में यह सवाल उठ सकता है कि हमने इस किताब में उन खंडों को क्यों जोड़ा जिसमें अभिनेता, निर्देशकों एवं दिलीप कुमार के प्रसिद्ध दोस्तों के अलावा उनके रिश्तेदारों एवं अन्य लोगों के लेख हैं जिनमें उन्होंने अपने निजी एवं व्यावसायिक अनुभवों के माध्यम से उनके काम करने की शैली के बारे में कुछ गहरी बातें बताई हैं। उस खंड को जोड़ने का यह एक अच्छा कारण है, जो आम तौर पर होता नहीं है। इसका कारण यह है कि दिलीप कुमार ने मुझसे अपनी उपलब्धियों एवं समाज सेवा के बारे में कुछ नहीं कहा। अपनी तारीफ़ ख़ुद करना उनको न तब पसन्द था न अब पसन्द है। बहुत पूछने पर उन्होंने थोड़ा बहुत बताया, जैसे, महाराष्ट्र सरकार से फ़िल्म इंडस्ट्री के लिए फ़िल्म सिटी बनवाने के लिए बड़े भूमि आवंटन के लिए उनके प्रयास के बारे में न ही उन्होंने उसके बारे में अधिक बताया कि उन्होंने रजनी पटेल के साथ मिलकर किस तरह मुम्बई में प्रथम श्रेणी का सांस्कृतिक केन्द्र बनाने का एक ठोस प्रस्ताव बनाया था जिसके साथ ही लगा हुआ एक विज्ञान केन्द्र हो, जिसका नाम नेहरू सेंटर रखा जाने वाला था। दिलीप साहब की एक बेहद पठनीय जीवनी लार्ड मेघनाद देसाई ने लिखी है, जिसमें उन्होंने बहुत ख़ूबसूरती से यह दिखलाया है कि किस तरह दिलीप कुमार नेहरू के हीरो थे। इस बात के बारे में शायद जानकारी नहीं है लोगों को कि नेहरू दिलीप कुमार के हीरो और आदर्श थे।

आख़िर में मैं यह कहना चाहूँगी कि अगर सायरा बानो ने उनसे लगातार इस बात के लिए आग्रह नहीं किया होता कि वे अपने जीवन की कहानी को याद करें, दोहराएँ तो यह किताब वजूद में नहीं आयी होती। साथ ही, अगर दिलीप कुमार और सायरा बानो के साथ मेरा करीब 50 साल का सम्बन्ध नहीं होता तो मुझे इन कहानियों को जोड़ने के काम के लिए नहीं

कहा गया होता। मैं इस बात को कभी नहीं भूल सकती हूँ कि दिलीप साहब ने मेरी हौसला अफजाई 'स्क्रीन' के सम्पादक एस. एस. पिल्लई के सामने तब की थी जब मैंने उसके एक अंक में दिलीप साहब पर एक विश्लेषणात्मक लेख लिखा था, उस समय मैं फ़िल्म पत्रकारिता की दुनिया में नयी-नयी थी। उन्होंने पिल्लई साहब से कहा : 'इसे सिखाइए, मेहनत करवाइए यह बहुत आगे जायेगी। इसमें यह कूवत है कि किसी दिन जीवनी लिखने वाली बन जाये।' उनके शब्द सही साबित हुए और भाग्य ने ऐसा मोड़ लिया कि मुझे दिलीप साहब की ज्ञान भरी बातों को काग़ज़ पर दर्ज़ करने के लिए चुना गया ताकि मनोरंजन उद्योग में आने वाली नस्लें इनको पढ़कर कुछ जज़्ब कर सकें।

शुक्रिया दिलीप साहब।

–उदयतारा नायर

जन्म

'यह बच्चा बहुत मशहूर होने के लिए और असाधारण ऊँचाइयों पर पहुँचने के लिए बना है। इस लड़के का अच्छी तरह ध्यान रखना, इसे दुनिया की नज़रों से बचाकर रखना, अगर तुमने इसे बुरी नज़रों से बचा लिया तो यह लड़का बुढ़ापे में भी ख़ूबसूरत रहेगा। अगर इसे बचाना चाहती हो तो इसे काला टीका लगाकर इसका चेहरा बिगाड़कर रखो, अगर नहीं रखा, तो इसे समय से पहले ही खो दोगी। अल्लाह का नूर इसके चेहरे को हमेशा रोशन रखेगा।'

उत्तर-पश्चिम सीमा प्रान्त के मुख्य शहर पेशावर, जहाँ मैं पैदा हुआ, को दिये गये कई नामों को इतिहास में दर्ज़ किया गया है। उसको फूलों का शहर कहा गया, अनाज का शहर भी और यहाँ तक कि कमल की धरती भी। मेरे लिए वह पेशावर जिसमें मैंने जन्म लिया भारत का हिस्सा था, और जीवन के अलग-अलग क्षेत्रों और अलग-अलग समुदायों के लोगों की तरह, हम भी अविभाजित भारत के पेशावर में जन्मे थे। मुझे अपने जन्मस्थान पर गर्व है कि उस समय यह भारतीय शहर मध्य एशिया और दक्षिण एशिया के बीच इस तरह बसा हुआ था कि सही ही इसे भारत का दरवाज़ा कहा जाता था।

मुझे अपने जन्मस्थान के अलग-अलग रंग, महक और मौसम याद हैं। पतझड़ के मौसम का असर बाग़ों में दिखाई देने लगता था जब खुबानी के पेड़ गहरे लाल और नारंगी हो जाते थे। जब शाम का धुँधलका आता, तो वे पहाड़ कुछ ऊँचे दिखाई देने लगते थे और ऐसा लगता जैसे वे मुझे डरा रहे हों, मुझे अब भी याद आता है कि कितनी तेज़ी से मैं अपने घर की तरफ़ भागता था। रास्ते में लोग मिलते जो मेरे अम्मी-अब्बा को जानते थे और धीरे-धीरे घर की तरफ़ जा रहे होते थे, गबरू जवान इंसान, फुदने वाली टोपी लगाये, वे मुझे हैरत से

बाद के दिनों का क़िस्सा ख़्वानी बाज़ार

घूर रहे होते कि मैं आख़िर इस तरह से क्यों भाग रहा था।

हमारा घर शहर के बीचोबीच था, क़िस्सा ख्वानी बाज़ार में, उसका वह नाम इसलिए दिया गया था क्योंकि वहाँ घुमन्तू व्यापारी या तो कहानियाँ सुनाया करते थे या वहाँ स्थानीय लोगों द्वारा सुनाये जाने वाले क़िस्सों को सुनने के लिए रुकते थे। महाबत ख़ान मस्जिद, सैनिक छावनी, वे बाज़ार जहाँ मैं घर की औरतों के साथ घूमता था और वे सड़क जहाँ अलग-अलग तरह के गुलाब अंग्रेज़ साहबों को बेचे जाते थे, जिसे वे बड़ी शान से अपने घर की औरतों के लिए ले जाया करते थे, जब मैं सोचता हूँ तो यह सब मेरी आँखों के सामने किसी फ़िल्म की तरह घूमने लगते हैं।

उत्तर-पश्चिम सीमा प्रान्त में पेशावर के इलाके में रहने वालों के लिए जाड़े का समय असहनीय होता था, हालाँकि वे हट्टे-कट्टे होते थे, उस मौसम की रुखाई को सहन करने वाले जाड़े के समय में दिन बिना सूरज के निकलता था और अगर समय न देखा जाये तो यह पता ही नहीं चलता था कि दिन है या रात। ज़मीन पर शान से खड़े पहाड़ तभी दिखाई देते थे जब सुबह का अच्छा-ख़ासा वक़्त गुज़र जाता था।

सर्दी के महीनों में जो लोग सुबह फज्र की नमाज़ (दीन के पाबन्द मुसलमानों द्वारा अदा की जाने वाली सुबह की पहली नमाज़) के लिए उठते उनको मस्जिद के बाहर बड़े-बड़े हौज़ों में वज़ू के लिए रखे पानी में पहले जमी हुई बर्फ़ तोड़ने का काम करना पड़ता था, जो रात में जम जाया करती थी। उस बर्फ़ जैसे पानी के खाल से चिपकने से जो दर्द उठता था वह आज भी मेरे दिमाग़ में ताज़ा है। बाहर बागानों या खेतों में काम करने वाले लोगों के लिए ज़िन्दगी आसान नहीं

होती थी। चाहे वह जाड़े की सख़्ती के कारण होता हो या गर्मियों में अन्धा कर देने वाली धूल भरी आँधियों के कारण जो गर्मी के दिनों में अक्सर मैदानों को बुहारने का काम किया करती थी।

मुझे चाचा उमर की साफ़-साफ़ याद है, वे मेरे फूफा थे जो पास में ही रहते थे, वे ज़्यादातर मेरे ही घर में रहते थे और आगाजी (हम लोग अपने अब्बा को कहते थे) के साथ बाग़ों में फलों के पकने का जायजा लेने जाते थे। जब जाड़ा आता तब वे शिकायत करते जब गर्मी आती तब भी शिकायत करते। उनको घर के अन्दर रहना बहुत अधिक पसन्द था लेकिन ऐसा हो नहीं पाता था। वह उस तरह के इंसान थे जो हर मौसम का सामना करता है और मेरे अम्मा-अब्बा या दादा-दादी को असमय कुछ मँगवाना होता, किसी को किसी मुश्किल हालत में बुलवाना होता तो वे उनको ही कहते। वे आगाजी के रिश्ते के भाई थे और मुझे लगता है कि परिवार के हर काम के लिए उनके ऊपर निर्भर रहने की जो आदत थी उससे वे काफ़ी सन्तुष्ट थे।

चाचा उमर सुनारों की गली के बारे में बात करते हुए कभी नहीं रुकते थे, जहाँ सुनारों की दुकानें थीं, उनका काम होता था, और उस आग के बारे में जो वहाँ उस रात लगी थी जिस रात मैं पैदा हुआ था। वह सड़क क़िस्सा ख़्वानी बाज़ार का सबसे व्यस्त इलाका था जहाँ हम रहते थे। वहाँ बड़े अमीर सुनारों के घर थे और उनके कारख़ाने भी, वहाँ दिन भर लोगों का आना-जाना लगा रहता था, और जब बाकी बाज़ारों के शटर गिर जाते थे तब भी देर रात तक वहाँ चहल पहल बनी रहती थी। आग एक कारख़ाने की चिंगारी से उठी जो अचानक आयी आँधी के कारण फैल गयी जो उस वक़्त आयी थी जिस वक़्त दुकानदार अपनी दुकानें बन्द करने में लगे थे। थोड़ी देर में ही आग बेक़ाबू हो गयी और भय और अफरा-तफरी फैल गयी और मर्द बाल्टियों में पानी भर-भर के दहकती हुई आग के ऊपर डालने लगे। यह काफ़ी मुश्किल काम था क्योंकि पानी ऊपर की तरफ़ था और ज़्यादातर पानी के ऊपर बर्फ़ जम चुकी थी और अनेक मज़बूत पठानों ने मुक्के मार-मारकर बर्फ़ तोड़ी और हौज़ों के नीचे से बाल्टियों में पानी निकाला।

चूँकि घर के मर्द आग बुझाने के काम में मदद के लिए उस गली की तरफ़ गये हुए थे और चाचा उमर को कहा गया था कि वे पीछे रुकें क्योंकि घर में औरतें अकेली थीं, और दाई को खोजने के काम में उनको लगना पड़ा जब मेरी माँ (अम्मा) ने मुझे इस दुनिया में लाने की धमकी दी। वे पहले दाई को सुरक्षित लेकर आये फिर दौड़कर आगाजी को बताने के लिए भागे कि घर में क्या मज़ेदार घटना हुई थी। 'तुमको बताऊँ,' एक बार जब वे याद करने के मूड में थे तो उन्होंने मुझे बताया, 'मैं गुस्से में था और उस रात ख़ुद को कोस रहा था क्योंकि ठंड बहुत अधिक थी और बहुत तेज़ हवा बह रही थी। ऐसे में अकेले निकलना

मेरी पैदाइश का घर

सज़ा की तरह था और ऊपर से एक जान को बचाने की ज़िम्मेदारी भी हो। लेकिन जैसे ही दाई ने अपना काम पूरा किया और हमने तुमको देखा, फ़रिश्तों जैसा तन्दुरुस्त, तो मुझे लगा जैसे इनाम मिल गया और मैं बेहद ख़ुश हो गया।'

चाचा उमर अक्सर बड़े चाव से मेरी किलकारियों और मुबारकबाद देने के बारे में बताते थे क्योंकि परिवार मोहम्मद सरवर और आयशा बीबी के चौथे बच्चे के आगमन का स्वागत कर रहा था जो उस वक़्त आया था जब बगल की गली में इतनी अफरातफरी मची हुई थी।

जाड़े के महीनों में एक बच्चे के रूप में मेरे लिए ख़ुशी की बस एक बात यही थी कि मैं बड़ों के साथ बिना उनके ध्यान गये आग के सामने बैठकर उनकी बातचीत सुन सकता था। वे शायद ही कभी गपशप करते थे। वे या तो अजीब-अजीब कहानियाँ सुनाते जो उन्होंने सुनी होती थीं या डरावनी घटनाओं के बारे में बात करते जो उन्होंने देख रखी होती थीं। मैं कान लगाये रहता, ख़ासकर तब जब वे धीरे-धीरे बुरे ख़्वाबों के बारे में बातें करते। ऐसे ही एक मौक़े पर, मैंने सुना कि मेरी दादी मेरी अम्मा आयशा का नाम ले रही थी, फुसफुसाकर, उनको यह नहीं पता था कि मैं वहीं था। मैं साँसें थामकर सुनने लगा। वह पश्तो में बात कर रही थीं और उनकी आवाज़ भर्राई हुई थी लेकिन सुनाई दे रही थी और उनकी गोल-गोल आँखें जितनी फैल सकती थीं फैल चुकी थीं।

अपनी जुबान में कहूँ तो वह जो डरावनी बात कह रही थीं वह यों थी :

'बेचारी आयशा, वह तो उस रात जमकर मर ही जाती। घर के मर्द इतनी बार दरवाज़ा खोल और बन्द कर रहे थे जबकि बेचारी आयशा होंठ दबाये दर्द बर्दाश्त कर रही थी। बाहर तूफ़ान का शोर था, और सबसे बुरी बात यह कि सुनारों की गली में आग लगने से आमदरफ्त रुकी हुई थी।'

वह सुनने वालों से धीरे-धीरे कह रही थी। मेरी हड्डियों में कँपकँपी फैल गयी। अजीब बात थी! तूफ़ान और आग! और मेरी प्यारी अम्मा, उनको दर्द क्यों हो रहा था?

फिर सख़्तजान मेरी दादी रोने लगी, ऊपर छत की तरफ़ देखकर अल्लाह से दुआ करने लगी। दाई ऐन वक़्त पर आ गयी, उन्होंने सुनने वालों से कहा, जिन्होंने तब राहत की साँस ली। 'और आयशा का सोना बेटा युसूफ तशरीफ़ लाया।' उन्होंने सामान्य आवाज़ में घोषणा की जिससे वहाँ बैठे सभी लोग खुश हो गये। मेरा छोटा-सा जबड़ा खुल गया। वह एक और इंसान थी जो मेरे जन्म के बारे में बात कर रही थी!

केवल दादी ही नहीं, बल्कि मोहम्मद सरवर ख़ान और आयशा बेग़म के परिवार के सभी सदस्य जब भी मौक़ा मिलता मेरे जन्म की वह कहानी सुनाने लगते क्योंकि वह एक असामान्य घटना थी। वह तारीख़ थी 11 दिसम्बर 1922। मुझे शक है पेशावर के किसी इतिहास में वह दिन दर्ज़ है, इसलिए नहीं कि मैं उस नाटकीय दिन में पैदा हुआ था बल्कि इसलिए क्योंकि उस दिन सुनारों के कारख़ाने में आग लगी थी। न उससे पहले न उसके बाद उस तरह की ठंड में क़िस्सा ख्वानी बाज़ार में वैसा कोई हादसा हुआ था जैसी कि सुनारों की गली में उस दिन आग लगी थी।

दादी के मुताबिक़ उस तूफ़ान और आग के बीच मेरे आने का मतलब कुछ ख़ास होने वाला था। उनके इस विश्वास को मेरे अम्मा-अब्बा ने तब तक गम्भीरता से नहीं लिया जब तक कि एक दिन मैं अपने घर के अगले कमरे में खेल रहा था, तो एक फकीर दरवाज़े पर आया। खाने और कुछ पैसों की चाह में यह घर में आम बात थी कि जब भी कोई फकीर या कोई घुमन्तू लोक गायक अपनी भाषाओं में गाते हुए आते तो उनको कुछ पैसे देना आम बात थी। अम्मा कुछ खाने को लाने के लिए अन्दर मुड़ी जबकि दादी आलस के मारे आरामकुर्सी पर बैठी रही।

मैंने खेलना छोड़ दिया जब मुझे महसूस हुआ कि उस आदमी की निगाहें मुझे घूर रही थीं। तेज़ आवाज़ में उसने दादी से कहा कि वह मुझे सामने लायें, जिसे सुनकर दादी तनकर बैठ गयी और सुनने लगी। दादी पहले कुछ झिझकी, लेकिन वह आदमी बहुत उत्तेजित था और उसके भीतर जज़्बातों का उतार-चढ़ाव चल रहा था। मैं उसके सामने खड़ा था और मेरे पाँच साल पुराने दिमाग़ में डर तथा उत्सुकता बारी-बारी से आ-जा रहे थे। उसने मेरे बारे में घोषणा की कि मैं कोई

पेशावर में एक छोटे बच्चे के रूप में

आम बालक नहीं हूँ। मैंने आँखें बन्द कर लीं और ऐसे व्यवहार करने लगा जैसे मैंने कुछ सुना ही न हो। पहले मेरे जन्म के समय तूफ़ान और आग और अब यह टिप्पणी कि मैं कोई सामान्य इंसान नहीं था! मैं यही सोच रहा था कि यह अब आगे क्या कहने वाला है!

उसने अपनी नज़रें मेरे चेहरे पर टिकाईं और दादी से कहा : 'यह बच्चा बहुत मशहूर होने के लिए और असाधारण ऊँचाइयों पर पहुँचने के लिए बना है। इस लड़के का अच्छी तरह ध्यान रखना, इसे दुनिया की नज़रों से बचाकर रखना, अगर तुमने इसे बुरी नज़रों से बचा लिया तो यह लड़का बुढ़ापे में भी ख़ूबसूरत रहेगा। अगर इसे बचाना चाहती हो तो इसे काला टीका लगाकर उसका चेहरा बिगाड़कर रखो अगर नहीं रखा तो इसे समय से पहले ही खो दोगी। अल्लाह का नूर इसके चेहरे को हमेशा रोशन रखेगा।'

राहत महसूस करते हुए मैंने अपनी आँखें खोलीं कि उसने कोई ऐसी-वैसी बात तो नहीं कह डाली। मैं उसकी ओर देख रहा था और वह एक शुभचिन्तक की तरह हलके से मुस्कुरा रहा था। दादी ने मुझे सहज भाव से अपनी बाँहों में ले लिया मानो अगर उन्होंने मुझे अपने करीब नहीं लिया तो वह मुझे खो देंगी। अम्मा जो खाना और पैसे लेकर आयी उसे लेकर वह आदमी चला गया।

उसके जाने के बाद मैं दौड़ कर घर के बाहर गया और अपने भाइयों के साथ खेल में शामिल हो गया जिनको इस बात का बिल्कुल अन्दाज़ा नहीं था कि क्या कुछ हुआ था। न ही मैं इस बात को समझ पाया था कि अगले दिन से क्या शुरू होने वाला था। दादी ने दुनिया की बुरी नज़रों से मुझे बचाने का ज़िम्मा अपने ऊपर ले लिया। उन्होंने मेरे बाल मुँडवा दिये और हर रोज़ जब मैं स्कूल जाने के लिए तैयार होता तो मेरे माथे पर काजल का टीका लगा देती थी

जिससे मैं बदसूरत लगने लगता था। अम्मा ने उनको समझाने की बड़ी कोशिशें कीं कि वे उनके बेटे को ऐसे बदसूरत न बनाएँ कि दूसरे बच्चे उसको देखकर चिढ़ाएँ और उसके मन पर असर पड़ जाये। आगाजी ने अपनी जिद्दी माँ को यह समझाने की कोशिश की कि वह जो कर रही थी उसके क्या नतीजे हो सकते थे। लेकिन दादी के ऊपर कोई असर नहीं पड़ा। मेरे प्रति उनका प्यार तथा रक्षा का भाव इतना अधिक था कि उनकी बातों का उनके ऊपर कोई असर नहीं पड़ा।

यह कहना बेमानी है, हर सुबह जब मैं स्कूल पहुँचता था तो मैं देखने लायक नजारा होता था। फुसफुसाहटें और मुस्कुराहटों ने पहले दिन मेरा जैसा स्वागत स्कूल में किया कि वह बात मेरे अवचेतन में बैठ गयी और अगले दिन से मैं स्कूल न जाने के बहाने खोजने लगा। मैंने अपनी नाखुशी ज़ाहिर की और यह बताया कि किस कदर मेरे क्लास के लड़के और स्कूल के बाकी लड़के मेरा मज़ाक़ उड़ाते हैं जो हमेशा ऐसे बच्चों का मज़ाक़ उड़ाने के लिए तैयार बैठे रहते हैं जो उसका पात्र होता है। अम्मा, जो शायद ही कभी अपनी सास से बहस करती थी, को यह सुनकर बड़ी तकलीफ़ हुई और उन्होंने मुझे अपने पास लाते हुए दादी से कहा : 'आप मेरे बच्चे के साथ ऐसा नहीं कर सकती हैं। देखिये कैसा बेचारा लग रहा है!'

दादी हक्का-बक्का थी : 'मैंने ऐसा क्या किया, आयशा? आपने भी सुना वह फकीर क्या कह रहा था। उसने सभी बच्चों में सिर्फ़ युसूफ को चुन कर बात की थी। हमारे घर के और भी बच्चे थे उनके सामने,' वह लगभग चिल्ला रही थी। साफ़ था कि उनको यह लगता था कि वह सही थी। उन्होंने कोशिश की अपने करीब लेकर मुझे सान्त्वना देने की और यह समझाने की कि क्यों वह मुझे वैसा बदसूरत बना देती थी। लेकिन मैं इतने गुस्से और तकलीफ़ में था कि मैंने उनको धक्का देकर दूर कर दिया और अपना सर अम्मा की गोद में छिपा लिया और पूरी कोशिश करने लगा कि मेरे रोने की आवाज़ बाहर सुनाई न दे, नहीं तो मेरे भाइयों को मुझे चिढ़ाने का मौक़ा हाथ लग जाता। पठान के बच्चों को बचपन से ही यह सिखाया जाता है कि रोना मर्दों का काम नहीं होता। यहाँ तक कि जब खेलते समय हमारे घुटनों और टखनों में चोट लग जाती और घावों पर जलन वाला लेप लगाया जाता था तब भी यह कहा जाता था कि मर्द की तरह दर्द को बर्दाश्त करो न कि औरतों की तरह रोना-धोना मचाओ। आँखों से आँसुओं का ढुलकना तो ठीक था लेकिन आवाज़ के साथ रोना नहीं। हालाँकि अगले दिन से मेरे माथे का टीका थोड़ा मद्धिम ज़रूर पड़ गया लेकिन वह नियमित रूप से जारी रहा। मैं स्कूल में गुमसुम रहने लगा और बहुत कम ही खेलता। मैं चुपचाप रहता और स्कूल की छोटी-सी लाइब्रेरी में कलरिंग बुक से खेलता रहता। कुछ अध्यापक मुझसे बाहर जाकर खेलने के लिए कहते, तो मैं उनकी बात अनसुनी कर देता। पाँच साल की उम्र में ही मैं चित्रों वाली किताब की सच जैसी दुनिया में अधिक रुचि लेने लगा था।

वजूद और परछाईं

मेरी फूफियाँ, चाचियाँ और चाचा दो कारणों से मुझे बहुत प्यार करते थे। एक, मैं स्वस्थ, गोल-मटोल बच्चा था, दूसरे, मैं अपने दोस्ताना स्वभाव के कारण अपनी अम्मा को परेशान नहीं करता था और मैं एक चाची से दूसरी चाची की गोद में जाता रहता था जबकि इस बीच अम्मा घर के काम निपटाने में लगी रहती थी। जैसे-जैसे मैं बड़ा हुआ और सुनी हुई बातचीत को समझने लगा, तो मुझे यह चिन्ता परेशान किये रहती थी कि मेरी निरंकुश दादी मेरी अम्मा को बुला-बुला कर काम बताती रहती थी जबकि उनकी बेटियाँ आराम करती रहती थीं। मुझे याद है कि एक सुबह आगाजी ने अम्मा से पूछा कि वह रसोई में अकेले काम क्यों करती रहती हैं जबकि घर की बाकी औरतें भी काम में हाथ बँटा सकती हैं।

माँ की मुलायम, शान्त आवाज़ अब भी मेरे कानों में गूँजती है जो उन्होंने मेरे अब्बा से कही थी कि उनको रसोई का काम इसलिए दिया गया है क्योंकि वह उसमें माहिर हैं और उनको इस बात की ख़ुशी है कि उनको असंख्य कप चाय बनाने और उसके साथ तरह-तरह के खाने का सामान बनाने का काम दिया गया है क्योंकि घर की कोई और औरत इस काम में उनका मुक़ाबला नहीं कर सकती है। फूफी बाबजान (आगाजी की बहन) जब भी यह बात सुनती थी वह लाल हो जाया करती थी और वह माँ को एक कोने में ले जाकर इस बनावटी बात के लिए ख़ूब भला-बुरा कहती थी।

बड़ी अम्मा और उनकी चिन्ता

'...इस बात के पीछे खुदाई कारण था कि दादी आँख मूँदकर फकीर की बातों में विश्वास रखती थी और मुझे बदसूरत बनाकर रखती थी जिसकी वजह से मुझे स्कूल में अजीब-अजीब तरह की बातें सुननी पड़ती थीं। स्कूल में अलग-थलग रहने के कारण जो दर्द मेरे भीतर था वह मेरे अवचेतन से तब उभरकर आया जब मैं अपने कैरियर के शुरुआत में ट्रेजिक रोल कर रहा था और मुझे उन किरदारों की गहरी मानसिक तकलीफ़ को अभिव्यक्त करना पड़ता था।'

ऐसा नहीं था कि दादी को अकारण ही 'आयरन लेडी' कहा जाता था। उनका एक रुतबा था, जो मेरी बड़ी बहन सकीना आपा में आ गया। दादी अपनी सभी बातें आगाजी से किया करती थीं और अक्सर उनसे देश-दुनिया का हालचाल भी सुनती थीं और सुनते समय उनकी भौंहें तनी होती थीं तथा आँखें अपने ख़ूबसूरत बेटे के ऊपर टिकी होती थीं। यह रोज़ की दिनचर्या थी, जब वे शाम को मग़रिब की नमाज़ के बाद घर लौटते थे। वह सीधा दादी के पास जाते थे जो अपने कमरे में उनका इन्तज़ार कर रही होती थी, अपनी आरामकुर्सी में शान से झूलते हुए जो उनके लिए ख़ास तौर पर सुरक्षित रहती थी। उनके होंठ बुदबुदाते रहते थे और हम जानते थे कि वह ख़ामोशी से तस्बीह (अल्लाह की शान को बयान करने वाले छोटे-छोटे वाक्यों को दोहराना) बुदबुदा रही होती थीं।

वह लम्बी थी और उनका कन्धा चौड़ा था और जब वह उस आरामकुर्सी पर बैठती थी तो ऐसा लगता था जैसे वह उसमें पूरी तरह से समा गयी हों। वह ढीला पठानी शलवार और लम्बे, खुले कुरते पहनती थी, जिससे वह औरत कम मर्दाना अधिक लगती थी। उनका सर हमेशा दुपट्टे से ढँका रहता था। किसी कारण से, वह ख़ुद को हमेशा शाल से ढँककर रखती थी, जो एक बड़े चादर

के बराबर होती थी। जब कोई बदमाशी करके मैं आगाजी या अम्मा से छिपना चाहता था तो मैं अक्सर उनके शाल की तहों में छिप जाता था, जिसे वह मेरे लिए किसी जादुई तम्बू की तरह खोल देती थीं और जो भी मुझे खोज रहा होता था उससे बचने के लिए मैं उसमें छिप जाता था। मुझे उस रहस्य और रोमांच में मज़ा आता था जब घर भर में यह होने लगता था कि नन्हा युसूफ खो गया है। उस बड़े घर में बहुत कम ही लोग यह अन्दाज़ लगा सकते थे कि मैं दादी की शाल के पीछे छिपा हुआ हूँ, और बड़े सुख से उनकी छाती के उतार-चढ़ाव पर सर टिकाये लेटा हूँ। उस भागने का सबसे मज़ेदार हिस्सा यह था कि दादी इतनी चालाक थीं कि वह आँखें बन्द किये बैठी रहती थीं जबकि अम्मा और फूफी बाबजान उनके कमरे में यह बुदबुदाते हुए कई चक्कर लगा जातीं कि पता नहीं युसूफ कहाँ है।

दादी मुझे एक से अधिक कारणों से चाहती थी। फकीर का कौल एक कारण था लेकिन अधिक ख़ास कारण यह था कि मैं अपने बड़े भाई नूर भाई से काफ़ी अलग था। वह हमेशा से मुश्किल खड़ी करने के लिए जाने जाते थे क्योंकि वे रिश्ते के भाइयों तथा पड़ोस के लड़कों के साथ भिड़ने में लगे रहते। हालाँकि वे कुछ ख़ास गम्भीर किस्म की लड़ाइयाँ नहीं होती थीं, लेकिन दादी के पास तब भी आस-पड़ोस से शिकायतें आती रहती थीं। हालाँकि, नूर भाई को अपनी हल्की आँखों और प्यार भरे व्यवहार के कारण उस वक़्त घर की औरतों का साथ मिलता था जब वे अपनी मासूमियत की बात करते थे और बड़ी होशियारी से सारा दोष उन लड़कों के ऊपर ही डाल देते थे जो शिकायत लेकर आते थे। दादी कोई बेवकूफ़ नहीं थी कि उनके झाँसे में आ जाती लेकिन उनको इस बात के लिए दाद देनी चाहिए कि उन्होंने कभी भी नूर मियाँ को लड़कों या उनके अम्मी-अब्बाओं के सामने नहीं डाँटा। वह उनको तब सबक सिखाती जब वे सुनने की सीमा से दूर निकल जाते थे और नूर भाई का रोना-धोना बस हमारे ही कानों तक के लिए रह जाता था।

सकीना आपा दादी के रास्ते से अलग ही रहती थी और घर में जब सकीना आपा की किसी के साथ बहस होती तो बड़ी अम्मा उससे दूर ही रहती थी। मुझे लगता है कि दिल ही दिल में वह इस बात को जानती थी कि सकीना आपा का झगड़ालूपन और ज़िद्दी स्वभाव कहाँ से आया था।

अयूब, जो मुझसे डेढ़ साल बड़ा था, चुपचाप रहने वाला इंसान था, और घर में उसकी मौजूदगी तभी महसूस होती थी जब हम दोनों साथ खेलते थे या एक-दूसरे के पीछे सीढ़ियों पर भागते थे या आँगन में शोर मचाते हुए खेलते थे। वह ऐसा था जो किसी राज को बहुत दिनों तक अपने अन्दर छिपा कर रखता था, बहुत दिनों तक यहाँ तक कि हम पेशावर से निकल आये तब तक भी। एक बार मुझे दादा ने बताया कि मुझे उन सिक्कों को जिनको मैं महफूज़ रखने

की तमन्ना रखता था उस दरार में रखना चाहिए जो सीढ़ियों के हल्के से दबाव से बन गयी थी। दादा ने यह कहानी बनाई कि उस सूराख में जादुई ताकत है जो सिक्कों को दोगुना कर देता है और उसका भाग्य बना देता है जो इसे राज बनाये रखता है और फ़र्श के टुकड़े को उसके ऊपर वापस रखकर यह दुआ करता है कि इसे बढ़ने दें।

मैंने दादा की कहानी आश्चर्य और रोमांच के भाव से सुनी और अयूब ने भी उसी तरह से सुनी। जब कोई आसपास नहीं था तो हम दोनों ने मिलकर फ़र्श के उस हिस्से से ईंट को उखाड़ा और सूराख में कुछ सिक्के डाल दिये। दादा ने हमें यह कहा था कि हमें उस सिक्के को वहाँ तब तक रहने देना चाहिए जब तक कि हम चाहते हैं कि वे बढ़ते रहें। 'अगर तुम उसे खोल-खोल कर देखते रहोगे तो उसका जादू ख़त्म हो जायेगा,' दादा ने हमें जताते हुए कहा था, बिना पलकें झपकाये, फुसफुसाते हुए, उनके चेहरे पर संजीदा भाव था।

असल में, मुम्बई आने के बाद मैं उस सूराख और उसमें रखे गये पैसों के बारे में भूल गया था जब एक बार स्कूल की छुट्टियों में हम पेशावर गये तो अयूब ने उसके बारे में याद दिलाया। उस रोमांचक कहानी की विश्वसनीयता तब भी बरकरार थी हालाँकि तब तक दादा गुज़र चुके थे और सीढ़ियों के पास उस जगह पर धूल और कूड़े का ढेर जमा था। एक रात मैंने और अयूब ने छिपाकर रखे गये उन सिक्कों को निकाला तो पाया कि यह तो दादा की कहानी भर थी हमारे मनोरंजन के लिए और कुछ नहीं। हमें अफ़सोस हुआ, इसलिए नहीं कि सिक्के दोगुने नहीं हुए थे बल्कि यह समझने के कारण कि दादा वहाँ हमारे साथ हँसने के लिए और दाढ़ी सहलाते हुए अपनी चमकती हुई आँखों से यह बताने के लिए नहीं थे कि उन्होंने हमें कैसा बेवक़ूफ बनाया।

फूफी बाबजान घर में अम्मा की अकेली सहेली थी और वह सच में अपने भाई की प्यारी पत्नी को बेहद पसन्द करती थी। वह घर के पिछवाड़े रहा करती थी, जो बहते पानी वाली नहर से घिरा हुआ था, बड़े से आँगन के पार और खाली ज़मीनों के विस्तार जो दूसरे घरों के दीवारों से जाकर मिलती थी। फूफी बाबजान उनमें से ही एक घर में रहती थीं, जबकि चाचा उमर भी नहर के पास ही एक घर में रहते थे, जो दूर से देखने पर झील जैसी लगती थी। वैसे तो उन सबके अपने-अपने घर थे, वे लगभग हर वक़्त हमारे घर में ही रहते थे, जो कि एक बड़ा-सा दुमंज़िला मकान था, जो उन पुरुषों ने मिलकर बनवाया था जिनकी एक ही चिन्ता थी कि मौसम के उतार-चढ़ाव से और छोटे मोटे चोरों से घर के लोगों को महफ़ूज़ रखा जाये।

मुझे यह स्वीकार करना चाहिए कि स्कूल में जो अकेलापन मुझे भुगतना पड़ा उससे घर के अन्दर मेरी गतिविधियों पर कोई फ़र्क़ नहीं पड़ा। मेरी सबसे बड़ी बहन सकीना आपा लड़कियों के एक स्कूल में जाती थी। सबसे बड़ी होने के

कारण वह अम्मा की सहयोगी थी, मैं उनको अक्सर अम्मा या अपनी फूफियों के साथ देखता था। वह सबसे बड़ी होने के कारण हमारे ऊपर रोब जमाया करती थी और मैं देखता कि मेरे बड़े भाई नूर और अयूब उनके पीछे मासूम किस्म की शरारतें किया करते थे। उन्होंने उनको मकड़ी और कीड़ों से डराने की कोशिश की जिनसे अधिकतर लड़कियाँ डरा करती थीं, लेकिन वह बेकार रही। बारह साल की लड़की होने के बावजूद सकीना आपा अधिक मज़बूत मिट्‌टी से बनी थी और वह उनको या बाहर रिश्ते के भाइयों की किसी भी बदमाशी पर उनको पकड़ने से नहीं चूकती थी और उस मामले की जानकारी दादी तक पहुँचा देती थी, जिनके बारे में यह जानी हुई बात थी कि वह घर की मालिक हैं। सकीना आपा बस मुझे छोड़ देती थी, क्योंकि वह इतनी होशियार थी कि यह जान सकें कि मैं अपने दादा-दादी का पसन्दीदा बच्चा था और उनके ख़िलाफ़ होने वाले षड्यन्त्रों में शामिल नहीं रहता था क्योंकि मेरी रुचियाँ और तरह की थीं।

जहाँ तक मेरी बात है, मुझे अम्मा के पीछे-पीछे चलने में बेहद ख़ुशी मिलती थी, उनका उड़ता दुपट्टा पकड़ कर जिससे वह हर समय अपने सर को ढँके रहती थी। वह उस बड़े से घर के एक कमरे से दूसरे कमरे में तेजी से चलती रहती थी। दादी जहाँ कहीं से भी बुलाती वह उनका जवाब देने में बिल्कुल नहीं हिचकिचाती थी और तुरन्त इस बात को समझ जाती थी कि दादी उनको कोई गप्प सुनाना चाहती हैं जो उन्होंने अभी किसी से सुनी। मैं उनके ठीक पीछे छिप जाता था और जब वे पड़ोस की गतिविधियों के बारे में चर्चा कर रही होती थीं तो उनको शायद ही कभी मेरे वहाँ होने के बारे में पता चलता था कि मैं भी वहाँ मौजूद हूँ, कई बार तो वे बातें डरावनी होती थीं, कई बार बेवकूफ़ी से भरी।

एक सुबह दादी ने अम्मा को जल्दी से आने के लिए आवाज़ लगाई, और हमेशा की तरह, मैं उनके पीछे-पीछे बिना उनके ध्यान में आये चल पड़ा। दादी अस्वाभाविक रूप से गम्भीर थी और फुसफुसाकर बात नहीं करने वाली थी। मुझे देखने से यह लग रहा था कि वह उदास और परेशान थी। 'तुरन्त जाओ', वह अम्मा से ज़ोर से बोलीं। 'लाश शायद वहाँ ज़्यादा देर तक न रहे। पता है, यह केस है और पुलिस ने तफ़्तीश शुरू कर दी है। बेचारे माँ-बाप! अल्लाह उनको ताकत दे। जल्दी आ जाना।'

पेशावर में घर इस तरह से बनाये गये थे कि उनके छत आपस में जुड़े हुए थे। अगर औरतों को पड़ोस में जाना होता तो उनको बस एकाध छतों को ही पार करना पड़ता था। इमारतों को इस तरह से बनाया गया था कि जो औरतें पर्दा करती थीं और अगर उनको जाना होता तो उनको न घर से निकलना पड़ता था न ही सड़कों पर चल कर किसी के घर ही जाना पड़ता था और वे उस जगह पहुँच भी जाती थीं जहाँ उनको जाना होता था।

एक झटके में, अम्मा एक घर के गलियारे से दूसरे घर के गलियारे होते हुए

तेजी से चल रही थी। उनको इस बात का इल्म नहीं था कि मैं भी बिना आवाज़ के उनके पीछे-पीछे चल रहा था। वह एक घर में पहुँची जहाँ उदासी पसरी हुई थी और मुर्दनी शान्ति। वह एक मोटी औरत के पास खड़ी हो गयी जो ज़ोर-ज़ोर से रो रही थी और उन्होंने उनको सान्त्वना देने की कोशिश की, फिर वह एक कमरे में गयीं जहाँ तीन लाशें रखी हुई थीं, जिनकी बगल से ख़ून बह-बह कर कपड़े को गीला करके फ़र्श पर लाल रिबन की तरह से बह रहा था। उसकी गन्ध सही नहीं जा रही थी। अम्मा ने अपनी नाक अपने हाथों से ढँक ली थी। वह परदे में थी लेकिन मैं यह देख सकता था कि उनकी आँखों में आँसू थे।

अम्मा को इस बात का बिल्कुल अन्दाज़ा नहीं था कि मैं उनके पीछे-पीछे उस घर और उस कमरे तक गया था जहाँ लाशें ठंडी और शान्त पड़ी हुई थीं। जाँच करने वाले अधिकारी वहाँ आ गये और पश्तो में बातें करने लगे और उनमें से एक के हाथ में एक राइटिंग बोर्ड था और वह बीच-बीच में कुछ लिख रहा था, क्योंकि दूसरा उसका सीनियर अफ़सर लग रहा था जो उससे दर्ज़ करने के लिए कह रहा था। यह दिखाई दे रहा था कि वे जाँच कर लिखने में इतने खोये हुए थे कि उनका ध्यान मेरी अम्मा की तरफ़ नहीं गया। अचानक, एक अंग्रेज़ अफ़सर ने दोनों दरवाज़ों को खोल दिया और अपने जूतों से ख़ूब शोर मचाते हुए और स्थानीय पुलिस वाले से ज़ोर-ज़ोर से बातें करता हुआ अन्दर आया।

मैं पूरी तरह से उन वर्दी वालों की गतिविधियों में खोया हुआ था, ख़ासकर वे जिस तरह से चल रहे थे, बातें कर रहे थे और जिस तरह से लाशों के पास मुँह बना रहे थे। मुझे अम्मा का वहाँ से जाने का पता ही नहीं चला या जब वह उस कमरे से बाहर निकल गयी तब मुझे इस बात का पता चला। अंग्रेज़ वहाँ से स्थानीय पुलिस वाले के साथ चला गया और अचानक दरवाज़ा धड़ाम से बन्द हुआ और मैंने पाया कि मैं उस कमरे में अकेला था एक मेज़ के पीछे दुबका हुआ जो लाशों से अधिक दूरी पर नहीं थी।

मैं खौफ़ और घबराहट से भर गया क्योंकि मेरे दिमाग़ में इस तरह के ख़याल आने लगे कि अगर किसी को पता नहीं चला कि मैं अन्दर हूँ और वहाँ कोई नहीं आया तो मैं वहीं फँस जाऊँगा। फिर मैंने मन ही मन सोचा कि अगर किसी को मेरा ध्यान नहीं आया तो मेरे दादा-दादी को ज़रूर इस बात का ध्यान आयेगा जब शाम को पूरा परिवार मेहमानखाने में चाय के लिए जुटेगा कि मैं वहाँ नहीं हूँ।

हर शाम मेहमानख़ाने में चाय पीने का दौर काफ़ी जमकर चलता था और जब शाम बीतती तो मैं दादा की पीठ पर सवारी करना नहीं भूलता था, जब दादा घोड़े की तरह फ़र्श पर हाथ-पैरों पर चलने लगते थे। यह उनका तरीका था अपने पोतों के मनोरंजन का और चूँकि मैं उनका सबसे दुलारा था इसलिए मुझे ज़्यादा दूर तक सवारी मिलती थी और जब मैं उनकी दाढ़ी को अपने दोनों हाथों से पकड़ता था तो उनको बिल्कुल बुरा नहीं लगता था।

यह सोचकर तसल्ली हुई। मैंने मन ही मन सोचा कि पता नहीं क्या हो। यह भी तो हो सकता है कि दादा घर पर चाय के लिए नहीं हों और दादी भी किसी कारण से कमरे में नहीं हों। तब मेरी याद किसे आयेगी? अम्मा को तो बिल्कुल नहीं, क्योंकि वह चाय-नाश्ते के इन्तज़ाम में लगी होंगी।

जितना ही मैं दिमाग़ में सोचता उतना ही डर लगता और जबकि कमरे में उतनी ठंडक नहीं थी मगर मैंने महसूस किया कि मैं हल्का सा काँप रहा था। कमरे की खिड़की थोड़ी सी खुली हुई थी और अचानक हवा आयी उसने एक मरने वाले के चेहरे से कपड़ा हटा दिया। वह जवान था और अक्सर बाज़ार में दिख जाता था और उसका पीला चेहरा देखकर डर लग रहा था। मुझे उस समय ऐसा महसूस हुआ कि उसकी आँखें मेरी तरफ घूमने वाली थीं और मैं चीख पड़ा होता अगर मेरा गला नहीं सूख रहा होता और उसकी वजह से मेरी आवाज़ नहीं दब गयी होती।

मैं बस दुआ कर सकता था, जितनी हो सके उतनी दुआ। तभी दरवाज़ा ज़ोर से खुला और वही अंग्रेज़ अफ़सर अन्दर आया। उसकी आँखें मेरे ऊपर पड़ीं। उसने मुझे घूरा और फिर चिल्लाया : 'यह बच्चा कौन है? यह यहाँ क्या कर रहा है?'

मैं अब डर के मारे काँप रहा था। दो पुलिस वाले मेरे पास आये, उन्होंने मुझे उठाया और बाहर ले गये। बाहर अभी भी उजाला था और मुझे इससे राहत महसूस हुई। गलियारे में लोग खड़े थे और उन्होंने मुझे तुरन्त सरवर ख़ान के बेटे के रूप में पहचान लिया। अफ़सर ने मुझसे पूछा, 'तुम अन्दर कैसे गये मेरे बच्चे?'

अब चूँकि मैं बाहर आ गया था और खुलकर साँस ले पा रहा था और इसलिए मुझे मेरी आवाज़ वापस मिल गयी और मैंने पुलिसवालों से कहा कि मैं अम्मा के पीछे-पीछे आया था और धोखे से यहाँ बन्द हो गया। वहाँ कुछ और लोग भी थे जिन्होंने मुझे पहचान लिया और अंग्रेज़ अफ़सर मेरी बातों से सन्तुष्ट हो गया और उसने मुझे जाने दिया। जितनी तेज़ी से हो सकता था मैं बाहर निकल गया।

घर पर चाय के लिए मेज़ सजी हुई थी। मेरी दादी ने मुझे सबसे पहले देखा और मेरे चेहरे के हाव-भाव से समझ गयी कि न तो मैं नहाया था न ही मैंने चाय के लिए कपड़े ही बदले थे यानी यह कि मैं घर से बहुत देर से बाहर था। उनको यह जानने की उत्सुकता थी कि मैं पूरी दोपहर कर क्या रहा था। मैं उनको सच बताने से कतरा रहा था लेकिन दादी ऐसी नहीं थी कि मैं या कोई भी कुछ बात बनाये और वह उसको मान लें। उनके अन्दर एक ख़ास तरह का हुनर था जिससे वह घर के अन्दर घटने वाली किसी भी असामान्य घटना की तह तक पहुँच जाती थीं। जब उन्होंने यह सुना कि मेरे साथ क्या हुआ था तो उन्होंने अम्मा को बुलाया और उनको डाँटना शुरू कर दिया कि

उनको मेरी कोई ख़बर नहीं रहती है। सौभाग्य से, आगाजी आये और उन्होंने माहौल को शान्त किया।

चाय के समय चर्चा इस बात को लेकर हो रही थी कि किस तरह से वे भाई उस परिवार के लोगों के साथ लड़ाई में उलझ गये जो उन लड़कों के परिवार के बड़ों से बदला लेना चाहते थे। उस इलाके के लिए यह कोई नया नहीं था कि जिन परिवारों में लड़ाई हो उनके बीच ख़ून-खराबा हो जाये लेकिन इसमें मौत कम ही होती थी। एक साधारण पठान परिवार में कम से कम दर्जन भर बच्चे तो होते ही थे और इस तरह के मुक़ाबलों में एकाध बच्चा मर भी जाये तो कोई ख़ास नुक़सान नहीं होता था। व्यावहारिक तौर पर, माता-पिता इस बात पर सन्तोष कर लेते थे कि उनके पास अभी भी बेटे थे जिनके ऊपर वे भरोसा कर सकते थे। इसी कारण से पठान मुसलमान परिवार में साल-दो साल में बच्चे का आगमन ज़रूरी होता था।

अधिकतर दिन, जब परिवार चाय के लिए जुटता, तो वह काफ़ी अच्छा मौक़ा होता था, औरतें एक साथ बैठकर गप्पें मारा करतीं, मर्द गम्भीर चर्चा में उलझे रहते। दादी सदारत करती थी और उनको यह रानी जैसा ओहदा बहुत पसन्द था, और सच्चाई यह है कि केवल फूफी बाबजान को छोड़ कर उनकी बेटियों और बेटों में किसी की भी हिम्मत नहीं थी कि घर के मामले में वे कुछ बोलें और वे सब उसे काट दें। मुझे यह देखकर तकलीफ़ होती थी कि अम्मा वहाँ न होकर मिट्टी के चूल्हे पर बर्तनों में भर-भर के चाय बनाती रहती थी, आग और धुएँ के बीच जिससे कभी-कभी उनकी साँसें भी उखड़ने लगती थीं और उनको परेशानी होने लगती। वह जो खाना या नाश्ते में पकवान बनाती थी उसकी तारीफ़ तो सभी किया करते थे लेकिन उनकी ननदों या सास की तरफ़ से मदद की कोई कोशिश नहीं होती थी। कभी-कभार फूफी बाबजान उनकी मदद कर दिया करती थी।

अम्मा के लिए अपने बचपन के दिनों की जो बात याद आती है वह यह थी कि वह बिना किसी शिकायत के घर के काम में जुटी रहती थी। ऐसा नहीं था कि उनकी मदद के लिए कोई नौकर नहीं था लेकिन अम्मा को अपना काम अपनी नफ़ासत के साथ ही करना पसन्द था। अगर कोई उनसे यह कहता कि वह नौकरों के लिए काम क्यों नहीं छोड़ती हैं तो उनका जवाब होता था वह जो कर रही थीं वह काम करना उनको पसन्द था और दादी ने इसीलिए उनको यह काम सौंपा था क्योंकि यह उनकी खासियत थी। वह हमेशा शान्तचित्त रहती थी और इसकी वजह से आगाजी की ज़िन्दगी आसान हो गयी थी क्योंकि उनको कभी भी अपनी जवान पत्नी से शिकायत सुनने को नहीं मिली न ही उनको वैसे झगड़े सुलझाने पड़े जो आम तौर पर वैसे संयुक्त परिवारों में हो जाया करते थे जहाँ बहुत सारे लोग रहते थे। अम्मा का

ताल्लुक एक आभिजात्य परिवार से था। उनके माता-पिता और बहनें हमेशा अच्छे कपड़े पहनती थीं और जब भी आते थे तो घोड़ा गाड़ी में आते थे, साथ में एक आदमी भी होता था जिसके साथ दो बक्से मिठाई या रेशमी कपड़ों के होते थे जो वे अपने साथ उपहार में लेकर आते थे। वे इस बात को जानते थे कि घर में ड्राई फ्रूट की कोई कमी नहीं थी, इसलिए वे ताज़े फल, मिठाई और नमकीन लाते थे। अम्मा समय निकाल कर उनके साथ बातें करती थी, ख़ासकर अपनी बहनों से जो बेहद ख़ूबसूरत थीं, आगाजी की बहनों से बिल्कुल अलग, जो चौड़े कन्धों वाली और मज़बूत थीं।

जब अम्मा ने घर के कामकाज से छुट्टी ली (सम्भवतः एक बार) ताकि अपने माता-पिता के साथ समय बिता सकें, वह भी तब जब उनकी बहन की शादी थी। मैं तब महज पाँच या छह साल का था इसलिए वह मुझे अपने साथ ले गयी। जब तक मैं स्कूल से लौटकर आया तब तक मुझे यह नहीं पता था कि मुझे उनके साथ उनके मायके जाना है, मैंने सुना कि दादी आगाजी से यह कह रही थीं कि वह और अम्मा वहाँ मेरा अधिक ध्यान रखें और मुझे दूसरे बच्चों के साथ बाहर नहीं जाने दें। उन्होंने उनको फकीर की बात की याद दिलाई। मुझे इस मौक़े से बेहद ख़ुशी हो रही थी कि मुझे अम्मा और आगाजी के साथ कहीं बाहर जाने का मौक़ा मिल रहा था लेकिन इस ख़याल से मैं डर जाता था कि मुझे भीड़ में टीका लगाकर खड़ा होना होगा। मेरे बचाव में फूफी बाबजान आयीं और उन्होंने अम्मा को चुपचाप यह सलाह दी कि जब तक वह अपने माँ-बाप के घर में हैं तब तक तो इसे इस बेइज़्ज़ती से बचा लें।

वहाँ मुझे बहुत मज़ा आया और मैं उस बड़े से घर की गतिविधियों को ख़ास नज़र से देखता रहता था जहाँ उस शादी में आयी औरतों के साथ घर की बेटियाँ और बहुएँ ठहरी हुई थीं। यह उस तानाशाही से बिल्कुल अलग था जो वहाँ उस घर में था जहाँ से मैं आया था। मेरे नानी नाना सख़्त नहीं थे, और पहली बार, मैंने यह देखा कि अम्मा का ध्यान रखा जा रहा था और खाने के समय मेज़ पर उनके लिए उचित जगह बनाई जाती थी। इससे मुझे बहुत ख़ुशी हुई जब मैंने यह देखा कि अम्मा हँस रही थी और यह हँसी-ख़ुशी का माहौल तब तक चलता रहता था जब मैं रेशमी रज़ाई में लिपटकर सो नहीं जाता था।

जब शादी सम्पन्न हो गयी तो अम्मा वापस आ गयी तब मैं यही दुआ करता रहता था कि अम्मा को वही खुली ज़िन्दगी मिले जो वहाँ थी। मैं माथे पर काला टीका लगाये लौटा जिससे दादी को बेहद ख़ुशी हुई कि उनके हुक्म का पालन किया गया था। बिना कुछ बोले, बिना गुस्सा दिखाए अम्मा ने रसोई का काम सँभाल लिया।

मैं वापस स्कूल जाने लगा लेकिन न तो आगाजी न ही अम्मा ने इस बात

के ऊपर ध्यान दिया कि मैं अन्तर्मुखी होता जा रहा था। मैं गहरे तौर पर हीन भावना और अकेलेपन से भर गया। मैं घर वापस जाने का इन्तज़ार किया करता था ताकि वहाँ जा कर मैं अम्मा की सुकून भरी महफूज छाँह में चला जाऊँ। पीछे मुड़कर देखने पर यह लगता है कि इस बात के पीछे ख़ुदाई कारण था कि दादी आँख मूँदकर फकीर की बातों में विश्वास रखती थी और मुझे बदसूरत बनाकर रखती थी जिसकी वजह से मुझे स्कूल में अजीब-अजीब तरह की बातें सुननी पड़ती थीं। स्कूल में अलग-थलग रहने के कारण जो दर्द मेरे भीतर था वह मेरे अवचेतन से तब उभरकर आया जब मैं अपने कैरियर के शुरुआत में ट्रेजिक रोल कर रहा था और मुझे उन चरित्रों की गहरी मानसिक तकलीफ़ को अभिव्यक्त करना पड़ता था।

इंसानी दिमाग़ जैसा कि मुझे समझ में आया है, में इस बात की काफ़ी क्षमता होती है कि वह इसमें बड़े पैमाने पर अनुभवों और उर्वर कल्पनाओं को सहेज कर रख सके और समय की माँग के मुताबिक़ उसे प्रकट करे। जब मैं बड़ा हुआ तो मैंने यह सीखा कि अनुभवों तथा विचारों के लिए दिमाग़ को खुला रखा जाये जिनको मेरे ख़याल से दिमाग़ के अन्दर सहेज कर उस दिन के लिए रखा जाये जिस दिन उसकी माँग हो। मैंने यह भी सीख लिया कि ऐसे विचार और अनुभवों से दिमाग़ को दूर ही रखा जाये जो दिमाग़ पर बोझ की तरह रहें और जिनका कोई उद्देश्य भी नहीं हो। यह तभी हासिल होता है जब किसी का दिमाग़ जीवन की पाठशाला के शिक्षण से परिपक्व हो गया हो। लेकिन बचपन में, मैं उन अनुभवों के बारे में कुछ भी नहीं कर सकता था, अच्छे हों या बुरे, वे मेरे अवचेतन में बैठते गये और वहीं ठहर गये।

जोखिम और शरारतें

'मुझे इस बात में कोई सन्देह नहीं है कि कहानी सुनाने का जो मेरा हुनर है उसकी चिंगारी मेरे बचपन के दिनों में पेशावर में ही भड़की थी...हर शाम मैं आगाजी की उँगली पकड़ कर चौक तक जाता था जहाँ एक मौलाना क़िस्सों की परतें खोलते रहते थे।...मुझे क़िस्से सुनने में मज़ा आता था और अपने उर्वर दिमाग़ के कारण मैं उन किरदारों और घटनाओं को दिमाग़ में चित्र की तरह दर्ज़ कर लिया करता था और घर लौटकर मौलाना द्वारा कही गयी लाइनों के साथ मैं उन किरदारों को निभाने की कोशिश किया करता था...यह कौन समझ सकता था कि कई सालों बाद मैं सिनेमा जैसे माध्यम के लिए कहानी सुनाने के काम में हिस्सा लूँगा!'

मैं ख़ूब पढ़ाकू बच्चों में नहीं था लेकिन मेरे अन्दर रुचि थी और मुझे चीज़ों के देखने-परखने में दिलचस्पी थी। अन्तर्मुखी होने के कारण मुझे अकेला रहना पसन्द था, अपनी चीज़ों के साथ। मैंने अपने रिश्ते के भाइयों तथा बाकी बच्चों को अकेला छोड़ दिया, नहीं चाहता था कि उनके साथ बेकार की बहसबाजी में पड़ूँ। मुझे याद है कि मैं दादा से यह पूछा करता था कि घर के सामने जो नदी थी वह हमेशा बहती क्यों रहती थी और इसमें पानी कहाँ से आता था और कहाँ जाता था। वे हँसते थे और मुझे अपने चौड़े कन्धे पर उठाकर नदी तक ले जाते थे और वहाँ खड़े होकर पानी को घूरते रहते थे। मैं जवाब का इन्तज़ार करता था जो कभी नहीं आया। मुझे समझ में आ गया कि उनके पास मेरे लिए कोई जवाब नहीं था। मैंने एक बार सुना कि वे आगाजी से कह रहे थे कि मैं उनसे ऐसे-ऐसे सवाल पूछता था जिनके जवाब दे पाना उनके लिए मुश्किल था और

यह कि काश उनके पास कोई जवाब होता। उन्होंने आगाजी से ख़ुशी-ख़ुशी यह भी बताया कि मैं घर के बाकी बच्चों की तरह नहीं था जिनको किसी बात पर हैरत नहीं होती थी और न ही वे मुश्किल सवाल पूछते थे।

गर्मियों के दिनों में मुझे दोपहर में खुली जगहों में घूमना बहुत पसन्द था, जब दादी लजीज खाना खाकर अपने कमरे में आराम करती थी। उन दिनों बिजली का पंखा नहीं होता था। उन दिनों हाथ से चलाये जाने वाले पंखे आते थे जिनके ऊपर कपड़े लिपटे होते थे, घर के नौकरों को पता था कि छत पर लगे पंखे को कैसे हिलाते हैं। वे जब रस्सी खींचते थे तो पंखा हिलकर हवा काटने लगता था। यह मेहनत का काम था लेकिन जिन लोगों को यह काम दिया जाता था वे इसको करने में पूरी तरह माहिर होते थे। दोपहर में हम सभी बच्चों को सुला दिया जाता था क्योंकि खाली सड़कों पर घूमने की सलाह नहीं दी जाती थी। मैं सोने का बहाना करता था, और कभी-कभी जब मैं देखता कि पंखा वाला और बाकी सभी गहरी नींद में हैं तो मैं चोरी छिपे सड़क पर निकल आता था।

सड़कें सँकरी होती थीं, और कुछ घुमावदार भी। मैं उनके बीच से जगह बनाकर खुली जगहों की तरफ़ जाता था जहाँ बेरी के पेड़ थे जिनको कोई नहीं खाता था। हमसे यही कहा जाता था कि बेरी अच्छा नहीं होता है इसलिए उनको चिड़ियों एवं कीड़ों के लिए छोड़ दिया जाना चाहिए। लेकिन जिज्ञासु होने के कारण मैं एक पेड़ के ऊपर चढ़ गया और बेरी तोड़ने लगा। मैंने बेरियों को कुर्ते की जेब में रखना शुरू किया ही था कि मैंने कुछ लोगों की आवाज़ सुनी जिनमें से एक-दूसरे का पीछा कर रहे थे। जो पीछा कर रहा था उसको तो मैं पहचान गया जबकि मैं पेड़ की डाल पर साँस थामे बैठा रहा। मैंने जिस आदमी को पहचाना उसका नाम गनी था जो मेरे परिवार के बाग़ की देखभाल करता था। वह लम्बा-तगड़ा इंसान था। जिस तरह से वे बहस कर रहे थे ऐसा लग रहा था जैसे गनी ने उस आदमी को उनमें से किसी गोदाम में ताक-झाँक करते देख लिया था जहाँ ड्राई फ्रूट को रखा जाता था। मैं इस बात से डरा हुआ था कि अगर गनी ने ऊपर पेड़ की तरफ़ देखा और मुझे वहाँ देख लिया तो वह आगाजी को शिकायत कर देगा कि मैं क्या शरारत कर रहा था। सौभाग्य से, दोनों में सुलह हो गयी और उस आदमी ने गनी से माफ़ी माँगी। मैंने राहत की साँस ली और भागकर घर आ गया, इस बात से ख़ुश कि मेरी किस्मत अच्छी रही जो मैं बच गया।

मेरे सारे भाई गनी से बहुत डरते थे। ज़्यादातर वक़्त जब मैं उससे बाग़ में मिलता तो वह मेरे साथ बहुत दोस्ताना व्यवहार किया करता था, उसे एक कन्धे पर मुझे बिठाकर दूसरे कन्धे पर ताज़ा तोड़े गये बादाम और अंगूर की बड़ी सी टोकरी को लटकाकर चलना पसन्द था। दादी अंगूरों को क़िस्सा ख्वानी बाज़ार

के चौक पर भिजवा देती थीं कि वह उन ग़रीबों को दे दिये जायें जो खाना माँगते रहते हैं। ग़रीबों को भोजन के रूप में अंगूर देने का बड़ा मज़ेदार तरीका था। वह आदमी जो रोटी और नान बनाता था वह बड़े नान के बीच में चाकू से चीरा लगाकर थैला बना देता था और उसमें मुट्ठी भर अंगूर डालकर उसको फिर बन्द कर देता था। इस तरह का हर नान भूखे ग़रीब लोगों के लिए बहुत सेहतमन्द होता था।

गनी टहलता हुआ हमारे घर की तरफ़ आता था और बड़े आराम से मुझे और टोकरी को उतार देता था। दादी उसके प्रति दयालु थी और हमेशा उसे खाना-पैसे दिया करती थी। उसके बारे में डरने वाली बात जो थी वह यह नहीं थी कि वह देखने में दानव जैसा लगता था बल्कि उसकी दिमाग़ी हालत ठीक नहीं थी। चाँदनी रात में जब वह बाग़ की चौकीदारी कर रहा होता तो नीम बेहोशी की हालत में चला जाता और भेड़िया की तरह आवाज़ें निकालने लगता था। उसे कोई भी चुप नहीं करा पाता और रात भर उसे ज़ंज़ीरों में जकड़ कर रखा जाता था, और उस रात कोई और बाग़ की रखवाली करता। कभी-कभी, वह सुबह तक ठीक हो जाता और ऐसे काम पर चला जाता जैसे कुछ हुआ ही न हो, और क़भी-कभार दो-तीन दिन तक उसे बन्दी रखना पड़ता था।

गनी से सभी को सहानुभूति थी और उसके उस हालात को लेकर कई तरह की व्याख्याएँ की जाती थीं। कोई कहता कि चाँदनी रात में उसके ऊपर भूत आता था और उन भूतों को किसी ऐसे आदमी द्वारा भगाया जा सकता था जो झाड़-फूँक जानता हो। कुछ कहते कि वह पागल था और उसे इलाज की ज़रूरत थी। जो भी रहा हो, किसी ने चाँदनी रात में उसके द्वारा किये जाने वाले अजीब व्यवहार को छुड़ाने की कोई कोशिश नहीं की और यह सब तब तक चलता रहा जब वह बहुत बीमार हो गया और एक बार जब उसे चेन से बाँधा गया तो बिस्तर पर अचानक उसकी मौत हो गयी।

जब वह मर गया तो बाग़ के आसपास रहने वाले लोग यह कहते कि उन्होंने उसे रात में साये की तरह से चलते देखा, ख़ासकर, पूर्णिमा की रात में। यह डराने वाली बात तो थी मगर अजीब भी थी। इन कहानियों की वजह से दोपहरों की मेरी चोरी-छिपे यात्रा नहीं रुकी और अब तो गनी मुझे पकड़ भी नहीं सकता था, मैं वहाँ की धरती पर और यात्राओं के लिए मुक्त हो गया था।

एक दोपहर मैं निकला तो मेरा पहला ठिकाना था गोदाम, जहाँ से मैंने मुट्ठी भर बादाम और पिस्ता लिये और अपनी जेब में भर लिये। मैंने अपनी जेबों से हाथ बाहर निकाला ही था कि मैंने देखा कि एक बन्दूक़ वाली गाड़ी गोदाम की तरफ़ आ रही थी। मैंने तुरन्त उसका शटर गिराया और ज़मीन से लगकर बैठ गया और उसकी दरार में से गाड़ी को देखने लगा। मैं अन्दर था और बाहर कार्रवाई हो रही थी, यह कार्रवाई गोदाम के इतने पास हो रही थी कि मैं कुछ

घबरा-सा गया। गाड़ियों से गोलियाँ चल रही थीं और मैंने देखा कि कुछ कबायली उन गोलियों के शिकार हो गये।

उन गाड़ियों में अंग्रेज़ सिपाही थे और वे चिल्ला-चिल्ला कर अन्य कबायलियों को चुनौती दे रहे थे कि वे निकल कर बाहर आयें, वे गोदाम के पास ही छिपे हुए थे। उनकी बन्दूक़ें गोदाम की दिशा में तनी हुई थीं और एक बार फिर मैं एक ख़तरनाक हालात में फँस चुका था। कबायलियों के नहीं निकलने के कारण कुछ देर बाद वे लोग अपनी गाड़ी वापस मोड़ कर चले गये। अब मेरा डर यह था कि अगर वे कबायली वहाँ छिपे थे, और अगर उन्होंने मुझे देख लिया तो उनसे किस तरह निपटा जाये। मैं इतना समझता था कि पहाड़ी कबायली ख़तरनाक माने जाते थे और वे अपराधी थे जो लूटपाट के लिए आते थे। बाहर दिन की रौशनी कम हो रही थी और मुझे घर वापस लौटना था। उस कम उम्र में भी मेरी आत्मा ने मुझे ख़तरा उठाने के लिए उकसाया, मैंने जल्दी से शटर उठाया और भाग निकला, इतनी तेज़ रफ़्तार से भागा कि खुद मुझे भी आश्चर्य हुआ जब मैं अपने घर के दरवाज़े पर पहुँचा। साँस उखड़ी हुई थी। मैं भागकर सीधा अम्मा की बाँहों में चला गया। वह और दादी दुआ करने में लगी हुई थीं और मुझे खोजने के लिए लोगों को भेज दिया गया था। अम्मा ने मुझे गले से लगा लिया और मैंने सुना वह खुदा का शुक्र अदा कर रही थी कि उन्होंने मुझे बिना किसी खरोंच के वापस भेज दिया। गोदाम के पास गोली चलने की बात घर में पहुँची तब मेरी अम्मा ने यह पाया कि मैं घर में नहीं था।

मैंने उनसे बताया कि मैंने शटर की दरार से क्या देखा। जो मैंने सुनाया उससे पहले तो आगाजी और दादाजी मेरे ऊपर ख़ूब नाराज़ हुए। लेकिन मुझे कुछ हुआ नहीं इस बात से उनका गुस्सा ठंडा पड़ गया।

आगाजी लम्बे-चौड़े कन्धे वाले और सुन्दर थे। उनकी मूँछें बहुत शानदार थीं। उनको और दादा को ख़ूब बाल थे, जिससे पता चलता है कि मेरे शरीर में इतने बाल क्यों हैं। आगाजी तनकर चलते थे और वे पठानी पायजामा और कुर्ता बहुत अच्छी तरह से पहनते थे। वे अच्छे सूती कपड़े से बने होते थे और उनको ख़ास दर्ज़ी सिलते थे। उनको हलके रंग पसन्द थे और सफेद रंग उनको बेहद पसन्द था।

वे अम्मा को बहुत अधिक प्यार करते थे, लेकिन परिवार वालों के सामने वे अपना प्यार कम ही जताते थे। अगर वे अम्मा के लिए कुछ लाते थे, तो अम्मा को कमरे में चुपचाप देते थे जो ऊपरी मंज़िल पर था। चूँकि मैं हमेशा अम्मा के चक्कर काटता रहता था इसलिए मैं देख लेता था कि वे कोई दुपट्टा या इंग्लिश पाउडर निकाल कर चुपचाप उनको देते थे। वह उन्हें हाथ में लेती, उनको अलमारी में रख देती और कमरे से चुपचाप निकल जाती थी, जिससे कि दादी उनको मियाँ के साथ अकेले न देख लें।

वजूद और परछाईं

अम्मा गोरी, दुबली-पतली थीं। जब तक मैं दो साल का हुआ तो मेरा छोटा भाई नासिर पैदा हुआ और जब तक मैं चार साल का हुआ तब उनको मेरी बहन ताज होने वाली थी। मैं हैरान रह जाता था हर बार एक और भाई या बहन हमसे आ जुड़ते थे और इससे मुझे गुस्सा भी आता था कि जब कोई नया भाई या बहन आता था अम्मा पूरी तरह से ढँकी लिपटी रहती थी, और अपने बड़े बच्चों को लगभग भूल ही जाती थी जो परिवार के लोगों के सहारे रह जाते थे। मैं किसी भी हालत में उनका पीछा करना नहीं छोड़ता था और यह मेरा हक बनता था कि किसी तरह सोते में उनके बगल में जगह बना कर सो जाऊँ। गर्मियों के दिनों में, चाँदनी रात में हम छत पर चटाई बिछाकर सोते थे और जब चाँद की रौशनी मेरी अम्मा के चेहरे पर पड़ती थी तो मैं उस रौशनी में उनके चेहरे की अपूर्व सुन्दरता देखकर हैरान रह जाता था। वह गहरी नींद में होती, दिन भर कड़ी मेहनत करने के बाद मेरी कुँवारी फूफियाँ भी सोई रहती थीं और मोटी फ़ारसी बिल्ली भी उनको इसलिए पाला जाता था क्योंकि सर्दियों के दिनों में बिस्तर को गर्म बनाने के लिए उनकी ज़रूरत पड़ती थी।

सर्दियों की रातें बच्चों के लिए ख़ूब मज़ेदार होती थीं। घर की छत पर सिगड़ी डाल दी जाती थी जिसमें आग जलती रहती थी और उसके चारों तरफ़ घर के लोग बैठ जाते थे। उस तरह बैठने से हमको आग की गर्मी मिलती थी, जिससे हमें रात की ठंड से मुक़ाबला करने के लिए पर्याप्त गर्मी मिल जाती थी। हर आदमी के लिए कम्बल लाये जाते थे और उनके पैरों से लेकर कमर तक कम्बल से ढँक दिया जाता था। वहाँ हर आदमी के लिए यह लाजिमी था कि वह या तो कोई कहानी सुनाये या कोई गीत गाये। अगर वह कोई कहानी होती तो उनसे कोई नैतिक शिक्षा ज़रूर मिलनी चाहिए थी। वहाँ ऐसा कोई भी क़िस्सा नहीं सुनाया जा सकता था जिसमें बड़ों वाली बात हो क्योंकि वहाँ बच्चे भी सुन रहे होते थे।

दादी एक तरह से वह पहली सेंसर थीं जिनका मैंने अपनी ज़िन्दगी में सामना किया। वह वैसी कहानी पर तुरन्त ही रोक लगा देती थीं जिनके बारे में उनको ऐसा लगता था कि उन कहानियों को बच्चों और औरतों के सामने नहीं सुनाया जाना चाहिए। मेरी एक खाला की शादी एक ऐसे आदमी से हुई थी जिनको ऐसी-ऐसी कहानियाँ सुनाने का शगल था कि दादा कोंडके भी शरमा जायें। एक बार उन्होंने एक ऐसी ही कहानी सुनानी शुरू की तो दादी ने तत्काल उनसे कह दिया कि जाकर अपने कमरे में सो जायें और फिर कभी ऊपर न आयें। यह प्रतिबन्ध जीवन भर के लिए था।

दादी को ऐसी कहानियाँ पसन्द थीं जिनमें वीरता का बखान हो, महानता की बात हो और अगर उसमें थोड़ा-बहुत प्यार-मोहब्बत हो तो भी वह बुरा नहीं मानती थीं। अगर वह शाम गीतों की हो, तो उन गीतों के अल्फ़ाज़ साफ़-सुथरे,

लोक जीवन से जुड़े होने चाहिए, या फ़ारसी के महान शायरों की ग़ज़लें हों यह आज के अन्त्याक्षरी की तरह था सिवाय इसके कि वह लगातार चले या नहीं यह उसके विषय पर निर्भर करता था। अगर उस शाम का विषय प्यार हुआ तो सारी रात प्यार के गीत ही गाने होते थे या अगर विषय इल्हामी हुआ तो सारी रात इल्हामी ही चलता। ऐसा नहीं था कि मैं सारी रात गोद में चुपचाप बैठा रहूँ। अगर कहानी मज़ेदार होती थी तो मैं उसे पूरे ध्यान से सुनता था, अगर नहीं तो एक गोद से दूसरे गोद में जाते-जाते कब सो जाता पता ही नहीं चलता था, जैसा कि बच्चों के साथ होता है। अगली सुबह मैं अपने गर्म मुलायम बिस्तर पर उठता और आश्चर्य से आँखें मलता कि वहाँ मुझे कौन ले आया है। जब गाने और कहानियाँ सुनाने का दौर चलता तो फ़ारसी बिल्लियों को बिस्तरों पर सुला दिया जाता ताकि सोने वालों के आने पर वह बिस्तर गर्म रहे। यह पेशावर की ख़ास रवायत थी।

मुझे इसमें कोई शक नहीं कि कहानी सुनाने की कला मुझमें पेशावर में ही पनपी, जब मैं बचपन के दिनों में वहाँ था। छत पर लगने वाली केवल सर्दियों की रातों की बैठक ही नहीं थी जो मेरी कल्पनाओं को जगाती थी। उस समय क़िस्सा ख्वानी बाज़ार का जो मुख्य चौराहा था उसकी ख्याति थी कि वहाँ शाम की नमाज़ के बाद मुख्य चौराहे पर लोग साधारण मनोरंजन के लिए व्यापारी और दुकानदार आकर जुटते थे। हर शाम मैं आगाजी की उँगली पकड़ कर चौक तक जाता था जहाँ एक मौलाना कहानियाँ सुनाते थे, कहानियाँ मज़ेदार होती थीं और उनको सुनाने वाला नाटकीय ढंग से आवाज़ के उतार-चढ़ाव के साथ सुनाता था। जब कहानी में कोई नाटकीय मोड़ आता तो आवाज़ ऊँची हो जाती और जब कोई नाजुक प्रसंग आता या रोने-धोने का प्रसंग आता तो आवाज़ मद्धिम पड़ती जाती। मुझे कहानियाँ सुनना बहुत पसन्द था और मेरी उर्वर कल्पना चरित्र और घटनाओं को दिमाग़ में तस्वीर की तरह से बसा लेती थी और फिर घर जाने के बाद मैं मौलाना की बोली गयी पंक्तियों के माध्यम से उनका अभिनय करने की कोशिश करता था। मैं घर के किसी कोने में अकेला जाता, ऐसी जगह जहाँ कोई मुझे खोजते हुए न आये। जब-जब उन ख़ूबसूरत शामों के बारे में सोचता हूँ, तो हैरानी होती है, जब मैं बाज़ार में आगाजी या दादी की बगल में बैठकर आश्चर्य से मुँह खोले कहानी के उतार-चढ़ावों में खोया रहता था। कौन जान सकता था कि कई साल के बाद मैं सिनेमा जैसे माध्यम में कहानी सुनाने का काम करूँगा।

अकेले में मेरा एक और शगल था कि जो भी आदमी या औरत हमारे अभिभावकों से मिलने आते थे उनकी नकलें उतारना। अम्मा ने मुझे एक दिन पकड़ लिया और मुझे हलकी सी झिड़की देते हुए कहा कि किसी की नकल उतारना अच्छी बात नहीं है। मैं खाला मरियम की नकल उतारने में लगा हुआ था कि वह अचानक आ गयी थी। मैंने अम्मा से यह नहीं कहा कि मैं खाला

वजूद और परछाईं

मरियम का मज़ाक़ नहीं उड़ा रहा था बल्कि मैं यह कोशिश कर रहा था कि कुछ देर के लिए खाला मरियम बन जाऊँ क्योंकि वह इतनी अच्छी शख़्सियत हैं। शायद अवचेतन में मैं उसकी तैयारी कर रहा था जो आने वाले सालों ने मेरे लिए झोली में रखा हुआ था।

खाला मरियम घर की कोयल थीं। उनकी आवाज़ गाने के लिहाज़ से अच्छी थी और हम सभी बचपन से उनकी गाई लोरियाँ सुनते थे जो वह हमें सुलाने के लिए गाती थीं। उनकी शादी जिस आदमी से हुई थी वह छैला था और रंग-बिरंगे कपड़े पहनता था। वही आदमी थे जिनको दादी ने छत पर आने से मना कर दिया था जब उन्होंने कोई चुलबुली कहानी सुनानी शुरू कर दी थी। वह परिवार के बाकी लोगों से काफ़ी अलग किस्म के थे और परिवार के तौर-तरीकों का उनको कुछ ख़याल नहीं था और वह कहीं से सिगार ले आते और पीते जबकि बाकी मर्द हुक़्क़ा पीते थे। वह दादा के साथ बहस करते कि इससे क्या फ़र्क़ पड़ता है कि आपने क्या पीया। खाला मरियम बहुत सुन्दर थीं और वह भी होल्डर में लगाकर सिगरेट पीती थीं। उनके और उनके पति के बीच कई बातों को लेकर मतभेद थे और वे आपस में तभी बात करते थे जब उनको लड़ना होता था। उनके कमरे में कई दराज़ें थीं जिसमें उनकी क़ीमती चीज़ें थीं और जिसका वे बड़ी शिद्दत से ध्यान रखते थे। वह अक्सर उनका यह कहते हुए मज़ाक़ उड़ाती थीं 'आप तिजोरी के ऊपर नाग की तरह फन काढ़े बैठे हैं...इसे कब्र तक अपने साथ ले जाना।' वह जब भी ऐसा कहतीं तो वह शरारती ढंग से मुस्कुराते थे।

उस उम्र में जब उनको लड़ते हुए देखता तो उससे मेरा मनोरंजन होता था। असली नाटक तब हुआ जब खाला मरियम को एकान्त कमरे में कुछ दिनों के लिए बन्द कर दिया गया क्योंकि उनके ऊपर भूत आ जाता था। एक दिन मैं उस कमरे में छिप गया और मैंने सुना कि उनकी आवाज़ बदल कर मर्दाना हो गयी थी और वह कुछ बोल रही थीं जो मुझे समझ में नहीं आया। वह खड़ी होकर अपने बाल नोच रही थीं और जैसी थीं उससे काफ़ी अलग दिख रही थीं। मुझे याद है कि जब अम्मा को पता चला कि मैं हमेशा की तरह अज्ञात की खोज करता हुआ उस कमरे में हूँ तो वह मुझे वहाँ से जल्दी से ले गयीं। खाला मरियम अचानक नर्म पड़ गयीं और उन्होंने कहा—'बच्चे को परेशान मत करो, उसे यहीं रहने दो।' अम्मा कुछ बुदबुदायी और उन्होंने तत्काल मुझे छोड़ दिया।

अगले दिन तक वह सामान्य हो गयी थीं और ऐसे व्यवहार कर रही थीं जैसे कुछ हुआ ही न हो। वह अम्मा के बहुत करीब थीं और उनसे अपने पति के आवारापन के बारे में शिकायत करती रहती थीं।

शुक्रवार को औरतें बाज़ार जाती थीं और मुझे याद है कि अम्मा हमेशा खाला मरियम का ध्यान रखती थी जो तैयार होने में अधिक समय लगाती थीं। अम्मा साधारण शलवार और कमीज पहनती थी जो लम्बी और ढीली होती थी।

उनका सर हमेशा ढँका होता था और जब वह बाहर निकलती थी तो इस कदर परदे में रहती थी कि अगर वह दुबली-पतली, छोटी नहीं होती तो मेरे लिए उनको पहचानना भी मुश्किल हो जाता, लेकिन वह लम्बी-तगड़ी, मर्दानी पठान औरतों में सबसे अलग ही दिखती थी जो कपड़े और बुर्का बेचने वालों के पास खड़ी रहती थी। वह कुछ चबाती रहती थी, जो मेरे ख़याल से इलायची होती थी।

मैं बाज़ार में हमेशा उनके पीछे-पीछे चलता था और वह हमेशा मेरे ऊपर नज़र बनाये रखती थीं क्योंकि उनको पता था कि मैं भीड़ में खो सकता था। खाला मरियम और फूफी बाबजान में आपस में कम बनती थी, हालाँकि दोनों की अम्मा से ख़ूब छनती थी। वे रेशमी कपड़े पहनती थीं जबकि अम्मा सूती कपड़े पसन्द करती थी। मैंने कभी-कभी ही उनको अपने लिए कुछ ख़रीदते हुए देखा। वह हमेशा घर के लिए ख़रीदारी करती थीं। शुक्रवार को बाज़ारों में भीड़ रहती थी क्योंकि पुरुष भी बड़ी मस्जिद में जुमे की नमाज़ के बाद ख़रीदारी किया करते थे। जब अम्मा यह चाहती थी कि मैं उनकी पसन्दीदा नहाने का साबुन ले आऊँ तो वह मुझे आवाज़ लगाती थी—'युसूफ मेरा पियर्स सोप साबुन लाना।' इस तरह से वह अपने साबुन को माँगती थी।

बाज़ार में एक तरफ़ खाने-पीने की दुकानें थीं जहाँ चपली कबाब, रोटी और अनारदाना के साथ मिलता था, इसके अलावा चावल की बनी चीज़ें और हलके फुल्के नाश्ते का सामान भी मिलता था। खाना बेचने वालों के पास हमेशा भीड़ रहती थी क्योंकि उसकी ख़ुशबू ऐसी होती थी कि आने-जाने वालों के लिए ख़ुद को रोक पाना मुश्किल हो जाता था।

कुछ दुकानें ऐसी थीं जहाँ बहुत ख़ूबसूरत रेशमी और सूती कपड़े मिलते थे, हर रंग के फीते, दुपट्टे और परांदे भी। हम अविभाजित हिन्दुस्तान में रहते थे और उस समय बाज़ारों में काफ़ी तादाद में हिन्दू मर्द-औरतें मुसलमानों के साथ घुलती-मिलती थीं, दुआ-सलाम करतीं, हँस-हँस कर बातें करतीं। आगाजी के कई हिन्दू दोस्त थे, उनमें से एक बशेश्वरनाथजी थे, जो सरकार में ऊँचे ओहदे पर थे। उनका बड़ा लड़का उनके साथ हमारे घर कई बार आता था और उसकी ख़ूबसूरती से घर की औरतें भौचक रह जाती थीं। वह राज कपूर के पिता पृथ्वीराज कपूर थे।

बशेश्वरनाथजी आगाजी के अच्छे दोस्त थे और मैं अक्सर उनको होने वाली लड़ाई (द्वितीय विश्वयुद्ध) के बारे में बातें करते सुनता और यह कि पेशावर के नागरिकों का क्या होने वाला था। मैं ध्यान से उनकी बातें सुनता मगर यह नहीं समझ पाता था कि वे किस बारे में बातें कर रहे होते थे। वे बम्बई नामक शहर के बारे में बातें कर रहे थे जहाँ कारोबार के ख़ूब मौक़े थे। फिर एक दिन मैंने सुना कि आगाजी दादा से कह रहे थे कि वे मौक़े की तलाश में बम्बई जा रहे हैं और पहले वे अकेले ही जाना चाहते थे। लड़ाई होने ही वाली थी और उसका

असर फलों के धन्धे पर पड़ना ही था क्योंकि पेशावर के बागानों से कहीं और के बाज़ारों में उनको बेचने ले जाना मुश्किल हो जाता। जब तक मुझे यह पता चलता एक दिन सुबह वे बम्बई रवाना हो गये।

जब आगाजी नहीं थे तो एक अजीब घटना हुई। हमेशा की तरह मैं जोश में था क्योंकि एक दोपहर घर में कोई घटना घटी। मुझे ठीक से याद है कि मेरे रिश्ते के एक भाई, जो उम्र में मुझसे थोड़ा बड़ा था, के आँख में उस वक़्त चोट लग गयी जब वह बागीचे में गया हुआ था। उसे नौकर घर वापस लेकर आये और सभी बुआएँ उसके चोट को देखने के लिए दौड़ीं। वह हलकी चोट थी, लेकिन मेरी बुआओं ने सोचा कि उसका इलाज अपने ही ढंग से किया जाये। मैं घर के एक कमरे में खेल रहा था और अपनी उस बुआ से परेशान था जो मुझे कमरे से निकालने के लिए आयी थीं। 'तुम बाद में खेल सकते हो,' उन्होंने मुझे हुक्म दिया और मैं हिचकिचाता हुआ उनके पास आया, उन्होंने मेरे हाथ को मज़बूती से पकड़ लिया। वह मुझे लेकर छत पर गयी और मिट्टी के घड़े के पास खड़ा कर दिया और पायजामा खोलकर फिर उस घड़े में पेशाब करने के लिए कहा। मैं इतना डरा हुआ था कि जल्दी-जल्दी में सारा पेशाब उस घड़े में निकल गया जबकि मेरी बुआ राहत के साथ देख रही थी। वह फिर उस बर्तन को बाकी फूफियों के पास लेकर गयी जो भाई के घाव को उस पेशाब से धोना चाहती थी। कई दिनों तक भय, शर्म और बेचारगी का अजीब सा भाव मेरे ऊपर छाया रहा, और कई दिनों तक मैं अपनी फूफियों और उस भाई से बचता रहा जिसे मुझसे फ़ायदा हुआ था।

जैसा कि पहले ही बताया गया है, मेरे माँ-पिता की पहली सन्तान सकीना बेग़म थीं। वह अपने स्वभाव में अम्मा से बिल्कुल अलग थीं। जब हम पेशावर में थे तो वह उस समय काफ़ी कम उम्र की थीं। वह अत्यन्त आकर्षक थीं, हालाँकि अम्मा की तरह सुन्दर नहीं थीं। वह ज़िद्दी थीं और मुश्किल स्वभाव की थीं। मुझे अब याद आता है कि अम्मा के साथ उनकी अनबन हमेशा बनी रहती थी। आगाजी उनकी आपसी लड़ाई में दिलचस्पी नहीं लेते थे और मुझे लगता है कि वे उसके ऊपर इसलिए ध्यान नहीं देते थे क्योंकि उनको ऐसा लगता था कि औरतों का अपना ही तरीका होता है बिना किसी बाहरी मदद के घर के आपसी झगड़ों को निपटाने का।

नूर और अयूब मेरे बड़े भाई थे। नूर साहब मुझसे करीब पाँच साल और अयूब साहब डेढ़ साल के करीब बड़े थे। नूर साहब बचपन से रंगीन तबियत के थे और वह मुझे और बाकी भाइयों को अपनी शरारतों से हैरान कर दिया करते थे, जिनके बारे में समय-समय पर पता चलता और आगाजी को उनके ऊपर छड़ी चलानी पड़ती थी।

साफ़तौर पर, आगाजी इस बात में विश्वास नहीं रखते थे कि मारपीट नहीं

करने से बच्चे बिगड़ जाते हैं, लेकिन, पेशावर के उन दिनों का मुझे जो भी याद आता है कि नूर साहब की जब भी पिटाई होती थी उससे ऐसी जगहों में जाने की उनकी अकूत ऊर्जा तब भी कम नहीं होती थी जहाँ जाने की मनाही हो। हर घटना के बाद, नूर साहब कुछ देर के लिए ख़ामोश हो जाते थे। वे आगाजी के काम पर जाने का इन्तज़ार करते और फिर वे अपने काम पर निकल पड़ते। बड़े लड़के होने के कारण, नूर साहब को इसका पता था कि वे बड़े थे, जिससे अनुचित ढंग से उनके अन्दर यह भावना आ जाती थी कि वे उन सबके ऊपर धौंस जमा सकते थे जो उनसे छोटे थे।

उम्र में फ़र्क़ होने के कारण, मैं शायद ही उनके साथ रहता था। वह कभी-कभार मुझे बुलाकर बाज़ार से कुछ लाने के लिए कहते थे, और मैं उसका अच्छी तरह से पालन करता था, क्योंकि वे धौंस दिखाने वाले थे। इसमें कोई शक नहीं कि अम्मा उनसे चिढ़ी रहती थी, क्योंकि वह लगातार उनकी बदमाशियों को क़ाबू करने की कोशिश में लगी रहती थी।

मेरी अयूब से नजदीकी थी। चूँकि वह मुझसे उम्र में थोड़ा ही बड़ा था और उनको अयूब बुलाता था और जिसके लिए कई बार मुझे डाँट भी पड़ जाती थी। जब अम्मा-अब्बा के सामने होता तो उनको अयूब साहब कहकर बुलाना पड़ता था। वह हम लोगों की तरह स्कूल नहीं गया। मैं इस बात को कभी नहीं समझ पाया कि उसको घर पर उर्दू में क्यों पढ़ाया जाता था और उसे किसी तरह की औपचारिक तालीम क्यों नहीं दी गयी। मेरे ख़याल से उसकी सेहत मेरे और नूर साहब जैसी अच्छी नहीं थी क्योंकि उसे कुछ अन्दरूनी समस्या थी जिसके बारे में मुझे अच्छी तरह समझ में नहीं आता था, साफ़ बात है कि बताया नहीं गया था। लेकिन अल्लाह की दुआ यह थी कि अयूब साहब बहुत तेज़ दिमाग़ के थे जो आम लोगों में नहीं होता है। वह बहुत ख़ास हुनर वाले थे और मेरे अम्मा-अब्बा उनके ऊपर गर्व करते थे।

आगाजी की ग़ैरमौजूदगी घर में कम ही महसूस की जाती थी। मुझे यह तो पता था कि वे बम्बई गये हुए थे लेकिन यह नहीं पता था कि क्यों गये थे। मुझे याद है मैंने अम्मा से पूछा था तो उनका जवाब था कि वे वहाँ किसी ज़रूरी काम से गये थे और जल्दी ही आ जायेंगे। वह हमेशा की तरह काम में लगी रहती थीं और दादी के कहे मुताबिक़ कुछ न कुछ कर रही होती थीं। मैं उनमें नहीं था जो अम्मा से कोई ऐसा सवाल करके उनको परेशान करूँ जिसके जवाब देने का उनके पास समय नहीं था, इसलिए मैंने उनका जवाब बिना उस पर अधिक ध्यान दिये सुन लिया।

बम्बई रवानगी : एक नये अध्याय की शुरुआत

'बम्बई में मेरा दाखिला अंजुमन इस्लाम हाई स्कूल में करवाया गया और वहाँ मेरे माथे पर अब टीका नहीं लगाया जाता था। अब मैं काले घने बालों पर गोल टोपी पहनने लगा था, जिसकी तारीफ़ अम्मा से मिलने आने वाली सभी औरतें किया करती थीं। वे मेरे बालों पर हाथ फेरकर उनसे कुछ कहती थीं और वह उनके जाने का इन्तज़ार करती थीं और उनके जाने के बाद जैसे दादी ने बताया था वैसे मेरा टोटका उतारने लगती थीं।'

जैसा कि पहले ही बताया गया है कि आगाजी बम्बई इसलिए गये थे ताकि बम्बई में कारोबार की सम्भावनाओं की तलाश कर सकें क्योंकि इस तरह की ख़बरें आ रही थीं कि दूसरा विश्वयुद्ध कभी भी शुरू हो सकता था। वह इस बात को जानते थे कि अगर एक बार लड़ाई छिड़ गयी तो पेशावर के बागानों से बाहर के बाज़ारों तक बेचने वाले सामानों को ले जा पाना मुश्किल हो जायेगा।

उन दिनों फ्रंटियर मेल से सफ़र करना आसान था। टिकट सफ़र के दिन स्टेशन पर ही मिल जाता था और उन्हें पहले से नहीं कटाया जाता था। बम्बई में रहने के दौरान वे शाम के समय समुद्र के सामने के इलाके अपोलो बन्दर पर टहला करते थे। एक शाम उन्होंने बाबागाड़ी में एक बच्चे को देखा जो गोल-मटोल था और जिसके गाल लाल थे और उनको तत्काल मेरी याद आ गयी। मैंने पहले ही बताया, कि मुझे सुन्दर बच्चा समझा जाता था और आगाजी को मेरे सुन्दर होने को लेकर बहुत गर्व था। एकदम देवदूत के समान उन्होंने बाबागाड़ी से बच्चे को तुरन्त उठा लिया और बच्चे के माता-पिता घबराकर उनकी तरफ़ भागे। वह किसी के लिए भी एक स्वाभाविक प्रतिक्रिया होती जब वह किसी लम्बे, तगड़े पठान को अपने बच्चे को उठाते हुए देखता, वह भी बच्चे के माँ-बाप को अपना परिचय दिये बिना।

जब परिवार के लोग जुटते थे आगाजी इस घटना को ख़ूब हँसते हुए याद करते थे। उन्होंने बच्चे के माँ-बाप से माफ़ी माँगी और उनसे पेशावर में अपने परिवार के बारे में बताया और यह भी बताया कि उनका छोटा बच्चा युसूफ ऐसा ही सुन्दर है।

मुझे ईमानदारी से इस बात के ऊपर विश्वास करना चाहिए कि अपने परिवार के मुम्बई आने का मैं ही बड़ा कारण बना अगर अपोलो बन्दर पर वह घटना न हुई होती तो आगाजी पेशावर लौट कर नहीं आये होते और न अम्मा और सात बच्चों को मुम्बई ले गये होते। उधर पेशावर में दादा ने मुम्बई में आगाजी के अकेलेपन को भाँप लिया, ख़ासकर तब जब उन्होंने अपोलो बन्दर की उस विचित्र घटना के बारे में सुना।

हालाँकि दादी इसके लिए तैयार नहीं थी कि उनका लड़का अपने परिवार को लेकर मुम्बई जाये, लेकिन दादा अपने इस फ़ैसले पर अड़ गये कि उनकी बहू को अपने पति के साथ रहने का अधिकार है।

हम फ्रंटियर मेल से बम्बई गये। मुझे यह याद नहीं है कि कब लेकिन उस समय मैं बहुत छोटा था, लेकिन मेरे ख़याल से यह 1930 के दशक के मध्य की घटना है। अगर मुझे ठीक से याद है तो उस समय टर्मिनल कोलाबा में था। वह मेरी पहली ट्रेन यात्रा थी और हम सब को बहुत मज़ा आ रहा था। रास्ते में कुछ स्टेशनों पर मेरे माता-पिता के दोस्त खाने का सामान लेकर आते थे जिनको हम रास्ते में खाते जा रहे थे। उनमें से कुछ हिन्दू थे। मुझे याद है कि हमारे लिए वे जो बक्से लेकर आये थे उनमें शाकाहारी भोजन था, जैसे पूड़ी और भरवां भिंडी। ट्रेन तेजी से हरे मैदानों एवं घाटियों को पार करती जाती थी, और बीच-बीच में गहरे रंग के पहाड़ों को भी। वह दृश्य अभी भी मेरे दिमाग़ में है, ख़ासकर उन ऊँचे पहाड़ों का जब ट्रेन स्टेशनों पर रुकती थी तो कुछ लोग हाथों में चाय और पानी लेकर चिल्लाते 'हिन्दू चाय', 'हिन्दू पानी', 'मुस्लिम चाय', 'मुस्लिम पानी'। मुझे याद है मेरे माता-पिता ने इस फ़र्क़ के ऊपर कुछ ख़ास ध्यान नहीं दिया। उन्होंने बिना किसी भेदभाव के चाय और पानी पिया और इसी तरह डिब्बे के कई अन्य यात्रियों ने भी। ट्रेन में एक डाइनिंग कार भी थी, लेकिन वह अंग्रेज अफ़सर और उनकी बीवियों के लिए ही थी।

बम्बई में हम कोलाबा में उतरे। सुबह का वक़्त था और मेरे छोटे भाई-बहन सो रहे थे। आगाजी ने एक ताँगा किया जो हमें उस घर तक ले गया जिसे उन्होंने किराये पर लिया था। यह हमारे जीवन में एक नये अध्याय की शुरुआत थी क्योंकि हम सब एक साथ एक नये माहौल में आ गये थे जो उत्साह और आश्चर्य से भरा हुआ था।

आगाजी ने जो अपार्टमेंट किराये पर लिया था वह नागदेवी स्ट्रीट पर अब्दुल्ला बिल्डिंग नामक एक चारमंज़िले मकान में था, जो क्रॉफर्ड मार्किट के पास में ही

था जहाँ उन्होंने फलों के थोक व्यापार का काम शुरू किया था। हमारा अपार्टमेंट सबसे ऊपरी मंज़िल पर था और जबकि हमें पेशावर के भरे-पूरे घर की कमी खलती थी लेकिन हम सब ठीक तरह से आ गये। उस पूरे फ्लोर पर हम बच्चों के लिए अलग कमरा था, आगाजी अम्मा के लिए अलग से एक कमरा था, उसके अलावा मेहमानों के लिए भी कमरा था। एक छत थी, जो बड़ी बात थी, क्योंकि आस-पड़ोस के घरों में वह नहीं थी। सबके घर ढलवाँ थे।

शुरू-शुरू में अम्मा को बस एक मुश्किल आयी कि वह हिन्दी नहीं बोल सकती थीं। लेकिन हैरत की बात यह थी कि उन्होंने किस तरह से पड़ोसियों से दोस्ती की। असल में, जबसे हम उस इलाके में आये थे तब से ही यह चर्चा हो रही थी कि एक अच्छा पठान परिवार अब्दुल्ला बिल्डिंग के चौथे माले पर रहने आया है। अम्मा के अच्छे नैन-नक्श, गुलाबी रंगत, मझोले क़द और मुस्कान के कारण सबको अपनापन महसूस होता था। आगाजी, जो अपने परिवार के ज़्यादातर लोगों की तरह हट्टे-कट्टे थे, उनको एक अच्छे पठान के रूप में लोग पहले से ही जानते थे।

नागदेवी स्ट्रीट पर अम्मा की दो सहेलियाँ थीं, जो उनके करीब थीं। उनके साथ वह किस तरह से बात करती थीं यह आगाजी के लिए एक रहस्य था क्योंकि वह तो हिन्दी नहीं बोलती थीं। उनमें से एक का लड़का था जिसके साथ मेरे सबसे बड़े भाई नूर साहब का अच्छा दोस्ताना हो गया। अपने मनमौजी स्वभाव के कारण नूर साहब कम समय में ही नागदेवी स्ट्रीट में लोकप्रिय हो गये। अपने उम्र के अन्य लड़कों की तरह उन्होंने सिगरेट के साथ प्रयोग शुरू किये जो उस उम्र के लड़के अक्सर किया करते हैं। यह सब खोज और साहस के कारनामे के रूप में चुपके-चुपके शुरू हुआ जो आम तौर पर उन किशोरों में पाया जाता है जो पुरुष बनने की जल्दबाजी में होते हैं।

एक दोपहर अम्मा के लिए बुरी ख़बर आयी। उनकी सहेली के लड़के की अपने कमरे में तकिये से दम घुटकर मौत हो गयी और ज़ाहिर है उस लड़के की माँ का बुरा हाल था।

एक बार फिर मेरा मृत शरीर देखने के डर से और पुलिस वालों के आने जाने से सामना हुआ लेकिन अब मैं बड़ा हो गया था और जिसकी वजह से मुझे उतना डर नहीं लग रहा था। जबकि अम्मा बहुत ज़्यादा सदमे में थीं।

हम लोग नागदेवी स्ट्रीट के उस बड़े से अपार्टमेंट में ख़ुशी-ख़ुशी बड़े हो रहे थे। आगाजी लगता था अपने व्यवसाय से ख़ुश थे, जो ख़ूब फल-फूल रहा था। उनको क्रॉफर्ड मार्किट में अपने फलों की दूकान पर रोज़ नहीं जाना पड़ता था क्योंकि उन्होंने माल उतारने और बाज़ार पहुँचाने और रोज़-रोज़ की बिक्री का काम देखने के लिए लोगों को नियुक्त कर रखा था। वह दिन में एक बार सिर्फ़ यह देखने के लिए जाते थे कि सब कुछ बढ़िया चल रहा है या नहीं। इस

तरह, उनके पास हमारे लिए समय होता था और अपने दोस्तों के लिए जिनको उनके साथ अच्छा लगता था और जो उनसे मिलने नियमित तौर पर आते थे।

हमारे एक घरेलू डॉक्टर थे जो लम्बे-तगड़े थे और मुझे अच्छी तरह से याद है कि किस तरह से वे हमारे घर आते और शाम में हम उनके क्लिनिक जाया करते जहाँ वे मरीजों को देखा करते और दवाइयाँ दिया करते थे। आगाजी उनको अक्सर फलों के टोकरे भेंट किया करते थे। एक शाम कुछ मज़ेदार हुआ जब आगाजी मुझे अपने साथ अयूब साहब के लिए दवाई लाने के लिए उनके क्लिनिक लेकर गये। मैं अपने साथ उछाल-उछाल कर खेलता हुआ एक रबर बॉल लेकर गया था। क्लिनिक में आगाजी करीब दस मिनट तक डॉक्टर के पास बैठे, और फिर बाहर जब कंपाउंडर के पास दवाई के लिए निकले तो मैं गलियारे में बॉल के साथ खेल रहा था, और जब मैंने आगाजी को डॉक्टर के चेम्बर से बाहर आते देखा तो बॉल मेरे हाथ से छूटकर डॉक्टर की केबिन में घुस गया। आगाजी जब कंपाउंडर के साथ दुआ-सलाम कर रहे थे, मैं जल्दी से डॉक्टर के चेम्बर में बॉल लाने के लिए घुस गया। मैं फ़र्श पर बॉल खोजता रहा, इसलिए डॉक्टर ने न मुझे देखा न ही मेरे आने की आवाज़ सुनी। मुझे बॉल मिल गया और वहाँ मैंने कुछ ऐसा देखा जिसे मैंने बाद में बड़े हैरत के साथ अयूब मियाँ को बताया। डॉक्टर की नर्स, जो एक गोरी, मोटी औरत थी, जिसकी आँखें हलके रंग की थीं और बाल गहरे भूरे और जिसने बड़े स्टाइल से जूड़ा बाँध रखा था, डॉक्टर की गोद में बैठी हुई थी और वे दोनों किसी बात पर हँस रहे थे। इससे पहले कि वे कुछ और साहसिक काम करते मैं जल्दी से घुटनों के बल कमरे से बाहर निकल आया, साहसी इसलिए क्योंकि दरवाज़ा बन्द नहीं था और वहाँ कोई भी आ सकता था।

मैं प्यार और लगाव के माहौल में बड़ा हुआ। मैं बहुत अधिक शर्मीला था लेकिन ऐसा नहीं था कि मैं नाखुश था। मेरे माता-पिता के ऊपर किसी तरह का दबाव नहीं था। बम्बई में अम्मा के काम का बोझ काफ़ी कम हो गया था क्योंकि यहाँ उनको अपने बच्चों और पति का ही ध्यान रखना पड़ता था। वह तन्दुरुस्त और ख़ुश लगने लगी थीं हालाँकि वह अक्सर पेशावर को काफ़ी शिद्दत के साथ याद किया करती थीं। वह ख़ामोशी से और खुशी से काम किया करती थीं। 1937 में मेरा दाखिला अंजुमन इस्लाम हाई स्कूल में पाँचवीं कक्षा में हुआ और अब मेरा सर भी नहीं मुंडवाया गया। अब मैं घने बालों के ऊपर गोल टोपी पहनने लगा था और जो भी औरतें माँ से मिलने आती थीं, माँ से मेरी तारीफ़ किया करती थीं। वे मेरे बालों में हाथ फेरतीं और अम्मा से कुछ कहती थीं और वह उनके जाने का इन्तज़ार किया करती थीं ताकि दादी के कहे के मुताबिक़ मेरी नज़र उतारने का टोटका कर सकें।

आज, जब कि मैं 92 साल का हूँ, मेरी पत्नी सायरा उसी तरह से टोटका

उतारा करती हैं, तब जब कोई मिलने वाला मेरे चेहरे या मेरी अच्छी सेहत के बारे में कुछ कहता है या जब हम किसी कार्यक्रम में जाते हैं और वहाँ जब दर्जनों लोग आकर मेरा औटोग्राफ लेने लगते हैं और मेरे काम की तारीफ़ करने लगते हैं।

उस इलाके में नूर साहब के दोस्तों का अपना समूह था। हमारे अपार्टमेंट के सामने बोहरा मुस्लिम व्यवसायी का घर था। उनकी लड़की पर नूर साहब का दिल आ गया और उनके लड़कपन के उस प्यार मोहब्बत में मैं भी शरीक हो गया, और दुःख की बात यह है कि जब उनका अलगाव हुआ तब भी मैं उसमें शामिल था। मुझे यह कहानी ज़रूर सुनानी चाहिए क्योंकि यह मेरे बचपन का एक ऐसा अध्याय है, जो मेरी याद में बचा हुआ है, जज़्बातों के कारण न कि रोमांस और हँसी-मौज के कारण।

नूर साहब मुझे अपने काम के लिए कहते रहते थे। वे मज़बूती के साथ अपनी बात कहने वाले आदमी थे और अपना काफ़ी सारा समय अपने दोस्त के साथ बिताते थे जो पड़ोस में रहता था। जब उनके दोस्त आते, तो वे उन्हें लेकर छत पर चले जाते थे, जहाँ न तो अम्मा न ही सकीना आपा आती थी। उनके दोस्त अक्सर उनके लिए सिगरेट लेकर आते थे और नूर साहब को उनके दिये सिगरेट लेना पसन्द नहीं था। वह मुझे बुलाते और अपने दोस्तों तथा अपने लिए सिगरेट लाने भेज देते। उनका प्रिय ब्रांड कैवेंडर था। वे मुझसे कहते कि जितनी जल्दी हो जाकर सिगरेट लाओ। किसी और समय, जब वे अकेले होते थे तो मुझे बड़े प्यार से कहते कि जाओ केले लेकर आओ और हाँ, आराम से लाना। मैं बिना एक शब्द कहे उनकी बात मानता।

बहरहाल, मुझे यह पता चल गया कि वे कर क्या रहे थे। शाम के एक ख़ास समय में जब नूर साहब छत पर अकेले होते थे, उनकी प्रेमिका अपनी खिड़की में आकर बैठ जाती और हमारी छत की तरफ़ देखती रहती थी। मैं इतना बड़ा तो नहीं था कि मुझे यह बात समझ में आती कि हो क्या रहा है लेकिन मैं इस बात को देखे बिना नहीं चूकता था जो उन दोनों में नज़रबाजी होती। वह लड़की खिड़की पर यहीं बैठकर सिलाई कर रही होती थी। यही वह वक़्त होता था जब नूर साहब मुझे केले लाने के लिए भेज दिया करते थे ताकि मैं रास्ते से हट जाऊँ। वह अपनी कॉपी से एक पन्ना फाड़कर कुछ लिखते और मुझसे कहते कि लौटते में यह उसे दे आऊँ। मैं उससे बहुत ख़ुश था क्योंकि जब भी मैं नूर साहब की कविता लेकर उसके घर जाता तो वह मुझे तोहफे दिया करती थी। वह चुपचाप पेपरमिंट, टॉफी या चॉकलेट निकालकर मेरे हाथ में रख देती थी और बड़े प्यार से मेरे बालों में अपने हाथ फेर देती लेकिन कभी एक शब्द नहीं बोलती थी। मेरे छोटे दिमाग़ में यह बात तो आ ही गयी थी कि नूर साहब उसको कोई गुप्त बात बताते थे और वह भी वही कर रही थी। मैं कभी-कभी बदमाशी में उनको आश्चर्यचकित करने के लिए जल्दी-जल्दी उनका सामान ला दिया करता, जल्दी-जल्दी सीढ़ियाँ

चढ़ता हुआ हाँफता हुआ उनके पास छत पर पहुँचता, और उनके इश्क का सारा मज़ा किरकिरा हो जाता था, उस लड़की के साथ उनकी देखादेखी रुक जाती। वह चिढ़कर मुझे ऐसे घूरते जैसे कह रहे हों : 'तुम क्या समझते हो कि तुम मुझसे होशियारी करोगे, मैं तुमको बताऊँगा!'

अगला काम होता था कि उस दूकान वाले से चना लेकर आओ जिसकी दूकान घर से कुछ दूर थी। मैं भी हारने वालों में नहीं था, अपनी पूरी ताकत लगाकर जाता और थोड़ी ही देर में चना लेकर आ जाता था। ऐसे ही एक मौक़े पर, मैंने यह देखा कि वह लड़की हँस रही थी और नूर साहब को शरारती नज़रों से देख रही थी। वह मौन प्रेमकहानी जो देखादेखी और मेरे द्वारा पहुँचाये जाने वाली चिट्ठियों के माध्यम से चली उसका बहुत जल्द ख़त्म होना था।

एक दोपहर जब मैं छत पर चुपचाप बैठा उसकी दी गयी टॉफी का आनन्द उठा रहा था कि अम्मा मुझे खोजती हुई आयीं तो उन्होंने देखा कि मेरा मुँह भरा हुआ था। उन्होंने मुझसे तुरन्त यह बताने के लिए कहा कि मैं वह टॉफी कहाँ से लाया था। मैंने सच बता दिया।

यह कहने की ज़रूरत नहीं है कि उस हो-हल्ले में नूर साहब का पोशीदा जीवन सबके सामने आ गया। अगले दिन वह लड़की ग़ायब हो गयी और नूर साहब तन्हाई की मूरत बन गये। वह मुझसे नाराज़ नहीं थे क्योंकि वे इस बात को जानते थे कि मैंने जान-बूझकर उनके प्यार को आग नहीं लगाई थी, वह एक मासूम बच्चे का क़बूलनामा था, और समय के साथ उनको इस बात की समझ आ गयी कि असली जीवन की प्रेम कहानियों में अक्सर सुखान्त नहीं होता है।

उसको सूरत भेज दिया गया जहाँ उसकी शादी हुई और वह वहीं बस गयी। उनके माता-पिता आगाजी और अम्मा से अच्छे से मिलते-जुलते रहे। और नूर साहब ने सबको राहत देते हुए अतीत को पीछे छोड़ दिया और मनोरंजन के नये साधनों की तरफ़ देखने लगे।

बचपन से बड़े होने के साल

'मेरा यह सब विस्तार से बताने के पीछे एक निश्चित उद्देश्य है। इसका तात्पर्य है उन पाठकों को सूचित करना जिन्होंने यह कल्पना कर ली कि राज कपूर और मैं केवल दोस्ती की बातें करते थे जबकि हम दोनों के बीच गहरी व्यावसायिक प्रतिद्वन्द्विता थी, कि हमारी दोस्ती महज एक पेशे के दो लोगों की दोस्ती नहीं थी बल्कि यह एक ऐसा नाता था जो विश्वास और सम्मान से पैदा हुआ था।'

बड़े होते-होते अयूब साहब को साँसों की बीमारी हो गयी, जिसकी वजह से हमारा देवलाली (मुम्बई से 180 किलोमीटर दूर एक हिल स्टेशन) जाना लाजिमी हो गया। देवलाली की ताज़ा हवा और वहाँ इलाज की मौजूदगी की वजह से वह उनके इलाज और देखभाल के लिए आदर्श जगह बन गया।

फ़ौजी ठिकाने होने के कारण देवलाली में अच्छे स्कूल-कॉलेज थे, उनमें से एक बर्न्स स्कूल (Barnes School) में मेरा दाखिला हो गया। वहाँ फ़ौजी ठिकानों पर ऐसे सिपाही थे जो भारतीय मूल के नहीं लगते थे। मुझे बाद में पता चला कि वे तुर्की मूल के थे, जिनको युद्ध में बन्दी बनाया गया था।

मेरे जीवन में देवलाली का महत्त्व एक से अधिक कारणों से है। अव्वल तो यह कि देवलाली में ही मैंने अंग्रेज़ी भाषा का ज्ञान हासिल किया और मैं उसमें काफ़ी माहिर हो गया। दूसरे, देवलाली में रहने के दौरान ही मैं फुटबॉल में बेहद दिलचस्पी लेने लगा।

आगाजी मुम्बई से सप्ताह में एक बार हमारे पास आते थे। वे मेरे भाई अयूब को प्यार करते थे और उसकी प्रगति को लेकर काफ़ी चिन्तित रहते थे। उन्होंने मुझे अंग्रेज़ी पढ़ते और लिखते हुए देखा और यह ऐसी बात थी जिससे उन्हें दिली तौर पर ख़ुशी हुई। मैंने स्कूल में एक अंग्रेज़ी कविता पढ़ी थी, मैंने एक दिन वह कविता आगाजी को सुनाई और वे इतने ख़ुश हुए कि उन्होंने अपने

सभी अंग्रेज़ी जानने वाले दोस्तों के सामने मुझे वह कविता सुनाने को कहा। कविता कुछ इस तरह थी :

I have two eyes–
And I can see the door
The ceiling, the wall
And the big blue sky
Bent over all

स्कूल की छुट्टियों के दौरान जब हम दादा-दादी के पास पेशावर गये, तो हमारे आने के कारण वहाँ आसपास में ख़ूब दावतें हुईं। हर जलसे में मुझे एक ऊँची जगह पर खड़ा कर दिया जाता और कविता सुनाने के लिए मेरा हौसला बढ़ाया जाता। आगाजी को दुनिया से यह बताने में बहुत फख्र होता था कि उनका लड़का अंग्रेज़ी में बात कर सकता था और इस उपलब्धि पर उनके सभी पठान दोस्त भी उतने ही ख़ुश होते थे। अगर उस जलसे में वहाँ का कोई अंग्रेज़ अफ़सर मौजूद रहता था तो माहौल और रोमांचक हो जाता था। हर बार जब मैं सुनाना ख़त्म कर लेता तो मुकर्रर-मुकर्रर की आवाज़ें आने लगती थीं। हर बार मैं जैसे ही फिर से सुनाना शुरू करता तो 'शाबास युसूफ', 'शाबास युसूफ' का शोर मच उठता था। हर बार मुझे फिर से शुरू करना पड़ता था।

मुकर्रर-मुकर्रर की आवाज़ें फिर-फिर आतीं और मैं सीधा तनकर खड़ा हो जाता, गहरी साँस लेता और उस कविता को फिर से दोहराने लगता।

सुनाने का यह दौर तब तक चलता रहता था जब तक कि मैं थक कर सुनाने की हालत में नहीं रह जाता था। मैं हमेशा इससे बचने के लिए बहाने ढूँढ़ता रहता था। शर्मीला, कम मिलने-जुलने वाला लड़का होने के कारण यह मैं शायद ही कभी चाहता कि लोगों का ध्यान मेरी तरफ़ जाये। लेकिन मुझे लगता है कि किस्मत ने ज़िन्दगी की वह दिशा निर्धारित करनी शुरू कर दी थी जिस तरफ़ मुझे जाना था। ऐसे मौक़ों पर मुझे आगाजी के आदेशों का पालन करना होता था और वैसे तो खुली जगह में–जहाँ न खिड़की, न दीवार, न छत होती थी–कविता सुनाना बेहद मुश्किल काम होता था, लेकिन मुझे लगता है कि जो तालियाँ सुनने को मिलती थीं और मुकर्रर-मुकर्रर की जो आवाज़ें आती थीं उससे मेरे अन्दर सुनाने का जज़्बा पैदा होता था। यह कुछ ऐसा था जैसे जब मैं कविता सुनाता था तो मुझे दरवाज़े, दीवारें और छत दिखाई देते थे, यह कल्पना की उस दुनिया से मेरा पहला ताल्लुक था जिसमें बरसों बाद भाग्य मुझे ले जाने वाला था।

देवलाली में, अयूब साहब के पास इसके सिवाय और कोई चारा नहीं था कि जब तक जगे रहें उर्दू साहित्य की जो भी किताब हाथ लगे उसे पढ़ते रहें। उनको हमेशा नये-नये उपन्यास पढ़ना पसन्द था, और अख़बारों के लेख और कहानियाँ ख़ूब मज़े लेकर पढ़ते थे। उनको ख़ुश रखने के लिए, जब मैं बड़ा हुआ और मेरी अंग्रेज़ी अच्छी हो गयी तो मैं उनके लिए 19वीं शताब्दी के फ्रेंच

वजूद और परछाईं

लेखक गाय दे मोपासां (Guy de Maupassant) की कहानियाँ उनको अनुवाद में पढ़कर सुनाता था। वह विदेशी साहित्य से मेरा पहला परिचय था और मैं लेखक की कहानी कला और क़िस्सागोई का कायल हो गया था। अन्दर ही अन्दर बर्न्स लाइब्रेरी में मौजूद अंग्रेज़ी तथा अन्य यूरोपीय लेखकों की किताबों को पढ़ते रहने से मेरे अन्दर गहरे रूप में कहानी कला विकसित हो रही थी।

मुझे याद नहीं आता है ठीक-ठीक कब, जब अयूब साहब को रीढ़ में चोट लग गयी, वे कश्मीर में घोड़े से गिर गये थे। जहाँ आगाजी उनको और नूर साहब को अपनी एक कारोबारी यात्रा में साथ लेकर गये थे। ख़ास किस्म के कश्मीरी फलों में आगाजी की दिलचस्पी हो गयी थी और वे साल में कई बार उन फलों की ख़रीद-फरोख़्त करने और उनको बम्बई लाने के इन्तज़ाम करने के लिए कश्मीर जाते थे। घायल होने के कारण, अयूब साहब को एक साल तक या तो बिस्तर पर या व्हील चेयर पर रहना पड़ा। उस समय इस तरह की दुर्घटनाओं के इलाज में समय लगता था।

मुझे याद है कि किस तरह आगाजी अयूब साहब के पास बैठकर भीगी आँखों से उनको देखते रहते थे, जिससे उनके अन्दर का दर्द बाहर आ जाता था। यह उनका वह लड़का था जो बहुत होशियार था और जिसके अन्दर हुनर था और वह अपनी कुर्सी से नहीं हिल सकता था। हमारे बहुत कम रिश्तेदार देवलाली आते थे। उनमें से, मुझे याद है कि एक चाचा गुलाम मोहम्मद थे, जो उर्दू शायरी में बहुत माहिर थे और वे अयूब साहब के साथ समय बिताते थे, उनकी लिखी शायरी की तारीफ़ करते हुए।

मेरा एक सहपाठी था जो स्कूल का गुंडा था। वह मुझसे दोगुने आकार का था और मुझे और मेरे दोस्तों के छोटे से दायरे को ज़रूर धमकाता था। स्कूल के रास्ते में, एक ऊँची सी जगह थी जहाँ हम खेलते थे। मेरे पास एक साइकिल थी, जिससे मैं कभी-कभी स्कूल जाता, बाकी समय मैं दौड़ते हुए स्कूल जाता था, हवा के साथ हलके से दौड़ते हुए, जैसे किसी ने ज़मीन से हवा में उठा दिया हो। यह एक ऐसा अनुभव था जो मुझे बहुत पसन्द था।

अब उस बदमाश लड़के की कहानी पर वापस आते हैं, वह स्थानीय बेकरी वाले का लड़का था। सब जानते थे कि बेकरी का मालिक उसका पिता था। एक दिन जब मैं स्कूल से लौट रहा था तो वह मेरे ऊपर पिल पड़ा और मुझे मारने लगा। मैं अकेला था और मैं चुपचाप पिटता रहा।

कुछ दिन बाद, मैंने अपने दोस्तों के साथ उसको पकड़ लिया और उसको उसका अच्छा जवाब दिया। यह लड़कों में चर्चा का बड़ा मुद्दा बन गया। उसने जो मेरे साथ किया वह सिर्फ़ मैं जानता था जबकि जो मैंने और मेरे दोस्तों ने उसके साथ किया वह सबको मालूम हो गया।

उसके पिता उस समय बाहर गये हुए थे। इसलिए हम जानते थे कि यह

बात प्रिंसिपल तक नहीं पहुँचेगी।

उसी सप्ताहान्त, आगाजी आने वाले थे, और अम्मा ने उनको लाने के लिए मुझे स्टेशन भेजा था। स्टेशन पर वह गुंडा भी अपने पिता का इन्तज़ार कर रहा था, जो उसी ट्रेन से सफ़र कर रहे थे।

जब आगाजी उतरे तो वह बेकरी वाला भी उतरा। मैं चुपचाप आगाजी के पीछे-पीछे चलने लगा, छह फुट लम्बे-चौड़े कन्धे वाले इंसान के पीछे जबकि वह गुंडा अपने नाटे क़द के पिता के पीछे दुबका हुआ चल रहा था। अगली सुबह, जब स्कूल के रास्ते में मैं उसके सामने आया तो वह मेरे सामने से निकल जाने की जल्दी में लगा। वह तेज़ी से चलने लगा और फिर दौड़ने लगा। वह ऐसे व्यवहार कर रहा था जैसे वह मुझसे डर गया हो। मेरे साथ जो दोस्त चल रहे थे उन्होंने इस फ़र्क़ के ऊपर ध्यान दिया। दोपहर में घर जाते समय हम एक पहाड़ी के पीछे छिप गये। हम उसका इन्तज़ार करने लगे। वह क्लास में ऐसे रुक गया जैसे उसे वहाँ कोई काम हो, कुछ इन्तज़ार करने के बाद हमने देखा कि वह आ रहा था। वह अकेला था। जब वह नजदीक आया तो मुझे महसूस हुआ जैसे मेरा

अपने भाइयों (बायें से दायें) : असलम, नूर साहब और एहसान के साथ

दिल तेजी से धड़क रहा था। अगले ही पल हमने उसे घेर लिया। वह उस तरह की मुक्केबाजी थी जैसी उस उम्र के बच्चे अपने विरोधियों के साथ करते हैं।

मैं घर एक विजेता के से भाव के साथ लौटा लेकिन चुपचाप। मैंने सुना कि आगाजी अम्मा से पूछ रहे थे कि मेरे साथ कुछ हुआ था क्या। 'यह इतना ख़ामोश क्यों है? ज़रा उसका माथा छूकर देखो कि वह ठीक है या नहीं।' मैंने सुना कि वह यह कहते हुए मेरे कमरे के सामने से गुज़रते हुए अम्मा के कमरे में घुसे जहाँ अम्मा कुछ खोजने में लगी थीं जिसको उन्होंने कहीं रख दिया था।

अम्मा, ज़ाहिर है, बेहतर जानती थी। 'मुझे उम्मीद है तुमने ऐसा कुछ नहीं किया है जिसे तुम्हें मुझसे छिपाना पड़े,' उन्होंने अपनी उसी शान्त आवाज़ में कहा। मैंने अपनी गर्दन हिला दी, और तब तक अपना ध्यान ज़मीन में लगाये रहा जब तक कि वह वहाँ से चली नहीं गयीं। हमेशा की तरह उनको रसोई में, या बगीचे में या पिछवाड़े में कोई काम निपटाना था।

मैं इसके बारे में सोच सकता था कि अगले दिन स्कूल में क्या होने वाला था। प्रिंसिपल को शिकायत की जायेगी और मुझे अपने दोस्तों के साथ बुलाया जायेगा। मैंने दिल से सोचा कि मुझे उस तरह से नहीं करना चाहिए था जैसे मैंने किया था। मेरी जो शान्तिप्रिय आत्मा थी वह बिखर रही थी। सबसे बढ़कर, मेरे अन्दर का जो पठान था वह इस बात को लेकर असहज था कि मैंने इस तरह से उसे पकड़ लिया था, बिना उसके जाने, बिना तैयारी किये।

अगले दिन मैं स्कूल कुछ जल्दी पहुँच गया। मैंने देखा कि प्रिंसिपल के कमरे में बेकर और उसका बेटा बैठा था। कुछ बातचीत करके वह बाहर आ गये, और लड़के से क्लास में जाने के लिए कहा गया। कुछ देर बाद मैंने देखा कि आगाजी सीधे तने हुए स्कूल आये और सीधा प्रिंसिपल के कमरे में घुस गये। उन्होंने भी कुछ बातचीत की और बाहर निकल गये। मैं साँस रोके इन्तज़ार करता रहा कि आख़िर किस बात से आगाजी स्कूल आये थे। मुझे तब आश्चर्य हुआ जब प्रिंसिपल भी बाहर आ गये, और वे सभी बात करते हुए हाथ मिलाने लगे। उस लड़के का पिता आगाजी के पीछे सम्मान से खड़ा था और उनकी बातों को ध्यान से सुन रहा था। आख़िर में, आगाजी ने बेकर का कन्धा थपथपाया और वे स्कूल से साथ-साथ निकल आये।

मैं अपने क्लास में गया और पहली क़तार में बैठ गया। मैंने अपने सभी दोस्तों की तरफ़ देखा तो वे सभी ख़ुश दिखाई दे रहे थे। अब मैंने उस लड़के की तरफ़ देखा तो मुझे और भी आश्चर्य हुआ कि वह भी मुस्कुरा रहा था। जब स्कूल ख़त्म हुआ तो वह हमारे साथ हँसते हुए ऐसे गया जैसे कुछ हुआ ही न हो।

एक लड़के के रूप में मैं देवलाली के हरे-भरे वातावरण में बहुत ख़ुश था। पेशावर के खुले स्थानों में रहने के बाद यहाँ देवलाली में घूमना, खुली हवा में साँस लेना, किसी नदी, नाले के पास रुक जाना बहुत अच्छा लगता था। जब

हम वहाँ आये तो मुझे ऐसा लगता था जैसे कि शायद मैं यहाँ फिर से पेशावर की तरह का जीवन जी पाऊँ। वहाँ की भूरी और लाल धरती की गन्ध वैसी ही थी जैसी कि मेरे पेशावर की थी, और वहाँ के पहाड़ों को मानसून में देखकर मन अपने बचपन के दिनों में चला जाता था। वहाँ का वातावरण एकदम सही था, और हमने अपने बगीचे में फल-फूल उगाये थे, जिसकी देखभाल करने के लिए जो माली था वह यूपी की ज़बान बोलता था, जो मुझे अपनी तरफ़ आकर्षित करता था। बहुत सालों के बाद जब मैंने 'गंगा जमुना' फ़िल्म (1961 में रिलीज) के संवादों पर काम करना शुरू किया तो उसकी ज़बान बार-बार जेहन में आती रही।

अम्मा अक्सर मुझे माली के घर भेजा करती थी या तो उनको बुलाने के लिए या आगाजी बम्बई से हमारे खाने के लिए जो चीज़ें लाते थे उसमें से थोड़ा बहुत दे आने के लिए। अम्मा हमेशा उन लोगों को लेकर उदार रहीं जो हमारी सेवा करते थे। वह उनसे हमेशा बहुत आराम और प्यार से बात करती थीं। यहाँ तक कि जब वह चिढ़कर उनको डाँटती थीं तो भी इस बात का ध्यान रखती थीं कि उनकी खुद्दारी को ठेस नहीं पहुँचे।

अम्मा के साथ

वजूद और परछाईं

एक ख़ूबसूरत जगह के रूप में देवलाली मेरी कल्पना में उस समय मौजूद थी जब मैं 'गंगा जमुना' का स्क्रीनप्ले करते हुए लोकेशन के ऊपर काम कर रहा था। जब मैंने 'गंगा जमुना' के लोकेशन के बारे में अपने दिमाग़ में सोचा तो झरने के किनारे खड़े पहाड़, मैदान और सभी प्रकार के पेड़ों के जंगल मेरे दिमाग़ में घूम गये। पीछे मुड़कर कहूँ, तो देवलाली ने 'गंगा जमुना' के दौरान मेरे अन्दर रचनात्मक तड़प पैदा की तथा फ़िल्म के नाटकीय दृश्यों के खाके बनाते समय पेशावर की घाटियों, वहाँ के क़िलों के दृश्य मेरे दिमाग़ में घूम गये। मेरा यह मानना है कि बचपन की छवियाँ हमारे अवचेतन में दबी रहती हैं और वे आपकी नज़रों के सामने अचानक से उसी तरह कौंध सकती हैं जिस तरह कोई अप्रत्याशित मेहमान आपके घर के पिछले दरवाज़े से आकर आपको चौंका दे।

'गंगा जमुना' के आउटडोर लोकेशन की खोज में मैं अपने बचपन के कुछ ठिकानों पर गया, हालाँकि वहाँ का माहौल काफ़ी कुछ बदल गया था, फिर भी वहाँ की जानी पहचानी हवा में साँसें लेकर मुझे बहुत अच्छा लगा।

कैंटोनमेंट अभी भी वैसा था। मुझे तुरन्त याद आया कि मैं किस तरह से वहाँ वर्दी वाले अफ़सरों को देखा करता था, और कभी-कभी इस बात के ऊपर हैरान हो जाता था कि वे किस तरह से आत्मविश्वास और ठसक के साथ घोड़े के ऊपर चढ़ जाते थे। मुझे अंग्रेज़ अफ़सरों के घर बहुत अच्छे लगते थे, सुन्दर लॉन, आम के पेड़, रसभरी और झरबेरियों (ब्लैक बेरी) की झाड़ियाँ। विदेशी फूलों के साथ देशी जवाकुसुम (Hibiscas) और तरह-तरह के गुलाब। हमारा अपना घर भी बहुत बड़ा था और आगे की तरफ़ फूलों का बगीचा था तो पीछे की तरफ़ हमने सब्ज़ियाँ उगाई थीं। जैसे अंग्रेज़ महिलाएँ बरामदे में बैठकर सिलाई किया करती थीं उसी तरह अम्मा या पेशावर से आने वाली बुआएँ सर्दियों के महीनों में बरामदे में बैठकर दोपहर की धूप का आनन्द उठाते हुए सिलाई-कढ़ाई के काम में लगी रहती थीं।

देवलाली और पुणे का मेरे जीवन में ख़ास महत्त्व है। अगर देवलाली ने मेरे बचपन के पेशावर के छूटने के गम को कम कर दिया था, उसके पहाड़, उसकी घाटियाँ, पुणे ने मेरे अन्दर आत्मविश्वास पैदा किया और मुझे अपने व्यक्तित्व के विकास का पहला मौक़ा दिया।

जब डॉक्टरों को यह लगने लगा कि अयूब साहब बेहतर हो रहे हैं तो आगाजी ने हमें वापस बम्बई बुला लिया क्रॉफर्ड मार्किट के पास उसी घर में। अम्मा एक बार फिर घर की साफ़-सफाई में लग गयीं, जबकि उनके पास इस काम के लिए नौकर भी थे। हमारे परिवार में भी बढ़ोतरी हुई, छोटे भाई नासिर के बाद बहन मुमताज आयी। एक-डेढ़ साल के अन्तर पर भाई-बहन आते रहे। अम्मा को दमा हो गया था और उनको दमे की वजह से डराने वाली खाँसी उभर आती थीं।

सिर्फ़ मेरी पढ़ाई के लिए ही आगाजी को साधन नहीं जुटाने पड़ते थे। सभी

छोटे भाई-बहनों को भी तो पढ़ाना था। जब मैंने खालसा कॉलेज मुम्बई में पढ़ना शुरू किया उस ज़माने में मन्दी आ गयी। अंजुमन इस्लाम स्कूल तो घर से पैदल जाया जा सकता था लेकिन खालसा कॉलेज जाने का एक ही रास्ता था कि ट्राम से जाया जाये। अब मुझे यह तो याद नहीं है कि मैं ट्राम में कहाँ चढ़ता था, शायद क्रॉफर्ड मार्किट में, लेकिन मेरे पास उन ट्राम यात्राओं की काफ़ी स्मृतियाँ हैं जो दादर पर जाकर ख़त्म होती थीं। मेरे ख़याल से उसका संचालन बेस्ट द्वारा किया जाता था, जो कि सड़क पर बसें भी चलाती है। मुझे बस से अधिक ट्राम में चढ़ना पसन्द था क्योंकि वह आराम-आराम से चलती थी और जब रफ़्तार पकड़ लेती थी तो काफ़ी आवाज़ करती थी। कॉलेज में मेरे कई दोस्त थे जो किसी तरह कंडक्टर से बच जाते थे जो टिकट काटता था। वे इस बात को लेकर काफ़ी जीत की मुद्रा में रहते थे। ट्राम का कंडक्टर बस के कंडक्टर के विपरीत थोड़ा आराम-आराम से काम करने में यक़ीन रखता था, मेरे जैसी नैतिक सवारी उसके पास जाती थी, जो अपनी सीट पर ऊँघ रहा होता था, जो उठने पर पहले सवारी को घूरता था, फिर उसे टिकट देता था। इसलिए मैं अपने उन दोस्तों को दोष नहीं देता हूँ जो बिना टिकट के सफ़र करते थे। कुछ दिन होते थे जब मैं मज़े के लिए ट्राम के साथ सड़कों पर दौड़ता था, हवा मेरे चेहरे पर लगती रहती थी।

जब अख़बारों में यह ख़बर आयी कि ट्राम सेवा समाप्त हो रही है तो मैं उन हज़ारों नागरिकों में था जिसके दिल में तकलीफ़ हुई थी। परेल और दादर के बीच लाखों लोग 31 मार्च 1964 के दिन अन्तिम ट्राम को अलविदा कहने के लिए खड़े थे। अगर मैं ट्राम में चढ़ने वाले युवा युसूफ ख़ान से स्टार दिलीप कुमार न हो गया होता तो मैं भी ट्राम की उस विदाई में शामिल हुआ होता। (भारत में अंग्रेज़ों की हुकूमत थी।)

कुछ कारणों से आगाजी को मुझे लेकर कई सपने थे। वह चाहते थे कि मैं ख़ूब पढ़ूँ और ऊँची से ऊँची डिग्री हासिल करूँ। उनका एक ही सपना था कि मेरे नाम के साथ ऑर्डर ऑफ़ ब्रिटिश एम्पायर लग जाये। (इंडिया में अंग्रेजों की हुकूमत थी।)

'तुम जैसा सोचती हो वह उससे बहुत क़ाबिल है,' मैंने एक बार उनको अम्मा से कहते सुना था। 'उसे फल नहीं बेचना चाहिए। उसे क़ानून की पढ़ाई पढ़नी चाहिए। उसे विदेश जाकर पढ़ाई करनी चाहिए। उसके अन्दर कुछ बनने की कूवत है।'

मैं अम्मा से यह जानकर खुश रहता था कि आगाजी मेरे बारे में क्या सोचते थे। क्या मैं उनकी उम्मीदों पर खरा उतर पाऊँगा? मैं स्वभाव से मेहनती किस्म का था। मैं यह जानता था कि अगर मुझे सही मौक़ा मिल गया तो मैं एक बढ़िया फुटबाल खिलाड़ी बन सकता था।...लेकिन ऑर्डर ऑफ़ ब्रिटिश

एम्पायर? वह मुझे कैसे मिलेगा?

मैं ख़ूब पढ़ता था। मुझे अंग्रेज़ी और उर्दू के लेखकों को पढ़ना पसन्द था। मैं शर्मीला था और लोगों से कम घुलता मिलता था लेकिन कुछ सहपाठियों से मेरी दोस्ती हो गयी थी। खालसा कॉलेज में मैं राज कपूर से बरसों बाद मिला। राज के दादा दीवान बशेश्वरनाथ कपूर पेशावर में हमारे घर आते थे, बम्बई में भी दोनों परिवार उसी खुलूस के साथ मिले जिसके लिए पठान जाने जाते हैं। अपनी ज़ुबान पश्तो में बात करना अपने आप में उन दोनों परिवारों के लिए बहुत ख़ुशी की बात थी। आगाजी किसी भी ज़ुबान को पकड़ लेते थे। उनकी यह आदत मेरे अन्दर भी आयी। वह पश्तो और पंजाबी लाहौर के पंजाबी नागरिकों की तरह बोल सकते थे, उसके अलावा उर्दू और फ़ारसी भी उनको आती थी और इसके अलावा उनको इतनी अंग्रेज़ी भी आती थी कि उनके अंग्रेज़ी दोस्त समझ सकें। जब हम बम्बई आये तो वे अपने मेमन और बोहरा दोस्तों से हिन्दुस्तानी और गुजराती बोलना भी सीख गये।

बम्बई में हमारा घर आगाजी और अम्मा के दोस्तों के लिए हमेशा खुला रहता था। नागदेवी में हम जिस बिल्डिंग में रहते थे एक दोमंज़िला बिल्डिंग थी जिसमें मेमन और बोहरा समुदाय के परिवार रहते थे। उन परिवारों की महिलाएँ अम्मा और मेरी बड़ी बहन सकीना को लेकर बहुत दोस्ताना थीं। एक मेमन औरत थी बैसाबी (Baisabi) जो अक्सर दोपहर में अम्मा के साथ ख़ूब बातें करने आती थी, बीच-बीच में ख़ूब हँसती भी थी। वह अम्मा को बहुत पसन्द करती थी और वह हमेशा मेरी सुन्दरता की तारीफ करके मुझे शर्मिन्दा कर दिया करती थी।

सच्चाई यह है कि 20 साल का होने के बाद भी मेरी शर्मिन्दगी नहीं गयी। मैं राज से ईर्ष्या करता था जो तब तक मेरा दोस्त बन चुका था और हमारे परिवार एक बार फिर करीब आ चुके थे, पेशावर दिनों की दोस्ती आगे बढ़ रही थी। राज कॉलेज में लड़कियों के साथ हमेशा बहुत सहज रहता था, वह ख़ूब बोलता था और उसके स्वाभाविक आकर्षण की वजह से उसकी बहुत लोकप्रियता थी। उस दौर में स्टेज पर मैं कुछ भी प्रभावित करने लायक कर सकता था तो वह था खेलकूद में मेरा प्रदर्शन और अंग्रेज़ी तथा उर्दू साहित्य से मेरा परिचय।

खेल के मैदान में फुटबॉल और हॉकी खेलते हुए मैं पूरी तरह सहज रहता था और सब कुछ भूलकर मेरा ध्यान उसी के ऊपर रहता था। फुटबॉल मुझे बहुत पसन्द था और इस खेल को मैं गम्भीरता से और पेशेवर तरीके से खेलना चाहता था। मैं अपने पॉकेट मनी का एक-एक पैसा इसलिए बचाता था ताकि मेट्रो सिनेमा के पास एक दूकान से महँगे और आरामदायक जूते ख़रीद सकूँ। मैं मेट्रो के पीछे के मैदान तक चलकर जाता था जहाँ हम खेलते थे और हम अभ्यास भी वहीं करते थे। आगाजी इस बात का बुरा नहीं मानते थे जब मैं कूपरेज (Cooperage) मैदान में या जहाँ कहीं भी मैच हो रहा होता था वहाँ जाता था

या इसके लिए जब मैं और पैसों की माँग करता था तब भी वे बुरा नहीं मानते थे। वे यह सोचकर खुश थे कि जिस लड़के से उन्होंने ऊँची शिक्षा की उम्मीदें बाँध रखी थीं और जिसके बारे में वे सोचते थे कि उसे ऑर्डर ऑफ़ ब्रिटिश एम्पायर मिल जाये वह पुस्तकालयों में पर्याप्त समय बिताता था और शायद ही किसी कक्षा से गोल होता था। वकीलों, डॉक्टरों और प्रोफ़ेसरों से उनकी दोस्ती थी, जो उनकी फल की दूकान में आते थे और उस समय उनको गर्व महसूस होता था जब वे घर आते थे, जब वे मुझसे बातें करते थे, मैं उनके साथ खुलकर बातें किया करता था। वे मुझे चुनिन्दा फलों के साथ उनके घरों पर भेजा करते थे और उनकी पत्नियाँ हमारे यहाँ अपने घर की बनी मिठाइयाँ, बिरयानी और खाने-पीने के सामान लेकर आती थीं। मैं यह बात समझने में कभी नहीं चूकता था कि वे सभी मेरे पिता का कितना सम्मान करते थे, वे उनके लिए महज एक फल व्यापारी नहीं थे, बल्कि किसी के लिए नहीं होते थे जो भी उनके सम्पर्क में आता था। हालाँकि उन्होंने कभी औपचारिक शिक्षा नहीं ली थी, जो पेशावर में उनके बचपन और जवानी के दिनों में उपलब्ध नहीं थी, वे देशी ज्ञान और संस्कृति वाले व्यक्ति थे। रहन-सहन में, रुचियों के मामले में, बोलने चालने में वे उनके समान ही थे। वैसे तो बम्बई के नहीं थे, वे एक बाहरी थे, एक ऐसे सामाजिक वातावरण से आते थे जिसमें शहरी तौर तरीकों का अभाव था, लेकिन इसके बावजूद आगाजी जीवन के अलग-अलग क्षेत्रों से आये अपने दोस्तों के साथ पूरे आत्मविश्वास के साथ रहते थे। वे अपने आकर्षक व्यक्तित्व के कारण उनके बीच में अलग ही लगते थे। उनका शरीर भरापूरा था और तनकर चलने के कारण वे बहुत प्रभावी लगते थे। वे पठानों की तरह हट्टे-कट्टे और आकर्षक थे इस कारण जब हम जुमे की नमाज़ के लिए जुमा मस्जिद जाते थे तो स्थानीय मुसलमानों से अलग ही दिखते थे। चूँकि हम जिस बिल्डिंग में रहते थे उसमें चार माले थे, जिसके कारण हम दोमंज़िल वाले घरों की छतों को देख पाते थे और साथ ही क्रॉफर्ड मार्किट के पास की जुमा मस्जिद को भी।

हमारा इलाका मुस्लिम बहुल था लेकिन आगाजी के मुस्लिम और ईसाई दोस्त भी थे जिनके दफ़्तर और दुकानें आसपास के इलाकों में थे, जैसे भेंडी बाज़ार, मोहम्मद अली रोड, मस्जिद बन्दर और पैधोनी बाज़ार।

आगाजी के एक पारसी दोस्त थे, क्रॉफर्ड मार्किट के पास ही उनकी दूकान थी, जहाँ से वे घर के लिए तथा पेशावर के रिश्तेदारों के लिए बर्तन ख़रीदा करते थे। वे खुशमिजाज़ आदमी थे और उनको आगाजी का साथ पसन्द था, जिस दिन बाज़ार बन्द रहता था उस दिन वे हमारे घर आया करते थे।

एक और तरह के दोस्त थे जिनके दूकान में हर तरह की पतंगें मिलती थीं। वे आसपास के बच्चों को बहुत कम कीमतों में पतंगें दिया करते थे। उनकी और दुकानें थीं और धन्धे थे और वे काफ़ी अमीर थे।

उम्र भर के दोस्त—राज कपूर के साथ

जनवरी के महीने में उनकी दूकान में नयी पतंगें आया करती थीं और बिना समय गँवाये पतंगबाज समूह बना लिया करते थे। मैं इस खेल को बहुत पसन्द किया करता था। छतों पर जोशीले पतंगबाजों का समूह रहता था और पतंगों की उस आकाशी लड़ाई का नजारा देखकर बहुत मज़ा आता था। अजीब तरह की जीत का भाव मन में उमड़ता था जब मेरी पतंग दुश्मन की पतंग से आगे बढ़ जाती थी या अपनी चालों से दुश्मन की पतंग को काटकर ज़मीन पर गिरा देता था। जब भी जीत के लिए मुझे तारीफ़ें मिलती थीं तब-तब मुझे बहुत अच्छा लगता था।

पतंगों को लेकर मेरा प्यार तब भी जारी रहा जब मैं अदाकार बनकर मसरूफ हो गया और बान्द्रा के घर में रहने आ गया। हमारे घर के बेसमेंट में बड़े-बड़े ट्रंकों में वे ख़ूबसूरत पतंगें पड़ी हैं जो मैंने गुजरात, राजस्थान, तमिलनाडु और आन्ध्र प्रदेश के छोटे-छोटे शहरों से ख़रीदीं।

खालसा कॉलेज में मेरे बहुत कम दोस्त थे। राज कपूर मेरा अच्छा दोस्त बन गया और वह मुझे अपने घर माटुंगा ले जाया करता था, जहाँ उसके पिता पृथ्वीराज जी और उनकी बहुत शालीन पत्नी अपने घर का दरवाज़ा हमेशा खोले रखती थीं और वहाँ उनके बेटे और पृथ्वीराज जी के भाई और उनकी बीवी के भाई आते-जाते रहते थे। पृथ्वीराज जी अपने रोबीले व्यक्तित्व, गर्मजोशी से भरे स्वभाव के कारण इलाके के लोकप्रिय व्यक्ति थे। वास्तव में, मैं राज के परिवार के साथ पूरी तरह सहज महसूस करता था। बहुत ही उदार और दोस्ताना स्वभाव के कपूर परिवार को इस बात पर कभी संकोच नहीं होता था और वे इससे ख़ुश ही होते थे। मैं बिना झिझक के उनके यहाँ युवा चाचाओं और भतीजों के साथ

खाने और मौज मस्ती में शरीक होता रहता था। जैसा कि सभी भारतीय परिवारों में होता है कि घर के मुखिया होने के कारण पृथ्वीराज जी का बहुत सम्मान था जो इस बात से ज़रा भी कम नहीं होता था कि उन्होंने अपने बेटों और भाइयों को अपने जैसा बनने और रहने की छूट दे रखी थी। वे यह नहीं चाहते थे कि वे वह बनने की कोशिश करें जो वे चाहते थे। वे इस बात में यक़ीन करते थे कि उनके बेटे अपने व्यक्तित्व के साथ बड़े हों।

मेरा यह सब विस्तार से बताने के पीछे एक निश्चित उद्देश्य है। इसका तात्पर्य है उन पाठकों को सूचित करना जिन्होंने यह कल्पना कर ली कि राज कपूर और मैं केवल दोस्ती की बातें करते थे जबकि हम दोनों के बीच गहरी व्यावसायिक प्रतिद्वन्द्विता थी, कि हमारी दोस्ती महज एक पेशे के दो लोगों की दोस्ती नहीं थी बल्कि यह एक ऐसा नाता था जो विश्वास और सम्मान से पैदा हुआ था।

राज के छोटे भाई शम्मी और शशि तब स्कूल में थे। राज की फुटबॉल में

क्रिकेट खेलते हुए; विकेटकीपिंग कर रहे हैं मोहम्मद उमर मुकरी

उतनी ही दिलचस्पी थी जितनी कि कॉलेज के बाकी अन्य लड़कों की थी। मेरे कॉलेज के ज़्यादातर लड़कों की दिलचस्पी क्रिकेट में थी और राज भी फुटबॉल से अधिक क्रिकेट खेलने में लगा रहता था। लेकिन वह फुटबॉल भी खेलता था, और जब उसे मेरे समर्पण और उत्साह के बारे में पता चला तो उसने मेरा ख़ूब उत्साह बढ़ाया। अपनी ख़ूबसूरती और नीली आँखों की चमक के कारण उसने अनेक लड़कियों के साथ दोस्ती की थी और जब लड़कियाँ उसका हौसला बढ़ाती थीं तो वह अभूतपूर्व जोश के साथ खेलता था। मुझे हमेशा यह बात बहुत अच्छी लगती थी कि वह जिस सहजता से उन लड़कियों की संगत में रह लेता था जबकि मुझे उनके बीच ज़्यादा देर रहने में हिचकिचाहट होती थी।

मुझे याद है कि एक दफा राज ने मेरे हौसले की परीक्षा लेने के ख़याल से मुझसे यह कहा कि मेरे क्लास में पढ़ने वाली एक सुन्दर लड़की मुझसे परिचय करना चाहती थी और यह कहकर उसने कुछ दूर खड़ी एक लड़की की तरफ़ इशारा किया। उसने मुझसे कहा कि जाओ और उससे बात करो। हमारे आसपास कई लड़के-लड़कियाँ थे और राज लगातार मुझसे कहे जा रहा था कि उसके पास जाओ। मुझे बहुत शर्म आ रही थी इसलिए मैंने राज से कहा कि मैं ऐसा नहीं कर सकता क्योंकि बहुत सारी आँखें मुझे घूर रही हैं। उसने फिर कहा–'अच्छा, ठीक है कैंटीन चलते हैं।' उसने उस लड़की से इशारा किया और वह सीधा उस मेज़ पर आ गयी जहाँ राज मुझे लेकर जा रहा था। मुझे उससे बात करनी थी और मुझे लगता है कि वह इस बात को समझ चुकी थी कि अगर उसने मुझे अपने दोस्त के रूप में चुना तो वह अपना समय ही नष्ट करेगी। वह कुछ मिनटों में ही वहाँ से उठी और चल पड़ी।

राज मुतमईन था कि मेरी शर्मिन्दगी की आदत को दूर करके रहेगा। एक शाम वह मेरे घर आया और ज़ोर देने लगा कि उसके साथ कोलाबा में ताजमहल होटल के सामने घूमने के लिए चलूँ। मैं तुरन्त तैयार हो गया। जब हम गेटवे ऑफ़ इंडिया के पास बस से उतरे, उसने कहा–'चलो ताँगे पर चलते हैं,' मैं तैयार हो गया। हम ताँगे में बैठ गये और जब ताँगेवाला घोड़े को चलने के लिए चाबुक लगाने ही वाला था कि राज ने उसे रोक दिया। उसने ध्यान दिया कि दो पारसी लड़कियाँ फुटपाथ पर खड़ी थीं। उन्होंने छोटी फ्रॉक पहन रखी थी और किसी बात पर खी-खी खी-खी कर रही थीं। राज ने अपनी गर्दन घुमाई और पारसियों वाली गुजराती में बोला। लड़कियाँ उसकी तरफ़ घूमीं। उसने बड़ी शाइस्तगी से उनसे पूछा कि क्या वह उनको कहीं छोड़ सकता है। उनको ज़रूर यह लगा होगा कि वह पारसी था, उसका गोरा रंग और सुन्दर नैन-नक्श उसी तरह के थे। उन्होंने कहा कि अगर पास के रेडियो क्लब तक छोड़ दें तो बड़ी मेहरबानी होगी। उसने उनसे गाड़ी में सवार होने के लिए कहा। मैं साँस रोके यह समझने की कोशिश कर रहा था कि वह करना क्या चाहता था।

दोनों लड़कियाँ आ गयीं एक राज के बगल में बैठ गयी जबकि दूसरी सामने

की तरफ़ मेरी बगल में। मैंने लड़की के बैठने के लिए ख़ासी जगह छोड़ दी थी जबकि राज ने ऐसा कुछ भी नहीं किया। लड़की उसके बिल्कुल बगल में बैठी थी और थोड़ी ही देर में वे ऐसे बातें करने लगे जैसे बड़े पुराने दोस्त हों। राज ने लड़की के कन्धे पर हाथ रख दिया और उस लड़की को इसकी ज़रा भी परवाह नहीं थी। जबकि मैं शर्म से गड़ा जा रहा था और राज मज़े-मज़े में बातचीत किये जा रहा था।

वे दोनों रेडियो क्लब के पास उतर गयीं और मैंने राहत की साँस ली। यह राज का तरीका था मुझे यह जताने का कि लड़कियों के साथ आराम से कैसे रहा जाता है। वह और कुछ भी हो शर्मीला नहीं था। लेकिन वह कहीं से भी असभ्य नहीं था।

पृथ्वीराज जी का लड़का होने के कारण उसके आसपास एक किस्म का प्रभामंडल था और वह कॉलेज कैम्पस में बहुत लोकप्रिय था। वह जानता था कि वह जिस दिशा में बढ़ रहा था उसमें कम बोलने वाले या शर्मीले आदमी के लिए किसी तरह की जगह नहीं थी। मुझे इस बात का कोई इल्म नहीं था कि मेरे लिए क्या भविष्य था। मैं तो बस यही चाहता था कि देश का सबसे अच्छा फुटबॉल खिलाड़ी बन जाऊँ।

मैं सचमुच में खेल में कैरियर बनाने को लेकर बहुत गम्भीर था। हर शाम कॉलेज के बाद यह मेरी रोज़-रोज़ की आदत बन चुकी थी कि मैं मेट्रो सिनेमा के पीछे मैदान में जाता था और उन लोगों के साथ फुटबॉल खेलता था जो भी मेरी ही तरह से खेल में कैरियर बनाना चाहते थे। मेट्रो के पास एक दूकान थी जहाँ से मैंने खेलने के जूते और अपना पहला क्रिकेट बैट भी ख़रीदा था। हालाँकि मुझे फुटबॉल से प्यार था लेकिन मैं फुटबॉल भी वैसे ही जोश के साथ खेलता था। जब मैं स्कूल और कॉलेज में एथलेटिक्स के मुक़ाबलों में भाग लेता था तो मेरा उसमें भी अच्छा प्रदर्शन होता था। मैं हर बार 200 मीटर की दौड़ में जीतता था।

आगाजी को खेल में मेरी दिलचस्पी को लेकर गर्व था और जब भी मैं घर खेल के लिए कोई ट्रॉफी या कोई सर्टिफिकेट लेकर आता था तो वे मेरी पीठ थपथपाते थे। उनको यह सब अच्छा तो लगता था लेकिन उनकी ख़्वाहिश यह थी कि मैं या तो वकील बनूँ या नौकरशाह।

मुझे ज़ाती तौर पर यह लगता था कि मेरे लिए यह जल्दबाजी होगी अगर मैं आगाजी से यह कहूँ कि मैं फुटबॉल या क्रिकेट का खिलाड़ी बनना चाहता था। मैं यह जानता था कि मुझे लेकर उनके सपने किस तरह के थे। मैं सोचता था कि मैं व्यवसाय में हाथ आजमा सकता हूँ। छोटे तरीके से, मैं हमेशा हिसाब किताब रखने में आगाजी की मदद किया करता था। जैसा कि हर इंसान के साथ होता है मुझे भी यह नहीं पता था कि ख़ुदा ने मेरे भाग्य के बारे में कुछ और ही सोच रखा था।

मध्यान्तर में पूना

'उस रात जब मैं कमरे में अकेला बैठा था, तो मेरे अव. चेतन में जेलर के शब्द गूँजते रहे और मेरे भीतर गर्व का भाव पैदा होने लगा कि मैंने जेल में एक रात गाँधी जी के अनुयायियों के साथ बिताई, और, हालाँकि यह सब कुछ देर के लिए ही था लेकिन मुझे अपने देश और देशवासियों पर गर्व करने में किसी प्रकार का डर नहीं।'

मुझे ठीक-ठीक याद नहीं है कि कब मगर मैं किशोरावस्था में ही था जब आगाजी के साथ किसी बात पर थोड़ी-सी तनातनी के बाद मैं गुस्से में बम्बई से पूना के लिए निकल पड़ा था। हम ऐसी बातों पर कड़वी बातें नहीं किया करते थे। किसी छोटी-सी बात पर उनको गुस्सा आ गया और मुझे अब भी नहीं पता कि उस पल मेरे दिमाग़ में क्या आया था। जब वे गुस्से में होते थे तो हम में से किसी की भी हिम्मत नहीं होती थी कि उनकी आँखों में आँखें डाल कर देख सकें, और, उस दिन मैंने दुःख और अपमान की वजह से न कि गुस्से और बदले की भावना से चुपचाप घर छोड़ देने का फ़ैसला किया।

द्वितीय विश्वयुद्ध जारी था और परिवार संकट के दौर से गुज़र रहा था क्योंकि फलों के कारोबार से कमाई कम हो गयी थी, जिससे घर चलाना मुश्किल होता जा रहा था। उत्तर-पश्चिम सीमा प्रान्त से फलों की आवक रुक गयी थी क्योंकि युद्ध के समय गैर-आवश्यक वस्तुओं के व्यापार और उनकी ढुलाई के ऊपर सख्त पाबन्दी लगा दी गयी थी। इसका कारण यह था कि उस समय ट्रेन की बोगियों का इस्तेमाल सैनिकों तथा हथियारों को ढोने के लिए किया जा रहा था। हमारे सारे बग़ान पेशावर में थे और यहाँ हमारे पास ऐसी कोई ज़मीन नहीं थी जिसे कि हम अपना कह सकते। भविष्य को लेकर आगाजी जिस तरह की असुरक्षा का अनुभव कर रहे थे उसको मैं महसूस कर सकता था। हमारा परिवार बड़ा था जिसमें बड़ी संख्या में चिन्ता पैदा करने वाले बेटे-बेटियाँ थे। मेरी प्यारी

और सरल स्वभाव वाली अम्मा दमे के कारण बीमार रहती थीं और मेरे भाई अयूब साहब जब कश्मीर में घोड़े से गिर गये थे तो उनकी हड्डी छिटक गयी थी और उसके बाद से वह बिस्तर पर ही पड़े हुए थे। हमारी दो बुआएँ बम्बई में भी ज़्यादातर हमारे साथ ही रहती थीं। वे यहाँ भी पेशावर की तरह आराम से रहती थीं जबकि अम्मा अपने को रसोई में झोंकती रहती थी।

मैं यह चाहता था कि कुछ काम धाम करके कमाई करूँ जिससे आगाजी की कुछ मदद हो सके लेकिन मुझे यह समझ में नहीं आता था कि किस तरह। मेरी बड़ी बहन सकीना आपा शादी की उम्र में पहुँच चुकी थीं और अम्मा के लिए यह लगातार चिन्ता का कारण बना रहता था। उनमें उस नजाकत की कमी थी जिसकी वजह से वह उन माता-पिताओं को आकर्षक नहीं लगती जो अपने बेटों के लिए बहू की खोज में रहते थे। सकीना आपा एक तरह से घर पर शासन चलाती थीं और शायद उनमें यह तानाशाही दादी से आयी थी। वह छोटी-छोटी बातों के ऊपर अम्मा से तब तक लड़ती रहती थीं जब तक कि उनकी बात चल नहीं जाती थी, और वह विजेता नहीं बन जाती थीं।

मुझे यह लगता है कि आगाजी के ऊपर अनिश्चित भविष्य का बोझ था और मुझे उस सुबह वैसे व्यवहार नहीं करना चाहिए था जैसा कि मैंने किया था। जब मैंने घर छोड़ा तो मेरी जेब में महज 40 रुपये थे, और मैं बोरीबन्दर स्टेशन से पूना के लिए ट्रेन में बैठ गया। मैंने तीसरे दर्ज़े के भीड़ भरे डिब्बे में ख़ुद को हर तरह के लोगों के बीच पाया। इससे पहले मैंने कभी तीसरे दर्ज़े में यात्रा नहीं की थी और मुझे उम्मीद थी कि आगाजी के किसी जानने वाले ने मुझे उस डब्बे में सफ़र करते न देखा हो क्योंकि उन्होंने हमेशा अपने बेटों को हर चीज़ बेहतरीन दी थी और स्थानीय सफ़र के लिए हममें से सभी के पास पहले दर्ज़े का पास होता था। मैंने उस दिन तीसरे दर्ज़े में सफ़र करने का फ़ैसला इसलिए किया क्योंकि मुझे अपने सीमित पैसे को तब तक बचाये रखना था जब तक कि मुझे कोई अच्छा रोज़गार न मिल जाये।

जब मैं पूना रेलवे स्टेशन पर उतरा तब भी यह बात मुझे अन्दर से खाये जा रही थी कि आगाजी मुझसे गुस्सा क्यों हुए थे और वह भी इतनी बुरी तरह। अगर उस सफ़र के दौरान मेरी तकलीफ़ कम हो गयी होती तो शायद मैं एक और टिकट कटाकर अपने घर की आरामदेह दुनिया में लौट गया होता, अपनी प्यारी अग्गा के पास जिनके बारे में मैं जानता था कि मेरे इस तरह ग़ायब हो जाने से वह पागलों जैसी हो जायेंगी।

जैसे भाग्य में हो। मैं आगाजी के सामने यह सिद्ध करने के लिए पूरी तरह से निश्चय कर बैठा था कि मैं घर की सुरक्षा और जो सहूलियतें उन्होंने दी थीं उनके बिना भी रह सकता था। अजब बात यह है कि मेरे बड़े भाई नूर साहब ने कभी उस तरह से महसूस नहीं किया जिस तरह से मैं सोच रहा था। वे इस बात

को मानकर चलते थे कि आगाजी उनको पैसे देने के लिए हमेशा मौजूद रहेंगे। उन्हें इस बात से कभी परेशानी नहीं होती थी कि आगाजी कितनी मुश्किल से पैसे कमाते थे जिनसे कि वे हम सभी को आराम से रख सकें। उनका यह मानना था कि घर की लड़कियों को स्कूल, कॉलेज जाने की कोई ज़रूरत नहीं थी। तब उन्होंने मुझे यह समझाने की कोशिश की मैं गलत था जब मैंने आगाजी के इस फैसले का समर्थन किया कि हमारी बहनों को स्कूल और बाद में अपने पसन्द के विषयों को पढ़ने देने के लिए कॉलेज में जाने देना चाहिए।

पीछे मुड़कर देखता हूँ तो मुझे लगता है कि यह सचमुच में दुस्साहस था कि मैंने घर छोड़ने का फ़ैसला किया और एक ऐसे शहर का रुख किया जहाँ न तो कोई मुझे जानता था न ही मुझे यह पता था कि वहाँ रोज़गार के क्या मौक़े मौजूद थे। पूना में सबसे पहले मैं एक ईरानी होटल में गया जहाँ मैंने चाय और कुरकुरी खारी बिस्कुट लाने के लिए कहा। मुझे ख़ुशी हो रही थी कि मैंने घर से दूर एक शहर का चुनाव किया जहाँ मुझे कोई जानता नहीं था और जहाँ मैं किसी भी तरह का काम कर सकता था। बम्बई में मैं ऐसा नहीं कर सकता था, क्योंकि वहाँ लोग मुझे सरवर ख़ान साहब के लड़के के रूप में जानते थे और अगर वहाँ मैं कोई ऐसा काम करता जो हमारे सामाजिक स्तर का न हो तो इससे आगाजी के आहंग को ठेस पहुँचती।

मैंने उस होटल के ईरानी मालिक से फ़ारसी में बात की, जिससे वह बहुत ख़ुश हुआ। मैंने उससे डरते-डरते पूछा कि क्या वह किसी ऐसे आदमी को जानते थे जो मुझे दूकान में काम करने या ऐसा ही कोई काम दिला दे। उसने मुझे एक रेस्तराँ का पता दिया जो वहाँ से पास में ही था और उसके मालिकों से मिलने के लिए कहा जो ऐंग्लो-इंडियन थे।

वह जाड़े की अच्छी सुबह थी और बादलों के बीच से सूरज चमक रहा था, जो इतनी तेज़ी से आगे बढ़ रहा था जैसे उसको कहीं पहुँचने की जल्दी हो। मैं ईरानी होटल के बाहर कुछ देर रुककर शहर की चहल पहल का आनन्द लेने लगा, जो ज़ाहिर है तब कुछ भी नहीं था जैसा हम आजकल महाराष्ट्र के हर दूसरे महानगर में देखते हैं।

मुझे तेज़ चलने की आदत थी इसलिए मैं रेस्तराँ बहुत जल्दी पहुँच गया। वह एक आकर्षक रेस्तराँ था, मेरे ख़याल से उसके दरवाज़े उनके लिए खुले रहते थे जो वहाँ अच्छे इंग्लिश ब्रेकफास्ट के लिए नियमित रूप से आते थे। टेबल एक-दूसरे के बहुत करीब नहीं थे, और उनके ऊपर अच्छा कपड़ा पड़ा हुआ था। वहाँ बस एक ही वेटर था जो एक से दूसरे टेबल पर जाता रहता था, ऑमलेट, ब्रेड की प्लेटें लिए। उस उम्र में, मैं भी ऑमलेट का बड़ा शौक़ीन था। जिसके कारण उसकी ख़ुशबू से खाने का मन हो रहा था, लेकिन मैंने यह तय किया कि पहले अपना काम पूरा किया जाये। मैंने देखा कि कैश काउंटर पर वे दम्पति बातचीत में मशगूल

थे। मैं उनके पास गया मगर कुछ मिनटों तक उन्होंने मुझे देखा ही नहीं। वे किसी ऐसे ग्राहक के बारे में बातें कर रहे थे जो कई दिनों से आया नहीं था और मैं यह समझ सकता था कि वे ब्रिटिश फ़ौज के किसी अफ़सर के बारे में बात कर रहे थे।

जैसे ही उनका ध्यान मेरी तरफ़ गया मैंने बिना कुछ अधिक कहे अपना परिचय दिया। मैंने ईरानी होटल के उस मालिक का नाम लिया जिसने मुझे उनके पास भेजा था। वह औरत थोड़ी प्रौढ़ थी। वह कुछ झिझकते हुए मुस्कुराई और फिर अपने मज़बूत पति से बोली, 'यह लड़का अच्छी अंग्रेज़ी बोलता है। इसे कैंटीन के ठेकेदार के पास भेज दो।'

मिस्टर वेलसेली, मुझे लगा उनका यही नाम था, ने मुझे ध्यानपूर्वक देखा, अपनी पत्नी के कहे पर ज़रा भी ध्यान न देते हुए उन्होंने मुझसे पूछा, क्या मैं उत्तर-पश्चिम सीमा प्रान्त का रहने वाला हूँ। जब मैंने फुसफुसाकर हामी भरी तो उन्होंने मुझे बताया कि वे सेना कैंटीन के ठेकेदार को जानते थे जो पेशावर का रहने वाला था और पूना में बस गया था और उसकी वहाँ बहुत इज़्ज़त थी। इस बात से तो मैं बचना चाह रहा था। पेशावर का कोई भी हो वह आगाजी को जानता होगा, जिस बात से मेरी परेशानी शुरू हो जायेगी क्योंकि उनके पास यह ख़बर पहुँच जायेगी कि मैं पूना में नौकरी खोज रहा हूँ। मैंने सभी बेबुनियादी ख़यालों को परे करते हुए मिस्टर वेलसेली से यह कहा कि वे उनसे मेरे बारे में कह दें। वह तैयार हो गये और अब अगला काम जो मुझे करना था वह था अपने लिए रहने का ठिकाना तलाश करना, शायद किसी होटल में जहाँ इतना सुकून मिल जाये कि रहने के लिए साफ़ बिस्तर हो और बाथरूम जिसमें गर्म पानी आता हो। मैंने मिस्टर वेलसेली से यह पूछा कि क्या वह ऐसे किसी होटल के बारे में बता सकते थे। उन्होंने मुझे एक होटल में भेजा जहाँ यह सारी सुविधाएँ मौजूद थीं।

उस रात कमरे में अकेले मुझे अपने माता-पिता से अलग होने का दर्द समझ में आया, ख़ासकर अम्मा से। मैं उनकी तकलीफ़ और असहायता को समझ सकता था। वह यह मानती थी कि आगाजी को इस तरह से मेरे ऊपर गुस्सा नहीं होना चाहिए था लेकिन यह उनका स्वभाव नहीं था कि आगाजी से सवाल करें या उनका विरोध करें। मैंने कभी दोनों को एक-दूसरे से प्यार जताते या करीब बैठते नहीं देखा। यह एक ऐसा सम्बन्ध था जिसमें समझदारी, प्रेम, सम्मान और विश्वास की गहराई थी। वे एक-दूसरे से अधिकतर तात्कालिक चिन्ताओं को लेकर चाहे घर या चौका चलाने के लिए पैसे की ज़रूरत हो, इसलिए बातें नहीं कर पाते थे क्योंकि उस घर को जिसके दरवाज़े हमेशा आगाजी से और नूर साहब से मिलने आने वालों के लिए खुले रहते थे और वहाँ कोई न कोई आता रहता था।

मैं बहुत देर तक नहीं सो सका क्योंकि मुझे अम्मा की वह लोरी याद आ रही थी जिसे सुनाकर वह मुझे सुलाती थीं। लेकिन यह बात मेरे दिमाग़ में

पक्के तौर पर बैठ चुकी थी कि मुझे अपने पैरों पर खड़े होकर पैसे कमाने हैं और यही बात मेरे दिमाग़ में सबसे आगे थी और जिसकी वजह से मेरी सारी उदासी जाती रही। नींद बहुत देर में आयी।

अगली सुबह, मैं कैंटीन के ठेकेदार के दफ़्तर में गया, मन ही मन मैं यह दुआ कर रहा था कि वह मुझे न पहचाने। मैं हक्का-बक्का रह गया जब मैंने पाया कि मैं आगाजी के पेशावर के दोस्त के छोटे भाई के सामने खड़ा था। उसने बड़े प्यार से मुझे बैठने के लिए कहा। वे ताज मोहम्मद ख़ान थे और उनके बड़े भाई फतेह मोहम्मद ख़ान थे जो आर्डर ऑफ़ ब्रिटिश एम्पायर थे। जब मैंने बम्बई से नौकरी की तलाश में आये एक आदमी के रूप में अपना परिचय दिया तो ऐसा नहीं लगा कि उन्होंने मुझे पहचाना हो। मैं उनकी पृष्ठभूमि से अच्छी तरह से परिचित था क्योंकि आगाजी उनके बारे में पूना से आने वाले अपने दोस्तों से चर्चा किया करते थे।

ताज मोहम्मद ख़ान में आमतौर पर पठानों की तरह आदर पैदा करने वाला गुण था और उसने मुझसे कोई सवाल नहीं पूछा। उन्होंने मुझे एक काग़ज़ और पेन दिया और बोलकर उस कैंटीन के मैनेजर के नाम एक खत लिखवाया जिसमें उनसे यह गुज़ारिश की गयी थी कि वे मुझे अपने सहायक के रूप में काम पर रख लें। मैंने बड़े अदब से उनकी बात को सुनकर लिखा और अंग्रेज़ी को सुधारता गया और यह सावधानी बरती कि उनको यह न लगे कि उनकी अंग्रेज़ी अच्छी नहीं थी। वह प्रभावित तो हुआ लेकिन बाहर वाले को यह जताना नहीं चाहता था, मुझे ऐसा लगा।

मैनेजर सचमुच में किसी ऐसे आदमी की खोज में था जिसके कन्धों पर वह कैंटीन के रोज़ के कामकाज का अपना कुछ बोझ डाल सके। उसे इस बात से बहुत ख़ुशी हुई कि मुझे अंग्रेज़ी बोलना आता था। उसने मुझे मेरा कमरा दिखाया और मेरा हाथ बार-बार हिलाते हुए मेरी नियुक्ति को पक्का करता रहा। पैसों की कोई बात नहीं हुई लेकिन मैंने यह अनुमान लगाया कि वह इतना होगा कि मेरा अपना गुजारा अच्छे से चल जाये।

उस समय रोज़गार पाने की मेरी सबसे बड़ी ज़रूरत थी और उसके पूरे हो जाने से मेरे अन्दर उपलब्धि का भाव आया। मैं एक ऐसे शहर में था जहाँ मैं पूरी तरह से अजनबी था, और मुझे न केवल नौकरी मिल गयी बल्कि रहने के लिए अच्छा ठिकाना भी। पिछले दिन जो अलगाव मुझे महसूस हो रहा था वह पहले से ही कम हो गया था। आगे देखने के लिए बहुत कुछ था और मैंने सोचा कि मैं आगाजी को यह साबित करके रहूँगा कि मैं वैसा फालतू नहीं था जैसा कि उन्होंने मुझे उस दिन कहा था जब वे गुस्से में थे।

मेरी नौकरी में मेरे ऊपर आम इन्तज़ाम के साथ-साथ कई तरह की जिम्मेदारियाँ थीं। मुझे फलों, सब्ज़ियों, अंडे, दूध, पनीर, मक्खन के रोज़-रोज़

का हिसाब देखना था और बाज़ार से ताज़ी चीज़ें लाने का काम मुझे सौंपा गया, जिसमें इस बात का ध्यान रखना था कि पुराना माल न ख़रीदूँ जिनको दुकानदार नया बताकर देना चाहते थे। मुझे रसोई का माहौल अच्छा और साफ़-सुथरा बनाने का काम भी दिया गया था। स्विमिंग पूल और उसके पानी का भी ध्यान रखना था। सेना के सदस्य दोपहर में यहाँ आते थे, उनके लिए बार में बियर तथा अन्य तरह के अल्कोहल और उनके साथ आने वाली औरतों के लिए फ्रूट पंच (Fruit Punch) का इन्तज़ाम करना होता था। और अन्त में, मुझे आमदनी और खर्च का लिखित हिसाब-किताब रखना था। जब कैंटीन मैनेजर आया और उसने मुझे मेरे कामों की सूची दी तो मेरे दिमाग़ में आया कि उससे पूछूँ कि फिर मैनेजर के रूप में वह क्या करेगा अगर सारा काम मुझे ही करना था। लेकिन दिमाग़ ने काम किया और वह उर्दू-अंग्रेजी में जो-जो कह रहा था उसे ध्यान से सुन रहा था जिससे सुनना भी एक कला ही थी।

मैंने ख़ूब आत्मविश्वास के साथ काम शुरू किया क्योंकि मुझे फलों, सब्ज़ियों, पनीर, मक्खन, अंडों के किस्मों की बेहतर समझ थी। मैनेजर और बेचनेवाले दुकानदारों के बीच कुछ खिचड़ी पक रही थी और जब मैंने ऊँची कीमत पर बेचे जा रहे कुछ खराब माल को लौटाया तब मुझे इसके बारे में पता चला। बैरेल के बियर में पानी और बर्फ़ मिलाई जाती थी ताकि उसकी मात्रा बढ़ाई जा सके। मैंने इस बारे में मैनेजर को अपना कर्तव्य समझते हुए बताया। उसने मुझे सलाह दी कि इसके ऊपर ध्यान मत दो और बिना कुछ समझाये अपने काम में लग गया।

मुझे यह समझने में अधिक देर नहीं लगी कि मैनेजर जो कुछ भी कर रहा था उसे खुद को दूर रखना चाहिए, वैध या अवैध। मुझे लगता है कि उसे मेरी यह उदासीनता अच्छी लगी और बदले में वह मेरे साथ बहुत अच्छा व्यवहार किया करता था। कैंटीन में आने वाले कर्नल, ब्रिगेडियर, मेजर, और कैप्टेन जो दिन के वक़्त कुछ हल्का-फुल्का खाने और शाम को फिर से कुछ पीने आते थे जब मुझसे घुलने मिलने लगे तो उसने इस बात का बुरा नहीं माना। क्लब का एक हिस्सा अफ़सरों के लिए था तथा दूसरा उनके लिए जो टॉमी (ब्रिटिश सिपाही जो अफ़सर नहीं थे) थे। अफ़सरों के साथ आने वाली महिलाएँ कई बार स्विमिंग सूट पहनकर स्विमिंग पूल में कूद जाती थीं। शुरू में मुझे यह समझ नहीं आता था कि क्या करना चाहिए जब महिलाएँ पूल में तैरने लगती हैं तो मुझे वहाँ रहना चाहिए या नहीं। मैं एक पुराने ढंग के ख़यालों वाली पृष्ठभूमि से आता था, ऐसे परिवार से जहाँ महिलाएँ सर से पैर तक ढँकी रहती थीं, और उनका सिर्फ़ मुँह और चेहरा ही दिखाई देता था। मैंने यह महसूस किया कि महिलाओं को मेरा वहाँ होना ज़रा भी नहीं अखरता था और अफ़सरों को मेरी शर्मिन्दगी का अन्दाज़ा भी नहीं था। वे सब मुझे बहुत पसन्द करते थे और चीकू बुलाते

थे। आज भी सायरा कभी-कभी प्यार में मुझे बुलाती है। मुझे मालूम हुआ कि चीकू का स्पैनिश में अर्थ होता है लड़का।

वे सभी अफ़सर थे और जो मुझे मेरे नाम से बुलाते थे, युसूफ ख़ान, वह भी अपने ब्रिटिश उच्चारण में। शुरू-शुरू में उनको बड़ी हैरत होती थी कि मैं वैसी अंग्रेज़ी कैसे बोल लेता था जिस तरह से उसे बोला जाना चाहिए। उनको यह बहुत पसन्द आता था कि मैं बढ़िया पैंट-शर्ट पहनता था। जहाँ तक मुझे याद आता है शुरू से मेरे अन्दर बढ़िया सिली हुई पैंट और पूरी बाँह की शर्ट पहनने का शौक था। अफ़सरों की दोस्ती से मुझे राहत मिली और अपने कुछ होने का बहुत अच्छा अहसास हुआ।

मैं अफ़सरों और सिपाहियों के साथ ख़ूब घुलता मिलता था। मैं यह देखता था कि जो सिपाही लोग थे वे ख़ूब पीकर नशे में आ जाते थे जबकि उनको यह पता भी नहीं चलता था कि बियर में पानी मिलाया गया होता था। क्लब में बाथरूम थे जहाँ वे सिपाही नहाते थे और मुझ बेचारे को यह देखकर बड़ा सदमा पहुँचता था कि वे बिना किसी झिझक के एक-दूसरे के सामने नंगे हो जाते थे। वे अक्सर शावर के नीचे नंगे खड़े होते थे और दरवाज़ा भी खुला होता था। वे अक्सर मुझे भी साथ आने के लिए कहते थे। एक गर्म दोपहर उन सिपाहियों ने ज़बरदस्ती मेरे कपड़े उतरवाकर मुझे नहाने के लिए मजबूर किया।

यह कुछ सदमे और शर्मिन्दगी की बात थी क्योंकि मेरे बदन में बाल बहुत थे और इसलिए मैं थोड़ा सचेत रहता था, ख़ासकर मेरे हाथ में जो बाल थे वे पानी पड़ने पर एक तरफ़ झूलने लगते थे। इसलिए मुझे अपने बदन दिखाने का ख़याल पसन्द नहीं था। इस वजह से मैं लम्बी बाजू की शर्ट पहनता था।

मेरे बालों के कारण मच्छर भी परेशान रहते थे, जो मेरे हाथ और पाँव के बालों में उलझ जाते थे। मैं यह देखता कि वे बेचारे जीव उन बालों से निकलने के लिए ऐसे छटपटाते थे जैसे कि वे अफ्रीका के जंगलों में फँस गये हों। मुझे उन बेचारों पर दया आ जाती थी और अक्सर मैं उन्हें आज़ाद कर दिया करता था। इसलिए निर्दोष मच्छरों और किसी को देखने में बुरा न लगे कि मैं बन्दर जैसा दिखता हूँ इसलिए मैं स्विमिंग पूल में कभी भी जाने से बचता था। ब्रिटिश सेना के हर तरह के अफ़सरों में बहुत भाईचारा था जबकि अफ़सर काफ़ी कम बोलते थे और बेहद भद्र व्यवहार किया करते थे। मुझे एक दिन यह ख़याल सूझा जब उस दिन हमारा रसोइया काम पर नहीं आया था और मुझसे मैनेजर ने पूछा कि क्या मैं कुछ तैयार कर सकता था क्योंकि मेजर जेनरल कुछ ख़ास मेहमानों को चाय के लिए लेकर आ रहा था। मैंने उनको कहा कि मैं ठीकठाक सैंडविच बना सकता था। उसने मुझे बनाने के लिए कहा और साथ में यह चेतावनी भी दे दी कि ताजे ब्रेड और मक्खन सहित सभी ताज़ी चीज़ों का ही इस्तेमाल करूँ। मैंने उसे सुनिश्चित किया कि

सभी कुछ ताज़ा ही इस्तेमाल होगा जबकि मैंने सोचा कि मैं हर चीज़ ताज़ी होने के बारे में कैसे पक्का रह सकता था जबकि उसके और दुकानदार के बीच लेनदेन चल रहा था।

सौभाग्य से, सैंडविच बहुत पसन्द किये गये। मेजर जेनरल के मेहमानों ने मैनेजर से उसकी तारीफ़ की जिसे उसने मुस्कुराते हुए लिया। तब मुझे यह ध्यान आया कि उससे आग्रह करूँ कि वह ठेकेदार तथा क्लब के कर्ता-धर्ताओं से इस बात की अनुमति लेकर मुझे शाम के समय सैंडविच की स्टाल लगाने दे। चूँकि वह मुझसे बहुत ख़ुश था तथा उसे इस बात का भी पता था कि उसके और अलग-अलग सप्लाई करने वालों के बीच क्या कुछ चल रहा था इसका मुझे इल्म था, इसलिए उसने मेरी बात ऊपर के अधिकारियों तक यह कहते हुए पहुँचा दी कि यह अच्छा विचार है और अनुमति मिल गयी।

मेरा सैंडविच वाला काम बहुत सफल हुआ। देखते-देखते सारे सैंडविच बिक गये और देर से आने वालों को मन मसोसकर रह जाना पड़ा कि सैंडविच इतने लजीज थे और उनको खाने को नहीं मिला। अगले दिन, मैं एक बड़ी टेबल लेकर आया और उसे सफेद कड़कते चादर से ढँक दिया और उस पर बाज़ार से देखकर ख़रीदकर लाये फल रख दिये, साथ में सैंडविच और लेमनेड। अगले दिन और सफलता मिली, और सप्ताह भर से भी कम समय में मैं मिले हुए इनाम को गिन रहा था और ख़ुश हो रहा था कि मेरी कड़ी मेहनत का अप्रत्याशित नतीजा निकला।

अफ़सर दोस्ताना थे और वे मुझसे मेरे परिवार के बारे में पूछते थे और उनको इस बात पर बड़ी हैरानी होती थी कि अम्मा के इतने बच्चे हुए और वह अब भी जीवित हैं। जब सैंडविच के धन्धे से कमाई होने लगी तो मेरे अन्दर इतना साहस हुआ कि मैंने अयूब साहब को एक टेलीग्राम करते हुए लिखा कि मैं पूना में था और वह चाहे तो अम्मा से यह बता सकता था कि मैं ठीक हूँ और ब्रिटिश सेना की कैंटीन में काम कर रहा हूँ। मेरे उस तार से अम्मा को बड़ी राहत पहुँची होगी। अगले सप्ताह बिना किसी सूचना के अयूब साहब आये मेरे लिए ड्राई फ्रूट और सूजी का हलवा लेकर जो अम्मा ने पकाया था। वह कुछ पैसे भी लेकर आये थे जो अम्मा ने घर के खर्च से बचाये थे। मुझे अयूब साहब को देखकर बहुत अच्छा लगा और क्लब के रिशेप्सन पर वह और उनके साथ आया अटेंडेंट जब मुझसे मिले तो उनकी आँखों में आँसू आ गये थे।

मैंने अयूब साहब से कहा कि मैं यहाँ ठीक हूँ और अम्मा ने जो पैसे भेजे थे मुझे उनकी ज़रूरत नहीं थी। उन्होंने ख़ुद देखा कि किस तरह मुझे वहाँ हर कोई जानता था और मेरी सेहत अच्छी थी, मैं ख़ुश था। अगर कोई चीज़ नहीं थी तो वह परिवार की नजदीकी। मुझे हमेशा से अयूब मियाँ से बातें करना पसन्द था। हमारे बीच गहरा भाईचारा था। मैं जब पास में बेंच पर बैठकर उनसे बातें

करता तो अपना दिल उड़ेल कर रख देता था, जब सूरज आकाश में नारंगी और सुनहरे रंग का होकर इंच-इंच डूब रहा था, जब चिड़िया तरह-तरह से आवाज़ें करती हुई अपने-अपने घोंसलों में लौट रही थी, शायद एक-दूसरे को यह बताती हुई कि एक और दिन बीत गया। मैंने अयूब साहब को याद से बताया कि किस तरह मैं गुस्से में घर से निकल गया था और मुझे इस बात का अफ़सोस था कि मैंने उनको या अम्मा को उसके बारे में नहीं बताया।

मैंने उनको बताया कि मैं आगाजी के लिए किस कदर सहारा बनना चाहता था, जिस तरह के मुश्किल हालात में वे थे इस वजह से। अयूब साहब समझ गये, उन्होंने बोला कम और सुना अधिक।

वह अगली सुबह बम्बई वापस लौट गये और मैं उनको स्टेशन पर छोड़कर अपने काम पर लौट आया, उस दिन कुछ अधिक हल्का महसूस करते हुए और चैन के साथ। क्लब में एक आश्चर्य मेरी प्रतीक्षा कर रहा था। कारपोरल मार्लो, जो मुझे देवलाली से ही जानते थे, पूना आ गये थे। जब क्लब में मैंने उनको देखा, हाथ में ड्रिंक लिए बार पर खड़े, हमेशा की तरह से ख़तरनाक लगते हुए। उनको देखते ही मेरे दिमाग़ में वीभत्स किस्म की स्मृतियाँ उभरने लगीं। देवलाली में उसको 'डॉग मैन' के नाम से जाना जाता था। मेरे स्कूल के दोस्त और मैं उसको देखकर भागते थे जब वह हमारे पीछे इसलिए भागता था क्योंकि हमें यह लगता था कि वह कोई इंसान नहीं बल्कि राक्षस है। जब हम स्कूल से लौट रहे होते थे तो उनका गठीला बदन दूर से भी हमें डराता था। कारण यह था कि उसकी आदत थी कि वह जहाँ कहीं भी आवारा कुत्ते को देखता उसके ऊपर अपने रिवॉल्वर से निशाना साधने लगता था और बेचारे अनजान कुत्तों को एक गोली में मार देता था। जब कुत्ते की साँस बन्द हो जाती तो वह अपनी जीप के पीछे से एक चाकू निकालता था और चलकर उस मृत जानवर के पास जाता और उसकी पूँछ काटकर अपने बैग में रख लेता था।

मैं इतना छोटा था कि उसकी इस कार्रवाई के बारे में चाचा उमर की बताई बातों से सन्तुष्ट नहीं हो पाया। उन्होंने मुझे समझाया कि वह ऐसा इसलिए कर रहा है क्योंकि कैंटोनमेंट के आसपास आवारा कुत्तों का घूमना मना है और वह कुत्ते की पूँछ इसलिए काट लेता था ताकि वह इसकी गिनती रख सके कि उसने कितने कुत्ते मारे और कितनी गोलियाँ खर्च कीं। जब मैं मुम्बई गया और बड़ा हुआ तो यह भयानक स्मृति मेरे दिमाग़ से उतर चुकी थी।

जब बार टेंडर ने कारपोरल से परिचय करवाने के लिए मुझे बुलाया तो मेरी हड्डियों में वही दर्द उभर आया जब मैं छिपकर उसको देवलाली की सड़कों पर जीप से जाते हुए देखता था। उसने बिना मुस्कुराए हुए ही मेरा स्वागत किया और वहाँ से चला गया।

शुरू में तो कारपोरल ने दोस्ताना होने का कोई इरादा नहीं दिखाया। हालाँकि,

बाद में समय के साथ वह नर्मी के संकेत देने लगा, ज़्यादा दिन नहीं बीते जब हमारे सम्बन्ध दोस्ताना हो गये क्योंकि इस बात को महसूस कर लिया था कि सभी अफ़सर मुझे पसन्द करते थे और मेरे साथ अच्छा व्यवहार करते थे। आवारा कुत्ते मारने का उसका फितूर पूना में भी जारी रहा, लेकिन वह उतना आम नहीं रह गया था जितना कि देवलाली में था क्योंकि कैंटोनमेंट के पास आवारा कुत्ते कम ही दिखाई देते थे। वह पास ही रहता था और मैंने ध्यान दिया तो पाया कि उसकी एक सुन्दर बेटी थी जो अक्सर उसके साथ क्लब आती थी। उस लड़की का एक जूनियर अफ़सर के साथ कुछ चल रहा था जिसके साथ वह देर शाम क्लब के बाहर अकेली दिखाई देती थी। मैं जानता था कि क्या चल रहा था और इसलिए उनसे दूरी बना कर रखता था।

क्लब के अन्दर ही मेरा कमरा था जो वैसे तो छोटा था लेकिन सुन्दर और आरामदेह था। वहाँ से वह हॉल साफ़ दिखाई देता था जहाँ जब कोई बड़ा अफ़सर पार्टी देता था तो शाम को वे सभी आकर जुटते थे। वहाँ संगीत बजता था और मैं देखता था कि अफ़सर और उनकी बीवियाँ उसकी धुन पर नाचते थे। अफ़सर सुन्दर-सुन्दर सूट और बढ़िया रेशमी टाई पहनकर आते थे जो ख़ास दुकानों से ख़रीदी जाती थी। तब मैं यही सोचता था कि क्या मेरे पास कभी ऐसा सूट होगा। तब मैं यह कहाँ जानता था कि एक दिन मेरे पास वे सभी अच्छे-अच्छे सूट होंगे जो कोई भी शौक़ीन आदमी ख़रीद सकता था। जब मैं अपनी अलमारियों में सूट की तादाद देखता हूँ तो कभी-कभी मैं सोचता हूँ कि सूट पहनने के मेरे शौक़ का कुछ न कुछ वास्ता आर्मी क्लब के उन एकान्त के दिनों से है।

एक दिन सैंडविच स्टाल बन्द करने के बाद मैंने सोचा कि थोड़ी देर सो लिया जाये। मैं अलसाया हुआ अपने कमरे की तरफ़ बढ़ा जा रहा था जब मुझे आश्चर्य हुआ जब मैंने यह पाया कि मेरे कमरे का दरवाज़ा आधा खुला था। कुछ ही दिन पहले वहाँ एक डकैती हुई थी जिसकी वजह से वहाँ पुलिस जाँच करने आयी थी। मुझे डर हुआ कि कहीं वही डाकू आज आकर मेरे कमरे से मेरी मेहनत की कमाई तो नहीं ले गया। मैं तेज़ क़दमों से अपने कमरे में पहुँचा। मेरे सामने का नजारा हैरतअंगेज़ था, कारपोरल की बेटी मेरे बिस्तर पर नंगी लेटी थी।

मैं दरवाज़े के पास जम-सा गया जब मैंने यह पाया कि उसने जानबूझकर मुझे रिझाने के लिए यह मुद्रा बनाई थी। पीछे मुड़कर मैं मैनेजर के कमरे की तरफ़ भागा, मेरा दिल गुस्सा, बेबसी और डर के मारे धड़क रहा था। मैंने उसको बताया कि मैंने क्या देखा था और वह तत्काल मेरे साथ कमरे की तरफ़ चल पड़ा। उसको पहले से ही उस लड़की के गुप्त प्रेमों और उसकी मानसिक अवस्था के बारे में शक था इस बात से उसको थोड़ा और बल मिला। किस्मत की बात यह थी कि वह तब तक मुझे जान चुका था और तब तक वह इस बात को लेकर पक्का हो चुका था कि मैं झूठ नहीं कहूँगा। हम जब तक कमरे में पहुँचे

तब तक वह जा चुकी थी। मैनेजर ने मुझे देखा, उसकी भौंहें सवालिया ढंग से तनी हुई थीं। मैंने उनके हाथ पकड़े और पीछे मुड़कर अपने साथ चलने के लिए कहा। मुझे ऐसा लग रहा था कि वह स्विमिंग पूल की तरफ़ गयी होगी। हम पूल पर पहुँचे तो देखा कि वह पूल के ऊपर के तख्त पर अपने कपड़े उतार कर ऐसे झूम रही थी जैसे वह डांस फ्लोर पर हो। हवा से उसके बाल उड़कर उसके चेहरे पर आ रहे थे और यह देखकर मैनेजर और मैं दोनों डर गये क्योंकि वह सर के बल स्विमिंग पूल में गिर सकती थी और उससे डर का माहौल बन जाता और बिना वजह यह पूल सवालों के घेरे में आ जाता। कम उम्र के होने के बावजूद मैंने काफ़ी परिपक्वता दिखाई और बिना परेशान हुए मैनेजर को इसके लिए कहा कि जल्दी से उसको बोर्ड से उतारने की कोशिश करें क्योंकि वह बोर्ड के एकदम किनारे खड़ी थी। मैं तो ख़ुदा के नेक बन्दों जैसे पठान परिवार की सख़्ती में पला था इसलिए मैं औरतों के नाम पर अपनी दादी, अम्मा, बुआओं, बहनों को ही जानता था जो उत्तर-पश्चिम सीमा प्रान्त की मुसलमान औरतों की तरह ऊपर से नीचे तक परदे में ढँकी रहती थीं। यहाँ मैं एक नौजवान लड़की को नंगी देख रहा था। ऐसा नहीं है कि मेरे अन्दर उस तरह की कोई भावना नहीं थी जो उस उम्र के लड़कों के अन्दर पायी जाती है। लेकिन वह सारा कुछ ऐसा शर्मनाक और हैरतनाक था कि उसके ऊपर कोई नौजवान सामान्य ढंग से कुछ नहीं सोच सकता था।

मैनेजर ने तुरन्त दिमाग़ लगाया और क्लब की दो महिला कर्मचारियों को बुलाया और कहा कि वे ऊपर जायें और उस लड़की को कम्बल में लपेटकर ले आयें। उसे कुछ भी समझ में नहीं आ रहा था कि उसके साथ क्या हो रहा था और वह उन दो महिलाओं के साथ चलने के लिए तैयार हो गयी। मुझे नहीं पता कि वे उसे कहाँ ले गये या उस घटना के बाद उस लड़की का क्या हुआ। मैनेजर ने मुझे कुछ नहीं बताया और मैंने उसके बारे में पूछना नहीं चाहा और यही तय पाया कि उस बात को भूल जाना ही बेहतर है।

जैसा कि ऊपर बताया गया कि वह लड़ाई का समय था और बड़े-बड़े अफ़सरों के बीच इस बात को लेकर चर्चा होती थी कि युद्ध में भारत का रुख गुटनिरपेक्ष रहने का था। एक शाम एक अफ़सर ने मुझसे कहा कि मैं इस बारे में अपने विचार रखूँ और यह भी कि हम ब्रिटिश राज से स्वतन्त्रता के लिए क्यों लड़ाई लड़ रहे थे जबकि हमने लड़ाई में गुटनिरपेक्ष रहने का फ़ैसला किया था। मेरे ख़याल से मैंने उसको अच्छा जवाब दिया और उसने मुझसे कहा कि क्या मैं अगले दिन क्लब के सदस्यों के सामने इस मसले पर बोल सकता हूँ जब क्लब के सारे सदस्य मौजूद रहेंगे। मैं तैयार हो गया और मैंने रात भर में भाषण तैयार किया। जब मैं अंजुमन इस्लाम स्कूल में पढ़ता था तब मैंने ब्रिटिश संविधान की पढ़ाई की थी और भाषण तैयार करने में मैंने उस ज्ञान का ख़ूब उल्लेख किया

था। साथ ही, मैंने इस बात को भी रेखांकित किया था कि हम एक मेहनती, सच बोलने वाले और अहिंसक देश हैं और इसलिए हम उच्च स्तर के हैं।

क्लब में अपना भाषण देते हुए मैंने कहा कि स्वतन्त्रता के लिए हमारा संघर्ष वैध था और ब्रिटिश प्रशासन जो कि जानबूझकर अपने देश के नागरिक क़ानूनों का दुरुपयोग कर रहा है और जिसकी वजह से यह सब हो रहा है।

मेरे भाषण पर ख़ूब तालियाँ बजीं और मैं ख़ुद को गौरवान्वित महसूस कर रहा था लेकिन मेरी सफलता की ख़ुशी कम देर ही टिकी। मुझे आश्चर्य हुआ जब थोड़ी देर में वहाँ पुलिसवाले आ गये और अंग्रेज़ों के ख़िलाफ़ बयान देने के आरोप में मेरे हाथों में हथकड़ी डाल दी। मुझे यरवदा जेल ले जाया गया और मुझे वहाँ कुछ अच्छे से दिखने वाले लोगों के साथ सेल में डाला गया, जिनके बारे में मुझे यह बताया गया कि वे सत्याग्रही थे। आने पर जेलर ने मुझे गाँधीवाला कहा। मुझे समझ में नहीं आया कि वह ऐसे अल्फाज़ मेरे लिए क्यों इस्तेमाल कर रहा था लेकिन जब बाद में पुलिसवाले ने कहा कि इस सेल में सारे गाँधीवाले हैं तब जाकर मुझे समझ में आया। इस तरीके से वे हम सबको गाँधी के अनुयायी के रूप में एक कर रहे थे।

साथ के क़ैदियों से दुआ सलाम हुई तो पता चला कि वहाँ किसी सेल में सरदार वल्लभ भाई पटेल भी बन्द थे और वे सभी उनके साथ भूख हड़ताल पर थे। मुझे पता नहीं था कि क्यों, लेकिन मेरा मन हुआ कि मुझे भी इसी तरह से उपवास करना चाहिए। इसलिए मैंने वह खाना खाने से मना कर दिया जो मेरे लिए गन्दे से प्लेट में लाया गया था। रात लम्बी थी और भूख के कारण मुझे नींद नहीं आयी। मैंने बूट की आवाज़ें सुनीं जो मेरे सेल के पास आकर रुक गयीं और वहाँ जेलर सेना के एक मेजर के साथ खड़ा था। 'ये रहा आपका गाँधीवाला', उसने व्यंग्य के साथ कहा। वह मेजर मुझे छुड़ाकर ले जाने के लिए आया था। वह एक अच्छा आदमी था तथा उसके साथ किसी-किसी इतवार को मैं बैडमिंटन खेला करता था।

जैसे ही मैं क्लब पहुँचा तो मैंने खाने की माँग की और इस बात से सभी को बड़ा आश्चर्य हुआ कि मैंने रात में कुछ खाया नहीं था। हो सकता है यह उनको मज़ाक़ लगा हो मगर एक रात के लिए ही सही मुझे गाँधीवाला होकर अच्छा लग रहा था। उस रात जब मैं अपने कमरे में अकेला बैठा हुआ था तो जेलर के शब्द मेरे अवचेतन में गूँज रहे थे और मुझे गर्व का अनुभव हो रहा था कि मैंने एक रात गाँधी जी के अनुयायियों के साथ बिताई, भले वह सब क्षणिक रहा हो, लेकिन मैंने बिना डरे अपने देश और देशवासियों के लिए गर्व के साथ बात की थी।

शाहख़र्च की वापसी

'वे इस बात से ख़ुश थे कि उनके एक लड़के में यह हुनर था कि वह उनके फलों के कारोबार को आगे बढ़ा सके। मेरे अन्दर यह भाव भी उठ रहा था कि यह बहुत अच्छा होगा कि मोहम्मद सरवर ख़ान, जो एक कामयाब फल व्यापारी हैं उनसे हुनर सीखकर परिवार के काम को आगे बढ़ाया जाये, लेकिन मैं इसके लिए नहीं बना था।'

जब हालात ख़राब हुए तो कुछ अवश्यंभावी घटित हुआ। क्लब के अधिकारी बदल गये और ठेकेदार ताज मोहम्मद ख़ान की जगह नयी कार्यकारिणी ने नया ठेकेदार चुन लिया। मैनेजर भी यह नहीं चाहता था कि आगे काम किया जाये इसलिए उसने मुझे छोड़ देने के लिए कहा। तब तक मैं कई बण्डल नोट कमा चुका था, जिनको मैंने पहली दफ़ा गिना। मेरे पास पूरे पाँच हज़ार रुपये थे जो उस ज़माने में काफ़ी होते थे। पास के मस्जिद में मैं जिस मौलवी साहब और अन्य लोगों के सम्पर्क में रहता था उन्होंने मुझे बताया कि रमज़ान का महीना समाप्त होने वाला था। तब मैंने सोचा कि अब बम्बई लौट कर जाने का समय हो गया है और वहाँ जाकर वह काम करूँगा जो आगाजी को पसन्द आयेगा या फल के काम में उनकी मदद करूँगा। मैं अब पहले से कुछ अधिक खुले विचारों वाला और आत्मविश्वास से भरा इंसान बन गया था। लेकिन मुझे यह समझ में नहीं आ रहा था कि मैं आगाजी को किस तरह से यह समझा पाऊँगा कि मैं घर छोड़कर क्यों भागा था। मुझे यक़ीनन यह लग रहा था कि वे तब तक मुझे माफ़ नहीं करेंगे जब तक कि अम्मा उनको अच्छी तरह से समझा नहीं देंगी। असल में, अगर मैं एक छोटी-सी बात पर आगाजी के इस तरह गुस्से में आने के कारण घर छोड़कर नहीं गया होता तो अगले दिन सब कुछ सामान्य हो चुका होता, अम्मा अपने दिमाग़ से और समझाने के अन्दाज़ से इस मसले को सुलझा लेतीं। यह महज किस्मत की बात थी कि मैंने न ख़ुद को न अम्मा को हालात को सुलझाने का मौक़ा दिया।

अब मैं ख़ुश था कि मैं अपने बूते पर निकल पड़ा और मैंने बहुत कुछ महत्त्वपूर्ण सीखा, लेकिन मैंने थोड़ी बहुत आज़ादी को भी महसूस किया था, अब मैं इस बात को लेकर पक्का नहीं था कि आगाजी के कहे के मुताबिक़ आगे भी काम करता या नहीं।

मैं ईद से कुछ दिन पहले बम्बई आ गया। अयूब साहब को यह पता था कि मैं किस दिन आने वाला था लेकिन उन्होंने अम्मा से यह बात छिपाकर रखी। मेरे छोटे भाई नासिर और मेरी बहनों को भी पता था कि भगोड़ा वापस आने वाला है लेकिन उन्होंने भी चुप्पी बनाये रखी। मेरी सबसे छोटी बहन इतनी छोटी थी कि उसे भूख लगने पर रोने के सिवा कुछ भी नहीं आता था। जब मैं चौथे माले के अपने फ्लैट की सीढ़ियाँ चढ़ रहा था तो मैं अपने दिल की धड़कनों को सुन सकता था। जानी-पहचानी आवाज़ें हमेशा की तरह ताक झाँक करते पड़ोसी, सड़कों पर कार की आवाज़ें और आराम से चलते पैदल मुसाफ़िर, यह सब देखकर बहुत अच्छा लग रहा था। मैंने महसूस किया कि मैं जब एक ऐसे शहर में था जहाँ मुझे कोई भी नहीं जानता था तो इन सबको किस कदर याद कर रहा था, जबकि सच्चाई में, मैं अवचेतन में अपने घर और आसपास की अवर्णनीय सुरक्षा की कमी को बेतरह महसूस कर रहा था।

जब मैं घर में घुसा, मेरी छोटी बहन ने मुझे सबसे पहले देखा और वह अम्मा को ख़बर करने भागी। वह तेजी से आयीं, लेकिन मैं वहीं खड़ा रह गया, मैं आगे क़दम नहीं बढ़ा पा रहा था क्योंकि मैं राहत और ख़ुशी के मारे काँप रहा था। अगले ही पल, मैं अम्मा के गले लग गया, जो बेआवाज़ बातें कर रही थी जबकि मेरे भाई-बहन शोरगुल में लगे थे। मैंने दरवाज़े के पास क़दमों की आवाज़ सुनी, जिससे मैं डर गया क्योंकि मुझे लगा कि वह आगाजी की थी। वह चाचू उमर के पैरों की निकली, जिनको पहले माले पर लोगों ने बताया था कि मैं वापस आ गया था और वे इस बात की पुष्टि करने आये थे। संक्षेप गें कहें, तो वह पुनर्मिलन ऐसा लग रहा था जैसा कि हम सब पारिवारिक फ़िल्मों में देखते हैं जो हम सब एक बार बनाते हैं जिसमें कोई भी यह नहीं जानता कि कौन किससे क्या कह रहा होता था और कोई हँस रहा होता था और कोई शोर मचा रहा होता था कि उसकी बात को सुन लिया जाये। अम्मा के आँसू हँसी में बदल गये और फिर आदतन उनको फ़िक्र हुई और उन्होंने पूछा कि क्या गैंने रोजा रखा हुआ था। मैंने नहीं कहा। उस क्लब में रोजा रखना मुश्किल था क्योंकि वहाँ काम का कभी अन्त ही नहीं होता था।

मैंने जल्दी ही खुद को महीनों की बिछड़न के बाद अम्मा के कमरे में पाया। मुझे यह विश्वास कर पाने में कुछ वक़्त लग गया कि मैं सचमुच वापस लौट आया था और अम्मा के पास उनके प्यारे बड़े से बिस्तर पर बैठा था। वह कमज़ोर और थकी-थकी लग रही थीं और उन्होंने अपने काले बालों को लेस

वाले दुपट्टे से ढँक रखा था। मुझे याद आया कि यह वही दुपट्टा था जो उन्होंने उस दिन ओढ़ रखा था जिस दिन मैं घर से निकला था। मैंने उनके लिए यह लेस क्रॉफर्ड मार्किट के पास की एक दुकान से ख़रीदी थी जहाँ से अंग्रेज़ और पारसी महिलाएँ अपने कपड़ों को सुन्दर बनाने के लिए बोर्डर और लेस ख़रीदते थे। अम्मा को अपने कपड़ों को सजाने-सँवारने का ज़रा भी शौक़ नहीं था मगर मेरी फूफियों को था। वे हमेशा मुझे कपड़ों की दुकानों में ले जाती थीं जहाँ से रेशमी या सूती कपड़ों के थान के थान ख़रीदा करती थीं। उनको मेरी पसन्द अच्छी लगती थी लेकिन उनकी शिकायत रहती थी कि मैं सबसे अच्छे रंग के कपड़े अम्मा के लिए ख़रीदता था। सच्चाई यह है कि मैं हमेशा वही रंग अम्मा के लिए चुनता था जो उनकी रंगत के मुताबिक़ होता था, और बावजूद इसके कि अम्मा को इसकी ज़रा भी परवाह नहीं थी कि वह क्या पहनती थीं, वह हमेशा सुन्दर और शालीन लगती थीं।

जब मैं उनकी बगल में बैठा तो मुझे लगा कि यही सही वक़्त है पैसे निकालकर उनके सामने रख कर उनको हैरान कर देने का। मैंने अपना बैग खोला और उसमें से वह पैकेट निकाला जिसमें पैसे रखे थे। मैंने उसे निकालकर उनके मुलायम हाथों में रख दिया जबकि वह मुझे उत्सुकता से देखने लगीं। मैं इन्तज़ार करता रहा यह देखने के लिए कि जब वह पैकेट खोलेंगी तो किस तरह से अपनी ख़ुशी को ज़ाहिर करेंगी। उन्होंने नोटों के बण्डल की तरफ़ देखा और डर तथा चिन्ता के साथ मुझे देखने लगीं।

'यह क्या है? यह तुमको कहाँ से मिला?' उन्होंने महीन आवाज़ में पूछा, जिसमें उनकी चिन्ता झलक रही थी। मैं इस बात के लिए बिल्कुल भी तैयार नहीं था। मैंने उनको बताया कि यह पैसा मैंने अपनी मेहनत और हुनर से कमाया है। उन्होंने मुझे घूरकर देखा और बिना एक लफ़्ज़ कहे कुरानशरीफ के पास गयीं। उन्होंने मुझसे कहा कि मैं कुरआन की कसम खाकर कहूँ कि मैंने जो पैसा कमाया है वह ईमानदारी से कमाया है। मैंने इस बात को स्वीकार करते हुए कि मुझे तकलीफ़ पहुँची है उस पाक किताब को लेकर कसम खाई। मैंने देखा कि वह सन्तुष्ट हो गयी थीं।

आगाजी हमेशा की तरह शाम में उस समय घर आये जब परिवार के लिए रोजे खोलने का समय हुआ। मैं तब तक अपने कमरे में था, नहा-धोकर झक्क सफेद पैंट-शर्ट पहने, माँ ने जो पकाया था उसको खाने के लिए तैयार। मैंने सुना कि वह आगाजी से कह रही थी कि मैं वापस आ गया था और मैंने उनको यह कहते हुए सुना कि उनको इस बात का पता था, यह आगाजी का अन्दाज़ था यह जताने का कि उनके अन्दर किसी तरह की भावना नहीं थी या उनको कोई फ़र्क़ नहीं पड़ता। उनके अन्दर की ऊष्मा और चिन्ता तब उभरकर आयी जब अम्मा को दमे का गम्भीर दौरा पड़ा

था और उनकी साँस रुक रही थी। वह चिल्ला रहे थे कि कोई सामने की सड़क तक जाये और डॉक्टर को बुला कर ले आये। उस समय वे बहुत असहाय लग रहे थे। मुझे अब भी याद है कि वह लहीम शहीम क़द मेरी बीमार अम्मा को अपनी बाँहों में थामे बैठा हुआ था।

अगर आप मशाल* के उस प्रसिद्ध दृश्य को याद करें, तो मैं आपको सच बताऊँ जब मैं उस सीन का रिहर्सल कर रहा था तो मैंने चार रात में लगातार फ़िल्माये गये उस सीन में जज़्बात को लाने के लिए आगाजी की उसी पीड़ा को याद किया था।

आगाजी और मैं ऐसे सौहार्द से मिले जैसे कि कुछ हुआ ही न हो। इससे मुझे राहत मिली, कम से कम इतना तो कहा ही जा सकता है। ईद, जिसे हम भाईचारे की भावना के साथ मनाते थे और दूसरे धर्मों के लोगों को घर खाने पर बुलाते थे, के एक हफ्ते से भी कम समय के भीतर आगाजी मुझसे यह बात कर रहे थे कि नैनीताल** में सेब का एक बाग़ बिकने वाला है। वे यह चाहते थे कि मैं वहाँ जाऊँ और बातचीत करके उसकी कीमत को तय करूँ। यह मेरे लिए बहुत अच्छी बात थी क्योंकि मेरे पिता पहली बार मुझसे धन्धे के बारे में बात कर रहे थे। हालाँकि उनमें और मुझमें पूना के प्रसंग में कोई बात नहीं हुई, यह साफ़ था कि जिस तरह से वे फलों के व्यापार के लिए फलों की आवक के बारे में मुझसे बातें कर रहे थे इससे यह लगा कि उनको यह महसूस हुआ कि मेरे अन्दर व्यवसाय की ललक है। उन्होंने मुझसे इस आइडिया के बारे में भी चर्चा की कि वे आड़ू के फल को डिब्बे में बन्द करके उनका निर्यात करना चाहते थे।

सच में, मैं ज़ाती तौर पर सैंडविच स्टाल की सफलता के बाद इस बात में पक्के तौर पर यक़ीन करने लगा था कि मैं व्यवसाय कर सकता था और उससे कमाई भी। मैंने पिता के नैनीताल वाले बाग़ को ख़रीदने के बारे में सोचा, मैं खुद एक बिल्कुल अलग तरह के व्यवसाय के बारे में सोच रहा था : पंखों वाले तकिये के व्यवसाय के बारे में। मैंने एक ऐसे आदमी के साथ अनुबन्ध भी किया जो मुझे साझीदार बनाने को तैयार था और लोगों को ऐसे तकिये बेचने पर मुझे पर्याप्त कमीशन देने को भी तैयार था। मैंने उसके प्रस्ताव को मान लिया और ज़रूरी पैसे जमा कर लिए।

कुछ पैसे गँवाने के बाद, मुझे यह लग गया कि तकिये बेचने का धन्धा मेरे लायक नहीं था तो मुझे लगा कि यही बेहतर होगा कि नैनीताल जाया जाये

---

* फ़िल्मकार यश चोपड़ा की 'मशाल' (1984), उस दृश्य में यह दिखाया गया है कि मैं बरसात की एक रात अपनी गम्भीर रूप से बीमार पत्नी (भूमिका वहीदा रहमान ने निभाई) को अस्पताल ले जाने के लिए मदद माँगने के लिए किसी भी गाड़ी को रोकने के लिए कोशिश करता हूँ, लेकिन सब बेकार जाता है।

** एक हिल स्टेशन जो तब संयुक्त प्रान्त में था और अब उत्तराखंड में है।

और वह किया जाये जो मेरे पिता मुझसे चाहते थे। मैं वहाँ गया और बाग़ के मालिक से मिला, वह एक अच्छा आदमी था जो आगाजी की इज़्ज़त करता था और ज़मीन सहित वह बाग़ हमें बेचने में दिलचस्पी रखता था। मैंने यह देखा कि आधे से अधिक बाग़ टिड्डों ने बर्बाद कर दिया था और जो बचा था वह शायद ही ख़रीदने लायक था। मैंने उससे कहा कि पैसों को लेकर बातचीत करनी पड़ेगी। उसने कहा 'ज़रूर, मैं समझता हूँ।' मुझे समझ में नहीं आ रहा था कि क्या कीमत कहूँ, उसने समझ लिया कि इस मामले में मेरा अनुभव नहीं है, इसलिए उसने मुझे कहा : 'बेटे, मैं आपसे एक रुपये टोकन के रूप में लूँगा और हम सौदा पक्का कर लेंगे। ख़ान साहब के पास जाइए और उनको इस ज़ायदाद की जो भी क़ीमत सही लगे मैं लेने को तैयार हूँ।'

मैं पैसे के साथ घर पहुँचा और मैंने आगाजी को उस ज़ायदाद के बारे में बताया। वे बहुत ख़ुश हुए। उनको अब यह लगने लगा था कि मुझे धन्धे की अच्छी समझ थी और उन्होंने मुझसे कहा कि मैं ही हिसाब किताब रखूँ क्योंकि मैं उसको करने में पूरी तरह से सक्षम हूँ। वे इस बात से ख़ुश थे कि उनके एक लड़के में यह हुनर था कि वह उनके फलों के कारोबार को आगे बढ़ा सके। मेरे अन्दर यह भाव भी उठ रहा था कि यह बहुत अच्छा होगा कि मोहम्मद सरवर ख़ान, जो एक कामयाब फल व्यापारी हैं उनसे हुनर सीखकर परिवार के काम को आगे बढ़ाया जाये, लेकिन मैं इसके लिए नहीं बना था।

नया मोड़

'उनके काले बाल कंघी से पीछे की तरफ़ काढ़े हुए थे और वे अपनी आँखों से मेरे ऊपर मुस्कुरा रहे थे। देविका रानी ने मेरा परिचय करवाते हुए कहा कि मैंने अभी अभिनेता के रूप में काम शुरू किया है। उन्होंने बड़ी गर्मजोशी के साथ मुझसे हाथ मिलाया और यह एक ऐसी दोस्ती की शुरुआत थी जो हमारे बीच तमाम उम्र कायम रही। वह अशोक कुमार थे जो जल्दी ही मेरे लिए अशोक भैया बन गये।'

एक सुबह मैं चर्च गेट स्टेशन पर बैठा इन्तज़ार कर रहा था, वहाँ से मुझे दादर के लिए ट्रेन पकड़नी थी, जहाँ मुझे किसी ऐसे आदमी से मिलना था जो मुझसे कुछ व्यवसाय की बातें करना चाह रहा था। सेना को लकड़ी की खाटों की आपूर्ति करनी थी। वहाँ मुझे डॉ. मसानी मिले जो एक बार विल्सन कॉलेज आये थे जहाँ मैंने एक साल पढ़ाई की थी। डॉ. मसानी ने कला के विद्यार्थियों के लिए पेशों को लेकर व्याख्यान दिया था। चर्च गेट पर जाकर मैंने उनको अपना परिचय दिया। वह मुझे अच्छी तरह जानते थे क्योंकि वे आगाजी के परिचितों में थे। 'तुम यहाँ क्या कर रहे हो युसूफ?' उन्होंने मुझसे पूछा। मैंने उनसे कहा कि मैं काम की तलाश में था लेकिन कोई नौकरी मिली नहीं इसलिए सोचा कि व्यवसाय कर लिया जाये, उसकी कोशिश में हूँ। उन्होंने कहा कि 'मैं मलाड जा रहा हूँ बम्बई टॉकीज की मालकिन से मिलने और यह कोई बुरा विचार नहीं होगा कि मैं भी उनके साथ वहाँ चलूँ। हो सकता है उनके पास तुम्हारे लिए कोई काम हो,' उन्होंने यूँ ही कह दिया। मैंने थोड़ी देर सोचा फिर दादर जाने का विचार त्याग कर उनके साथ चल पड़ा।

मेरे पास रेलवे के फर्स्ट क्लास का पास बान्द्रा तक ही था (मलाड बान्द्रा से 18 किलोमीटर आगे है)। डॉ. मसानी टिकट चेक करने वाले को जानते थे,

उसने मुझे मलाड तक का टिकट दे दिया। मलाड स्टेशन से बॉम्बे टॉकीज कोई ख़ास दूरी पर नहीं था मगर उन्होंने फिर भी वहाँ के लिए टैक्सी ली क्योंकि लंच का समय होने वाला था और उनको इस बात का डर था कि बॉम्बे टॉकीज की मालकिन देविका रानी कहीं लंच के लिए घर न चली जायें।

देविका रानी

मैंने उससे पहले कभी कोई फ़िल्म स्टूडियो नहीं देखा था, तस्वीर में भी नहीं। मैंने राज कपूर से बॉम्बे टॉकीज के बारे में सुना था जो इस स्टूडियो के बारे में बात करता था कि यहाँ उसके पिता पृथ्वीराज जी की फ़िल्मों की शूटिंग होती थी। बॉम्बे टॉकीज मेरे लिए पूरी तरह से आश्चर्यजनक था। वह कई एकड़ में फैला हुआ था और उसमें बाग़ और झरने भी थे। उसके ऑफ़िस की इमारत बँगले जैसी लग रही थी न कि ऑफ़िस की तरह। जब डॉ. मसानी अन्दर घुसे तो देविका रानी ने उनको बड़े खुलूस से पहचाना और बैठने के लिए कहा और मेरी तरफ़ आश्चर्य से देखने लगीं जबकि मैं इस बात का इन्तज़ार करने लगा कि मेरा परिचय करवाया जाये। वह शालीनता की मूर्ति थी, और जब डॉ. मसानी ने मेरा परिचय करवाया तो उन्होंने मुझे नमस्ते कहा और कहा कि एक कुर्सी खींचकर उसके ऊपर बैठ जाऊँ, उनकी नज़रें मेरे ऊपर टिकी हुई थीं जैसे मन ही मन वह मेरे बारे में सोच रही हों। उन्होंने हमारा परिचय अमिय चक्रवर्ती से करवाया जो सोफे पर बैठे हुए थे। उन्होंने मुझसे पूछा कि क्या मुझे उर्दू का पर्याप्त ज्ञान है। मैंने जवाब हाँ में दिया और डॉ. मसानी ने बीच में पड़कर मेरी पृष्ठभूमि पेशावर से हमारे ताल्लुक और आगाजी के पेशे के बारे में बतरसर। मैं उनके चेहरे पर देख रहा था, वह बड़े ध्यान से सुन रही थीं, उनके चेहरे पर स्वाभाविक कान्ति थी जो उनके अच्छे स्वास्थ्य की सूचक थी। मैं सोच रहा था कि वह मुझे किस तरह का काम देने वाली हैं क्योंकि वह उर्दू भाषा के मेरे ज्ञान के बारे में बहुत दिलचस्पी ले रही थीं।

वह मेरी तरफ़ घूमीं और मुस्कुराते हुए उन्होंने एक ऐसा सवाल पूछा जिसने अप्रत्याशित रूप से मेरे जीवन की दिशा ही बदल दी। उन्होंने मुझसे पूछा कि क्या

मैं अभिनेता बनना चाहूँगा और उसके लिए स्टूडियो से मुझे मासिक तौर पर 1250 रुपये दिये जायेंगे। एक पल के लिए तो मुझे समझ में नहीं आया कि क्या कहना चाहिए। मैंने डॉ. मसानी की तरफ़ देखा जो खुद भी हैरत में थे लेकिन उसे प्रकट नहीं कर रहे थे। उन्होंने कन्धे उचका दिये जो इस बात का ख़ामोश इशारा था कि मैं जवाब दे दूँ। मैं ऐसे आदमियों में नहीं हूँ जो बेकार की बातों को सोचने में समय गँवाऊँ। इसलिए मैंने उनकी मनमोहक मुस्कराहट का जवाब देते हुए उनसे कहा मैं सचमुच उनका बहुत आभारी हूँ कि उन्होंने मुझे अभिनेता बनने के लायक समझा लेकिन मुझे इस कला के बारे में कुछ भी नहीं पता है और न ही इसका कोई अनुभव है। इससे भी बढ़कर यह कि मैंने सिर्फ़ एक फ़िल्म देखी थी, जो कि एक लड़ाई की कोई डॉक्युमेंट्री थी और देवलाली में सैनिकों को दिखाई गयी थी। वह बहुत जल्दी से तर्क की कसौटी पर कसने लगीं। उन्होंने पूछा—'आपको अपने परिवार के फल व्यवसाय का कितना अनुभव है?' मैंने कहा कि मैं सीख रहा था, मैं यह दावा नहीं कर सकता कि मुझे इसका अधिक अनुभव है। इसके बाद उन्होंने कहा 'यह हुई न बात। अगर आप मेहनत करके फल के व्यवसाय के बारे में सीख सकते हैं तो आप निश्चित ही मेहनत करके अभिनय और फ़िल्म निर्माण के बारे में भी सीख सकते हैं। मुझे एक पढ़ा-लिखा, नौजवान और सुन्दर अभिनेता चाहिए और मुझे लगता है कि आपके अन्दर वह सारे गुण हैं।'

जल्दी ही लंच का समय हो गया और उन्होंने आदरपूर्वक हमसे पूछा कि क्या हम उनके साथ खाना खा सकते हैं। डॉ. मसानी ने विनम्रता से मना कर दिया और हमने उनसे विदा ली। लौटते समय, डॉ. मसानी ने अधिक बात नहीं की। तेज़ गति से चलती ट्रेन की आवाज़ और उस प्रस्ताव के ऊपर बात करने के लिए जो समझ-बूझ चाहिए थी वह हम दोनों में नहीं थी और इसकी वजह से भी वह शान्त थे। मुझे इस बात से अधिक परेशानी नहीं हुई कि मैं एक्टिंग के बारे में कुछ भी नहीं जानता हूँ। जैसे ट्रेन आगे बढ़ी तो वैसे ही मैं निश्चिन्त हो गया। मुझे असल में अच्छा लग रहा था कि एक ऐसी नौकरी मेरी स्वीकृति की प्रतीक्षा कर रही थी जिसके बदले में मुझे अच्छी तनख़्वाह मिलने वाली थी।

घर पहुँचने पर मैंने अयूब साहब से इस प्रस्ताव के बारे में कहा। उसे इस बात के ऊपर यक़ीन ही नहीं हो रहा था कि देविका रानी ने मुझे 1250 रुपये तनख़्वाह देने की बात कही थी। उसने कहा कि हो सकता है उन्होंने इतने पैसे सालाना देने के बारे में कहा हो। उसने कहा कि उसको पता है कि राज कपूर को 170 रुपये महीने की तनख़्वाह मिल रही है। मुझे लगा कि अयूब सही था। वह मुझे हर महीने इतनी बड़ी रकम किस बिना पर दे सकती थीं। और, अगर यह पूरे साल के लिए है, तो मुझे लगा कि यह स्वीकार करने लायक नहीं था क्योंकि इससे आगाजी का बोझ कम नहीं होने वाला था। मेरे लिए यह निहायत ज़रूरी था कि इतना कमाऊँ कि आगाजी के फलों के धन्धे से होने वाली कमाई में बढ़त लाऊँ।

वजूद और परछाईं

अयूब साहब के अलावा घर में किसी और को उस घटना के बारे में पता नहीं था। मेरे बड़े भाई नूर साहब को कोई फ़िक्र नहीं थी और वे अपनी ही दुनिया में रहते थे। वह घर में केवल खाने के समय ही दिखाई देते थे। मुझे लगा कि डॉ. मसानी को अपने फ़ैसले के बारे में बता देना चाहिए, इसलिए मैं चर्च गेट पर उनके घर गया और मैंने उनसे कहा कि 1250 रुपये सालाना मेरे लिए काफ़ी कम था क्योंकि मुझे रोज़-रोज़ इसके लिए इलेक्ट्रिक ट्रेन से मलाड तक जाना पड़ता और इसके लिए जो परेशानी उठानी थी उस लिहाज़ से। लेकिन डॉ. मसानी का पक्के तौर पर यह कहना था कि इतने पैसे मुझे हर माह मिलने वाले थे। उन्होंने देविका रानी से इस बारे में पूछने के लिए खुद फ़ोन किया, और जिस तरह से मुस्कुराकर, गर्दन हिलाकर वे बातें कर रहे थे उससे मुझे यह लगा कि वह कुछ ऐसी बात कह रही थीं जिससे उनको बेहद ख़ुशी हो रही थी। जब उन्होंने रिसीवर नीचे रखा तो उसके बाद मुझे बताया कि वह 1250 रुपये हर माह देने वाली थीं न कि सालाना। ऐसा इसलिए क्योंकि उनको लगता था मेरे अन्दर बहुत सम्भावना थी और इसलिए मुझे इतनी रकम देने का प्रस्ताव देना चाहिए कि मैं ख़ुशी-ख़ुशी उसे स्वीकार कर लूँ।

अगले दिन मैं डॉ. मसानी से चर्च गेट स्टेशन पर दोपहर के भोजन के बाद मिला। वह साल 1942 था और दिन था शुक्रवार, मुझे तारीख़ याद नहीं है। मैंने नमाज़ और अच्छे भोजन के बाद घर से चुपचाप विदा ली। किसी को नहीं पता था कि मैं जा कहाँ रहा था।

उस दोपहर जब दरबान ने हमारी टैक्सी के लिए गेट खोला तो बॉम्बे टॉकीज अपनी तरफ़ कुछ अधिक बुलाता हुआ लग रहा था। अपने दफ़्तर में, देविका रानी अकेली थीं, मेज़ पर बैठी हुई जो कि हमेशा साफ़-सुथरा रहता था। बातचीत संक्षिप्त थी क्योंकि वह जानती थीं कि मैं प्रस्ताव को स्वीकार करने आया था। उन्होंने कहा कि नौकरी से ताल्लुक रखने वाली औपचारिक कार्रवाइयाँ उनके सहायक मिस्टर अय्यर करेंगे। वह इस बात के ऊपर ज़ोर दे रही थीं कि मुझे तत्काल काम करना शुरू कर देना चाहिए। उन्होंने कहा कि बेहतर तो यह होगा कि मैं अगले ही दिन स्टूडियो आ जाऊँ और उन लोगों से मिल लूँ जिनके साथ मुझे काम करना था। पैसे के बारे में बात करने को लेकर मेरी झिझक की वजह से मैंने तनख़्वाह के बारे में कुछ नहीं पूछा, लेकिन इस बात की सम्भावना कि मैं चार अंकों की तनख़्वाह पा सकता था, जो कि उन दिनों बड़ी बात मानी जाती थी, मुझे इस पेशे में ले आया जिसको लेकर मेरे पिता के मन में कुछ ख़ास इज़्ज़त नहीं थी। मैंने उनको कई बार राज कपूर के दादाजी दीवान बशेश्वरनाथ जी कपूर से यह कहते हुए सुना था कि बड़े अफ़सोस की बात है कि उनके बेटे और पोते को नौटंकी* करने के अलावा कोई और काम नहीं मिला।

हमारे लिए चाय जिस ट्रे में आयी वह एकदम कड़क सफेद कपड़े से ढँका

---

* नौटंकी उत्तर प्रदेश का एक नाट्य रूप है। इसका अर्थ अदाकारी भी होता है।

हुआ था जिसके किनारों पर इंग्लिश लेस लगा हुआ था। चाय के प्याले हमें बहुत अच्छी तरह से ड्रेस पहने एक लड़के ने दिया जिसे इस बात के लिए अच्छी तरह से प्रशिक्षित किया गया था कि चाय में दूध को डालकर उसको मिलाते हुए चम्मच को इस तरह से हिलाया जाये कि एक भी बूँद बाहर न छलके। यह देखना बहुत अच्छा लग रहा था कि एक भारतीय लड़का उस काम को उतनी ही महारत के साथ कर रहा था जैसे कि अंग्रेज़ खानसामे समझते थे कि वही कर सकते थे।

जब देर शाम मैं घर वापस पहुँचा तो मैंने अम्मा से कहा कि मुझे एक ऐसी नौकरी मिली है जिसमें मुझे हर महीने 1250 रुपये तनख़्वाह मिलेगी, जिससे उनकी रसोई का खर्च और मेरे छोटे भाई-बहनों की पढ़ाई का खर्च निकल जायेगा। बहुत तरह के अन्य खर्चे भी थे कुछ पैसे उनके लिए भी रखे जा सकते थे। वह यह जानना चाहती थी कि ऐसा कौन-सा काम था जिसमें मुझे इतने पैसे मिलने वाले थे। मैंने उनको भरोसा दिलाया कि यह एक इज़्ज़त वाला काम था और मुझे इसलिए दिया गया था क्योंकि मेरी उर्दू बेहतर थी। ऐसा लगा कि वह इस जवाब से खुश हुईं क्योंकि यह एक ऐसी नौकरी की तरह लग रही थी जिसका वास्ता उर्दू ज़ुबान से था इसलिए ठीक ही होगा। वह भी यह नौकरी ऐसे समय में मिली थी जब हर तरफ़ अशान्ति फैली हुई थी, दूसरा विश्वयुद्ध जारी था और आज़ादी की लड़ाई भी तेज़ हो रही थी।

उम्र भर के दोस्त—अशोक कुमार के साथ

अगली सुबह भी और दिनों जैसी ही थी। मैं तैयार हुआ और चुपचाप घर से निकल गया। मैं समय पर ठीक 9 बजे स्टूडियो पहुँच गया। देविका रानी ने मेरा स्वागत किया और मुझे खुद उस जगह पर ले गयीं जहाँ पर शूटिंग की तैयारियाँ चल रही थीं। वह मुझे एक ऐसे आदमी के पास लेकर गयीं जिसने बहुत अच्छे कपड़े पहन रखे थे और देखकर बहुत प्रतिष्ठित आदमी लग रहे थे। वे जाने-पहचाने लग रहे थे और मुझे याद आया कि मैं उनकी सुन्दर तस्वीरों को क्रॉफर्ड मार्किट के पास पोस्टरों और होर्डिंगों पर देखा करता था। उसके काले बाल कंघी से पीछे की तरफ़ काढ़े हुए थे और वह अपनी आँखों से मेरे ऊपर मुस्कुरा रहा था। देविका रानी ने मेरा परिचय करवाते हुए कहा कि मैंने अभी अभिनेता के रूप में काम शुरू किया है। उन्होंने बड़ी गर्मजोशी के साथ मुझसे हाथ मिलाया और यह एक ऐसी दोस्ती की शुरुआत थी जो हमारे बीच तमाम उम्र कायम रही। वह अशोक कुमार थे जो जल्दी ही मेरे लिए अशोक भैया बन गये (10 दिसम्बर 2001 को उनकी मृत्यु हुई)।

अशोक कुमार शूटिंग से बाहर आये और उन्होंने एक लड़के को आवाज़ दी कि वह उनके मेक अप रूम को खोल दे। जब वह लड़का चाबी लाने के लिए गया तो मैंने देखा कि एक और नौजवान हमारी तरफ़ आ रहा था। वह राज कपूर थे, जो मुझे वहाँ देखकर चकराये हुए थे। जब उनको यह पता चला कि मैं वहाँ एक्टर बन गया हूँ तो उन्होंने शरारती और मज़ाकिया अन्दाज़ में पूछा कि 'क्या तुम्हारे पापा को पता है?' मैंने कोई जवाब नहीं दिया क्योंकि अशोक भैया और देविका रानी मेरे बगल में खड़े थे और उनको यह जानकर बड़ा सुखद आश्चर्य हुआ कि राज कपूर और मैं एक-दूसरे को जानते थे। राज ने संक्षेप में खालसा कॉलेज के दिनों के फुटबॉल खेलने के बारे में थोड़ा बहुत बताया जिसके बाद देविका रानी ने कहा, 'यह सचमुच बहुत अच्छा है। मैं सोचती थी कि काश मैं भी स्कूल में लड़कों की तरह यह खेल खेल सकती।'

देविका रानी ने हम लोगों को एक-दूसरे से बातचीत करने के लिए छोड़ दिया और तेज़ी से अपने दफ़्तर चली गयीं। राज और अशोक कुमार बहुत अनौपचारिक ढंग से बातें कर रहे थे, जो मुझे अच्छा लगा। यह कोई उस तरह का दफ़्तर नहीं था जहाँ किसी सीनियर को सर कहना पड़ता हो और तभी बोलना पड़े जब ज़रूरी हो। यहाँ तो राज कपूर लगातार खालसा कॉलेज के रोमांच भरे दिनों के बारे में बातें किये जा रहा था तो उससे मुझे लगा कि यह इस बात का भेद स्टूडियो में खोल सकता था कि मैं वहाँ आगाजी की अनुमति के बिना काम कर रहा था। मैं यह नहीं चाहता था कि स्टूडियो के लोगों को इस बात के बारे में पता चले क्योंकि इससे यह छवि बन सकती थी कि मैं गुपचुप तरीके से काम करता हूँ। बहरहाल, उसने इस बारे में कोई बात नहीं की और मैंने राहत की साँस ली। इसमें कोई शक नहीं कि राज मुझे देखकर खुश हुआ और उसने पेशे में मेरा स्वागत किया। वह इस बात को जानता था कि मैं कॉलेज के दिनों में

किस कदर शर्मीला था और वह ज़रूर यह सोच रहा होगा कि मैं ऐसे पेशे में कैसे जम पाऊँगा जो शर्मीले एवं अपने आप में रहने वाले लोगों के लायक नहीं है।

अगले दिन स्टूडियो में मेरा परिचय किसी शाह नवाज़ ख़ान से करवाया गया। वह एक क्रूर और रूखे आदमी के रूप में सामने आया। उसने मुझसे पूछा कि क्या मैं पठान हूँ जब मेरा जवाब हाँ में था तो वह ऐसे हँसने लगा जैसे मैंने कोई अजीब बात कह दी हो। उसने कहा कि उसे मेरे गालों की रंगत और मेरे अपने आप में रहने की अदा से इस बात का पता चल गया था कि मैं पठान हूँ। वह जानता था तो इस तरह घोड़े की तरह हिनहिनाकर हँसने की ज़रूरत क्या थी, मैं चाहता था कि उससे पूछूँ। फिर उसने मुझसे यह पूछा कि मेरे कितने भाई थे, मैंने बताया पाँच। और वह फिर हँसने लगा और तब मुझे लगा कि मैं एक पागल आदमी के साथ अपना समय ख़राब कर रहा था। उसने कहा—'तुम अगर छह भाई होते तो मेरा क्या बिगाड़ लेते?' अब मुझे लगा कि यह कुछ ज़्यादा हो रहा था और जाती भी, इसलिए मैं उठा और देविका रानी के पास यह बताने के लिए गया कि उस आदमी ने मुझसे कितनी बेवक़ूफ़ी के साथ बातें कीं। उन्होंने कुछ भी नहीं कहा, उन्होंने मेरी पीठ थपथपाई और मुझे घर भेज दिया।

मेरे जाने के बाद उन्होंने उसे ज़रूर समझाया होगा तभी अगले दिन वह माफ़ी माँगने के अन्दाज़ में था और मुझसे यह कह रहा था कि उसका मकसद मुझे गुस्सा दिलाना नहीं था। उसने आगे कहा कि बॉम्बे टॉकीज में इस तरह की बातें आम थीं। मुझे आश्चर्य हुआ कि क्या वह सचमुच में सच बोल रहा था क्योंकि मैं जिन लोगों से मिला था वे थे अशोक भैया और डेविड अब्राहम (प्रसिद्ध चरित्र अभिनेता) और दोनों ही बड़े सभ्य कम बोलने वाले लगे थे। मुझे समझ में आया कि डेविड जानता था कि शाह नवाज़ ने मुझे क्या कहा था। बकरीद कुछ ही दिनों के बाद आने वाला था। जब डेविड ने मुझे शाह नवाज़ से बचते हुए देखा तो मुझसे पूछा कि 'क्या तुम ईद के दिन ग्रीटिंग्स कार्ड देते-लेते हो?'

ईद के दिन मुझे शाह नवाज़ ने ग्रीटिंग्स कार्ड दिया। उसके साथ एक पीले रंग का पैकेट था जिसके ऊपर कुछ लिखा हुआ था। यह तुम्हारे वहाँ के बालों के लिए है। मैं डर के मारे ख़ामोश हो गया। पहले तो मैं यह चाहता था कि देविका रानी के पास जाकर उसे दिखा दूँ। लेकिन मैं यह नहीं चाहता था कि मेरा गुस्सा दिखे इसलिए मैं सीधा घर के लिए निकल पड़ा। अगले दिन जब मैं स्टूडियो में आया तो मैं उस छोटे पैकेट को टेबल पर अपने वहाँ के बालों और उस छोटे पीले पैकेट के साथ छोड़ आया, साथ में कार्ड और नोट भी था। जब डेविड ने वह देखा तो उसने शाह नवाज़ को बुला कर उसे वह सब गड़बड़ दिखाया। वे दोनों कुछ देर तक हँसते रहे। उसके बाद शाह नवाज़ ने मुझसे कहा : 'अब तुम हम में से एक हो गये। हमें यह लगा कि तुम्हारी चुप्पी तोड़ने के लिए तुम्हारी थोड़ी रैगिंग ज़रूरी है।' उसने आगे बढ़कर मुझे गले लगाते हुए कहा कि आगे से कोई रैगिंग नहीं होगी।

लाइट्स, कैमरा, ऐक्शन!

'मैं...इस बात से अवगत हो गया कि एक अभिनेता को अपनी सूझबूझ को मज़बूत बनाना चाहिए क्योंकि वास्तविक और अवास्तविक के बीच के दोहरेपन को दिमाग़ से नहीं सुलझाया जा सकता है, किसी भी सामान्य अवस्था में जिसका सम्बन्ध सत्य और तर्क से होता है। दिमाग़ आपको हमेशा कहेगा कि यह बकवास है...यह केवल आपकी सहज बुद्धि, आपकी सूझबूझ ही होती है जो आपको वह ग्रहण करने में मदद करेगी जिसे आपको किसी पटकथा से ग्रहण करनी चाहिए और आपको प्रेरित करेगी ऐसे प्रदर्शन के लिए जिसमें यथार्थ और विश्वास का मिश्रण हो, इस बात के बावजूद कि आपको पता होता है कि सब नाटक है, क़िस्सा-कहानी है।'

मेरे जीवन के उस मुकाम पर बॉम्बे टॉकीज मेरे साथ घटित होने वाली सबसे अच्छी चीज़ थी। मुझे उससे अच्छी नौकरी नहीं मिल सकती थी जो कि देविका रानी ने मुझे दी थी। निश्चित तौर पर मुझे इस बात का कोई इल्म नहीं था कि कैमरे के सामने एक्टिंग कैसे की जाती है। इसके बारे में पढ़कर सीख कर अभ्यास किया जा सकता था। जो ख़ुशी की बात थी वह स्टूडियो का माहौल, वह कुछ ऐसा था जैसा कि कोई किसी विश्वविद्यालय में उम्मीद करता है या किसी कल्पनालोक में, एकदम किसी की उर्वर कल्पना से निकले हुए घर, दिखावे के सामान, कलाकृतियाँ, सड़कें, बगीचे या इसी तरह की चीज़ें, जिनके बारे में यह पता चला कि वे स्थायी रूप से बनाये गये सेट थे जो शूटिंग के लिए बनाये गये थे। इससे मेरी दिलचस्पी इस बात में जगी कि जो चीज़ें मैं देख रहा था उनका शूटिंग में किस तरह से इस्तेमाल होता होगा। इसलिए पहले दो

महीने देविका रानी ने यह पक्का किया कि मैं शूटिंग के लिए मौजूद रहूँ। मैं हर दिन सुबह स्टूडियो आ जाता था और सीधा उन सेट्स पर जाता था जहाँ शूटिंग चल रही होती थी।

अशोक भैया उन दिनों फ़िल्म 'क़िस्मत' (1943 में रिलीज) के आख़िरी हिस्सों की शूटिंग कर रहे थे, और उसको लेकर काफ़ी कुछ चलता रहता था, फ़िल्म के निर्देशक ज्ञान मुखर्जी और उनके सहायक लाइटिंग के हिसाब से उपकरणों को इधर से उधर करते रहते थे। मुझे सहायकों से यह पता चला कि अशोक भैया बहुत ही सफल स्टार थे। 1941 में लीला चिटनिस के साथ आयी उनकी फ़िल्म 'झूला' ने सफलता के झंडे गाड़े थे, और अब वही डायरेक्टर 'किस्मत' बना रहे थे। इसलिए ख़ूब उत्साह था और यह सब मेरे लिए एकदम नया था क्योंकि मुझे इस बात का कोई इल्म नहीं था कि किस तरह किसी फ़िल्म को ख़ूब सफल बनाकर प्रोड्यूसर और स्टूडियो के लिए पैसा बनाया जाता है।

मुझे समझ में आया कि मैं एक बहुत बड़े स्टार की मौजूदगी में था जब अशोक भैया सेट पर आये और ख़ुशी के साथ निर्देशक ज्ञान मुखर्जी, और निर्माता शशिधर मुखर्जी के साथ बात करने लगे, जिनके साथ वे बहुत सहज लग रहे थे। जब उन्होंने मुझे देखा तो मेरे पास आ गये और मुझसे बहुत अनौपचारिक तरीके से ऐसे बातें करने लगे जैसे हम एक-दूसरे को बरसों से जानते हों। उन्होंने कहा कि उनको पता था कि मैं वहाँ क्यों मौजूद था। 'यह सब बहुत आसान है' उन्होंने शूटिंग फ्लोर से बाहर आते हुए कहा। उन्होंने कुर्सियाँ मँगवायीं और वह तुरन्त आ गयीं। उन्होंने आगे कहा—'तुम एक ख़ूबसूरत इंसान हो और मुझे यह दिखाई दे रहा है कि तुम्हारे अन्दर सीखने की ललक है। यह सब बहुत आसान है। तुम वैसे ही करो जैसे तुम उस तरह के हालात में होने पर करते। अगर तुम ऐसे काम करोगे जैसे एक्टिंग कर रहे हो तो बहुत अजीब लगेगा।'

उन्होंने मेरे चेहरे पर उलझन देखी और हँसने लगे। उनकी हँसी में एक सचमुच की ऊष्मा थी और उनके शब्द मुझे धीरे-धीरे समझ में आने लगे। एक दिन पहले मैंने कैमरामैन के सहायकों के साथ कैमरे के पीछे बैठकर जो सीन देखा था उसमें वे ठीक उसी तरह से हँसे थे जिस तरह अभी हँसे थे। उन्होंने बड़े स्वाभाविक ढंग से प्रतिक्रिया दी थी, जैसे अभी मेरे चेहरे पर उलझन की लकीरों को देखकर हँसे थे।

अशोक भैया ने जल्दी ही मेरा परिचय शशिधर मुखर्जी साहब से करवाया, जो उनके बहनोई थे। (अशोक कुमार की बहन सती देवी का ब्याह मुखर्जी साहब से हुआ था और इसी वजह से दोनों के बीच अनौपचारिकता थी) अशोक भैया का स्वभाव ऐसा था कि वे अजनबियों से भी दोस्ती करने में नहीं हिचकते थे और स्टूडियो में कैंटीन में काम करने वाले लड़के से लेकर अपने साथ काम करने वाले कलाकारों से लेकर तकनीशियनों तक सभी से बातचीत करने में लगे

रहते थे। मैं उनसे हर दिन मिलता था और वह मुझे अपने छोटे भाई की तरह से देखते थे जिसको राह दिखानी चाहिए तथा जिसकी रक्षा की जानी चाहिए। उनके साथ रहकर मेरी झेंप और चुप रहने की आदत पर विराम लगने लगा और उनके दोस्ताने और प्यार भरे रुख की वजह से 'किस्मत' की शूटिंग के दौरान मुझे सेट पर सहज बना दिया।

जो मैं देख रहा था वह मुझे अच्छा लगा और मज़ेदार भी बजाय ऑफ़िस के नीरस काम से या उस काम से जो आगाजी मुझे फलों के धन्धे में करने के लिए देते।

अशोक भैया पास में ही रहते थे और एस. मुखर्जी साहब भी। यह संक्रमण का समय था क्योंकि देविका रानी, जो अपने पति हिमांशु राय की मृत्यु के बाद स्टूडियो का प्रबन्धन देखती थीं, अब प्रसिद्ध सोवियत पेंटर (Soviet Painter) स्वेतोस्लाव रोरिक (Svetoslav Roerich) से विवाह करने की योजना बना रही थीं और स्टूडियो का प्रबन्धन एस. मुखर्जी साहब और अमिय चक्रवर्ती के हाथों में छोड़ना चाहती थीं।

वह शूटिंग के दौरान सेट पर जाती थीं और ज़रूरी सुझाव दिया करती थीं। उनको फ़िल्म निर्माण से जुड़ी हर चीज़ का पर्याप्त ज्ञान था, जर्मनी के यूएफए के लिए उन्होंने बतौर प्रशिक्षु काम किया था। उनको सिर्फ़ एक्टिंग में ही प्रशिक्षण हासिल नहीं था बल्कि मेकअप, सेट डिजाइन, कॉस्ट्यूम डिजाइन की कला से भी वह अच्छी तरह से वाक़िफ़ थीं। हमेशा बहुत अच्छे कपड़ों में रहती थीं, और जब वह हम लोगों के साथ बात करती थीं तो उनकी मौजूदगी बहुत गरिमापूर्ण रहती थी। उनको इस बात की खुशी थी कि मेरी अशोक भैया और एस. मुखर्जी साहब के साथ अच्छी बनने लगी थी। जब वह शूटिंग के बीच में ब्रेक के समय आती थीं तो वहाँ मौजूद ज़्यादातर कर्मचारी चुप रहते थे और जर्मन कैमरामैन, जो फ़िल्म की सिनेमाटोग्राफी का काम सँभाल रहा था, उनसे अपनी मातृभाषा में बात करता था और उनको उसी भाषा में जवाब देते सुनकर बहुत ख़ुशी होती थी।

अशोक भैया उन दिनों समय काटने के लिए फ्रेंच सीख रहे थे ताकि उन विदेशी भाषाओं की सूची में इजाफ़ा किया जा सके जिनमें वे बात कर सकते थे। वह जर्मन सिनेमाटोग्राफर और देविका रानी के बीच बातचीत में जाकर शामिल हो जाते थे जबकि एस. मुखर्जी साहब और मैं चुपचाप खड़े रहते थे।

अब तक एस. मुखर्जी साहब से मेरा अच्छा परिचय हो गया था जो कि एक सुरुचिसम्पन्न इंसान थे। एक दोपहर उन्होंने पूछा कि क्या मैं उर्दू शायरी अच्छी तरह पढ़ सकता हूँ। मैंने जवाब दिया कि मैं फ़ारसी में भी उतनी ही सहजता से पढ़ सकता हूँ क्योंकि मैं ऐसे माहौल में बड़ा हुआ हूँ जहाँ मेरे पढ़े-लिखे चाचा और बुआएँ पेशावर के घर में जुटते थे तो आपस में उर्दू और फ़ारसी शायरी का मुक़ाबला करते थे। उन्होंने सर हिलाया और कहा, 'आज शाम में जब हम पैक

अप के बाद चाय के लिए मिलेंगे तो मैं तुमसे कुछ उर्दू और फ़ारसी शायरी पढ़ने के लिए कहूँगा। तुम यूँ ही सुना देना। मैं यह देखना चाहता हूँ कि इस पर वे क्या करते हैं।' मुझे पता था कि एस. मुखर्जी साहब अशोक भैया के बारे में बात कर रहे थे और इसका मकसद सिर्फ़ मज़े लेना था क्योंकि कभी-कभी वे अपने भाषा ज्ञान को कुछ अधिक दिखा देते थे। उस शाम जब सूरज स्टूडियो कंपाउंड के पास लगे बड़े-बड़े पेड़ों के पीछे इंच-इंच करके सरकने लगा, तो अशोक भैया, एस. मुखर्जी साहब और मैं स्टेज के बाहर बेंत की कुर्सियों पर हमेशा की तरह से बैठ गये। एस. मुखर्जी साहब ने मुझे कुछ उर्दू कविताएँ सुनाने के लिए कहा। 'आज शाम बहुत अच्छी है। युसूफ, आज कुछ उर्दू शायरी सुनाओ', उन्होंने यूँ ही कह दिया। मैं इसके लिए तैयार था और मैंने वही लाइनें सुना दीं जो मैं अपने भाई अयूब को तब सुनाया करता था जब वह कश्मीर में घोड़े से गिर जाने के कारण बिस्तर से जा लगा था। अशोक भैया ने ध्यान से सुना, और आश्चर्य की बात यह थी कि उस पाठ के असर में एस. मुखर्जी साहब खो गये।

जब मैंने सुनकर समाप्त किया तो अशोक भैया ने खड़े होकर तालियाँ बजाई, और मुझे आश्चर्य तब हुआ जब एस. मुखर्जी साहब भी उठकर तालियाँ बजाने लगे। जैसी कि उम्मीद थी अशोक भैया मुझसे ज़िद करने लगे कि मैं उनको उर्दू सिखा दूँ। उन्होंने कहा कि हम एक डील कर सकते हैं। उनको फ्रेंच या जर्मन जितना आता है उतना सिखायेंगे और बदले में मैं उनको उर्दू सिखाऊँ। हम दोनों तैयार हो गये, लेकिन सबसे हैरान करने वाली प्रतिक्रिया एस. मुखर्जी साहब की थी। उन्होंने कहा कि वे यह चाहते थे कि वे मुझे सभी लेखकों से मिलवायें, ख़ासतौर पर बंगाल के लेखकों से। 'मैं चाहता हूँ कि कहानी को लेकर होने वाली हमारी हर बैठक का तुम हिस्सा बनो और हमारे लेखकों की टीम का हिस्सा भी बन जाओ। तुम भाषा को गहराई से समझते हो और हमारे बंगाली लेखक यही तो चाहते हैं,' उन्होंने कहा। मुझे लगा कि यह अजीब बात होगी कि मैं अमिय चक्रवर्ती और ज्ञान मुखर्जी जैसे निर्देशकों की लिखी कहानियों के आधार पर लिखे गये संवादों पर चर्चा में हिस्सा लूँ। हालाँकि, ऐसा था नहीं। कम से कम एस. मुखर्जी साहब ने अपने तरीके से उनको और मुझे अपने तरीके से दोस्ताना बना दिया था। यह कोई ऐसी बात थी जिसकी मुझे कम ही उम्मीद थी। कहाँ मैं जिसने ट्रायल शॉट के लिए ही सही मगर कभी कैमरे का सामना नहीं किया था, और कहाँ अनुभवी लेखकों के साथ बराबरी के स्तर पर बैठ रहा था। वे अपनी मातृभाषा में बेजोड़ थे, और वे बड़ी उदारता से इस बात को मानते थे कि उनको उर्दू वैसी नहीं आती थी और इसलिए मैं भाषा की जानकारी के आधार पर डायलॉग के लिए अपने सुझाव दे सकता था।

स्टूडियो में हर कोई एस. मुखर्जी साहब की इज़्ज़त करता था। उनका सम्मान सब इसलिए भी करते थे क्योंकि वे ख़ूब पढ़े-लिखे थे तथा अच्छी तरह

से अंग्रेज़ी बोलते थे। उनको स्टूडियो में बॉम्बे टॉकीज के संस्थापक हिमांशु राय लेकर आये थे, जिनकी इनसे बम्बई में अचानक ही मुलाक़ात हो गयी थी जहाँ एस. मुखर्जी साहब (इलाहाबाद विश्वविद्यालय में फिजिक्स के प्रोफ़ेसर) एक विद्वान से मिलने आये थे जो विदेश के विश्वविद्यालय में उनकी पसन्द के विषय में दाखिला दिलवाने सम्बन्धी जानकारी और सम्पर्क रखते थे। हिमांशु राय उस समय किसी ऐसे योग्य आदमी की तलाश में थे जो बॉम्बे टॉकीज में साउंड विभाग की स्थापना कर सके और उनको लगा कि एस. मुखर्जी साहब वही आदमी थे। उन्होंने उस विद्वान बंगाली प्रोफ़ेसर को इसके लिए तैयार कर लिया कि फिजिक्स में उच्च शिक्षा के लिए बाहर जाने के बजाय जर्मनी के यूएफए स्टूडियो के तर्ज पर पेशेवर तरीके से प्रबन्धित एक स्टूडियो बनाया जाये, हिमांशु राय ने यूएफए स्टूडियो में बतौर प्रोड्यूसर काम किया था और वे अकेले एशियाई थे जो सारे प्रोडक्शन युनिट के प्रमुख थे, जिसमें फ्रिट्ज लैंग (Fritz Lang) और जोसेफ वोन स्टर्नबर्ग (Josef Von Sternberg) जैसे डायरेक्टर थे।

एस. मुखर्जी साहब हमेशा हम दोनों के भाग्य की तुलना किया करते थे जो हम दोनों को ऐसे पेशे में ले आया जिसके बारे में हमने कभी सोचा भी नहीं था। वे झाँसी में अंग्रेज़ी माध्यम के स्कूल में पढ़े थे और मैं भी देवलाली के बर्न्स स्कूल (Barnes School) से पढ़ा था, जहाँ के पाठ्यक्रम में बहुत ही अधिक अंग्रेज़ी थी। वे अधिकतर अंग्रेज़ी में ही बात करते थे, सिवाय तब जब हम बंगालियों के बीच होते थे, उनमें से कई तो ऐसे होते थे जो स्टूडियो में काम नहीं करते थे। रोज़-रोज़ शूटिंग देखकर और अशोक भैया के साथ बातचीत करके मैं अपनी पहली फ़िल्म के लिए तैयारी कर रहा था। अशोक भैया जब रिहर्सल करते थे या शूटिंग करते थे तो मैं उनको ध्यान से देखने लगा। मैंने ध्यान दिया कि वे कैमरे के सामने सोचे समझे ढंग से व्यवहार करते थे, और जिसके लिए वे खुद ही तैयारी करते थे। मसलन, वह सिगरेट को बिना जलाये अपने होंठों के बीच रखते और फिर इधर-उधर कुछ ढूँढ़ने के लिए देखते, फिर सिगरेट को होंठों से हटा लेते, दो क़दम चलते, फिर रुककर सिगरेट होंठों से लगाते और उसे जलाकर कैमरे के सामने डायलॉग बोलते। मुझे वह सब देखकर बहुत अच्छा लगता था और मैं वह समझता था जब उन्होंने कहा था कि किसी सीन को अच्छी तरह से करना यह होता है कि कैमरे के सामने एक्टिंग मत करो। अशोक भैया ने 'एक्टिंग नहीं' करने की बात कही थी लेकिन उनके दिमाग़ में अपने ढंग से उस सीन के बारे में सब कुछ होता था जिसको वे एक्टिंग के माध्यम से पेश करने वाले होते थे। मैं इस बात को समझने लगा कि मुझे भावना जगाने के इस खेल में अपने ढंग से ही कुछ करना होगा।

जब मुझे एस. मुखर्जी साहब से अकेले में बात करने का मौक़ा मिला तो मैंने जो देखा-समझा था उसके बारे में उनको बताया तो उन्होंने मुझे यह सुझाव

दिया कि मैं जाकर जितनी सम्भव हो सके उतनी फ़िल्में देखूँ और यह समझने की कोशिश करूँ कि अलग-अलग एक्टर कैसे लम्बे-लम्बे मुश्किल दृश्यों को अंजाम देते हैं। मुझे लगा कि वे बात तो सही कह रहे थे लेकिन स्टूडियो से सीधा सिनेमा जाकर घर देर से पहुँचना मुश्किल काम था। इसके अलावा, अगर किसी ने मुझे थियेटर जाते हुए देख लिया और आगाजी को बता दिया तो उनके दिमाग़ में सवाल उठने लगेंगे क्योंकि वे इस बात को जानते थे कि फ़िल्मों में मेरी कोई दिलचस्पी नहीं थी। उनकी नज़र में, मैं एक एथलीट था और दिल से एक फुटबॉल खिलाड़ी जिसे शहर के किसी खुले मैदान में क्रिकेट या फुटबॉल खेलकर ही मज़ा आ सकता था।

मैं हर शाम 6 बजे चर्च गेट से मलाड के लिए लोकल लेता था, मेरे पास सेकेण्ड क्लास का सीजन टिकट था, जिससे मुझे बिना दूसरे सवारियों से धक्का खाये सवारी करने का सुख मिलता था। चर्च गेट से मैं एक बस में सवार होता था और क्रॉफर्ड मार्केट के सामने उतर जाता था, वहाँ से नागदेवी के अपने घर मैं पैदल जाता था। रास्ते में, हर दिन, दोस्त मिलते तो वे यूँही पूछ देते कि मैं किस तरह का काम कर रहा था। मैं उनको यही जवाब देता था कि वह कम्पनी जिसमें मैं काम करता था वह अच्छा काम कर रही थी। वहाँ 1500 लोग काम करते थे और मैं काम सीख रहा था। मैं बातचीत को लम्बा खींचने के लिए नहीं रुकता था, और यही व्यवहार करता था कि मुझे घर जाने की जल्दी थी।

घर में अम्मा घर के लोगों और रिश्तेदारों को उनकी पसन्द की चीज़ें देने में मशगूल रहती थीं। मुझे याद नहीं है कि मैंने उनको कभी झपकी लेते या यूँही बैठकर बातें करते हुए देखा हो। उन्होंने एकाध बार पूछा भी तो मैंने कह दिया कि यह बहुत इज़्ज़तदार काम है और मैं बहुत ख़ुश हूँ। वह घर के कामकाज में इतनी लगी रहती थीं कि उन्होंने और कोई भी सवाल नहीं किया। मेरी बड़ी बहन, सकीना आपा जानने के फ़िराक में लगी रहती थीं। हमारे घर में या पड़ोस में कौन क्या कर रहा है उनकी नज़र सबके ऊपर रहती थी। वह रसोई के काम में कभी-कभार ही अम्मा का हाथ बँटाती थी और अम्मा कभी इस डर से कुछ भी नहीं बोलती थी कि बेकार में सकीना आपा से बहस हो जायेगी। जब भी वह कुछ जानने की कोशिश करती थीं, तो मैं उनको कई तरह की बातें करके उलझा देता था। उनको इस बात की ख़ुशी हुई कि मैं घर में इतने अधिक पैसे लेकर आने वाला था और इसी बात से सन्तुष्ट हो गयी थीं।

मेरा भाई अयूब साहब अच्छी तरह से जानते थे कि मैं क्या कर रहा था क्योंकि मैंने उनको बताया था। अयूब साहब मेरे बहुत करीबी थे और हमारे बीच इस तरह का नाता था जो कभी टूटने वाला नहीं था। जैसा कि मैंने पहले ही कहा कि वह बहुत बुद्धिमान और संवेदनशील इंसान थे, जिनकी उर्दू और अंग्रेज़ी साहित्य की पढ़ाई इतनी गहरी थी कि वे एक तरह से साहित्य के विद्वान थे। वे

मेरे काम को लेकर उत्साहित थे मगर उनको इस बात का डर भी था कि क्या मैं इस तरह के काम में सफल हो पाऊँगा क्योंकि मैं शर्मीला और अपने आप में रहने वाला इंसान था। सबसे बढ़कर उसकी चिन्ता यह थी कि आगाजी को जब इस बात का पता चलेगा तो उनकी प्रतिक्रिया क्या रहेगी। मैं उसके डर को दूर भगाने के लिए यह कहता था कि मैं इस काम के नतीजे के बारे में उनको बताऊँगा। मैंने उससे कहा कि मैं इसके बारे में अधिक नहीं सोचता हूँ क्योंकि इससे इस बात में बाधा आती है कि मैं अपना काम बेहतर तरीके से कर सकूँ।

मैं ज़रा भी घबराया हुआ या बेचैन नहीं था। एक सुबह जब मैं दफ़्तर पहुँचा तो मुझे यह सन्देश मिला कि देविका रानी अपने ऑफ़िस में मुझसे मिलना चाहती थीं। मैंने सोचा पता नहीं क्या बात हो। इतना तो पक्का था कि किसी बात पर नाराज़गी तो नहीं ही व्यक्त करने वाली थीं क्योंकि वह जब भी मिलती थीं बहुत विनम्रता से पूछती थीं कि क्या चल रहा है। फिर क्या हो सकता था?

जब मैं उनके दफ़्तर में गया तो वह अपनी मेज़ पर बैठकर वैसी ही सुन्दर और गरिमा से भरी लग रही थीं। वह मुस्कुरायीं और उन्होंने मुझे बैठने के लिए कहा। मैं बैठकर उनको उत्सुकता से देखने लगा। शुरुआत में उन्होंने कुछ इधर-उधर की बातें कीं और पूछा कि क्या मैं वह चाय पीना चाहूँगा जो उनके द्वारा शहर के इंग्लिश स्टोर से ख़ासतौर पर ख़रीदी गयी चाय की पत्तियों से बनाई गयी है। मैं सोच रहा था कि पता नहीं उनके दिमाग़ में क्या है, फिर उन्होंने मुद्दे पर आते हुए अंग्रेज़ी में कहा, उस भाषा में जो वह सबसे अच्छा बोल सकती थीं 'युसूफ, मैं सोच रही हूँ कि तुमको अब किसी फ़िल्म में एक्टर के बतौर उतारूँ और मुझे लग रहा है कि यह बुरा ख़याल नहीं होगा कि तुम फ़िल्म के लिए अपना एक नाम चुन लो। एक ऐसा नाम, जिससे तुम जाने जाओ, और जिसकी वजह से दर्शक तुमको पहचानें और जो तुम्हारे उस रोमांटिक छवि के लायक हो जो परदे पर तुम्हारे आने के बाद बनने वाली है। मुझे लगा कि दिलीप कुमार सही नाम है। यह मेरे दिमाग़ में अचानक आया जब मैं तुम्हारे लायक नाम के बारे में सोच रही थी। तुमको यह कैसा लग रहा है?'

कुछ देर के लिए तो मैं अवाक् रह गया, क्योंकि मैं इस नयी पहचान के लिए बिल्कुल ही तैयार नहीं था। मैंने कहा कि यह अच्छा तो है लेकिन क्या सचमुच यह ज़रूरी है। उन्होंने मुस्कुराते हुए कहा कि ऐसा करना होशियारी होगी। उन्होंने कहा कि बहुत सोच-विचार के बाद ही उन्होंने यह तय पाया कि मुझे फ़िल्मों के लिए एक नया नाम दिया जाये। फिर उन्होंने बड़े अधिकार के साथ यह कहना शुरू कर दिया कि उनको यह लगता है कि फ़िल्मों में मेरा बहुत ही लम्बा और सफल कैरियर होने वाला है इसलिए बेहतर यह होगा कि एक फ़िल्मी पहचान कायम कर ली जाये जो अपने आप में एक नाम हो और जो धर्मनिरपेक्ष नाम भी हो। मैंने तुरन्त उनकी तारीफ़ की लेकिन यह कहा कि इसके

ऊपर मुझे कुछ सोचने की ज़रूरत है। उनका जवाब था 'ठीक है...सोच-विचार कर मेरे पास फिर आओ।'

'हम अब तुम्हारी पहली फ़िल्म के लिए तैयारी शुरू करने वाले हैं। इसलिए हमें जल्दी करना है,' उन्होंने जल्दी से कहा जबकि मैं अपनी कुर्सी से उठकर वहाँ से चल पड़ा।

पूरा दिन मैंने अपनी दिनचर्या के मुताबिक़ बिताया मगर दिलीप कुमार नाम मेरे दिमाग़ में अन्दर कहीं चल रहा था। एस. मुखर्जी साहब ने ध्यान दिया कि उस दोपहर मैं कुछ सोच-विचार में मग्न था जब मैंने कैंटीन से खाने का ऑर्डर दिया और अशोक भैया के घर से आयी भुनी हुई मछलियों को भी थोड़ा साझा किया। खाने के बाद, जब शूटिंग शुरू हुई तो उन्होंने मुझसे पूछा कि अगर कोई बात मुझे परेशान कर रही है तो मैं उनके साथ साझा कर सकता था। हम सब यह जानते थे कि एस. मुखर्जी साहब स्टूडियो के कामकाज में नम्बर-2 की हैसियत रखते थे और यह आम धारणा थी कि वे जल्दी ही स्टूडियो का सारा कामकाज सँभाल लेंगे। मैंने उनके साथ रिश्ते विकसित किये थे तो इसलिए क्योंकि मुझे यह लगता था कि वे केवल तकनीकी ज्ञान के मामले में ही काफ़ी ज्ञानी नहीं थे बल्कि निजी तौर पर भी वे एक ऐसे दोस्त थे जिनके ऊपर भरोसा किया जा सकता था।

मैंने एस. मुखर्जी साहब को उस सुझाव के बारे में बताया जो देविका रानी ने दिया था। उन्होंने एक पल के लिए सोचा, और फिर सीधा मेरी आँखों में आँखें डालते हुए कहा, 'उनकी बात में दम तो है। उन्होंने जो नाम सुझाया है परदे पर उसे अपनाने में तुम्हारा भला ही है। यह बहुत अच्छा नाम है, हालाँकि तुम मेरे लिए वैसे ही युसूफ बने रहोगे जैसे घर वालों के लिए।' (मुझे बाद में यह पता चला कि अशोक कुमार कुमुदलाल कुंजीलाल गांगुली का परदे का नाम था)।

मैं भावुक हो गया और उसी समय मेरी उलझन दूर हो गयी। मैंने यह फ़ैसला किया कि इस नये नाम के बारे में किसी को भी नहीं बताऊँगा, अयूब साहब को भी नहीं। उसके बाद स्टूडियो में बहुत कामकाज बढ़ गया। 1943 में जब 'किस्मत' रिलीज हुई तो उसको दर्शकों ने ख़ूब प्यार दिया और उसने बॉक्स ऑफ़िस पर रेकॉर्ड जैसा कायम कर दिया। अशोक भैया सुपर स्टार हो गये थे लेकिन वे ऐसे व्यवहार कर रहे थे जैसे कुछ हुआ ही न हो। वे एस. मुखर्जी के साथ प्रबन्धन में ख़ूब रुचि लेने लगे और वह इस बात से ख़ुश थे कि मेरी पहली फ़िल्म 'ज्वार भाटा' होने वाली थी जिसके निर्देशक थे अमिय चक्रवर्ती।

पहले भी अमिय चक्रवर्ती के साथ मेरी बातें-मुलाक़ातें होती रहती थीं लेकिन अब हम 'ज्वार भाटा' की शूटिंग शुरू करने की तैयारी करते हुए बतौर निर्देशक और अभिनेता अधिक समय साथ बिताने लगे। एक अजीब-सी बात यह है कि जब मेरे पहले शॉट का दिन आया तो मुझे इस बात को लेकर न तो ज़रा सी भी घबराहट हो रही थी न ही किसी तरह की उत्तेजना हो रही थी कि मैं कैमरे का

सामना करने जा रहा था। मुझे पहनने के लिए एक साधारण-सी कमीज और पैंट दी गयी और जब देविका रानी सेट पर आयीं और उन्होंने मुझे हमेशा की तरह शान्त और ख़ामोश पाया। वह मेकअप के मामले में बहुत माहिर थीं और उनको इस बात की पक्की समझ थी कि सेट की लाइटिंग और जिस सीन को फ़िल्माना है उसके मुताबिक़ किस तरह का मेकअप ठीक रहेगा। मुझे जो हल्का-सा मेकअप किया गया था उन्होंने उसका मुआयना किया और पूछा कि कैमरा कहाँ रखा जानेवाला था। वह हर चीज से पूरी तरह सन्तुष्ट थीं सिवाय मेरी घनी भौंहों के। उन्होंने मुझे एक कुर्सी पर बैठ जाने के लिए कहा और मेकअप मैन से चिमटी की माँग की और बड़ी होशियारी से मेरी भौंहों से इधर-उधर छितराये बालों को साफ़ करके मेरी भौंहों को अच्छी तरह सँवारने में लग गयीं जबकि मैं साँसें थामे उससे होने वाले दर्द को जज़्ब करता रहा। जब उन्होंने देखा कि बालों को चिमटी से हटाये जाने के कारण मेरी आँखों में आँसू आ गये थे तो वह मुस्कुराने लगीं और उन्होंने बेहद ख़ुश होते हुए मुझे यह मशविरा दिया कि मैं ज़रा एक बार अपने चेहरे को देख लूँ और इस बीच मेकअप मैन ने मेरी बेचारी भौंहों की दर्द की तासीर को कम करने के लिए जल्दी से थोड़ा क्रीम लगा दिया। उन्होंने मुझे शुभकामना देते हुए विदा ली।

अमिय चक्रवर्ती ने मुझे पहला शॉट समझाया। उन्होंने ज़मीन पर एक निशान बनाया और मुझसे कहा, 'तुम यहाँ खड़े रहोगे और जैसे ही मैं 'ऐक्शन' कहूँगा तो तुमको भागना होगा। पहले मैं बोलूँगा 'स्टार्ट कैमरा' लेकिन वह तुम्हारे लिए नहीं होगा। तुम 'ऐक्शन' शब्द सुनते ही दौड़ पड़ना और जैसे ही मैं 'कट' कहूँगा रुक जाना।' मैंने उनसे बड़ी विनम्रता से पूछा कि क्या मैं यह जान सकता हूँ कि मुझे दौड़ना किसलिए था। उनका जवाब था कि मुझे इसलिए दौड़ना था ताकि मैं हीरोइन की ज़िन्दगी बचा लूँ जो ख़ुदक़ुशी करने जा रही थी। उनके जवाब से सन्तुष्ट होकर मैंने कहा कि मैं तैयार था। वह सीन आउटडोर का था और कैमरा थोड़ी दूरी पर कहीं था। वह एकदम नया कैमरा था और उसे जर्मनी से ख़ासतौर पर मँगवाया गया था और उसका पहली दफ़ा इस्तेमाल होने वाला था। जहाँ मुझे खड़ा रहने के लिए कहा गया था मैं वहाँ खड़ा हो गया। मैं कॉलेज के ज़माने से एथलीट था और हर बार 200 मीटर की दौड़ जीतता था, इसलिए जब तक 'कट' कहा जाता तब तक दौड़ने में मुझे ज़रा भी परेशानी नहीं होने वाली थी। मुझे इस बात से बेहद ख़ुशी हुई यह इतना सरल और आसान था! शॉट तैयार था और जैसे ही मैंने सुना 'ऐक्शन', बस मैं बिजली-सी तेजी से भागा और मैंने सुना डायरेक्टर चीख रहा था। 'कट, कट, कट!' मैंने देखा कि वे हाथ हिला-हिला कर मुझसे कुछ कहने की कोशिश कर रहे थे जो मैं समझ नहीं सका। मैं वहीं रुक गया जहाँ मैं पलक झपकते ही पहुँच गया था और अमिय चक्रवर्ती टहलते हुए वहाँ आये। वे बुरी तरह से नाख़ुश दिखाई दे रहे थे। उन्होंने मुझे कहा कि

मैं इतनी तेज़ी से दौड़ा कि कैमरे में धुँधला-धुँधला सा ही क़ैद हो पाया। मैंने उनसे कहा कि मुझे इस बात का इल्म नहीं था कि मुझे कितनी तेज़ी से दौड़ना था। फिर उन्होंने कहा, 'कोई बात नहीं हम फिर से कर लेंगे और इस बार थोड़ा धीमे दौड़ना।' जब उन्होंने मुझे कहा कि मुझे थोड़ा धीमे दौड़ना था तो मुझे कुछ उलझन हुई क्योंकि मैं तो यह सोच रहा था कि मेरे लिए जितना तेज़ हो सके उतना तेज़ भागना लाजिमी था ताकि मैं उस लड़की को बचा सकूँ जो जान देने वाली थी। हालाँकि, जब अमिय चक्रवर्ती ने मुझे समझाया कि ऐक्शन का मतलब वह होता था जो कैमरे में दर्ज़ हो सके, जो एक ख़ास रफ़्तार से आगे बढ़ेगा, तब मुझे समझ में आया कि मैंने असल में एक बहुत बड़ी चुनौती का सामना किया और यह कि अदाकारी का पेशा और कुछ भी हो आसान नहीं था। तीन या चार बार 'कट' कहने के बाद वह शॉट पूरा हो गया।

मुझसे अक्सर पूछा जाता कि अपने पहले प्रदर्शन और अपनी पहली फ़िल्म (1944 में रिलीज) के बारे में मेरा क्या सोचना है। ईमानदारी से कहूँ तो उस सारे अनुभव का मेरे ऊपर कोई ख़ास प्रभाव नहीं पड़ा। मुझसे जो करने के लिए कहा गया मैंने वही किया, अक्सर यह कोई आसान काम नहीं था, ख़ासकर इस सचाई के साथ निपटना कि यह सब असल में नहीं है और इसका जीवन से कोई ताल्लुक नहीं है। उम्र के उस मोड़ पर किसी अनजान से प्यार का इज़हार करना मुश्किल काम था। मुझे लगता है कि अमिय चक्रवर्ती मेरी इस बात को समझते थे लेकिन उन्होंने मुझसे मेरा बेहतरीन काम करवा ही लिया। जब मैंने ख़ुद को परदे पर देखा तो मैंने ख़ुद से पूछा, 'अगर स्टूडियो ने मुझसे आगे काम करवाने का फ़ैसला किया तो क्या मैं इसी तरह से फ़िल्मों में काम करनेवाला हूँ?' मेरा जवाब था, नहीं। मुझे यह समझ में आ गया कि यह एक मुश्किल काम था, और अगर मुझे आगे यही काम करना था तो मुझे इसे करने का अपना तरीका खोजना चाहिए। लेकिन सबसे बड़ा सवाल यह था : कैसे?

मुझे लगता है कि मैं सचमुच में ख़ुशनसीब था कि मैंने कम उम्र में ही बॉम्बे टॉकीज के उत्साहवर्धक माहौल में काम करना शुरू कर दिया। कोलकाता के न्यू थियेटर्स से छोड़कर बॉम्बे टॉकीज आने वाले लेखक उस सम्मान का मज़ा उठाते थे कि वे एक ऐसे स्टूडियो से जुड़े हुए थे जिसने एक से एक सफल फ़िल्में बनाईं, जिनमें से अधिकतर में अशोक भैया हीरो थे, वे बहुत अच्छी फ़िल्में थीं, लेकिन वे लेखक एस. मुखर्जी साहब की सलाह पर उर्दू ज़बान की सलाह के लिए मेरे पास आते थे। मुझे उनके साथ बातचीत का फ़ायदा हुआ और मुझे यह बात समझ में आ गयी कि स्क्रीनप्ले फ़िल्म की रीढ़ होती है। मैं इस बात से अवगत हो गया कि एक अभिनेता को अपनी सूझबूझ को मज़बूत बनाना चाहिए क्योंकि वास्तविक और अवास्तविक के बीच के दोहरेपन को दिमाग़ से नहीं सुलझाया जा सकता है, किसी भी सामान्य अवस्था में जिसका सम्बन्ध सत्य और तर्क से

होता है। दिमाग़ आपको हमेशा कहेगा कि यह बकवास है...यह केवल आपकी सहज बुद्धि, आपकी सूझबूझ ही होती है जो आपको वह ग्रहण करने में मदद करेगी जिसे आपको किसी पटकथा से ग्रहण करनी चाहिए और आपको प्रेरित करेगी ऐसे प्रदर्शन के लिए जिसमें यथार्थ और विश्वास का मिश्रण हो, इस बात के बावजूद कि आपको पता होता है कि सब नाटक है, क़िस्सा-कहानी है।

नयी उम्मीदें, नये अनुभव

'एक दिन आगाजी ने खुद ही चुप्पी तोड़ी जब वे एक शाम किसी पारिवारिक दोस्त के घर से आये तो वहाँ उन्होंने मेरी तारीफ़ें सुनीं और 'जुगनू' (1947) से मेरे स्टार बनने के बारे में सुना। उन्होंने मुझे आते हुए देखा और हमेशा की तरह मुझे बुलाकर मेरे साथ बातचीत शुरू कर दी। मैं राहत महसूस कर रहा था और खुश था, यह देखते हुए कि वे हमेशा आगे बढ़कर अपने विचारों और भावनाओं की अभिव्यक्ति करते थे। उन्होंने साफ़-साफ़ कहा कि उन्होंने इस सच्चाई को कुबूल कर लिया है कि मैंने एक ऐसे पेशे को चुना जिसमें उनको बिल्कुल उम्मीद नहीं थी कि मैं जाऊँगा।'

मैं नियमित तौर पर फ़िल्में देखने लगा, इस सम्भावना का सामना करते हुए कि वहाँ मुझे कोई ऐसा आदमी देख लेगा जो मेरे परिवार को जानता हो। मुझे यह ज़रूर स्वीकार करना चाहिए कि दिलीप कुमार के रूप में मुझे जो नयी पहचान मिली उसने मुझे एक तरह से मुक्त ही कर दिया। मैंने खुद से कहा कि युसूफ को फ़िल्म देखने या उसका अध्ययन करने की कोई ज़रूरत नहीं है लेकिन दिलीप को यह देखने की ज़रूरत लाजिमी तौर पर है कि कलाकार किस तरह से कैमरे के सामने काल्पनिक पात्रों की भावनाओं, उनके संवाद और व्यवहार को पेश करते हैं। इसलिए मैंने फ़िल्म देखना शुरू कर दिया, एक दिन में एक फ़िल्म या लगातार दो शो। यह ज़रूरी था कि जो फ़िल्म 3 बजे के शो में देखी जाये उसे फिर से 6 बजे के शो में भी देखा जाये क्योंकि पहले शो में अगर किसी बात के ऊपर मेरा ध्यान जाता तो उसे दूसरे शो में ध्यान से देखा जा सकता था। इसलिए मुझे कुछ दिन तक स्टूडियो से जल्दी निकलना पड़ा।

फ़िल्म मिलन (1946) में मीरा मिश्रा के साथ

मुझे धीरे-धीरे समझ में आने लगा। ख़ासकर जब मैंने हॉलीवुड (Hollywood) अभिनेता-अभिनेत्रियों जैसे जेम्स स्टीवर्ट (James Stewart), पॉल मुनि (Poul Muni), इंग्रिड बर्गमैन (Ingrid Bergman) और क्लार्क गेबल (Clark Gable) की फ़िल्में देखीं और मुझे यह सार समझने में अधिक देर नहीं लगी, जो यह था कि किसी एक्टर को किसी दूसरे एक्टर की नकल करने की कोशिश नहीं करनी चाहिए क्योंकि जो एक्टर आपको प्रभावित करता है वह बड़ी मेहनत से अपने व्यक्तित्व को वह रूप देता है जिससे कि वह परदे पर प्रभावशाली लग सके। मैं इस बात को बहुत जल्दी समझ गया, बॉम्बे टॉकीज में रहते हुए ही, 'मिलन' (1946) फ़िल्म के बाद ही कि मुझे अपना अध्यापक और प्रेरणा ख़ुद बनना था जो कि समय गुज़रने के साथ ज़रूरी लग रहा था।

एस. मुखर्जी साहब से जब मैं एक्टर के विकास और स्टारडम के बारे में बात करता था तो वे बहुत अच्छी सलाह दिया करते थे। अशोक भैया उस समय बहुत बड़े सफल स्टार थे और उनके ऊपर स्टारडम का कोई प्रभाव नहीं था। मुझे याद है कि एक शाम उन्होंने मेरे और पी. जयराज जी के साथ लोकल ट्रेन से चर्च गेट तक का सफ़र करने का निश्चय किया। हमने एक सिनेमा का टिकट ख़रीदा था और वे ज़िद कर रहे थे कि उनको ट्रेन से ही सिनेमा हॉल जाना था। जब मलाड स्टेशन पर लोगों ने उनको पहचाना, उनके प्रशंसकों में लहर सी आ गयी लेकिन वे हमसे बातें करते हुए अपनी उस प्रशंसा के ऊपर ख़ास ध्यान

नहीं दे रहे थे। जब ट्रेन रुकी और उसमें भीड़ घुसी तो लोग उनसे 'कंगन', 'झूला' और 'किस्मत' के बारे में बातें करने लगे और वे बड़ी गर्मजोशी से और मज़ाकिया अन्दाज़ में जवाब देने लगे। मैंने स्टारडम का मतलब उस दिन समझा जो मेरे लिए चक्कर में डाल देने वाला था।

मैंने अगले दिन अशोक भैया के सामने वह पूरी कहानी एस. मुखर्जी साहब को सुनाई। अशोक भैया ने मेरी कहानी सुनी और मेरी तरफ़ गम्भीरता से देखते हुए बोले, 'यह उसका पूर्वरंग है जिसका अनुभव तुम भविष्य में बड़े पैमाने पर करने वाले हो। तुम्हारे जैसे सुन्दर आदमी को लड़कियों को अलग रखने में बड़ी परेशानी होगी।' उन्होंने मेरे हाव-भाव को देखा और ख़ूब दिल खोलकर हँसने लगे क्योंकि तब तक बॉम्बे टॉकीज में यह बात आम हो गयी थी कि महिलाओं के सामने मैं कितना शर्माता हूँ और औपचारिक हो जाता था।

एस. मुखर्जी साहब, जिनकी अशोक भैया के साथ मिलीभगत थी, भी हँस रहे थे। मुझे लगा दोनों से यह पूछने का यही सही समय है कि स्टारडम क्या होता है और इसका किसी एक्टर के दिलो-दिमाग़ के ऊपर क्या असर पड़ता है, ख़ासकर तब जब कि उसकी दोहरी छवि हो उसका वास्तविक रूप और नाम तथा व्यक्तिगत और सामाजिक पृष्ठभूमि और उसके विपरीत उसका सिनेमाई नाम और व्यक्तित्व, जो हर फ़िल्म में बदलता रहता है।

अशोक भैया ने कहा कि वे स्टारडम और सफलता को ख़ास महत्त्व नहीं देते हैं क्योंकि उनके लिए उनके अस्तित्व का यही मतलब नहीं था। 'स्टारडम कभी भी तुम्हारे आत्मसम्मान से बढ़कर नहीं होना चाहिए और तुमको जो करना हो जिस तरह से करना हो करोगे,' उन्होंने ज़ोर देकर कहा। मैं समझ गया था कि उनके कहने का मतलब क्या था और ट्रेन में अपने घनघोर प्रशंसकों के प्रति उनका रुख साफ़ दिखाई दे रहा था। वे उनसे वास्तविक अशोक कुमार के रूप में बातें कर रहे थे जो उनकी सिनेमाई छवि और स्टारडम से काफ़ी हटकर था।

एस. मुखर्जी साहब ने मुझे जो जवाब दिया था वह आज तक मेरे दिमाग़ में घूमता रहता है। उन्होंने ध्यान दिलाते हुए कहा था कि अगर कोई इस बात को समझ जाये कि 'एक्टर होना स्टार होने से अधिक महत्त्वपूर्ण है तो वह ऊँचाई पर पहुँच सकता है। स्टार को बाज़ार बनाता है जबकि स्टारडम एक्टर की मेहनत का नतीजा होता है जब उसे बड़े पैमाने पर स्वीकृति और जनता का प्यार मिल जाता है। जब तुम्हारे पास किसी दिन फैन आयेंगे तो याद रखना कि वे तुमसे मिलने, तुम्हें महसूस करने आयेंगे क्योंकि उनको तुम्हारी एक्टिंग पसन्द है और उससे प्रभावित हैं। तब यह समझना चाहिए कि वे दिलीप कुमार से मिलने के लिए बेचैन हैं।'

जब कोई बात एस. मुखर्जी साहब को बौद्धिक रूप से छूती थी तब वे उसके ऊपर गम्भीरता से और तफ्सील से बात करते थे। कभी-कभी उनके अन्दर का

प्रोफ़ेसर जाग उठता था। कई अर्थों में वे मेरे गुरु थे और प्रेरणा के स्रोत भी। वे मुझे बहुत सरल शब्दों में सिनेमा का व्याकरण समझा सकते थे। वह यह जहमत भी उठाते थे कि मुझे कैमरे के पीछे ले जाकर यह दिखाते थे कि उसके सामने एक्टर किस तरह दीखता था। वे कैमरे के सामने मुझे यह भी दिखा देते हैं कि वे औरतों के चलने की नकल किस तरह किया करते थे। यह देखना मज़ेदार होता था मगर कैमरे के लेंस से यह देखकर मुझे कैमरा और एक्टर के बीच के सम्बन्ध को समझने में आसानी हुई कि किस तरह वह कैमरे के सामने आता है तो लगता है और किस तरह वह अपने ऊपर पड़ने वाली लाइट से मुँह फेर लेने पर लगता था। उनको अपने एक्टर्स से जो चाहिए होता था वे उसे करके दिखाने में यक़ीन रखते थे। वह किसी तकनीकी दिक़्क़त को ही नहीं बल्कि संवाद बोलने में या चेहरे के भावों में किसी तरह की गड़बड़ी को भी बहुत जल्दी भाँप जाते थे। सबसे बढ़कर, लेखकों को लेकर उनके अन्दर बहुत सम्मान था और उनका यह मानना था कि सिनेमा का मुख्य उद्देश्य काल्पनिक कहानी कहन के द्वारा दर्शकों को बाँध लेना है।

मेरे लिए बॉम्बे टॉकीज के वे आरम्भिक साल यादगार थे क्योंकि इस दौरान मैंने अशोक भैया और एस. मुखर्जी साहब के साथ काफ़ी अच्छा समय बिताया। वे दोनों ही स्टूडियो के पास में रहते थे और उनके घर में गर्मागर्म भजिया खाने के लिए मेरा हमेशा स्वागत रहता था, जो अशोक भैया की बेगम शोभा भाभी बनाती थीं। खालसा कॉलेज के बाद राज कपूर के साथ एक बार फिर समय बिताना भी अच्छा लगा। राज को यह जानकर ख़ुशी हुई कि मैं गम्भीरता से एक्टिंग के पेशे में आया था। 'मैंने तुमसे कहा था, नहीं?' उसने कहा, जब मैं अपनी पहली फ़िल्म के लिए तैयार था तब गले लगाते हुए।

जब हम खालसा कॉलेज में पढ़ते थे तब वह मुझे पंजाबी में कहता था 'तुसी एक्टर बन जाओ। तुसी हो बड़े हैंडसम।' मैं तब सोचता था कि यह मेरे वश का काम नहीं है। उसके लिए ठीक था क्योंकि उसके पापाजी पृथ्वीराज कपूर एक महान अभिनेता थे और मैंने जितने लोगों को परदे पर देखा उसमें वे सबसे सुन्दर और मर्दाना दिखने वालों में थे। स्वाभाविक रूप से, राज और उसके छोटे भाइयों को प्रतिभा और असाधारण सुन्दरता ख़ून में मिली थी। मैं जिस पृष्ठभूमि से आया था उसके लिहाज़ से मुझे यह कुछ जमता नहीं था।

बॉम्बे टॉकीज में सभी राज का सम्मान करते थे क्योंकि वह पृथ्वीराज जी का लड़का था। ऐसा कोई एक्टर या यूँ कहिये कि नाटक-सिनेमा से जुड़ा कोई भी आदमी नहीं था जो पृथ्वीराज जी का आदर न करता हो, पृथ्वी थियेटर के नाटकों में जिनकी रोबदार मौजूदगी सबको आदर के लिए प्रेरित करती थी। राज अपने पिता के मशहूर हस्ती होने का दिखावा नहीं करता था, न ही उनकी वजह से वह अपने लिए स्टूडियो में कोई ख़ास इन्तज़ाम चाहता था। वह और मैं अक्सर

अशोक भैया के घर चले जाते थे बैडमिंटन खेलने, जिसमें भाभीजी भी शामिल हो जाती थीं। वह अपने ही नियम-कायदों से खेल खेलती थीं और हँसी-ठहाकों से माहौल को सरगर्म बनाये रखती थीं। उनको खेलना अच्छा लगता था और इससे उस बड़े घर में अकेले रहने की उनकी बोरियत भी कम होती थी। खेल के बाद वह मुझे और राज को चाय और भजिये के लिए रोक लिया करती थीं। कभी-कभी जब हम भजिया खा रहे होते थे तो अशोक भैया आ जाते थे और हम सोचते कि यह हमारे जाने का समय है क्योंकि अशोक भैया दिन भर काम करने के बाद घर आते थे। हालाँकि, अशोक भैया के साथ ऐसा कुछ भी नहीं था। वे हम लोगों से मज़ाक़ में कहते, 'तुम दोनों को अपने ऊपर शर्म आनी चाहिए। दोनों यहाँ आते हो, मेरी पत्नी के साथ फ्लर्ट करते हो, मेरे बिना इतनी अच्छी भजिया खाते हो और मेरे साथ खेले बिना यहाँ से जाना भी चाहते हो।' हम लोग तब शर्माते हुए वहाँ रुक जाते थे जबकि भाभीजी यह वादा करती थीं कि वे और गर्म-गर्म भजिया तल देंगी और गर्मागर्म चाय भी देंगी। हमारे पास मान जाने के अलावा और कोई चारा नहीं रहता था।

अशोक भैया बैडमिंटन के पुराने खिलाड़ी थे। राज तब बहुत अच्छा रेफरी था जब हम खालसा कॉलेज में फुटबॉल खेलते थे, हाथ में सीटी लिए, वह मैदान में मुस्टंडे की तरह खड़ा हो जाता था, और अपने फ़ैसले से बिल्कुल नहीं टलता था। बैडमिंटन खेलते हुए वह बहुत जल्दी थक जाता था क्योंकि खेल में उसका मन नहीं लगता था। वह वहाँ ज़्यादातर स्वादिष्ट भजिये के लिए आता था। अशोक भैया और राज दोनों को मेरे स्टेमिना पर रश्क होता था। इसकी वजह मुझे लगती है मैंने बचपन से खाये वह ड्राई फ्रूट और आगाजी से उत्तराधिकार में मिली अदम्य इच्छाशक्ति। कभी-कभी एस. मुखर्जी साहब भी हमारे साथ शामिल हो जाते थे। वह और अशोक भैया लगातार बांग्ला में बातें करते रहते थे, जो बंगालियों की ख़ास आदत होती है। जब दो बंगाली बैठते हैं तो ये अपनी बातचीत के दौरान अपनी निजी ज़िन्दगी को ले आते हैं और अपनी भाषा में उसके बारे में बात करते रहते हैं जबकि वहाँ बैठे लोगों को यह समझ में नहीं आता है कि वे इतनी गम्भीरता से किस बारे में बातें कर रहे हैं।

बॉम्बे टॉकीज में मेरे एक अच्छे दोस्त थे जयराज जी। वह शाह नवाज़ ख़ान जैसे लोगों से काफ़ी अलग किस्म के थे और वे मेरे काम में बहुत गहरी दिलचस्पी लिया करते थे और अपने चुपचाप ढंग से मुझे सुझाव दिया करते थे। जयराज जी और डेविड अब्राहम अच्छे दोस्त थे और वे मज़ेदार चुटकुले सुनाया करते थे, कुछ तो मुझे सुना देते थे जबकि कुछ के बारे में कहते थे कि वे मेरे सुनने के लिहाज़ से सही नहीं थे। सबसे बड़ी बात यह है कि राज कपूर को छोड़कर जिन शानदार लोगों के साथ मैंने बहुत अच्छा समय बिताया वे सभी उम्र में मुझसे बहुत बड़े थे। मैं मुश्किल से 21 साल का था। और मैंने पहली बार

कैमरे का सामना किया था और यह सचमुच मेरा भाग्य था कि एक्टिंग विभाग के वरिष्ठ लोग और पंडित नरेन्द्र शर्मा और भगवती चरण वर्मा जैसे लेखक वहाँ थे। जयराज जी बहुत ध्यान रखने वाले थे, और वैसे तो चर्च गेट से मलाड तक के सफ़र में ट्रेन में उनसे बहुत कम बातचीत होती थी मगर हम पेशेवर तौर पर बहुत करीब थे।

बॉम्बे टॉकीज बदलाव के दौर से गुज़र रहा था क्योंकि देविका रानी ने पक्के तौर पर यह कह दिया था कि वह स्वेतोस्लाव रोरिक (Svetoslav Roerich) से शादी के बाद स्टूडियो का प्रबन्धन नहीं देखना चाहती थीं। 1944 में जब तक मैंने अपनी पहली फ़िल्म की वह अपनी इच्छा से रिटायर हो रही थीं। उन्होंने एस. मुखर्जी साहब और अमिय चक्रवर्ती को निर्माण सम्बन्धी कामों की ज़िम्मेदारी सौंपी। हालाँकि वह स्टूडियो में चक्कर लगाती थीं और सबसे बहुत अच्छे से बात किया करती थीं। वह देखने में इतनी सुन्दर थीं कि जब वह गुज़रती थीं तो स्टूडियो में हर कोई रुककर उनको देखने लगता था। अगर मैं आसपास नहीं होता था तो वह मेरे बारे में ज़रूर पूछती थीं, और जब मैं दौड़कर उनके पास पहुँचता तो वह मुझसे मेरी प्रगति के बारे में पूछती थीं। सिर्फ़ अशोक भैया ही उनके साथ मज़ाक़ करते थे और श्री एस. मुखर्जी साहब से वह स्टूडियो को चलाने के सम्बन्ध में हर क़दम पर सलाह लिया करती थीं।

उन्होंने एक बार मुझे प्रसिद्ध सोवियत पेंटर स्वेतोस्लाव रोरिक (Svetoslav Roerich) से मिलवाया। उनके साथ वे शादी करने जा रही थीं। उन्होंने मुझे बताया कि रोरिक कुल्लू घाटी (हिमाचल प्रदेश) को किस कदर प्यार करते हैं और उन्होंने उनको मेरे परिवार के फलों के व्यापार के बारे में बताया था और यह भी कि किस तरह हम घाटी से फल लाते हैं सेब, चेरी और रसदार नाशपाती। मैंने रोरिक की तरफ़ देखा, जिन्होंने ख़ूब शानदार कपड़े पहन रखे थे और उनकी आँखों में एकदम आगाजी की आँखों जैसी चमक थी। मैंने सोचा कि वह उनके साथ उसी तरह से ख़ुश रहेंगी जिस तरह आगाजी के साथ अम्मा हैं।

जब 1945 का साल आया तो द्वितीय विश्वयुद्ध समाप्त होने को था और देश में स्वाधीनता आन्दोलन ज़ोर पकड़ रहा था। स्टूडियो में अशोक भैया और एस. मुखर्जी साहब रोज़ इस बात को लेकर चर्चा करते थे कि उन्होंने क्या पढ़ा और क्या सुना। वे लोग बड़ी गम्भीरता के साथ मोहम्मद अली जिन्ना के भाषणों को लेकर चर्चा किया करते थे और मुझसे मेरी राय माँगते थे। पूना के वेलिंग्टन सोल्जर्स क्लब (Wellington Soldiers Club, Pune) में अपनी बात खुलकर रखने के कारण जो 'यादगार' अनुभव हुआ था उसके बाद मैंने यह सोच लिया था कि ऐसे मामलों में चुप्पी ही बरतनी चाहिए। घर में, अयूब साहब आज़ादी की लड़ाई के मोर्चे पर चल रही गतिविधियों को लेकर ख़ूब जानकारी रखते थे और सुनने वालों को सुनाया भी करते थे जो अक्सर आगाजी और चाचा उमर

फ़िल्म जुगनू (1947) में नूरजहाँ के साथ

के दोस्त होते थे। आगाजी अयूब साहब के ज्ञान से बहुत ख़ुश रहते थे तथा उर्दू बोलने और लिखने की उनकी क़ाबिलियत पर भी। मैं अयूब साहब के इस हुनर से बहुत प्रभावित रहता था कि बावजूद इसके कि उनकी औपचारिक शिक्षा ठीक से नहीं हुई थी मगर वे अंग्रेज़ी और उर्दू दोनों बहुत अच्छी तरह बोल और लिख सकते थे। जैसा कि मैंने पहले ही कहा कि उनको घर पर ही इसलिए पढ़ाया गया था क्योंकि बचपन से ही उनका स्वास्थ्य ख़राब था और घर में रहकर पढ़ाई करने के कारण वे ख़ूब मेहनती थे और मन लगाकर पढ़ते थे।

जब तक मैंने 'जुगनू' फ़िल्म का काम पूरा किया देश ब्रिटिश गुलामी से मुक्ति की दहलीज पर था। मुझे वह दिन अच्छी तरह याद है 15 अगस्त 1947, जब दशकों की लड़ाई के बाद आज़ादी के लड़कों ने आज़ादी हासिल की थी। मैं चर्च गेट स्टेशन के पास पटरी पर चल रहा था, जबकि तब तक मैं तीन फ़िल्मों 'ज्वार भाटा' (1944), 'प्रतिमा' (1945) और 'मिलन' (1946) में काम कर चुका था तब भी कोई पहचान नहीं रहा था। मैंने ध्यान दिया कि लोग चेहरे पर ख़ुशी लिए अपने-अपने घर लौट रहे थे। जब मैं घर पहुँचा तो मैंने देखा कि पूरा परिवार ख़ुशी के साथ चहक रहा था तब मुझे समझ में आया कि वह आज़ादी का दिन था।

'जुगनू' फ़िल्म 1947 के बाद के महीनों में रिलीज हुई। फ़िल्म हिट हो गयी और उसके होर्डिंग कई जगहों पर लगाये गये जिनमें क्रॉफर्ड मार्किट के पास का

इलाका भी था। एक सुबह जब आगाजी थोक बाज़ार में सेबों की आवक का हिसाब-किताब कर रहे थे तो राज के दादा बशेश्वरनाथ जी वहाँ आये और दोनों ने हमेशा की तरह एक-दूसरे का अभिवादन किया। वे दोनों बरसों पुराने दोस्त थे और आगाजी मज़ाक़ में अक्सर उनको कहा करते थे कि आपको अपनी मूँछ ऐंठने का कोई मतलब नहीं क्योंकि उनका लड़का और उनके पोते एक्टिंग के पेशे में आ गये हैं। आगाजी को यह लगता था कि कपूर साहब के लड़कों को सरकारी नौकरी में होना चाहिए था, जो उन दिनों ज़्यादातर पिताओं और बेटों की इच्छा होती थी। वह यह जानते थे कि राज और मैं एक ही कॉलेज में पढ़ते थे और उन दिनों बम्बई विश्वविद्यालय के दीक्षान्त समारोह में ग्रेजुएशन की डिग्री हासिल करना बहुत बड़ी बात थी। वह इस बात से बहुत दुखी थे कि राज ने एक्टर बनने का फ़ैसला किया बजाय किसी सरकारी सेवा में जाने के। बशेश्वरनाथ जी बहुत बड़े अफ़सर थे और पेशावर के कमिश्नर के पद पर रह चुके थे। हालाँकि, वे इस बात से उतने दुखी नहीं थे कि उनके लड़के पृथ्वीराज जी ने एक्टर बनने का फ़ैसला किया और वह बहुत प्रसिद्ध हो चुके थे और उनका पोता राज पृथ्वीराज जी के पदचिह्नों पर चल रहे थे।

आगाजी यह चाहते थे कि मैं भी एक सरकार में एक इज़्ज़तदार नौकरी पाऊँ और इतना बड़ा ओहदा पाऊँ कि ऑर्डर ऑफ़ ब्रिटिश एम्पायर (Order of British Empire–OBE) मेरे नाम के आगे जुड़े। आगाजी ने यह उपाधि कहीं देखी थी और उनको लगा था कि यह उपाधि सम्मान का प्रतीक है। जब मैंने कॉलेज जाना शुरू किया तो उनको गौरव महसूस हुआ और उन्होंने मुझसे कहा कि उनका सपना था कि मैं अपना नाम युसूफ ख़ान आर्डर ऑफ़ ब्रिटिश एम्पायर लिखूँ।

उस दिन सुबह बशेश्वरनाथ जी की मूँछों के नीचे शरारती मुस्कान तैर रही थी। उन्होंने अपनी मूँछें ऐंठीं और आगाजी से कहा कि वे उनको कुछ दिखाना चाहते थे कुछ ऐसा जिससे उनका कलेजा निकल जायेगा। आगाजी को ज़रूर यह लगा होगा कि वह आख़िर क्या हो सकता था। बशेश्वरनाथ जी उनको बाज़ार से बाहर ले गये और उनको उन्होंने फ़िल्म 'जुगनू' की विशाल होर्डिंग दिखाई जो सड़क के दूसरी तरफ़ लगी हुई थी। फिर उन्होंने कहा, 'यह तुम्हारा लड़का युसूफ है।'

उसके बारे में आगाजी ने मुझे बाद में बताया कि उनको एक पल के लिए अपनी आँखों पर यक़ीन नहीं हुआ लेकिन उनको यह ग़लतफ़हमी नहीं हुई कि क्योंकि उनका जाना-पहचाना चेहरा उस बड़े से होर्डिंग पर छपा हुआ था और उस पर लिखा हुआ था कि सिनेमा के रजत परदे पर एक नये चमकते सितारे का आगमन हो गया था। नाम युसूफ नहीं था। वह दिलीप कुमार था।

बशेश्वरनाथ जी उनके बगल में खड़े होकर उनके चेहरे को पढ़ रहे थे,

उन्होंने उनसे कहा कि दुखी होने की कोई ज़रूरत नहीं है क्योंकि मैंने दूसरा नाम इसलिए अपनाया है क्योंकि मैं यह चाहता था कि परिवार की इज़्ज़त बनी रहे, जो ज़्यादा ज़रूरी था, मैं बड़ा सितारा बनने की राह में था। ये शब्द आगाजी के कानों को सुकून नहीं दे रहे थे। बहुत बाद में जब उन्होंने मेरे इस नये कैरियर को स्वीकार कर लिया तब उन्होंने एक दिन मुझसे यह कहा था कि उस समय उनको बहुत गहरी निराशा हुई थी। ज़ाहिर है कि वे बड़े गुस्से में थे। आगाजी ने अपने गुस्से या अपने घमंड के टूटने का इज़हार किसी तरह के गुस्से का इज़हार करके नहीं किया। वह कुछ दिनों तक बिल्कुल ख़ामोश रहे और उन्होंने मुझसे बात नहीं की। यहाँ तक कि, जब वे एकाध अल्फाज़ में बात भी करते थे तो मेरी हिम्मत नहीं होती थी कि मैं उनकी आँख में आँख डाल सकूँ। जल्दी ही हालात अजीब हो गये और मुझे यह समझ में नहीं आ रहा था कि मैं क्या करूँ।

ख़ैर किसी तरह बर्फ़ की वह मोटी परत टूटी। मैंने यह बात राज को बताई और उसने कहा कि वह जानता था कि ऐसा होने वाला था और इस मामले में बीच-बचाव करने के लिहाज़ से सबसे बेहतर आदमी पृथ्वीराज जी हैं। और वह सही था। एक दिन पृथ्वीराज जी यूँही हमारे घर आये। शाम को जब मैं घर आया तो अम्मा ने बताया कि पृथ्वीराज जी के साथ बातचीत से बहुत अच्छा हुआ और आगाजी उसके बाद काफ़ी निश्चिन्त और ख़ुश लग रहे थे। तब भी मेरी हिम्मत नहीं हुई कि उनके पास जाकर बातचीत कर सकूँ।

यह ख़ामोशी एक दिन आगाजी ने ही तोड़ी जब एक शाम वे किसी पारिवारिक मित्र के घर से मिलकर लौटे, जहाँ उनको मेरी तारीफ़ें सुनने को मिलीं और यह कि 'जुगनू' से मैं स्टार बन चुका था। जब उन्होंने मुझे आते हुए देखा तो उन्होंने मुझे हमेशा की तरह बुलाया और बड़े आराम से बातचीत करने लगे। मैं सहज महसूस करने लगा और ख़ुश हो गया, ख़ासकर इस बात को ध्यान में रखते हुए कि अपने ख़यालों और जज़्बातों को वे हमेशा आगे बढ़कर प्रकट करते थे। उन्होंने कहा कि इस बात को उन्होंने कबूल कर लिया है कि मैंने एक ऐसे पेशे को चुना जिसके बारे में उनको सबसे कम उम्मीद थी कि मैं चुनूँगा। वह मुझसे हमेशा पश्तो में बात करते थे और वे बहुत नाप-तौलकर बात करते थे जिसमें ज़रा भी अतिरिक्त लाड़-प्यार नहीं होता था। वह कभी ज़ोर से नहीं बोलते थे और मुझे ज़रा-सा भी याद नहीं आता है कि मेरे अब्बा-अम्मा ने कभी हमारे सामने कोई बहस की हो। अगर उनको किसी बात को लेकर बहस करनी भी होती थी तो वे बिना हमारी जानकारी के किया करते थे। उस शाम उन्होंने मुझसे बिना गुस्से और नाख़ुशी दिखाये बात की। वह हुक़्क़ा गुड़गुड़ा रहे थे, जो वे मिलने आने वाले दोस्तों के साथ साझा किया करते थे। जब उन्होंने मुझे सामने बैठने के लिए इशारा किया और काम वाले लड़के से यह कहा कि हुक़्क़े में ख़ुशबूदार तम्बाकू डालकर लाये तो इससे मुझे यह समझ में आ गया

कि उनका मूड अच्छा था और मेरे लिए यह इस बात को समझने के लिए काफ़ी था कि उन्होंने सब कुछ छिपाये रखने के लिए मुझे माफ़ कर दिया था। उस शाम जिस तरह से हुक़्क़ा गुड़गुड़ाते हुए उन्होंने मुझसे आराम से बातचीत की उससे मुझे यह समझ में आ गया कि भले उनको यह सब अच्छा नहीं लगा हो मगर वे इसके ख़िलाफ़ नहीं थे।

निजी और पेशेवर के बीच

'देविका रानी ने मुझे जो बात कही थी उसे एक सबक के रूप में मैंने अपने दिमाग़ में रखा और कभी-कभी उसको अपने काम में अपनाकर मैं अपने निर्देशकों को चौंका देता था। उन्होंने यह ध्यान दिलाया था कि हो सकता है कि कोई निर्देशक एक्टर के दिये गये शॉट से सन्तुष्ट हो लेकिन यह एक्टर को तय करना है कि उसने सचमुच में अपना बेहतरीन दिया है। उन्होंने कहा था कि यह एक्टर का अधिकार है कि अगर उसे ऐसा लगता है कि वह और बेहतर कर सकता है तो वह एक और टेक के लिए कहे।'

मेरी ख़ुशी, हालाँकि, ज़्यादा दिन नहीं रह पायी। अयूब साहब को फेफड़े की गम्भीर बीमारी हो गयी। बड़े से बड़े डॉक्टर भी उनकी ज़िन्दगी को उन दवाओं के सहारे आगे नहीं बढ़ा पा रहे थे जिनको मैं विदेश से मँगवाने का इन्तज़ाम करता था। वह इस बात को जानते थे कि वे हमारे साथ बहुत दिनों तक नहीं रहने वाले थे। इसलिए वे अक्सर मुझसे यह कहते थे कि मैं उनको मरीन ड्राइव लेकर जाऊँ, जहाँ वे बैठकर सूरज को समुद्र में इंच-इंच डूबते देख सकें। वह मुझसे कहा करते थे कि उनको हमेशा इस बात के ऊपर हैरत होती है कि दिन भर आकाश में अपनी रौशनी बिखेरने वाला सूरज जब नीचे डूबता है तो किस तरह सारी रौशनी समेट लेता है, और रात के लिए रास्ता बनाता है।

एक दिन जब मैं घर जल्दी आया तो मैंने महसूस किया कि अयूब साहब पीले पड़ गये थे और उनको साँस लेने में भी तकलीफ़ हो रही थी। मैंने चाचा उमर को भेजा कि वे बाज़ार से आगाजी को बुला लायें और डॉक्टर को भी। मैंने अपने भाई को अपनी बाँहों में ले लिया और वह शान्त मुस्कुरा रहा था जबकि

मुझे उसकी आँखों में देखकर किसी अनिष्ट की आशंका हो रही थी। चाचा उमर आगाजी को लेकर आये और फिर भागकर डॉक्टर को लाने चले गये। आगाजी अयूब साहब के पास बैठ गये और मैं यह देख रहा था कि अपने बेटे के हाथों को हाथ में लेते हुए उनकी उँगलियाँ काँप रही थीं। अयूब साहब मुस्कुरा रहे थे, और जबकि उनको साँस लेने में तकलीफ़ हो रही थी, उनके ख़ूबसूरत चेहरे पर एक अजीब तरह की शान्ति और चमक थी। और इससे पहले कि हम समझ पाते, शाम के सूरज की तरह ही जिसे देखना उसे बहुत पसन्द था, वह कुछ पल में ही चला गया। इससे पहले कि डॉक्टर आ पाता, वह अपने साथ अपनी सारी बुद्धिमानी लिए हुए चला गया।

बॉम्बे टॉकीज के साथ मेरा अनुबन्ध समाप्त होने को था और स्टूडियो के मैनेजमेंट में भी बदलाव हो रहा था। अशोक भैया और एस. मुखर्जी साहब ने वहाँ से अलग होकर फ़िल्मिस्तान बनाया। अब चूँकि हम विदेशी मुल्क के गुलाम नहीं थे, इसकी वजह से रचनात्मक गतिविधियों में तेज़ी आ गयी थी और संचार के सभी माध्यमों में तेज़ी से विकास हो रहा था। कई प्रतिभाशाली और समर्पित फ़िल्मकारों द्वारा आत्मनिरीक्षण, देशभक्ति और सामाजिक उद्देश्यों को ध्यान में रखते हुए फ़िल्में बनाई जा रही थीं। वी. शान्ताराम 'दुनिया न माने' (1937), 'आदमी' (1939), 'पड़ोसी' (1941), 'शकुन्तला' (1943) और 'डॉ. कोटनीस की अमर कहानी' (1946) जैसी फ़िल्में बना चुके थे और सामाजिक मुद्दों पर ध्यान देने के लिए जिनकी ख़ूब चर्चा भी हुई थी। बाबूराव पेंटर ने 'राम जोशी' (1947) फ़िल्म बनाई। सोहराब मोदी ऐतिहासिक कहानियों को आधार बनाकर फ़िल्में बना रहे थे और उनकी मिनर्वा मूवीटोन की पहले से ही 'सिकन्दर'* (1941, जिसमें पृथ्वीराज कपूर प्रमुख भूमिका में थे) जैसी फ़िल्मों के कारण चर्चा में थे, जिसकी वजह से कुछ विवाद भी हुआ था, और उनकी फ़िल्म 'पुकार' (1939) ख़ूब चली थी। नेशनल स्टूडियो से जुड़कर महबूब ख़ान ने उसे मशहूर बना दिया था। मेरे लिए और मेरे जैसे बाकी लोगों के लिए, जिनको बॉम्बे टॉकीज ने पाला-पोसा था, काम की कोई कमी नहीं थी।

बॉम्बे टॉकीज के नाम के साथ इज़्ज़त और गुणवत्ता की ऐसी छाप जुड़ी हुई थी कि वहाँ काम करने वालों को दूसरे स्टूडियो में अच्छी-अच्छी फ़िल्मों से जुड़ने का मौक़ा मिला। मुझे एस. मुखर्जी साहब के प्रस्ताव को स्वीकार करने में कोई झिझक नहीं हुई कि मैं फ़िल्मिस्तान स्टूडियो की फ़िल्मों से जुड़ जाऊँ। जो फ़ायदे की बात थी वह यह थी कि उन्होंने ऐसे किसी अनुबन्ध की बात नहीं की कि

* जब यह फ़िल्म रिलीज हुई उन दिनों महात्मा गाँधी ने सविनय अवज्ञा की घोषणा की थी, और देश में उथल-पुथल का दौर था। सिकन्दर ने राष्ट्रीयता और राजनीतिक भावनाओं को भड़का दिया। भारतीय सेना के कुछ कैंटोनमेंट में उस फ़िल्म को दिखाये जाने की मनाही थी।

मैं सिर्फ़ उनकी फ़िल्मों में ही काम करूँ। और यह हुआ कि जल्दी ही स्टूडियो की व्यवस्था की जगह कलाकारों, टेक्निशियनों को फ्रीलांस के आधार पर काम पर रखने की व्यवस्था में बदल गयी, जिसमें अनुभव, हुनर और पिछले काम के आधार पर मेहनताना दिया जाने लगा।

फ़िल्मिस्तान से जुड़ने का मेरा फ़ैसला इसके आधार पर नहीं था कि वहाँ मुझे अधिक पैसा दिया जा रहा था। हर महीने जो तनख़्वाह मुझे बॉम्बे टॉकीज से मिलता था वह उस खर्चे के लिए काफ़ी था जो अम्मा को हर महीने घर में करने पड़ते थे, जहाँ पेशावर से परिवार के लोग आते रहते थे, और उनके अपने बारह बच्चों का ख़र्च था, उनके अलावा चाचू उमर तथा आगाजी की दो बहनें थीं और आने जाने वालों का ताँता कभी ख़त्म नहीं होता था।

इसमें कोई शक नहीं कि कमाई में अच्छी-ख़ासी बढ़त अच्छी बात थी, लेकिन मैं अपने इस संकल्प को लेकर पक्का था कि मैं महज पैसों के लिए या तात्कालिक सफलता के लिए फ़िल्मों में काम नहीं करूँगा। ऐसे नौजवान के लिए यह एक सख्त फ़ैसला था जो सफल कैरियर के कगार पर खड़ा था। मेरे लिए यह रहमत की बात थी कि बरसों की परवरिश के कारण मैं अपना सन्तुलन बनाये रख सका और उस झूठमूठ के छलावे में नहीं आया जो स्टार बनने के बाद एक्टर के आसपास बनने लगता है। बहुत सारे निर्माताओं का ध्यान मेरी तरफ़ गया और वे मुझसे उन फ़िल्मों को लेकर बातें करने आये जो वे मुझे लेकर बनाना चाहते थे। एस. मुखर्जी साहब को इस सबके बारे में पता था और उन्होंने मेरे इस फ़ैसले का सम्मान किया कि मैं फ़िल्मिस्तान की फ़िल्मों में काम करना चाहता था। वह फ़िल्म थी 'शहीद'(1948)। इसका विषय मुझे पसन्द आया और मुझे लगा कि ऐसे मौक़े पर यह निर्णय करना बुद्धिमानी होगी कि ऐतिहासिक फ़िल्म बनाई जाये, जब हम सब ने अंग्रेज़ों के ख़िलाफ़ आज़ादी की लड़ाई लड़ी और इस लड़ाई में अलग-अलग धर्मों, जातियों, उम्र, और सामाजिक वर्ग के लोगों ने अपनी जान की कुर्बानियाँ दीं। मैं 'शहीद' के चरित्र के साथ पूरी तरह से हिलमिल गया था क्योंकि उस समय का सामाजिक-राजनीतिक माहौल भी वैसा था, साथ ही, मेरी अपनी देशभक्ति की भावना को भी उससे प्रकट करने का मौक़ा मिल रहा था, जो अच्छी तरह लिखे गये दृश्यों और संवादों के कारण फ़िल्म में मौजूद था। हालाँकि फ़िल्म का निर्देशन रमेश सैगल ने किया था, एस. मुखर्जी साहब की प्रेरणा की वजह से अभिनय और फ़िल्म की कहानी में जान आ गयी थी।

मुझे इस बात की समझ थी और मेरे साथ काम कर रही कुशल नायिका कामिनी कौशल ने निर्देशक की ज़रूरत के अनुसार ख़ुद को इतनी अच्छी तरह ढाला और फ़िल्म के अनेक दृश्यों में उसकी मार्मिक संवेदना को बड़े कौशल के साथ निभाया। वह एक ऐसी कलाकार थी जो ज़रूरत के मुताबिक़ अभिनय करने में माहिर थी। वह फ़िल्मों में नयी नहीं थी, वह पहले चेतन आनन्द की फ़िल्म

'नीचा नगर' (1946) में काम कर चुकी थी। सबसे बढ़कर, वह एक पढ़ी-लिखी औरत थी जिनके साथ दिलचस्प बातचीत हो सकती थी। वह बहुत अच्छी अंग्रेज़ी बोलती थी, जो उन दिनों फ़िल्मों में काम करने वाली अभिनेत्रियों के लिए आम बात नहीं थी, और जिसकी वजह से एस. मुखर्जी साहब बहुत ख़ुश थे जो आम तौर पर उसी भाषा में काम करना पसन्द करते थे। दिन भर सिनेमा के दृश्यों के लिए भावपूर्ण एक्टिंग करने के बाद शाम में हम कुछ लोग बैठकर हलकी फुलकी बातें किया करते थे, जिसमें कभी-कभार अशोक भैया भी शामिल हो जाया करते थे। रमेश सैगल भी ख़ूब बातें करते थे और सबसे पहले उन्होंने ही कामिनी कौशल को उनके असली नाम उमा कश्यप से बुलाना शुरू किया जिसे बाद में हम लोगों ने भी अपनाया।

जैसी कि उम्मीद थी 'शहीद' को बॉक्स ऑफ़िस पर वैसी कामयाबी मिली। कामिनी कौशल के साथ मेरी जोड़ी को दर्शकों ने ख़ूब पसन्द किया और फ़िल्मिस्तान ने हमें 'नदिया के पार' (1948) और 'शबनम' (1949) में एक साथ परदे पर उतारा, जो और भी कामयाब फ़िल्में साबित हुईं। 1940 के दशक में भी आम दर्शकों को ख़ुश करने के लिए कलाकारों की जोड़ी बनाने का हथकंडा अपनाया जाता था। क्योंकि दर्शक यह मानते थे कि फ़िल्मों के बाहर भी उन कलाकारों के बीच एक-दूसरे से लगाव का रिश्ता होता था, जो कि आजकल आम बात है। बस फ़र्क़ यह था कि हम बड़ी गरिमा के साथ व्यवहार करते थे और हमारे बारे में अख़बारों या पत्रिकाओं में सुर्खियाँ नहीं छपा करती थीं, न ही लोगों के बीच हमारे निजी जीवन को लेकर चर्चा हुआ करती थी। खोजी पत्रकार तब भी होते थे, हालाँकि तब टेलिविज़न नहीं आया था। अगर हम जज़्बाती तौर पर जुड़े हुए होते

फ़िल्म शहीद (1948) में कामिनी कौशल के साथ

थे तो कभी सार्वजनिक तौर पर उसका दिखावा नहीं किया जाता था और काम के समय शिष्टाचार का पूरा ध्यान रखा जाता था।

जब मैंने 'शहीद', 'नदिया के पार' और 'शबनम' जैसी फ़िल्मों में काम किया था तब मैं 20 से 30 के बीच की उम्र का था। मैं कोई महामानव नहीं था। सिनेमा में तब पढ़ी-लिखी लड़कियाँ नहीं आती थीं और लड़कियों का सिनेमा में काम करना अच्छा नहीं माना जाता था। मैं एक ऐसे परिवार से आता था जिसमें अदबी रुझान था, और ऐसे घर में पला-बढ़ा था जहाँ मौलाना अबुल कलाम आज़ाद, सआदत हसन मंटो, और मिर्ज़ा ग़ुलाम अहमद जैसे जाने-माने लोग आया करते थे, आगाजी के साथ खुलकर बातें किया करते थे, और कभी-कभार मुझसे और अयूब साहब से भी। तो इसकी वजह से यह हुआ कि मुझे पढ़े-लिखे लोगों के साथ रहना अच्छा लगता था। स्टारडम की वजह से मुझे जितनी ख़ुशी नहीं हुई उतनी परेशानी हुई और मुझे लगता है मैं उमा की तरफ़ जज़्बाती रूप से उतना नहीं जितना दिमाग़ी तौर पर आकर्षित हुआ जिसके साथ मैं दुनिया जहान की बातों के ऊपर चर्चा कर सकता था। अगर यह मोहब्बत थी तो हो सकता है वही रही हो। मुझे पता नहीं और मुझे नहीं लगता है कि इससे कोई फ़र्क़ पड़ता है।

ख़ैर, हालात की वजह से हम आगे साथ-साथ काम नहीं कर पाये और इसका कारण यह था कि कुछ फ़िल्में साथ करने के बाद स्टार जोड़ियों से दर्शक ऊब जाते थे, जो व्यवसाय के लिहाज़ से अच्छा नहीं माना जाता था।

एक सवाल मुझसे अक्सर पूछा जाता है जो कि कुछ दखल देने वाला लगता है कि जब कलाकार अपने असली जीवन में प्यार में होते हैं तो जब परदे पर वे प्यार के दृश्य निभाते हैं तो उनकी भावनाओं में कुछ फ़र्क़ पैदा होता है। मेरा ईमानदार जवाब हाँ भी है और न भी। प्यार-मोहब्बत के दृश्यों में, जिसमें एक स्तर तक भावनात्मक, शारीरिक नजदीकी दिखाई जाने वाली होती है तो निर्देशक से यह उम्मीद की जाती है कि वह एक ख़ास किस्म का तापमान दोनों कलाकारों में पैदा करे और उस तापमान के लिए यह ज़रूरी होता है कि कलाकारों के बीच काम के उस माहौल से बाहर भी एक तरह का रिश्ता हो, क्योंकि कलाकार के रूप में हम इस बात को अच्छी तरह से समझ रहे होते हैं कि हम जो यह सब कैमरे के सामने कर रहे हैं इसका हक़ीक़त से कोई लेना-देना नहीं है। दूसरी तरह, इस बात की पूरी सम्भावना होती है कि अगर दोनों कलाकारों में असल जीवन में भावनात्मक लगाव हो तो उससे उनके अभिनय में वह भावनात्मक तापमान पैदा हो जाता है जिससे उनके अभिनय में जान आ जाती है और जो कि पटकथा में नहीं होता है।

यह सवाल मुझसे ख़ास तौर पर 'मुग़ले-आजम' (1960 में रिलीज) फ़िल्म में सलीम के रूप में परदे पर मधुबाला के साथ दिखाये गये दृश्यों के सन्दर्भ में पूछा जाता रहा है, जिसने सलीम की प्रेमिका अनारकली की भूमिका निभाई थी। इस

बात का जवाब मैं ईमानदारी के साथ और जहाँ तक शालीनता इजाज़त देती है वहाँ तक आने वाले एक अध्याय में दूँगा।

अपनी कहानी को जारी रखते हुए आगे बताता हूँ कि यह हमारे लिए लाजिमी हो गया कि हम गोरेगाँव के उपनगर में घर ले लें, जहाँ बहुत सारे फ़िल्म स्टूडियो थे। आगाजी अब फलों के बाज़ार में सप्ताह में एक बार ही जाते थे क्योंकि मेरी कमाई अब घर को चलाने के लिहाज़ से पर्याप्त हो चुकी थी। उन्होंने दो कारणों से बाज़ार में जाना बन्द नहीं किया। एक, तो वे यह नहीं सुनना चाहते थे कि मैं घर में अकेला कमाने वाला इंसान हूँ और उस धन्धे से जो भी कमाई होती थी उसे घर को चलाने के लिए देना चाहते थे, और दूसरे, उनके दोस्त थे जिनके दुआ-सलाम और जिनकी बातचीत की कमी को वे बाज़ार की चहल पहल से ज़्यादा दिन तक दूर रहने पर महसूस किया करते थे। अच्छी तरह ईमानदारी से समझाने के बाद आगाजी बान्द्रा में चलकर रहने के लिए तैयार हो गये। गोवा के ईसाइयों की बसावट के बीच हमने पाली माला में एक बँगला लिया।

अम्मा को दमे की वजह से मेडिकल जाँच की अक्सर ज़रूरत पड़ती रहती थी और जो डॉक्टर उनका इलाज करता था वह हमारे पाली माला वाले बँगले के पास ही रहता था। अम्मा अयूब की मौत के सदमे से उबर नहीं पायी। वह मेरे या आगाजी के सामने तो नहीं रोती थी लेकिन मैं जानता था कि कई रातों को वह तकिये में मुँह रखकर चुपचाप रोया करती थी। यह गम उनको अन्दर ही अन्दर खाये जा रहा था और इसका असर उनकी सेहत पर दिखने लगा था, जो बावजूद इसके गिरती जा रही थी कि बान्द्रा में आने के बाद हम उनको घर पर बेहतरीन इलाज की सुविधा दे पा रहे थे। वह अपनी कमज़ोरी से लड़ रही थी, और मेरे छोटे भाई-बहनों के सामने बहादुर बनी रहती थी, जिनको उनकी ज़रूरत थी और जो ज़िन्दगी की छोटी-छोटी ज़रूरतों के लिए उनके पास भागे-भागे जाते थे। जब मैं उनके साथ अकेला होता था तब वह मौत के अवश्यम्भावी होने के बारे में बात किया करती थी और जब उनको मेरे चेहरे पर दर्द दिखाई देता था तो वह बड़ी सफाई से उस विषय को बदल दिया करती थी। आगाजी को इस बात का पता था कि अम्मा मेरे ऊपर भरोसा किया करती थी और वह अपने विचारों, अपने सपनों को मेरे साथ चुपचाप तरीके से साझा किया करती थी। एक दिन वह अपने कमरे से निकलकर आये तब मैं बाहर जाने के लिए तैयार हो रहा था। उन्होंने मुझे आकर कहा कि मैं अम्मा के बिस्तर के पास जाकर बैठ जाऊँ। 'उसके पास रहो' कहकर वह घर से निकलकर डॉक्टर को लाने के लिए चले गये।

अपनी आँखों के कोरों से मैं यह देख पा रहा था कि वे बड़ी मुश्किल से अपने जज़्बातों पर क़ाबू रख पा रहे थे। मैं जल्दी से लम्बे-लम्बे डग भरता हुआ कमरे में गया। अम्मा आराम कर रही थी मगर उनके ज़र्द चेहरे को देखकर यह

लग रहा था कि उनको तत्काल इलाज की ज़रूरत थी। मैं उनके पास बैठ गया और हमेशा की तरह उनके चेहरे को अपनी छाती से लगा लिया। मैंने उनके मुलायम हाथ उठाकर अपने होंठों से लगाकर उनको चुपचाप प्यार जताया। मेरा गला भर आया था और मेरी आँखों से आँसू गिर रहे थे। उनके चेहरे से साफ़ संकेत मिल रहा था, और उस समय मैंने यही दुआ की कि मुझे वह ताकत मिले कि मैं उनको वह आश्वासन, वह सुरक्षा जता सकूँ जिसकी कि उनकी मुझसे उम्मीद रहती थी। हमेशा की तरह उन्होंने मेरी भावनाओं को पढ़ लिया, और जब आगाजी डॉक्टर के साथ आये वह शान्त थी और बहादुरी एक साथ बेहतर दिखने की कोशिश कर रही थी। किसी तरह, आगाजी को यह लग गया था कि हम उनको जल्दी ही खो देने वाले हैं। उन्होंने इसके इन्तज़ाम किये कि उनको देवलाली के अपने घर लेकर जायें जहाँ हिल स्टेशन के प्रदूषण मुक्त माहौल में वह कुछ बेहतर महसूस कर सकें। देवलाली में वह कमज़ोर दिखने लगे थे और उनकी आँखें धुँधला गयी थीं और वह कभी-कभार ही घर से बाहर निकलते थे। हालाँकि वह कुछ कह तो नहीं रहे थे, मगर यह साफ़ था कि अन्दर ही अन्दर वह इस ख़याल से परेशान थे कि बरसों अपनी जिस संगी से वे ताकत पाते थे, सहारा पाते थे वह उनसे दूर जा रही थी।

कुछ दिनों में 27 अगस्त 1948 को वह हमारे बीच से चली गयी, जीवन के जद्दोज़हद से दूर चुपचाप अनन्त शान्ति में। मैंने अपने दर्द को ज़ाहिर नहीं होने दिया, आगाजी और अपने भाइयों-बहनों से उसे उसी तरह से छिपाता रहा जिस तरह तब छिपाया था जब अयूब साहब का इन्तकाल हुआ था। जब हम बम्बई वापस लौटे तो उनको और आगाजी को जानने वाले सभी लोग श्रद्धांजलि देने आये। सबसे ग़मगीन वे ग़रीब लोग थे जो हमारे पड़ोस में रहते थे। जो कोई भी हमारे घर आता था वह खाली हाथ नहीं जाता था।

नियमित रूप से आने वालों में हमारे धोबी की पत्नी थी जो अपने छोटे बेटे प्यारेलाल के साथ आती थी और उसके लिए खाने-पीने का सामान लेकर लौटती थी। प्यारेलाल ने अपने माँ-बाप से कपड़े साफ़ करने की कला सीखी और उनके गुज़र जाने के बाद मेरा ख़ास धोबी बन गया। वह अब सत्तर पार कर चुका है और अब वह हमारे घर में सबसे ख़ास धोबी है, जो मेरी सफ़ेद पतलूनों और शर्ट्स और सायरा के सुन्दर-सुन्दर कपड़ों की ऐसी देखभाल करता है कि उस तरह से बस वही कर सकता है। आज तक प्यारेलाल याद करता है कि किस तरह अम्मा हलवा तथा खाने-पीने के बाकी सामान उसको घर ले जाने के लिए दिया करती थी जिसे वह अपने भाई-बहनों के साथ मिलकर खाता था। यह सब उसके अलावा होता था जो स्वादिष्ट खाना वह उन दोनों को रसोई में खिलाया करती थी।

दर्द और खो जाने का जो गहरा भाव मेरे अन्दर था उसको जज़्ब करने के

लिए मुझे अन्दर से ख़ुद को बहुत मज़बूत बनाना पड़ा और अपने भाइयों और बहनों के सामने मर्दाना जज़्बे से साथ खड़ा रहा ताकि उनको इस बात की समझ रहे कि उनके लिए अम्मा और अब्बा दोनों ही मैं ही हूँ। इसका कारण यह था कि आगाजी अब बहुत कम बोलते थे और ज़्यादातर अपने आप में ही रहते थे। एक दिन जब हम दोनों अकेले थे तो उन्होंने एक ख़्वाहिश प्रकट की; उन्होंने कहा कि उनकी ख़्वाहिश है कि उनको देवलाली में दफ़नाया जाये, जहाँ अम्मा को दफ़नाया गया था उसके पास।

मैंने 1940 के दशक के आख़िरी वर्षों में एक फिएट कार ख़रीदी, इसलिए उतनी नहीं कि मुझे उसकी ज़रूरत थी बल्कि इसलिए क्योंकि मेरी बहनों को बाहर निकलने के लिए गाड़ी की ज़रूरत थी। मैंने पहली बार गाड़ी ब्रेबोर्न स्टेडियम (Brabourne Stadium) तक चलाई थी। वहाँ मैच चल रहा था और वह उसका दूसरा दिन था शायद। अब मैं लाइन में लगकर खड़ा होकर मैच देखने के लिए टिकट नहीं ख़रीदता था क्योंकि अब तक मैं जाना माना नाम हो चुका था। मुझे शानदार क्रिकेटर विजय मर्चेंट से मिलने जाना था, जिनसे मुझे डॉ. मसानी मिलवाने वाले थे, जो ख़ुद भी क्रिकेट के बड़े शौक़ीन थे। मैंने अपने ड्राइवर से कहा कि वह मुझे चर्च गेट ले चले जहाँ से मैंने डॉक्टर मसानी को अपने साथ लिया और ठीक समय पर स्टेडियम पहुँचा ताकि मुझे उस गेट तक ले जाया जाये जो ख़ास मेहमानों के लिए था, जिसको तब मैं बड़ी हसरत के साथ देखा करता था जब भी मुझे स्टैंड में ऊँची सीट मिल जाती थी जहाँ से कोई खिलाड़ियों को गर्दन उठाकर देख सकता था और सावधान नहीं रहने पर गर्दन अकड़ भी जाती थी। मैंने यह पाया कि मेरे सामने अच्छा दिखने वाला एक आदमी बैठा हुआ था और जिसने शर्ट के ऊपर खुली जैकेट पहन रखी थी। वह अपनी दायीं तरफ़ बैठे एक दुबले आदमी के साथ बातें कर रहा था, वह झुककर उस दुबले आदमी की बातें सुनने की कोशिश कर रहा था जो वह मुझे देख कर कह रहा था। मैं अपनी जगह पर बैठ गया और चूँकि वे दोनों ही मुझे देखकर मुस्कुरा रहे थे तो मुझे लगा कि मुझे भी सलाम करना चाहिए। दोनों मुसलमानों वाले घेरे में बैठे हुए थे इसलिए यह तो साफ़ था कि वे दोनों ही मेरे अपने मज़हब के थे, इसलिए मैंने सलाम अलैकुम कह दिया और जिसका जवाब उन्होंने भी बड़ी गर्मजोशी से दिया।

जब मैच शुरू हुआ और आगे बढ़ा तो उस सुन्दर से आदमी को ऐसा लगा कि उसे मुझसे बात करनी चाहिए। उन्होंने अपना परिचय महबूब ख़ान के रूप में दिया और अपने दोस्त नौशाद मियाँ (संगीत निर्देशक) से मुझे मिलवाया। मेरे जीवन और कैरियर में यह शुरुआत थी एक लम्बी दोस्ती और पेशेवर रिश्तों की। नौशाद मियाँ ने वह कहानी लिखी थी जिसके ऊपर बाद में फ़िल्म 'मेला' बनी और उन्होंने मुझे इस बात के लिए निमंत्रित किया कि अगले हफ्ते मैं उनसे

और निर्देशक एस.यू. सन्नी से मिल लूँ। नौशाद मियाँ और महबूब ख़ान दोनों ने 'शहीद' देख रखी थी।

नौशाद मियाँ के साथ मेरी मीटिंग सन्नी के छोटे से दफ़्तर में हुई जहाँ उन्होंने 'मेला' फ़िल्म की कहानी मुख्तसर में सुनाई...उन्होंने मुझे यह भी बताया कि उन्होंने फ़िल्म के टाइटिल गीत की रिकॉर्डिंग कर रखी है और वे उसकी शूटिंग करना चाहते थे। मुझे यह अजीब लग रहा था कि मैं कहानी के बारे में तफसील से पूछूँ लेकिन मुझे लगा कि यह अगर मैंने ठीक से नहीं जानी तो इस फ़िल्म को मंजूर करना एक तरह से ख़तरा होगा।

यहाँ मैं यह बता देना चाहता हूँ कि शुरुआत से ही काम के चुनाव के पीछे मुझे दिया जाने वाला मेहनताना मायने नहीं रखता था। यह एक ऐसी बात थी जो मैंने नितिन बोस और देविका रानी से सीखी थी जो मेरे शुरुआती और सबसे पुरअसर उस्ताद थे। 'मिलन' (1946) फ़िल्म के निर्माण के दौरान नितिन बोस के साथ काम करते हुए मैंने इस बात को महसूस किया कि एक एक्टर के लिए यह कितना मायने रखता है कि वह अपने चरित्र के इतने पास चला जाये कि एक्टर के अपने व्यक्तित्व और उसके काल्पनिक व्यक्तित्व के बीच की महीन रेखा को उस समय बड़ी क्रूरता के साथ मिटा जाये जब शूटिंग हो रही हो। चरित्र के नजदीक जाने के लिए यह ज़रूरी है कि उसके दिमाग़ और उसके जज़्बातों सहित सब कुछ जाना जाये।

जब मैं 'मिलन' में गहरे डूबा हुआ था तो एक दिन नितिन दा ने मुझसे यह पूछा कि क्या मैंने गम्भीरता के साथ रवीन्द्रनाथ टैगोर के उपन्यास 'नौका डूबी' को पढ़ा है। मैंने उनसे कहा कि मुझे जो अनुवाद दिया गया था मैंने वह पढ़ा था और ज़ाहिर है पटकथा भी, जिसमें बहुत तफसील से सब कुछ था। हम लोग उस सीन की शूटिंग की तैयारी कर रहे थे उसका पात्र रमेश ट्रेन में सारी रात सफ़र करके वाराणसी पहुँचा, जहाँ उसको अपनी माँ की अस्थियाँ गंगा में प्रवाहित करनी थीं। वह थका-हारा, मौसम का मारा हुआ और भरे दिल से अपने इस कर्तव्य को पूरा करता है जो कि रात भर के सफ़र के बाद लाजिमी था। नितिन दा ने मुझसे यह पूछा कि क्या मैंने रमेश के दिलो-दिमाग़ की हालत और उसके जज़्बातों के ऊपर ठीक तरह से सोचा है कि वह ट्रेन में सफ़र के दौरान रात भर अस्थियों को पकड़े हुए बैठा हुआ है ताकि वह महफ़ूज़ रहे और उसके हाथ से छिटक न जाये। नितिन दा ने मुझसे यह भी कहा कि इस सीन के ऊपर सोचना, रमेश के दिमाग़ में चल रही उस परेशानी की कल्पना करते हुए कि वह अपने हाथ में अपनी माँ की अस्थियों को देखते हुए अपनी माँ को याद कर रहा है जो उससे प्यार से बात किया करती थी और उसे खाना खिलाती थी और सुबह में गर्म चाय के प्याले के साथ उसे उठाती थी। उन्होंने आख़िरकार मुझसे पूछा—'तुमको यह नहीं लगता रमेश ने मन ही

मन सोचा होगा यह मेरी माँ की अस्थियाँ बची हैं, मेरी माँ की जिसके कितने मुलायम हाथ थे और कितनी प्यार भरी आँखें?'

मैंने नितिन दा से कहा कि मैंने इतनी गहराई से नहीं सोचा है क्योंकि यह गहराई पटकथा में नहीं थी। नितिन दा वैसे तो समझ गये लेकिन उन्होंने मुझे एक अर्थपूर्ण सीख दी जो मेरे लिए बहुत फ़ायदेमन्द साबित हुआ। उन्होंने मुझसे चार-पाँच पन्ने इस बात के ऊपर लिखवाये कि ट्रेन में रमेश की क्या हालत रही होगी मैं इस बात को बयान करूँ। मैं आधी रात तक जग कर लिखता रहा और बार-बार लिखता रहा जब तक कि मुझे नींद नहीं आ गयी। अगले दिन उस सीन की शूटिंग बम्बई के घोड़बन्दर के लोकेशन पर होने वाली थी। जब कैमरा रोल होना शुरू हुआ तो मैं उस सीन में पूरी भावना के साथ था और नतीजा मेरे और नितिन दा के लिए तसल्ली देने वाला रहा।

इस तरह से नितिन दा ने मेरी तैयारी करवाई। उन्होंने मुझे यह समझाया कि एक अच्छी पटकथा किसी एक्टर की इसमें मदद करती है कि वह अच्छी तरह से अपना काम करे लेकिन उसके परे के मुकाम भी होते हैं जो उसको किसी पटकथा में दिया गया होता है जो इस बात के इन्तज़ार में होते हैं कि ऐसा कोई उन तक पहुँचे जो अपने प्रदर्शन को और भी ऊँचाइयों पर ले जाना चाहता हो। जब रवीन्द्रनाथ टैगोर ने 'नौका डूबी' उपन्यास लिखा था तो उन्होंने यह नहीं सोचा था कि इतनी अच्छी किताब के ऊपर एक दिन फ़ीचर फ़िल्म बनाई जायेगी। इसलिए इस बात की पूरी ज़िम्मेदारी पटकथा लेखक के ऊपर थी कि वह उस किताब की कहानी के पात्रों को उस उपन्यास में वर्णित घटनाओं के माध्यम से जीवन्त बनाते हुए एक-दूसरे स्तर पर ले जाये। इस बात से आपको कोई नहीं रोकता है अगर आप यह सोचते हैं कि उस चरित्र के जज़्बाती स्तर की नयी ऊँचाइयों को सामने लाया जाना चाहिए, भले ही वह पटकथा में नहीं मौजूद हो। उन्होंने मुझे यह सुझाव दिया।

वे इस बात को मानते थे कि किसी एक्टर के लिए यह बात आसान नहीं होती है कि वह पटकथा के स्तर से ऊपर उठ सके, लेकिन अगर पटकथा लेखक, एक्टर और निर्देशक में तालमेल हो तो यह मुश्किल भी नहीं है।

जो बात देविका रानी ने मुझसे कही थी उस बात को भी सबक की तरह मैंने दिमाग़ में बसाये रखा और कई बार अपने काम में उसको उतारकर मैंने अपने निर्देशकों को भी चौंका दिया। उन्होंने उस तरफ़ ध्यान दिलाया था कि हो सकता है कोई निर्देशक एक्टर के दिये गये शॉट से सन्तुष्ट हो मगर इस बात का फ़ैसला एक्टर को करना पड़ता है कि उसने सचमुच अपना बेहतरीन काम किया है। उन्होंने मुझे कहा कि अगर एक्टर को यह लगता है कि वह कुछ और बेहतर कर सकता है तो यह उसका अधिकार होता है कि वह उस सीन को एक बार फिर से करने के लिए कहे।

मैंने इस बात को न केवल अपने काम के सिलसिले में दिमाग़ में रखा बल्कि अपने साथ काम करने वाले कलाकारों की इस इच्छा का भी सम्मान किया अगर उनको लगे कि एक बार फिर से उस सीन को शूट किया जाये और निर्देशक उसके लिए तैयार हो कि एक बार और शूटिंग की जा सकती है। देविका रानी ने मुझे यह सलाह दी और उन्होंने जिन कलाकारों को भी बॉम्बे टॉकीज में काम दिया उन सबको इस बात की सलाह दिया करती थीं कि यह बात महत्त्वपूर्ण है कि तब तक रिहर्सल किया जाये जब तक कि अपने काम का बेहतरीन सामने न आ जाये। शुरुआती सालों में मेरे लिए यह ज़रूरी था कि मैं रिहर्सल करूँ, बल्कि बाद के सालों में भी उनकी इस सलाह ने मुझे इसके लिए तैयार किया जब मुझे अपने आप तय किये गये किसी मानदंड तक पहुँचना हो। असल में, मुझे इस बात का पता होता है मैं इस बात के लिए जाना जाता हूँ कि मैंने ऐसे सीन के लिए भी कितना रिहर्सल किया जिनको आम तौर पर सामान्य सीन माना जाता है।

मुझे एक उदाहरण देने दें। नितिन बोस की फ़िल्म 'दीदार' में एक सिचुएशन है जिसमें मुझे और अशोक भैया को लाइनें बोलनी थीं और अशोक भैया को मेरे लाइन से सन्दर्भ लेकर बोलना था। अपने रिहर्सल के दौरान हमने आपस में यह

फ़िल्म दीदार (1951) में नरगिस एवं अशोक कुमार के साथ

तय किया कि मेरे डायलॉग में जब मुलायम शब्द आयेगा तो तब वह मेरी तरफ़ अपना मुँह घुमाकर अपना संवाद बोलेंगे। बॉम्बे टॉकीज के होने के कारण अशोक भैया और मैं रिहर्सल में बहुत विश्वास करते थे और हम लोग आठ या दस बार उस सीन का रिहर्सल कर चुके थे। निर्देशक ने कहा कि टेक के लिए तैयार हो जायें और उसने ऐक्शन कहा। मैंने डायलॉग बोलते हुए मुलायम शब्द को नर्म कर दिया और उसकी वजह से अशोक भैया गड़बड़ा गये। मुझे समझ में नहीं आ रहा था कि उस दिन हुआ क्या था। निर्देशक ने कट कहा और मुझे यह बताना है कि क्या हुआ। हालाँकि किसी को गुस्सा नहीं आया। अशोक भैया ने कुछ रुखाई से कहा, 'अच्छा ठीक है, अब मैं नर्म को सुनकर अपना काम करूँगा।'

परदे की ज़िन्दगी बनाम असली ज़िन्दगी

'के. आसिफ संजीदगी के साथ इस कोशिश में लगे हुए थे कि उसके (मधुबाला) के लिए हालात बेहतर बनाये जा सकें, जबकि हमारे बीच रिश्ते बिगड़ रहे थे, जिसकी वजह उसके अब्बा थे जो शादी की पेशकश को व्यावसायिक पेशकश बनाने की कोशिश कर रहे थे। जिसका नतीजा यह हुआ कि 'मुग़ले-आजम' फ़िल्म जब तक आधी बनी थी तब तक हम दोनों में बातचीत भी बन्द हो गयी थी। उस फ़िल्म का एक यादगार दृश्य है जिसमें हम दोनों के होंठों के बीच पंख आ जाता है, जिसने लाखों कल्पनाओं को पंख लगा दिये, जब उसकी शूटिंग हुई थी तब तक हम एक-दूसरे को दुआ-सलाम करना भी बन्द कर चुके थे।'

वापस 'मेला' (1948 में रिलीज) को याद करता हूँ तो मुझे याद आता है एस.यू. सन्नी के साथ गाड़ी चलाते हुए फ़िल्मिस्तान स्टूडियो तक जाना, और रास्ते में कहानी की चर्चा करते जाना। जब हम स्टूडियो पहुँचे तो सीधा स्टेज पर पहुँचे जहाँ उस फ़िल्म का टाइटिल गीत बजाया जा रहा था। उसके फ़िल्मांकन को लेकर निर्देशक से जो मुझे सुनने को मिला था वह बिल्कुल सपाट था। मैंने सिचुएशन में कुछ बदलाव के लिए कहा, निर्देशक और संगीत निर्देशक नौशाद मियाँ ने जिसकी तारीफ़ की। 'मेला' की कहानी का खाका आधा-अधूरा सा था, और यह मेरी ख़ुशकिस्मती थी कि भगवतीचरण वर्मा, नरेन्द्र शर्मा, ज्ञान मुखर्जी और नबेंदु घोष जैसे विचारोत्तेजक लेखकों के साथ कहानियों पर चर्चा करने का मुझे मौक़ा मिला था, और जिसकी वजह से मैं इस बात को समझ गया कि उस कहानी में एक्टर के लिए मसाला कम था और मुझे लगा कि शुरुआत

में ही इस बात की तरफ़ निर्देशक का ध्यान दिला देना चाहिए। वह मेरी बात मान गये, जो न सिर्फ़ मेरे लिए अच्छा साबित हुआ बल्कि बाकी कलाकारों के लिए भी। हमने कई बार खुलकर चर्चाएँ कीं जिसकी वजह से कहानी में गहराई तो आयी ही साथ में वह तर्कपूर्ण भी बन गयी। हम उसके किरदारों को अधिक संवेदनशील बना पाये और उनमें गहराई भी पैदा कर पाये।

'मेला' से मुझे अतीत की कुछ अच्छी यादें याद आ रही हैं जिनको मैं साझा करना चाहता हूँ। सबसे पहले, यह पहली फ़िल्म थी जिसे देखने के लिए आगाजी सिनेमा हॉल में गये थे क्योंकि नौशाद मियाँ ने उनसे देखने के लिए इसरार किया था। वह चाचा उमर और अपने एक और दोस्त के साथ मैटिनी शो में फ़िल्म को देखने गये। उस दिन मैं कुछ जल्दी आ गया था क्योंकि अम्मा के लिए मुझे डॉक्टर की सुझाई कुछ नयी दवाइयाँ लानी थीं और किसी तरह मुझे उनको दवाई का वह घोल पिलाना था जो उनको नापसन्द थी, तो मैंने पाया कि पाली माला के हमारे नये घर में वे सामने वाले कमरे में बैठे थे। मैंने हमेशा की तरह उनको सलाम किया और उन्होंने मुझे अपने पास बैठने के लिए कहा। चाचा उमर उनकी बगल में बैठे हुए थे और उनके होंठों पर शरारती मुस्कान थी। इसलिए मुझे समझ में नहीं आया कि वहाँ क्या हो रहा था। तब, चाचा उमर मेरे साथ बाहर आये। उन्होंने यह खुलासा किया कि वे लोग सिनेमा हॉल गये थे 'मेला' देखने और जब उनको यह पता चला कि बहुत सारे लोग तब तक टिकट ख़रीद चुके

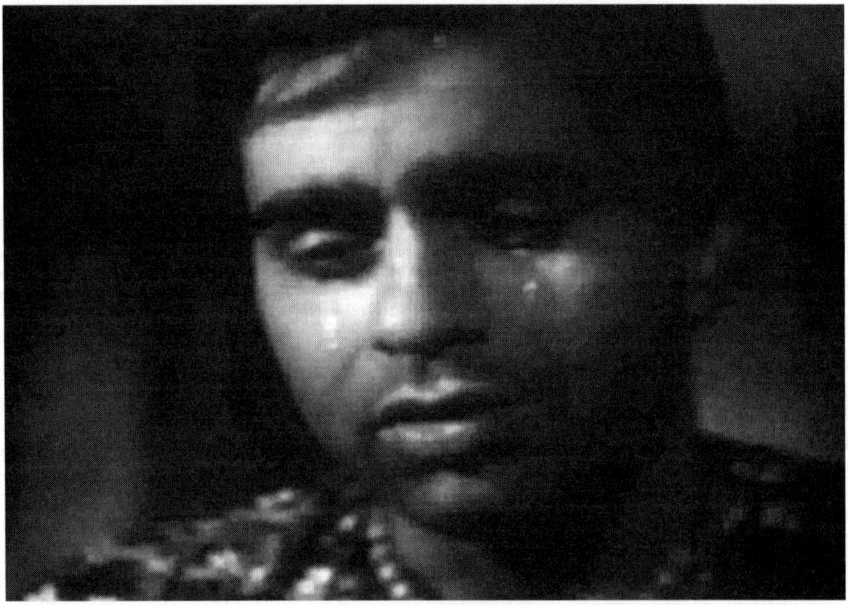

फ़िल्म मेला (1948) में

थे और हॉल तकरीबन भर चुका था तो यह उनके लिए जैसे नये ज्ञान की तरह था। उन्होंने आगे बताया कि उनको बहुत मज़ा आया और उनको इस बात पर बहुत अचरज हुआ कि सामने पर्दे पर मैं बहुत अलग तरह से बात कर रहा था, मेरे तौर तरीके अलग तरह के थे और इस बात पर भी उनको बहुत आश्चर्य हो रहा था कि आम तौर पर औरतों के साथ खुलकर बातें करने में जो झिझक और शर्म मैं दिखाता था वह न जाने कहाँ चला गया था। वह अब इसका इन्तज़ार करने लगे कि आगाजी बातचीत करें। आगाजी ने मुझे बड़े लगाव के साथ देखा और जो कुछ उनके दिमाग़ में चल रहा था उसको सोचकर वे कुछ फ़िक्रमन्द लग रहे थे। फिर उन्होंने कहा : 'देखो तुम अगर सचमुच उस लड़की से शादी करना चाहते हो तो मैं उसके माँ-बाप से बात कर सकता हूँ। मुझे बस ये बता दो कि वह है कौन। तुम्हें दुखी होने की ज़रूरत नहीं है।'

एक मिनट के लिए तो मुझे यही समझ में नहीं आया कि वे दोनों बातें क्या कर रहे थे। फिर यह समझ में आया कि वे दोनों तो नर्गिस* के बारे में बात कर रहे थे, जो फ़िल्म की हीरोइन थी, वे दोनों असल में कहानी और उसके अभिनय के प्रभाव में आ गये थे। चूँकि उन्होंने पहली बार फ़ीचर फ़िल्म देखी थी इस वजह से उनको उस कल्पना की दुनिया के साथ तालमेल बिठा पाने में मुश्किल आ रही थी। सुनने के बाद मैं खुद को हँसने से रोक नहीं पाया लेकिन मैं यह भी जानता था कि इससे पहले कि आगाजी और चाचा उमर नर्गिस को ढूँढ़ने के लिए कोई क़दम न उठा लें उनकी इस धारणा को बदलना बहुत ज़रूरी था, क्योंकि तब मुझे बहुत शर्मसार होना पड़ता।

दूसरे, वह फ़िल्म इस लिहाज़ से भी यादगार रही कि उससे मेरे और नौशाद मियाँ और मेरे और नर्गिस के बीच अटूट दोस्ती की शुरुआत हुई। नर्गिस के साथ बड़ी बेतकल्लुफ सी दोस्ती थी। वह ऐसा था जैसे दो एक जैसे दोस्तों में होता है क्योंकि उसे मर्दों की बातचीत में शामिल होने में कोई झिझक नहीं होती थी और उसके सामने अगर कोई किसी तरह की फूहड़ बात कह देता था तो भी उसे शर्मिन्दा नहीं होना पड़ता था। उनकी माँ जद्दन बाई अम्मा और मेरी बड़ी बहन की अच्छी दोस्त हो गयी थी क्योंकि वह अक्सर हमारे घर आती रहती थी और बाद में आगाजी को यह पता चला कि नर्गिस ही वह हीरोइन थी जिसने एक्टिंग करते हुए झूठे जज़्बात दिखाये थे और हम दोनों के बीच एक अच्छी दोस्ती भर थी और कुछ नहीं।

इसमें कोई शक नहीं कि नर्गिस बहुत क़ाबिल अदाकारा थी और हर फ़िल्म के साथ वह बेहतर होती जा रही थी। मैंने यह देखा कि जब हम महबूब ख़ान की फ़िल्म 'अन्दाज़' (1949) साथ-साथ काम कर रहे थे तब उसकी एक्टिंग में बहुत निखार आया था। 'अन्दाज़' में काम करना बहुत खुशनुमा अहसास था क्योंकि उस फ़िल्म में राज कपूर थे और यह कुछ इस तरह का था जैसे हमने खालसा कॉलेज

में साथ-साथ बिताये थे जब हम फुटबॉल खेलते थे। तेज़ धूप में उसका चेहरा लाल हो जाता था, और जब मैं अपनी टीम के लिए कोई गोल करता था तो वह पंजाबी में चिल्लाता था।

राज और नर्गिस में ऐसा तालमेल था कि पर्दे पर दोनों को एक साथ देखना अच्छा लगता था। नर्गिस के साथ कैमरे के सामने मेरा एक अलग तरह का तालमेल होता था, और अन्दाज़ के निर्माण के दौरान मैंने इस बात को महसूस किया कि वह वहाँ होती भी और नहीं भी होती थी और इसलिए हमने पर्दे पर साथ-साथ जो सीन किये उनमें वह गर्मजोशी नहीं होती थी। यह मेरा बताने का अपना तरीका है जो उस गहराई को बताने के लिए है जो दो कलाकारों के बीच के जज़्बाती सीन को बाँधे रखती है।

मिसाल के लिए, अशोक भैया और नलिनी जयवंत उस गर्मजोशी को बना पाते थे क्योंकि वे दोनों एक-दूसरे को अच्छी तरह से जानते थे। नर्गिस और राज वह जज़्बात ला पाते थे जिसकी कि उनसे माँग होती थी, जिसके कारण वे अपने सीन बहुत सहजता के साथ कर पाते थे। मैं फ़िल्म 'तराना' (1951)

फ़िल्म अन्दाज़ (1949) में नरगिस एवं राज कपूर के साथ

में मधुबाला के साथ उतना ही सहज था, जिसे कई कारणों से मेरे कैरियर के शुरुआती दिनों की अपनी यादगार फ़िल्मों में गिनूँगा। वह बहुत सजीव अभिनेत्री थीं और ऐसे फौरन प्रतिक्रिया करती थी कि शूटिंग के दौरान भी सीन दिलचस्प बन जाता था। जब हम रिहर्सल करते थे और सीन का आख़िरी टेक लेते थे तो वह तेज़ रफ़्तार से आगे बढ़ता था। इसका कारण यह था कि वह एक ऐसी अदाकारा थी जो पटकथा की माँग के मुताबिक़ रफ़्तार और अपनी मौजूदगी को बनाकर रखती थी।

मैं महबूब साहब के साथ बहुत सहज महसूस करता था। कुछ लोग ऐसे होते हैं जिनके साथ आपको ऐसे चैन महसूस होता है, जिनके साथ आप ख़ुद को ऐसे महफ़ूज़ महसूस करते हैं जैसे आप बरसों से उसे जानते हों। महबूब साहब के साथ पहले ही दिन से मुझे ऐसा ही चैन महसूस होता था। उन्होंने मुझे यह आज़ादी दे रखी थी कि मैं उनसे यह बात करूँ कि मैं किसी सीन को किस तरह करना चाहता था और मैं जिस तरह से उसे करना चाहता था उसी तरह से वे करके दिखाने का मौक़ा भी देते थे फिर वे बताते थे कि वे उसे किसी तरह से देखते थे। वे खुलकर बहस करने में यक़ीन रखते थे और उनका यह मानना था कि आख़िर में जो सामने आता है वह मायने रखता है और जब आप टीम में काम करते हैं तो उसमें इस तरह की बातों का कोई मतलब नहीं होता है कि कौन-सा आइडिया किसका था।

हमारी बैठकें या तो महबूब साहब के घर में या नौशाद मियाँ के घर में हुआ करती थीं और ऐसी ही एक बैठक में मैंने अपनी यह रजा जताई कि मैं कॉमेडी करना चाहता था। मुझे इस बात का सुझाव डॉक्टरी लिहाज़ से एक डॉ. डब्ल्यू. डी. निकोल्स (Dr. W.D. Nichols) ने दिया था जिनसे मेरी मुलाक़ात डेम मार्गरेट रदरफोर्ड (Dame Margret Rutherford) और डेम सिबिल थार्नडिक (Dame Sybil Thorndike) ने करवाई थी जिनसे मैं एक नाटक कोच के माध्यम से मिला था और जिनसे मेरी लन्दन में लम्बी चर्चा हुई थी।

डॉ. निकोल्स से जब मैं मिलने गया तो उन्होंने दयानतदारी दिखाते हुए मुझसे करीब एक घंटे तक बात की। मैंने उस प्रसिद्ध मनोचिकित्सक के साथ अपने डर को साझा किया तो उन्होंने मुझे दिलासा देते हुए यह कहा कि यह कोई चिन्ता की बात नहीं है क्योंकि उनके पास बहुत सारे बड़े-बड़े एक्टर्स आते हैं और उनको भी यही डर सता रहा होता है और उन्होंने जो उनसे कहा है वही वे मुझे भी बताने वाले थे। उन्होंने यह सलाह दी कि मैं जिस तरह की फ़िल्में कर रहा था उससे अलग तरह की फ़िल्में करने लगूँ। उन्होंने मुझे बताया कि जो एक्टर एक तरह की फ़िल्मों में ही लगातार काम करते रहते हैं उनके साथ अपने दो जीवन के बीच तालमेल बिठा पाना मुश्किल हो जाता है। कभी-कभी, बल्कि अक्सर जो वास्तविक नहीं होता है वह इतना हावी हो जाता है कि उससे वास्तविक को

बचाने की ज़रूरत होती है। मैं ऐसे किरदारों को निभा रहा था जो भाग्यहीन होते थे और देखने में बीमार जैसे लगने वाले और चूँकि मैं उस तरह के रोल्स में इतना डूब जाता हूँ कि काम के बाद भी मैं उस किरदार को जीने लगता हूँ।

डॉ. निकोल्स ने कहा कि उनको यह बात पक्के तौर पर लगती थी कि मैं अपने काम को मन ही मन घर ले जाता हूँ और दिन में किये गये काम की समीक्षा करने के लिहाज़ से दिन में बोली गयी लाइनों और सीन को दिमाग़ में बार-बार लाता हूँ। ज़ाहिर है उन्होंने जिस सफाई से मेरे हालात का जो निदान किया था मैं उससे हैरान रह गया था। फिर उन्होंने बड़ी संजीदगी के साथ कहा–'मेरे प्यारे नौजवान, तुम अकेले नहीं हो जो इस संकट से गुज़र रहे हो। यह वही हालत है जो उस विद्यार्थी की होती है जो बेहतरीन करना चाहता है। इससे निकलने का एक ही जरिया है कि अपने काम में विविधता लाओ। मौज-मस्ती में कुछ और समय लगाओ या दोस्तों के साथ समय बिताओ, तुमको अच्छा लगेगा।'

मुझे समझ में आ गया कि वे क्या कह रहे थे। सच में, मैं अपने काम में इस कदर मुब्तिला हो गया था कि अनजाने में मैं अपने भाई-बहनों से दूर हो गया था, उनसे रात में घर लौटने के बाद बस थोड़ी देर के लिए मिल पाता था और मैंने तकरीबन फुटबॉल और क्रिकेट खेलना छोड़ दिया था।

फ़िल्म तराना (1951) में मधुबाला के साथ

ऐसा नहीं था कि मुझे यह समझ में नहीं आ रहा था कि जो कुछ मैं फ़िल्मों में कर रहा था वह सच नहीं था और वह मेरे असली जीवन और असल व्यक्तित्व से एकदम उल्टा था। लेकिन हालात ऐसे थे कि लोग आते और इस तरह की बातें करते कि उनको मेरी किसी फ़िल्म का कोई दुखद सीन इतना अच्छा लगा कि उन्होंने उसके कारण फ़िल्म बार-बार देखी क्योंकि उसमें मरने का सीन बहुत अच्छी तरह से किया गया था और मैं न चाहते हुए भी उसके बारे में सोचने लगता था। तारीफ़ें सुनना अच्छा लगता है, ख़ासकर तब जब आप एक्टर बनने के दौर से गुज़र रहे हों तब उसका असर ज़बरदस्त होता है। मैं 20 साल से कुछ ही अधिक की उम्र का था और ट्रेजेडी फ़िल्में कर रहा था। पश्चिमी सिनेमा में ट्रेजेडी रोल करने वाले जाने-माने अभिनेताओं जैसे सर जॉन गीलगड (Sir John Gielgud) ने इतनी कम उम्र में ट्रेजेडी की भूमिकाएँ नहीं की थीं। उन्होंने जब ट्रेजेडी रोल किया तब उनकी उम्र 30 से अधिक थी।

मैं काफ़ी देर बोलता रहा और मुझे याद है कि महबूब साहब और नौशाद साहब दोनों ही मुझे बस घूरते रहे। वे मेरी जद्दोज़हद को समझ नहीं पा रहे थे और मुझे ज़रूरत थी कि वे सुकूनदायक हामी भरें। उनका यह सोचना था कि मैं पागल था कि इंग्लैण्ड में जाकर मैंने ड्रामा के कोच और मनोविश्लेषक से सलाह माँगी। उन्होंने कुछ और कलाकारों के नाम लिए जो एक तरह की फ़िल्में किये जा रहे थे और जिनकी किसी तरह की कोई मुश्किल नहीं थी। मैं कुछ परेशान हाल घर पहुँचा।

अगले दिन मैं एस. मुखर्जी साहब से मिलने गया और मैंने उनसे यह कहा कि मैंने एक तमिल फ़िल्म देखी और मद्रास के एक निर्माता ने मुझे वह फ़िल्म दिखाने का इन्तज़ाम किया था। निर्माता श्रीरामुलु नायडू उस फ़िल्म को हिन्दी में बनाना चाहते थे और मैं उसे करने के लिए तैयार हो जाता तो उसका मतलब यह था कि पर्दे पर मेरी जो छवि थी वह पूरी तरह से बदल जाती। संयोग से जब मैं मुखर्जी साहब से बात कर रहा था तो वहाँ के आसिफ साहब भी मौजूद थे, मुसकुराते हुए उन्होंने कुछ भड़काने वाले अन्दाज़ में कहा—'करके दिखाइए'। आसिफ का देखने का ढंग ऐसा था जैसे लोहे का दस्ताना मेरी तरफ़ फेंक दिया गया हो। मैं जिस फ़ासले के इन्तज़ार में था उसके बारे में मुखर्जी साहब का दूसरा नजरिया नहीं था। उन्होंने कहा : 'आगे बढ़कर कर लो। एक्टर का काम एक्टिंग करना है और इस बात से फ़र्क़ नहीं पड़ता है कि वह ट्रेजेडी कर रहा है या कॉमेडी। जो बात मायने रखती है वह है एक्टर की क़ाबिलियत और उसका हुनर।'

मैं आत्मविश्वास के साथ घर लौटा। मैं यह जानता था कि कॉमेडी के लिए विस्तृत आधार की ज़रूरत होती है और साथ ही आपकी टाइमिंग ज़बरदस्त होनी चाहिए। यह एक ऐसा हुनर होता है जो धीरे-धीरे सान चढ़ाने से पैदा होता है जो पैदाइशी हुनर या योग्यता से बढ़कर होता है। शुरू में, मुझे यह डर था कि

मेरे अन्दर वह हुनर है या नहीं। अब यह चुनौती बन गयी थी, एक ऐसी ज़रूरत जिसके लिए मेरी ओर से कुछ हिम्मत दिखाने की ज़रूरत थी।

'आज़ाद' (1955 में रिलीज) कई अर्थों में मेरी पहली फ़िल्म थी जिसने मुझे वह आत्मविश्वास दिया तथा मुक्ति और उपलब्धि के भाव से आगे बढ़ने का जज़्बा भी। वह फ़िल्म जिस दिन रिलीज हुई उस दिन मैं महाबलेश्वर में था, बम्बई में अपने घर और दोस्तों से जानबूझकर दूर था।

मुझे वी.वी. पुरी (फ़िल्म फाइनांसर और 'इंडिया टुडे' वाले अरुण पुरी के पिता) ने आधी रात में जगाया और वह दिल्ली से यह बड़ी ख़बर बताने के लिए फ़ोन कर रहे थे कि फ़िल्म हिट हो गयी थी। हम एक-दूसरे को तब तक बधाई देते रहे जब तक कि हमें गहरी नींद की ज़रूरत महसूस न हुई।

मुझे सुबह-सुबह नींद से जगाया श्रीरामुलु नायडू के अतिप्रसन्न फ़ोन कॉल ने और मुझे उनके लिए इतना अच्छा लग रहा था क्योंकि मेरे ऊपर उनका आत्मविश्वास इतना गहरा था कि उन्होंने मुझे इस बात की खुली छूट दे रखी थी कि पटकथा और स्क्रीनप्ले को मनोरंजक बनाने के लिए मुझे जो भी आइडिया आते हों मैं उसमें जोड़ सकता था। इस फ़िल्म में मीना कुमारी* के साथ काम करना भी बड़ा ख़ुशनुमा था, और उनके लिए इस फ़िल्म की हलकी-फुलकी एक्टिंग एक अच्छे बदलाव की तरह थी, क्योंकि इससे पहले फ़िल्म 'बैजू बावरा' (1952) और 'परिणीता' (1953) से उनकी छवि एक गम्भीर अदाकारा की बन गयी थी। वह एक ज़िन्दादिल इंसान थी और युनिट के हर आदमी के साथ बख़ूबी निबाह कर लेती थी और नायडू से तमिल सीखने में उनको मज़ा आया था, जो कोयम्बतूर और मद्रास में हुई इनडोर शूटिंग के दौरान तमिल सिखाने में लगे रहते थे।

अप्रत्याशित रूप से नायडू और मुझमें शूटिंग के पहले दिन से बढ़िया बनने लगी। वह उस फ़िल्म के शुरू होने से इतने ख़ुश थे कि वे इस बात के लिए ज़िद करने लगे कि वे मद्रास में एक धनी चेट्टियार (व्यवसायी समुदाय) के घर पर लंच आयोजित करना चाहते हैं, ताकि वे दक्षिण की फ़िल्म इंडस्ट्री के उन सारे मशहूर लोगों से मिलवा सकें जिनको वे अच्छी तरह जानते थे। सभी मेहमानों के लिए खाना केले के पत्ते पर परोसा गया जो दक्षिण भारत में जलसे के मौक़े पर परसने का रिवाज है। पहली बार मुझे इस तरह का दक्षिण भारतीय खाना खाने को मिला, वह भी चार कोर्स का खाना, मीठा क्लाइमेक्स की तरह एक के बाद एक आता रहा। पत्ते पर कई तरह की सब्जियाँ परोसे जाने के बाद, जो कि इस तरह से परोसे जा रहे थे जैसे उनको बदला न जा सकता हो, फिर पत्ते के बीच में चावल का ढेर परोसा गया और फिर उसके ऊपर से सांभर रखा गया। मैं एक महानुभाव के बगल में बैठा हुआ था जिनके चेहरे पर हमेशा मुस्कान तैर रही थी और उन्होंने मुझे यह बताने का जिम्मा लिया कि तमिल में किस सब्ज़ी को क्या कहा जाता था और सही मेल के लिए किस तरह एक खाने से

फ़िल्म आज़ाद (1955) में

दूसरे खाने की तरफ़ बढ़ना चाहिए। जैसा उन्होंने कहा, मैंने वैसा ही किया, नहीं चाहता कि उनको या मेजबान नायडू को दुःख पहुँचाऊँ, जो कि मेरे ठीक सामने बैठे थे और किसी से लगातार बातचीत में मुब्तिला थे, लगता था जिसको वे ख़ूब अच्छी तरह से जानते थे।

रसम के आने तक सब कुछ ठीकठाक था, एक आदमी कलछुल में लेकर आया और उसे लेकर बड़ी उत्सुकता से मेरी तरफ़ देखने लगा। उसे कुछ समझ में नहीं आ रहा था और वह हैरानी से मुझे देख रहा था। मैंने अपनी बगल में बैठे अपने उस दोस्त को देखा कि उसने अपने हाथों को गोलाकार बनाया और हथेलियों में उसे ख़ूब स्वाद लेते हुए पी गया। मुझे समझ में आ गया कि मैं वैसा नहीं कर सकता था!

वह आदमी इसलिए खड़ा था कि मैं अपने हाथ को गोलाकार बनाऊँ और कलछुल भर वह लजीज पीने का पदार्थ उसमें भर लूँ, तब मेरे दिमाग़ में कुछ सूझा। मैंने चावल के उस ढेर में गड्ढा सा बनाया, जिसके चारों तरफ़ चावल के टीले पुल की तरह बन गये थे, जिससे कि वह वहाँ से बहे नहीं, और उससे कहा कि वह उसे वहाँ रख दे। वह मेरी तरफ़ देखकर मुस्कुराया, जिसका जवाब मैंने भी मुस्कुरा कर दे दिया। मैं अपने आप से खुश हुआ कि मैं बड़ी कलाकारी से उस हालत में फँसने से बच गया और जल्दी-जल्दी खाना ख़त्म किया। हालाँकि, असली स्वाद तो अभी आने वाला था।

वजूद और परछाईं

भरपेट खाने के बाद, हम ड्राइंग रूम में गये जहाँ बड़े-बड़े सोफ़े मेहमानों का इन्तज़ार कर रहे थे कि वे वहाँ आकर उतने आराम से बैठ जाये जितने तक की अनुमति शिष्टाचार देता हो। वहाँ तमिल और तेलुगु में ख़ूब बातचीत हो रही थी और जो मुझे समझ में आ रहा था वह यह कि वे सब इस बारे में विचार कर रहे थे कि नायडू कितना पागल है जो हिन्दी में फ़िल्म बना रहा है जिसमें उसे नुक़सान उठाना पड़ सकता था। नायडू के बस एक साथी थे जाने-माने निर्माता-निर्देशक एल.वी. प्रसाद, जो लगातार हौसला बढ़ाते हुए बात कर रहे थे और उससे हाथ मिला रहे थे। हालाँकि, वहाँ सभी मेहमान मेरे प्रति बहुत विनम्र थे और मेरे साथ अच्छा बर्ताव कर रहे थे।

उस दोपहर का क्लाइमेक्स तब आया जब चाँदी का बड़ा सा कटोरा प्लेट में रखकर आया जिसमें गाढ़ा सा कोई रस भरा था। जो आदमी उस कटोरे को लेकर वहाँ आया था वह बारी-बारी से एक-एक मेहमान के पास जाता था मेहमान उसमें से एक चम्मच उठाकर अपने शर्ट को उठाकर अपने पेट पर मल लेते थे और फिर उस लेप को शर्ट से ढँक लेते थे जैसे पेट में कुछ लगा हुआ हो ही नहीं। मुझे हलकी-हलकी सी ख़ुशबू चन्दन की लगी, तब मुझे समझ में आ गया कि वह और कुछ नहीं बल्कि चन्दन का लेप था।

जब वह कटोरा मेरे पास आया तो मैंने कोई सवाल नहीं पूछा। मैंने एक चम्मच लिया और अपने बालों वाले पेट के ऊपर मल लिया और यह फ़ैसला किया कि उसके बारे में भूल जाया जाये। वह लेप सूखने लगा और मेरा पेट ऐंठने लगा और मुझे दर्द होने लगा। मुझे ऐसा महसूस हो रहा था जैसे मेरे पेट में सैकड़ों सुइयाँ चुभ रही हों और उससे बेचैनी सी हो रही थी। कोई ऐसे जोखिम भरे माहौल में क्या कर सकता था? मैंने माफ़ी माँगी और सीधा बाथरूम की तरफ़ भागा। दरवाज़ा बन्द करके मैंने अपनी शर्ट और बनियान उतार दी। वाश बेसिन के पानी से मैंने अपने बनियान को भिगोया और उससे उस लेप को पोंछ दिया। ठंडे पानी के छूने से बड़ी राहत महसूस हुई। मैंने उस बड़े से बाथरूम की पिछली खिड़की से देखा तो वह बगीचे की तरफ़ खुली हुई थी। मैंने अपना बनियान फेंका, अपनी शर्ट वापस पहनी और किसी विजेता की तरह ड्राइंग रूम में वापस आ गया। वहाँ किसी का इस बात के ऊपर ध्यान नहीं गया कि मैं वहाँ नहीं था और नहीं किसी को उस मज़ेदार घटना के बारे में पता चला। अगले दिन माली को जब वह बनियान किसी झाड़ी के नीचे पड़ी मिली होगी तो उसने सोचा होगा कि यह किसका था, फिर उसने सोचा होगा कि किसी ने शरारत की होगी।

मुझे ऐसा नहीं लगा कि नायडू को उस बात के बारे में बताऊँ। उसके बाद मैं लंच और डिनर के ऐसे आयोजनों से बचने लगा और नायडू को लगा कि यह शायद भाषा की समस्या के कारण है कि जिसकी वजह से मैं जलसे वगैरह

में जाने से कतराता था। जबकि सच्चाई इसके ठीक विपरीत थी। मैंने यह पाया कि तमिल और तेलुगु बोलने का लहजा मुझमें विकसित हो गया था वैसी ही तेज़ी से जिस तेज़ी से मैंने अशोक भैया और एस. मुखर्जी साहब से बंगला सीखी थी। इसके अलावा, मैं दक्षिण की फ़िल्म राजधानी में जिन अच्छे-अच्छे लोगों से मिला वे अंग्रेज़ी बखूबी बोल सकते थे। हम उसके बारे में तब चर्चा करेंगे जब मैं आपको दक्षिण के अनुभवों के बारे में बताऊँगा।

अगर मैंने ख़ुद को पहली कार का तोहफा 'शबनम'(1949) की कामयाबी के बाद दिया, 'आज़ाद' की कामयाबी के बाद मेरे अन्दर के तरह की उपलब्धि का भाव जज़्बा पैदा हुआ, और जिसके बाद मैंने इस शहर में अपने घर के बारे में सोचा, जो मेरे दिल में घर की तरह से जगह बनाता जा रहा था, यहाँ तक कि अपनी जन्मभूमि पेशावर से जो जज़्बाती लगाव था वह कम होता जा रहा था।

यह मेरी दिली ख़्वाहिश थी कि मैं अपनी अम्मा को एक ऐसे घर की सुरक्षा और सुकून दूँ जिसे जब तक वह जीवित हैं तब तक वह अपना कह सकें। उनकी सेहत बिगड़ रही थी और बड़ी मुश्किल से उन्होंने घर के काम का जिम्मा छोड़ा था, जिसे सकीना आपा ने ख़ुशी-ख़ुशी सँभाल लिया था। जैसा कि मैंने पहले ही बताया कि सकीना आपा अपने तेवर में दादी जैसी ही थीं, पेशावर के घर में जिनकी हिटलरशाही चलती थी। मुझे इसमें कोई शक नहीं कि मेरी दीदी का जो सरचढ़ा व्यवहार था वह मनोवैज्ञानिकों की भाषा में 'सीखा हुआ व्यवहार' था। लेकिन जो तर्कपूर्ण सवाल बनता था वह यह कि—उन्होंने अम्मा के अच्छे तौर तरीके क्यों नहीं सीखे? मुझे लगता है कि कुछ सवालों को जवाबों के बिना ही छोड़ देना चाहिए।

दिमाग़ से यादें बड़ी मुश्किल से जाती हैं। अक्सर, जब मैं अपने कमरे में अकेला होता हूँ तो मुझे याद आता है कि ज़्यादातर शामों को जब मैं दिन भर मशक्कत करके लौटता था। तो पाता था कि अम्मा तो दमे से खाँसती रहती थी और ठीक होने का दिखावा करती रहती थी। वह अयूब साहब की गिरती सेहत की वजह से बहुत परेशान रहती थी। वह जानती थी कि भाइयों में अयूब साहब मेरे सबसे करीब थे। इसलिए वह कभी भी मुझसे यह पूछना नहीं भूलती थीं कि अयूब साहब के फेफड़े की क्या हालत थी, जो तब से जख़्मी था जब वे घोड़े से गिर पड़े थे। मुझे याद है कि जब उसका इन्तकाल हुआ था तो वह किस कदर उनको याद किया करती थी। मैं कभी नहीं भूल सकता कि जब मैं नहा-धोकर उनके कमरे में जाता था तो वह जिस तरह से मुझे देखती थीं, वह मुझे अपनी ख़ूबसूरत आँखों से पास बुलाती थीं और मैं उनके बिस्तर के बगल में अपनी जगह पर आकर बैठ जाता ताकि वह मेरे सीने में सर रख सकें और फिर मैं उनसे धीरे-धीरे बातें करता। साँस लेने में उनको जो मुश्किल होती थी उससे वह थक जाती थीं, मैं उनकी पीठ में सहारा देता ताकि वे आराम से साँस ले सकें,

पहले मैं उनको हाथ से सहारा देता फिर लिटा देता। कभी-कभार उनका मन उठकर कमरे में कुर्सी पर बैठने का होता तो मैं उनके विरोध और हलकी हँसी के बावजूद अपने हाथों में उठाता और कुर्सी पर बिठा देता। आगाजी मज़ाक़ करके माहौल को हलका बना देते थे–'इतना शौक है मेरी बीवी को उठाकर घूमने का तो अपनी बीवी ले आओ!'

मेरे बड़े भाई नूर साहब, हमेशा दोस्तों की संगत में रहते थे। मेरे छोटे भाई पढ़ाई-लिखाई में लगे रहते थे और उसी तरह मेरी बहनें भी। उनके ऊपर सकीना आपा की सख्त नज़र रहती थी, और उन्होंने उनके अन्दर इतना अनुशासन भर दिया था कि अगर उनको कुछ चाहिए भी होता था तो उनकी मुझसे कहने की हिम्मत नहीं होती थी क्योंकि इससे सकीना आपा चिढ़ सकती थीं, जो घर की अकेली मालकिन थीं। मेरी बुआएँ भी उनसे डरती थीं और उनके पीछे उनके बारे में बुरा भला कहती थीं। बस एक इंसान थे जो उनसे बिल्कुल नहीं डरते थे वह थे चाचा उमर। जिन हीरोइनों के साथ मैं काम किया करता था वे मज़ाकिया बातें किया करते थे, जो आपा को चिढ़ाने के लिए होता था। हर बार वे शरारत के साथ मुझे उनमें से किसी एक के साथ शादी करने के लिए कहते थे, या तो वह उनसे यह कहती थी कि वह जाकर कोई काम करें या फिर कमरे से निकल जाती थीं। मुझे यह महसूस हुआ कि वह ज़्यादातर हीरोइनों को नापसन्द करती थीं, हालाँकि वे जब हमारे घर आती थीं तो वे उनके साथ बहुत सलीके से पेश आती थीं। मुझे ऐसा लगा कि नर्गिस के साथ उनकी अच्छी बनती थी जिसकी अम्मा जद्दन बाई प्यार से मुझे राजकुमार बुलाती थीं। मुझे तब हैरानी हुई जब एक शाम आपा ने मुझसे यह पूछा कि मुझे पता है कि राज और नर्गिस के बीच क्या चल रहा था। मैंने उससे कहा कि वह राज से ख़ुद पूछ ले जो कभी भी हमारे घर में आ जाता था और सबसे बातें करके और आपा से ख़ुशबूदार चाय की माँग करके, जो वह ख़ासतौर पर उसके लिए बनाती थी, हमारे शान्त घर में अपने आने का शोर मचा देता था।

यह मेरा स्वभाव नहीं था कि किसी की ज़ाती ज़िन्दगी में ताक झाँक करूँ। मुझे याद है कि मैं अशोक भैया और नलिनी जयवंत के साथ दोपहर में फ़िल्मिस्तान में खाना खा रहा था जहाँ वे दोनों एक फ्लोर पर शूटिंग कर रहे थे। खाना ख़त्म करने के बाद अशोक भैया वाशरूम में हाथ धोने के लिए बढ़े और उनके पीछे-पीछे नलिनी जी भी बढ़ गयीं। बिना किसी शुबहे के मैं भी उनके पीछे-पीछे चला क्योंकि मुझे हाथ धोकर अपने काम पर जल्दी लौटना था। एक पल बाद, मुझे समझ में आ गया कि मैं कितना बेवकूफ़ था। मुझे इस बात की बेहतर समझ होनी चाहिए थी या मुझे किसी तरह की आवाज़ करके उनको सावधान कर देना चाहिए था। हालाँकि, मैंने कभी इतनी बेतकल्लुफी नहीं की कि उनसे उस शर्मिन्दगी का ज़िक्र करूँ, वैसे मैं अशोक भैया को जानता था कि वे ख़ुद

जिस तरह के बेतकल्लुफ़ इंसान थे कि वह इस बात का कतई बुरा नहीं मानते, और सुनकर उन्होंने हँसी में इस बात को उड़ा दिया होता।

उन दिनों भी पत्र-पत्रिकाओं में गॉसिप छपा करते थे और वे जल्दी ही किसी हीरो-हीरोइन के प्यार-मोहब्बत की बातों को सूँघ लिया करते थे और फिर उनके बारे में बढ़ा-चढ़ा कर अपने प्रकाशनों में काल्पनिक ख़बरें छापा करते थे। आज की तरह तब भी ज़्यादा नज़र कामयाब एक्टर्स के ऊपर रहती थी जिनके चाहने वाले बड़ी तादाद में होते थे और जिनके निजी जीवन में लोगों की दिलचस्पी हुआ करती थी। शुरू में, मैं इस तरह के अतिक्रमण से बहुत चिढ़ गया, जो कि उस समय के लिहाज़ से बड़ी अशोभनीय बात थी। मुझे लगता था कि यह महिलाओं के लिए उचित नहीं था और इसकी वजह से उनको बेवजह की चिन्ता होती कि उनकी आम छवि को बर्बाद किया जा रहा है।

मैंने उन दिनों कुछ जाने माने गॉसिप लेखकों के साथ समय बिताया और उनको यह समझाने की कोशिश की कि एक फ़िल्म पत्रकार के तौर पर उनको किस तरह की भूमिका निभानी चाहिए। मैंने उनको यह बताने की कोशिश की कि एक एक्टर भी किसी और पेशेवर की तरह ही होता है जो 9 से 5 या 2 से 10 तक जो भी उसका शेड्यूल होता है उसके मुताबिक़ काम करता है। फ़र्क़ बस यही होता है कि जब हम काम पर जाते हैं तो एक अवास्तविक दुनिया में अवास्तविक इंसान की तरह से काम करते हैं जबकि काम करने वाले दूसरे लोग अपने काम की दुनिया में भी वही बने रहते हैं और वे जब अपने सहकर्मियों से बात करते हैं तो सच्चे जज़्बातों को ज़ाहिर करते हैं। हमारी झूठी हँसी और आँसुओं की दुनिया में, जब कलाकार एक-दूसरे के बहुत नजदीक आकर एक-दूसरे के लिए जज़्बातों को ज़ाहिर करते हैं, तो ऐसे में हम कई बार सच और झूठ की उस हलकी सी रेखा को भूल जाते हैं।

क्या ऐसा मेरे साथ हुआ? क्या मैं मधुबाला के साथ प्यार करता था जैसा कि उस समय की पत्र-पत्रिकाओं में छपा था? इस बार-बार दोहराये गये सवाल का मेरा जवाब यह है कि मैं इस बात को मानता हूँ कि मैं उसके प्रति आकर्षित था एक अच्छे सह-कलाकार के तौर पर भी और एक ऐसे इंसान के बतौर भी जिसमें कुछ ऐसे गुण थे जो उस उम्र में मुझे लगते थे कि औरतों में होने चाहिए। 'तराना' फ़िल्म में हमारी जोड़ी को दर्शकों ने ख़ूब पसन्द किया था और हमारे बीच काम का जो रिश्ता था वह खुलूस से भरा और दोस्ताना था। और जैसा कि मैंने कहा कि वह बहुत ज़िन्दादिल थी और इस वजह से बिना अधिक मेहनत के वह मेरे शर्मीलेपन और चुप्पी से मुझे बाहर निकाल कर ले आती थी। उसने मेरे अन्दर के उस खालीपन को भरा जो भरे जाने के लिए तड़प रहा था किसी बौद्धिक तौर पर तेज़-तर्रार महिला द्वारा नहीं बल्कि एक जीवन्त महिला द्वारा जिसकी जीवन्तता और सुन्दरता उस घाव के लिए सबसे अच्छी दवा थी जो भरने में समय ले रहा था।

वजूद और परछाई

1950 के दशक के शुरू में जब इस बात की घोषणा हुई कि 'मुग़ले-आजम' फ़िल्म में हम दोनों साथ-साथ काम करेंगे तो यह उस समय की सबसे धमाकेदार ख़बर थी क्योंकि इस तरह की अफ़वाहें थीं कि हम दोनों के बीच में इश्क चल रहा था। के. आसिफ इस बात से बड़े ख़ुश थे कि इसकी वजह से चर्चा हो रही थी और फ़िल्म की घोषणा के बाद कारोबार को लेकर जो पूछताछ हुई थी उससे। ऐसी कोई न तो कल्पना थी न ही ऐसी कोई योजना थी कि यह फ़िल्म इतने साल तक बनती रहेगी जितने दिनों तक वह बनती रही और आसिफ को इस बात का पता था कि मेरे लिए मधु की भावनाएँ क्या थीं क्योंकि एक निजी बातचीत में उसने उनसे यह कहा भी था। और, वह एक इंसान के रूप में मेरी फितरत को भी जानते थे कि मैं कोई उस तरह का आदमी नहीं था जो किसी तरह की जल्दबाजी में निजी या व्यावसायिक फ़ैसले ले लूँ। जैसी कि उनकी आदत थी, उन्होंने अपने ऊपर ले लिया कि वे इसके लिए उत्प्रेरक का काम करेंगे और वे तो यहाँ तक चले गये कि उसको उकसाते थे कि वह किसी तरह मुझे मजबूर कर दे। उन्होंने उसको यहाँ तक सलाह दी कि एक सम्मानित और सिद्धान्तवादी पठान से, जो पुराने तौर-तरीकों में पला-बढ़ा था, उससे कौल लेने का बस एक ही तरीका था कि उसके साथ जिस्मानी रिश्ता कायम कर लिया जाये।

फ़िल्म मुग़ल-ए-आज़म (1960) में मधुबाला के साथ

अब पीछे मुड़कर सोचता हूँ तो मुझे लगता है कि उन्होंने जो किया वह कोई भी स्वार्थी निर्देशक अपने फ़ायदे के लिए करता जिनके बारे में यह माना जा रहा हो कि उनके बीच प्यार मोहब्बत का रिश्ता है ताकि उसकी चमक परदे पर उनके बीच के सीन में पैदा हो जाये। साथ ही, मुझे यह महसूस हुआ कि जब उसके अब्बा ने यह प्रस्ताव दिया कि शादी से व्यावसायिक रिश्ते मज़बूत हो जायेंगे तो हम दोनों के बीच रिश्ते ख़राब होने लगे, तब आसिफ सही में उसके

लिए हालात बेहतर बनाने की कोशिश कर रहे थे। जिसका नतीजा यह हुआ कि 'मुग़ले-आजम' की शूटिंग आधी तक पहुँचते-पहुँचते हमारे बीच में बातचीत भी बन्द हो गयी थी। उस फ़िल्म का यादगार दृश्य है जिसमें हमारे होंठों के बीच पंख आ जाता है, जिसने लाखों दिलों की धड़कनें बढ़ा दी थीं, जब उसकी शूटिंग हुई थी तब हमारे बीच दुआ-सलाम भी पूरी तरह से बन्द हो चुका था। यह बात, पूरी ईमानदारी के साथ फ़िल्म के इतिहास में दो कलाकारों की पेशेवर प्रतिबद्धता की कलाकारी के लिए दर्ज़ की जानी चाहिए, जिन्होंने निजी मतभेदों को भुलाकर निर्देश की कल्पना के मुताबिक़ बहुत अच्छी तरह से परदे पर ऐसे जज़्बाती सीन को अंजाम दिया।

आसिफ और मैं अपने मिजाज़ में और बौद्धिक रंग-ढंग में एक-दूसरे से पूरी तरह अलग थे। वैसे एक दोस्त के तौर पर हम बेतकल्लुफ़ थे, वह इस बात को जानते थे कि जब तक मैं उनसे न कहूँ वे मेरे ख़यालों को साझा नहीं कर सकते थे। साफ़-साफ़ कहूँ, तो फ़िल्म में प्यार के सीन करने से ज़्यादा बड़ी चिन्ताएँ मेरे ख़यालों में चलती रहती थीं। शहज़ादा सलीम के बारे में मेरे पास पढ़ने को बहुत कम सामग्री थी जिससे उनकी फितरतों के बारे में जान सकूँ। मेरे लिए यह बड़ा लाजिमी था कि उस चरित्र के साथ एक तरह का दिमाग़ी रिश्ता कायम करूँ और यह बात मैं उसी समय से समझ गया था जब मैंने उस रोल के लिए हामी भरी थी कि जो भी सामग्री मौजूद थी उसके ऊपर मुझे ख़ुद ही शोध करना था।

मज़े की बात यह है कि जिन दिनों मैं 'नदिया के पार' (1948) फ़िल्म में काम कर रहा था उन्हीं दिनों आसिफ यह चाहते थे कि किसी प्रोजेक्ट में मैं सलीम का रोल करूँ। उन्होंने मुझे घर बुलाया और अपनी बीवी कत्थक डांसर सितारा देवी से मिलवाया, जिनसे मेरा तुरन्त राफ्ता कायम हो गया और हमने शास्त्रीय गीत संगीत, नृत्य को लेकर काफ़ी चर्चा की। जब हमारी बातचीत आगे बढ़ी तो उन्होंने मुझे चाय-नाश्ता दिया और झिझकते हुए यह पूछा कि क्या वह मुझे भाई जान बुला सकती हैं क्योंकि मेरे प्रति उनके अन्दर बहन जैसा भाव पैदा हो रहा है और उनको एक ही भाई था और उनके दिल में एक और भाई के लिए जगह थी।

आसिफ चुपचाप देख रहे थे जबकि सितारा भाभी डांस, संगीत, मौसम, खाने, नौकरों से लेकर हर तरह की बातों को लेकर चर्चा करती रहीं। आख़िरकार, आसिफ को कुछ कहने का मौक़ा मिला। उन्होंने कहा कि उनको मुझमें सब कुछ तो ठीक लगता है मगर उनको यह लगता था कि मैं शहज़ादा सलीम बनने के लिहाज़ से अभी कम उम्र का था। उनकी टिप्पणी थी : 'तुम्हारे अन्दर शाहाना अन्दाज़ तो हैं, मगर मुझे थोड़ा उम्रदराज चाहिए।' मैंने उनसे कहा कि वह सही फरमा रहे थे। फिर उन्होंने जैसे भविष्यवाणी की कि आगे चलकर वे सलीम और अनारकली की प्रेम कहानी को लेकर इतनी बड़ी फ़िल्म बनायेंगे कि लोग

हैरान रह जायेंगे जिसमें वे मुझे रूमानी सलीम के रूप में लेंगे। मुझे उनके इस तरह के बढ़ चढ़ के बोलने वाले आत्मविश्वास को लेकर हैरानी हुई लेकिन मेरे अन्दर इतनी समझ थी कि अपनी हैरानी को ज़ाहिर न करूँ। उन्होंने जल्दी ही सप्रू जी (डी.के. सप्रू, जो बाद में चरित्र अभिनेता बन गये) को लेकर एक फ़िल्म की घोषणा की लेकिन पैसों की वजह से वह फ़िल्म कुछ रीलों से आगे नहीं बढ़ पायी।

इसलिए जब बरसों बाद फ़िल्म 'मुग़ले-आजम' के प्रस्ताव के साथ वे मुझसे मिले तो यह उनके लिए सपने के सच होने जैसा था। मैं तब तक स्टारडम की सीढियाँ चढ़ चुका था और हमारी दोस्ती और सितारा देवी के साथ मेरा भाईचारा बिना रोकटोक के जारी था सिवाय इसके कि हमारे बीच काम को लेकर किसी तरह की बातचीत नहीं होती थी। फिर, एक दिन, वे आँखों में चमक लिए मुझसे मिलने आये, सामान्य दुआ-सलाम के बाद उन्होंने मुझे हमारी पहली मुलाक़ात की याद दिलाई और फिर उन्होंने मुझे उस वादे की याद दिलाई जो उन्होंने ख़ुद से किया था कि वे सलीम और अनारकली की कहानी को लेकर इतने बड़े पैमाने पर, ऐसी भव्य फ़िल्म बनायेंगे कि लोग हैरान रह जायेंगे और मैं उस फ़िल्म में सलीम का रोल करूँगा। मुझे वह सब कुछ अच्छी तरह याद आया और भाग्य के ऊपर अचंभित होने से ख़ुद को रोक न सका।

मैंने अंजुमन इस्लाम स्कूल के पुस्तकालय से कुछ किताबें मँगवाईं और उनमें सलीम के बारे में जो लिखा हुआ था उसके मुताबिक़ ख़ुद को ढालने लगा ताकि परदे पर सलीम के किरदार को अच्छी तरह उतार सकूँ, ऐसे मौक़ों पर किताबों वगैरह के लिए मैं अपने दोस्त उमर मुकरी (चरित्र अभिनेता) के ऊपर निर्भर रहता था। किताब के दुकानों की खाक कहानी और जो कुछ भी उसके हाथ लगा मेरे लिए लेकर आया। संक्षेप में कहूँ, मुझे लगता है कि मैंने अपने दिमाग़ में सलीम के किरदार के बारे में जैसा सोचा था अपने पहनावे-ओढ़ावे में और परदे पर उसके किरदार को कमोबेश वैसे उतार पाने में मैं सफल रहा। इस प्रोजेक्ट की शुरुआत से ही मैं इस बात को जानता था कि मुझे इसमें आसिफ से कोई ख़ास मदद नहीं मिलने वाली थी। एक निर्देशक के रूप में उनको सैकड़ों मसलों से निपटना होता था और मेरी चिन्ताओं को वे अपने ख़ास अन्दाज़ में हँसी में उड़ा देते थे–'जैसे हो वैसे ही रहो। तुम ख़ुद एक राजकुमार हो।'

मधुबाला

'मुझे मधु के लिए बुरा लगा और मैंने यह दुआ की उसके अन्दर वह कूवत पैदा हो कि वह कम से कम पेशेवर मोर्चे पर अपने हितों की रक्षा कर सके बजाय इसके कि बिना सोचे समझे हर वक़्त अपने अब्बा की ख़्वाहिशों के सामने झुकती रहे। इस तरह की अधीनता का बुरा असर न केवल उसके पेशेवर मान-सम्मान पर पड़ा बल्कि उसकी सेहत के ऊपर भी पड़ा।'

इसमें कोई शक नहीं कि अनारकली के रोल के लिए मधुबाला का चुनाव सही था। उसने अपने तेज़ दिमाग़ से उस किरदार का सार बहुत जल्दी समझ लिया। हाँ, जब 1950 के दशक में 'मुग़ले-आजम' फ़िल्म की शूटिंग चल रही थी तब हमारी शादी को लेकर चर्चा गर्म थी। जैसा कि आमतौर पर यह माना जाता है, उसके विपरीत, उसके अब्बा अताउल्ला ख़ान इस बात के ख़िलाफ़ नहीं थे कि वह मुझसे शादी करे। उनकी तो अपनी प्रोडक्शन कम्पनी थी और वे इस बात से बड़े ख़ुश थे कि एक छत के नीचे उनको दो-दो स्टार मिल रहे थे। अगर मैंने इस सब को अपने नजरिये से नहीं देखा होता तो फिर वही होता जो कि वह चाहते थे, वह यह कि दिलीप कुमार और मधुबाला उनकी फ़िल्मों में कैरियर के आख़िर तक हाथों में हाथ दिये गाना गाते रहते। जब मुझे मधु से उनके मंसूबों के बारे में पता चला तो मैंने उन दोनों को यह बात समझा दी कि मेरा काम करने का अपना तरीका है और मैं फ़िल्में अपने तरीके से चुनता हूँ और अगर वह मेरी अपनी प्रोडक्शन हाउस की फ़िल्म हो तो भी मैं उसमें किसी तरह की ढिलाई नहीं बरतता। इस बात से उनको बहुत झटका लगा होगा और वे मधु को यह समझा पाने में सफल रहे कि मैं बदतमीज और ढीठ इंसान था। मैंने उसको यह बात पूरी सचाई और ईमानदारी के साथ कही कि मैं किसी तरह की तकलीफ़ पहुँचाना नहीं चाहता हूँ और कलाकार के रूप में यह हम दोनों के हित

फ़िल्म मुग़ल-ए-आज़म (1960) में एक रोमांटिक दृश्य में मधुबाला के साथ

में रहेगा कि अपने ज़ाती सोच-विचार से पेशेवर पहलुओं को अलग रखा जाये। स्वाभाविक रूप से वह अपने अब्बा के साथ रजामन्द थी और उसने मुझे यह समझाने की कोशिश की कि एक बार शादी हो जाने के बाद सारा मसला हल हो जायेगा। मेरा अपना मन यह कह रहा था कि यह इस तरह की हालत थी जिसमें मैं फँस जाता और कैरियर को लेकर मेरी जो बरसों की मेहनत और लगन थी इस तरह किसी के कहे के आगे झुक जाने से वह सब बर्बाद हो जाता। उसके अब्बा के साथ मेरी कई बार बातचीत हुई और इसमें कोई आश्चर्य नहीं था कि वह इस दौरान तटस्थ बनी रही और मेरी उलझन का उसके ऊपर कोई फ़र्क़ नहीं पड़ा। हालात कोई बहुत ख़ुशगवार नहीं था और यह एक ऐसी दिशा की तरफ़ बढ़ रहा था जिसके आगे कोई रास्ता नहीं था। ऐसे हालात में, इसलिए, यही बेहतर लगा कि हम शादी न करने का फ़ैसला करें या कम से कम एक-दूसरे को फिर से सोचने का मौक़ा दें क्योंकि तब तक ऐसे किसी भी मिलन के ख़िलाफ़ मेरा संकल्प पक्का हो चुका था जिससे किसी का भी भला नहीं होने वाला था।

जब हम अलग हुए तो मुझे सच में राहत महसूस हुई क्योंकि तब तक मुझे यह भी लगने लगा था कि एक साथ अदाकार के रूप में काम करना बहुत अच्छी बात है लेकिन शादी में किसी औरत के लिए यह अधिक मायने रखता है कि वह पाने से अधिक देने के लिए तैयार रहे। मैं अपने परिवार को लेकर अम्मा के पक्के समर्पण को देखते हुए बड़ा हुआ था और मैंने एक औरत के तौर पर उनके ऐसे व्यक्तित्व को देखा था जिसमें किसी तरह की कमतरी नहीं थी। मेरे अन्दर लगातार यह

भावना बढ़ती जा रही थी मैं इस रिश्ते में बदले में कुछ देने के ख़याल से अधिक था बजाय इसके कि मेरे अन्दर एक जीवन साथी की सच्ची ज़रूरत पैदा हो गयी थी। सबसे बढ़कर, मैं किसी ऐसे इंसान के साथ जीवन भर नहीं रह सकता था जिसकी प्राथमिकताएँ मेरी प्राथमिकताओं से अलग थीं। इसके अलावा, जैसा कि मुझे पता चला कि इस पेशे में कुछ और सहयोगियों की तरफ़ भी उसका खिंचाव था, और उनका भी उसकी तरफ़ था, लेकिन यह कोई मसला नहीं था क्योंकि उस समय मैं ख़ुद भी भावनात्मक उथल-पुथल के दौर से गुज़र रहा था।

उसकी जुदाई का मेरे ऊपर कोई असर नहीं पड़ा जैसा कि मीडिया में लेखकों ने लिखा। उस ज़माने में आज की तरह पत्रकार अधिक जल्दबाज नहीं थे लेकिन जब वे एक्टर्स के बारे में लिखते थे तो तथ्यों को लेकर बेपरवाह रहते थे। कुछ लोगों ने तो गॉसिप पत्रिकाओं में बड़े अधिकार के साथ यह तक लिख दिया कि मैंने इसलिए जीवन भर कुँवारा रहने का फ़ैसला लिया है क्योंकि मधुबाला से शादी न होने के कारण मेरा दिल टूट गया था। इस तरह की बातों को लिखने से पाठकों की भावनाएँ जाग जाती थीं। किसी ने तथ्यों के बारे में जानने की ज़रूरत नहीं समझी, और उस समय मैं अपने काम और अपने परिवार की ज़िम्मेदारियों में इस कदर डूबा हुआ था कि मैं जवाब दे पाता। मैं यहाँ साफ़-साफ़ कह देना चाहता हूँ कि मैंने कुँवारा रहने का फ़ैसला इसलिए किया क्योंकि मेरी छोटी-छोटी बहनें थीं जिनकी शादी करनी थी, और यह पक्का करना था कि मेरे भाइयों-बहनों की ख़ुशी उरूज पर पहुँचे।

सबसे बड़ी सच्चाई यह थी कि दिमाग़ी तौर पर मैंने अपने घर को पत्नी के साथ साझा करने के ख़याल को हटा दिया क्योंकि मैंने अपने बहनों और भाइयों को अपने पैरों पर खड़ा करने की ज़िम्मेदारी ले रखी थी। जैसा कि मैंने पहले ही कहा कि अम्मा को साँस की बड़ी गम्भीर बीमारी थी और आगाजी अपनी बढ़ती उम्र के असर को हमसे छिपाने का भरपूर जतन करते रहते थे। वह ऐसे आदमी नहीं थे कि कुर्सी से उठने के लिए किसी का हाथ माँग लें या खड़ी सीढ़ी से उतरने में किसी की मदद माँग लें। हर सुबह वे पहन-ओढ़ के दुकान जाने के लिए तैयार हो जाते थे। समय से पहले अयूब साहब की मौत से उनको भावनात्मक झटका लगा था, मेरे अम्मा-अब्बा जिससे उबरने का बस दिखावा करते थे। एक और अफ़वाह यह उड़ी हुई थी कि मेरे और मधु के बीच सम्बन्ध टूट गया है जिससे उसके दिल की हालत बिगड़ गयी और जिसकी वजह से आख़िरकार उसकी जान चली गयी। जब उनके दिल की जाँच हुई तो पता चला कि वह उसमें जन्मजात था। यह दुःख की बात थी कि उसकी हालत उससे बिगड़ने लगी और उसने निर्माताओं से जो वादे कर रखे थे उसे उन वादों को तोड़ना पड़ा। बदकिस्मती से उस समय मेडिकल के क्षेत्र में कार्डियोलॉजी की स्थितियाँ वैसी नहीं थीं जैसी कि आज हैं।

वजूद और परछाई

1950 के दशक के आरम्भ तक मैं स्टार हो चुका था और आगाजी ने यह मान लिया था कि उन्होंने दुआओं में मेरे लिए जो कुछ भी माँगा था अल्लाह ने वह सब पूरा कर दिया था। शुरू-शुरू में वे दुखी हुए थे और उनके अहम् को इस बात से चोट पहुँची थी कि उनका बेटा जिसे लेकर उन्होंने बड़े-बड़े मंसूबे पाल रखे थे कि यह कोई बड़ा अफ़सर बनेगा या नेता, लेकिन वह लोगों का मनोरंजन करने वाला बन गया। लेकिन बाद में उन्होंने अल्लाह की मर्ज़ी को मान लिया।

मेरे भाई-बहनों में, मुझे पता था कि आगाजी और अम्मा दोनों ही मेरे ऊपर बहुत भरोसा करते थे, कई तरह से बिना बोले, बिना बतलाये, और उनको लगता था कि मैं उनके उन बेटे-बेटियों की पढ़ाई-लिखाई और उनकी बेटियों का घर बसाने की ज़िम्मेदारी को उठाऊँगा। नूर साहब ने शादी कर ली थी और अपनी बीवी के साथ चले गये थे। मेरी सबसे बड़ी बहन सकीना आपा तब तक कुँवारी थीं, और अम्मा को अक्सर लगता था ख़ुदा की मर्ज़ी थी इसलिए उनकी शादी नहीं हो पा रही थी, वह अक्खड़ स्वभाव की थीं जिसकी वजह से उनकी शादी नहीं चल सकती थी। जब वह उम्रदराज हुई तो तब वह कुछ नर्म स्वभाव की हो गयी और अम्मा के साथ उनके रिश्ते भी बेहतर हो गये लेकिन उनका ज़िद बरकरार रहा। अम्मा को हमेशा इस बात की तकलीफ़ रहती थी कि उनकी बड़ी बेटी इस दुनिया में अकेले कैसे रहेगी और जब भी वह इस बारे में बातचीत करती थी तो उनकी भीगी आँखें दिलासा के लिए मेरी तरफ़ देखने लगती थीं।

मैं अम्मा को बहुत गहरे प्यार करता था। उनके बच्चों में जो भी अच्छे गुण आये थे वह अम्मा की वजह से ही थे। वह ज़िन्दगी की सभी ज़रूरतों को ख़ामोशी के साथ और शान्त दिमाग़ से पूरा करती थी। जब मैं बच्चा था तब भी उनको दुआ करते देखकर अच्छा लगता था। मैं बड़ा हुआ तो यह समझने लगा कि जब वह अपने कामधाम से फुर्सत निकालकर नमाज अदा करती थीं तो वह ध्यान करने का उनका अपना तरीका था और परवरदिगार से नजदीकी बढ़ाने का भी। जो बड़ी दुर्लभ किस्म की उपलब्धि है। वह दुबली-पतली दिखती थीं मगर अन्दर से बहुत मज़बूत थीं। आगाजी और मैं इस बात को जानते थे।

अब एक बार फिर से मूल कथा पर लौटता हूँ। मधुबाला के अब्बा ने मुझे अपना प्रभाव दिखाने के लिए अचानक इस बात के ऊपर हंगामा खड़ा करते हुए उसे निर्माता-निर्देशक बी. आर. चोपड़ा के साथ क़ानूनी लड़ाई में उलझा दिया कि 'नया दौर' फ़िल्म की आउटडोर शूटिंग इतने लम्बे समय तक क्यों तय की गयी थी और उस फ़िल्म से उसके हटने का कारण यह बताया कि उसके दिल की हालत ठीक नहीं थी। वह एक बहाने के साथ आये लेकिन भोपाल और पूना में आउटडोर शूटिंग में उनकी बेटी के हिस्सा न लेने के कारण फ़िल्म कुछ रील के बाद डिब्बे में बन्द हो गयी। चोपड़ा साहब बहुत दुखी थे और गुस्से में भी थे क्योंकि कलाकारों को जब फ़िल्म की कहानी सुनाई जा रही थी तब ही यह बात साफ़ कर दी गयी

थी कि यह एक आउटडोर फ़िल्म थी। जो लोग इस बात को नहीं जानते थे या यह कि इसके पीछे की वजह क्या थी उन्होंने तरह-तरह के मतलब निकाले। तब चोपड़ा साहब ने, जिन्होंने आज़ादी से पहले के दौर में लाहौर में पत्रकारिता करने से पहले क़ानून की डिग्री हासिल की थी, तो उन्होंने मधु की तरफ़ से हो रहे इस मनमानेपन को क़ानूनी तौर पर चुनौती देने का फ़ैसला किया। एक सह कलाकार होने के नाते मैं कुछ ख़ास तो नहीं कर सकता था सिवाय निर्माता की बात को मानने के कि मधु की जगह वैजयन्तीमाला को साइन किया जाये, वह भी तब जब सभी किस्म के गम्भीर प्रयास असफल रहे और मामले को बिना सार्वजनिक किये समझौते की सारी कोशिशें बेकार रहीं। मुझे मधु के लिए बुरा लगा और मैंने यही दुआ की कि काश उसमें इतनी कूवत होती कि बजाय अपने अब्बा की मर्ज़ी के सामने झुकने के कम से कम उसने अपने पेशेवर हितों को सुरक्षित रखने की कोशिश की होती। इस तरह के समर्पण का बुरा प्रभाव न सिर्फ़ उसकी पेशेवर प्रतिष्ठा पर पड़ा बल्कि उसकी सेहत पर भी पड़ा।

अपने पूरे कैरियर के दौरान मैंने एक रोज़गार देने वाले के रूप में निर्माता के अधिकारों का हमेशा सम्मान किया कि वह काम करने वालों से अनुशासन की माँग करे और एक बार अनुबन्ध साइन हो जाने के बाद उनसे सहयोग की माँग करे। वैजयन्तीमाला और मैंने आपसी इज़्ज़त और समझबूझ के साथ बिमल राय की फ़िल्म 'देवदास' (1955) में काम किया था और चोपड़ा साहब को उनका काम पसन्द आया था। (उन्होंने फ़िल्म में एक कोमल दिल वाली तवायफ चन्द्रमुखी की भूमिका निभाई थी)। उनको उनके अपने सूत्रों ने बताया था कि एक कलाकार के रूप में वह मेहनती और आसानी से समझने वाली थी। इसलिए जब एक बार चोपड़ा ने यह बात समझ ली कि मधुबाला के साथ उस फ़िल्म की जो शूटिंग हुई थी उसे ठंडे बस्ते में जाना था और समय और अच्छे-ख़ासे पैसे का जो नुक़सान हुआ था उसकी भरपाई हो जायेगी तो उन्होंने बिना समय गँवाये मधुबाला की जगह वैजयन्तीमाला को साइन कर लिया। जब यह ऐलान हुआ कि 'नया दौर' फ़िल्म की शूटिंग फिर से शुरू होगी तो मीडिया में हंगामा मच गया। मीडिया में ज़्यादातर जो छपा वह गॉसिप लेखकों की लिखी हुई ग़लत-सलत बातें थीं जिन्होंने तथ्यों को तोड़-मरोड़कर पाठकों के लिए पठनीय बनाकर परोस दिया। चोपड़ा साहब की तरह, मैंने इन बातों को सरसरी तौर पर लिया। हालाँकि कभी-कभी यह पढ़कर गुस्सा आता था कि मैंने मधुबाला को फ़िल्म से बाहर निकलवा दिया मगर सच्चाई यह थी कि उसके अब्बा ने अपना प्रभाव दिखाने के लिए उसे फ़िल्म से बाहर करवा लिया।

देवदास, नया दौर और उसके बाद

'नया दौर के निर्माण के दौरान मैंने इस बात पर ध्यान दिया कि वैजयन्तीमाला में यह हुनर था कि वह गँवई किरदारों के हाव-भाव बखूबी उतार लेती थी। जब मैं 'गंगा जमुना' की पटकथा लिख रहा था तो मुझे लगा कि अगर वह भोजपुरी ज़ुबान को सही लहजे में बोल पाने की जहमत उठा लें तो वह धन्नो के रोल के लिए सबसे बेहतर हो सकती थी...'नया दौर' की शूटिंग के दौरान ही मेरे दिमाग़ में 'गंगा जमुना' की कहानी बनने लगी थी। मैंने तब यह फ़ैसला भी कर लिया था कि अगर मैंने 'गंगा जमुना' फ़िल्म बनाई तो मैं उसमें वैजयन्तीमाला को हीरोइन के रोल में रखूँगा।'

'नया दौर' और वैजयन्तीमाला की कहानी से पहले मुझे 'देवदास' की बात करनी चाहिए, जो उन सात फ़िल्मों में पहली थी जिसमें उन्होंने मेरे साथ बतौर हीरोइन काम किया था।

जब बिमल राय (जिनको सब बिमलदा बुलाते थे) ने 1954 में कभी मुझसे सम्पर्क किया और यह कहा कि मैं 'देवदास' में मुख्य भूमिका करूँ, तब तक मैंने न तो 1936 में बनी 'देवदास' देखी थी, जिसमें के.एल. सहगल की मुख्य भूमिका थी न ही तब तक मैंने शरत चन्द्र का वह उपन्यास पढ़ा था। असल में, बिमलदा जब मुझसे मिलने आये तो उन्होंने मुझे यह बात तुरन्त नहीं कही, कि वे मुझसे उस फ़िल्म के बारे में बात करना चाहते थे जो वे बनाने वाले थे। कुछ इधर-उधर की बात के बाद उन्होंने हम दोनों के दोस्त हितेन चौधरी, जो उनके साथ आये थे, से कहा कि वे इस विषय में बात करें। यह कुछ ऐसी बात थी जिसके लिए मैं तैयार नहीं था इसलिए मैंने कहा कि मुझे सोचने के लिए

कुछ दिन का समय चाहिए। उन्होंने सहमति जताई और मुस्कुराने लगे। फिर, जाते समय, उन्होंने धीरे से कहा, 'उपन्यास पढ़ लो, मैं तुम्हारे पास एक अच्छा अनुवाद भिजवा दूँगा।'

बिमलदा बहुत कम बोलते थे। वह चले गये और मुझे अगले दिन अनुवाद मिल गया। मैं इस बात की तफसील में नहीं जाऊँगा लेकिन मुझे इस बात से बड़ी परेशानी हुई कि ऐसे किरदार का रोल कैसे करूँ जिसके भीतर बहुत दर्द और उदासी है और हो सकता है कि इससे नौजवान भटक जायें और यह मानने लगें कि प्यार के दर्द को कम करने के लिए शराब सबसे बेहतर चीज़ है। जब मैंने इस विषय के ऊपर सोचना शुरू किया, जिस पर पहले ही सफल फ़िल्म बन चुकी थी और जिसमें के.एल. सहगल ने मुख्य भूमिका निभाई थी, तब मुझे लगा कि यह एक यादगार फ़िल्म बन सकती थी और अगर मैंने अपना किरदार ठीक तरीके से निभाया तो इसकी गिनती सर्वकालिक महान फ़िल्मों में की जा सकती थी।

आज के सिनेमा और उसके दर्शकों में भावनात्मक रूप से लेने-देने का वह रिश्ता नहीं है जो 1950 के दशक के सिनेमा का होता था। इसका बुनियादी कारण यह था कि उस समय सिनेमा ही मनोरंजन का सबसे बड़ा साधन था और अक्सर इसकी कहानियों को दर्शक बड़ी गम्भीरता के साथ लेते थे। मैं इस बात के ऊपर इसलिए ज़ोर दे रहा हूँ ताकि इसका श्रेय निर्देशकों को दिया जाये जो हमारे समय में अपने कन्धों के ऊपर यह नैतिक ज़िम्मेदारी लेते थे कि ऐसी फ़िल्में बनाई जायें जिसकी गहरी सामाजिक प्रासंगिकता हो तथा दर्शकों के लिए उसमें कुछ आशय छिपे हों।

मुझे लगता है कि बिमलदा को कहीं से यह पता चल गया था कि मैं इस बात के ऊपर ज़ोर देता था कि फ़िल्म की कहानी को मज़बूत बनाया जाये। इसलिए उन्होंने मेरे लिए यह सहज कर दिया कि मैं फ़िल्म के लेखन में उनके लेखकों की ज़बरदस्त टीम के साथ भाग लूँ, उस टीम में अन्य लेखकों के अलावा नबेंदु घोष और राजिन्दर सिंह बेदी भी थे। मैं यहाँ इस बात को कहना चाहता हूँ कि 'देवदास' में जो लाइनें लिखी गयीं वे किसी भी हिन्दी फ़िल्म के हीरो के लिए अब तक लिखी गयी सबसे ज़िम्मेदार और जज़्बाती लाइनों में से एक थी।

असल में 'देवदास' के संवादों में दिल दहला देने वाला जज़्बातीपन था, उनमें सहजता थी और गहरे मायने भी। उनको लिखने वाले थे राजिन्दर सिंह बेदी, जो ऐसे गिने-चुने लेखकों में थे जो इतनी दुरुस्त लाइनें लिखते थे कि उनको पढ़कर एक्टर जब एक्टिंग करते थे तो उसमें गहरे जज़्बात पैदा कर देते थे। बजाय लम्बे-लम्बे भाषणों के उन्होंने जो संक्षिप्त लाइनें लिखीं मुझे वह बहुत पसन्द आयीं। कभी-कभी उन लाइनों में गहरे अर्थ भी छिपे होते थे, लेकिन वे इतना सहज, सरल थे और उनमें इस कदर जज़्बात भरे हुए थे कि देखने वाले उनको प्यार से दोहराने में आनन्द उठाते थे।

'देवदास' के दौरान वैजयन्ती के साथ जो पेशेवर समझ और आपसी मेलजोल

फ़िल्म देवदास (1955) में मोतीलाल के साथ

बना वह आगे भी बना रहा और उसके बाद हमने छह फ़िल्मों में काम किया। वह एक अच्छी अदाकारा और जल्दी सीखने वाली के रूप में उभरकर आयी। 'देवदास' के बाद जब हमने मधुमती में साथ काम किया तो एक्टिंग और संवाद बोलने के मामले में उसने अच्छी तरक्की कर ली थी। वह मेहनती थी और काफ़ी तरद्दुद करके फ़िल्म के सिचुएशन को समझती थी, ख़ासकर तब जब उसे 'मधुमती' फ़िल्म की शूटिंग से पहले आध्यात्मिक और सुर्रियल किस्म के सीन दिये गये थे।

न मेरे लिए, न प्राण* और जॉनी वाकर के लिए, जो मधुमती में मेरे साथ काम कर रहे थे, यह समझ पाना आसान था कि हमने जो शॉट दिये वे बिमलदा को पसन्द आये या नहीं आये। वह एक ऐसे निर्देशक थे जो कभी भी अपनी ख़ुशी को बोलकर या चेहरे के भाव से प्रकट नहीं करते थे। अगर उनको कोई शॉट पसन्द आता था तो वे चुपचाप दूसरे शॉट की तरफ़ बढ़ जाते थे, जिससे हमें अपने आप पता चल जाता था कि उन्होंने जैसी कल्पना की थी उनको वैसा शॉट मिल गया। मैंने और प्राण ने यह कोशिश नहीं छोड़ी कि जब हम बहुत अच्छा शॉट दें तो उनके मुँह से वाह निकले लेकिन बिमलदा के ऊपर इसका कोई असर नहीं पड़ा। वे बस इतना कहते : 'अगले शॉट के लिए कैमरा तैयार करो।' फिर, वे कैमरामैन दिलीप गुप्ता को अगले शॉट के लिए छोड़ देते थे।

---

* प्राण कृशनसिकन्द, प्रसिद्ध खलनायक और चरित्र अभिनेता, और जॉनी वाकर (पैदाइशी नाम बदरुद्दीन काज़ी), शानदार कॉमेडियन।

जो बहुत अच्छा गुण बिमलदा में था वह यह था वे बड़े शान्तचित्त थे और वे किसी भी चीज़ से ख़ास उत्साहित होने से इनकार कर देते थे। जो कि एक बंगाली के लिए बड़ी अजीब बात थी। उनका एक बहुत बड़ा गुण यह था कि अगर कोई कलाकार उनकी दृष्टि को नहीं समझ पाता था वे उसकी मदद के लिए हर वक़्त तैयार रहते थे। उन्होंने एक बार मुझे बड़े आराम से कहा था कि अपने निजी जीवन में उनको जो दर्द बर्दाश्त करना पड़ा था उसके बारे में जब उनको बचपन में भेड़ियों के आगे फेंक दिया गया था और उनको ख़ुद को और अपनी माँ को बचाना पड़ा था, यह एक ऐसा अनुभव था जिसने उनको यह सीख दी कि कभी किसी को दर्द नहीं देना चाहिए।

जब हम 'देवदास' के काम को अन्तिम रूप दे रहे थे तो बिमल दा के दिमाग़ में मधुमती का खाका भर था जिसके बारे में उन्होंने मुझसे हलकी सी चर्चा की थी। बाद में, जब उन्होंने ऋत्विक घटक के साथ उस फ़िल्म की कहानी पहली बार सुनाई तो मुझे यह समझ में आ गया था कि उस विषय को लेकर उनको गहरा आत्मविश्वास था। कुछ लोगों ने उनसे यह कहा था कि ऐसी फ़िल्म बनाने में ख़तरा है जिसमें लोक-परलोक का चक्कर हो। जिसे समझना दर्शकों के लिए शायद मुश्किल हो। हृषिकेश मुखर्जी* जैसे कुछ लोगों ने उनका हौसला बढ़ाया और कहा कि वे ऐसे विषय में हाथ आजमायें जिनमें अनन्त सम्भावनाएँ थीं।

बिमलदा और दिलीप गुप्त ने घंटों बातचीत में बिताये, अक्सर काग़ज़ और पेन्सिल लेकर, जिसपर वे फ़िल्म के कुछ दृश्यों को अपनी कल्पना के मुताबिक़ उकेरते थे। जिसके पास भी कोई सुझाव होता था बिमलदा उसको बड़े ध्यान से सुनते थे।

बिमल दा के साथ मैंने जो तीन फ़िल्में कीं, देवदास, मधुमती और यहूदी, उससे मुझे एक ऐरो आदमी को जानने का मौक़ा मिला जो सम्पूर्णता में यक़ीन रखता था और मेरी ही तरह से मेहनती भी था। वे मेरे काम करने के तरीके और किरदारों में जान पैदा करने के लिए मैं जो मेहनत करता था उसकी तारीफ़ किया करते थे। मुझे लगा कि मधुमती की पटकथा बहुत चालाकी और कुशलता से तैयार की गयी थी। उसके पहले ड्राफ्ट में ही मुझे यह समझ में आ गया था कि उसके भीतर किस तरह की सम्भावना थी। देवदास के बाद मुझे यह लगा कि यह फ़िल्म हमें ज़रूरी राहत देगी ख़ासकर इसलिए क्योंकि हमें उस फ़िल्म का बड़ा हिस्सा आउटडोर शूट करना था।

जब मैं किसी फ़िल्म को करने के लिए हामी भरता था तो उसमें मेरे किरदार

---

* हृषिकेश मुखर्जी निर्देशक, पटकथा लेखक और सम्पादक। जिन्होंने एक से एक शानदार फ़िल्में बनायीं। वास्तव में उनके द्वारा निर्देशित पहली फ़िल्म मुसाफ़िर (1957) में मैंने अभिनय किया था।

की ही सबसे अहमियत नहीं होती थी बल्कि कई और तरह के पहलू भी होते थे। मैंने जो भी रोल किये उनकी अपनी ख़ासियत थी और उनका अपना एक उद्देश्य होता था। मधुमती में यह लोभ था कि उसमें कहानी की बनावट बहुत ख़ूब थी और उसके भीतर अप्रत्याशित की अनेक परतें थीं। यह मुझे पेचीदा लगा कि एक रहस्यभरी कहानी के केन्द्र में रहूँ जो अतीत और वर्तमान में आता जाता रहता है और जिसमें दर्शकों के लिए बाँध कर रखने वाले मोड़ थे। इससे पहले जो भी किरदार मैंने किये थे उनमें से किसी में उस किरदार को पिछले जन्म से नहीं जोड़ा गया था। यह मेरे लिए एक तरह का मसला भी था, और ख़ासकर इसलिए भी क्योंकि यह जो किरदार था वह फ़िल्म के विकास और उसकी नाटकीयता के लिहाज से अहम था।

मुझे हमेशा आउटडोर काम करना अच्छा लगता था। मधुमती फ़िल्म में आउटडोर शूटिंग ही सबसे ख़ास थी और इसकी वजह से मेरे अन्दर उस बच्चे जैसी ख़ुशी थी जिसे यह कहा गया हो उसे उसकी पसन्द की जगह पर लम्बी छुट्टी के लिए ले जाया जायेगा। हम लोगों के लिए—प्राण, जॉनी वाकर, बिमलदा,

जॉनी वॉकर, डेविड अब्राहम और अन्य के साथ

हृषी दा और मैं—पैक अप के बाद का समय बहुत मज़ेदार होता था। दिन के काम का दबाव कम हो जाता था और शाम को बैठकर हम हँसते-बातें करते थे, शेरो-शायरी का दौर चलता था जबकि युनिट के खानसामे खाना तैयार करते थे। प्राण और मैं पंजाबी में ख़ूब बातें किया करते थे जबकि बिमलदा और हृषी दा बंगाली में बातचीत करके हमें हराने की कोशिश करते थे। अगले दिन थोड़ा अजीब लगता था जब प्राण को पटकथा के मुताबिक़ अपने नेगेटिव रोल वाले कलाकार के मुताबिक़ अपने अन्दर नफ़रत पैदा करनी होती थी। मैं यह कहना चाहता हूँ कि वह उग्रनारायण के किरदार में गजब रूप से पक्के लग रहे थे।

मैंने अपने कैरियर की तरक्की के लिहाज़ से किसी ख़ास फ़िल्म के बारे में नहीं सोचा। हर फ़िल्म ने मुझे वह ख़ास तरह का अनुभव दिया जिससे मैं अपनी कूवत को खोज सकूँ और इस माध्यम में आगे बढ़ाने के लिए ख़ुद की समझ में कुछ इजाफ़ा कर सकूँ। जैसा कि मैंने अक्सर कहा है कि हम लोग हिन्दी सिनेमा के शुरुआती दिनों में काम कर रहे थे, इसलिए हम लोगों को अलग ही ज़मीन पर चलना पड़ता था। जैसे कि 'मधुमती' के मामले में इस बात का ज़्यादा डर नहीं था कि लोग पुनर्जन्म की कहानी के साथ तालमेल नहीं बिठा पायेंगे। इसलिए हम सबने मिलकर इस उद्देश्य के लिए काम किया कि फ़िल्म बॉक्स ऑफ़िस पर कामयाब रहे। और हमें उसका सही इनाम मिला और फ़िल्म कामयाब रही।

शैलेन्द्र के लिखे गीत और सलिल चौधरी के संगीत और फ़िल्म को जिस तरह से फ़िल्माया गया था वह बहुत सफल साबित रहा। उन दिनों कोई कहीं जाता था तो रेडियो पर या जलसों में लाउडस्पीकर पर उसके ही गाने बजते थे। मुझे लगा कि बिमल दा बहुत ख़ुश थे जबकि वे हमेशा की तरह चुपचाप और बेपरवाह दिख रहे थे।

गॉसिप लिखने वालों ने मेरे और वैजयन्ती के बीच तब रिश्ता जोड़ना शुरू कर दिया जब मैंने चार फ़िल्में साथ-साथ करने के बाद फ़िल्म 'गंगा जमुना' में उसे धन्नो के रोल के लिए चुना। (चौथी फ़िल्म थी एस.एस. वासन की 'पैग़ाम', 1959) सच्चाई यह थी मैं इस बात को महसूस कर रहा था कि जब उसे मेरे साथ फ़िल्म देवदास में चुनौतीपूर्ण जज़्बाती सीन करने पड़ते तो बड़ी मेहनत करती थी कि उन दृश्यों में गर्मजोशी दिखाई दे। सीन के टेक से पहले कई-कई बार के रिहर्सल से न तो वह थकती थी न ही कोई शिकायत करती थी। मैं ख़ास तौर पर एक सीन का उल्लेख करना चाहूँगा जिसमें देवदास बहुत परेशान है और उसके यानी चन्द्रमुखी को लेकर उसके भीतर जो गहरा लगाव है उसको दबा रहा है, और इस बात को अपनी छठी इन्द्रिय से समझती है और अपनी घायल भावनाओं को बहुत खुलकर कहती है कि एक औरत के रूप में उसे उसकी ज़रूरत तो है मगर वह उसे प्यार नहीं करना चाहता है। उस बहुत पेचीदा सीन में हम लोगों को एक-दूसरे से भावनाओं के उतार-चढ़ाव के साथ बात करनी थी, एक-दूसरे

हृषिकेश मुखर्जी के साथ

के सवाल-जवाब का ध्यान रखते हुए वे शानदार डायलॉग हम लोगों को बोलने थे जो दिये गये थे, जबकि इस बात का ध्यान भी रखना था जो कमल बोस ने दिए, वे एक शानदार कैमरामैन थे जो ऐसे जज़्बाती सीन में जान डाल दिया करते थे, इस सबके लिए बहुत रिहर्सल की ज़रूरत होती थी। मैंने यह ध्यान दिया कि उसके अन्दर धीरज था और वह जोश कि बेहतरीन अदाकारी की जाये। यह गुण उसके अन्दर आया था सख्त उस्तादों के साथ भरतनाट्यम सीखने के कारण।

एक साथी कलाकार के बतौर उसके तौर तरीके अच्छे थे और अपने से वरिष्ठ कलाकारों और युनिट के वरिष्ठ सदस्यों के साथ वह इज़्ज़त के साथ बात करती थी। वह सेट पर अपनी नानी (यदुगिरी देवी) के साथ आती थी जो उसके ऊपर नज़र रखती थी इस बात को पक्का करती थी कि उसको निर्माता स्टार की तरह देखे। अपनी नानी के कहे के मुताबिक़, अपने आपको स्टार के बतौर

जताने के लिए, शूटिंग के बाद वह शायद ही कभी सेट पर दिखाई देती थी, वह अपने मेकअप रूम में अकेले रहती थी और अपने साथ लाये गये शाकाहारी खाने को खाने में लगी रहती थी।

उसका इस तरह से अलग-थलग रहना मुझे और युनिट के लोगों को सहूलियत भरा लगता था। हालाँकि, हम इस बात की कल्पना नहीं कर पाते थे कि वह उन कई लीटर दूध का क्या करती थी जो उसकी नानी शूटिंग पर उसके आते ही मँगवाती थी। क्या वह केलोपेट्रा की तरह दूध से नहाती थी? हम आश्चर्य करते थे। मेरे भाई नासिर को हँसी-मज़ाक़ करना बहुत पसन्द था, एक बार जब हम गंगा-जमुना की आउटडोर शूटिंग कर रहे थे तो वह दूध देने वाली भैंस ले आया, और वह उसे उस ख़ास मेकअप रूम के बाहर बाँधना चाहता था जो हमने वहाँ वैजयन्ती के लिए बनवाया था। समय पर मुझे इस बात का पता चल गया और मैंने उसे डाँटते हुए रोका, जिससे ख़तरा टल गया।

अपने आप में वैजयन्ती ऐसी नहीं थी जो हँसी-मज़ाक़ को पसन्द न करे या जिसके ख़याल पुराने हों। न ही वह इस बात को मानती थी कि वह मुझसे बड़ी स्टार थी। वह सब जानती थी मगर हर मामले में वह अपनी नानी से सहमत हो जाती थी, जिसके व्यावहारिक कारण थे, और वह कभी उनके अधिकार के ऊपर सवाल नहीं उठाती थी। जब भी वह आउटडोर शूटिंग पर जाती थी तो वह मेरे

फ़िल्म मधुमती (1958) में वैजयन्ती माला के साथ

फ़िल्म पैग़ाम (1959) में वैजयन्ती माला के साथ

और युनिट के बाकी लोगों के साथ बैडमिंटन खेलने लगती थी और उसकी नानी उसे गर्व से देखती रहती थीं। वह अपने फुर्तीले सर्विस और डिफेन्स से हम मर्दों का कड़ा मुक़ाबला करती थी।

एक बार, जब हम जेमिनी स्टूडियो मद्रास में 'पैग़ाम' की शूटिंग कर रहे थे तो वैजयन्ती और उसकी नानी टिफिन के लिए हमारी टेबल पर आकर बैठ गयीं, टिफिन में दक्षिण भारतीय वडा, उपमा और चुंदाल होते थे। जिसका सबसे आख़िर में ज़िक्र हुआ है वह मुझे खाने में बहुत पसन्द था। वैजयन्ती को हमेशा की तरह मौसमी फल और ज़ाहिर है दूध। उसकी नानी उसके साथ बैठकर उससे सन्तरे खाने के लिए कहती रहती थी जबकि वह मद्रास और वहाँ की महान संस्कृति के बारे में चर्चा करती रहती थी। वैजयन्ती तभी बोलती थी जब वह कुछ बोलने में सफल हो पाती थी।

एक दिन जब टेबल के आसपास इस बात को लेकर चर्चा चल रही थी कि भारत के प्रधानमन्त्री जवाहरलाल नेहरू दो-एक दिन बाद पास के किसी कार्यक्रम में हिस्सा लेने के बाद एयरपोर्ट वापस जाते हुए 'पैग़ाम' के सेट पर आने वाले हैं, तब मैडम यदुगिरी देवी ने दिल्ली की एक घटना को याद किया जिसमें पंडितजी मुख्य अतिथि थे और उस शाम के सांस्कृतिक कार्यक्रम में वैजयन्ती का ख़ास कार्यक्रम था। उस शाम और उसकी अगली शाम हम पंडितजी और पापा (तमिल में बच्ची को पापा कहते हैं, जो वैजयन्ती के पुकार का नाम था) के बारे में सुनते रहे और युनिट के सभी सदस्य बड़ी उत्सुकता से पंडितजी-पापा की उस कहानी को सुनते रहे।

वह दिन आया और जेमिनी स्टूडियो के संस्थापक एस.एस. वासन साहब ने हम सबको साथ बुलाकर समझाया कि किस तरह से पंडितजी का स्वागत किया जायेगा और उनको लेकर दफ़्तर तक लाया जायेगा। वे चाहते थे कि स्वागत करने वालों की सदारत मैं करूँ मगर मैंने कहा कि पंडितजी वैजयन्ती को जानते थे और उसकी तारीफ़ भी करते थे, इसलिए मैंने यह सुझाव दिया कि मेरी जगह उसे आगे रखा जाना चाहिए। वहाँ मौजूद जिन लोगों ने पंडितजी-पापा कहानी को सुना और मेरी बात का समर्थन किया तो वासन साहब मान गये। मैं सबसे आख़िर में खड़ा हो गया।

पंडितजी समय पर आये, और जैसा कि मद्रास की परम्परा थी उनका स्वागत फूलमालाओं से किया गया और चाँदी की सुराही से ख़ुशबूदार पानी का उनके ऊपर छिड़काव भी किया गया। उन्होंने बड़ी सादगी के साथ इस सबको स्वीकार किया। वासन साहब उनकी बगल में खड़े थे और मुझे लगता है कि वे इस बात का इन्तज़ार कर रहे थे कि पंडित जी वैजयन्ती का अभिवादन करेंगे जो उनके ऐन सामने खड़ी थी। अचानक, पंडित की खोजती निगाहों ने मुझे इस लाइन के आख़िर में खोज लिया। वह तेज़ी से चलकर मेरी तरफ़ यह कहते हुए आये। 'युसूफ, मैंने सुना कि तुम यहाँ हो तो मैंने सोचा कि चला जाये।' वासन साहब उनके पीछे दौड़े, और एक पल में पंडित जी मेरे पास आ गये। बड़े प्यार से अपना हाथ उन्होंने मेरे कन्धे की तरफ़ बढ़ा दिया। मैं इस पहचान के लिए तैयार नहीं था और फौरन मुझे यह बात समझ में आ गयी कि मैं देश के सबसे अधिक प्यारे और पसन्दीदा नेता के साथ चल रहा था।

पंडितजी स्टूडियो में करीब 15 मिनट तक रहे, ज़्यादातर इस बाबत बात करते रहे कि इस माध्यम में इतनी ताकत है कि यह समाज को आत्ममन्थन के लिए जगा सकता है और इस इच्छा को भी कि समाज की घिसीपिटी परम्पराओं को बदला जाना चाहिए। उनके पास नयी फ़िल्मों को देखने का समय नहीं होता था लेकिन उनसे जो लोग मिलते-जुलते रहते थे उनसे उन्होंने काफ़ी कुछ सुन रखा था। उसके बाद हमने वैजयन्ती की नानी से पंडितजी-पापा की कहानी कभी नहीं सुनी।

एस.एस. वासन साहब बहुत सच्चे इंसान थे, और उनके अन्दर किसी तरह का घमंड नहीं था। हम एक-दूसरे को पसन्द करते थे और जल्दी ही हम दोस्त बन गये। वह उस बड़े से स्टूडियो के मालिक थे और दक्षिण के फ़िल्म उद्योग में उनकी बड़ी इज़्ज़त थी। उनको मेरे साथ बातें करना पसन्द था और अक्सर ऐसे क़िस्से सुनाते रहते थे जिनका उनके जीवन से कोई ताल्लुक नहीं होता था। उन्होंने मुझे एक छोटे बच्चे की कहानी सुनाई जो अपनी माँ के साथ रेलवे प्लेटफॉर्म पर समय बिताता था और स्टेशन पर आने वाले मुसाफ़िरों को पत्र-पत्रिकाएँ बेचा करता था। उन्होंने मुझे सुनाया कि किस तरह से वह लड़का पत्र-पत्रिकाओं को

लेकर प्लेटफॉर्म पर एक जगह से दूसरी जगह पर जाता रहता था और उनके नाम ले ले कर पुकार लगाता था ताकि डिब्बों के अन्दर बैठे मुसाफ़िर उनको ख़रीद लें। जब तक ट्रेन चेंगलपेट स्टेशन से बाहर निकलती थी तब तक वह बच्चा अपनी ज़्यादातर सामग्री बेच चुका होता था, और उसकी माँ भी बाकी पत्रिकाएँ बेच चुकी होती थी। दो ट्रेनों के आने के बीच में काफ़ी समय होता था कि वह बच्चा थोड़ा सुस्ता ले और उनकी माँ अक्सर अपने साथ लाये बैग के ऊपर सर रखकर सो जाती थी। वह लड़का कभी नहीं सोता था, इसलिए वह अख़बार और पत्रिकाओं को पढ़ने में लगा रहता था, वह भी थोड़ी मुश्किल से क्योंकि उसको तमिल शब्दों का वैसा ज्ञान नहीं था। बहरहाल, वह इतना समझ लेता था कि उसका सामान्य ज्ञान बढ़ जाये। शाम होते-होते माँ-बेटे कुछ बची हुई पत्रिकाएँ एजेंट को लौटाकर अपना कमीशन काटकर किसी रेहड़ी वाले के पास जाकर कुछ खाते थे, जिससे उस बच्चे का पेट कभी भी नहीं भरता था।

मुझे यह समझ में नहीं आया कि यह कहानी इतने विस्तार से मुझे क्यों सुनाई गयी। मुझे याद है कि मैं उनको बहुत ध्यान से सुन रहा था क्योंकि वे बहुत अच्छे क़िस्सागो थे। अगर आप मुझसे पूछें तो बात यह कि भारत या दुनिया के सबसे कामयाब फ़िल्मकार वे हुए हैं जिनको यह पता रहा है कि किस तरह से कहानी सुनाई जाये कि सुनने वाले का ध्यान एक पल के लिए भी न हटे। वासन साहब को हर बात के बारे में ख़ूब पता था और यह खुलकर तब आता था जब हम 'पैग़ाम' के दृश्यों के बारे में चर्चा किया करते थे।

वह जहाँ भी जाते थे मुझे लेकर जाते थे और उनके साथ होना बहुत अच्छा लगता था क्योंकि उनको मद्रास प्रेसिडेंसी और रास्ते में पड़ने वाले मन्दिरों के बारे में इतना पता होता था, जब हम अहले सुबह या शाम के समय घूमने निकलते थे, जब सड़कें काम से घर लौट रहे लोगों से भरी होती थीं, लौटने वाले लोग अपने साथ घर के लिए ख़रीदी गयी सब्ज़ियाँ, किराना का सामान आदि लेकर लौट रहे होते थे। कुछ सड़कों के किनारे फूलों के ठेले लगे हुए होते थे जहाँ से औरतें फूल ख़रीदकर अपने बालों में लगाया करती थीं। वासन साहब को बातें करना पसन्द था और मुझे सुनना। हम अक्सर अगले दिन के काम के बारे में बातें किया करते थे और वह अक्सर किसी ऐसे सीन के बारे में मेरी राय लिया करते थे जिसकी अगले दिन शूटिंग होने वाली होती थी और वे मेरी राय खुलकर माँगा करते थे।

मुझे याद आता है कि मैं उनके साथ ट्रेन में बैठकर मदुरै जा रहा था (जो मद्रास से 460 किलोमीटर दूर है और मीनाक्षी मन्दिर के लिए जाना जाता है) जहाँ वे एक प्रिंटिंग प्रेस को देखने जा रहे थे जिसको कि वे ख़रीदना चाहते थे। ट्रेन में उन्होंने मुझसे कहा कि वे पैग़ाम के उस सीन को लेकर कुछ शशोपंज में थे जिसकी अगले दिन शूटिंग होने वाली थी क्योंकि वह एक पेचीदा किस्म का

सीन था जिसमें हीरोइन को हीरो की भावनाओं का पता लगाने के लिए सारे औरतों वाले नुस्खे आज़माने थे। उन्होंने कहा कि वह दिमाग़ इसमें लगा रहे हैं कि कोई हँसी-मज़ाक़ जैसा प्रसंग बन जाये लेकिन हो नहीं रहा था।

ट्रेन तेज़ी से उन खेतों को पार करती जा रही थी जिनमें औरतें सूरज की तेज़ धूप से बेपरवाह अपने दिन की रोजी कमाने के लिए मज़दूरी कर रही थीं। हम लोग बढ़िया फर्स्ट क्लास के कूपे में थे और वासन साहब फ्लास्क से कप में उस ख़ुशबूदार कॉफी को उड़ेल रहे थे जो एक मिनट पहले ही अटेंडेंट देकर गया था और बड़ी उम्मीद से मेरी तरफ़ देख रहे थे।

मैंने उनसे कहा कि मैंने एक विदेशी फ़िल्म देखी थी जिसमें हीरो और हीरोइन एक बिल्डिंग की छत पर मिलते हैं जहाँ वे इस उम्मीद में हैं कि कुछ ख़ामोश पल साझा कर सकें। हीरोइन यह पूछती है कि उससे दोस्ती से पहले क्या उसकी किसी लड़की से दोस्ती हुई थी। वह उससे कहता है कि वह यह नहीं बतायेगा क्योंकि इससे उसे तकलीफ़ होगी। वह कहती है कि अब यह मत कहो, हम दोनों बड़े हैं और तकलीफ़ होने का कोई सवाल ही नहीं उठता है। लड़की के चेहरे पर बाल गिर रहे हैं और वह लड़का आगे झुककर बाल हटाता है ताकि वह उसके चेहरे को साफ़-साफ़ देख सके। फिर वह उसे एक लड़की के बारे में

फ़िल्म नया दौर (1957) में डेज़ी इरानी एवं वैजयन्ती माला के साथ

बताने लगता है...। वह देखता है कि उसके चेहरे का रंग बदल रहा है और वह अपनी आँखों से अपनी चिन्ता को छिपाने की कोशिश कर रही हो। आख़िर में वह उस लड़की से कहता है–'देखो, मैं तुमसे कहता हूँ...' तब तक उसके आँसू निकल आते हैं। फिर वह उससे कहता है कि वह जिस लड़की के बारे में बात कर रहा था वह उसके सामने बैठी है।

मैंने वासन साहब को यह कहा कि हम इस सीन को अलग तरह से कर सकते हैं। हीरो सारी बात करेगा और हीरोइन हाव-भाव दिखायेगी। वह उसे उस लड़की के बारे में बताता रहेगा जिससे कि वह प्यार करता है और इससे वह उसकी ईर्ष्या और उत्सुकता को बढ़ावा देगा। वह अपने जज़्बातों को छिपाने के लिए लेकिन दर्शक उसके चेहरे के हाव-भाव से यह देख पायेंगे कि उसके चेहरे पर जलन की झलक मौजूद है। 'तुमको क्या लगता है कि इसको सँभाला जा सकता है?' मैंने उनको यह भरोसा जताया कि हम कर लेंगे।

अगले दिन अपने स्टूडियो में उन्होंने पूरे उत्साह से यह सीन वैजयन्ती को समझाया और मैं यह देख सकता था कि वैजयन्ती बेबसी में मेरी तरफ़ देखने लगी क्योंकि लाइनें नहीं लिखी हुई थीं और उसे पता नहीं था कि मैं क्या बोलने वाला था?

तब मैंने वासन साहब से कहा–'कुछ रिहर्सल कर लेते हैं।' उनको इस बात के ऊपर बड़ी हैरानी हुई कि मेरी लाइनें तैयार थीं। मैंने उनसे यह कहा कि मेरे दिमाग़ में लाइनें ट्रेन में ही आ गयी थीं जब हम इस सीन के बारे में चर्चा करके इसे अन्तिम रूप दे रहे थे। मुझे लगता है कि वह सीन जैसा बन कर आया उससे वासन साहब अपनी ख़ुशी और अपने जोश को छिपा नहीं सके। उस दिन और उसके बाद कई दिनों तक वह ख़ुशी से लबरेज रहे और यक़ीनन वह सीन उस फ़िल्म की विशेषता रही।

वासन साहब लेखकों का और अच्छे लेखन का बड़ा सम्मान करते थे। वे ख़ुद भी लेखक थे और उन्होंने कहानियाँ और उपन्यास लिखे थे। वह तमिल पत्रिका 'आनन्द विकटन' के सम्पादक थे, जिसकी पाठक संख्या बहुत थी। उनकी वजह से मुझे मद्रास अच्छा लगने लगा था, जहाँ मैं बाद में जाकर बसना चाहता था।

'नया दौर' के निर्माण के दौरान मैंने इस बात पर ध्यान दिया कि वैजयन्तीमाला में यह हुनर था कि वह गँवई किरदारों के हाव-भाव बख़ूबी उतार लेती थी। जब मैं 'गंगा जमुना' की पटकथा लिख रहा था तो मुझे लगा कि अगर वह भोजपुरी ज़ुबान को सही लहजे में बोल पाने की जहमत उठा लें तो वह धन्नो के रोल के लिए सबसे बेहतर हो सकती थी...'नया दौर' की शूटिंग के दौरान ही मेरे दिमाग़ में 'गंगा जमुना' की कहानी बनने लगी थी। मैंने तब यह फ़ैसला भी कर लिया था कि अगर मैंने 'गंगा जमुना' फ़िल्म बनाई तो मैं उसमें वैजयन्तीमाला को हीरोइन के रोल में रखूँगा...

'नया दौर' के बनने की भी अपनी कहानी है। जब बी.आर. चोपड़ा ने काग़ज़ पर कहानी लिख ली तो वे उसे लेकर महबूब साहब के पास उनकी राय लेने के लिए गये।

वे आज़ादी के बाद के दिनों का दौर था और उस समय फ़िल्म लेखक देश के गौरव की भावना से भरे हुए थे और उनकी कोशिश रहती थी कि ऐसी कहानियों को चुना जाये जिनका अन्तर्राष्ट्रीय मतलब हो ताकि अन्तर्राष्ट्रीय फ़िल्म समारोहों में उनको मौक़ा मिल सके। महबूब साहब ने उसे पढ़ा और उनको ऐसा लगा कि इसमें मनोरंजन के लिहाज से कुछ भी नहीं था। उन्होंने चोपड़ा साहब से कहा इस विषय को लेकर एक अच्छी डॉक्यूमेंट्री तो बनाई जा सकती है कि मशीनें काम में आ जायेंगी तो देश की मज़दूरों की जो शक्ति है उसके बुरे दिन आ जायेंगे, लेकिन एक फीचर फ़िल्म के लिए यह कोई अच्छा विचार नहीं था।

चोपड़ा साहब ने उस वरिष्ठ फ़िल्मकार की बात को इज़्ज़त देते हुए सुना, लेकिन उन्होंने अपना दिमाग़ बना लिया था कि अगर मैं काम करने को तैयार हो गया तो वे फ़िल्म बनायेंगे। यह बात ज़ोर देकर कहने के बाद उन्होंने मुझे मोटे तौर पर कहानी सुनाई। मुझे उस कहानी का आइडिया पसन्द आया सिवाय उसके क्लाइमेक्स के जिसमें बस को ताँगा किसी तरीके से हरा देता है। मुझे यह कुछ तार्किक नहीं लग रहा था। हालाँकि, मैंने यह बात अपने तक ही रखी क्योंकि इस बात की कतई सम्भावना नहीं थी कि मैं वह फ़िल्म कर पाऊँ।

शुरू में, ऐसा लग रहा था कि साथ-साथ काम करना चोपड़ा साहब और मेरे भाग्य में नहीं था। जब चोपड़ा साहब मेरे पास 'नया दौर' की पटकथा लेकर आये तो मैं ऐसी फ़िल्म को करने के लिए कह चुका था जिसे ज्ञान मुखर्जी ने ख़ासतौर पर मेरे लिए लिखी थी। इसलिए मैंने चोपड़ा साहब से कहा कि उनको अपनी फ़िल्म के लिए तब तक इन्तज़ार करना होगा जब तक कि ज्ञान मुखर्जी की फ़िल्म की शूटिंग शुरू होकर ख़त्म नहीं हो जाती है। मुझे नया दौर की कहानी का सूत्र अच्छा लगा था और उसका जो उद्देश्य था वह भी पसन्द आया, लेकिन मेरे लिए यह सम्भव नहीं था कि मैं एक साथ दो पटकथाओं पर काम कर सकूँ। क्योंकि इससे दोनों के सोचने के तरीके आपस में मिल जाते और जिसके कारण दोनों फ़िल्मों के काम पर प्रभाव पड़ता।

मैंने उनको समझाया कि इसकी वजह से मैंने 'प्यासा' करने से मना कर दिया (गुरुदत्त ने उन्हें काम करने का प्रस्ताव दिया था)। क्योंकि उस समय मैं देवदास कर रहा था, और प्यासा का विषय मेरे जैसे गम्भीर एक्टर के लिए बहुत लुभाने वाला था। उसका तर्क बहुत सामान्य था। अगर मैंने बिना सोचे समझे प्यासा के लिए हाँ की होती तो वह फ़िल्म भी देवदास के आसपास रिलीज होती और दोनों में से कोई एक फ़िल्म दूसरे को खा जाती। यह मुझे व्यवसाय

के लिहाज से ख़राब लगा (बाद में प्यासा में गुरुदत्त ने काम किया और फ़िल्म 1957 में रिलीज हुई)।

चोपड़ा साहब कुछ दुखी तो लग रहे थे मगर वे इन्तज़ार करने के लिए तैयार हो गये। जैसा कि तकदीर में था, ज्ञान मुखर्जी की फ़िल्म आर्थिक कारणों की वजह से शुरू नहीं हो पायी और मैं 'नया दौर' में काम करने को तैयार हो गया।

'नया दौर' की आउटडोर शूटिंग की ख़ुशनुमा यादें हैं मेरे मन में क्योंकि उस दौरान चोपड़ा परिवार से मेरी दोस्ती हुई। सबसे बड़े बलदेव राज, और फिर यश और धरम चोपड़ा, और इन तीनों भाइयों में एक बात आम थी कि तीनों को खाने का बड़ा शौक़ था। मुझे यह जानकर बड़ी ख़ुशी हुई। जब शाम होने लगती थी तो धरम लगातार कैमरा असिस्टेंट्स और लाइटमैन के साथ व्यस्त रहता था क्योंकि हमेशा इस बात का पता नहीं होता था कि लोकेशन पर रौशनी कब कैसी हो जाये।

यश को उसके बड़े भाई ने काम दिया था मेरे साथ रहने और मेरा ध्यान रखने का। उसने यह बात बहुत जल्दी समझ ली कि हम दोनों की एक ही ज़रूरत थी। भरपूर नाश्ता, भरपूर दिन का खाना और भरपूर रात का खाना। तो हम दोनों इस बात को लेकर सहमत हुए कि हम अपना नाश्ता ख़ुद बनायेंगे क्योंकि हम दोनों ही ऑमलेट के शौक़ीन थे और इस बात को जानते थे कि वहाँ का जो खानसामा था वह कमज़ोर दिल का था और अगर उसे यह पता चलता कि कितने अंडे से उसे बनाया गया है तो वह बेहोश हो जाता। इसलिए ज़्यादातर दिन हम बाज़ार से अंडे ले आते थे, फिर मैं और यश प्याज काटते, और कम तीखी मिर्चें जो हम ख़ासतौर पर चुनकर लाते थे। हम कम से कम दस अंडे तोड़ते और उनमें प्याज और मिर्च मिलाकर अपने लिए बनाई गयी रसोई में ऑमलेट और भुजिया तैयार कर लेते थे। उसकी ख़ुशबू बाहर लगी मेज़ों तक फैल जाती थी और अंडे के और शौक़ीन झाँकने लगते थे या खाने के लिए आ जाते थे।

मुझे आउटडोर शूटिंग पसन्द थी क्योंकि मैं तरोताजा हो जाता था। मुझे लगता है कि इसका कोई रिश्ता उन दिनों से था जब हम पेशावर और देवलाली में खुली जगहों में खेला करते थे। यह चोपड़ा साहब का विचार था कि शूटिंग भोपाल में की जाये और उन्होंने धरम के साथ जाकर बिल्कुल वह जगह खोज रखी थी। मुझे याद है कि हम सभी एक बड़ी सरकारी इमारत में ठहरे हुए थे जिसके पास एक खुला मैदान था जहाँ यश, और मेरे साथी कलाकार अजीत*, जीवन** और जॉनी वाकर के साथ मैं फुटबॉल खेला करता था। कभी-कभी

---

* **अजीत**—अजीत का असली नाम हामिद अली खान था, पहले वे फ़िल्मों में हीरो बनते थे, बाद में खलनायक बनकर आने लगे।

** **जीवन**—जीवन का असली नाम ओंकारनाथ धर था। खलनायक की भूमिकाओं में आने से पहले उन्होंने अनेक धार्मिक-पौराणिक फ़िल्मों में काम किया था।

हमारा काम जल्दी पूरा हो जाता था या कभी-कभी ट्रेन से सिनेमा के मतलब की चीज़ों को लेकर (जैसे रॉ स्टॉक जिसके ऊपर फ़िल्म शूट होती है) आने वाला आदमी देर से आता और उसकी वजह से शूटिंग रुक जाती थी।

'नया दौर' की शूटिंग के दौरान मेरे दिमाग़ में 'गंगा जमुना' की कहानी आकार लेने लगी। मैंने तब यह फ़ैसला भी किया कि अगर मैंने आगे बढ़कर कभी 'गंगा जमुना' फ़िल्म बनाई तो मैं उसमें वैजयन्ती को हीरोइन के रूप में लूँगा।

नया दौर बहुत कामयाब फ़िल्म साबित हुई और जब बम्बई के मुख्य सिनेमा में उस फ़िल्म के सौ दिन पूरे हुए तो चोपड़ा साहब ने महबूब साहब को ख़ास मेहमान के बतौर बुलाया। यह महबूब साहब की महानता थी कि उन्होंने निमन्त्रण मान लिया और वहाँ मौजूद दर्शकों को यह भी बताया कि इस विषय की सम्भावना को लेकर चोपड़ा साहब कितने सही थे और वे कितने ग़लत थे। उन्होंने चोपड़ा साहब को बधाई दी और दोनों फ़िल्मकार विजेता की तरह खड़े थे। लोग परदे पर सिक्के फेंक रहे थे और पीछे फ़िल्म के गाने बज रहे थे नीचे लोग नाच रहे थे। जैसा कि मैंने पहले ही कहा, उस ज़माने में दर्शक अच्छी फ़िल्मों को पसन्द करते थे। वे परदे की तरफ़ सिक्के उछाल क़र और गाने दिखाये जाने पर नाच-नाच कर अपनी ख़ुशी जताते थे।

घर के मोर्चे पर

'जब मैं पीछे मुड़कर उन बरसों की तरफ़ देखता हूँ जब कि मैं इस पेशे में जगह बना रहा था और अपनी प्राथमिकताएँ तय कर रहा था, तो मेरे अन्दर एक तरह से कुछ हासिल करने का जज़्बा पैदा होता है, इसलिए कि मैं आगाजी की उम्मीदों पर खरा उतर पाया और उनको इस मामले में निश्चिन्त किया कि मैं उनसे परिवार की ज़िम्मेदारियों को अभिभावक-भाई के रूप में सँभाल सकता था क्योंकि उनके ऊपर उम्र का असर दिख रहा था।'

जब भी मुझे घर में समय बिताने का मौक़ा मिला तब-तब मुझे अम्मा की कमी खली। हम सब में सबसे अधिक उनकी कमी को आगाजी महसूस करते थे जिनको उनका न होना सबसे अधिक खलता था क्योंकि वह उनके कपड़े अलमारी में रखती थी और वे जिस तरह से चाहते थे उस तरह से उनके सामानों को रखती थी। मेरी बड़ी बहन सकीना आपा, घर को चलाने को लेकर उनकी उम्मीदों पर खरी नहीं उतर पाती थीं, जिसकी वजह से दोनों में झगड़े हुआ करते थे। उनको उनका सरचढ़ा होना नहीं भाता था क्योंकि कई बार वह ग़रीब तबके के लोगों जैसे धोबी, बेकरी वाला, या घर में गोटे आदि बेचने आने वाली औरतों को बिला वजह हटा दिया करती थीं। मेरी अम्मा उन सबको बहुत मानती थी और उनको न कभी भूखा जाने देती थी न ही खाली हाथ। मुझे याद है कि उनसे मेरी एक बार इस बात के ऊपर झड़प हो गयी थी कि घर पर मेरे बाल काटने के लिए आये हज्जाम के साथ उन्होंने बुरी तरह से बात की थी।

उसे हमेशा मेरे बालों को लेकर परेशानी रहती थी क्योंकि वह बहुत तेज़ी से बढ़ते थे, इसलिए हर 15 दिनों में उन्हें कटाना पड़ता था। वह हमेशा इस बात को लेकर मायूस रहता था कि मेरे बाल पीछे की तरफ़ झाड़े जाने पर जाने

से इनकार कर देते थे और वह जहाँ चाहता था वहाँ नहीं ठहरते थे। वह अपने नियमित ग्राहक को यह नहीं समझा पाता था कि मेरे बाल स्वाभाविक रूप से अस्त व्यस्त थे और ऐसा उसने नहीं किया था। उसके पास काम बढ़ गया था जब 'नया दौर' फ़िल्म सुपर हिट साबित हुई और उसका गाना 'उड़े जब जब जुल्फें तेरी*...' लोकप्रियता के शिखर पर था। उसके पास दिन भर नौजवान आते थे और कहते थे कि दिलीप कुमार कट में बाल काट दो, जबकि उसमें ऐसा कुछ भी नहीं था बल्कि मेरे घने बाल मेरे माथे पर बिखरे रहते थे। मैं यह सोचता था कि मेरे बेचारे सर की जो बेइज़्ज़ती हुई थी यह उसकी वजह से एक तरह का विद्रोह था, जब मेरी दादी के कहने पर नाई ने आकर मेरे बालों को उस्तरे से मूँड दिया था ताकि मैं पेशावर के अपने स्कूल में सबसे बदसूरत दिखाई दूँ।

एक दोपहर वह नाई घर आया और मैंने उससे कहा था कि वह वहाँ इन्तज़ार करे तब तक मैं घर पहुँचता हूँ। वह ड्राइंग रूम में बैठ गया और मेरी बड़ी बहन को यह बात बहुत बुरी लगी और उन्होंने उसको ख़ूब डाँट लगाई, जब वह सब चल ही रहा था कि मैं अन्दर आया। मैंने उससे माफ़ी माँग ली जो उतना गुस्से में नहीं था बल्कि हैरान था। बाद में इस बात को लेकर मैंने सकीना आपा से बात की और हमारे बीच ख़ूब झगड़ा हुआ।

मैं चाहता तो था मगर आगाजी के साथ समय नहीं बिता पा रहा था। उनके जोड़ों में दर्द रहने लगा था और सबसे बढ़कर अम्मा की मौत के बाद उनकी जीने की ललक ख़त्म हो गयी थी। हालाँकि अक्सर सप्ताह में एक क्रॉफर्ड मार्किट न जा पाना उनको खलता था। समय के साथ कार में बैठने और उतरने के लिए उनको मदद की ज़रूरत पड़ने लगी थी। ऐसा नहीं था कि वे चलने-फिरने लायक नहीं रह गये थे बल्कि घुटनों के दर्द की वजह से उनको चलने-फिरने में परेशानी होती थी। उनका तनकर चलना, उनके चौड़े कन्धे और उनकी आँखों की चमक पहले की ही तरह बरकरार थी, और नौशाद मियाँ, जो उनके अच्छे दोस्त बन चुके थे, कभी भी उनकी ख़ूबसूरती की तारीफ़ किये बगैर नहीं रह पाते थे और इस बात की कुदरती तौर पर उनके तौर तरीके ऊँचे थे। नौशाद मियाँ उन नियमित तौर पर आने वाले लोगों में से एक थे जिनके साथ आगाजी की गहरी छनती थी क्योंकि नौशाद में यह ख़ूबी थी कि वे याद से बढ़िया उर्दू शेरो-शायरी सुनाया करते थे।

पाली माला में हमारे घर के आसपास पूर्वी भारत के बहुत सारे लोग रहते थे, जिन्होंने अपने झोपड़े लगा रखे थे और अपनी ख़ास तरह की ज़िन्दगी को जीते थे। मेरे बड़े भाई को अपना प्यार मिल चुका था, लेकिन मेरा छोटा भाई

* इस गाने का संगीत ओ.पी. नैयर ने दिया था, और गीत साहिर लुधियानवी ने लिखा था। इसे आशा भोसले और मोहम्मद रफी ने गाया था।

नासिर जो देखने में बड़ा सुन्दर था और बोलने में माहिर और जहाँ भी जाता था वहाँ लड़कियाँ उसको देखने लगती थीं। मैं यह समझे बिना नहीं रह सका कि एक लड़की थी जिसके सामने मैं जब भी कार से गुज़रता था वह मुझे देखकर मुस्कुराने लगती थी। मैं उसे उससे बातें करते हुए देखता था, और जब मैंने उसे कहा कि मुझे पता था कि क्या चल रहा था, और वह घबरा गया और जैसे पिछले घर में नूर साहब के मोहब्बत का अन्त हुआ था नासिर के इस प्यार का भी अन्त हो गया।

आगाजी ने क्रॉफर्ड मार्किट में जाना बहुत कम कर दिया क्योंकि उस धन्धे में उनकी दिलचस्पी ख़त्म हो गयी थी क्योंकि फल के काम उनके ज़्यादातर दोस्त छोड़ चुके थे और अपने बेटों के हाथ में काम सौंप चुके थे। मुझे लगा कि यही सही होगा कि नूर साहब जो उनके बड़े लड़के थे उनको काम सँभाल लेना चाहिए और बाज़ार में परिवार की इज़्ज़त को बचाये रखने के लिए काम करना चाहिए। मेरी ही तरह नासिर भी फ़िल्मों में था। न तो उसके पास न ही मेरे पास इतना समय था कि उस धन्धे में ध्यान दे सकें। यह मेरे लिए चिन्ता की बात हो गयी थी क्योंकि चाचा उमर भी बीमार पड़ चुके थे और काम को आगे बढ़ाने में उनकी दिलचस्पी नहीं बची थी।

उन दिनों बान्द्रा से क्रॉफर्ड मार्किट जाने में ज़्यादा समय नहीं लगता था। उन दिनों शहर की तरफ़ गाड़ी चलाकर जाना मज़ेदार होता था क्योंकि तब सड़कों पर आज की तरह भीड़ नहीं रहती थी और गाड़ी चलाने वाला आराम से एक्सीलरेटर पर पैर रखकर चलाते थे। बाज़ार के अन्दर और उसके आसपास पार्किंग की कोई कमी नहीं थी।

अगर मैं थका हुआ नहीं रहता था या काम के बारे में नहीं सोच रहा होता था तो मुझे गाड़ी चलाना पसन्द था। मैं ह्यूज रोड (जो दक्षिण मुम्बई में है) पर गाड़ी चलाता हुआ जाता था और जॉर्ज रेस्तरां में एक ऐसी टेबल पर जाकर बैठ जाता था जहाँ किसी का ध्यान नहीं जाता था और तबियत होती थी तो चिकेन या मटन बिरयानी खाता था। उसके साथ शोरबा और हरे सलाद की प्लेट परोसी जाती थी। वहाँ के सारे वेटर मुझे विल्सन के दिनों से जानते थे, जहाँ मैं सेंट जेवियर्स के ख़िलाफ़ फुटबॉल का हर मैच जीतने के बाद अपनी टीम के खिलाड़ियों को लेकर जाया करता था। वे इस बात को जानते थे कि मैं अब एक्टर हो गया था लेकिन वे जिस तरह से मेरे साथ दुआ सलाम किया करते थे, जिस तरह से मेरे ऑर्डर पर खाने का सामान लाते थे उससे नहीं लगता था कि इस बात से उनको कोई ख़ास फ़र्क़ पड़ता था। मैं हमेशा यह कोशिश करता था कि जहाँ भी जाऊँ ख़ुद को ख़ास न जताऊँ लेकिन एक दोपहर मैं वहाँ आगाजी को लेकर गया, और बाहर भीड़ जुट गयी। मैनेजर मेरी मेज़ के पास आया और उसने आकर कहा कि बाहर मेरे फैन्स मुझसे मिलने के लिए

खड़े हैं। आगाजी ने मुझसे पूछा कि क्या हो रहा था तो मैंने उनको बताया कि फैन्स थे। हैरत की बात यह थी कि उनको ख़ुशी हुई और मुझसे कहा कि बिना देर किये जाकर उनसे मिल लूँ।

मैं बहुत ख़ुश हुआ इसलिए नहीं कि लोगों को मेरा काम पसन्द आ रहा था बल्कि इसलिए कि उस दिन आगाजी की आँखों में मुझे गर्व दिखाई दिया था। लौटते समय वे हमेशा की तरह चुपचाप थे। घर पहुँचने पर, मैंने सुना कि वह सारा क़िस्सा चाचा उमर को बच्चे जैसे उत्साह से और पिता की गर्वीली ख़ुशी के साथ उन्होंने सुनाया।

कोई निर्माता अगर मुझसे मिलने घर आता था तो आगाजी किसी से नहीं मिलते थे। हालाँकि, जब भी राज कपूर आता था तो वे उसको देखकर ख़ुश हो जाते थे और उससे बड़े प्यार से पृथ्वीराज जी के बारे में पूछते थे। वह महबूब साहब को भी जानते थे। वह यह जानकर सन्तुष्ट थे कि भले उनका बेटा सरकार में बड़े ओहदे पर नहीं पहुँच पाया मगर उसने कुछ हासिल कर लिया था। कभी-कभी चाचा उमर मेरे पास आकर फुसफुसा कर बताते थे कि किस तरह एक अख़बार में मेरी तस्वीर देखकर उन्होंने उसको मोड़कर अपने बिस्तर के बगल में रख लिया था। आश्चर्यजनक बात यह थी कि उन्होंने मुझसे कभी यह नहीं पूछा कि मैंने परदे के लिए अलग नाम क्यों अपनाया। दुनियादार आदमी होने के कारण और देशी ज्ञान से परिपूर्ण होने के कारण शायद उनको कारण समझ में आ गया था।

वह इस बात से बेहद ख़ुश थे कि मैं इस बात पर ज़ोर देता था कि मेरी छोटी बहनें बेहतरीन स्कूलों-कॉलेजों में पढ़ें। उन्होंने कभी कहा नहीं लेकिन वह ऐसा सोचते थे कि अगर सकीना आपा को वैसी तालीम मिली होती जो मेरी छोटी बहनों को मिली तो उनके तौर तरीके ऐसे नहीं होते और वह लोगों को इस तरह से बुरा बर्ताव नहीं करतीं और अनचाहे में लोगों से दुर्व्यवहार न करतीं। वह इस बात को जानते थे कि मेरी प्राथमिकता यह थी कि मैं अपने छोटे भाई-बहनों को अच्छे-अच्छे स्कूल कॉलेजों में पढ़ाऊँ ताकि वे उस आधुनिक होती दुनिया की चुनौतियों का मुक़ाबला कर सकें जिसमें वे बड़े हो रहे थे।

जब मैं पीछे मुड़कर उन बरसों की तरफ़ देखता हूँ जब कि मैं इस पेशे में जगह बना रहा था और अपनी प्राथमिकताएँ तय कर रहा था, तो मेरे अन्दर एक तरह से कुछ हासिल करने का जज़्बा पैदा होता है, इसलिए कि मैं आगाजी की उम्मीदों पर खरा उतर पाया और उनको इस मामले में निश्चित किया कि मैं उनसे परिवार की ज़िम्मेदारियों को अभिभावक-भाई के रूप में सँभाल सकता था क्योंकि उनके ऊपर उम्र का असर दिख रहा था। मुझे नहीं लगता है कि मेरे बड़े भाई नूर साहब या मेरे छोटे भाई इस बात को सच में समझते थे मेरे लिए यह कितना मुश्किल था कि अपने पेशेवर मूल्यों को बचाते हुए अपनी आमदनी

को बढ़ाया जाये ताकि घर के ख़र्चे, फीस, पॉकेट मनी, कपड़े, किताबें, रोज़ के सफ़र के ख़र्चे की चुनौतियों का सामना किया जा सके।

मुझे याद है कि 1940 के दशक के आख़िर में एक निर्माता ब्रीफकेस में रुपये भरकर लाया था और साथ में उस फ़िल्म की पटकथा लेकर भी जिसे वह बनाना चाहता था। मैंने न उसको कभी देखा था न ही कभी उसके बारे में सुना था। उसने मुझे कहानी सुनाई और मैंने वहाँ तक सुना जब हीरो गाँव में भैंस पर चढ़कर घूमने लगता है। मैंने उसे वहीं रोककर पूछा—'भैंस क्यों?' उसने कहा कि हीरो के किरदार में कॉमेडी को जोड़ने का इरादा है। जब मैंने यह पूछा कि क्या मैं इसमें ज़रूरी बदलाव कर सकता था, उसने कहा कि कर सकता हूँ लेकिन भैंस को रखना होगा।

मैंने चोरी से मेज़ पर रखे उस गन्दे से ब्रीफकेस को देखा, जिसमें पैसे भरे हुए थे जिसकी मुझे उस समय बहुत ज़रूरत थी। वह हल्का सा हिल रहा था क्योंकि खिड़की से समुद्री हवा आ रही थी और ऐसा लग रहा था जैसे वह मेरे ऊपर व्यंग्य से मुस्कुरा रही थी।

और फिर मैंने बड़ी विनम्रता से कहानी आगे सुनने से मना कर दिया और उसे यह विश्वास नहीं हो रहा था कि मैं इतनी अच्छी कहानी और इतने अधिक पैसों को ठुकरा रहा था। यह मेरे लिए सिखाने वाला अनुभव था क्योंकि ऐसे बहुत सारे फ़िल्मकार थे जो मेरी लोकप्रियता को भुनाना चाहते थे। जिस सहजता से मैंने उस ब्रीफकेस को ठुकरा दिया उसकी वजह से मेरे आत्मसम्मान में वृद्धि हुई और मेरा यह संकल्प और भी मज़बूत हुआ कि अपनी शर्तों पर काम करना चाहिए।

मुझे अन्दर से अम्मा के गुज़र जाने के बाद आगाजी का अकेलापन समझ में आता था। वह एक तरह से शून्य में रह रहे थे और उनकी जीने की ख़्वाहिश मर गयी थी। 5 मार्च 1950 को वे सुकून से इस दुनिया से चले गये, हम सबको खला में छोड़कर। फ़िल्म उद्योग में ख़ुद को जानने वाले हर आदमी को मैंने इस बारे में नहीं बताया क्योंकि मैं यह नहीं चाहता था कि ऐसे लोग आकर मुझे झूठी संवेदना दें जो न तो उनको जानते थे न ही इस बात को कि मेरे लिए उनके होने का क्या मतलब था। राज कपूर, नौशाद मियाँ, महबूब साहब, अशोक भैया, बिमलदा, नितिनदा, एस. मुखर्जी साहब, परिवार के डॉक्टर, नजदीकी सम्बन्धी और आगाजी के कुछ दोस्त मेरा ढाढस बँधाने आये और मैं चुपचाप अपने जीवन के एक और मूल्यवान सहारे के खो जाने का गम पीता रहा। जैसा कि आगाजी की ख़्वाहिश थी उनके शरीर को देवलाली में अम्मा की क़ब्र के पास दफ़नाया गया।

फ़िल्म बनाने की मेहनत : गंगा जमुना और उसके बाद

'फ़िल्म निर्माण में, पेंटिंग या कविता लिखने जैसे अन्य कला रूपों के विपरीत काफ़ी संवाद करना पड़ता है। मेरा मतलब है एक्टर और निर्देशक के बीच का संवाद, निर्देशक और कैमरामैन के बीच का संवाद, और कला निर्देशक के साथ संवाद, निर्देशक और एडिटर के बीच संवाद, कलाकारों के बीच संवाद, कलाकारों और कैमरामैन के बीच संवाद। अगर इस सबके बीच तालमेल बढ़िया रहता है तो उसका नतीजा काम में दिखाई देता है, अगर नहीं होता है तो वह बिखराव काम में भी दिखाई देता है।'

ज़िन्दगी को तो आगे चलना था और मेरे दिमाग़ में 'गंगा जमुना' की कहानी चल रही थी। मेरे लिए यह ज़रूरी था कि अपने भाई नासिर को फिर से पेश करूँ—कुछ फ़िल्मों में काम करने के बाद उसके कैरियर में ठहराव आ गया था—और मैं अपना प्रोडक्शन हाउस भी बनाना चाहता था। यह विषय ऐसा था कि उसे जिस तरह से मैं सोचता था उस तरह से परदे पर उतारने के लिए काफ़ी पैसों की ज़रूरत थी। बाज़ार में पैसों की कोई कमी नहीं थी और मुझे ध्यान से काम करना था ताकि शाइलौक (Shylock) जैसे लोगों से बचा जा सके।

मैं शपूर जी मिस्त्री और पैलोन जी मिस्त्री को बखूबी जानता था। मैं उन लोगों से दोस्ताना तौर पर उनके घर पर मिला था और जिस तरह से घर की औरतों ने चाय के समय पारसी खाने की चीज़ें परोसी थीं उससे मुझे याद आ गया था कि पेशावर में छुट्टी के दिनों में जब हमारा परिवार मिलता बैठता था तो उसी तरह से खाने की चीज़ें परोसी जाती थीं। वे अच्छे लोग थे, मेहमाननवाजी करने वाले, और मुझे उनके बारे में तब पता चला था जब उन्होंने के. आसिफ

की 'मुग़ले-आजम' में पैसा लगाया था। शपूर जी ने जब 'गंगा जमुना' की कहानी सुनी तो उनको पसन्द आयी और उनको इस बात में कोई सन्देह नहीं था कि यह फ़िल्म चलेगी लेकिन मेरे भाई नासिर को लगता था कि मैं इस फ़िल्म में अपराधी बनूँ यह कोई अच्छा ख़याल नहीं था। उसका यह कहना था कि लोग इस बात को स्वीकार नहीं करेंगे कि मैं उस बदमाश ज़मींदार से बदला लेने के लिए डाकू का रोल न करूँ जो अपनी ही बहन के गहनों को चुरा लेता है और गंगा की ग़रीब और ईमानदार माँ के ऊपर आरोप मढ़ देता है, उसके लिए मैं क़ानून तोड़ने वाला न बनूँ। (मैं गंगा बनना चाहता था और यह चाहता था कि नासिर पुलिसवाले जमुना की भूमिका में आये)। इस बारे में नासिर के विचार बहुत सख़्त थे और उसने मुझे यह सलाह दी कि मुझे इसके बारे में सोचना चाहिए।

मैंने इसके बारे में सोचा और इस नतीजे पर पहुँचा कि मुझे इस फ़िल्म के साथ आगे बढ़ना चाहिए क्योंकि शपूर जी को पूरा इत्मीनान था कि यह फ़िल्म कामयाब होगी। जितना ही मैं कहानी के इस द्वन्द्व के ऊपर काम करता था कि एक भाई है जो देश के उस क़ानून का रखवाला है और दूसरा भाई है जो क़ानून का भगोड़ा है, जो अमीरों और शक्तिशाली लोगों की मदद करता है और अन्यायपूर्ण ढंग से ग़रीबों के साथ भेदभाव करता है, उतना ही मुझे यह लगने लगता कि यही समय है कि गाँव के लोगों को लेकर फ़िल्म बनाई जाये जिनको देश की विदेशी शासन से मुक्ति का बहुत कम फ़ायदा पहुँचा। किसान और मज़दूरों को गुलामी का जीवन जीना पड़ रहा था और निरंकुश ज़मींदार उनका शोषण कर रहे थे। हालात आज भी उतने नहीं बदले हैं, 50 साल से अधिक हो गये जब महबूब ख़ान ने 'मदर इंडिया' (1957) और मैंने 'गंगा जमुना' (1961) में किसानों का शोषण दिखाया था, जिनके लिए वह धरती पाक है जिसे वे जोतते हैं।

महबूब साहब ने 'मदर इंडिया' इसी मिशन के साथ बनाई थी और वह फ़िल्म पश्चिम के देशों के लिए इस बात को समझने का बहुत अच्छा उदाहरण बन गयी कि किस तरह बरसों से चली आ रही महाजनी व्यवस्था में गाँव में लोगों का शोषण होता था। जब महबूब साहब ने 1950 के दशक के शुरुआत के सालों में मुझसे 'मदर इंडिया' के बारे में बात की थी तब मुझे लगा था कि यह बहुत समय से उठाया गया विषय था और इस फ़िल्म को हर हालत में बनाया जाना चाहिए। वह मुझे नर्गिस के बेटों में से एक का रोल देना चाहते थे लेकिन मैंने उनका ध्यान इस तरफ़ दिलाया था कि यह बेतुकी किस्म की कास्टिंग होगी क्योंकि इससे पहले के फ़िल्मों में मैंने बहुत रोमांस किया था, जैसे 'मेला' (1948) और 'बाबुल' (1950) में। मुझे लगा कि यह नर्गिस के लिए बहुत अच्छा मौक़ा था कि वह टाइटल रोल करे और इसमें कोई शक नहीं कि उसका चुनाव बिल्कुल सही था। यह ज़रूरी था कि कलाकारों से उसको किसी तरह की चुनौती न मिले क्योंकि कहानी की जान

उसका ही किरदार था। इसके अलावा, मैं एक बार फिर से ट्रेजेडी के चक्कर में नहीं पड़ना चाहता था।

महबूब साहब इसके लिए जाने जाते थे कि वे अपनी फ़िल्म के लिए कलाकारों का चुनाव लीक से हटकर करते थे। उन्होंने मुझे फ़िल्म 'आन' (1952) में एक साहसी गाँव के आदमी के रूप में तब लिया था जब अवाम में मेरी छवि ट्रेजेडी के अदाकार की थी। उनको ऐसा करने में बहुत आनन्द आता था जो कि असम्भव हो और जब उनके उस प्रयोग को कामयाबी मिलती थी तब उनको जो सराहना मिलती थी वे उसका मज़ा भी लेते थे। 'आन' दुनिया भर में कामयाब रही और वे किसी विजेता की तरह से महसूस कर रहे थे कि उन्होंने टेक्नीकलर में पहली फ़िल्म बनाई। तो कुल मिलाकर बात यह है कि मैं उनसे राजी नहीं हुआ जब वे मुझे मदर इंडिया में नर्गिस के बेटे का रोल देना चाहते थे।

'गंगा जमुना' पर वापस आते हैं, मैंने शपूर जी से यह कहा कि मैं चाहता हूँ कि उत्तर भारत के भीतरी इलाकों में घूमा जाये, पहले उत्तर प्रदेश और मध्य प्रदेश और फिर उसके बाद महाराष्ट्र के गाँवों में। मैंने यह तय कर लिया था कि फ़िल्म के डायलॉग उसी ज़ुबान में होंगे जो बचपन में देवलाली रहते हुए मैंने माली के घर में सुना था और जो तब से मेरे अवचेतन में मौजूद था। मुझे उस उम्र में यह पता नहीं था कि वह ज़ुबान यूपी या बिहारी थी। वह आकर्षक लगता था और जब जज़्बातों को आवाज़ देनी हो तो उस ज़ुबान में इसके लिए बड़े अच्छे भाव थे। जिस तरह से माली बिहारी और उसकी बीवी फुलवा बातें करते थे या लड़ते थे वह मज़ेदार होता था और बहुत नाटकीय भी। मुझे फ़िल्म के लिए उस ज़ुबान को एक बार और सुनकर उसका अनुभव करना था। गाँव चाहे वे उत्तर के हों या दक्षिण के उनकी अपनी ख़ूबसूरती और विशेषता होती थी। मैं उसे अपनी आँखों से देखना चाहता था।

मैं उस हवा में साँस लेना चाहता था जिस हवा में गंगा और जमुना बड़े हुए थे और उन लोगों की तकलीफ़ का जायज़ा भी लेना चाहता था जो धरती की कसम खाकर हल जोतते थे और जिनका ज़मींदारों के हाथों बुरा हाल होता था। उसके बारे में जानकारी लेना और बात होती है जबकि लेखक के रूप में उसे महसूस करना और बात होती है। मैं महज फ़िल्म का निर्माता और अदाकार नहीं था बल्कि फ़िल्म की स्क्रीनप्ले भी मैंने ही लिखी थी और मेरे सामने जोश भरने वाली चुनौती थी। एक तरह से, मैं इस बात को लेकर बहुत सजग था कि मुझे कई स्तरों पर देखा जाने वाला था मगर इस बात ने मुझे प्रेरणा अधिक दी बजाय परेशानी देने के।

गंगा का रोल करने का सबसे मज़ेदार पहलू यह था कि मुझे फ़िल्म के जज़्बाती माहौल को समझने में किसी तरह की मुश्किल नहीं थी, ख़ासकर

अपने छोटे भाई को लेकर प्यार और रक्षात्मक होने को लेकर। यह मुझे पीछे के संसार में ले गया जब अयूब साहब थे और उनसे मेरा रिश्ता था जो हम सबमें बुद्धि में सबसे आगे थे और मुझे हमेशा यह लगता था कि अगर वे अपाहिज न रहे होते तो बड़े अफ़सर बनते। मैंने अपने छोटे भाइयों को बड़े नाजों से पाला था और हमेशा उनकी ज़रूरतों को ख़ुद की ज़रूरतों से ऊपर रखा था ताकि वे बेहतर तालीम पा सकें और अपने अरमानों को पूरा कर सकें। इसलिए एक किरदार के रूप में गंगा से मैं अनजान नहीं था जो मेरी बाकी फ़िल्मों के किरदार से अलग था जिनमें मेरा अपना व्यक्तित्व एक तरफ़ होता था और किरदार का दूसरी तरफ़, और मेरे लिए यह लाजिमी होता था कि दोनों को पास लाऊँ।

हाल में, जब हम यूँही बातचीत कर रहे थे तो अमिताभ बच्चन ने मुझे बताया कि जब वे विद्यार्थी थे तो उन्होंने कई बार 'गंगा जमुना' फ़िल्म को देखा था सिर्फ़ यह समझने के लिए कि किस तरह एक पठान यूपी के गाँव का किरदार कर रहा है और बड़े आराम से वहाँ की जुबान बोल रहा है। मुझे लगता है कि इसकी बात में कुछ दम था। किसी भी पठान के लिए गंगा के किरदार और उसकी जुबान को लेकर सहज होना आसान नहीं था। फिर भी इस पठान ने, जिसकी कहानी आप पढ़ रहे हैं, सहजता के साथ, ध्यान से उसका अध्ययन

फ़िल्म गंगा जमुना (1961) का एक पोस्टर

करने के बाद, बिना थके रिहर्सल करके, और अपने मिजाज़ से वह करने में भी कामयाब हो जाता था जो उसके लिए नया होता था।

मैं यह जानता था कि 'गंगा जमुना' की पटकथा में एक एक्टर के रूप में फ़ायदे थे। किरदार ऐसा था जो क़ानून की नज़र में गलत था, इसलिए मेरे लिए यह ज़रूरी था कि देखने वालों को उन कारणों से वाकिफ़ करवाया जाये जिसकी वजह से उसने क़ानून की नज़र में अपराधी का जीवन अपनाया और मुझे ऐसा करना था कि इसकी उसे कीमत चुकानी पड़ी। चाहे वह जिन परिस्थितियों में इसमें आया वे सही ही क्यों न रही हों। मैंने यह तय किया कि गंगा को किसी तरह की रियायत नहीं दी जायेगी, जबकि वह इस बात को समझाने की कोशिश करता है कि वह ज़मींदार के बिछाये जाल में फँस गया और वह क़ानून तोड़कर ही इस सामन्ती व्यवस्था से लड़ सकता था। जब मैं 'गंगा जमुना' की कहानी और इसका स्क्रीनप्ले लिख रहा था, तब मेरे भाई नासिर ने, जिसकी इस फ़िल्म से वापसी हो रही थी, यह कहा कि मैं ग़लती कर रहा था। जैसा कि मैंने पहले कहा था कि उसको लगता था कि लोग मुझे डाकू या क़ानून तोड़ने वाले के रूप में स्वीकार नहीं करेंगे। मैंने इसके बारे में सोचा और यह तय किया कि बिना किसी तरह के बदलाव के आगे बढ़ूँगा, उन बदलावों के जो दोस्तों और चाहने वालों ने सुझाये थे। फ़िल्म को ख़ूब अच्छी शुरुआत मिली और इसलिए तारीफ़ भी बहुत हुई।

जब हम 1960 की गर्मियों में यूके के पाइनवुड स्टूडियो (Pinewood Studio) में फ़िल्म की टेक्नीकलर प्रोसेसिंग कर रहे थे, तो वहाँ के तकनीशियनों ने यह सुझाव दिया कि हमें इस फ़िल्म को ऑस्कर (Oscar) के लिए भेजना चाहिए क्योंकि इसमें आज़ाद हिन्दुस्तान में ज़मींदारों द्वारा किये जाने वाले शोषण, ग़रीबी और उत्पीड़न के बावजूद ग़रीबों की ईमानदारी को दिखाया गया है। उन्होंने कलाकारों की एक्टिंग, रंगारंग गीतों और फ़िल्म की मुश्किल ग्रामीण पृष्ठभूमि को ख़ूब पसन्द किया।

जब 'गंगा जमुना' कार्लोवी वेरी (Karlovy Vary), चेकोस्लोवाकिया, बोस्टन और कैरो में दिखाई गयी तो फ़िल्म समीक्षकों ने मुझे घेर लिया, जिनको फ़िल्म बहुत पसन्द आयी थी और फ़िल्म में की गयी एक्टिंग से जो मन्त्रमुग्ध रह गये थे। वे यह जानना चाहते थे कि इस फ़िल्म के बारे में कितना रिसर्च किया गया था क्योंकि उनके देशों में गंगा जमुना जैसी फ़िल्म बहुत शोध और सोच-विचार के बाद बनती है। मैंने उनसे कहा कि मैंने इसकी पटकथा, किरदारों, भोजपुरी भाषा, कहानी के तार्किक अन्त और बाकी चीज़ों के ऊपर मैंने कितना काम किया था। फ़िल्म की एक और विशेषता थी नौशाद मियाँ का संगीत, जिन्होंने फ़िल्म में जिन लोकधुनों का इस्तेमाल किया था वे आज तक लोकप्रिय हैं।

गंगा जमुना की चिर स्थायी उपलब्धि यह थी कि इसने लेखकों को इस

बात के लिए प्रेरित किया कि वे हीरो के किरदार में थोड़ा नकारात्मक रंग भरें। मैंने पहले भी 'एंटी हीरो' का रोल किया था। उदाहरण के लिए, जो किरदार मैंने महबूब ख़ान की फ़िल्म 'अमर' (1954) में निभाया था जिसने ख़ून खराबा किया था, इसलिए उसके क़िरदार में खोट था और वह रवायती ढंग का बिना किसी खोट का हीरो नहीं था। जिया सरहदी की फ़िल्म 'फुटपाथ' (1953) में मैंने जो किरदार किया था वह कालाबाज़ारी करता था और इस वजह से वह एक दागदार हीरो था। हालाँकि, ये फ़िल्में 'गंगा जमुना' की तरह से नहीं चलीं। 'गंगा जमुना' के मामले में उसका जो हीरो था वह क़ानून की नज़र में ग़लत था लेकिन उसके साथ दर्शकों की सहानुभूति थी और कहानी इस तरह की थी कि उसमें भाइयों में उतना संघर्ष नहीं था जितना कि देश एक क़ानून और इंसान की नैतिक आज़ादी को लेकर था कि वह अन्याय और भ्रष्टाचार का मुक़ाबला करे और देश को आगे ले जाये।

महीनों के सोच-विचार और ख़ुद को सवाल करने के बाद क्लाइमेक्स पर पहुँचे लेकिन हमने जो मेहनत की थी वह कारगर रही क्योंकि आज भी फ़िल्म के शैदाई 'गंगा जमुना' के मौत वाले सीन की तारीफ़ करते हैं। यह सीन स्टूडियो के सेट पर शाम के धुँधलके में फ़िल्माया गया था। मैंने कैमरामैन, वी. बाबा साहेब को विश्वास में लिया और उनसे कहा कि वे सब कुछ तैयार रखें क्योंकि इस सीन

फ़िल्म गंगा जमुना (1961) में वैजयन्ती माला के साथ

के लिए न तो रिहर्सल होगा न ही इसका कोई दूसरा टेक लिया जायेगा। मैंने इस बात के ऊपर ज़ोर दिया कि ऐक्शन और कैमरे की चाल के बीच में पक्की संगति होनी चाहिए। वह समझ गये और इसके लिए पूरी तरह से तैयार हो गये। युनिट के बाकी लोगों को इसका सुराग नहीं था कि मैं क्या करने वाला था। जो मैंने किया वह मेरा अपना ही विचार था। मैंने स्टूडियो के अन्दर कई चक्कर लगाये, पहले चलते हुए, फिर दौड़ते हुए। जब मेरी साँस उखड़ने लगी और मुझे लगा कि मैं गिर जाऊँगा तो मैं सेट पर आया जहाँ बाबा साहेब कैमरा लेकर दौड़ने के लिए पक्के तौर पर तैयार थे। जिस सीन में गंगा अपने घर में उस देवता के पैरों पर गिर जाता है जिसकी पूजा उसकी माँ बड़े विश्वास और श्रद्धा के साथ किया करती थी, उस सीन को और किसी तरह से नहीं किया जा सकता था। जब गंगा गोली खाकर गिरता है तो वह क़ानून की जीत थी लेकिन मैं दर्शकों को यह बात बताना चाहता था कि गंगा ने बड़ी जीत हासिल की उसे भगवान ने नैतिक जीत दी उसके इस लक्ष्य को स्थापित करके कि उसने अपनी ग़रीब माँ को निर्दोष साबित कर दिया और गाँव में उसकी इज़्ज़त को वापस दिलाया।

'गंगा जमुना' के लिए पक्के लोकेशन की तलाश मेरे लिए एक और ज़िम्मेदारी थी। मुझे कहा गया कि आजकल यह काम 'प्रोडक्शन डिजाइनर' का होता है जो फ़िल्म की छवि काग़ज़ पर बनाता है। यही कारण हो सकता है कि आजकल फ़िल्में इस कदर मिलीजुली लगती हैं। हमारे ज़माने में, कला निर्देशक, निर्देशक और कैमरामैन लोकेशन की खोज का जिम्मा उठाते थे, और गंगा जमुना के लिए यह ज़िम्मेदारी पूरी तरह से मेरी थी कि इस कहानी के लिए माकूल जगह की खोज की जाये। जो स्केच मैंने बनाये थे उसके मुताबिक़ कुछ सीन की शूटिंग इनडोर होनी थी और उसके लिए जैसा सेट मैंने सोचा था उसे बम्बई के कारदार स्टूडियो और महबूब स्टूडियो में बनाया गया था।

मुझे एक महीना लग गया महाराष्ट्र में इगतपुरी के लोकेशन को तय करने में जो बम्बई से 120 किलोमीटर उत्तर-पूर्व में था। वह जगह मुझे अचानक मिल गयी जब मैं बदरुद्दीन तैयब जी (जॉनी वाकर) के साथ घूमने गया हुआ था। वहाँ की कुदरती सुन्दरता और अनगढ़ता ने मेरा ध्यान खींच लिया। बाद में मैं उस जगह पर कैमरामैन बाबा साहेब और निर्देशक नितिन बोस को लेकर गया, और उन सबको वह जगह भा गयी। तब मैं यह कहाँ जानता था कि मैं एक ऐसे लोकेशन को खोज रहा था जहाँ गंगा जमुना के रिलीज होने के बाद अनेक फ़िल्मों की शूटिंग होगी। कहानी ऐसी थी कि उसके लिए ऐसा लोकेशन चाहिए था जहाँ ऊँचे-नीचे पहाड़ हों और उसके सामने घाटी हो जिसमें नदी बहती हो, जिसके आसपास बड़े-बड़े पेड़ और झाड़ियाँ हों। मैंने लोकेशन के लिए जो स्केच बनाये थे बाबा साहब ने वे देख रखे थे और उनको आश्चर्य हुआ कि वह ठीक उस तरह की जगह थी जैसी कि मैंने उनके लिए बनाई थी। कुछ मिनट के लिए

वे उस पहाड़ पर चुपचाप नितिन दा के साथ खड़े रहे जहाँ से गंगा नीचे लुढ़क कर विलेन (अनवर हुसैन) को पकड़ता है और धन्नो (वैजयन्तीमाला) को बचाता है। उस लोकेशन को कुछ देर तक कैमरामैन की आँखों से देखने के बाद वे ख़ुशी के मारे तालियाँ बजाने लगे और उन्होंने उस जगह के ऊपर अपनी सहमति की मुहर लगा दी। यह जानी हुई बात थी यह घाटी गाँववालों के घरों और ज़मींदार की हवेली के लिए पृष्ठभूमि तैयार करेगी जिसको हमें बनाना था।

'गंगा जमुना' बनाना उस ज़माने में बहुत बड़ा काम था। हालाँकि वहाँ नितिन दा बतौर निर्देशक मौजूद थे, लेकिन मूल तौर पर 'गंगा जमुना' मेरी फ़िल्म थी। जब लोकेशन पर 'गंगा जमुना' की शूटिंग शुरू हुई तो के. आसिफ उस समय 'मुग़ले-आजम' के लिए रेगिस्तान के सीन की शूटिंग कर रहे थे। मुझे रेगिस्तान की उस जलती गर्मी में भारी भरकम बख्तरबन्द के साथ शूटिंग करनी पड़ती थी, फिर हवाई जहाज़ से बम्बई वापस आकर कार से 'गंगा जमुना' के लोकेशन पर जाता था। उस ज़माने में मेकअप के लिए कम ही सामान होते थे और मेरे मेकअप मैन के लिए यह बड़ी चुनौती का काम होता था कि वह मेरे बदन से धूप की तपिश और बख्तरबन्द पहनने के कारण पड़ गये लाल धब्बे को दूर करे जो रेगिस्तान के लोकेशन में लड़ाई के दृश्यों की शूटिंग के कारण पड़ जाते थे।

शपूर जी 'मुग़ले-आजम' फ़िल्म के सह-निर्माता थे, वे हमेशा अपने बेटों और दफ़्तर में काम करने वालों से यह कहते रहते थे कि उनको मुझसे कड़ी मेहनत का गुण सीखना चाहिए। वह इसका इन्तज़ाम करते थे कि सफ़र में जितना सम्भव हो सके मुझे आराम मिले और उनके चेहरे पर जो चिन्ता का भाव दिखाई देता था उससे मुझे अम्मा के चेहरे का वह भाव याद आ जाता था जब मैं कॉलेज के दिनों में मेट्रो सिनेमा के पास के मैदान में ख़ूब जमकर फुटबॉल खेलकर आता था और उसकी वजह से मेरे गोरे रंग पर दोपहर की धूप का असर पड़ जाता था।

मुझे शपूर जी के साथ देर-देर तक बातें करना पसन्द था जो शायद मुझे अपने बेटों से कम नहीं चाहते थे। हम हर उस बात के ऊपर चर्चा किया करते थे जो इस दुनिया में है। वैसे तो जब वे अपने बेटों से निर्माण के धन्धे और पैसों के लेन-देन के बारे में बातें करते थे तो मुझे अच्छा लगता था, और शपूर जी अक्सर हैरत से पूछते थे कि मैं किस तरह से एक्टिंग के पेशे की अजीबोग़रीब माँगों को पूरा किया करता था। शपूर जी का निर्माण उद्योग में बड़ा नाम था और उनको अधिकारियों से भरपूर इज़्ज़त मिलती थी क्योंकि उनका मान-सम्मान बहुत अधिक था। वह छोटे क़द के गिट्ठे से आदमी थे, और उनके चेहरे की चमक से उनकी अच्छाई की झलक मिलती थी। जब भी उनको समय मिलता वे लोकेशन पर आया करते थे, और कई बार वे पाली हिल में मेरे नये घर में आ जाया करते थे।

उन दिनों पाली हिल, बान्द्रा का पता मायने रखता था। वहाँ खुली जगहें थीं

और बँगले थे और जो बँगला मैंने चुना था वह ऊँचाई पर था और उसके ऊपर के माले से अच्छा नजारा दिखाई देता था। मैं अपने बहनों और भाइयों को हैरान करने के लिए उनको उस घर तक गाड़ी से लेकर गया और अपनी जेब से चाबी निकाल कर उस घर का दरवाज़ा खोल दिया था। एक आवाज़ में वे सभी पूछने लगे कि यह किसका घर था और इसकी चाबी मेरे पास कैसे आ गयी थी। मैंने उनको बताया कि अब से यह हमारा घर है। वह घर बड़ा था और वहाँ लड़कियों को उनकी ज़रूरी निजता के लिए काफ़ी जगह थी।

ज़िन्दगी में हैरानी के मौक़े कभी नहीं ख़त्म होते हैं। मैं यह उम्मीद कर रहा था कि घर में मेरे अपने लिए ख़ास जगह हो जहाँ मैं ज़रूरत पड़ने पर आराम कर सकूँ या कमरे में रहकर कुछ पढ़ सकूँ। मेरे लिए यह ज़रूरी था कि कुछ समय अकेला भी रहूँ। मैं बहुत कम उम्र से ही अकेला रहता था क्योंकि मेरे अपने ख़याल होते थे, अपनी कल्पनाएँ होती थीं जिनको मैं साझा नहीं करना चाहता था। जब मैं बच्चा था तो मुझे घर से बाहर अकेले जाने में मज़ा आता था और अक्सर इसकी वजह से मैं डर जाता था या मुश्किल में पड़ जाता था (जैसा कि पहले के अध्याय में दर्ज़ किया गया है)। यहाँ, यह बड़ा घर जो मैंने बड़े प्यार से ख़रीदा था, उसमें मैं अक्सर बिला वजह की बहसों में उलझ जाता था। अपने बहनों, भाइयों के साथ मेरा तार पूरी तरह से टूटता जा रहा था जिनको बस अपने सुख-सुविधाओं की ही परवाह थी, और वे बिना झिझक मुझसे माँगते रहते थे। जिसकी वजह से मैं ज़्यादा वक़्त आउटहाउस में बिताता था क्योंकि वहाँ मुझे ज़्यादा आज़ादी मिलती थी कि मैं अपने पसन्दीदा काम पढ़ने में लग सकूँ या उन लोगों के साथ अच्छा समय बिता सकूँ जिनका साथ मुझे पसन्द था।

फ़िल्म उद्योग में निर्माताओं की संस्था की तरफ़ से एक माँग आयी कि एक समय में कोई एक्टर कितनी फ़िल्मों में काम करेगा इसको लेकर सीलिंग लगाई जानी चाहिए। मैं यह जानता था कि इससे मुझे कोई फ़र्क़ नहीं पड़ने वाला था क्योंकि मैं एक समय में एक फ़िल्म से अधिक नहीं करता था। लेकिन मुझे लगा कि यह किसी आदमी की ज़ाती और पेशेवर आज़ादी के ऊपर एक तरह का अतिक्रमण था।

ऐसे समय में मद्रास जाने का मेरा निर्णय आया तो इसके पीछे एक कारण तो यह था कि मैं अपने घर के शोर-शराबे से दूर जाना चाहता था और कुछ यह भी था कि मैं बम्बई के निर्माताओं के इस क़दम से ख़ुश नहीं था कि एक्टर के काम के ऊपर रोक लगाई जाये। मद्रास में दो बड़े अच्छे निर्माता थे जो यह चाहते थे कि मैं तमिल और तेलुगु भाषा की उनकी हिट फ़िल्मों के हिन्दी संस्करण में काम करूँ और जो कहानियाँ उन्होंने सुनाई थीं वे मुझे पसन्द भी आयी थीं। एक में कॉमेडी के लिए पर्याप्त जगह थी तो दूसरे में एक दुर्भाग्यशाली इंसान के परेशान और शक्की दिमाग़ का किरदार था। वे फ़िल्में थीं बी. नागी रेड्डी की 'राम और

फ़िल्म दिल दिया दर्द लिया (1966) में

श्याम' (1967, जिसका निर्देशन तापी चाणक्य ने किया था) और पी.एस. वीरप्पा की 'आदमी' (1968, जिसका निर्देशन ए. भीम सिंह ने किया था)। दोनों फ़िल्मों की शूटिंग उस शहर में होने वाली थी जिसने तब मेरे दिल में घर कर लिया था जब मैं 'पैग़ाम' (1959) फ़िल्म में काम कर रहा था।

'राम और श्याम' कुछ मुश्किल के साथ शुरू हुई। वैजयन्तीमाला को उस फ़िल्म में हीरोइन के लिए साइन किया गया था, जिसने बिला वजह के ऐसा नखरा खड़ा किया कि उससे निर्माता नागी रेड्डी चिढ़ गये। वह किसी बहुत छोटी-सी बात पर अड़ गयी कि उसने कोई साड़ी या झुमके पसन्द किये थे जो निर्देशक के सहायक ने अनजाने में किसी और कलाकार को दे दिया था। नागी रेड्डी ने बड़ी विनम्रता के साथ उससे यह कह दिया कि वह उस फ़िल्म में काम नहीं कर रही थी। एक सप्ताह में मुझे यह बता दिया गया कि 'प्यासा', 'काग़ज़ के फूल', 'काला बाज़ार', 'गाइड' जैसी फ़िल्मों में काम कर चुकी वहीदा रहमान वैजयन्ती की जगह पर काम करेगी। इस सारे मसले को वैजयन्ती ने ग़लत तरीके से गढ़ दिया, जिसने मेरे साथ छह फ़िल्मों में काम किया था, और यह मान लिया कि मैं वहीदा रहमान को लेकर आया था क्योंकि वह 'दिल दिया दर्द लिया' और 'आदमी' में मेरे साथ हीरोइन थी।

वैसे तो 'आदमी' की शूटिंग 'राम और श्याम' से बहुत पहले शुरू हुई थी क्योंकि फ़िल्म के बीच में आकर पैसों की तंगी हो गयी थी। जब मैं 'राम और

श्याम' के किसी जानदार सीन के लिए शूटिंग कर रहा होता था तो बीच में मुझे वहीदा के साथ 'आदमी' के किसी दिल को छू लेने वाले सीन के लिए डबिंग करनी पड़ती थी क्योंकि वीरप्पा का सन्देश आता था कि कुछ पैसे आ गये हैं और वे डबिंग स्टूडियो का ख़र्च उठा सकते थे और तकनीशियनों का भुगतान भी कर सकते थे। इसी तरह, 'आदमी' का एडिटर मुझे बुलाकर आदमी के सम्पादित रील दिखाता था और राम और श्याम की शूटिंग पूरी करने के बाद मैं आदमी की एडिटिंग में चला जाता था।

'आदमी' असल में मनोवैज्ञानिक ड्रामा था और मैंने यह कोशिश की कि एडिटिंग के टेबल पर उसमें कुछ तेज़ी और धार आ जाये। उन दिनों फ्रेंच के न्यू वेव (New Wave) के निर्देशकों के प्रभाव में आकर, ख़ासकर ज्यां लुक गोदार (Jean-Luc-Godard) के प्रभाव में हमारे यहाँ के एडिटर्स में बिला वजह जम्प कट की तकनीक को आज़माने का चलन आ गया था। वैसे तो मैंने एडिटिंग के काम का बाकायदा प्रशिक्षण नहीं लिया था, लेकिन मुझे इस बात का अच्छी तरह से इल्म था कि कहानी सुनाने के दौरान किस तरह एडिटर दर्शकों को बाँधे रखने के लिए काम कर सकता है। 'आदमी' का विषय ऐसा था कि उसकी एडिटिंग के लिए कल्पना की ज़रूरत थी।

एक कलाकार के रूप में मुझे उस वादे पर टिके रहना था जो कि 'आदमी' के किरदार ने किया था। मुझे उस किरदार के इस दिमाग़ी जद्दोज़हद को उभार कर लाना था कि वह अपने अतीत को पीछे छोड़कर आगे बढ़ जाये। कहानी का मूल संघर्ष, जो ऊपर से प्रेम त्रिकोण लगता था, इस अर्थ में असामान्य था कि यह इस बात का संघर्ष उतना अधिक नहीं था कि दो मर्दों में एक औरत के लिए संघर्ष है जैसा कि फ़िल्मी कहानियों में आम होता है। यहाँ संघर्ष किरदारों के दिमाग़ में था।

जो किरदार मैंने निभाया था उसे मनोवैज्ञानिक तौर पर समझे जाने की ज़रूरत थी और इसने मेरी दिलचस्पी जगाई। अपने अनुभव और समझ के आधार पर मैं इस नतीजे पर पहुँचा कि फ़िल्म में एक ख़ास तरह का मूड और माहौल होना चाहिए जो उस किरदार के जीवन के उतार-चढ़ाव तथा उसके सोचने का जो ढंग था उसके साथ-साथ जाये। इसलिए लेखन के अलावा मैं इसके निर्माण के दो और महत्त्वपूर्ण पहलुओं से जुड़ गया। मैंने कैमरे में, लाइटिंग में दिलचस्पी ली, साथ ही एडिटिंग की टेबल पर किस तरह से शॉट का चुनाव किया जाये उसमें भी मैंने दिलचस्पी दिखाई।

फ़िल्म निर्माण में, पेंटिंग या कविता लिखने जैसे अन्य कला रूपों के विपरीत काफ़ी संवाद करना पड़ता है। मेरा मतलब है एक्टर और निर्देशक के बीच का संवाद, निर्देशक और कैमरामैन के बीच का संवाद, और कला निर्देशक के साथ संवाद, निर्देशक और एडिटर के बीच संवाद, कलाकारों के बीच संवाद, कलाकारों और कैमरामैन

के बीच संवाद। अगर इस सबके बीच अच्छी तरह से तालमेल बढ़िया रहता है तो उसका नतीजा काम में दिखाई देता है, अगर नहीं होता है तो वह बिखराव काम में भी दिखाई देता है।

यह एक तरह से मेरा इस बात का अभ्यास था कि मैं खुलकर फ़िल्म निर्माण में दिलचस्पी दिखाऊँ। 'राम और श्याम' में भी मैं सौ फीसद लगा हुआ था। हालाँकि, इससे पहले कि मैं इसके बारे में तफ़सील से बताऊँ मैं यह कहना चाहता हूँ कि 'राम और श्याम' मेरे लिए बहुत ख़ास फ़िल्म थी।

दक्षिणावर्त : शुरुआती दिनों में ● फ़िल्म *आन* (1952) की शूटिंग के दौरान महबूब खान (मेरे दायीं ओर) की यूनिट के साथ ● 1958 के फ़िल्मफ़ेयर अवार्ड विजेताओं के साथ (बायें से दायें : संगीतगार ओ.पी. नय्यर, अभिनेत्रियाँ नरगिस और श्यामा) ● भारत के सबसे प्रतिभाशाली फ़िल्म निर्माताओं में से एक बिमल रॉय के साथ ● फुर्तिली वैजयन्ती माला के साथ पार्टनरशिप में बैंडमिंटन खेलते हुए ● राज कूपर और देवानन्द के साथ मस्ती के पल।

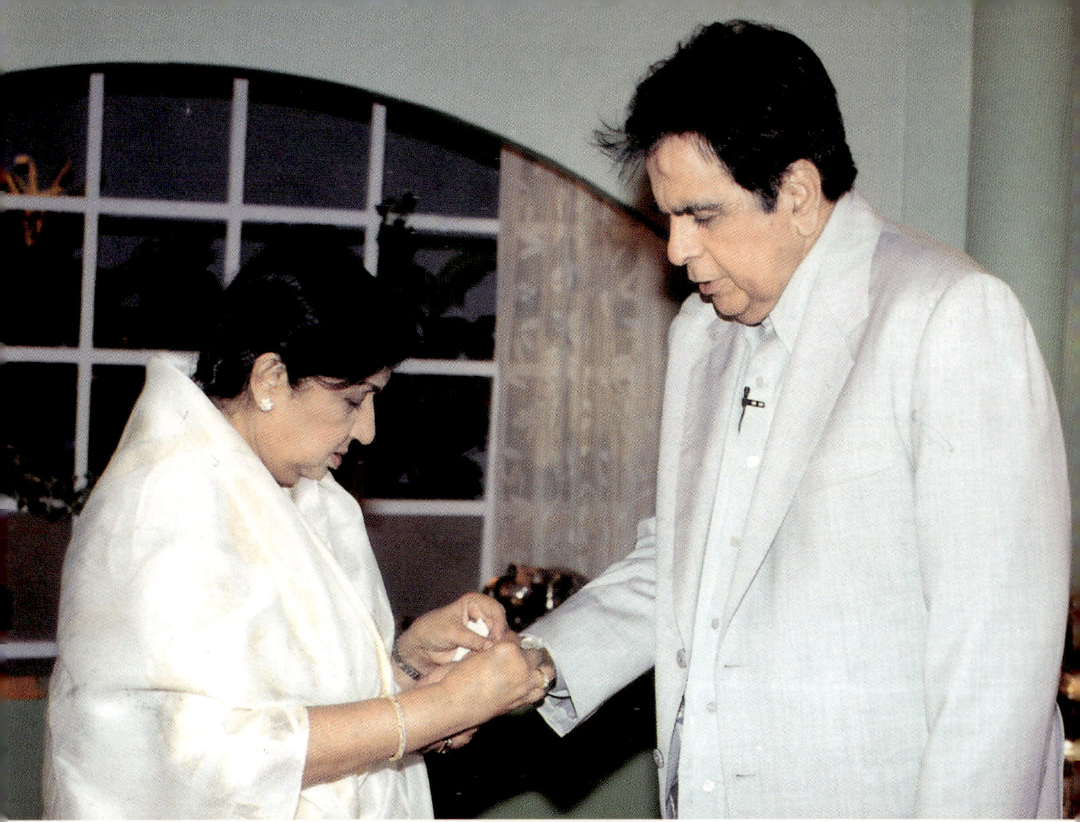

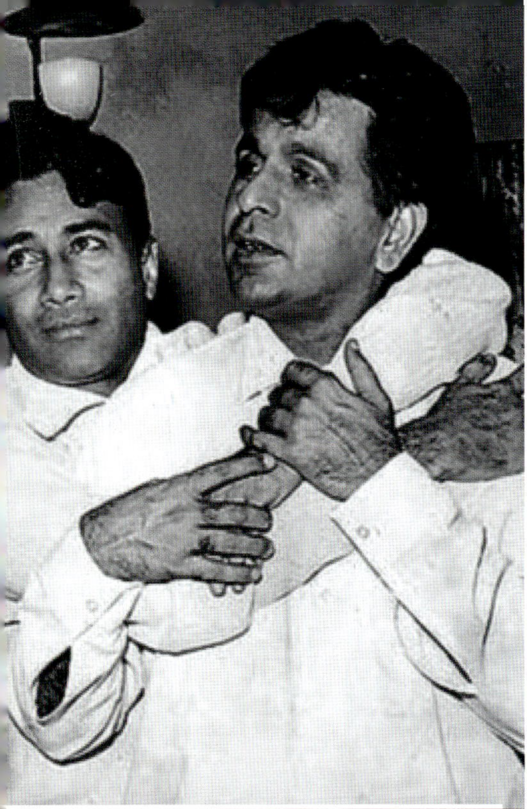

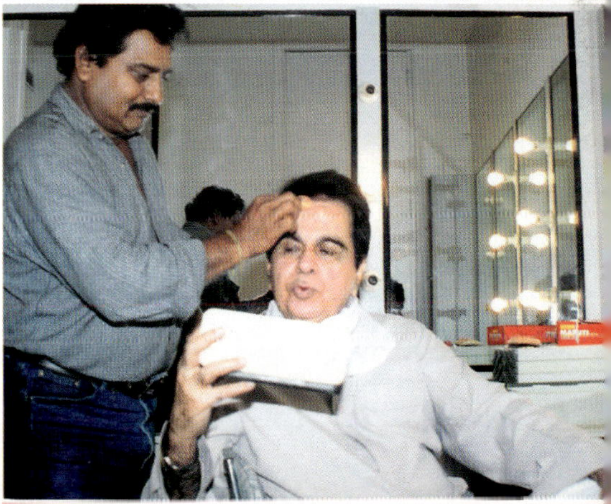

दक्षिणावर्त : 'छोटी बहन' लता मंगेशकर से अपनी कलाई पर राखी बँधवाते हुए ● ख़ुशदिल साथी देवानन्द के साथ ● एक फंक्शन के दौरान लोगों से मिलते हुए ● कैमरा का एंगल सही करते हुए ● मेक-अप मैन शूट के पहले मेरे मेक-अप को फाइनल टचेज़ देते हुए ● एक स्टेज शो के दौरान लता मंगेशकर का परिचय देते हुए ● पेशावर के घर में मेरी एक फ्रेम की हुई तस्वीर।

जीवन-संगिनी सायरा के मिलते हुए ● 11 अक्तूबर 1966 को सायरा से हुई शादी ● मद्रास एयरपोर्ट पर दायीं ओर बेबी फरीदा के संग प्रोड्यूसर नागी रेड्डी द्वारा स्वागत ● फूलों के साथ जश्न।

सायरा और उनकी दादी शमशाद बेग़म ख़ान (अम्माजी) के साथ
● सायरा और ख़ुशनुमा वक़्त
● सायरा अपने भाई सुल्तान और भाभी राहत बेग़ के साथ
● एक फंक्शन के दौरान सायरा और उनकी माँ नसीम बानो के साथ।

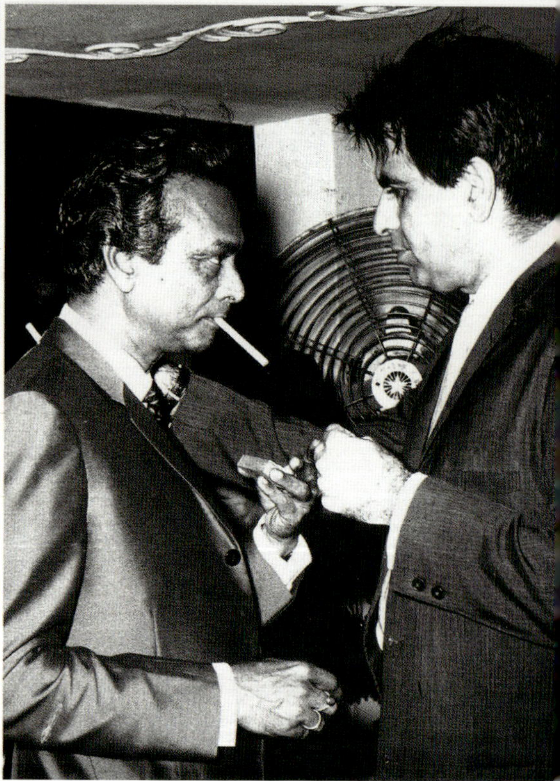

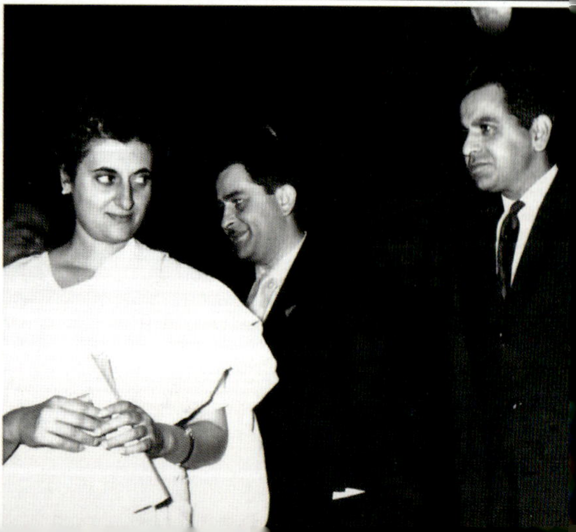

सायरा के साथ मस्ती में • सायरा की एक फ़िल्म में कवि साहिर लुधियानवी, संगीतकार नौशाद, अभिनेता मुराद, कंवलजीत, राजकुमार और राजेन्द्र कुमार के सामने 'क्लैप' देते हुए • आउटडोर लोकेशन पर सायरा के साथ • नौशाद के साथ संगीत चर्चा करते हुए • एक फंक्शन के दौरान इन्दिरा गाँधी और राज कपूर के साथ।

माननीय राष्ट्रपति आर. वेंकटरमन द्वारा 1991 में पद्मभूषण ग्रहण करते हुए।

माननीय राष्ट्रपति डॉ. शंकर दयाल शर्मा द्वारा 1995 में दादासाहेब फ़ाल्के अवार्ड ग्रहण करते हुए।

सन् 1988 में सायरा के साथ पेशावर के उस
घर में जहाँ मेरी पैदाइश हुई!

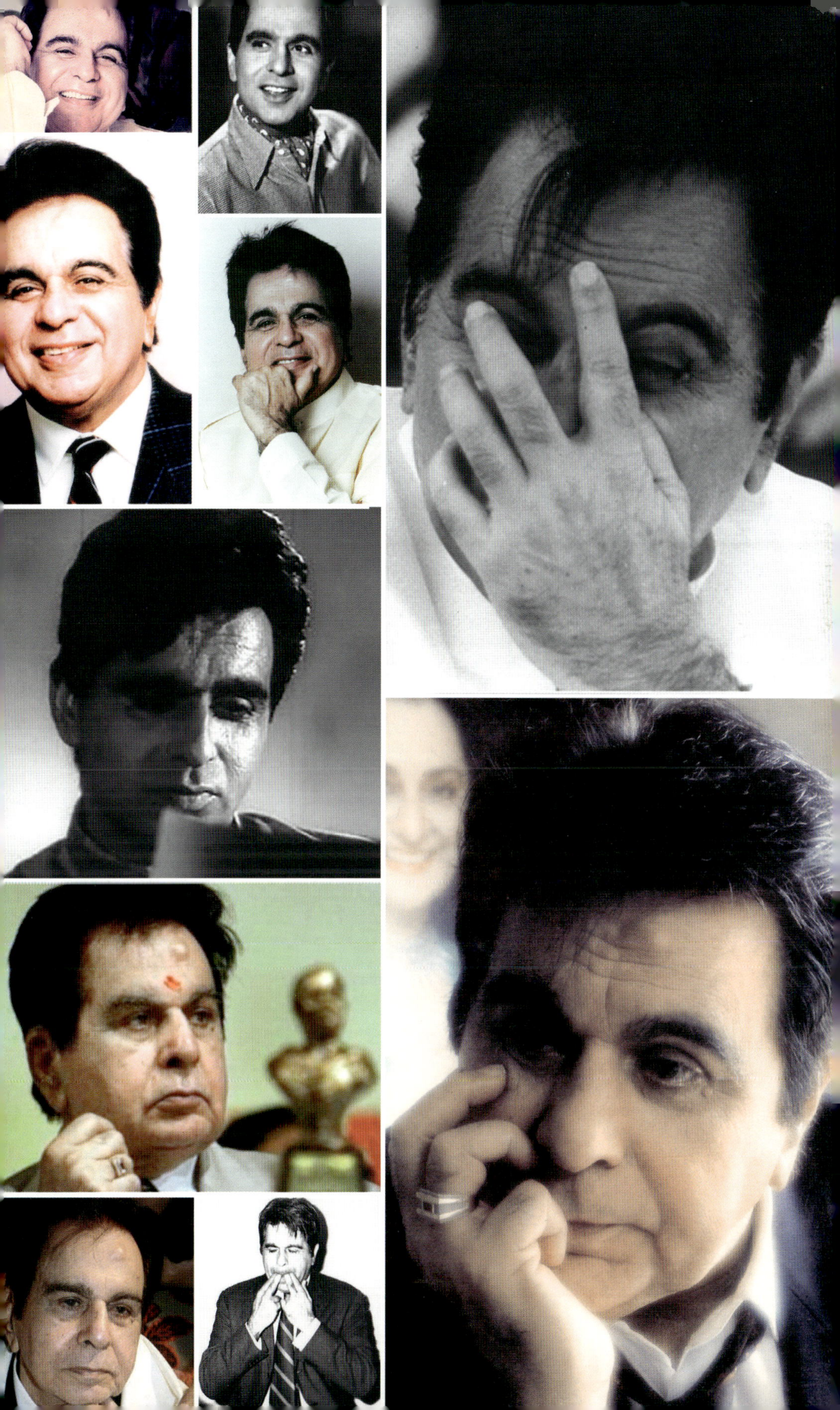

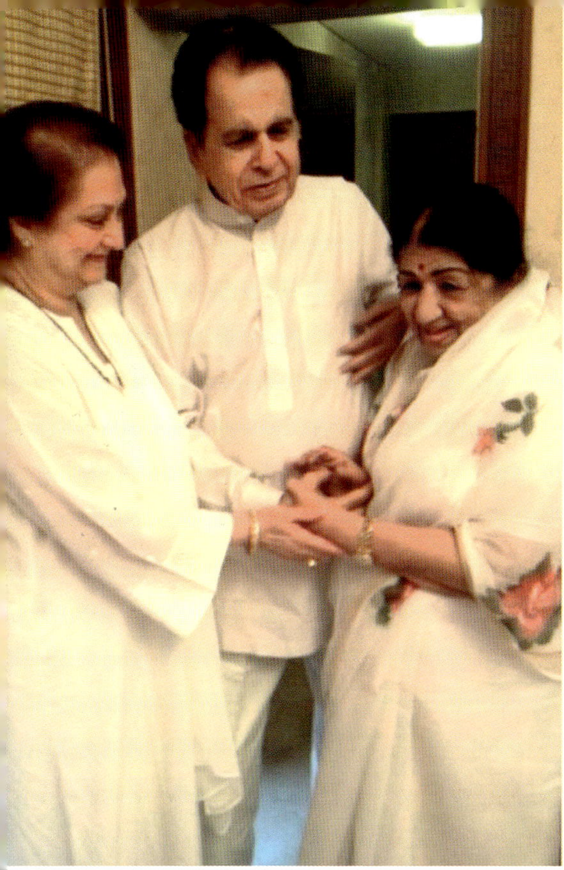

सामने का पन्ना : पुराने दोस्त अशोक कुमार, राज कपूर और सुनील दत्त के साथ • धर्मेन्द्र, दारा सिंह, शम्मी कपूर और प्राण के साथ; सुनील दत्त के साथ • धर्मेन्द्र, वहीदा रहमान, नन्दा और अन्य सभी के साथ।

मार्च 2014 में लता मंगेशकर का अपने घर में स्वागत करतीं सायरा • फ़िल्म राम और श्याम की मेरी सह-अभिनेत्री मुमताज़ के साथ • मशहूर फ़िल्म निर्माता यश चोपड़ा और सुभाष घई के साथ • एक फंक्शन में अभिनेत्री एवं नर्तकी हेमा मालिनी के साथ • सायरा और पाँच फ़िल्मों में मेरी सह-अभिनेत्री निम्मी से घिरे हुए।

ऊपर से नीचे : अमिताभ बच्चन और मेरा मनोरंजन करते शाहरुख खान • शाहरुख खान को कुछ समझाते हुए • ख़ुशमिजाज़ अनिल कपूर के साथ • सलमान खान द्वारा अभिवादन स्वीकारते हुए • आमिर खान और रानी मुखर्जी के साथ • बच्चन परिवार—अमिताभ, जया और अभिषेक के साथ • जावेद अख़्तर और उनकी पत्नी शबाना आज़मी और सायरा के साथ • ऋषि कपूर, उनके बेटे रणबीर कपूर, फ़िल्म निर्माता सुभाष घई और सायरा की भांजी शाहीन के साथ।

मेरी शरीक़-ए-हयात सायरा—एक प्यारी पत्नी, समर्पित साथी, ईमानदार दोस्त और इन सबसे कहीं बढ़कर—एक .ख़ूबसूरत इनसान

मेरे जीवन की औरत

'जब वह चुपचाप समुद्र की तरफ़ देख रही थी, हम समुद्र की लहरों की आवाज़ को उस ख़ामोशी में सुन रहे थे और तब मैंने उसको देखा और कहा—'सायरा, तुम उस तरह की लड़की नहीं हो जिसके साथ मैं गाड़ी में घूमूँ या जिसके साथ देखा जाना पसन्द करूँ...मैं तुमसे शादी करना चाहूँगा...क्या मेरी बीवी बनोगी?' '

'राम और श्याम' मेरे लिए ज़ाती तौर पर काफ़ी मायने रखती है क्योंकि जब वह फ़िल्म पूरी होने वाली थी तब मैंने सायरा से शादी कर ली और मैं यहाँ अपनी शादी की सच्ची कहानी कहना चाहूँगा क्योंकि जब देश के सभी अख़बारों में 1966 में इसकी ख़बर आयी तब से इसको लेकर कई तरह की काल्पनिक कहानियाँ कही गयी हैं। तब तक मैं उसके साथ काम करने से भी हिचकता था, जिसके कुछ कारण थे जो मैं यहाँ बताना चाहता हूँ।

सबसे पहले, मैं यह जानता था कि वह मोहम्मद अहसान साहब और नसीम बानो* जी की बेटी थी, जो कि एक महान औरत थी जिनकी मैं शालीनता, आत्मनिर्भरता के लिए बड़ी इज़्ज़त करता था जिस तरह से वे ख़ुद को फ़िल्म जगत में गरिमा के साथ बनाये रखती थीं। नसीम आपा ने मेरे भाई अयूब साहब की बनाई गयी एक फ़िल्म में काम किया था और 48 पाली हिल के मेरे घर में हमेशा छोटी-मोटी बैठकें हुआ करती थीं। मुझे वे ख़ूबसूरत शामें याद हैं जब उस्ताद विलायत ख़ान साहब ने सितार बजाया था या उस्ताद बड़े गुलाम अली ख़ान साहब का गायन हुआ था, चूँकि मुझे शास्त्रीय संगीत का बड़ा शौक था, चाहे वह गायन हो या वादन। नसीम आपा को मेरी बहन अख़्तर हमेशा बुलाया करती थी क्योंकि वह उनकी बड़ी तारीफ़ और इज़्ज़त किया करती थी।

---

* नसीम बानो जी की सबसे प्रसिद्ध फ़िल्म 'पुकार' (1939) थी, जिसमें उन्होंने मुग़ल बादशाह जहाँगीर की बेगम नूरजहाँ की भूमिका निभायी थी।

अम्माजी (शमशाद अब्दुल वहीद ख़ान) एक समारोह में प्रदर्शन करते हुए

मुझे याद नहीं कब, मगर ऐसी ही एक शाम सायरा, जो उन दिनों स्कूल की छुट्टियों में हिन्दुस्तान आयी हुई थी, अपनी माँ के साथ मेरे घर आयी। अब नसीम आपा से मेरी मुलाक़ातें हुआ करती थीं और मुझे पता था कि सायरा लन्दन में पढ़ रही थी, जहाँ वह और उसके भाई सुलतान अहमद स्कूल में पढ़ाई कर रहे थे, और वहाँ उनकी देखभाल नसीम आपा की माँ शमशाद अब्दुल वहीद ख़ान किया करती थी, जो शास्त्रीय संगीत की जानी-मानी गायिका थी। तब तक, सायरा ने लन्दन के 'स्कला थियेटर' (Scala Theatre) में मेरी फ़िल्म 'आन' देख रखी थी और मुझे कई स्रोतों से यह पता चला, जैसे अख़्तर महबूब ख़ान से, जिनको मैं भाभीजी बुलाता था, मिसेज बहार करदार और एस. मुखर्जी साहब से कि इस लड़की के दिमाग़ में मुझे लेकर फितूर सा है, लन्दन से अपनी माँ को चिट्ठियाँ लिखकर मेरे पसन्द-नापसन्द पूछा करती थी, किस तरह की मेरी जीने की शैली है और यह बात भी कि मुझे शायरी और फ़ारसी जुबान से प्यार था।

बाद में, मुझे यह पता चला कि लन्दन में स्कूल की पढ़ाई पूरी करके वह हिन्दुस्तान वापस आ गयी, उसने अपनी अम्मा को इस बात के लिए राजी किया

कि उसके लिए एक उस्ताद रखें, एक मौलवी साहब, जो हैदराबाद के निज़ाम मीर उस्मान अली ख़ान के राज परिवार से आते थे, जो कि नेपियन सी रोड के विशाल हैदराबाद हाउस में उसको उर्दू सिखाएँ! उसकी यह योजना मुझे प्रभावित करने के लिए थी! सबसे बढ़कर, मुझे उस लड़की की इस कोशिश को लेकर बड़ी ख़ुशी हुई और हैरानी भी। स्वाभाविक रूप से, मैंने अपने आपको लेकर उसके इस लगाव के ऊपर कोई ध्यान नहीं दिया, क्योंकि मेरे लिए इस बात को समझ पाना मुश्किल था कि उसके दिमाग़ में मुझे लेकर कोई गम्भीर बात थी!

बाद में, मुझे इस बात का पता चला कि यह लड़की फ़िल्म में कैरियर बनाने का जोख़िम उठाने के लिए खड़ी थी, जिसकी उस दौर में कुल मिलाकर रूढ़िवादी मुस्लिम परिवार की लड़कियों के लिए मनाही थी और मुझे पता था कि इसी वजह से नसीम आपा उसे पढ़ने के लिए लन्दन भेजना चाहती थी, फ़िल्मी माहौल से बहुत दूर।

ज़ाहिर है, जब एस. मुखर्जी साहब ने इस विषय को उठाया, जो मेरे बहुत करीबी और परिवार के ख़ैरख्वाह थे, तब मैंने ही ज़ोरदार तरीके से 'न' कह दिया था और उनसे यह कहा था कि सायरा को फ़िल्म में कैरियर बनाने से बचना चाहिए।

1960 के दशक के शुरू में हम ए.आर. कारदार की फ़िल्म 'दिल दिया दर्द लिया' (जो 1966 में रिलीज हुई) की कास्टिंग शुरू करने वाले थे जब महबूब ख़ान साहब के यहाँ छोटी-सी मंडली जमी तो मुखर्जी साहब ने कहा–'युसूफ यह लड़की तुम्हारे साथ काम करने के लिए पागल है।' मैं मुस्कुराया और उसका ध्यान इस विचार से भटकाने की कोशिश की, मैंने अपने खिचड़ी बालों में हाथ फिराया और सायरा से कहा : 'तुमने ये खिचड़ी बाल देखे हैं? मैं तुमसे बहुत बड़ा हूँ, और मैं सूअर की तरह खाता हूँ!' मुझे अब भी याद है कि इस बात पर उसने हँसते हुए कहा था– 'मुझे लगता है कि खिचड़ी बाल आपके ऊपर बेहद ख़ास लगते हैं! बहुत सुन्दर।'

अपनी पहली फ़िल्म 'जंगली' के बाद सायरा ने पीछे मुड़कर नहीं देखा, और यह भी जानने की बात है कि 'गंगा जमुना' और 'जंगली' 1961 में एक साथ ही रिलीज हुई थीं! दोनों फ़िल्में ख़ूब चलीं! फ़िल्म उद्योग में हीरोइन के रूप में उसकी माँग बहुत बढ़ गयी, और उस समय के बड़े-बड़े हीरो के साथ उसकी जोड़ी बनी–जैसे राज कपूर, देव आनन्द, सुनील दत्त, शम्मी कपूर, राजेन्द्र कुमार, जॉय मुखर्जी और मनोज कुमार–सिवाय दिलीप कुमार के। फ़िल्म उद्योग में इसकी बड़ी माँग थी कि एक ऐसी फ़िल्म बने जिसमें हम दोनों आमने-सामने हों, और इसको लेकर बातचीत चल रही थी, जिनमें से एक फ़िल्म 'हब्बा खातून' भी थी जो महबूब साहब के साथ थी जिसके लिए उस महान फ़िल्मकार को शूटिंग की एक साथ बहुत सारी डेट्स चाहिए थी (क्योंकि कहानी कश्मीर की पृष्ठभूमि में

थी और इसकी शूटिंग भी वहीं होने वाली थी), इसलिए उसको देव आनन्द की फ़िल्म 'गाइड', एस. यु. सन्नी की फ़िल्म 'पालकी' (जिन्होंने 1960 के दशक में मेरी फ़िल्म 'कोहिनूर' को निर्देशित किया था), और ज़ाहिर है एस. मुखर्जी साहब की फ़िल्मालय की फ़िल्म 'लीडर', जिसके लिए प्रिया राजवंश को लेने के ऊपर भी विचार चल रहा था जो लन्दन के रॉयल अकेडमी ऑफ़ ड्रामेटिक आर्ट्स (Royal Academy of Dramatic Arts) से आयी थी। वहीदा रहमान को 'गाइड' और 'पालकी' दोनों ही फ़िल्मों में हीरोइन बनाया गया, प्रिया राजवंश बाद में चेतन आनन्द की टीम में शामिल हो गयी और उनके साथ उसने 'हक़ीक़त', 'हीर राँझा' और 'हँसते जख़्म' जैसी फ़िल्मों में काम किया।

इस बीच, ख़ुद सायरा की तरह से मुझे लगातार ये सन्देश मिलने लगे और जाने माने निर्माता यह अनुरोध करने लगे, जिनके साथ वह काम कर रही थी कि वे अगली फ़िल्म में हम दोनों को एक साथ उतारना चाहते हैं।

बदकिस्मती से, मुझे 'हब्बा खातून' से हट जाना पड़ा, क्योंकि मैं ख़ुद को हब्बा खातून के शौहर युसूफ चाक के रोल में सही नहीं पा रहा था, उसमें कुछ नेगेटिव रंगत भी थी। सबसे बढ़कर, महबूब साहब और मेरा दिमाग़ इस मसले पर एक नहीं हो पा रहा था और एक-दूसरे से आँख नहीं मिला पा रहे थे। मुझे याद है कि नसीम आपा ने फ़िल्मालय स्टूडियो में यह कहा था कि नौशाद साहब

1966 में प्रदर्शित फ़िल्म साज़ और आवाज़ के लिए मुहूर्त क्लैप देते हुए

की 'पालकी' की कहानी में बड़ा झोल है। दूसरे शब्दों में, कहानी अपने बोझ से ख़ुद दब गयी थी और उसमें अन्दर कुछ ख़ास नहीं था।

चूँकि तीन प्रोजेक्ट एक समय में बिखर गये थे, इसलिए सायरा की फ़िल्मों के सेट पर मुहूर्त* क्लैप देने के लिए मेरी माँग बढ़ गयी थी। 'साज और आवाज़' उनमें से एक थी और 'हब्बा खातून' दूसरी। दूसरी फ़िल्म के मुहूर्त के समय भी उसने उससे कहा, जिससे उसे बड़ा दुःख भी हुआ, कि फ़िल्म में युसूफ चाक के सभी उम्मीदवार वहाँ मौजूद थे, जबकि मैं महज क्लैप देने वाला आदमी! उसने कुछ तेज़ आवाज़ में कहा, कि अब मैं बड़ी हो गयी हूँ, लम्बी भी, मेरे साथ काम करने के लायक, और यह कहा कि मैं उसकी फ़िल्मों के मुहूर्त ही देता रहूँगा या उसके साथ फ़िल्म में काम भी करूँगा?

दुर्भाग्य से, मैं ऐसे निर्माताओं को लगातार मना करता रहा, जो उसको मेरे साथ हीरोइन बनाना चाहते थे, मेरे लिए इस बात से ख़ुद को जोड़ पाना मुश्किल हो रहा था वह गोरी सी पतली सी लड़की जिससे मैं कई मौक़ों पर मिला था सच में बड़ी हो गयी थी, और जो राज और देव के साथ काम कर रही थी, जो मेरी ही उम्र के थे। मैं उन अदाकाराओं के साथ काम कर रहा था जो मेरी उम्र और परिपक्वता के लायक होते थे।

मैंने मुखर्जी साहब और सुलतान से यह कहा कि मैं उसे किसी ख़ासतौर पर लिखी गयी फ़िल्म में रखना चाहता था जहाँ कि हमारी जोड़ी बिल्कुल सही रहती। यह कश्मीर की पृष्ठभूमि को रखकर एक पटकथा मैंने ख़ुद लिखी थी, जिसका नाम था 'सोंग ऑफ़ द वैली' (Song of the Valley), जिसमें उसका जोशीला, जीवन्त रोल था जो भावनाओं के ज्वार जगा देने वाला था।

इस लम्बे इन्तज़ार की वजह से वह मुझसे बहुत चिढ़ गयी थी। मुझे समझ में आ गया कि यह शाइस्ता तौर तरीकों वाली लड़की गुस्सैल शेरनी बनती जा रही थी, जो जान बूझकर मुझसे आँखें फेर लेती थी और बदतमीजी दिखाती थी यह जताने के लिए कि वह बहुत गुस्से में थी। उदाहरण के लिए, फ़िल्मालय स्टूडियो में अगर मैं अपनी कार में जाने वाला होता था और यह देखता कि अम्मा जी (सायरा बानो की नानी) और सायरा स्टेज फ्लोर से मेकअप रूम का रुख कर रहे होते थे तो मैं हमेशा अपनी कार से बाहर निकल कर उनको सलाम अलैकुम कहता था। अम्मा जी बहुत क़ायदे से जवाब देती थीं, लेकिन सायरा जल्दी से घूम जाया करती थी और ऐसे देखने लगती थी जैसे कि वह न तो मुझे जानती हो न ही उसने मेरे बारे में सुन रखा हो। मुझे उसके इस व्यवहार से बड़ी हैरानी होती थी! अजीब बात थी! उसे लगा कि उसके इस तरह के व्यवहार का मेरे ऊपर शायद कोई असर होगा!

* किसी नयी चीज़ की शुरुआत का सौभाग्यशाली अवसर।

फ़िल्म राम और श्याम (1967) में दोहरी भूमिका में

ज़िन्दगी की सबसे बड़ी ख़ूबसूरती यही है कि हमें यह नहीं पता होता है आगे क्या होने वाला होता है!

जब हम 'राम और श्याम' शुरू कर रहे थे तो बी. नागी रेड्डी और ए. चक्रपाणि ने शुरू में यह सुझाव दिया था कि राम के साथ हीरोइन के रूप में सायरा को लिया जाये, जो डरपोक है और अपने जीजा (प्राण) से डरकर रहता है। राम घर छोड़कर भाग जाता है और ख़ुद को एक ऐसे गाँव में पाता है कि इस हँसती भागती, खिलखिलाती लड़की के साथ वह क्या करे जो यह समझ रही है कि वह उसका प्रेमी श्याम (हमशक्ल) है, जो रहस्यमयी ढंग से कुछ दिनों से गाँव से ग़ायब है। नेगी साहब सायरा के अच्छे प्रशंसक थे और उसके हालिया काम के भी, और उनको लगता था कि कॉमेडी के सिचुएशन में उसके साथ मेरी जोड़ी ख़ूब जमेगी क्योंकि उसके अन्दर जोश से भरी कॉमेडी की बड़ी अच्छी प्रतिभा थी। अब चूँकि यह मेरा तरीका था कि मैं फ़िल्म के निर्माण में पूरा ध्यान देता था, इसलिए मैंने कहा कि मैं नागी रेड्डी साहब से इत्तिफाक़ नहीं रखता हूँ क्योंकि मुझे लगता था कि वह भोली सी और बच्ची सी लगती थी जो कि उस किरदार में नहीं जम सकती थी जिसमें थोड़ा सम्मोहक रूप होना था, और जिसको दिख़ने में बड़ा बोल्ड होना चाहिए था, थोड़ी गोल-मटोल भी। उसी समय, महमूद अली, जो मशहूर कॉमेडियन थे, जो कह रहे थे कि इस रोल के लिए जीवन्त मुमताज को लिया जाये, जो उनकी और दारा सिंह की कई फ़िल्मों में उनके साथ काम कर चुकी थी। वह

उसके नाम को लेकर इतने गम्भीर थे कि वह अपने साथ मुमताज की फ़िल्म रील भी लेकर चलते थे ताकि दिखा सकें कि वह कितनी हुनरमन्द थी। बाद में मुमताज को वह रोल मिल गया।

'राम और श्याम' में मेरे द्वारा काम करने से मना कर देना तो जैसे उसके ऊपर आख़िरी हमला था! वह बहुत गुस्से में आ गयी। सायरा ने मेरे पीठ पीछे मेरी ख़ूब बुराई की।

'राम और श्याम' फ्लोर पर तेज़ी से आगे बढ़ रही थी और मैं पूरी तरह से अपने काम में डूबा हुआ था कि नसीम आपा का न्योता आया सायरा के जन्मदिन के जलसे में मैं उनका और उनकी माँ का मेहमान बनूँ और उनके नये बँगले के गृहप्रवेश में भी जो पाली हिल के मेरे बँगले से कुछ ही दूरी पर था।

23 अगस्त 1966 को मैं मद्रास से ख़ासतौर पर नसीम आपा की उस पार्टी में हिस्सा लेने के लिए आया, तब मुझे इसका बिल्कुल इल्म नहीं था कि मेरी ज़िन्दगी की दिशा बदलने वाली थी और उस शाम की याद मेरी याद में हमेशा के लिए बस जाने वाली थी।

जब मैं कार से उतरकर उस सुन्दर से बाग़ में आया जो घर की तरफ़ जाता

फ़िल्म राम और श्याम में शूटिंग के दौरान सायरा और मुमताज़ के साथ

था, मुझे अब भी याद है कि अपने नये घर के फॉयर (Foyer) में ब्रोकेड साड़ी पहने सायरा गजब की सुन्दर लग रही थी। मुझे झटका लगा कि वह अब वह लड़की नहीं रह गयी थी जिसके साथ काम करने से मैं इसलिए बचता आ रहा था क्योंकि वह मुझे अपने से बहुत कम उम्र की लगती थी। वह सच में भरपूर औरत बन चुकी थी और असल में वह उससे कहीं अधिक ख़ूबसूरत थी जैसा कि मैं उसके बारे में सोचता था।

मैं आगे बढ़ा और उससे हाथ मिलाया और समय जैसे थम गया। एक बार, उसने मेरे लिए अपनी चिढ़ को जाने दिया और सीधा मेरी आँखों में देखा और मुझे यह समझने में एक पल से ज़्यादा नहीं लगा कि किस्मत ने इसे मेरी जीवन साथी के रूप में रख छोड़ा है। हो सकता है इसीलिए मैं उसके साथ परदे पर काम करने से बचता आ रहा था! हम फॉयर से बड़े से ड्राइंग रूम में आ गये जहाँ नसीम आपा के दोस्त तेज़ी से भरते जा रहे थे, जिनमें शामिल थे मिसेज महबूब ख़ान, मिसेज एस. मुखर्जी, आर.के. नैयर (निर्माता-निर्देशक), शंकर और जयकिशन, फाली मिस्त्री, सुबोध मुखर्जी, संजीव कुमार, देव आनन्द, राजेन्द्र कुमार, संजय ख़ान और मनोज कुमार जैसे हीरो जिनसे मेरी भी नज़दीकी थी। सायरा से बात करते हुए मुझे यह बात समझ में आयी कि जिसने लन्दन में ख़ास अंग्रेज़ी स्कूल में पढ़ाई की हो, लेकिन वह अपने देसी तहजीब में बहुत रची बसी थी और जिस तरह के उसके तौर तरीके थे वह अपनी माँ के दोस्तों से बहुत इज़्ज़त से बात करती थी।

मेरा दिमाग़ कोयम्बतूर के उस ठिकाने पर चला गया जहाँ मैं 'आज़ाद' की शूटिंग कर रहा था। वहाँ एस.एस. वासन के माध्यम से मैं किसी ज्योतिषी से मिला था जिसके बारे में कहा जाता था कि उसकी भविष्यवाणी अचूक होती थी। उसने मेरा चेहरा-मोहरा देखकर, मेरे चेहरे के हाव भाव देखकर और मेरी हाथों की लकीरों को देखकर एक कुंडली बनाई थी। मुझे उसकी छोटी-छोटी आँखें याद हैं, उसने चारों तरफ़ भभूत मल रखी थी। वह हमारे सामने चुपचाप बैठकर कुंडली पढ़ता रहा और मुझे याद है कि जब वह भविष्य बताने के लिए तैयार था तब उसने जो मुस्कान दी वह मुझे याद है। उसने मेरे कैरियर के बारे में ख़ूब बताया, और मैं सचमुच में मंत्रमुग्ध रह गया जब उसने पेशावर के हमारे घर के बारे में यह बताना शुरू किया, उसके साथ बहती नदी के बारे में, जहाँ मैंने अपना बचपन बिताया था, मेरे अम्मा-अब्बा के बारे में, मेरे भाई-बहनों के बारे में, मेरे दादा-दादी के बारे में उसने बताया। फिर, वह रुकते हुए बोला कि वह जो कह रहा है यह भृगु सूत्र के आधार पर है और उसने साफ़ कहा कि मैं देर से शादी करूँगा जब मेरी उम्र चालीस पार कर चुकी होगी और मेरी बीवी मेरी उम्र की आधी होगी, चाँद की तरह से गोरी होगी, और वह मुझे अपनी पलकों पर बिठा कर रखेगी तथा निःस्वार्थ भाव से प्यार करेगी। उसने यह भविष्यवाणी भी की कि वह मेरे ही पेशे की होगी। इस

बात पर मैंने यह कहा—'कभी नहीं! मैं इस पेशे की लड़की से कभी शादी नहीं करूँगा!' इस बात के बिना असर में आये उसने कहना जारी रखा, कि शादी के ठीक बाद उसे मेरे कर्मों का फल मिलेगा और ऐसी बीमार पड़ेगी कि मरते-मरते बचेगी और वह उसे बड़ी उदारता से सह लेगी। मैंने और वासन साहब दोनों ने यह उम्मीद नहीं की थी कि इस तरह की कोई बात होगी क्योंकि यह बात न तो मेरे दिमाग़ में थी न उनके दिमाग़ में। एक पल के लिए तो मैं हिल गया, लेकिन उस समय, मैं ज्योतिष में न तो यक़ीन करता था, न यह कह सकता हूँ कि यक़ीन नहीं करता था, कि वह कोई ऐसी चीज है जो किसी की तकदीर को बना या बिगाड़ सकती हो। जैसा कि मैंने पहले ही कहा कि बचपन में मेरी दादी ने एक फकीर की भविष्यवाणी को इतनी गम्भीरता से लिया था कि पेशावर में स्कूल जाने से पहले वह बेइरादा मेरे माथे में काला टीका लगा देती थी और मेरे चेहरे को बिगाड़ देती थी। स्कूल के विद्यार्थी के बतौर मेरी सुन्दरता तब वापस लौटी जब मैं बम्बई आया और अंजुमन इस्लाम में पढ़ने लगा।

इस सब बात का उस समय कोई मतलब नहीं था, और एक मसरूफ नौजवान की तरह मैंने उस बात को ख़ास महत्त्व नहीं दिया और आगे बढ़ गया, रोज़-रोज़ के कामकाज में उस बात के महत्त्व को भूल भी गया।

अजीब बात यह है, कि संयोग से हुई उस मुलाक़ात की याद अब उभर कर आयी है।

जन्मदिन के जलसे के बाद जब मैं वापस फ्लाइट में बैठकर जाने वाला था ताकि अगली सुबह शूटिंग शुरू हो सके, उससे पहले मैंने फ़ोन किया, मैं नसीम आपा को उस शानदार शाम के लिए शुक्रिया अदा करना चाहता था। सायरा ने फ़ोन उठाया और जब मैंने यह कहा कि मैं युसूफ बोल रहा हूँ तो उसने शरारतन जवाब दिया : 'कौन? युसूफ? किस से बात करनी है?' यह अच्छी तरह जानते हुए कि मैं कौन था वह मेरी खिंचाई कर रही थी! तब मैंने उससे कहा कि मैं उस पार्टी में इतनी अच्छी मेजबानी के लिए उसका शुक्रिया अदा करना चाहता हूँ और यह कि मुझे वह शाम बहुत पसन्द आयी, हाल में काम कर कर के जो तनाव हो गया था उससे मुक्त होना अच्छा लगा। आख़िर में मैंने कहा कि मैं मद्रास से फ़ोन करूँगा और मैंने किया। मैंने पाया कि दो एक दिन बाद मैं फिर से फ़ोन कर रहा था, अजीब बात है कि मुझे उस शरारती लड़की की याद आने लगी थी जिसमें परम्परा और पश्चिमी संस्कृति और शिक्षा का ज़बरदस्त मेल था।

मैंने उसके जन्मदिन के तत्काल बाद शाम को हवाई जहाज़ से आकर उससे मिलने का फ़ैसला किया। मैं बम्बई में आया ही था कि मुझे एक दोस्त का परेशान करने वाला फ़ोन आया कि वह टैक्स के किसी मामले में फँसा हुआ था और उसे मेरे ऑडिटर की मदद चाहिए थी। सायरा तब महबूब स्टूडियो में लेख

वजूद और परछाई

टंडन की फ़िल्म 'झुक गया आसमां' की शूटिंग कर रही थी और मैं उससे सम्पर्क नहीं कर पाया क्योंकि उन दिनों मोबाइल फ़ोन नहीं होते थे।

वह सेट से निकलकर फॉयर में बने मिसेज मिस्त्री के दफ़्तर में आयी। वे बरसात का गीत की शूटिंग कर रहे थे और वह पानी से पूरी तरह भीगी हुई थी और जब मैंने उससे यह कहा कि हो सकता है कि मैं उससे मिल न पाऊँ, तो उसने कहा कि बेहतर है कि मैं उससे मिलूँ ही नहीं! यह सबसे सही है! सायरा की निराशा को भाँपकर मैंने कहा कि मैं जल्दी से अपने ऑडिटर दोस्त जी.एन. जोशी से मिल लेता हूँ और अपने सहकर्मी की मदद करके क्या मैं उसे कुछ देर के लिए ताज सी लाउंज ले चल सकता हूँ। हमने वही किया, लेकिन दुर्भाग्य से, एक महिला दोस्त बार-बार मेरे लिए फ़ोन करती रही जिससे एक महीने पहले ही मेरा सम्बन्ध ख़त्म हुआ था। यह मेरे जीवन के लिए तनाव भरे दिन थे। बहरहाल, जब सायरा और मैं घर जा रहे थे तो मैंने अपने ड्राइवर से कहा कि वह कफ परेड पर समुद्र के सामने गाड़ी रोके, और वहाँ हमारे बीच कुछ पल की ख़ामोशी रही।

जब वह चुपचाप समुद्र की तरफ़ देख रही थी, हम समुद्र की लहरों की आवाज़ को उस ख़ामोशी में सुन रहे थे और तब मैंने उसको देखा और कहा—'सायरा, तुम उस तरह की लड़की नहीं हो जिसके साथ मैं गाड़ी में घूमूँ या जिसके साथ देखा जाना पसन्द करूँ...मैं तुमसे शादी करना चाहूँगा...क्या मेरी बीवी बनोगी?'

जब मैं उसके और जी.एन. जोशी के साथ सी लाउंज में बैठा हुआ था तब जो परेशान करने वाले फ़ोन मेरे लिए आये थे उससे मैं अब भी परेशान था, कि सायरा ने अचानक पीछे मुड़ते हुए मुझसे कहा '...और यह आपने कितनी लड़कियों से अब तक कहा है?' आम तौर पर कोई ऐसी बात कह दे तो मैं उसके ऊपर गुस्सा हो जाता लेकिन उलटे उसकी इस साफ़गोई और सादगी से मैं और प्रभावित हुआ, मैंने पाया कि मैं उससे यह कह रहा था कि वह प्यार के लायक थी और मैं यह चाहता था कि वह मेरी बीवी बन जाये। मेरे अन्दर की आवाज़, जिसके बारे में मुझे हमेशा यह लगता था कि वह मेरी अम्मा की आवाज़ थी, और उसने बिना किसी झिझक के मेरी बात पर मुहर लगा दी, और मुझे अन्दर से यह लग रहा था कि मुझे वह औरत मिल गयी थी जिसके साथ मुझे अपना जीवन साझा करना था, अपनी खुशियाँ, अपने दुःख। जब वह मुस्कुरायी और उसने एक औरत के प्यार से मुझे अपनी आँखों में भर लिया जिसने मुझे तबसे प्यार किया था जब कि वह कमसिन थी, हम धीरे-धीरे गाड़ी से नेपियन सी रोड पर समुद्र किनारे उसकी माँ के सुन्दर फ्लैट में आये। मैंने कहा कि मैं यह चाहता था कि मैं नसीम आपा, अम्माजी, सुलतान और उसकी बेगम राहत बेग सबकी मर्ज़ी से उसका हाथ थामूँगा।

मैं यह जानता था कि सायरा का कैरियर बहुत ऊँचाइयों पर था, अपने काम को लेकर उसके भीतर जुनून-सा था, हर रात सोने से पहले वह यही दुआ करती थी—'अल्लाह, मुझे अपनी माँ परी चेहरा नसीम बानो की तरह बड़ा स्टार बना दीजिए और मुझे इंशाअल्लाह मिसेज दिलीप कुमार बना दीजिए।' उस काम को छोड़ना बहुत मुश्किल था जिसकी वजह से इतनी मक़बूलियत मिली थी।

हमने पाया कि अम्माजी, उनकी बड़ी बहन, ख़ुर्शीद बाजीजान घर में थी और मैंने एक अच्छे पठान की तरह अपना प्रस्ताव रखा, परिवार के दोनों बुजुर्गों के सामने। अम्माजी ने ख़ुश होते हुए मेरे माथे को चूम लिया और मुझे दुआएँ देते हुए उनके ख़ुशी के आँसू निकल आये। 'अल्लाह हर ख़ुशी दे आप दोनों को और युसूफ मियाँ का इकबाल बुलन्द रखें...आमीन।' अम्माजी जब तक ज़िन्दा रही मेरे लिए यही दुआ करती रही। फिर हम नसीम आपा, सुलतान और राहत से मिलने के लिए पाली हिल के बँगले की तरफ़ बढ़े, जहाँ वे शिफ्ट होने की प्रक्रिया में थे। बच्चे के तौर पर सुलतान और मुखर्जी परिवार के बच्चे रोनो, जॉय और देबू हमेशा पाली हिल में साइकिल चलाते थे और फिर मेरे 48 पाली हिल बँगले के बाहर खड़े रहते थे ताकि मेरी एक झलक ले सकें। बाद में, सुलतान जब लन्दन से लौट कर आया वह 'लीडर' की टीम में शामिल हो गया ताकि फ़िल्म निर्माण देखकर फ़िल्म निर्देशक बनने के गुर सीखे।

नसीम आपा ने बड़ी ख़ुशी के साथ हम लोगों का पाली हिल के बँगले में स्वागत किया; वह बहुत ख़ुश थी, और उन्होंने हम दोनों को ख़ूब आशीष दिया जो कि यह शालीन महिला हमेशा हम दोनों को दिया करती थी। वह और सुलतान

फ़िल्म लीडर (1964) में

मेरे रोज़-रोज़ के जीवन में बड़े मददगार साबित हुए, और मेरा अपना परिवार भी, कि वे हमेशा प्यार और सुरक्षा देने के लिए तैयार रहते थे।

हम लोगों को पहले इस मौक़े पर नसीम आपा के हाथों से शगुन का दही और मीठा खिलाया गया, और फिर शानदार खाना जो कि उनकी मेहमाननवाजी की ख़ास पहचान थी। सायरा इतनी उत्साहित थी कि उसे खाने का मन नहीं हो रहा था इसलिए वह थोड़ा बहुत खा रही थी, जब मैंने कहा—'सायरा आप अपना ही घर समझिये और खाना खाइए!'

उसके बाद, सायरा ने नसीम आपा से इजाज़त ली कि कुछ देर ड्राइव पर जाना है और फिर उसके बाद मुझे घर छोड़ देने के लिए, जो उसके बँगले से ज़रा सी दूरी पर था। हालाँकि लन्दन में पली और पढ़ी सायरा को अम्माजी और नसीम आपा ने बड़ी हिफाज़त से परवरिश दी थी, पश्चिमी शिक्षा का बेहतर लेकर उसकी परवरिश में भारतीय मूल्यों को भी शामिल किया गया था। उसके व्यक्तित्व के बारे में मुझे यह बात अच्छी लगती थी। उसका परिवार चार लोगों का छोटा-सा था मगर उनमें आपसी रिश्ते बड़े अच्छे थे—उसकी नानी, माँ और बड़ा भाई, यही उसकी दुनिया थी जिसमें वह बड़ी हुई थी, जिसे वह प्यार करती थी, समझती थी, यहाँ तक कि अपने पैरों पर खड़े होने के बावजूद एक कामयाब स्टार होने के बावजूद।

हम गाड़ी से कार्टर रोड गये, डेलफिन के पार, एक दोमंज़िला इमारत में जहाँ मेरा छोटा भाई और उसकी अदाकारा बीवी बेग़म पारा रहते थे, ऊपर मंज़िल पर और मेरा दोस्त 'गोबिन्दो' (अभि भट्टाचार्य) पहले माले पर। मैंने अपने ड्राइवर से कहा कि वह ज़ोर से तब तक हॉर्न बजाये जब तक कि गोबिन्दो अपनी खिड़की पर न आ जाये, यह सोचता कि कहीं कुछ हो न गया हो। मैंने उससे चिल्लाकर कहा कि वह नीचे एक बोतल पीने का पानी लेकर आये। वह तुरन्त भाग कर आया, कार के शीशे में झुका वह मुझसे बात करने के लिए तो वह यह देखकर बेहोश होने लगा जिसकी उसने कल्पना भी नहीं की थी। सायरा मेरी बगल में बैठी उसको देखकर मुस्कुरा रही थी!

यह गोबिन्दो को गजब लगा, क्योंकि वह हाल में ही सायरा के साथ के. आसिफ की फ़िल्म 'सस्ता ख़ून महँगा पानी' (फ़िल्म पूरी नहीं हो पायी) की शूटिंग राजस्थान के जोधपुर के आउटडोर लोकेशन पर कर रहा था। गोबिन्दो उन दूतों में था, ऐक्टर नासिर हुसैन साहब और संजीव कुमार के अलावा, जिन्होंने मुझे यह बताया था कि सायरा मुझसे कितनी दुखी थी! ये साथी कलाकार मेरे साथ भी काम कर रहे थे और हम अक्सर मिलते रहते थे।

उसके बाद, हम जुहू के तट की तरफ़ बढ़े थोड़ी देर चहलकदमी करने के लिए। आकाश सुन्दर था, उसके ऊपर अगस्त के सपनीले बादलों की परतें थीं और हम चुपचाप चल रहे थे, हाथ में हाथ डाले, समुद्री हवा का लुत्फ उठाते

हुए कि अचानक ख़ूबसूरत हलकी बारिश हमारे ऊपर से गुज़र गयी मानो खुश होकर दो दिलों के इस मिलन को आशीर्वाद दे रहे हों। मैंने तत्काल अपना जैकेट निकाला और उसे सायरा के नाज़ुक बदन पर लपेट दिया, और आज के दिन तक उसने उसे धरोहर की तरह से सँभाल कर रखा है, उसी जैकेट को!

जब हम घर लौट रहे थे, तो मैंने अपने गेट पर देखा कि नासिर की गाड़ी खड़ी थी, जिसका मतलब था कि वह वहाँ था। नासिर नासिक के हमारे पौल्ट्री फ़ॉर्म और बम्बई के बीच आता-जाता रहता था ताकि हमारे घर का कारोबार चलता रहे। मैं इतना खुश था कि मैं यह चाहता था कि मेरे परिवार में सबसे पहले वही इस खुशख़बरी को जाने। नासिर बहुत प्यारा, हमेशा हँसते रहने वाला, मिलनसार और गर्मजोशी से भरा भाई था। इसलिए उसका साथ मुझे सबसे प्यारा लगता था, मेरे ठीक बाद पैदा हुआ था और मुझे बहुत प्यारा था।

हम सीढ़ियाँ चढ़कर ऊपर हॉल में पहुँचे तो पाया कि सायरा घबरा रही थी, मैंने उसका हाथ पकड़ कर उसे भरोसा दिया। नासिर अकेला था और हमेशा की तरह उसने मुस्कुराते हुए देखा, और हम बैठ गये। अगले कुछ मिनटों में, मैंने उससे कहा—'नासिर, सायरा और मैं शादी कर रहे हैं!' जिसका उसने जवाब दिया। 'ओये! यार! तुम मेरी टाँग खींच रहे हो! मज़ाक़ कर रहे हो! यह सब कब हुआ?' उसने फिर हँसते हुए मुझे गले से लगाते हुए कहा—'मुझे यक़ीन नहीं हो रहा है यार! बड़ी अच्छी ख़बर हुई!' मेरी खुशी पूरी हो गयी।

अगले सप्ताह के दौरान, मैं हर दूसरी शाम मद्रास से उड़ कर बम्बई आ जाता था, यहाँ रात का खाना खाता, सायरा, उसकी नानी और नसीम आपा के साथ अच्छा समय बिताता, उसके नेपियन सी रोड वाले घर में जहाँ सायरा अब भी रह रही थी, या पाली हिल पर उसके नये बँगले में, जहाँ कभी-कभार मिसेज अख़्तार महबूब, मुखर्जी साहब और मेरे प्यारे दोस्त प्राण और सतीश भल्ला भी आ जाते थे। (प्राण की बेटी पिंकी ने बाद में सतीश भल्ला के लड़के से शादी की)।

बरसों बाद सायरा खुश होकर मेरे लिए यह गाना गाती थी, 'इक घर बनाया है, तेरे घर के सामने।'* मुझे यह कहती कि असल में जब वह अपना घर बनाना चाहती थी तो उसका परिवार 48 पाली हिल के आसपास कोई खाली प्लाट खोज रहा था, मेरे घर के आसपास, यह उनके चुनाव की पहली कसौटी थी!

उसके बाद की घटनाएँ बहुत तेज़ी से घटीं क्योंकि बात हर तरफ़ फैल चुकी थी।

---

* 1963 की फ़िल्म 'तेरे घर के सामने' के गाने से वह प्रेरित लग रही थी, जिसमें देव आनन्द और नूतन ने काम किया था।

वह बड़ा दिन

'शादी का दिन आया 11 अक्टूबर, 1966। मुझे कैसा लगा? क्या मैं घबरा गया था? इतने समय तक एक क़ाबिल, पक्का कुँवारा होने के कारण जब मेरे कुँवारेपन के अन्त का समय नजदीक आ रहा था तो मुझे कँपकँपी हो रही थी या किसी तरह का पछतावा?'

शुरू से ही मुझे यह लगता था कि अपने होने वाली बीवी से, अपनी होने वाली जीवन-संगिनी को परिचित होना चाहिए, घर के माहौल से, मेरे परिवार से और मेरे उन करीबियों से जो मेरे जीवन में अहम थे। सालों पहले, अम्मा और आगाजी को ज़िन्दगी में इतनी जल्दी खो देने के कारण, मैं अचानक अपने पाँच भाइयों और छह बहनों के लिए 'अभिभावक भाई' हो गया था, जिनमें से तीन मुझसे बड़े थे और बाकी छोटे। मैं सही में अपने अब्बा के जूते में आ गया था, उनका ध्यान रखते हुए, और अपनी शूटिंग में से समय निकाल कर उनके साथ रहने के लिए। मुझे इस बात से बड़ी ख़ुशी मिलती थी जब मैं उनके ज़रूरत के सामानों को ख़ुद ख़रीदता था, यहाँ तक कि छोटे भाई-बहनों के लिए कपड़े ख़रीदकर मैं परिवार के टेलर को सिलने के लिए देता था। जब मुझे इस मामले में किसी मदद की ज़रूरत होती तो भाभी अख़्तर महबूब मुझे लड़कियों के मामले में सलाह दिया करती थीं।

हम लोनावाला में (बम्बई से 100 किलोमीटर दूर महाराष्ट्र का एक हिल स्टेशन) लम्बी छुट्टियाँ बिताते थे, उस घर में जिसे मैं हर साल किराये पर लेता था ताकि बच्चे बगीचे में ख़ुशी-ख़ुशी घूम सकें और कभी जल्दी घर नहीं जाना चाहते थे। जब वे सब बड़े हुए, लड़के-लड़कियाँ सब, मैंने यह चाहा कि वे अपने पसन्द के सबसे अच्छे क्षेत्र में पढ़ें। जब उन्होंने पढ़ाई के लिए विदेश जाना चाहा तो मैंने इस बात के ऊपर दुबारा सोचा भी नहीं झट तैयार हो गया। उनकी ख़ुशी मेरे जीने का मकसद हो गया था।

एक दिन, मैं सायरा के साथ समुद्र के तट पर एकान्त में बैठा था तब मैंने सायरा से कहा कि मैं इतने दिनों तक पक्का कुँवारा बना रहा हूँ और जिसके ऊपर एक परिवार की ज़िम्मेदारी रही है वह मेरे अन्दर बहुत हद तक बचा हुआ है, चाहे हम जलसों में साथ जाते रहे हों, या हमने किसी ख़ास सिनेमा हॉल में टेनिसी विलियम्स (Tennesse Williams) की किसी फ़िल्म को देखने के लिए (उदाहरण के लिए 1951 में 'A Street car named desire' और 1958 में 'Cat on a hot tin Roof') पूरी लाइन की सीट बुक करवा ली। मैंने उसका ध्यान इस तरफ़ दिलाया कि उनके लिए यह असम्भव नहीं तो बहुत मुश्किल होगा मेरे जीवन में एक नये इंसान को देखना, और उसके लिए भी बिना किसी मुश्किल के उस परिवार के साथ रह पाना। मैंने उससे आगे कहा कि 'मैं अगर सातवें आसमान की हूर ले आऊँगा तो उसे भी एक्सेप्ट नहीं कर पायेगी मेरी फैमिली।' उनको मेरे अकेले होने की ऐसी आदत पड़ चुकी है और उनको मुझे किसी के साथ साझा करने की आदत नहीं है।

ऐसे हालात में, मैंने उससे कहा कि हमारी शादी की अच्छे माहौल में शुरुआत के लिए, हमें अपने बूते अलग रहना होगा। मैंने उसे यह भरोसा दिया कि मैं अपनी कुँवारी बहनों सकीना आपा और फरीदा और अपने भाई अहसान के लिए, जो मेरे साथ रहते हैं, और शादीशुदा बहनों जैसे ताज, सईदा और फौजिया के

अपनी बहनों (बायें से दायें) : सकीना आपा, सईदा और ताज के साथ

लिए, जो अक्सर यहाँ रहने के लिए आती हैं, अलग घर ले लूँगा।

सायरा ने मुझे समझाया कि वह जानती है, चूँकि वह ख़ुद अपने चार लोगों के परिवार की सबसे ख़ास है, जिनको वह ख़ुद बहुत गहराई से प्यार करती है, इसलिए वह यह कभी नहीं चाहेगी कि मुझे मेरे भाई-बहनों से अलग करे, जिनको मैं बहुत अधिक प्यार करता था। उसने एक और बात कही कि महज एक साल पहले उसके बड़े भाई सुलतान की शादी राहत बेग से हुई है और स्वाभाविक तौर पर वे उस नये बँगले में रह रहे हैं जो सायरा ने सड़क की दूसरी तरफ़ बनवाया था। मेरे फ़ैसले को मानते हुए उसने यह कहा कि वह अपने परिवार के लिए भी कोई ग़लत रवायत नहीं चलाना चाहती है। उसने यह ज़ोर देकर कहा कि सुलतान और राहत को अम्माजी और आपा जी के साथ ही रहना चाहिए, क्योंकि उनके परिवार के बुजुर्ग उम्र के चौथेपन में अकेले पड़ जायेंगे। सायरा मेरे परिवार के साथ मिल-जुलकर रहना चाहती थी—यह उसका पक्का फ़ैसला था, उसका कहना था कि अगर वह परिवार की ज़िम्मेदारियों से भाग गयी तो यह उसकी तरफ़ से बुरा होगा।

मैंने पहले ही कहा, मैंने नासिर को पहले ही अपनी होने वाली शादी के बारे में बता दिया था और कुछ झिझकते हुए मैं सकीना आपा को यह बताने गया। उनके ऊपर पूरी तरह से घर की और घर में रहने वालों, ख़ासतौर पर लड़कियों की देखभाल करने की ज़िम्मेदारी थी, जो उनसे प्यार भी करती थीं और डरती भी थीं। पहले, आगाजी की उनसे अक्सर लड़ाई होती रहती थी क्योंकि उनको उसका सरचढ़ा होना पसन्द नहीं था, जो अम्मा के ज़हीन बर्ताव से एकदम उलट था।

जब अम्मा बहुत बीमार पड़ गयी और दमे की वजह से उन्होंने बिस्तर पकड़ लिया तो उसने यह आदत पाल ली कि साफ़ मोजे, रुमाल और बाकी सामान, जो आगाजी और हम सब लड़कों के मतलब के होते थे, अपने बिस्तर के नीचे रखने लगी। जब हमें ज़रूरत पड़ती थी तब वह उनको निकालती थी!

मुझे इस बात का डर था कि उसे मुझसे यह सुनकर कैसा लगेगा, मैं इस बात को अच्छी तरह से जानता था कि बेचारा नासिर जब भी सकीना आपा से मिलता था तो वह हीरोइन बेगम पारा से उसकी शादी को लेकर खरी खोटी सुनाना नहीं छोड़ती थी, चाहे शादी के कितने ही साल क्यों न बीत गये हों। मैं हमेशा अपने प्यारे भाई की तरफ़दारी करता था जो इन हमलों को लगातार हँसी और ठहाकों में उड़ा देता था।

जब मैं सकीना आपा के सामने आया तो मैं यह जानता था कि उनके दिमाग़ में क्या चल रहा होगा। उनके दिमाग़ में इस बात को लेकर उदासी भी चल रही होगी कि इस फ़ैसले में उसका कोई दखल नहीं था और साथ ही उसे इस बात की हैरत भी होगी कि मैंने अपने पेशे की लड़की को चुना और वह भी मुझसे इतनी कम उम्र की।

मैंने उनके दिमाग़ को शान्त करने के लिए यह कहा कि इसमें कोई शक नहीं कि यह फ़ैसला जल्दबाजी में लिया गया था, लेकिन इसमें कोई शक नहीं कि मेरे बाकी फ़ैसलों की तरह यह फ़ैसला भी सोच-समझकर ही लिया गया था। हाँ, यह सही है कि मैं अपनी इस बात से पीछे हट गया कि मैं अपने पेशे की लड़की से शादी नहीं करूँगा, लेकिन मैंने अपना दिमाग़ बदल लिया तो इसलिए क्योंकि ऐसा करने के लिए मेरे पास बढ़िया कारण था। मुझे पता है कि सायरा एक इज़्ज़तदार परिवार से ताल्लुक रखती है। उसके दादा ख़ान बहादुर मोहम्मद सुलेमान (Mohammad Solaiman) दिल्ली नगर निगम के चीफ़ इंजिनियर थे और उन्होंने राष्ट्रपति भवन, संसद भवन समेत उस इलाके की कई प्रमुख इमारतों को बनवाया था। उसके अब्बा अहसान साहब लन्दन में पले-बढ़े थे, जो बाद में एक प्रमुख फ़िल्म निर्माता बने। उसकी माँ नसीम बानो अपने समय में आला दर्ज़े की हीरोइन थी और उनकी बहुत इज़्ज़त भी थी, और उसकी नानी शमशाद बेगम अब्दुल वहीद जानीमानी शास्त्रीय संगीत की गायिका थी, जो आल इंडिया रेडियो पर लाइव गाती थीं और उनके रिकॉर्ड कोलंबिया रिकॉर्ड से निकले थे।

सबसे बढ़कर, सायरा में वे गुण हैं जो मेरे लिहाज़ से उस औरत में होने चाहिए जिसके साथ मैं अपनी ज़िन्दगी गुजारने वाला हूँ। मुझे नहीं लगा कि सकीना आपा को इससे ज़्यादा कुछ समझाना चाहिए। मैंने आख़िर में यह बात कही कि मैं निश्चित हूँ कि मैंने सही फ़ैसला किया है और इसलिए मैं बहुत ख़ुश था। उन्होंने बिना किसी भाव के मेरी बात सुनी और मेरे साथ बहस नहीं की क्योंकि वह यह जानती थी सब कुछ तय हो चुका था और उनको इस बात को मानना ही था।

हमारी सगाई की घोषणा 2 अक्टूबर 1966 को हुई तो देश भर में ख़ुशी का माहौल हो गगा। यह ऐसी ख़ुशी थी जिसको मैं बयान नहीं कर सकता।

मीडिया में हर जगह ख़बर आ रही थी और रेडियो पर हर दो घंटे में यह घोषणा आती थी। बम्बई में जश्न का माहौल था और सभी लाउडस्पीकर पर हमारी पसन्द के गाने बज रहे थे!

मेरी होने वाली शादी की ख़बर से उन सारे लोगों को हैरानी हुई जो यह मान चुके थे कि मैं आजीवन कुँवारा ही रहूँगा। मेरे फैन और मेरे दोस्त जैसे सतीश भल्ला, राज कपूर, निर्माता वेद पुरी, हितेन चौधरी, प्राण और बलराज कोहली यह जानने को बेचैन थे कि यह सब हुआ कैसे? सायरा का कैरियर महज पाँच साल पुराना था। हमने कभी साथ काम नहीं किया था और कभी हमें उस तरह रोमांटिक तौर पर जोड़ा भी नहीं गया था जिसकी वजह से लोगों के दिमाग़ में तूफ़ान चल रहा था, जो हमें साथ-साथ देखना चाहते थे, हम दोनों की एक साथ झलक पाना चाहते थे।

जहाँ तक सायरा की बात थी, तो आपा ने मुझे बताया कि वह अपने शाइस्ता

सायरा, सतीश भल्ला एवं अन्य के साथ

अन्दाज़ से इस बात का जश्न मना रही थी कि उसकी बड़ी पुरानी मुराद पूरी हो गयी कि उसकी मुझसे शादी होने वाली थी।

उस समय, मुझे मद्रास में 'राम और श्याम' का आख़िरी शेड्यूल पूरा करना था और फिर निर्माता-निर्देशक एच.एस. रवेल के साथ कलकत्ता जाना था जहाँ कुछ पटकथा का काम था और वहाँ 'संघर्ष' फ़िल्म के आउटडोर लोकेशन को तय करना था। सायरा और नसीम आपा लेख टंडन की फ़िल्म 'झुक गया आसमान' की आउटडोर शूटिंग के लिए कलकत्ता जा रहे थे।

कलकत्ता के एयरपोर्ट पर इतने लोग उमड़ आये थे जैसा कि मैंने अपने जीवन में नहीं देखा था—यहाँ तक फ़िल्मों के प्रीमियर, कार्यक्रमों और रैलियों में भी नहीं जिनसे मैं ख़ूब वाक़िफ़ था। जब मुसाफ़िरों के उतरने के लिए हवाई जहाज़ का दरवाज़ा खुला तो हमें जल्दी से वापस जाना पड़ा। पता नहीं कैसे, तमाम सुरक्षा के बावजूद लोग एयरपोर्ट के अन्दर सड़क पर आ गये थे। ख़ैर किसी तरह हम बाहर अपनी कार तक गये, जिसको घेर कर हज़ारों लोग खड़े थे, और प्यार का इज़हार करते हुए उन्होंने गाड़ी को उठा लिया जबकि हम गाड़ी में बैठे रहे। हमें बस एक ही आवाज़ सुनाई दे रही थी—'मुबारक! मुबारक!'

किसी तरह, हम एयरपोर्ट से निकलने में सफल रहे और हम ग्रैंड होटल में रसोई के रास्ते पहुँचे और वहाँ से ऊपर अपने सुइट में। पता नहीं कैसे प्रशंसक

सुरक्षा को पार करके हमारे सुइट के बाहर भी पहुँच गये? होटल का प्रबन्धन परेशान था और नसीम आपा और एच. एस. रवेल का यह मानना था कि ऐसी हालत में बाहर काम पर जाना असम्भव था। निश्चित होकर, अगली सुबह सात बजे अपनी खिड़की से बाहर झाँकने पर हमने देखा कि उस इमारत के सामने जो बड़ा सा मैदान था उसमें जूते, छाते, और कपड़े वगैरह बिखरे हुए थे जैसे वहाँ पिछली रात में युद्ध हुआ हो। सायरा के 'झुक गया आसमान' के आउटडोर युनिट को पैक अप करना पड़ा। ऐसा कोई रास्ता नहीं था जिससे हम शूटिंग करने जा पाते क्योंकि फैन्स ख़ुशी के मारे रास्ता रोक कर खड़े थे इस उम्मीद में कि वे हमको वहाँ देख सकेंगे।

हम सब लोगों ने बातचीत के बाद यह तय पाया कि यही अच्छा रहेगा कि साथ-साथ निकलकर फैन्स की इच्छा का सम्मान किया जाये। मैंने ज़ोर देकर कहा कि हमें साल के अन्त के बजाय अभी ही शादी कर लेनी चाहिए। अब! मैंने नसीम आपा को सुझाव दिया और सुलतान, जो बम्बई में था, को फ़ोन किया कि हम फौरन से पेश्तर बम्बई आ रहे हैं। मेरे दिमाग़ में अब यह साफ़ हो गया था कि मुझे अगले दो-एक दिन में सायरा से साधारण तरीके से निकाह करना था। साथ ही, मैंने बिना समय गँवाये सकीना आपा, अपने बड़े भाई नूर साहब और अकीला भाभी को अपने फ़ैसले के बारे में ख़बर करवा दी, कि जीवन के इस अहम फ़ैसले में मुझे उनकी इजाज़त चाहिए थी। इसी तरह, छोटे

मेहँदी रस्म में राहत (सायरा की भाभी) एवं नसीम बानूजी के साथ

भाइयों नासिर, अहसान (असलम अमेरिका में बस गया था) और अपनी बहनों ताज, सईदा, फरीदा और फौजिया को भी ख़बर कर दी। अख़्तर के. आसिफ के साथ सम्बन्ध के बाद परिवार के साथ रिश्ता बिगड़ गया था। किसी तरह का बड़ा इन्तज़ाम करने के लिए अब समय नहीं था। न ही शादी के जोड़े वगैरह ख़रीदने का समय था। असल में, मैंने कहा कि ज़रूरत है तो एक मौलवी साहब की जो निकाह पढ़वा दें और छुहारे जो रस्म के मुताबिक़ बाँटे जाने थे। हमारे पास इतना समय भी नहीं था कि कार्ड छपवाया जा सके और मेहमानों की सूची बैठकर तैयार की जा सके। नजदीकी दोस्त तो महज एक फ़ोन की दूरी पर थे।

तो सायरा और मैं, जो अपने पेशेवर जीवन में और यूँ भी हमेशा अच्छी तरह सिले सिलाये कपड़े पहनते थे, उस दिन बस वही पहना जो जल्दी-जल्दी में नसीम आपा जुटा पायी। नसीम आपा सायरा के लिए यह तय करती थी कि वह किस तरह के कपड़े पहनेगी, कैसे गहने, उस ज़माने में उन्होंने सायरा के कपड़े, गहने डिजाइन किये जब उस तरह से डिजाइनर नहीं होते थे और उनका नाम बढ़िया पसन्द के साथ जुड़ गया था। लोग यह देखने का इन्तज़ार करते थे कि सायरा फ़िल्मों में क्या पहनेगी या प्रीमियर पर क्या पहनेगी।

हमारी शादी की तारीख़ जल्दी-जल्दी में तय की गयी थी और जिसकी घोषणा भी की गयी थी—11 अक्टूबर 1966। मीडिया ने उसकी ख़बर प्रमुखता से छापी और अख़बारों में हेडलाइन छपी। हमारे पास अपने लिए समय कम था क्योंकि मीडिया, दोस्त, रिश्तेदार और परिवार के सदस्यों से मिलने वाली बधाइयाँ रुकने का नाम ही नहीं ले रही थीं।

बहुत सुन्दर ढंग से लेकिन साधारण तरीके से हल्दी और मेहँदी की रस्म हुई, जिसमें सकीना आपा की सदारत में मेरे घर की औरतें थाल में हिना लेकर जिसमें मोमबत्तियाँ जल रही थीं, सायरा के पास गयी और उनको उन्होंने मेरी बेगम के रूप में अपनाया। यह निकाह से पहले का पहला क़दम था।

उसी तरह, सायरा के परिवार की सुन्दर औरतों की पूरी फ़ौज नसीम आपा और राहत भाभी की सदारत में दूल्हे के साथ शरारत करने और हल्दी और मेहँदी की रस्म में कुछ जान डालने के लिए मेरे घर आयी!

सायरा और मैं पूरे सितम्बर के दौरान साथ समय बिताने के इतने आदी हो चुके थे कि जब शादी की घोषणा हुई और रस्म की तारीख़ नजदीक आने लगी तो हम लोगों को अलग-अलग कर दिया गया! हमारे बुजुर्गों ने हमें एक-दूसरे से मिलने के लिए मना कर रखा था और यह दिल को दुखाने वाला था। अगर मैं उसके घर नसीम आपा और सुलतान के साथ शादी की तैयारियों के बारे में बात करने जाता था तो नीचे ही रहता था और सायरा शरारतन घर की हर खिड़की से मेरी एक झलक पाने की कोशिश में रहती थी।

शादी का दिन आया। 11 अक्टूबर 1966। मुझे कैसा लगा? क्या मैं घबरा

गया था? इतने समय तक एक क़ाबिल, पक्का कुँवारा होने के कारण जब मेरे कुँवारेपन के अन्त का समय नजदीक आ रहा था तो मुझे कँपकँपी हो रही थी या किसी तरह का पछतावा?

नहीं, बल्कि मुझे शान्ति और राहत महसूस हुई, जैसे शान्ति के लिए सुरक्षित स्वर्ग पहुँच गया होऊँ। मेरे अन्दर हमेशा अम्मा की अन्दरूनी ताकत थी जीवन का सामना मज़बूती से करूँ और उससे बेहतरीन हासिल करूँ। मैं खुशकिस्मत था कि मुझे इतनी मक़बूलियत मिली, लेकिन अब मेरे साथ वह इंसान थी जो मेरे साथ अपना जीवन साझा करने वाली थी और जो मेरी ख़ास होने वाली थी, हर तरह से मेरा ख़याल रखने वाली, मेरे कपड़े, मोजे, रुमाल एहतियात से रखने वाली, न कि उस तरह से जिस तरह से मेरा ख़ास काम करने वाला अनवर उसे थाक लगाकर घर के किसी दराज में रखा करता था।

भरपूर जश्न

'सायरा और मैंने पति-पत्नी के रूप में अपना जीवन देश के सबसे पढ़े-लिखे और संस्कृति सम्पन्न शहर में शुरू किया, बगीचे में परोसे गये नाश्ते का आनन्द लेते हुए शान्त सुबहों के साथ और उसके बाद सेट पर जमकर काम, फिर टिफिन और कॉफ़ी के लिए ब्रेक, फिर रात में कमरे में ख़ामोशी के साथ रात का खाना खाते हुए दिन का अन्त।'

मेरे साथ इस बात का लाभ था कि मेरी बहनें घर में रहती थीं, लेकिन वे भी बड़ी हो चुकी थीं, जीवन में अपना रास्ता तलाश कर रही थीं। उनमें से कुछ की शादी हो चुकी थी और वे जा चुकी थीं। मेरे लिए खाना वह था जो मैं गरम-गरम पतीले से निकालता था, उसे रोटी के साथ लपेटकर खाते हुए मैं शूटिंग के लिए निकल जाता था। कुँवारे आदमी की दुनिया थी, चिड़िया की तरह आज़ाद, लेकिन इसका नुक़सान यह था कि जीवन की छोटी मगर महत्त्वपूर्ण चीज़ों के ऊपर ध्यान नहीं दे पाता था।

वापस शादी की बात करें, तो मेरा सुबह का व्यस्त समय ऐसे बीता जैसे उत्साह से भरपूर हो, मेरे छोटे से केबिन में नूर साहब और नासिर चहल-पहल बनाये हुए थे, जब शाम आयी तो उन्होंने रस्मन मेरे सर पर पेशावरी कुल्ला रख दिया और उसके साथ सिल्क का साफा बड़े प्यार और फ़ख्र से बाँध दिया, जो उनकी आँखों में झलक रहा था। उनका भाई युसूफ आख़िरकार दूल्हा बन गया था!

मेरे अपने आरामदेह लिमोजिन को टनों फूलों से सजाया गया था ताकि मैं उससे सायरा के घर जा सकूँ और अपनी दुल्हन को घर ला सकूँ, क्या नजारा था! नूर और नासिर ने मुझसे कहा कि वे और सकीना आपा चाहते थे कि मैं घोड़ी पर चढ़कर बारात लेकर सायरा के घर जाऊँ। 'या ख़ुदा', मैंने उनसे कहने की कोशिश की, 'मैं और घोड़ी पर!' मैंने उनसे यह भी कहा कि मैं कार में ही

जाऊँगा, और मैंने उनका ध्यान इस बात की तरफ़ दिलाया कि दुल्हन के घर के रास्ते में उसके घर के पास गहरा ढलान था, और मुझे लग रहा था कि अगर घोड़ा फिसलकर गिर गया, तो ख़ुदा के लिए, मैं भी गिर जाऊँगा! यह बड़ा बुरा नजारा होगा!

मेरा तर्क हालाँकि बेकार रहा, और मैं झिझकते हुए सजी हुई शानदार सवारी पर सवार हुआ, मैंने इस बात की कभी कल्पना नहीं की थी कि सायरा से मेरे घर की दूरी जो महज 2 मिनट की थी उसको तय करने में एक घंटा लग गया। हमने यह सोचा था कि करीब 500 मेहमान शादी के दिन आयेंगे, लेकिन वहाँ बड़ी तादाद में फैन और दोस्त आ गये।

मेरी घोड़ी को ख़ुशी-ख़ुशी पृथ्वीराज जी, शम्मी कपूर और नासिर लेकर चल रहे थे, मुझे महसूस हो रहा था कि पीछे और आसपास बड़ी संख्या में लोग थे, और उस हुजूम को और फ़िक्र के लायक बना रहा था, वह था कि हर क़दम के साथ मेरे कुल्ला-साफा वाले सर के ऊपर तने जरी वाले रवायती छाते के ऊपर कुछ गिरने की आवाज़ आती थी, उस छाते को मांगलिक मौक़े पर दूल्हे और उसकी घोड़ी को बचाने के लिए लगाया गया था। उसके असर से मेरा सर हर बार घूम जाता था!

उससे भी बुरा यह था कि घोड़े की नाल जो अच्छी तरह से बनाई गयी थी और उसकी नाल सीमेंट की उस सड़क पर बार-बार फिसल रही थी। यह चमत्कार ही था कि मैं अपने सर पर 'ढब ढब' और फिसलन भरी 'गर्र गर्र' से बच गया!

मेरे और मेरे साथ के लोगों के स्वागत के लिए दुल्हन का गेट धूमधाम से खुला हुआ था, शानदार नजारा था! हज़ारों लोग जिनको किसी भी सुरक्षा के माध्यम से नहीं रोका जा सकता था और वे अन्दर घुस गये! मुझे अपने प्यारे दोस्त और निर्माता-निर्देशक नासिर हुसैन की झलक दिखाई दे रही थी, जो अपनी युनिट के साथ एक वैन की छत के ऊपर खड़े थे, उस मौक़े की तस्वीरें उतार रहे थे। यह एक दोस्त की तरफ़ का कितना अच्छा और प्यार भरा व्यवहार था। उस जोशीली भीड़ की वजह से उनकी टीम लगभग गिर ही गयी थी। ख़ुदा का शुक्र था कि किसी को किसी तरह की चोट नहीं आयी।

मेरी शादी हर उस आदमी के लिए आश्चर्य की तरह थी जो मुझे जानते थे। मेरे दोस्तों में एक नौशाद साहब ही थे जिन्होंने आगे बढ़कर मुझसे सीधे पूछ लिया था कि कहीं मैं ग़लती तो नहीं कर रहा था। 'तुम ऐसी लड़की से शादी करने के बारे में कैसे सोच सकते हो जो तुमसे 20 साल से भी अधिक छोटी है?' उन्होंने उस अधिकार के साथ पूछा जो एक दोस्त और शुभचिन्तक के तौर पर हमेशा से उनका हक था। मुझे उनको यह बताने में कोई हिचक नहीं हुई कि मैंने यह क़दम काफ़ी सोच-विचार के बाद उठाया था और मैं यह जानता था कि सायरा वैसी लड़की है कि आगाजी और अम्मा होते तो वे भी उसको पसन्द करते।

वजूद और परछाईं

जैसा कि पहले ही कह चुका हूँ, नौशाद साहब मेरे घरवालों को अच्छी तरह जानते थे और जब वे बान्द्रा में हमारे घर आते थे तो वे आगाजी के पास ज़रूर जाते थे। आगाजी को भी नौशाद साहब से बात करना ख़ूब पसन्द था और जब वे आते थे तो दोनों ख़ूब बातें करते थे। जब ख़राब सेहत की वजह से आगाजी ने क्रॉफोर्ड (Crowford) मार्किट जाना लगभग छोड़ दिया था और उनको घर में आने वाले दोस्तों के साथ अच्छा लगता था। अब चूँकि वहाँ कोई नहीं था इसलिए नौशाद साहब का इस बात के बारे में सोचना और पूछना लाजिमी था—'और तुम्हारा क्या है? क्या तुम्हारे भाई-बहन इस फ़ैसले से ख़ुश हैं?' मेरा जवाब था कि मैं अपने परिवार से कम से कम यह उम्मीद तो कर ही सकता हूँ कि वे सायरा का स्वागत गर्मजोशी से, खुले दिल से करें। सायरा के ऊपर शादी का किसी तरह का दबाव नहीं था और मेरे ऊपर भी इस बात का दबाव नहीं है कि मैं शादी करूँ। यह ख़ुदा की मर्ज़ी थी जो हम दोनों को पास ले आयी है। नसीम आपा ने अपने शालीन अन्दाज़ में यह बताया था सायरा अपने ढंग से ख़ुश थी, इस बात को लेकर कि अल्लाह ने मुराद पूरी कर दी। जहाँ तक मेरी बात है, मुझे इस बात का पक्का यक़ीन था कि कोयम्बटूर के ज्योतिषी की भविष्यवाणी सही साबित होने वाली थी और मुझे प्यारी और सुन्दर बीवी मिलने वाली थी।

नौशाद साहब मेरे निकाह में नहीं आये। उनकी कमी को मेरे दूसरे दोस्तों ने अपनी मौजूदगी से पूरी कर दिया। जिन्होंने उस मौक़े को मेरे लिए सबसे ख़ुशी का मौक़ा बनाने के लिए सब कुछ किया, उस मौक़े को जिसको याद करके मैं आज भी ख़ुश हो लेता हूँ।

राज कपूर ने एक बार मीडिया में अपने एक इंटरव्यू में मज़ाक़ में यह कहा था कि जिस दिन मैं शादी करूँगा उस दिन वह घुटनों के बल चलकर मेरे घर आयेगा। इसलिए जब राज 48 पाली हिल पर आया तो उसे तुरन्त उस मज़ाकिया घोषणा की याद दिलाई गयी। सबको हैरत में डालते हुए वह तुरन्त घुटनों के बल पर आ गया। सकीना आपा बालकनी में थी और उन्होंने उसे बाहर बुलाया, और उसको घुटनों से तुरन्त उठ जाना पड़ा। राज मेरे उतना ही करीब था जितना कि मेरा कोई भाई और सकीना आपा इस बात को जानती थीं।

मेरे सारे रिश्तेदारों और दोस्तों ने मेरे घर जुटकर जैसा प्यार और जैसी गर्मजोशी दिखाई उससे मैं बहुत ख़ुश हुआ। जैसा पहले ही कह चुका हूँ, सायरा के घर तक पहुँचने में बारात को एक घंटा लग गया। सायरा कपड़ों में उस तरह से लदी-फदी नहीं थी जिस तरह से दुल्हनें अमूमन होती हैं। उसकी माँ, उसके मेकअप में जो हमेशा ध्यान देती थी और जो नये-नये फैशन के कपड़े भी उसके लिए ख़रीदती थी, ने उसको उतना ही तैयार करवाया कि उसकी कुदरती सुन्दरता साधारण सुन्दर दुल्हन के लिबास में निखर कर दिखाई दे। हम दोनों के शादी के लिबास को जल्दी से एक साथ जोड़ दिया गया क्योंकि समय बहुत कम था।

किसी तरह, नासिर और सुलतान वहाँ जुटे लोगों को क़ाबू कर पाने में सफल रहे और उन्होंने मीडिया और आने वाले मेहमानों के लिए एक इलाका घेर लिया जिसके बाहर जुटने वाले लोग थे जो वहाँ बगीचे और उसके आसपास के इलाके में आ जुटे थे। बाद में मुझे यह पता चला कि सुलतान और उसके साथियों ने आसपास के रेस्तराओं से खाना मँगवाने के लिए आदमी भेजे थे ताकि वहाँ जुटे देखने वाले लोगों को भी खाना खिलाया जाये।

निकाह बहुत सुन्दर था। मेरे सभी प्यारे और करीबी मेरे पास थे, जेनेरल शाहनवाज, राज कपूर, नासिर, सुलतान, मुकरी, सतीश भल्ला और वे सारे लोग जिनको मैं अपने जीवन में ख़ास मानता था। प्राण श्रीनगर के तूफ़ान में भी निकल कर हवाई जहाज़ से मेरी शादी में शामिल होने के लिए आया।

शादी समारोह; (बायें से दायें) क़ाजी मुरघे, एहसान, मैं, राज कपूर, मुकरी और नसीर

वजूद और परछाईं

जब कहा गया तो मैंने और सायरा ने निकाहनामा पर दस्तख़त कर दिये और काजी मुर्गहे ने जब मुस्कुराते हुए यह सवाल पूछा तो हम दोनों ने अलग-अलग कबूल है कह दिया। फिर राज कपूर मुझे दुल्हन के पास लेकर गये जो कि एक रस्म के मुताबिक़ मुझे पहले आईना मुसाफ (Aaina musaf) में देखने वाली थी, इस रस्म के मुताबिक़ दूल्हा-दुल्हन एक-दूसरे की परछाईं को पहले देखते हैं।

उसके बाद राज ने एक कटोरा दूध माँगा और उसमें शादी की अँगूठी डुबा दी और फिर हमने उनको पहना-पहनाया और पति-पत्नी हो गये।

अगली शाम मेरे घर पर वलीमा था, जिसमें मेरे सभी पारिवारिक दोस्त आये, उस शानदार जलसे के लिए महाराष्ट्र के मुख्यमन्त्री वसंत राव नाईक भी आये।

वलीमा की रात सायरा और मैंने अपने बगीचे में बने छोटे से आउटहाउस

शादी के दिन; नसीम बानूजी और सायरा के साथ

में बितायी। शुरू में, मुझे सायरा को यह बताना अजीब लगा कि मैं यह चाहता था कि हम दोनों बँगले के उस छोटे से बाहरी हिस्से में रहें, जो मेरा इलाका बन गया था। सड़क से वहाँ आने का अपना अलग रास्ता था। यहाँ मुझे कभी-कभी अकेले रहने की ज़रूरत पड़ती थी, यह मेरी अपनी जगह थी जहाँ मैं अपनी फ़िल्मों की पटकथा के ऊपर काम करता था, इस बात को पक्का करने के लिए कि मेरे घर की औरतों को परेशानी न हो। मुझे इस बात से राहत मिली कि सायरा ने किसी तरह की निराशा नहीं दिखाई चूँकि मैंने कहा था इसलिए उसने आँखों से अपनी ख़ुशी और सन्तोष जताया। बाद के सालों में, जब वह मेरा जीवन साझा करने लगी, उसकी यह ख़ूबी हमारी शादी की सफलता का सार रही कि मैंने जो भी कहा उसने माना। मैं बाद के अध्याय में इसके बारे में विस्तार से बताऊँगा।

अगली सुबह जल्दी हमें मद्रास जाना था। मुझे 'राम और श्याम' के कुछ आख़िरी हिस्से करने थे जबकि वह दो एक दिन मेरे साथ बिताकर फ़िल्म 'झुक गया आसमान' की शूटिंग पूरी करने के लिए दार्जिलिंग निकलने वाली थी।

मद्रास एयरपोर्ट पर फ़िल्म राम और श्याम की शूटिंग के लिए पहुँचने पर प्राण, बेबी फरीदा, नागी रेड्डी (फरीदा के पीछे), सायरा, निरुपा रॉय और ए. चक्रपाणि के साथ

वजूद और परछाईं

सायरा मेरे साथ सफ़र करने के लिए तैयार और बेचैन थी और हम सोच रहे थे कि आख़िरकार हम बम्बई की भीड़भाड़ से दूर एक-दूसरे के साथ हैं। मद्रास मेरे लिए दूसरे घर की तरह बन गया था और मैं इसका इन्तज़ाम कर रहा था कि वहाँ किसी ख़ामोश से शान्त इलाके में एक घर ख़रीदूँ।

जब हम मिनाम्बक्कम (Minambakkam) हवाई अड्डे पर पहुँचे तो एक बहुत शानदार आश्चर्य हमारा इन्तज़ार कर रहा था। हवाई जहाज़ से अन्दर आगमन के स्थान तक लाल गुलाब की पंखुड़ियाँ बिछाई गयी थीं और वहाँ नागी रेड्डी खुद फ़िल्म के कलाकारों और निर्माण सहयोगियों के साथ मालाएँ और बड़ी सी मुस्कान लिए हमारे स्वागत के लिए खड़े थे। हमें यह बताया गया कि एयरपोर्ट के बाहर बड़ी भीड़ थी और इसलिए हमें चुपचाप वहाँ से निकलना था।

जब हम नागी रेड्डी के स्टूडियो पहुँचे तो उन्होंने हमें बताया कि वहाँ और भी बड़ी हैरानी हमारा इन्तज़ार कर रही थी। ओशियानिक होटल में मेरे सुइट को बड़ी अच्छी तरह से सजाया गया था और मेरे पुराने छोटे से पलँग की जगह एक बड़ा सजा-सजाया बिस्तर वहाँ लगाया गया था। टनों खुशबूदार मोगरे कमरे और बिस्तर में हर कहीं लगाये गये थे, बिस्तर को भी मोगरे के फूलों से अच्छी तरह सजाया गया था। जब एयरकंडिशनर चलाया गया तो उस सफेद फूल की महक कमरे में फैल गयी और ऐसा लगा जैसे हम किसी और ही दुनिया में हों।

एक बार मैंने नागी रेड्डी के लड़के प्रसाद को, जो मेरा अच्छा दोस्त भी बन चुका था, मज़ाक़ में कहा कि मुझे वह बड़ा सा पलँग बहुत पसन्द आया उसके पीतल के पाये और उसकी सजावट उसे एंटिक बना देते थे। प्रसाद ने मज़ाक़ में मुझे कहा कि जब मेरी शादी होगी तो वह मुझे वही पलँग उपहार में देगा। चूँकि उस समय तक दूर-दूर तक कहीं कोई दुल्हन नहीं थी, इसलिए उसने मज़ाकिया अन्दाज़ में कहा कि उसने पलँग देने की पेशकश की है और अब इस बात से प्रेरणा लेकर उसे जल्दी से अपने लायक दुल्हन की खोज कर लेनी चाहिए। उसकी यह भविष्यवाणी साबित हुई और मैंने पाया कि मैं एक ख़ूबसूरत लड़की का हाथ चाहने लगा था जिसे मैं प्यार करने लगा था और जिससे मैं शादी करना चाहता था।

पहले मेरे बिस्तर पर सूती चादरें होती थीं अब उनकी जगह सिल्क की चादरों ने ले ली। ऐसा लग रहा था जैसे कमरे को मिस्टर और मिसेज दिलीप कुमार के लिए नहीं सजाया गया हो बल्कि किसी महाराजा और महारानी के लिए सजाया गया हो। साफ़-साफ़ कह रहा हूँ, वह आश्चर्य मुझे अच्छा लगा। जो मैं सायरा को अपने घर में देना चाहता था लेकिन समय की कमी की वजह से जो नहीं दे पाया वह यहाँ अपने सुन्दर रूप में मौजूद था। कई अर्थों में, सायरा और मैंने पति-पत्नी के रूप में भारत के सबसे पढ़े-लिखे और सांस्कृतिक रूप से समृद्ध शहर में अपना जीवन शुरू किया, बगीचे में परोसे गये बढ़िया नाश्ते का

आनन्द लेने के बाद दिन में सेट पर जमकर काम और रात में कमरे में ख़ामोशी से खाना खाते हुए।

सब कुछ बहुत अच्छा था, और चूँकि हम दोनों को ही बेहतरीन दक्षिण भारतीय खानसामों का परोसा खाना बहुत अच्छा लगता था इसलिए हमें उस खाने की याद नहीं आयी जिसका मज़ा हम बम्बई में उठाते थे। असल में सायरा इडली, डोसा और मेधु वडा (Medhu Vada) की हमेशा के लिए दीवानी हो गयी।

जब भी मेरी शूटिंग जल्दी ख़त्म होती, तो हम उस समय का उपयोग करते थे शहर में गाड़ी से घूमने में, कार और बसों के साथ साइकिल रिक्शा की होड़ का नजारा लेते हुए, सड़क के किनारे फूलों के स्टाल रहते थे जिस पर मोगरा और कई तरह के फूल लगे होते थे जिनको औरतें अपने लम्बे बालों में सजाती थीं।

मुझे यह समझ में आ गया कि सायरा ऐसी नहीं थी जो किसी के साथ जल्दी से दोस्ती कर ले। फिर भी, मैंने देखा कि 'राम और श्याम' के मेरे साथी कलाकारों के प्रति उसका रवैया दोस्ताना था। अक्सर शाम को हम युनिट के लोगों से मिलते थे और उनके साथ मज़ेदार बातें किया करते थे। मैंने ध्यान दिया कि वह स्वभाव से शर्मीली थी लेकिन इसके लिए वह कोशिश करती रहती थी कि वह लोगों से खुलकर मिले। मुझे उसका व्यवहार समझ में आता था कि उसका छोटा-सा चार लोगों का परिवार था जिसमें आपस में सबकी अच्छी बनती थी। सायरा के लिए उसकी माँ, नानी, और उसका बड़ा भाई सुलतान की दुनिया ही वह दुनिया थी जिसे वह जानती, समझती और प्यार करती थी। मुझे लगा कि उसकी अपनी उम्र के दोस्त होने चाहिए और उसे जीवन के हर क्षेत्र के लोगों से मिलना चाहिए। आने वाले सालों में, उसने यही किया और उसका खुशनुमा व्यक्तित्व खुलने लगा।

साथी अभिनेता और दोस्त

' 'कोहिनूर' (1960) मेरे दिमाग़ में अटका रहेगा तो इसलिए क्योंकि मैंने उसके लिए सितार बजाना सीखने की कोशिश की थी। यह मेरे लिए एक और मौक़ा था इस बात को परखने का कि मैं कॉमेडी कर सकता था... मुझे कोहिनूर के बनने के दौरान इसलिए भी मज़ा आया क्योंकि इससे मेरे और मीना कुमारी के बीच दोस्ती बढ़ी, क्योंकि पहले हम दोनों को ही इमोशनल ड्रामा और ट्रेजेडी के लिए जाना जाता था, लेकिन आज़ाद और उसके बाद इस फ़िल्म में हम एक बार और साथ आये हलके फुल्के मनोरंजन की फ़िल्म बनाने के लिए।'

'राम और श्याम' समय से पहले ही पूरी हो गयी। इसमें काम करना हम सबके लिए मज़ेदार रहा। मैं अपने दोस्त प्राण के साथ 'राम और श्याम' और 'आदमी' में एक साथ काम कर रहा था। प्राण और मैं सच्चे अर्थों में दोस्त थे। हम काम के दौरान मिलते थे और फिर अनौपचारिक तौर पर उसके घर पर या मेरे घर पर, क्योंकि हम दोनों एक ही इलाके में रहते थे बान्द्रा। काम में, हम लोग एक-दूसरे के ख़िलाफ़ रहते थे। हमारे किरदार किसी न किसी बात पर एक-दूसरे से भिड़े रहते थे। यह देखने वालों के लिए बड़ा हैरान कर देने वाला नजारा होता था जब वे कैमरे के सामने मेरे साथ काम करने आते थे जबकि उससे थोड़ी देर पहले तक हम लोग दोस्ताना बातचीत कर रहे होते थे। ख़ैर, इस तरह की चुनौती का सामना हम कलाकारों को हर वक़्त करना पड़ता था। वह बन जाना जो कि हम असल में नहीं होते हैं और किसी ऐसे अनजान से शख़्स के किरदार के बारे में सोचना जिसका कि आपके अपने व्यक्तित्व से कोई लेना-देना नहीं होता है कोई आसान काम नहीं है।

प्राण के लिए यह कहा जा सकता है कि उसके लिए यह बिल्कुल आसान

नहीं रहता होगा जब वह बदमाश, कपटी और धोखेबाज के किरदारों में फ़िल्म के परदे पर आता था और जिसकी वजह से उसे आला दर्जे के खलनायक के रूप में मक़बूलियत हासिल हुई। उसे इसके लिए काफ़ी मशक्कत करनी पड़ती रही होगी कि जो अच्छाई, जो ईमानदारी उसके अपने व्यक्तित्व में थी उसको दबाकर कठोर, धूर्त और गुस्सैल रूप में कैमरे के सामने आये।

हमने जंगल के एक लोकेशन पर 'मधुमती' (1958) की शूटिंग के दौरान एक-दूसरे के साथ मज़े किये थे, जहाँ लगभग हर आदमी बांग्ला में बोलता था जबकि हम दिल खोलकर पंजाबी बोलते थे। उसे तब बहुत अच्छा लगता था जब शाम को हम आग जलाकर बढ़िया शायरी किया करते थे। हमने मद्रास में भी कुछ समय अच्छा बिताया था जब हम 'राम और श्याम' तथा 'आदमी' की शूटिंग कर रहे थे। हमने 'दिल दिया दर्द लिया' (1966) की शूटिंग हाल में ही पूरी की थी और मद्रास में सेट पर यह चुटकुला चलता था कि प्राण आपका पीछा ही नहीं छोड़ता। इससे मुझे कोई परेशानी नहीं थी और उसे भी कोई परेशानी नहीं थी क्योंकि हम लोगों को एक-दूसरे का साथ पसन्द था और हम साथी कलाकार के बतौर एक-दूसरे का सम्मान करते थे।

मेरे प्रति उसके प्यार और उसकी भावना का सबसे यादगार उदाहरण यह है जब उसने श्रीनगर में तूफ़ानों के बीच यह तय कर लिया कि वह दिल्ली के लिए फ्लाइट लेगा, जबकि बाकी मुसाफ़िरों ने सफ़र न करने का फ़ैसला किया था, वहाँ से फिर उसने बम्बई की फ्लाइट ली और सायरा के घर बारात निकलने से पहले वह मेरे घर पहुँच गया। उसने बिना एक भी शब्द कहे मुझे बार-बार गले से लगाया।

प्राण ने हमारी दोस्ती को मज़बूत बनाने के लिए एक और काम तब किया जब हम 'आज़ाद' (1955) की शूटिंग कर रहे थे। इस फ़िल्म में मैं पूरी तरह कॉमेडी कर रहा था और मैंने यह क़दम अपने कुछ दोस्तों और शुभचिन्तकों की इस सलाह के बावजूद उठाया था कि मेरा ट्रेजेडी के रोल के कारण जो मुकाम है मुझे उससे नहीं हटना चाहिए। उस फ़िल्म की शूटिंग के पहले शेड्यूल के बाद प्राण मेरे पास आया और उसने मुझसे बड़ी ईमानदारी से कहा कि मैं ऐसे तमाम लोगों को हैरान कर देने वाला हूँ जो यह सोचते थे कि यह कैरियर में मेरा एक ग़लत क़दम था। उसने कहा कि यह फ़िल्म हाउसफुल रहेगी और लोग मुझे इस तरह एक रोल में और देखना चाहेंगे। जैसा कि प्राण ने भविष्यवाणी की थी 'आज़ाद' ज़बरदस्त हिट साबित हुई और जनता ने उसको जिस तरह से अपनाया उसने मेरे आलोचकों के सामने यह बात साबित कर दी कि लोग मुझे हँसाने वाले रोल में देखने के लिए भी वैसे ही तैयार थे जैसे कि रुलाने वाली भूमिकाओं में उन्होंने मुझे स्वीकार किया था। प्राण इस बात से बहुत ख़ुश थे कि 'राम और श्याम' में मेरे कुछ मज़ाहिया सीन भी थे और उनको रिहर्सल देखकर

फ़िल्म आदमी (1968) में मनोज कुमार के साथ

बहुत मज़ा आता था और फिर वे बताते थे कि कौन सी वाली एक्टिंग बेहतर थी। 'राम और श्याम' में एक बार फिर हम दोनों आमने-सामने थे। डरपोक राम के रूप में मुझे अत्याचारी और क्रूर ठाकुर गजेन्द्र के सामने दब कर रहना था, जबकि सदाबहार श्याम के रूप में मुझे उसे उसकी दवा का स्वाद ख़ुद चखाना था और उसे चाबुक की फटकार लगानी थी जो सीन अब हिन्दी सिनेमा के इतिहास का हिस्सा बन चुका है।

उस दृश्य में, श्याम अपने क्रूर जीजा से चाबुक छीनकर उसे मारना शुरू कर देता है। जल्दी से रिहर्सल करने में मैंने चाबुक लिया और बड़े आराम से प्राण की पीठ पर उसे छुआ भर दिया। कैमरा युनिट उसके चेहरे पर सदमे के उस भाव का इन्तज़ार कर रही थी जो उस हालात में उसे देना था। बजाय सदमे के भाव को दिखाने के प्राण हँसने लगा और मुझसे दूर भागने लगा। सब हैरत में थे क्योंकि किसी को यह समझ में नहीं आ रहा था कि वह भाग क्यों रहा था। मैं प्राण के पीछे कोड़ा लेकर भागा यह पता करने कि आख़िर हो क्या रहा था, बेमकसद उसकी तरफ़ कोड़ा तानकर, और मुझे हैरान करते हुए वह ज़ोर-ज़ोर से हँस रहा था। सारी युनिट हँस रही थी।

'मेरी एक मुश्किल है लाले (वह प्यार से मुझे कहता था) मुझे गुदगुदी बहुत जल्दी होती है।' हमें बिना रिहर्सल के ही शूटिंग करनी पड़ी, और मेरे कोड़े मारने

के बाद उसने जिस तरह का भाव चेहरे पर दिखाया वह एक तरह से उस फ़िल्म का सबसे बाँधने वाला सीन था।

'राम और श्याम' में एक और दोस्त काम कर रहा था जो मेरे बहुत करीब था। मुकरी अंजुमन इस्लाम में मेरे साथ पढ़ता था और मेरे बॉम्बे टॉकीज में आने से पहले वह फ़िल्मों में काम करने लगा था। इसलिए जब मैं उसे किसी बात के लिए चिढ़ाता था तो वह उसका फ़ायदा उठाकर कहता था कि वह मुझसे सीनियर है। स्कूल में मैं उसे ठीक से जानता भी नहीं था और 'प्रतिमा' (1945) के निर्माण के दौरान बॉम्बे टॉकीज में मुझे यह पता चला कि वह मेरे ही स्कूल में पढ़ता था। तब तक मुकरी दो-एक फ़िल्म में काम कर चुका था और वह मेरे भाई नासिर के साथ बहुत दोस्ताना था।

'प्रतिमा' के बाद हम लोगों ने 'अनोखा प्यार' (1948) के सेट पर एक बार एक-दूसरे से दुआ-सलाम किया। इस बार हम लोगों ने काफ़ी समय साथ बिताया और हम दोस्त बन गये जबकि हम दोनों में कुछ भी नहीं मेल खाता था। मेरे विचार से, यह कोई ज़रूरी नहीं है कि जीवन के सफ़र में जब कोई किसी को दोस्त बनाता है तो उसके विचारों और स्वभाव में मेल हो ही। मुकरी मौज मस्ती करने वाला आदमी था और वह अक्सर मेरे साथ छेड़छाड़ करता था जिससे मुझे कभी-कभी शर्म भी आती थी। मैं यहाँ विषय से हट कर एक मज़ेदार और अजीब सी घटना के बारे में बताता हूँ जिसका ताल्लुक मुकरी और नादिरा से है, जब हम महबूब ख़ान की फ़िल्म 'आन' (1952) के लिए इगतपुरी (महाराष्ट्र) में शूटिंग कर रहे थे।

महबूब साहब बड़े अच्छे इंसान थे और जब वह किसी लोकेशन पर शूटिंग करते थे तो अपने कलाकारों और टेक्नीशियन का ख़ूब ख़याल रखते थे। उन्होंने एक ठीक-ठाक से होटल में सबके लिए कमरा बुक कर रखा था। मुकरी बिना मुझे बताये रिसेप्शन पर गया और वहाँ जाकर उसने कहा कि वह मेरे साथ कमरा साझा कर रहा था इसलिए उसे अलग से कमरा नहीं चाहिए। इसलिए साफ़-सफाई वालों ने उसके लिए आरक्षित कमरे में कम्बल, चादर, तौलिये वगैरह नहीं रखे।

पहले दिन की शूटिंग के बाद देर रात हमने पैकअप किया और मैं अपने कमरे में सोने के लिए चला गया। सर्दियों के दिन थे और अच्छी-ख़ासी ठंड थी। मैंने थोड़ा बहुत खाया और बिस्तर पर कम्बल में घुस गया और जल्दी ही मुझे नींद आ गयी। मैंने दरवाज़ा बन्द नहीं किया था, और आधी नींद के बाद मुझे ऐसा लगा कि कोई मेरे कम्बल के अन्दर घुस रहा था। मैं तुरन्त उठ गया, और मुझे बहुत आश्चर्य हुआ जब मैंने देखा कि पायजामा-कुरता पहने मुकरी मेरे साथ बिस्तर साझा करने के लिए तैयार था।

मुझे बहुत चिढ़ हुई क्योंकि मैं एक सामान्य पठान था जिसके सामान्य से हाव-भाव थे। मैंने उससे पूछा कि वह मेरे बिस्तर पर क्या कर रहा था

तो उसने उसका लम्बा-सा जवाब दिया, जो मज़ेदार तो था ही पागल कर देने वाला था।

बात यह थी कि मुकरी उस कमरे में नहीं सोना चाहता था जो बहुत ठंडा था और जिसमें कम्बल तक नहीं थे। इसलिए वह गलियारा पार करके बिना खटखटाये एक कमरे में घुस गया, उसे लगा कि वह कमरा मेरा था। क्योंकि अँधेरे में उसे यह दिखाई नहीं दिया कि कौन सो रहा था, वह बिस्तर में घुस गया और नादिरा शर्म और डर के मारे चीखने लगी और उसे चुन-चुन कर गालियाँ देने लगी। वह इतना डर गया था कि वह एक झटके में वहाँ से भाग नहीं पाया लेकिन उसने होश सँभाला और ख़ूब माफ़ी माँगने लगा और तब तक माँगता रहा जब तक कि नादिरा ने उसे कमरे से निकल जाने के लिए नहीं कह दिया, नहीं तो...

जब कहीं जाने के लिए नहीं था तो उसने मेरे कमरे में आकर शरण ले ली। उसे यह उम्मीद थी कि मैं उसके ऊपर दयानतदारी दिखाऊँगा लेकिन मैं उसको बर्दाश्त करने की हालत में नहीं था। मैंने यह पक्का किया कि वह अपने कमरे में जाये और वहाँ से लौट कर न आये। लेकिन यह कहानी यहीं ख़त्म नहीं हुई। अगले दिन इसका नतीजा और गम्भीर रहा। नादिरा ने गुस्से में बताया कि कल रात क्या हुआ था, जबकि शक्की मिसेज़ महबूब ख़ान के दिमाग़ में यह चलने लगा कि वह आख़िर अपना दरवाज़ा खोल कर क्यों सोयी हुई थी? क्या उसने अपने कमरे का दरवाज़ा महबूब ख़ान के लिए खोलकर रखा था, जिनके बारे में यह अफ़वाह थी कि वह अपने बड़े से दिल में इस सुन्दर सी नयी लड़की के लिए थोड़ी सी जगह रखते थे?

दोनों पति-पत्नी के बीच में इसका मुक़ाबला होने वाला था। मुझे इसके बारे में शक हो गया था क्योंकि मिसेज़ महबूब ख़ान ने रुआँसी होकर अकेले में मुझसे यह बात कही थी। मैंने पूरी चालाकी बरतते हुए इस बात की कोशिश की कि उनके दिमाग़ से शक का कीड़ा निकल जाये और महबूब साहब को भी ठंडा करने की पूरी कोशिश की जो मुकरी की गुस्ताख़ी के कारण बहुत नाराज़ थे।

उसके बाद से, मैंने मुकरी को दो बातों के लिए चेतवानी दी कि वह अपने आप में किसी तरह का फ़ैसला जल्दबाजी में न ले और उसे दो बातों के लिए साफ़-साफ़ निर्देश दिया। एक तो यह कि वह मेरे पीछे-पीछे मेकअप रूम में या होटल में मेरे कमरे में न आये क्योंकि मैं अपनी निजता और आज़ादी को पसन्द करता हूँ। अपने प्यारे दोस्त से मेरा दूसरा निर्देश यह था कि वह काम के दौरान शराब से दूर ही रहे। मुझे इस बात का पता था कि वह शॉट के बीच में भाग कर थोड़ा बहुत पी लेता था जिसे वह ताकत बढ़ाने वाला कहता था। जब तक वह थोड़ा बहुत पीता था तब तक तो ठीक रहता था मगर जब वह बहुत पी लेता था तो मुझे शर्मिन्दा होना पड़ता था। इसलिए मैंने उसे बेहद सख़्ती से यह कह दिया था कि एस.यू. सन्नी की फ़िल्म 'कोहिनूर' के दौरान वह शूटिंग के वक़्त

फ़िल्म कोहिनूर (1960) में मीना कुमारी के साथ

बिल्कुल न पिये। युनिट के लोगों से भी यह कह दिया गया था कि शूटिंग के दौरान अगर वह शराब माँगे तो उसे न दिया जाये।

एक दोपहर जब मैं सन्नी के साथ गम्भीर बातचीत में मुब्तिला था कि मुझे बहुत आश्चर्य हुआ जब मुकरी लहराता हुआ आया और उसने मुझसे पूछा कि मैं अपने आपको क्या समझता हूँ! वह इस बात को लेकर बहुत गुस्से में था कि युनिट के लड़कों ने उसे शराब देने से मना कर दिया था, इसलिए उसने ख़ुद से इन्तज़ाम किया और उसके पास अपनी बोतल थी। वह बार-बार यह दोहरा रहा था—'तुमको लगता है कि मैं अपनी मदद नहीं कर सकता? मैं मुकरी तुम्हारा सबसे अच्छा दोस्त हूँ और तुमने लड़कों से यह कह दिया था कि वे मुझे शराब न दें!'

उस हालत में, वह काम करने की हालत में नहीं था और इस बात से मेरा ध्यान भंग हो गया। मैंने पैकअप के लिए कहा और गाड़ी में स्टूडियो से बाहर निकल गया मुकरी को पीछे छोड़कर। उसे जल्दी ही यह बात समझ में आ गयी कि मैं उसके ऊपर ग़ुस्सा था और वह भी सही कारण से। जैसा कि दोस्तों के बीच हमेशा होता है कि जब हम कुछ दिनों के बाद मिलते हैं तो उस घटना को भूल जाते हैं और जब हम कुछ दिनों बाद मिले तो उसने मुझसे यह वादा किया कि ऐसा फिर नहीं होगा।

'कोहिनूर' (1960) मेरे दिमाग़ में अटका रहेगा तो इसलिए क्योंकि मैंने

उसके लिए सितार बजाना सीखने की कोशिश की थी। यह मेरे लिए एक और मौक़ा था इस बात को परखने का कि मैं कॉमेडी कर सकता था। 'आज़ाद' की सफलता के बाद के कारण मैं पूरे आत्मविश्वास में था और एस.यू. सन्नी के साथ मेरी अच्छी बनती थी जो मुझे समझते थे और बेहतरीन काम करने की मेरी ज़िद से भी वे वाक़िफ़ थे। सीन से पहले वे मुझे सीखने के लिए पर्याप्त समय और आज़ादी देते थे। मुझे कोहिनूर के बनने के दौरान इसलिए भी मज़ा आया क्योंकि इससे मेरे और मीना कुमारी के बीच दोस्ती बढ़ी, क्योंकि पहले हम दोनों को ही इमोशनल ड्रामा और ट्रेजेडी के लिए जाना जाता था, लेकिन आज़ाद और उसके बाद इस फ़िल्म में हम एक बार और साथ आये हलके फुल्के मनोरंजन की फ़िल्म बनाने के लिए।

कोहिनूर की बात चल रही है तो मैं मज़ेदार और भयानक बात बताता हूँ जो तब की है जब हम 'कोहिनूर' के लिए लोकेशन की तलाश में थे। सन्नी और मैंने यह तय किया कि बेहतर लोकेशन की तलाश में सड़क के रास्ते नासिक से आगे तक जाया जाये (बम्बई से 190 किलोमीटर) और वहाँ फ़िल्म के कुछ रात के सीन की शूटिंग की जा सके। मैंने सन्नी को यह सुझाव दिया कि हम शाम के वक़्त निकलें ताकि लोकेशन पर देर शाम पहुँचा जाये और उससे यह समझ में आ जायेगा कि रात में वह जगह कैसी लगती है। सन्नी मान गये और सफ़र के लिए कुछ ज़रूरी सामान लेकर वे शाम तक मेरे घर आने वाले थे।

सन्नी की बीवी हमेशा से एक रहस्यमयी औरत लगती थी, अजीब-अजीब तरह के सवाल पूछती रहती थी। उसे भूत-प्रेत में बहुत विश्वास था और लगातार यह पूछती रहती थी कि क्या वह भी हमारे साथ जा सकती थी। उसको शायद सन्नी की इस बात के ऊपर विश्वास नहीं हो रहा था कि शाम को मेरे साथ अचानक जाने का उसने फ़ैसला ले लिया। सन्नी ने उसकी बात को ख़ारिज किया और जल्दी से अपना सामान पैक करके मेरे घर आ गया और हम रोमांचक भाव से निकल पड़े।

उसने मुझे अपनी बीवी के बारे में न तो यह बताया कि वह हमारे साथ जाना चाहती थी न ही यह कि उसकी बीवी जादू-टोना करती थी। कैमरा असिस्टेंट और ड्राइवर को मिलाकर हम चार लोग थे और उस गाड़ी में उसकी बीवी के लिए जगह नहीं थी और उसे इस बात में कोई तुक नहीं लगा कि वह अपनी गुस्सैल बीवी को इस बारे में समझाये।

जब हम कुछ मील चले तो सूरज डूबने लगा और रात धीरे-धीरे उतरने लगी। अचानक मौसम बदल गया, हमें बहुत हैरानी हुई कि हवा के झोंके और बारिश गाड़ी के सामने के शीशे के ऊपर ज़ोर-ज़ोर से बजने लगे। हमें अभी कुछ दूर और जाना था। सन्नी और कैमरा असिस्टेंट जो ड्राइवर के बगल में बैठे थे, ने यह सुझाव दिया कि हम लोगों को कहीं रुककर बारिश के रुकने का इन्तज़ार

करना चाहिए और जब बारिश रुक जाये तो आगे का सफ़र करना चाहिए। मैं मान गया और हम उस हाइवे के दोनों तरफ़ ध्यान से ठहरने की किसी जगह के निशान को देखते हुए आगे बढ़ते रहे।

जल्दी ही, हमें एक टूटी-फूटी सी छाँह दिखाई दी और हमने गाड़ी रोक ली। सन्नी और मैं गाड़ी से उतरकर उस टूटे से ठिकाने की तरफ़ बढ़े जिसे अब हम साफ़ देख पा रहे थे। उसकी छत टूटी हुई थी और उसके ऊपर बोरा किसी परदे की तरह से टँगा हुआ था, जबकि वहाँ एक बकरी बँधी हुई काँप रही थी और इस उम्मीद में हमारी तरफ़ देख रही थी कि हम उसे छाँह में ले चलें।

उस छाया के भीतर लकड़ी के टुकड़े पड़े हुए थे, कुछ खँडहर और एक टूटी हुई बेंच। मैं बेंच पर बैठ गया और सन्नी चलकर उस बकरी के पास गया कि वह उसे आज़ाद कर दे। वह बोरा हवा से हिलने लगा और आकाश में बिजली कड़कने लगी। आँधी बिना रुके चल रही थी। सन्नी पीछे मुड़कर वहाँ आ रहा था जहाँ मैं बैठा हुआ था और जब वह बोरा अलग हुआ तो आप मानें या न मानें हमारे सामने सन्नी की बीवी खड़ी थी। वह दिलेरी के साथ खड़ी थी और हमें तेज़ आँखों से घूर रही थी। उसके चेहरे पर विजेता की सी हँसी थी और उसने हाथ उठाकर रहस्यमयी ढंग से अपने होंठों से कुछ लाल रंग का पोंछ लिया। अगर मैं बिना डरे उस औरत को सामने पाकर नहीं डरा जो शारीरिक तौर पर मीलों दूर थी तो इसके पीछे मेरी पठानी दिलेरी थी। कैमरा असिस्टेंट काँप रहा था और सन्नी वहीं बैठ गया जहाँ वह खड़ा था।

बारिश रुक गयी और हमने चुपचाप कार से अपना सफ़र शुरू किया। सन्नी को कुछ बोलते नहीं बन रहा था और वह बहुत शर्मिन्दा भी था और कैमरा असिस्टेंट भी कुछ नहीं बोल पा रहा था। ड्राइवर को इसके बारे में कुछ पता नहीं था क्योंकि वह कार में ही बैठा हुआ था। मैंने माहौल को सहज बनाने के लिए पश्तो में एक गाना गाना शुरू कर दिया।

हम लोकेशन पर पहुँचे, वहाँ का मुआयना किया और बम्बई लौट आये। अपने घर सुरक्षित आकर अगली दोपहर मैंने अपनी बहनों को वह भयानक कहानी सुनाई जो उस कहानी को ऐसे सुन रही थीं जैसे कि अल्फ्रेड हिचकॉक (Alfred Hitchcock) की कोई फ़िल्म देख रही हों कि तभी हमने कार के हॉर्न की आवाज़ सुनी जो हमारे बँगले के गेट से अन्दर आ रही थी। लड़कियाँ छत से नीचे देखने के लिए भागीं कि उन्होंने देखा कि कोई मेहमान सामने की तरफ़ गाड़ी से आया। मुझे झटका लगा क्योंकि लड़कियाँ डर के मारे काँप रही थीं। वह आने वाले और कोई नहीं बल्कि सन्नी और उसकी बीवी थे। यह महज संयोग था या काले जादू की कोई करामात?

सायरा की देखभाल

'सर फ्रांसिस एवेरी-जोंस (Sir Francis Avery-Jones) (सायरा का इलाज करने वाले डॉक्टर) ने तारीफ़ में बड़ी अच्छी बात कही, उन्होंने कहा कि मैंने कभी नहीं देखा कि किसी मरीज की ऐसी प्यार भरी देखभाल उसके पति या माँ ने की हो। उसने आगे यह कहा कि इस तरह की बातें सिर्फ़ पूरब के देशों, पूरब के उसूलों और जज़्बातों से सम्भव हो सकती हैं। हम सबकी मिलीजुली कोशिशों और अल्लाह के शुक्र से सायरा चमत्कारिक ढंग से ठीक होने लगी।'

जैसे ही मेरी कार उस लोकेशन पर रुकी जहाँ उसकी शूटिंग थी, तो वह खुशी के मारे पहाड़ से नीचे उतरते हुए आयी, हम वहीं और उसी समय एक आरामदेह लिमोजीन में हनीमून के लिए पास के भूटान की लम्बी ड्राइव पर निकल पड़े। अब तक वह इस बात को समझ चुकी थी कि मुझे अजीब सी जगहें पसन्द हैं, ऐसी जगह जहाँ लोग कम जाते हों, बजाय जानी-मानी जगहों पर, जहाँ जानी-मानी हस्तियाँ भरी हुई हों। अपने बचपन से लेकर थोड़ी बड़ी होने तक वह पूरी दुनिया घूम चुकी थी, पहले अपनी माँ के साथ, फिर शूटिंग के लिए, सायरा को इस वजह से यूरोप की आदत पड़ चुकी थी, सात सितारा होटल (7 Star Hotel) जैसी सुविधाएँ, बड़े शहरों की चहल-पहल। बाद के सालों में हम विदेश में जहाँ कहीं भी गये वहाँ वह पहले जा चुकी होती थी! हालाँकि, कुँवारेपन में मुझे अकेलापन अच्छा लगता था और डाक बँगलों की शान्ति। मेरा ड्राइवर और हर समय मेरे साथ रहने वाला आदमी (Man Friday) कार की डिक्की में अंडे, प्याज, आलू, और ज़रूरत के वे सारे सामान भर लेते थे जिससे घर में खाना पका कर रहा जा सके। मुझे प्रकृति से प्यार है और कोई निर्जन एकान्त जगह हो और मेरे पास में कोई अच्छी किताब हो यह मेरे अच्छा रहने और तसल्ली देने वाली छुट्टी का नुस्खा था।

मेरी बहनों और भाभी के साथ सायरा; (बायें से दायें) : फरीदा, सईदा, ताज, सकीना आपा, अक़्यूला भाभी और फौज़िया

भूटान की कुदरती सुन्दरता और वहाँ तक पहुँचने के टेढ़ेमेढ़े रास्ते की वजह से यह उम्मीद बनती थी कि यह अलग तरह की ऐसी छुट्टी साबित हो जैसी कि कभी मनाई न हो। वह शानदार था। हमें भूटान एक राजपरिवार ने वहाँ घूमने के लिए न्योता दिया था। वहाँ एक बहुत ही सुन्दर जंगल का इलाका था जहाँ बहुत ही बढ़िया तरीके से लकड़ी के घर बने हुए थे और उसके चारों तरफ़ हरियाली थी और हमने वहाँ एक रात रहना तय किया। वहाँ बहुत ठंड थी और हवा तेज़ चल रही थी जो इस बात का इशारा थी कि वहाँ ठंड कड़ी पड़ने वाली थी। वहाँ गर्म करने के लिए ऐसा कुछ ख़ास था नहीं सिवाय कोयले की बड़ी-सी सिगड़ी के, जिससे हमारा लकड़ी का कमरा गर्म था, हम अपने कम्बलों में घुसकर सो गये। सायरा की ख़ास आया नूरजहाँ, जिसके बारे में हम मज़ाक़ में कहा करते थे कि वह दहेज में आयी थी, वह बगल के कमरे में गहरी नींद में सोयी थी।

सब कुछ शान्त था और बाहर हवा ख़ुशी के अपने गीत गा रही थी। अचानक मैं इस ख़याल से जग गया कि सायरा मेरी बगल में नहीं थी। मैं जल्दी से जगा, जहाँ तक देख सकता था देखा, फिर बाथरूम की तरफ़ दौड़ा।

जो मैंने देखा वह किसी बुरे ख़्वाब की तरह था। वह बेहोश पड़ी थी, उसका शरीर मुड़ा हुआ था और उसने अभी भी सफेद नाइट गाउन पहन रखा था, उसके लम्बे बाल फ़र्श पर बिखरे हुए थे। बस किस्मत से उसके सर में चोट नहीं लगी

थी। वह बेसिन पर फिसल कर गिर गयी थी। मैंने जल्दी से झुककर उसे उठाया और मैं बस यही बोल पाया 'या अल्लाह!' तुम्हें कुछ नहीं होगा तुम्हें कुछ नहीं होगा। अब तुम मुझे मिल गयी हो।

जल्दी ही डॉक्टर आये, और उन्होंने यह कहा कि हमने ताज़ी हवा को बन्द करने के लिए खिड़कियाँ बन्द करके अच्छा नहीं किया चूँकि यहाँ कोयले वाली सिगड़ी जल रही थी, जिसमें से कुछ कोयला जलने से रह गया होगा और इस कमरे में हर कहीं ख़तरनाक कार्बन मोनोऑक्साइड है। यह जानलेवा हो सकता था।

मेरा दिमाग़ कोयम्बटूर वाले ज्योतिषी की बात पर गया, तब मैंने उसके ऊपर ख़ास ध्यान नहीं दिया था।

हम जल्दी से बम्बई अपने घर लौट आये। सायरा को शूटिंग के लिए पहुँचना था जिसके लिए वह पहले से कह चुकी थी।

अब चूँकि मैं बहुत दिनों तक कुँवारा था इसलिए मैंने इस बात को समझ लिया कि मेरी बहनों और भाई अहसान के लिए सायरा, मेरी बीवी, को मेरे साथ साझा कर पाना मुश्किल होगा। इस बात के बारे में मैंने पहले से ही सोच रखा था और इसके लिए तैयार भी था, लेकिन जो आश्चर्यजनक बात मेरा इन्तज़ार कर रही थी वह यह कि वे इस बात के मुखालिफ थे कि मेरी बीवी की अपनी मक़बूलियत थी और उसका जीने का अपना अन्दाज़ था। अपने घर में वह किसी राजकुमारी की तरह रहती थी, अपने घरवालों के आँखों की पुतली, जिसने अपने लिए जो किया किसी से बिना पूछे किया। यहाँ वह एक संयुक्त परिवार में थी, जहाँ मेरी बड़ी बहन सकीना आपा का शासन चलता था, जिनके साथ निभा पाना कोई आसान नहीं था, उनके अलावा मेरी शादीशुदा बहनों, सईदा और फौजिया ने भी मेरी शादी के बाद अपने-अपने शौहरों के साथ आकर रहना शुरू कर दिया था। एक कामकाजी इंसान होने के कारण, जिसको समय पर शूटिंग के लिए पहुँचना होता था, उस लिहाज़ से सायरा को समय पर पहुँचने के लिए कुछ ख़ास तरह की सुविधाएँ चाहिए थीं, उसे अपने लिए एकान्त चाहिए था।

दुर्भाग्य से, आम सुविधाएँ, जैसे नहाने के लिए अपना बाथरूम, मिलनी आसान नहीं थीं, क्योंकि उदाहरण के लिए फौजिया भी उसी समय उसका इस्तेमाल करना चाहती थी। सायरा ने कभी शिकायत नहीं की और उसे यही आसान लगा कि वह कुछ क़दम चलकर अपने बँगले में जाये और शूट पर जाने से पहले वहाँ नहाकर अपने मेकअप रूम में तैयार हो जाये।

मैं यह समझ सकता था कि यह हमारे लिए कोई आदर्श स्थिति नहीं थी। दुर्भाग्य से, मेरे घर की पुरानी कामवाली राबिया और मेरा सहायक अनवर अपने-अपने कामों से कहीं सफ़र पर थे, जिसकी वजह से सायरा की कामवाली नूरजहाँ के लिए यह मुश्किल हो रही थी कि वह उसके लिए नाश्ते का इन्तज़ाम कर पाये। जैसे फ़िल्मों में देखते हैं, यह कुछ वैसी ही मज़ाकिया स्थिति बन गयी थी।

मैं चुपचाप एक समय तक तो यह सब कुछ देखता रहा, हमेशा अपनी बहनों की मदद करता था, ताकि वे यह न महसूस करें कि मैं उनके ऊपर ध्यान नहीं दे रहा हूँ। ऐसे हालात में सायरा और मेरे बीच एक तरह की समझ थी और मुझे आश्चर्य यह होता है कि उसमें इतना सब्र कहाँ से आ गया था कि उसने छोटी-छोटी बातों पर चिढ़ना ही छोड़ दिया था। सायरा के बारे में पूरी ईमानदारी से कहूँ, जो कभी-कभी बहुत कमज़ोर, बहुत नाजुक दिखने लगती थी, लेकिन मुझे यह कहना चाहिए कि उसने मेरी बहनों के साथ अपने रिश्ते सुधारने और उनको प्यार और सम्मान से जीतने की पूरी कोशिश की।

इस तनाव का असर उसकी सेहत पर पड़ने लगा। जल्दी ही सायरा को अल्सर हो गया। यह नतीजा था उस जज़्बाती दबाव का जो उस दुश्मनी के माहौल में उसके भीतर बन रहा था, और अपने घर के सुखी, सुरक्षित और बढ़िया ज़िन्दगी के बाद जिस तरह के गैर-दोस्ताना माहौल में उसे रहना पड़ रहा था। जो डॉक्टर उसका इलाज कर रहे थे उन्होंने इस बात को कोई राज नहीं रखा कि किस तरह की मानसिक हालत की वजह से उसकी आँत में ऐसी सूजन हुई। सायरा और नसीम आपा ने इस बात को बड़ी शिष्टता से ढँकने की कोशिश की यह कहते हुए कि उसने ख़राब ऑमलेट खा लिया था जिसकी वजह से उसे यह हुआ। डॉक्टर ने जो बताया था उसे ध्यान में रखते हुए नसीम आपा ने हमारे घर में रहने पर नाश्ता और दिन का खाना भेजना शुरू कर दिया, और अगर हम बाहर खाना खाने नहीं जा रहे होते थे तो रात का खाना भी भेज देती थी।

आँत की ख़राबी ने अपना असर दिखाना शुरू किया, और हमें उसका इलाज सेंट एलिज़ाबेथ नर्सिंग होम, बम्बई में करवाना पड़ा। यह फ़ैसला सही और समय पर लिया गया और ऐसा लगा कि उसकी हालत ठीक हो रही थी। हालाँकि, डॉक्टरों की सलाह थी इस बीमारी को पूरी तरह से ठीक होने के लिए उसे लन्दन ले जाया जाना चाहिए, जहाँ महारानी एलिज़ाबेथ के डॉक्टर सर फ्रांसिस एवेरी-जोन्स (Sir Francis Avery-Jones) की देखरेख में उसका इलाज हो।

अम्मा जी, सुलतान और राहत ने तैयारी की कि मैं और नसीम आपा जल्दी से सारी औपचारिकताओं को पूरा करके तत्काल लन्दन चले जायें। अन्य करीबी दोस्तों में यश चोपड़ा, सतीश भल्ला और बलराज कोहली हमारी मदद के लिए हर वक़्त मौजूद थे और वे एयरपोर्ट तक हमें छोड़ने भी आये।

लन्दन की क्लिनिक में मैं अपनी बेचारगी की वजह से पूरी तरह से विनम्र बना रहा, जब मैं उसके बिस्तर के बगल में बैठता था तो उसकी ख़ूबसूरत आँखें मुझे देखकर उस कमज़ोरी में भी मुस्कुराती थीं, उस डर और दर्द में भी यह जताते हुए कि वह मुझे किस कदर प्यार करती थी और इस बात से कितनी ख़ुश थी कि मैं हर वक़्त वहाँ मौजूद रहता था। लन्दन के क्लिनिक वाले बहुत सख़्त थे और वे मरीज के कमरे में बाहर के लोगों को नहीं जाने

देते थे, लेकिन सर फ्रांसिस एवेरी-जोंस (Sir Francis Avery-Jones) की कृपा से नसीम आपा को इसकी इजाज़त मिल गयी थी कि जब सायरा का ख़ास इलाज चल रहा था तो दिन-रात वहाँ कुर्सी पर बैठ सकें। सर फ्रांसिस एवेरी-जोंस (Sir Francis Avery-Jones) इस बात को जानते थे कि नसीम आपा का बम्बई में पहले स्लिप डिस्क का इलाज हुआ था और तब भी वह उस छोटी-सी कुर्सी पर बैठी रहती थीं जो उनको अपनी बेटी के बिस्तर के बगल में बैठने के लिए दी गयी थी। सर फ्रांसिस एवेरी-जोंस (Sir Francis Avery-Jones) (सायरा का इलाज करने वाले डॉक्टर) ने तारीफ़ में बड़ी अच्छी बात कही, उन्होंने कहा कि मैंने कभी नहीं देखा कि किसी मरीज की ऐसी प्यार भरी देखभाल उसके पति या माँ ने की हो। उसने आगे यह कहा कि इस तरह की बातें सिर्फ़ पूरब के देशों, पूरब के उसूलों और जज़्बातों से सम्भव हो सकती हैं। हम सबकी मिलीजुली कोशिशों और अल्लाह के शुक्र से सायरा चमत्कारिक ढंग से ठीक होने लगी। करीब एक महीने क्लिनिक में आराम के बाद उसने मनोज कुमार की फ़िल्म 'पूरब और पश्चिम' की लन्दन में शूटिंग शुरू कर दी (यह फ़िल्म 1970 में रिलीज हुई)।

यहाँ मैं यह कहना चाहता हूँ फ़िल्म के निर्माता-निर्देशक के तौर पर मनोज का रुख तारीफ़ के क़ाबिल था। उन्होंने मुझे भरोसा दिलाया था कि वह सायरा के पूरी तरह ठीक होने का इन्तज़ार करेंगे और तभी पूरब और पश्चिम की शूटिंग शुरू करेंगे क्योंकि उन्होंने यह पटकथा सायरा को दिमाग़ में रखकर ही लिखी थी। अगर वह नहीं करेगी तो वे इस फ़िल्म को बन्द कर देंगे, उसने मुझसे कहा। सालों बाद, जब मनोज यह चाहता था कि मैं 'क्रान्ति' (1981 में रिलीज) में काम करूँ, तो मैं यह कहना चाहता हूँ कि उसकी इस बात की मेरे मन में ऐसी याद बसी थी कि मैंने बिना पटकथा पढ़े ही इस फ़िल्म के लिए हाँ कर दी थी। मैंने इस फ़िल्म के विषय के बारे में मोटे तौर पर सुनने के बाद की फ़िल्म के लिए हाँ कर दी क्योंकि मैं क़र्ज़ चुकाना चाहता था।

दूसरी तरफ़, सुबोध मुखर्जी, जिनकी फ़िल्म 'जंगली' से सायरा ने अपना कैरियर शुरू किया था और उसके बाद उनके प्रोडक्शन हाउस के लिए उसने तीन फ़िल्मों में काम किया था (और जिनको वह अपने परिवार का हिस्सा मानती थी), ने उसका साथ पूरी तरह छोड़ दिया। उसने ख़ासतौर पर लेखक गुलशन नन्दा से एक कहानी सुबोध के लिए ली थी (फ़िल्म शर्मीली) ताकि वे उसको उसमें प्रमुख रोल में लेकर फ़िल्म बनायें और उसने उस फ़िल्म की आउटडोर शूटिंग के लिए डेट्स भी दे दिये थे। हालाँकि, जब वह बीमार पड़ी तो उनको बिना बताये उस फ़िल्म से हटा दिया गया और इस बारे में उनको बताया भी नहीं गया। यही नैतिकता और शिष्टाचार होता है! शर्मीली 1971 में रिलीज हुई और उसमें राखी ने डबल रोल किया था।

1970 दशक के शुरू में हमने कुछ हफ्ते फ़ैशनेबल फर्स्ट वर्ल्ड सिटी (Fashionable First World City) में बिताये (यहीं सायरा ने अपना बचपन और किशोरावस्था के साल बिताये थे)। हमने वहाँ एक-दूसरे के साथ रहते हुए वक़्त बिताया और लम्बी ड्राइव पर हम गाँवों में जाते थे। यह उन लोगों के लिए जानी हुई बात है जो लन्दन अक्सर जाते रहते हैं। शहर को ध्यान से देखने पर ही उसमें हुए बदलावों का पता चलता है, ऐसे नहीं लगता है। उस समय तक गगनचुम्बी इमारतें नहीं बनी थीं और आकाश में मटमैले रंग की जो रंगत थी वह इस भव्यता को इसके मशहूर स्थानों की सादगी के साथ मिलकर और भी बेहतर बना देती थी। सायरा और मुझे जो स्थान ख़ासतौर पर पसन्द हैं वहाँ हम फिर से गये, और जब हम एक बार वेस्टमिन्स्टर (Westminster) से आगे गाड़ी से जा रहे थे तो उसने मुझे कहा कि कितना अच्छा होता अगर हम गाड़ी से बकिंघम पैलेस में जाते और महारानी एलिज़ाबेथ से मिल पाते। महज किस्मत की बात थी कि उसी हफ्ते मुझे महारानी द्वारा दी जाने वाली एक चाय पार्टी का न्योता मिला। यह सालाना जलसा था जो ख़ास नागरिकों, विदेशी मेहमानों और राजनयिकों के लिए होता था। मैं सायरा को अचानक चौंकाना चाहता था, इसलिए मैंने पहले से उसे इसके बारे में नहीं बताया। मैंने उसे जोश दिलाने के लिए कहा कि मैं उसे एक ख़ास जगह पर चाय के लिए ले जाना चाहता हूँ, और जैसी कि उम्मीद थी वह ख़ुश हो गयी और उसने अच्छी तरह कपड़े पहने। मुझे फॉर्मल कपड़ों में देखकर उसे आश्चर्य तो हुआ मगर उसने यह नहीं पूछा कि मैंने वैसे कपड़े क्यों पहन रखे थे। हम कार में बैठे तो उसकी आँखों में चमक आ गयी और उसने मुझसे पूछा कि हम कहाँ जा रहे थे। वह तब तक बीमारी से पूरी तरह उबर चुकी थी और बीमारी की वजह से उसके चेहरे पर जो जर्दी छा गयी थी वह भी अब जा चुकी थी और उसकी गोराई कुदरती तौर पर छलक रही थी और वह सच में सुन्दर और राजसी लग रही थी।

ड्राइवर वाली रोल्स रोयस ने महल की तरफ़ का रास्ता लिया और जब कार बकिंघम पैलेस के गेट से भीतर घुसी तो सायरा की हैरानी देखने लायक थी, जो आने वाले मेहमानों के लिए खुले हुए थे। उसे इस बात पर विश्वास नहीं हुआ जब मैंने कहा कि हम लोग महारानी से मिलने जा रहे थे और उनके बगीचे में हमें चाय पेश की जायेगी।

हमने सुन्दर हॉल और गलियारे पार किये, शानदार महल को पार करके हम उरा विशाल बगीचे में पहुँचे जहाँ महारानी एलिज़ाबेथ, राजकुमार फिलिप, माँ महारानी, राजकुमार चार्ल्स और राजकुमारी अपने मेहमानों से मिल रहे थे। जब हम वहाँ घुसे और महारानी के पास गये तो वहाँ हमें कई एशियाई देशों के राजनयिकों ने घेर लिया और वे हमसे ऑटोग्राफ वगैरह लेने लगे, हमसे बातें करने लगे, तो महारानी एलिज़ाबेथ को बड़ी हैरानी हुई। जब बड़ी शालीनता के

साथ वे हमसे हाथ मिला रही थीं तो उन्होंने मुझसे मुस्कुराते हुए कहा—'आप बहुत लोकप्रिय आदमी हैं! ख़ुशी हुई आपसे मिलकर!'

जब हम भारत लौटे तो मैंने यह फ़ैसला लिया कि अब मैं सायरा के साथ सामने उसके बँगले में रहने चला जाऊँगा, क्योंकि अब उसका ख़ास ध्यान रखने की ज़रूरत थी, और सर फ्रांसिस एवेरी-जोंस (Sir Francis Avery-Jones) के बताये ख़ास खाने उसे दिये जाने की ज़रूरत थी, जो अल्सर की उस बीमारी से ठीक होने के लिए बेहद ज़रूरी था। लन्दन के क्लिनिक में उसका जो इलाज किया गया था उसकी वजह से उसकी बीमारी का जो ख़तरनाक रूप था वह कम हुआ था लेकिन हम चाहते थे कि वैकल्पिक चिकित्सा से उसको पूरी तरह से ठीक करवाया जाये। नसीम आपा, सुलतान और मैंने देश के कई मशहूर होमियोपैथ डॉक्टर्स की सेवाएँ लीं, जैसे डॉ. पाठक, डॉ. कुन्दर्ट, डॉ. शंकरन, डॉ. अनिल भाटिया, पूना के डॉ. नायडू और कुछ जानेमाने हकीमों जैसे जनाब अलीमुद्दीन साहब और दिल्ली के हरवंशलाल जी, वे आकर हमारे साथ रहे, उन्होंने सायरा का इलाज किया, दवाओं का उसके ऊपर असर के बारे में जाना। इन सब वजहों से और नसीमा आपा ने जिस तरह से ध्यान रखा उसकी वजह से सायरा जल्दी ठीक हो गयी। इस तरह से देखभाल उसके नये बने बँगले में ही मुमकिन था, जो आराम और ज़रूरतों को ध्यान में रखकर ही बनवाया गया था।

सायरा के साथ शरारत करते हुए

जब इलाज चल रहा था तो मुझे उसको ऐसे हालात से दूर रखना पड़ता था क्योंकि इसकी वजह से उसकी बीमारी बढ़ सकती थी और जिसकी वजह से उसके ठीक होने में देरी हो सकती थी। मेरे अपने घर में, माहौल गर्म था। यह एक कारण था जिसकी वजह से मैं अपने आउटहाउस में ज़्यादा

समय बिताता था। पहले, उदाहरण के लिए, मनोज कुमार और उनकी पत्नी (शशि) घर आये, ख़ासतौर पर मुझसे यह बात करने कि 'पूरब और पश्चिम' के लिए सायरा की ओर से आगे काम करने के बारे में संकेत मिल जाये। कुछ समय बाद, शशि और सायरा को बाथरूम जाने के लिए हॉल से सीढ़ी पर चलकर ऊपर जाना था, लेकिन सीढ़ी पर उनको अचानक मेरी एक बहन ने बड़ी रुखाई से यह कह दिया कि वह ख़ामोश रहे। सायरा के बारे में मैंने पहले ही कहा, कि उसका बच्चों जैसा स्वभाव था, और वह एक बहुत ही छोटे से आपस में गहरे जुड़े परिवार का हिस्सा थी, और जिसे बड़े लाड़-प्यार से पाला गया था। वह बुरी तरह से घबरा जाने वाली थी। एक बड़ी ख़राब सी घटना, जिसका मैं यहाँ ज़िक्र नहीं करना चाहता, के बाद मैंने अपने सबसे करीबी भाई नासिर को बुलाया और उससे कहा कि मैं या तो सन एंड सैंड होटल में जाकर रहना चाहता था या नासिक के खाली फ्लैट में (क्योंकि नासिर और उसकी बीवी पारा नासिक फार्म में ही रह रहे थे)। एक बार फिर, मेरी बीवी ने मुझसे गुज़ारिश की कि ये सारी बातें बेतुकी हैं और उन्होंने मुझसे कहा कि जो जैसे है रहने दें। पिछले सालों में मेरे जीवन से जुड़े मुद्दों को लेकर बहुत सारे लोगों ने बहुत सारे सवाल पूछे हैं, इसलिए मुझे लगा कि इस मौक़े का इस्तेमाल करते हुए मुझे उन सबको जवाब दे देना चाहिए।

एक मर्द होने के कारण, मुझे नहाने और तैयार होने में शायद ही कुछ समय लगता था। लेकिन सायरा सब कुछ इतने ध्यान से करती थी उसे इसमें वक़्त लगता था। उसके जीवन का तरीका ऐसा था कि उसमें ख़ास तरह से समय और बाकी चीज़ों का ध्यान रखना पड़ता था, जबकि मुझे किसी भी समय अपने मेहमानों का स्वागत करने की आदत थी—चाहे वह कोई ख़ास आदमी हो या आम और मेरी सेहत भी अच्छी थी कि मैं अपने दोस्तों और मेहमानों से बेतकल्लुफी से मिल लेता था।

जल्दी ही, सायरा ने मेरी जीवन-शैली और रफ़्तार को समझ लिया। नसीम आपा और अम्माजी अपने तीनों डीप फ्रीज में एहतियातन इन्तज़ाम रखती थीं कि किसी दिन कोई क्रिकेट टीम ही आ जाये, क्योंकि यह तय था कि अगर वहाँ क्रिकेट टीम आयी है या खिलाड़ियों की कोई और टीम तो वे बिना बताये आ जाते थे और उनका स्वागत भी किया जाता था। मेरे लिए यह कोई बड़ी बात नहीं थी कि मैं डेढ़ बजे यह कह दूँ कि सबके लिए जल्दी से जल्दी खाना परोसा जाये। मैं यहाँ यह बात कहना चाहता हूँ कि सायरा के काम करने वाले लोग बड़े अच्छे थे। उसके साथ आज भी वही लोग काम कर रहे हैं जो 45 साल पहले काम करते थे और ये उस परिवार के लोग थे जिन्होंने अम्मा जी और आपा की सेवा की थी। नूरजहाँ और उसके परिवार से लेकर शानदार खानसामे, नर्मदा गावडे और कविता और बाद में उनमें

से कई थीं जो चाहे जितने भी तादाद में मेहमान हों उन सबके लिए पलक झपकते ही खाना तैयार कर देती थीं। असल में, आप मानें या न मानें, वे हमारे परिवार और रिश्तेदारों के साथ मिलकर खेलने के लिए बढ़िया टीम भी बना देते थे। सायरा, सुलतान और हमारे नजदीकी दोस्तों और रिश्तेदारों का झुण्ड जैसे फरीदा जलाल, उसके शौहर तबरेज बरमावर, बेबी फरीदा, मेरे भतीजे अमजद और जावेद (नूर साहब के लड़के, जो अपना ज़्यादा वक़्त हमारे ही साथ बिताते थे), अल हुमा (अभिनेत्री वीणा की लड़की) और दर्जन भर और लोग टीमें बनाकर अपने घर की लॉन में क्रिकेट या फुटबॉल खेलते थे और लुत्फ़ उठाते थे।

पुराने आलिम कहा करते थे कि मेरे पैरों में चक्र है, और सायरा का मतलब ही होता है वह जो सफ़र करता है। हमारे लिए काम करने वाले लोगों का एक समूह हमारे साथ ट्रंक में बिरयानी बनाने के लिए ज़रूरी मसाले लेकर चलता था, और चाहे हम किसी दूर-दराज के ऐसे इलाके में हों जहाँ ज़रूरी सामान तक न मिलता हो, जैसे कि मारकार (अब कर्नाटक में), जहाँ हम ऊँचे-ऊँचे पौधों वाले कॉफी बागान के बीच में ठहरे थे।

शादी को पति-पत्नी की तमाम अच्छाइयों के बावजूद दोनों के लिए निभा पाना आसान नहीं होता है। हमने अपने-अपने उतार-चढ़ाव देख लिए, लेकिन सिवाय इसके कि हम बाहर से देखने में अलग लगते हैं (देखने में हम दोनों ही अलग तरह के लगते हैं। मैं खामोश रहने वाला, अन्तर्मुखी, ख़यालों में खोया आदमी, जबकि सायरा जोश से भरी, बिंदास लड़की जैसी), लेकिन हम दोनों में बहुत कुछ समान भी है। हम दोनों ही अपने-अपने परिवारों के मुखिया हैं, अपने करीबियों को लेकर पूरी तरह से समर्पित, और कुल मिलाकर हम जीवन के आनन्द को साझा करते हैं।

अपने संजीदा बर्ताव के बावजूद मुझे हमेशा से मज़ाक़ करना पसन्द रहा है। अगर मैं किसी रहस्यमयी, सुनसान-सी जगह में हुआ जैसे महाराष्ट्र के पन्हाला में, जहाँ उस समय (1967) बिजली आती-जाती रहती थी, मैं चुपचाप कम्पाउंड से निकल जाता था और छोटे-छोटे पत्थरों को खिड़कियों पर फेंक कर मारता था, उस सुनसान जगह में पत्थरों की टिक-टिक की आवाज़, डरावनी, मनहूस, शोर मचाती हवा की वजह से सायरा और उसके साथ काम करने वाले लोग डर जाते थे! किसी सुनसान जगह में भी पैकअप के बाद हम दोनों को दूर-दूर तक चलने की आदत थी। जब हम चलते थे, और बातचीत नहीं हो रही थी, कि चलते-चलते अचानक मैं पीछे मुड़ा, और सबसे रहस्यमयी मुद्रा में पूछा, 'और ये जिस आदमी के साथ तुम इस समय चल रही हो, तुम्हें क्या लगता है कि वह कौन है? तुम्हारा पति? नहीं।' इस नाटक का नतीजा ये हुआ कि सायरा करीब-करीब बेहोश होने वाली थी!

एक बार मैंने उसकी पुरानी आया को बुरी तरह से डरा दिया था, 1968 की बात है, बैंगलोर के एयरपोर्ट से हम कार में बैठे और वेस्टएंड होटल के अपने पसन्दीदा सुइट में पहुँचे, बढ़िया नाश्ता किया और नूरजहाँ का इन्तज़ार करने लगे कि वह आये और सामान ले जाये। तब तक मैं वहाँ से ग़ायब हो गया। सायरा ने इधर-उधर देखा लेकिन मैं नहीं मिला। जल्दी ही सायरा और नूरजहाँ कमरे में आयी और उस बड़े से अलमारी की तरफ़ बढ़ी, उसमें सूटकेस रखने के लिए कि अचानक मैं उनके ऊपर शेर की तरह से दहाड़ता हुआ कूद पड़ा! नूरजहाँ नीचे फ़र्श पर गिरी हुई थी जबकि सायरा बेहिसाब काँप रही थी। उसके बाद, जब घर वापस आया तो नसीम आपा ने मुझे समझाते हुए कहा, 'युसूफ बेटा, सायरा बहुत नाज़ुक मिजाज़ की लड़की है, अल्लाह न करे, इस तरह से तो उसको दिल का दौरा पड़ जायेगा!'

जल्दी ही, हालाँकि, मैंने उसे मज़बूत बना दिया और वह मेरे साथ मज़ाक़ करने लगी! अभी कुछ ही हफ्ते पहले अल्लाह के शुक्र से हम लोगों को 'टाइमलेस कपल' का खिताब दिया गया, और लोग यह जानना चाहते थे कि पिछले 48 साल के दौरान हमारे रिश्तों में क्या कुछ हुआ। (अमिताभ बच्चन स्मृति चिह्न (Memento) देने घर आये थे क्योंकि मैं और सायरा उस मौक़े पर पहुँच नहीं पाये थे)। तो मैं यही कहता हूँ कि मैंने अपने आपको काफ़ी बदला है इस दौरान जबकि सायरा ने खुद को मुझसे भी अधिक बदला है!

जब मेरी शादी हुई थी तब मेरे दोस्त, जैसे प्राण, सतीश भल्ला और बलराज कोहली रात के 2 बजे मेरे गेट के सामने आकर रुक जाते थे और ज़ोर-ज़ोर से गाड़ी का हॉर्न बजाने लगते थे और मुझसे यह उम्मीद करते थे कि मैं नीचे आऊँ और उनके साथ ड्राइव पर जाऊँ। यह हम न जाने कब से करते आ रहे थे, हम सभी लड़के जोश से भरे होते थे, शाम को सतीश के बेट्स हिल वाले घर में बढ़िया खाना होता था। बढ़िया शेरो-शायरी होती थी और फिर गाना-बजाना चलता था। प्राण और सतीश को महान उर्दू शायरों जैसे मिर्ज़ा ग़ालिब, मीर तकी मीर, फ़ैज़ अहमद फ़ैज़ की शायरी पर अच्छी पकड़ थी। लेकिन जल्दी ही, हमारी भाभी (सतीश की पत्नी शालू) एक बड़ा-सा दीवान-ए-ग़ालिब निकालती थी और अपनी उर्दू ज़बान में बड़ी मुश्किल से कोई शेर पढ़ती थी। फिर बाकी शेरों को वह 'समथिंग, समथिंग' कहकर समाप्त करती थीं। यह इतना मज़ेदार होता था कि मैंने इसकी नकल 'राम और श्याम' में की थी।

एक सुन्दर और आकर्षक जवान महिला को मेरे पाँच मिनट में तैयार हो जाने की दिनचर्या के कारण उसको तैयार होने के अपने समय में ज़बरदस्त कटौती करनी पड़ी। शादी के बाद के दिनों की शुरुआत में, एक शाम उसे तैयार होने में एक घंटा लग गया। आख़िरकार जब वह आयी और ख़ूब सजी-धजी और

सुन्दर लग रही थी। उसे नसीम आपा के डिजाइन किये हुए गहने बहुत पसन्द थे, और उस दिन भी उसने ख़ूब सारे गहने पहन रखे थे। स्वाभाविक तौर पर उसने मुझसे पूछा, 'कैसी लग रही हूँ?' मैंने मुस्कुराते हुए जवाब दिया। 'सुन्दर! लेकिन तुमको टोकरा लेकर चलना चाहिए और अपने गहने उतारकर उसमें रख देने चाहिए, क्योंकि लोगों को यह पता चलना चाहिए कि तुम्हारे पास कितने गहने हैं!' उसके बाद से अक्सर सायरा ने मेरे साथ बाहर जाते हुए बस मोतियों की एक माला और कान में झुमके पहनने शुरू कर दिये।

कुल मिलाकर बात इतनी है कि एक ख़ूबसूरत औरत जिसे किसी बड़े जलसे के लिए तैयार होने में अपने लम्बे बालों को ठीक करने और मेकअप करने में एक घंटा लग जाता था वह अचानक बदल गयी।

मुझे याद है कि एक बार जब हम लोग एक-दूसरे को कम जानते थे और वह फ़िल्मों में नयी-नयी आयी थी, मैं अचानक एक बार सी बेले (Sea Belle) में उसके फ्लैट पर पहुँच गया। जब मैंने डोरबेल बजाई, और जब उसने मुझे देखा तो वह इतने ज़ोर से चिल्लाई कि कोई बेहोश हो सकता था। उसने बालों में तेल लगाकर पीछे चोटी बाँध रखी थी, और एक साधारण-सा सूती सलवार-कुरता पहन रखा था। वह अपने कमरे में गयी, और वहाँ से बाहर नहीं आयी। नसीम आपा से कह रही थी कि 'उन्होंने मुझे इस तरह से देख लिया है कि अब वे मेरे साथ कभी काम नहीं करेंगे!'

इसके विपरीत, शादी के ठीक बाद, शादी के बाद जब वह बालों में मेहँदी लगा रही होती और मैं उससे कहता था कि चलो एक दोस्त के यहाँ चलना है, कोई उत्सव है, तो वह सर पर पगड़ी बना लेती थी और उसी तरह मेरे साथ चलने से पहले एक बार भी नहीं सोचती थी। एक बार जब हम एक शादी में हिस्सा लेने हैदराबाद जा रहे थे तो वह हमेशा की तरह एयरपोर्ट पर मुझे छोड़ने के लिए आयी और वहाँ उसे यह पता चला कि उसकी उस दिन की शूटिंग टल गयी थी। मुझे अचानक सूझा : 'क्यों न उसे अपने साथ फ्लाइट में चलने के लिए कहूँ?' उसने वही किया, उस शानदार शादी में वह आराम से सलवार-कमीज पहने शामिल हो गयी!

पिछले सालों में सायरा के साथ रहने के दौरान जिस बात से मैं मोहब्बत करने लगा हूँ वह है कि वह अन्दर से सादादिल है और दिल की बड़ी ख़ूबसूरत है। उसकी और खूबियों में यह भी है कि हालात को ठीक करने के लिए वह जल्दी से माफ़ी माँग लेती है और उसके अन्दर किसी तरह का झूठा घमंड नहीं है। अगर किसी से उसकी ज़रा सी भी बकझक हो जाये तो उसके दिल में दर्द होने लगता है और उसे तब तक चैन नहीं पड़ता है जब तक कि वह उसके साथ सुलह नहीं कर लेती है। पारिवारिक मामलों में फँस जाने के बाद ठंडा होने में मुझे बड़ी देर लगती थी।

जब मेरी अपनी सबसे अच्छी और होशियार बहन अख़्तर ने आश्चर्यजनक रूप से के. आसिफ से शादी कर ली तो मैंने उससे मिलना-जुलना छोड़ दिया। मैं बिल्कुल ही उसके उसके सम्पर्क में नहीं था।

एक दिन दोपहर के खाने के वक़्त, वह एक फ़ोन के लिए उठी। दूसरी तरफ़ बम्बई के ब्रीच कैंडी अस्पताल का एक डॉक्टर था जो हमें यह बता रहा था कि अख़्तर अपने भाई से मिलना चाहती थी और वह बहुत बीमार थी। तब तक आसिफ की मौत हो चुकी थी (वह 9 मार्च, 1971 को गुज़र गया) और वह अपनी बेटियों के साथ रह रही थी। मैंने सायरा को साफ़-साफ़ कह दिया, 'मैं नहीं जाऊँगा।' सायरा ने मुझसे गुज़ारिश की कि मुझे जाकर उससे मिलना चाहिए, क्योंकि आख़िरकार वह मेरी बहन है और बड़ी बीमार भी है। मैंने फिर कहा कि मैं उसे नहीं देखूँगा। उसने मुझे शर्मसार कर दिया और लाड़-प्यार के दिनों के बाद हम अलग हो गये।

उसने अपने सहज तरीके से, मुझे बार-बार समझाया कि उसके कहने पर एक बार उससे मिल आऊँ, अल्लाह न करे कि कुछ हो जाये। वह मुझे लेकर ब्रीच कैंडी अस्पताल गयी, और जहाँ पहली बार अख़्तर को (क्योंकि वह सायरा के साथ मेरी शादी के सख्त ख़िलाफ़ थी) सायरा को समझने का मौक़ा मिला, और उसने भाई-बहन का मिलन मुमकिन करवाया।

अल्लाह की दुआ से हमारा लम्बा रिश्ता फला-फूला और हमारे बीच में किसी तरह का अहं नहीं रहा। यह देखकर बड़ी तकलीफ़ होती है कि पति-पत्नी छोटी-छोटी बातों के ऊपर लड़ते रहते हैं और हमारे बच्चों का तो किसी तरह का कोई पैमाना ही नहीं है।

एक्टर रिचर्ड बर्टन (Richard Burton) ने एक बार मीडिया में बड़ी मशहूर घोषणा की थी। 'आपको बेचारी लीज (एलिज़ाबेथ टेलर, मशहूर स्टार और उसकी बीवी) के लिए दुःख जताना चाहिए क्योंकि वह अभी तक पिछले साल के हीरे ही पहने हुए है।' सायरा और मैं हमेशा सन्तुष्ट रहने वाले लोगों में हैं, और हमेशा सादा मिजाजी के साथ रहने वाले, हर तरह से किस्मत वाले। हमारा जीवन हमेशा से मौजमस्ती, हँसीखुशी से भरपूर रहा है।

अगर मैंने सायरा को यह कहा हो कि मेरे साथ किसी समारोह में जाने के लिए तैयार रहना, घर में इन्तज़ार करना, और मैं उसके बारे में पूरी तरह भूल गया और मौक़े पर अकेला ही पहुँच गया तो वह मेरे इस भुलक्कड़पने के ऊपर हँस कर बात को उड़ा देती थी। मैं यहाँ एक घटना का ज़िक्र करना चाहता हूँ जिससे उसकी इस आदत के बारे में पता चलता है। एक शाम ऑस्कर जीत चुकी हीरोइन शर्ली मैक्लीन (Shirley Maclaine) के सम्मान समारोह में और लोगों के साथ सायरा और मुझे भी रात के खाने के लिए बुलाया गया था, और ज़ाहिर बात यह थी कि मेरी बीवी शर्ली मैक्लीन (Shirley Maclaine)

की ज़बरदस्त दीवानी थी। अब मुश्किल यह थी कि जिस दिन वह कार्यक्रम था उस दिन मैं दिल्ली में था। बहरहाल, मैं दिल्ली से वापस आया और सायरा मुझे एयरपोर्ट पर लेने के लिए मौजूद थी। वह पूरी तरह से तैयार थी और उसने अपने साथ मेरे लिए गहरे रंग का सूट भी रखा हुआ था।

जब मैं उसके साथ कार में बैठा तो मैंने पूछा कि क्या वह सचमुच में वहाँ जाकर उसके चाहने वालों के बीच खो जाना चाहती है या हम दोनों कहीं चलकर कुछ बेहतर वक़्त बितायें, क्योंकि हम कुछ दिनों से एक-दूसरे से दूर थे। बस फिर क्या था! हमने कैंडल लाइट डिनर किया, बस हम दोनों ने, जो हम अक्सर नहीं कर पाते थे।

एक और बड़ी अच्छी ख़ूबी उसमें यह है कि वह जल्दी ही अतीत को भूलकर हाल में जीने लगती है। अपने निकाह के ठीक बाद, जब हम मद्रास में रह रहे थे, मुझे मधुबाला का एक सन्देश मिला कि वह मुझसे तुरन्त मिलना चाहती थी। जब हम बम्बई लौटे तो मैंने सायरा को इसके बारे में बता दिया। सायरा ने तुरन्त कहा कि मुझे मधुबाला से मिल लेना चाहिए क्योंकि हो सकता है कि वह किसी बात से परेशान हो। जब मैं मधु के घर पहुँचा तो मुझे यह देखकर बड़ी तकलीफ़ हुई कि वह दुबली पड़ गयी थी और बहुत कमज़ोर लग रही थी। उसके चेहरे की पीली रंगत न केवल उसके ख़राब सेहत की कहानी कह रही थी बल्कि उसे वह शानदार, शरारती मुस्कान को लाने के लिए भी कड़ी मेहनत करनी पड़ी। वह मुझे देखकर ख़ुश थी और उसने कहा—'हमारे शहज़ादे को उनकी शहज़ादी मिल गयी, मैं बहुत ख़ुश हूँ!'

वह कुछ निजी बातों को लेकर परेशान थी और वह उस मामले में मेरी सलाह चाहती थी और हम उस बारे में तब तक बात करते रहे जब तक कि उसे यह पक्का नहीं लग गया कि वे इस मामले को सुलझा सकते थे। वह फिर निश्चिन्त हो गयी। वहीं मैंने उसे आख़िरी बार देखा था। 23 फ़रवरी 1969 को उसका इन्तक़ाल हो गया।

एक बार और, जब 1998 में मैं दिल की बीमारी से पीड़ित हुआ था तो उमा (कामिनी कौशल) कई सालों के बाद मेरे दफ़्तर आयी। उसकी कुछ ख़ास सहेलियाँ थीं जो मुझसे मिलना चाहती थीं और सायरा ने उनके लिए घर आने का इन्तज़ाम करवा दिया। उसने मुझे उमा से बात करने के लिए भी मजबूर कर दिया, जिसे मेरी हालत के बारे में पता चला था और यह भी कि मेरी ओपन हार्ट सर्जरी होने वाली थी।

उमा ने कहा कि वह कुछ बच्चों की फ़िल्मों के टेप भेज देगी जो उसे पसन्द आये थे। वह बच्चों की पत्रिकाओं में कहानियाँ लिख रही थी और उनमें से कुछ फ़िल्मों के लिए चुनी गयी थीं। उसे लगा कि ऑपरेशन के बाद अच्छा रहेगा कि मैं बच्चों की फ़िल्में देखूँ। उसने हमारे लिए कुछ छोटे-छोटे खिलौने भी भेज दिये

गाड़ी में लटकाने के लिए। सायरा को यह बात पसन्द आयी और मुझे लगा कि यह उसका बहुत सही क़दम था।

हमें मद्रास में रहने के जो मौक़े मिले उनको मैं नहीं भूल सकता हूँ, चाहे वह काम के सिलसिले में रहा हो या घूमने फिरने के। किस्मत से, हमने पहली फ़िल्म जो साथ-साथ की वह थी 'गोपी' (1970 में रिलीज), सब जगह छोड़कर उसकी शूटिंग मद्रास में होने वाली थी।

पति-पत्नी की जोड़ी

'मुझे इस बात का इल्म होता गया कि मेरी बीवी में कड़ी मेहनत करने की कैसी कूवत है और बेहतरीन काम करने का उसके अन्दर कैसा माद्दा है। वह अच्छी सलाह को ध्यान से सुनती थी और अपने साथ किये जाने वाले सीनों को लेकर मैंने उसे जो मशविरे दिये उसे उसने तुरन्त अपना भी लिया। उसने मेरे साथ तीन फ़िल्मों में काम किया और मैंने देखा कि उसके भीतर एक ज़िद थी और पक्का निश्चय भी कि अपनी एक्टिंग को और बेहतर बनाने के लिए छोटी-छोटी चीज़ों और जज़्बाती उतार-चढ़ावों को समझ लेने की।'

'गोपी' (ए. भीम सिंह निर्देशित) एक सुखद अनुभव था। यह ऐसा था जैसे वह मेरे और सायरा के लिए लम्बे हनीमून की तरह हो। मद्रास में कोदम्बक्कम (Kodambakkam) में हमारा अलग हटकर बना एक घर था—कॉटेज की तरह। हरियाली के बीच, घर के पिछवाड़े में आम के पेड़ थे और सुनहरी पीली रेत आँगन में हर कहीं फैली हुई थी। हमारे मनोरंजन और वर्जिश के लिए नागी रेड्डी ने हमारे लिए ऊँची दीवारों वाला एक बैडमिंटन कोर्ट बनवा दिया था जिसके ऊपर ताड़ के पत्तों की छाया पड़ती थी।

सायरा महज इस बात की वजह से ही बहुत ख़ुश नहीं थी कि शूटिंग के पैकअप होने के बाद हम लोगों को उस घर में अकेले छोड़ दिया जाता था और इसलिए भी क्योंकि वह पहली बार मेरे साथ काम कर रही थी। अब तक उसकी शर्म कुछ कम हो गयी थी और देखरेख के माहौल में पली-बढ़ी होने के कारण जो झिझक उसके अन्दर थी वह भी दूर हो रही थी। सेट पर उसे मेरे और ओमप्रकाश जी के बीच का हँसी-मज़ाक़ बहुत पसन्द आता था, जो कि जानेमाने कॉमेडियन और चरित्र अभिनेता थे—और जब उभरती अभिनेत्री

फरीदा जलाल ने उससे दोस्ती करने की कोशिश की तो उसने उसका जवाब गर्मजोशी से दिया। असल में, उसके और फरीदा जलाल के बीच ऐसी दोस्ती हुई जो आजतक कायम है। सायरा की कत्थक गुरु रोशन कुमारी जिन्होंने उस फ़िल्म में उसके डांस और गाने के लिए कोरियोग्राफ किया था, उनके साथ भी मद्रास में ख़ूब जमती थी। रोशन कुमारी और सायरा घंटों उस गाने के लिए रिहर्सल करते थे, जिसमें हम दोनों थे, 'जेंटलमैन, जेंटलमैन, जेंटलमैन...'* उस फ़िल्म के रिलीज होने के बाद इस गाने की धूम मच गयी।

जिस दिन हमने पहली बार कैमरे के सामने एक साथ सीन किया, जो सायरा का ऐसा सपना था जो उसने बरसों देखा था, तो शायर राजेन्द्र कृष्ण उसे देख रहे थे कि किस तरह से सायरा मेरे बताये के मुताबिक़ ही काम कर रही थी, जब तालियों की गड़गड़ाहट कम हुई तो वे उसे एक तरफ़ ले जाकर बोले—'बेटा, मुझे लगता है तुमने बहुत अच्छा काम किया। हालाँकि, मैं तुम्हारे हित में कुछ कहना चाहता हूँ कि तुम्हें अपनी एक्टिंग में दिलीप कुमार बनने की कोशिश नहीं करनी चाहिए। अपने जैसी रहो, सायरा बानो रहो। यही इनकी सभी हीरोइनें कर रही हैं। सब ने दिलीप कुमार होने की कोशिश की और कामयाब नहीं हो पायीं। यह स्वाभाविक तौर पर होता है जब आपके साथ फ्रेम में दिलीप कुमार जैसे क़द का अभिनेता होता है। ऐसा मत करो। अपनी तरह होने की कोशिश करो।'

जब हम अपने कॉटेज में लौटकर आये तो सायरा ने मुझे वह बताया जो उसे राजेन्द्र कृष्ण ने सुनाया था। तब मुझे लगा कि उनकी यह सूझ सही थी। मैं हमेशा अपने साथ काम करने वाले कलाकारों की मदद करने के लिए उनके हिस्से की एक्टिंग करके उनको दिखाता रहता था इसलिए नहीं कि मैं उनको अपने क़ाबू में कर लूँ बल्कि इसलिए कि मैं यह चाहता था कि वह मुझसे एक दर्ज़ा बेहतर काम करें। यह बात भी मेरे अन्दर एस. मुखर्जी साहब और महबूब साहब से आयी थी जो एक्टर्स के सामने चेहरे और शरीर के हाव-भाव दिखाने के लिए मशहूर थे।

उदाहरण के लिए, एस. मुखर्जी साहब, 'लीडर' की शूटिंग के दौरान वैजयन्तीमाला के हिस्से के सीन को करके दिखाते हुए एक भद्र महिला बन गये थे जो अपनी आँखों के इशारे से अपने प्रेमी के प्यार के इज़हार पर अपनी हामी भरती है। उसी तरह महबूब साहब, फ़िल्म 'अमर' (1954) में निम्मी (18 फ़रवरी 1933 को नवाब बानो के घर पैदाइश) को निर्देशित करते हुए थुलथुल होने के बावजूद गाँव की दुबली-पतली लड़की की तरह फुर्ती से चल कर दिखा सकते थे।

मैंने इस बात की बारीकी सायरा को समझाई कि किस तरह से महबूब साहब थुलथुल होने के बावजूद, भरे-भरे गाल होने के बावजूद अपने भीतर इस तरह का परिवर्तन लाते थे कि गाँव की लड़की की तरह फुर्ती से चलकर दिखा

* इस गीत को लता मंगेशकर और महेन्द्र कपूर ने गाया था। गीत राजेन्द्र कृष्ण ने लिखा था और संगीत कल्याणजी-आनन्दजी ने दिया।

फ़िल्म गोपी में सायरा के साथ

सकते थे। सायरा को हँसी का दौरा-सा पड़ गया लेकिन उसे यह बात समझ में आ गयी भारतीय सिनेमा के उस ज़माने में जब कलाकारों और निर्देशकों के लिए किसी तरह का प्रशिक्षण नहीं दिया जाता था तब वे दोनों महान लोग किस कदर मददगार साबित होते थे और उनके अन्दर इस बात की कितनी चाहत होती थी कि वे अपने मन मुताबिक़ नतीजे हासिल करें।

मुझे याद आता है कि जब मैं और नासिर 'गंगा जमुना' (1961) फ़िल्म में काम कर रहे थे तो नासिर चुपचाप देखता रहता था कि जब मैं बाकी कलाकारों को सीन समझाता तो उनके चेहरे पर किस तरह के भाव होने चाहिए, यह बताता रहता था। एक दिन मैंने दोपहर के खाने के दौरान सुना कि वह नितिन बोस से कह रहा था कि एक लड़की उसके पीछे पागल थी और मैंने यह बात उसके चेहरे के हाव-भाव से पढ़ ली थी, जो नासिर के लिए अपने प्यार को छिपा नहीं पा रही थी जबकि नासिर को इस बात का कोई इल्म नहीं था कि वह लड़की उसके लिए ऐसा सोचती थी।

सच्चाई यह है मुझे बचपन से ही लोगों के चेहरे के हाव-भावों को लेकर दीवानगी-सी रही है। मैंने बचपन में ही इस बात को समझ लिया था कि चेहरे के भावों से वह कहा जा सकता था जो लफ़्ज़ों से नहीं कहा जा सकता था। जब आगाजी नाराज़ होते थे या किसी बात से दुखी रहते तो चुपचाप अलग-थलग बैठ

जाते थे। लेकिन उनकी आँखों और भौंहों से उनके जज़्बात नहीं छिप पाते थे। पेशावर के बड़े घर में रहने के दौरान मैं घर के सभी लोगों को ध्यान से देखता था क्योंकि मैं या तो अम्मा के पीछे-पीछे भागता फिरता था और जब उसके परिवार के लोग आते थे और वह उनके साथ खुलकर बातें करने में मशगूल रहती थीं तो वह उनके बगल में बैठा रहता था।

मेरी दिलचस्पी इस बात में कम रहती थी कि वे क्या बोलते थे बल्कि उनकी दिलचस्पी इस बात में रहती थी कि वे किस तरह से अपनी बात कहते थे। मुझे उनका हाथ चमकाकर बोलना या आवाज़ के उतार-चढ़ाव के साथ बोलते देखना अच्छा लगता था। अम्मा कभी-कभी इस बात के ऊपर ध्यान देती थी और फिर कहती थी कि कमरे से चला जाऊँ, वह कहती थी कि बच्चों को बड़ों की बातों को नहीं सुनना चाहिए। हालाँकि जब आगाजी अपने दोस्तों से बातें करते थे तब मैं उनके बगल में नहीं बैठता था। मगर दूर से मैं उनको भी ध्यान से देखता था। वे लोग वे थे जिनकी दिलखोल हँसी से माहौल जीवन्त हो उठता था और कुछ ऐसे लोग भी थे जो किसी तरह का भाव नहीं दिखाते थे। एकदम गुम्मे सुम्मे, मुझे ऐसा ही लगता है।

मेरे साथ काम करने वाली हीरोइनों में से नर्गिस ने एक बार मज़ाक़ में पूछा था कि मुझे यह कैसे पता है कि औरतें किस तरह से जज़्बातों को बयान करती हैं। उसे तब बड़ी हैरानी हुई जब मैंने उसे अपने बचपन के देखने के बारे में बताया।

वापस 'गोपी' फ़िल्म की बात करते हैं, तो मुझे इस बात का इल्म होता गया कि मेरी बीवी में कड़ी मेहनत करने की कैसी कूवत है और बेहतरीन काम करने का उसके अन्दर कैसा माद्दा है। वह अच्छी सलाह को ध्यान से सुनती थी और अपने साथ किये जाने वाले सीनों को लेकर मैंने उसे जो मशविरे दिये उसे उसने तुरन्त अपना भी लिये। उसने मेरे साथ तीन फ़िल्मों में काम किया और मैंने देखा कि उसके भीतर एक ज़िद थी और पक्का निश्चय भी कि अपनी एक्टिंग को और बेहतर बनाने के लिए छोटी-छोटी चीज़ों और जज़्बाती उतार-चढ़ावों को समझ लेने की। जिन दो अन्य फ़िल्मों में हमने साथ-साथ काम किया वे थीं 'सगीना' (जो 1970 में बांग्ला में आयी और 1974 में हिन्दी में) और 'बैराग' (1976), उनमें उसे ऐसे किरदारों को परदे पर उभारकर लाना होता था जिनका न तो उसके अपने व्यक्तित्व से कोई लेना-देना होता था न ही ऐसे किसी से जिनको वह जानती हो। निर्देशकों और लेखकों द्वारा जो सुझाव उसको उस सम्बन्ध में दिया जाता था उसे वह सब कुछ अपनी कल्पना से ही करना होता था।

हमने 'सगीना' (1970 एवं 1974) फ़िल्म तब साइन की जब 'गोपी' बन रही थी, और उसके बाद मुझे निर्देशक तपन सिन्हा के साथ बात करने के लिए लम्बी दूरी की फ्लाइट में बैठकर कोलकाता जाना पड़ता था। मैं पहले तपन दा से मिला था अपने दोस्त हितेन चौधरी के साथ, लेकिन हमने फ़िल्मों के बारे

में ज़्यादा बातचीत नहीं की थी। ज़्यादातर पढ़े-लिखे लोगों की तरह तपन दा बहुत कम बातचीत करते थे। मुझे पता था कि एस. मुखर्जी साहब की तरह वे भी फिजिक्स में पोस्ट ग्रेजुएट थे और उनकी ही तरह इन्होंने भी अपना सफ़र साउंड इंजिनियर के रूप में शुरू किया था। जबकि मुखर्जी साहब ख़ूब बातें करते थे और वे जिन लोगों को जानते थे उनके साथ उनको ख़ूब बातें करना पसन्द था, जबकि तपन दा तभी बोलते थे जब ज़रूरत होती थी। जब अशोक भैया ने बांग्ला फ़िल्म 'हाटे बाज़ार' में काम किया था तब वे तपन दा के बारे में काफ़ी बड़ी-बड़ी बातें करते थे, जिस फ़िल्म के निर्देशक तपन दा थे। मैंने 1957 की बांग्ला फ़िल्म 'काबुलीवाला' बिमल दा के साथ देखी थी। तपन दा ने जिस तरह से नोबेल पुरस्कार विजेता लेखक रवीन्द्रनाथ टैगोर की कहानी को परदे पर उतारा था वह मुझे अच्छा लगा था और मैंने उस फ़िल्म के कलाकार छबि विश्वास के काम की तारीफ़ की थी।

तपन दा एक ऐसे निर्देशक के रूप में सामने आये जो हर कलाकार के सुझावों को पसन्द करते थे। उन्होंने उस फ़िल्म की पृष्ठभूमि और उसके दौर को लेकर काफ़ी बातें बताई थीं और उन्होंने उसको समझने और पढ़ने के लिए मुझे सामग्री भी दी जो आज़ादी से पहले के मज़दूर आन्दोलनों और पूर्वी और उत्तर-पूर्व के इलाकों में किस तरह से नक्सलवाद पनपा को लेकर थी। इस तरह के साहित्य से यह समझने में बड़ी मदद मिली कि वे किरदार किस तरह से क्रान्तिकारी राजनीतिक माहौल में फँसे हुए थे।

मुझे सगीना का किरदार बहुत पसन्द आया था—किसी गम्भीर मुद्दे से निपटने के लिए उसके भीतर छल-कपट नहीं था, और चालाक लोगों को न समझ पाने में उसकी असफलता, उसकी समझबूझ, उसका व्यवहार, कभी-कभी उसका विद्रोही हो जाना, ललिता (ललिता का किरदार सायरा बानो ने निभाया) के प्रति उसका प्यार, और सबसे बढ़कर उसका दुर्भाग्य। जिस गहराई और सच्चाई के साथ तपन दा ने काग़ज़ पर सगीना का चरित्र उभारा था और उन्होंने मुझे कहा कि मुझे इस बात की आज़ादी थी कि मैं चाहूँ तो उसे बेहतर बना दूँ। असल में, वे उस तरह के निर्देशक थे जो अपने कलाकारों से यह उम्मीद करते थे कि वे स्क्रीनप्ले में सिचुएशन की माँग को समझें और उसमें बदलाव के बारे में बतायें। ऐसे निर्देशक के साथ काम करना वैसे कलाकारों के लिए बड़ी ख़ुशी की बात होती थी जिनका दिमाग़ नये-नये तरीके से सोच सकता था और जिनके अन्दर यह ख़्वाहिश होती थी कि बार-बार काम करके उस किरदार के तेवर को बढ़ा दें, जबकि यह ऐसे कलाकारों के लिए बोझ लगने लगता था जो निर्देशक के इशारों पर चलने में यक़ीन रखते थे। मेरे लिए ख़ुशी की बात यह थी कि 'सगीना महतो' के जो कलाकार थे वे हमेशा बेहतर काम करने की कोशिश के लिए तैयार रहते थे। जैसा कि पहले ही कहा गया, कि यह फ़िल्म पहले बांग्ला में

बनी थी, जिसका मतलब यह था कि मुझे अपने संवाद बांग्ला में बोलने थे। मेरे दिल में पहले से ही बांग्ला भाषा के लिए ख़ास जगह थी, क्योंकि अपने कैरियर की शुरुआत में मैं अशोक भैया, एस. मुखर्जी साहब और अनेक विद्वान बांग्ला लेखकों की संगत में रहता था। इसकी वजह से मुझे बांग्ला में अपने डायलॉग बोलने में उतनी मशक्कत नहीं करनी पड़ी जबकि बम्बई के गैर-बंगाली कलाकारों को (सायरा भी उनमें आती थी) उनके डायलॉग के टेप दिये गये थे जिनको सुनकर उनको अभ्यास करना होता था। मैंने अपने बांग्ला डायलॉग बोलने में जो मशक्कत की थी उसका फल तब नज़र आया जब वह फ़िल्म रिलीज हुई और वहाँ के स्थानीय मीडिया ने उसके बारे में जमकर लिखा। मैं इस बात से बहुत ख़ुश हुआ कि बांग्ला फ़िल्म में काम करने के लिए मुझे बंगाली फ़िल्म पत्रकार संघ का प्रतिष्ठित पुरस्कार मिला। चार साल के बाद, इसके निर्माता जे.के. कपूर और हेमेन गांगुली ने काफ़ी खर्च करके इसे हिन्दी में भी बनाने का फ़ैसला किया, उन्हीं जगहों पर फ़िल्म को फिर से शूट किया।

मूल कथा में जगह बनाकर गाने डाले गये जिससे कि यह उत्तर भारतीय दर्शकों को मज़ेदार लगे। फ़िल्म का गाना 'तुम्हारे संग रैन बिताई...'* मेरे और सायरा के ऊपर फ़िल्माया गया था, और उस गाने की कोरियोग्राफी बहुत अलग ढंग से की गयी थी, और उसमें हम लोगों के सुझावों को भी जगह दी गयी थी। यह गाना पिछली रात एक गाने 'ढूंडो-ढूंडो रे साजना...'** की तरह का ही गाना था जिसमें सगीना और ललिता की करीबी को दिखाया गया था, जो उसकी तरह था जब 'गंगा जमुना' में गंगा और धन्नो के बीच का रिश्ता परवान चढ़ता है और वे जल्दी-जल्दी में एक पुरोहित को बन्दी बनाकर लाते हैं और वहाँ जंगल में शादी कर लेते हैं।

अगर जिस एक बात के कारण मैं इस बात के ऊपर ज़ोर देता था कि क्यों इस तरह के सीन तैयार किये जाने चाहिए तो उसका कारण यह था कि शारीरिक तौर पर नजदीकी को ज़्यादा दिखाये जाने की ज़रूरत नहीं होती है। जिन निर्देशकों के साथ मैंने काम किया उनमें से ज़्यादातर के साथ मेरी बात चल गयी तो उसका कारण यह था कि हम दोनों ही उस विषय पर एक जैसे सोचते थे। यह हमेशा मेरे ऊपर छोड़ दिया जाता था कि मैं सीन को तैयार करूँ। इसका यह मतलब नहीं था कि मैं कोई शुद्धतावादी या रूढ़िवादी था। मैं जनता की अपेक्षाओं को समझता था, लेकिन साथ ही, मुझे इस बात का भी इल्म रहता था कि एक एक्टर के रूप में मेरे नैतिक दायित्व क्या थे, मैं उससे अच्छी तरह से अवगत था। एक ऐसे परिवार का मुखिया होने के कारण जिसमें छह लड़कियाँ और पाँच लड़के थे,

---

* इस गाने को लता मंगेशकर और किशोर कुमार ने गाया था, लिखा मज़रूह सुल्तानपुरी ने और संगीत सचिन देव बर्मन का था।

** इसे गाया लता मंगेशकर ने, लिखा शकील बदायूँनी ने और संगीत नौशाद का था।

फ़िल्म सगीना में सायरा के साथ

इसलिए मैं अश्लीलता के दिखावे के सख्त ख़िलाफ़ था क्योंकि मुझे ऐसे सीन को करने से पहले इस बात का ध्यान आता था कि मेरी अपनी बहनों को इन्हें देखकर शर्मिन्दगी होगी, चाहे वह फ़िल्म में बनावटी ही क्यों न हो। मैं अपने लिए जिस फ़िल्म का चुनाव करता था चाहे वह कॉमेडी हो, या मज़दूरी से जुड़ा कोई विषय, या ऐतिहासिक, या सामाजिक तौर पर प्रासंगिक कोई विषय, लेकिन आमतौर पर मैं ऐसी फ़िल्मों का चुनाव करता था जिसमें मूल रूप से कोई सामाजिक मुद्दा हो। जो किसी की चाहत होती है उसे हर समय वही नहीं मिल सकता है, लेकिन चयन का मौक़ा मिलने पर मैं वैसी फ़िल्मों को तरजीह देता था।

'सगीना महतो' इसलिए मुझे आकर्षक लगी क्योंकि इसमें राजनीति पर

टिप्पणी थी, और इसके माध्यम से सर्वहारा मज़दूर आन्दोलन की बात की जा रही थी। यह इसलिए भी दिलचस्प था क्योंकि इसमें अशान्ति के दौर में एक असामान्य सी प्रेम कहानी कही गयी थी। पहले सायरा ललिता का किरदार नहीं करने वाली थी। उसको अपना काम करना था और उसके उस समय के क़द के हिसाब से वह किरदार उतना बड़ा नहीं था। लेकिन सायरा तो सायरा ही है, उसने उस किरदार को करने की पेशकश की ताकि वह उस फ़िल्म के लिए चुने गये लोकेशन, जो कुर्सियांग और गयाबरी* के पास में था, के एकान्त में मेरे साथ रह सके। वह किरदार काफ़ी दमदार बनकर आया और उसने उसकी चुनौती को काफ़ी आगे बढ़कर स्वीकार किया और अपना रोल इतने साहस और जोश के साथ किया कि मुझे भी हैरानी हुई। उसके रोल के कारण उसे जिस तरह की समीक्षाएँ मिलीं और जिस तरह से उसे साथी कलाकारों ने बधाई दी उससे उसको गर्व होना स्वाभाविक ही था।

'सगीना महतो' में उसके काम ने मुझे एक बार फिर से इस बात का विश्वास दिलाया कि यह अच्छा नहीं होगा कि उसके कैरियर को बीच में रोक कर बस मेरी बीवी के तौर पर रहने के लिए कहा जाये। हमारी शादी के हफ्तों के भीतर मैंने शागिर्द (1967 की इस फ़िल्म का निर्देशन समीर गांगुली ने किया था। इसके हीरो थे जॉय मुखर्जी, जो एस. मुखर्जी साहब के लड़के थे) फ़िल्म के रशेज देखे, इसमें मैंने पहली बार उसको परदे पर देखा था। जब स्क्रीनिंग ख़त्म हुई तब मैंने उससे कहा कि यह मेरे लिए जुर्म होगा अगर मैंने उसे फ़िल्मों में काम करने से रोक दिया।

'सगीना महतो' का जो लोकेशन था वह देखने लायक था, वैसा ही पहाड़ी और ख़ूबसूरत जैसा कि मेरी यादों में पेशावर बसा हुआ था। वहाँ दिन भर हल्का अँधेरा रहता था और बादल दूर पहाड़ों में घिरे रहते थे। चूँकि मुझे आउटडोर शूटिंग हमेशा से पसन्द थी इसलिए मैं अपना खाली समय पहाड़ों पर चढ़ने और बाज़ार में घूमने में बिताता था, जहाँ रुककर मैं अपनी बीवी के लिए सफेद आर्किड के फूल ख़रीदता था। ऐसे ही एक दिन मुझे वहाँ के स्थानीय थियेटर ग्रुप का एक नाटक देखने के लिए ले जाया गया जहाँ मुझे एक बहुत ही सम्भावना वाला एक्टर दिखा, कादर ख़ान, वह मुझसे स्टेज के पीछे आकर मिला और उसने मुझसे कहा कि वह हिन्दी फ़िल्मों में काम करना चाहता था क्योंकि उसको उर्दू बहुत अच्छी तरह आती थी। मैंने तपन दा से बात की और उन्होंने उसको सगीना में एक छोटा-सा रोल दे दिया और बाद में बैराग में। कादर के हुनर में मैंने जो विश्वास जताया था वह उसमें पूरी तरह खरा उतरा और उसने कई हिन्दी फ़िल्म में एक्टर और लेखक के बतौर अपनी अच्छी पहचान बनाई। मैंने उसकी ऐसी

---

* यह दोनों शहर दार्जिलिंग में हैं।

कोई फ़िल्म नहीं देखी जिसने उसको मशहूर बनाया लेकिन मुझे पता चला कि उसकी बहुत माँग थी।

जब मैं सगीना के लिए शूटिंग कर रहा था तो मेरे कॉटेज के बगल में हमेशा की तरह एक बैडमिंटन कोर्ट बनवाया गया था, जहाँ मैं रोज़ हर उस आदमी के साथ खेलता था जो मेरे साथ खेलना चाहता था। शाम को जब तापमान गिर जाता था और आकाश को रात की कालिमा ढँक लेती थी तो हम लोग बोनफायर जलाकर उसके चारों तरफ़ नाचते थे, गाते थे, और नकलें भी उतारते थे। उस ख़ूबसूरत लेकिन बहुत दूर के स्थान में वह हमारा तरीका था अकेलेपन और अलग-थलगपन को दूर भगाने का। एक शाम सायरा की गुरु रोशन कुमारी, जो शर्मीली क़त्थक नृत्यांगना थीं, और जो जयपुर घराना के रिवाज के मुताबिक़ सिर्फ़ गुनीजनों के सामने ही नाचती थी, ने भी घुँघरू बाँध लिए और बिना बोल के नाचने लगीं। जबकि युनिट का एक सदस्य टेबल पर थाप दे रहा था। हम हैरान उनके नृत्य को देख रहे थे।

मुझे उस सीन के बारे में बताना नहीं भूलना चाहिए जिसको करते हुए मुझे सगीना महतो में बहुत मज़ा आया। यह वह सीन है जिसमें सगीना के ऑफ़िस में सगीना को डर लगने लगता है और वह बाहर खुली हवा में साँस लेने के लिए निकल आता है, जिसकी उसे आदत है और वहाँ आकर उसे तेज़ भागती ट्रेन दिखाई देती है। वह ट्रेन के साथ दौड़ने लगता है, उसकी रफ़्तार के साथ रफ़्तार मिलाता, जबकि तेज़ हवा के थपेड़े उसके चेहरे पर लग रहे थे। जब मैंने इस सीन का सुझाव तपन दा को दिया तो वे बहुत खुश हुए। उन्होंने मेरी तरफ़ देखा और धीरे से पूछा कि अगर मैं थोड़ा इन्तज़ार कर लूँ तो दौड़ने के लिए डुप्लीकेट का इन्तज़ाम किया जा सकता था। वह मेरी तरफ़ हैरत से देखने लगे जब मैंने उनसे कहा कि मैं खुद दौड़ूँगा। मैंने उनको बताया कि एक ज़माने में मैं एथलीट था लेकिन उनको विश्वास तभी जाकर हुआ जब वह सीन एक टेक में पूरा हो गया! आज तक फ़िल्म के शौक़ीन लोग उस सीन के लिए मुझे मुबारक देते हैं यह कहते हुए कि उस फ़िल्म की वजह से उनको ताजगी का अहसास हुआ और उसने किस तरह उनके जज़्बातों को भड़का दिया था।

एक नया किरदार : बड़े उद्देश्यों से जुड़े मसलों से जुड़ाव

'मुझे नहीं पता है कि यह मेरे ख़ून में है या मैंने इसे अपने उस माहौल से पाया है जिसमें मैं बड़ा हुआ। इस बात से मुझे गहरी तसल्ली मिलती है जब मैं किसी अच्छे मुद्दे के लिए काम करता हूँ।'

अनेक आलोचकों ने सगीना महतो को राजनीतिक फ़िल्म कहा। उस समय जो पत्रकार मुझे मिले वे यह जानना चाहते थे कि क्या किसी राजनीतिक पार्टी में शामिल होने में मेरी दिलचस्पी थी और क्या मैं सक्रिय राजनीति में आना चाहता था। मुझे यह कहने में कोई हिचक नहीं हुई कि मेरी सियासी दिलचस्पी चुनाव से पहले प्रचार तक ही है जिसमें मैं भाग लेता रहा हूँ और मैं संसद के किसी सदन में सीट के लिए नहीं भागूँगा।

पहली बार मैंने 1962 में लोकसभा चुनाव में किसी उम्मीदवार के लिए प्रचार किया था जब पंडित जवाहरलाल नेहरू ने मुझे ख़ुद फ़ोन करके कहा था कि क्या मैं समय निकालकर बम्बई में भारतीय राष्ट्रीय कांग्रेस के दफ़्तर में जाकर वी. के. कृष्ण मेनन से मिल सकता था जो उत्तरी बम्बई से चुनाव लड़ रहे थे। उनके ख़िलाफ़ बड़े नेता जे. बी. कृपालानी लड़ रहे थे, जो पहले भारतीय राष्ट्रीय कांग्रेस के अध्यक्ष रह चुके थे, जिन्होने पार्टी से अलग होकर किसान मज़दूर प्रजा पार्टी बनाई थी जो 1952 में सोशलिस्ट पार्टी में शामिल हो गयी थी और पार्टी का नाम प्रजा सोशलिस्ट पार्टी हो गया था।

मैंने पंडितजी की बात का सम्मान किया, आगाजी के बाद आदर और सम्मान में मेरे लिए वही थे। जैसा कि पंडितजी ने मुझे कहा था मैं जुहू में भारतीय राष्ट्रीय कांग्रेस के दफ़्तर गया। चूँकि कृष्ण मेनन के आने में देर थी तो मैंने वहाँ बैठकर उनका इन्तज़ार किया। मैं बड़ी शिद्दत से उनसे मुलाक़ात का इन्तज़ार कर रहा

था, उनके बारे में इतना पढ़ा था और जनवरी 1957 में दिये गये उनके उस ऐतिहासिक भाषण के बारे में भी जो करीब आठ घंटे तक चला था, जब उन्होंने संयुक्त राष्ट्र के सुरक्षा परिषद् में कश्मीर के ऊपर भारत के रुख को रखा था।

जब मैं इन्तज़ार कर रहा था कि एक आदमी तेज़ी से भागते हुए आया, और मुख्य दफ़्तर के बगल के कमरे में मुझे इन्तज़ार करता देख उसने अपना परिचय देते हुए कहा, 'मेरा नाम रजनी है और मैं वकालत करता हूँ (मुझे बाद में पता चला कि उनका नाम रजनी पटेल था)। मैं खड़ा हुआ और अपना हाथ बढ़ाते हुए मैंने कहा, 'मेरा नाम युसूफ है और मैं रोजी रोटी के लिए कुछ नहीं करता हूँ।'

पंडित जवाहरलाल नेहरू के साथ

उनको थोड़ा झटका सा लगा और झिझकते हुए उन्होंने अपना हाथ पीछे खींच लिया। जब हम हाथ मिला रहे थे कि तेज़-तेज़ क़दमों से चलते हुए कृष्ण मेनन हमारी तरफ़ आये। मुझे देखकर उन्होंने मुस्कुराते हुए हाथ बढ़ाया और इसे देखकर रजनी स्तब्ध रह गया। वे प्रभावशाली आवाज़ में मुझसे पंडितजी के फ़ोन के बारे में कहते रहे कि उन्होंने उनको बताया था कि मैं जुहू के दफ़्तर में जाने वाला था।

रजनी और मैं उनके पीछे चुपचाप चलने लगे। जब मुख्य दफ़्तर में आये तो उन्होंने हम दोनों का परिचय करवाया, और रजनी इस बात के लिए माफ़ी माँग रहा था कि उसने मुझे ठीक से पहचाना नहीं, और उन्होंने यह माना कि वह फ़िल्में नहीं देखते हैं और बरसों से किसी सिनेमा हॉल में गये भी नहीं हैं। कमरे में काफ़ी लोग मिलने के लिए बैठे हुए थे, कृष्ण मेनन उनको देखकर मुस्कुराये और मज़ाक़ करते हुए उन्होंने कहा कि वे शायद वहाँ इसलिए आये थे कि मेरी एक झलक देख सकें। कृष्ण मेनन का व्यक्तित्व रोबीला था और जिस तरह के

अधिकार के साथ वे बोलते थे उससे बहुतों को ऐसा लगता था कि वे अहंकारी हैं।

कृष्ण मेनन ने बेकार की बातों में अपना समय नहीं गँवाया। उन्होंने मुद्दे पर आते हुए कहा कि वे चाहते थे कि मैं उनके लिए चुनाव प्रचार करूँ, क्योंकि उत्तर मुम्बई में उनका मुक़ाबला कड़ा था, पंडितजी ने उनसे मेरे बारे में बात की थी और क्या वे इसमें मदद कर सकते थे और फ़िल्म उद्योग के लोगों को भी रैली में आने के लिए कह सकते थे और उनसे कांग्रेस पार्टी को समर्थन देने के लिए कह सकते थे। उन्होंने ज़ोर देते हुए कहा कि पंडितजी ने कहा था कि मैं हिन्दी, उर्दू और मराठी तीनों भाषाओं में जमकर बोल सकता था और जिस विषय से जुड़ाव होता है उसको उठाता हूँ तो दिल खोलकर बोलता हूँ। जब वे बोल रहे थे तो रजनी ध्यान से सुन रहे थे लेकिन वे ख़ामोश रहे। ऐसा लग रहा था जैसे जब कृष्ण मेनन बोलते थे तो कोई नहीं बोलता था। मैं कृष्ण मेनन से यह कहना चाहता था कि यह मेरे लिए नया अनुभव होने वाला था, क्योंकि मैं अपने जीवन में जनसभाओं में कम ही बोला हूँ।

मुझे यह बात समझ में आ गयी कि किस कारण से पंडितजी मेरे बोलने से प्रभावित हुए होंगे। 1960 के दशक में फ़िल्म सेंसर बोर्ड ने मेरी फ़िल्म 'गंगा जमुना' को सेंसर प्रमाणपत्र देने से मना कर दिया। यह मना करना अन्याय था क्योंकि उसी हफ्ते राज कपूर की फ़िल्म 'जिस देश में गंगा बहती है' को सेंसर बोर्ड ने देखा था और थोड़े-बहुत सुधारों के साथ उसे प्रमाणपत्र दे दिया था। राज की फ़िल्म की कहानी भी डाकुओं को लेकर थी और उसमें भी हिंसा थी।

मैंने तत्कालीन सूचना एवं प्रसारण मन्त्री बी.वी. केसकर से अपील की लेकिन उनके बहरे कानों तक वह बात पहुँच नहीं पायी क्योंकि नैतिकता, मर्यादा और हिंसा को लेकर उनके अपने विचार थे और उनका कहना था कि मुख्यधारा की सभी फ़िल्मों में सेंसर के निर्देशों का पालन करना चाहिए। उन्होंने मेरे तर्कों को नहीं सुना क्योंकि उनके साथ बात करना मुश्किल था। मैंने पंडित जी के साथ बैठक तय की और उनके सामने न सिर्फ़ अपनी फ़िल्म का पक्ष रखा बल्कि उन सभी फ़िल्मों का भी जिन्हें सेंसर बोर्ड ने हलके फुल्के कारणों से रोक रखा था। मेरी अपील से प्रभावित होकर पंडितजी ने 'गंगा जमुना' की समीक्षा के लिए आदेश दिया। बोर्ड ने फ़िल्म की रिलीज तारीख़ से कुछ दिन पहले ही फ़िल्म को पास कर दिया। न सिर्फ़ उस फ़िल्म को, बल्कि उन सब फ़िल्मों को भी जो रुकी हुई थीं।

जब मैंने कृष्ण मेनन से विदा ली, तो रजनी ने कहा कि अगले दिन मिलकर प्रचार करने के बारे में नीति बनाने के लिए मिलते हैं। जब हमने हाथ मिलाया तो वह मज़बूत और खुलूस से भरा था।

रजनी पटेल और मैं अच्छे दोस्त बन गये क्योंकि उसके बाद हमारी बैठक नियमित और उद्देश्यपूर्ण होने लगी। वे होशियार तो थे ही बहुत ध्यान रखने वाले

भी थे और अपने सिद्धान्तों के पक्के भी। 1962 में उत्तरी बम्बई लोकसभा सीट के लिए जो चुनाव था वह शहर के चुनाव इतिहास में सबसे नाटकीय चुनाव था। जहाँ भी रजनी मुझे ले गये मैं गया और यह जैसे उनके लिए रिवाज बन गया था कि किस सभा में क्या बोलना है उसके बारे में वे आख़िरी मिनट में बताते थे।

असल में, सबसे बड़ी राजनीतिक सभा जिसको मैंने सम्बोधित किया था वह दक्षिण बम्बई के कूपरेज मैदान में थी। रजनी और मैं कार से जा रहे थे और मुझे इसके बारे में बिल्कुल पता नहीं था कि मुझे भाषण देना है। मरीन ड्राइव के पास रजनी ने मुझसे कहा कि वहाँ मौजूद लोगों के सामने मुझे भाषण देना है। मैं उससे चिढ़ गया और मैंने कहा कि यह ठीक नहीं है। मैंने उनका ध्यान इस तरफ़ दिलाया कि मैं कोई नेता नहीं हूँ कि किसी विषय पर जनता के सामने बिना तैयारी के साथ कुछ बोल पाऊँ। उन्होंने मेरे हाथ को थपथपाते हुए कहा–'आपसे राजनीतिक भाषण की उम्मीद किसे है? उसे नेताओं के लिए छोड़ दीजिए। आप तो लोगों के सामने दिलीप कुमार की तरह बोलिए।' मुझे समझ में नहीं आया कि वह कह क्या रहे थे। तब तक हम मौक़े पर पहुँच चुके थे और तब मुझे यह समझ में आया कि वहाँ मुझे सुनने के लिए जोश से भरी हुई जनता मौजूद थी। रजनी अब मुझसे आँख नहीं मिला रहे थे, उन्होंने मुझे जीवन की सबसे बड़ी चुनौती का सामना करने के लिए छोड़ दिया था।

जब मैं वहाँ गया, तो मैंने सुना कि लोग दिलीप कुमार का नाम ले रहे थे, इसलिए यह मेरे लिए ज़रूरी हो गया कि मैं मंच पर जाऊँ, माइक पकड़ूँ और बोलूँ। जब मैं जनता के सामने आया तो उनकी चिल्लाहट और भी साफ़ सुनाई देने लगी। मुझे याद आया कि किस तरह बचपन में पेशावर में मैं अंग्रेज़ी में कविता सुनाता था और सुनने वाले जोश में 'मुकर्रर मुकर्रर' चिल्लाया करते थे। मैंने गहरी साँस ली और करीब 10 मिनट तक बोला! जब मेरा भाषण ख़त्म हुआ तो तालियों की आवाज़ बहरी कर देने वाली थी। मौजूद लोग वहाँ से जाना ही नहीं चाह रहे थे और रजनी मुझे विजेता की तरह देख रहे थे। जनता के बीच भाषण देने वाले के रूप में मेरे जीवन में वह एक नये अध्याय की शुरुआत थी।

जब मैंने कृष्ण मेनन के लिए चुनाव प्रचार करते हुए अनेक भाषण दिये तो अक्सर मेरे रिश्तेदार और दोस्त मुझे उसके लिए बधाई देते थे। मुझे रोज़-रोज़ एक नहीं, कई सभाओं में भाषण देना पड़ता था। हर जगह मुझे बोलने के लिए माइक दे दिया जाता था। इसके लिए कुछ तैयारियों की ज़रूरत थी लेकिन आम तौर पर मैं उस ज्ञान पर भरोसा करता था जो मैंने कई विषयों पर किताबों को पढ़कर हासिल किया था। मैं किताबों का प्रेमी हूँ और मेरे नजदीकी दोस्त और मेरी बहनें, भाई यह जानते हैं कि जब मुझे तोहफे में किताबें दी जाती हैं तो मैं कितना ख़ुश हो जाता हूँ।

कांग्रेस पार्टी के लिए चुनाव प्रचार करना एक नियमित काम बन गया

क्योंकि कृष्ण मेनन चुनाव में जीत गये थे। जब हमने यह पाया कि हमारे लक्ष्य, रुचियाँ और उसूल एक जैसे ही थे तो रजनी के साथ मेरी दोस्ती और गाढ़ी हो गयी। वैसे तो रजनी बम्बई में कांग्रेस पार्टी के अध्यक्ष थे, लेकिन वे उस अर्थ में राजनेता नहीं थे। वह एक बैरिस्टर अधिक थे और क़ानून की दुनिया में हमारे कई सामान्य दोस्त थे। न तो उनमें और न ही मुझमें सत्ता की चाह थी। एक दिन यूँ ही बातचीत करते हुए मैंने रजनी से कहा कि बम्बई जैसे महानगर में एक ऐसी जगह की ज़रूरत है जहाँ प्रदर्शनियाँ हों, संगीत-नृत्य के आयोजन हों, लेखकों के बीच संवाद हो सके और एक विज्ञान केन्द्र जहाँ शहर के युवा वैज्ञानिकों को प्रोत्साहन दिया जा सके। स्पेस तकनीक के क्षेत्र में जो काम हो रहे थे मैं उनकी बहुत तारीफ़ करता था और उस क्षेत्र में विक्रम साराभाई की देखरेख में जो काम हो रहे थे मैं उनको बहुत ध्यान से देखता रहता था। रजनी उत्साहित हो गया, और 1970 के दशक के शुरू में वह बम्बई में साहित्य-संस्कृति और विज्ञान केन्द्र की स्थापना के लिए प्रस्ताव तैयार करने लगे, जिसे इन्दिरा गाँधी को दिया जाना था। अपने पिता जवाहरलाल नेहरू की ही तरह उन्होंने फ़ैसला लेने में बहुत कम समय लिया और साफ़-साफ़ कहा कि एक बम्बई में सांस्कृतिक केन्द्र की, जिसमें विज्ञान तकनीक की उपलब्धियों को भी दिखाया जायेगा, बड़ी ज़रूरत है। उन्होंने रजनी को प्रस्ताव तैयार करने के लिए इशारा कर दिया। इस तरह से वर्ली (बम्बई) में नेहरू सेंटर की स्थापना की दिशा में पहला क़दम उठाया गया।

रजनी और मेरे लिए राजनीति का मतलब था आम जनता की सेवा करना। रजनी और मैं दोनों ही चुनाव जीतकर नेताओं की जमात में शामिल हो सकते थे, लेकिन यह बात हम दोनों के दिमाग़ में दूर-दूर तक नहीं थी। हम लोग ख़ुश थे और सन्तुष्ट भी और जब भी बाढ़, अकाल या भूकम्प की आपदा आती तो ख़ुशी-ख़ुशी उसके लिए सरकारी राहत कोष के लिए धन इकट्ठा करने की मुहिम में लग जाते थे। इसके लिए काफ़ी योजना बनाने और साधनों के इन्तज़ाम की ज़रूरत होती थी कि बम्बई की भीड़ भरी सड़कों पर स्टार गाड़ियों में बैठकर धीरे-धीरे आगे बढ़ें। मुझे याद है कि हर बार जब कोई प्राकृतिक आपदा आती थी तो हम पीड़ितों की राहत के लिए ट्रक पर जुलूस निकालते थे।

हमें उन लोगों के प्रति बहुत विनम्र रहना पड़ता था जो कपड़े, पैसे, दवाएँ, सामान और अन्य तरह के सामान उसमें देने के लिए लाते थे और बदले में अपने प्रिय सितारों से हाथ मिलाना चाहते थे। साथ ही, हमें स्टार की सुरक्षा का भी पूरा ध्यान रखना पड़ता था। सभी प्रशंसक सम्मान और मर्यादा के साथ व्यवहार तब नहीं करते थे जब उनको हीरोइनों के साथ हाथ मिलाने का मौक़ा दिया जाता था। यह हम ट्रक सवार मर्दों के ऊपर होता था कि हम इस पहलू का ध्यान रखें। कुल मिलाकर, हम सबको इस तरह सड़कों पर निकलना और उन

चाहने वालों का सम्मान हासिल करना अच्छा लगता था जिनका हम मनोरंजन किया करते थे। आख़िर में, हम जो चन्दा इकट्ठा करते थे उससे हमें इस बात के ऊपर गर्व होता था कि हमने नागरिक के बतौर अपना कर्तव्य पूरा किया।

इन्दिरा गाँधी ने वर्ली में नेहरू सेंटर की आधारशिला रखने की तारीख़ चुनी 2 नवम्बर 1972। उस दिन मुझे और रजनी को बहुत सुकून और ख़ुशी हुई। उस दिन शाम में रजनी ने यह फ़ैसला किया कि वह बकुल से शादी कर ले, जो उसकी ही तरह वकील थी, और वह बहुत दिनों से इस शादी के इन्तज़ार में थी। आप इस किताब के दूसरे हिस्से में उस आधी रात की हैरान कर देने वाली घटना के बारे में बकुल के शब्दों में ही पढ़ेंगे।

रजनी को लोगों को हैरान कर देने की आदत थी। एक सुबह (1980 के शुरुआती दिनों में), जब मैं महाबलेश्वर में छुट्टियाँ मना रहा था तो उसने मुझे यह कहते हुए जगा दिया कि महाराष्ट्र के तत्कालीन मुख्यमन्त्री शरद चन्द्र गोविन्दराव पवार ने मुझे बम्बई के शेरिफ बनाने की घोषणा की है। पहले तो मुझे लगा कि वह मज़ाक़ कर रहा था। मैं इस बात पर हँसने ही वाला था कि रजनी ने यह समझाया कि मेरे लिए अब न कहने का कोई रास्ता नहीं रह गया था क्योंकि यह ख़बर आधिकारिक रूप से मीडिया को दी जा चुकी थी और मैं रेडियो पर ख़ुद भी इस ख़बर को सुन सकता था।

शरद राव (मैं उनको यही बुलाता था) से मेरी मुलाक़ात रजनी ने तब करवाई थी जब वह कांग्रेस में था (उन्होंने पार्टी 1978 में छोड़ दी थी और फिर 1987 में उसमें शामिल हुए)। जब 1967 में शरद राव बारामती से विधानसभा का चुनाव लड़ रहे थे तब मैंने अपने काम के बीच से समय निकाल कर उनके लिए चुनाव प्रचार किया था।

हम तीनों या तो मेरे घर या वर्ली में रजनी के अपार्टमेंट में मिलते थे। मेरे शेरिफ बनने की बात पहले भी दो एक बार उठी थी लेकिन मैंने उसे स्वीकार करने में असमर्थता व्यक्त कर दी थी क्योंकि तब मैंने मनोज कुमार की फ़िल्म 'क्रान्ति' (1981 में रिलीज) के लिए काम करना शुरू कर दिया था। मेरी गैर-मौजूदगी में मेरे प्यारे दोस्तों शरद राव और रजनी ने उस पद को मेरी तरफ़ से स्वीकार कर लिया। जबकि मैं उनको इस मामले में आगे बढ़ने से रोकने की कोशिश कर रहा था, लेकिन रजनी ने मुझे यह बताया कि अगर मैंने इस पद को नहीं लिया तो इससे ऐसा विवाद होगा जिससे उन दोनों को शर्मिन्दा होना पड़ेगा। उन्होंने इस बात के लिए मुझे निश्चिन्त किया कि मेरे इस नये ओहदे की वजह से मेरे काम पर कोई प्रभाव नहीं पड़ेगा। उन्होंने साफ़ कर दिया कि यह कोई सियासी ओहदा नहीं था और इसके लिए मुझे रोज़-रोज़ किसी दफ़्तर में जाने की ज़रूरत नहीं थी। अब यह सब तय हो चुका था इसलिए इसको स्वीकार कर लेने के अलावा कोई और चारा नहीं था।

सबसे पहले जिस आदमी को उस ख़बर की हवा लगी और जिसने मेरी नियुक्ति के ऊपर खुशी ज़ाहिर करते हुए बधाई दी वह मनोज कुमार थे, जो उस समय अपनी सबसे महत्वाकांक्षी फ़िल्म बना रहे थे 'क्रान्ति'। मुझे इस बात पर बड़ी हैरानी हुई कि उनको इस बात की कोई परवाह नहीं थी कि मुझे यह जो ओहदा दिया गया था उसकी वजह से हो सकता था कि उनकी फ़िल्म की शूटिंग के ऊपर प्रभाव पड़े। उलटे वे इस बात से बड़े खुश थे कि यह इज़्ज़त मुझे बख्शी गयी। वह तो यह चाहते थे कि राज्यपाल सादिक अली से विशेष अनुमति लेकर मेरे शपथ ग्रहण समारोह की शूटिंग कर लें।

जैसी कि उम्मीद थी इस ख़बर से हंगामा हो गया क्योंकि पहली दफा किसी एक्टर को शहर का शेरिफ बनाया गया था। जिस दिन मैंने शपथ ली और साल के आख़िरी दिन तक मुझे शेरिफ के तौर पर न जाने कितने जलसों में जाना होता था, जो सुबह के 10 बजे शुरू होता था और आधी रात तक चलता रहता था। वह इतना परेशानी भरा होता था कि सायरा एक सूटकेस में अलग-अलग तरह के सूट रखती थी ताकि मैं अलग-अलग समारोहों में उनको पहनूँ। वे मेरी कार की डिक्की में रखे रहते थे और ऐसी जगहें चुनकर रखती थीं जहाँ कि मैं चाहूँ तो अपने सूट बदल सकूँ।

हर जगह मुझे दो लफ़्ज़ कहने के लिए कहा जाता था, यह एक ऐसा रिवाज है जो मुझे अहमकाना लगता है। अब कोई महज कुछ लफ़्ज़ ही कैसे बोल सकता है, उदाहरण के लिए, अगर आपको नगरनिगम के अस्पतालों की ख़राब हालत के ऊपर बोलने के लिए कहा जाये जहाँ कि इस देश के ग़रीब अपना इलाज करवाते हैं? यह और इस तरह की कई चिन्ताएँ थीं जिनके ऊपर शेरिफ रहने के दौरान मुझे अलग-अलग मंचों पर बोलना था। मुझे हर मुमकिन विषय पर बोलने के लिए बुलाया जाता था और मैं इस बात को जानता था कि मेरे ऊपर लोगों की नज़र रहती थी और वे इस फिराक में रहते थे कि किस तरह वे मुझे किसी ख़ास विषय पर बोलते हुए मेरी किसी ग़लती पर मुझे पकड़ लें।

कई कारणों से, इस तरह की ग़लतफ़हमी बनी हुई है कि फ़िल्मवालों का सामान्य ज्ञान अन्य पेशेवरों के मुक़ाबले कम होता है और वे अपने या अपने काम के बारे में ही बोल सकते हैं। मुझे इस बात को ग़लत साबित करना था। बिना बढ़-चढ़ कर बोले मैं यह कह सकता हूँ कि शेरिफ रहने के 12 महीनों के दौरान जब कि बम्बई ने मुझे शेरिफ के रूप में झेला मैंने कार्डियोलॉजी से लेकर पौल्ट्री फॉर्म, दवाई, बागबानी से लेकर लगभग हर मुमकिन विषय पर बात रखी। हालाँकि इससे 'क्रान्ति' फ़िल्म की शूटिंग के कार्यक्रम के ऊपर असर पड़ा, लेकिन मैंने फ़िल्म की शूटिंग के लिए समय निकाल ही लिया, जिसकी वजह से अमूल मक्खन वालों ने एक व्यंग्यात्मक होर्डिंग लगाया था—'सॉरी, पार्टनर, द शेरिफ इज़ आउट शूटिन!'

बम्बई में प्रधान हाकिम के रूप में शपथ ग्रहण करते हुए

शेरिफ के रूप में और बाद में (2000 से 2006 के बीच) महाराष्ट्र से राज्यसभा के सदस्य के रूप में मेरा कार्यकाल मेरे लिए इसलिए मायने रखता है कि इससे मुझे मौक़ा मिला कि मैं कुछ सामाजिक काम कर सकूँ। जब मैं शेरिफ था तो मुझे जीवन के अलग-अलग क्षेत्रों से मिलने-जुलने का जो मौक़ा मिला उससे मुझे मज़ा आया, राज्यसभा के सदस्य के रूप में मुझे इस बात की बड़ी ख़ुशी हुई कि मेरे मातहत जो कोष होता था उससे मैं ज़रूरतमन्द मुद्दों के लिए धन दे पाया। जो कुछ भी मैंने योगदान किया है उससे मुझे बहुत ख़ुशी होती है। मैंने राज्य में अस्पतालों के लिए धन दिया ताकि वे उससे ज़रूरी मशीनें और एम्बुलेंस ख़रीद सकें। मैंने महाराष्ट्र के गाँवों में प्राथमिक स्कूलों और राज्य भर के स्कूलों को धन उपलब्ध करवाया ताकि वे कम्प्यूटर तथा अन्य आधुनिक चीजें ख़रीद सकें। मैंने बम्बई, सतारा, नासिक और नांदेड़ में सड़कों की मरम्मत के लिए धन दिलवाया। मैंने बम्बई में पार्कों को नया बनाने के लिए धन दिया, ख़ासकर बैंड स्टैंड, बान्द्रा के पार्क को। सबसे बढ़कर, मैंने बम्बई की झुग्गियों में शौचालय बनवाने के लिए धन मुहैया करवाया।

मेरा यह मानना है कि समाज का हित इस बात के ऊपर बहुत कुछ निर्भर करता है कि वह अपने ग़रीब तबकों के स्वास्थ्य और बुनियादी शिक्षा के लिए क्या करता है। जब भी किसी ने स्कूल शुरू करने के लिए पैसों की माँग की तो मैंने उसके लिए हमेशा धन की व्यवस्था की। दुर्भाग्य से, मेरे सभी अच्छे कामों

के फल अच्छे नहीं रहे। महाराष्ट्र के एक राजनीतिज्ञ ने मेरे ऊपर दबाव डाला कि बान्द्रा में मेरे घर के पास जो कीमती ज़मीन थी उसे मैं नगर निगम को पार्क बनवाने के लिए दे दूँ। दुर्भाग्य की बात यह है कि उस ज़मीन का आजतक विकास नहीं हुआ और वह आजतक वैसे ही पड़ी है।

यह बात मैंने हमेशा ज़ोर देकर कही है कि एक्टर्स में कुछ हद तक सामाजिक ज़िम्मेदारी होनी चाहिए। जिस एक्टर को लाखों लोग चाहते हैं वह समाज का कुछ दाय रखता है, उस समाज के लिए जिसने उसे सर आँखों पर बिठाया। मुझे लगता है कि यह दुआओं का ही नतीजा था कि मुझे नेशनल ब्लाइंड एसोसिएशन का कई वर्षों तक अध्यक्ष रहते हुए मदद करने का मौक़ा मिला। इससे मैं जुड़ा भारत के पूर्व कप्तान क्रिकेटर विजय मर्चेंट के कहने पर, जो मेरे बड़े अच्छे दोस्त थे। मुझे नितिन बोस की फ़िल्म 'दीदार' (1951) में एक ऐसा किरदार करने के लिए बुलाया गया जिसकी आँखें चली जाती हैं। और मेरे लिए यह बड़ी मुश्किल हो जाती थी उसके सीन को करते समय कि वह अन्धा आदमी कैमरे या अन्य चीज़ों की तरफ़ देखेगा, क्योंकि वह एक हादसे की वजह से अन्धा हो गया था और फ़िल्म की शुरुआत में उसकी आँखें थीं। मैंने इसके बारे में महबूब साहब से बात की और उन्होंने मुझे सलाह देते हुए कहा कि मैं बम्बई सेंट्रल रेलवे स्टेशन जाऊँ और वहाँ एक अन्धे भिखारी को खोज लूँ, जो वहाँ रोज़ आता हो और स्टेशन के बाहर आने-जाने वालों से अपने टिन के बक्से में पैसे डालने के लिए कहता हो। महबूब साहब ने कहा कि मुझे उसके बगल में बैठना चाहिए, उसको ध्यान से देखना चाहिए, उससे बात करने की कोशिश करनी चाहिए और उसकी अँधेरी, अकेली दुनिया को समझने का प्रयास करना चाहिए।

मैंने वही किया और मैं आपको बताऊँ तो एकदम नयी तरह की बातें पता चलीं। मैं वहाँ जब जाता था तब अँधेरा हो चुका होता था और लोग अपने-अपने स्टेशन की ट्रेन लेने के लिए दौड़ रहे होते थे और वे मुझे या अपने बगल में बैठे किसी आदमी की तरफ़ मुड़ कर देखते भी नहीं थे। एक दिन, मैंने उससे बात की, हुआ यह कि उससे मिलने कोई आया, वह भी अन्धा था, उसके बगल में बैठा हुआ था। जब उस आगन्तुक ने मेरी आवाज़ सुनी तो उसने पूछा, 'आप कौन हैं? आपकी आवाज़ उस हीरो जैसी लग रही है जिसकी फ़िल्म मैंने हाल में ही देखी है।' मैं तो हैरान रह गया। मैंने उससे पूछा, 'आप फ़िल्म कैसे देखते हैं? आप तो देख ही नहीं सकते हैं।' उसने बड़ी मर्मस्पर्शी से यह बात कही, 'आपको फ़िल्म देखनी नहीं पड़ती; अगर आपके पास महसूस करने का दिल हो। हम देख नहीं सकते हैं, लेकिन सोच सकते हैं, महसूस कर सकते हैं, हँस सकते हैं, रो सकते हैं।'

मैं उसके साहस और उम्मीद का कायल हो गया। उसने बड़ी खुशी के साथ बताया कि उसने मेरी फ़िल्म कई बार देखी थी क्योंकि उसको उसके गाने

और शब्द अच्छे लगे थे। जब विजय मर्चेंट ने मेरे सामने नेशनल एसोसिएशन ऑफ़ ब्लाइंड वाली बात रखी तो और इस बात को मेरे ऊपर छोड़ दिया कि मैं उसके लिए पैसा जमा करने के लिए जो चाहूँ करूँ, तब मेरी आँखों के सामने उसी भिखारी का चेहरा आ गया और मुझे लगा कि मुझे अपनी ज़िम्मेदारी से नहीं भागना चाहिए क्योंकि इसके लिए समय और धीरज चाहिए। मेरे अन्दर से आवाज़ आयी कि मुझे आगे बढ़कर नेशनल एसोसियेशन ऑफ ब्लाइंड को आत्मनिर्भर और साधन से भरपूर बनाना चाहिए ताकि यह जितना हो सके उतने अन्धे लोगों की मदद कर सके और उनको अपना जीवन सम्मान से जीने लायक बनाना सिखाये और उनको आत्मनिर्भर बना सके।

यह मेरी किस्मत थी कि मुझे एक नौजवान, हमेशा सकारात्मक सोचने वाली महिला वीरा राव का साथ मिला, जो उस समय बम्बई के टाटा इंस्टिट्यूट ऑफ सोशल साइंसेज से पढ़कर निकली थी और धन जुटाने और उसके प्रबन्धन में

अमूल का होर्डिंग

उसको महारत हासिल थी। वह बहुत सारे नये-नये विचारों के साथ सामने आयी जिनमें से एक यह भी था कि साल में एक बार बम्बई से पूना के लिए स्पेशल ट्रेन चलाई जाये जिसमें उन लोगों के लिए टिकट हो जो दिलीप कुमार के साथ सफ़र करने, उनसे बात करने, उनका ऑटोग्राफ लेने के लिए उसमें सफ़र करना चाहते हों। उसने एनएबी के लोगों को उस ट्रेन के बारे में समझाया और इस बात का हवाला भी दिया कि इस तरह की स्पेशल ट्रेन डर्बी के दिनों में चलती है और उस ट्रेन में सीट लेना वैसे ही हो जाता जैसे मंगल पर जाने के लिए स्पेसशिप का टिकट हो। किसी ने उसकी बात के ऊपर ध्यान नहीं दिया, लेकिन जब मैंने सुना तो तुरन्त हाँ कर दिया।

बावजूद इसके कि नकारात्मक सोचने वालों ने इसका विरोध किया, जो हर बढ़िया चीज़ को इसी तरह उलझा देते हैं, तब भी जब यह ट्रेन पहली बार चली तो बड़ी संख्या में लोग आये और मीडिया ने इसके ऊपर ख़ूब ध्यान दिया। मुझसे यह कहा गया कि मुझे ट्रेन में गार्ड के केबिन से लेकर ट्रेन के एकदम आख़िर तक लोगों से बातचीत करते और दुआ सलाम करते हुए जाना था। मुझे ऐसा करने में कोई ऐतराज नहीं था, और हर साल मैं उसके लिए सबसे पहले पचास हज़ार रुपये का चन्दा देता था। 1960 में इसका पहला सफ़र बेहद कामयाब रहा। सिर्फ़ चन्दे से ही इतना पैसा इकट्ठा हो गया कि हम अन्धे बच्चों के पढ़ने के लिए दुनिया भर से ब्रेल लिपि में बेहतरीन किताबें मँगवा सकते थे।

मैं इस ख़ास ट्रेन से दस सालों तक पूना जाता रहा। यह एक ऐसा अनुभव था जिसके लिए मैं इन्तज़ार करता था क्योंकि इससे जो मज़ा मुझे आता था और इस बात की बेहद ख़ुशी होती थी कि मैं उन लोगों के साथ इसमें बैठता था जो मेरे लिए अपने टिफिन बॉक्स में रखकर मेरा खाना लाते थे और मैं भी उनको देने के लिए एनएबी की तरफ़ से खाने के पैकेट लाता था। यह एक तरह से पिकनिक की तरह होता था और उस सफ़र की सबसे अच्छी बात यह थी कि मुझे मुसाफ़िरों से कई भाषाओं में बात करने का मौक़ा मिलता था। वे आम लोग होते थे जिन्होंने मेरी फ़िल्में देखी थीं और शुरू में उनको मेरे और मेरी बीवी के सामने खुलने में झिझक होती थी, मेरी बीवी अक्सर इसमें मेरे साथ होती थी। जब मैं उनकी बोली में उनसे बातें करने लगता तब उनको लगता कि दिलीप कुमार तो एक आम इंसान है, सादगी से रहने वाला और उसकी एक सुन्दर सी बीवी है जो उससे दो क़दम पीछे चलती है और जब वह तमिल, तेलुगु, कोंकणी, गुजराती, बांग्ला और ज़ाहिर है, पंजाबी, हिन्दी, अंग्रेज़ी और उर्दू में बोलता है तो उसकी तरफ़ तारीफ़ की नज़र से देखती है। कई बार मैंने फ़िल्म जगत के कुछ लोगों को उस सफ़र में शामिल किया और मुझे याद आता है कि ट्रेन में सबसे मशहूर मेहमान थे जॉनी वाकर।

मुझे नहीं पता है कि यह मेरे ख़ून में है या मैंने इसे अपने उस माहौल से

पाया है जिसमें मैं बड़ा हुआ। इस बात से मुझे गहरी तसल्ली मिलती है जब मैं किसी अच्छे मुद्दे के लिए काम करता हूँ। 1988 के शुरुआती दिनों में मुझे अपने जन्म स्थान पेशावर से एक चाहने वाले का ख़त मिला जिसमें उसने लिखा था कि पेशावर ने ख़ूब तरक्की कर ली लेकिन वहाँ ब्लड बैंक नहीं था, जिसकी वजह से थैलेसिमिया के मरीजों के लिए ख़ून की दिक्कत हो जाती थी, और पहली बार एक सामाजिक संगठन ने एक रक्तदान केन्द्र और एक ब्लड बैंक की स्थापना की थी ताकि ख़ून के मरीजों के इलाज में सहूलियत हो जाये। मेरे उस चाहने वाले ने मुझसे पूछा था कि क्या मैं उसके उद्घाटन के लिए आ सकता था।

पेशावर अब मेरे दिमाग़ में उस तरह से मौजूद नहीं था, हालाँकि मैं और राज कपूर जब मिलते थे तो वहाँ के बचपन के दिनों को याद किया करते थे। हालाँकि एक अच्छे काम के लिए पेशावर जाने का न्योता ऐसा था कि उसके लिए मैं मना नहीं कर सकता था। मैंने इस न्योते के बारे में सायरा से बातचीत की और उसका भी यही मानना था कि मुझे फातिमिद फाउंडेशन (Fatimid Foundation) के लिए कुछ करना चाहिए, जो उस ब्लड बैंक की स्थापना कर रहा था। मैंने उस न्योते को स्वीकार कर लिया और मुझे इस बात पर हैरानी हुई जब मुझे यह बताया गया कि पाकिस्तान के राष्ट्रपति जनरल मोहम्मद जिया उल हक को मेरे आने के बारे में पता चल गया था और उन्होंने मुझे राज्य के मेहमान के रूप में बुलाने का फ़ैसला किया था।

त्योहारी ट्रेन में एक यात्री का अभिवादन स्वीकार करते हुए

पहले वह एक ब्लड बैंक के उद्घाटन का आम सा न्योता था जो निजी तौर पर था लेकिन बाद में वह एक बड़ी घटना में बदल गया, क्योंकि पाकिस्तान के राष्ट्रपति ने उस यात्रा को भारत के एक महत्त्वपूर्ण व्यक्ति की राजकीय यात्रा के रूप में घोषित कर दिया। यह सब मुझे बहुत विनम्र भी बना रहा था और इससे मैं थोड़ा डर भी रहा था, इसका साफ़ कारण यह था कि मैंने ख़ुद को एक मेहनती कलाकार से अलग हटकर किसी और रूप में नहीं देखा था जिसने अपनी मेहनत और थोड़ी-सी किस्मत के बल पर अपने लिए बड़ा मुकाम बना लिया। मैं न तो किसी राज्य का प्रमुख था न ही भारत सरकार ने मुझे अपना दूत बनाकर भेजा था कि मुझे इतनी इज़्ज़त दी जाये। जैसी कि कल्पना की जा सकती थी कि मेरी तरफ़ से इस यात्रा की तैयारी बड़े स्तर पर होनी थी क्योंकि मैं वहाँ अपने सहयोगियों, परिवार और मीडिया के लोगों के साथ जाने वाला था।

वहाँ जाने की तैयारियों के बीच जिसका इन्तज़ाम नसीम आपा और सायरा देख रही थी, मैंने पाया कि मैं बहुत ख़ुश था कि मुझे एक बार फिर पेशावर जाने का मौक़ा मिल रहा था, उस धरती पर जो कभी हिन्दुस्तान का हिस्सा था, जिस देश को मैं गर्व के साथ अपना कहता था। जब अगस्त 1947 में भारत का विभाजन हुआ और आगाजी को यह पता चला कि अब उनका अपना देश पाकिस्तान में है, तो ज़ाहिर है कि वे बड़े दुखी हुए थे। तब जब लोग उनसे यह कह रहे थे कि वे पेशावर जायें और वहाँ अपनी सम्पत्ति के ऊपर कब्ज़ा करें तो उनका यही जवाब होता था कि हम भारत में ही रहेंगे और यहीं मरेंगे भी।

जब मैं दिमाग़ी रूप से वहाँ जाने की तैयारी कर रहा था तो मेरी अन्दर की आँखों के सामने से यादों का कारवाँ गुज़र रहा था। हमारे घर और आसपास की महक और आवाज़ें, दोस्तों और परिवार वालों के चेहरे, शाम के समय मन्दिर से आती घंटे की आवाज़ जिसमें कभी-कभी अज़ान की गहरी आवाज़ भी घुल जाती थी, दादी की धमक भरी आवाज़, जाड़ों की ठंड और गर्मियों की गर्मी...सब मेरे दिमाग़ में चल रहे थे। मुझे दिल में इस बात की हूक महसूस हुई कि अम्मा और आगाजी राजकीय मेहमान के रूप में मेरे जाने की ख़ुशी को देखने के लिए मौजूद नहीं थे, यह एक ऐसी इज़्ज़त थी जो आमतौर पर राज्य के प्रमुख को दी जाती थी। आगाजी को ज़ाहिर है इस बात के ऊपर फ़ख्र होता, और यह फ़ख्र कुछ वैसा ही होता जब मुझे आर्डर ऑफ़ ब्रिटिश एम्पायर मिल जाता!

हमें 1988 में अप्रैल के शुरू में कराची के सफ़र पर जाना था। हमारे सफ़र से पहले, हमें यह पता चला कि पायलट्स में इस बात को लेकर होड़ मची हुई थी कि पाकिस्तान एयरलाइंस की उस फ्लाइट को कौन चलाएगा जिसमें मैं पाकिस्तान की यात्रा पर पहली बार जाऊँगा। बहरहाल, कप्तान की जोश भरी आवाज़ ने मेरा और मेरे साथ के लोगों का स्वागत किया, उसकी आवाज़ जज़्बाती हो रही थी यह कहते हुए कि वह और उसके सहयोगियों को इस बात

के ऊपर फ़ख्र हो रहा था कि वे इस ऐतिहासिक यात्रा में मौजूद थे। इसी तरह, जब जहाज़ भारत-पाकिस्तान सीमा से पाकिस्तान में घुसा तो उसकी आवाज़ में एक बार और गर्व दिखाई दे रहा था कि पीआईए ने उनको यह इज़्ज़त बख्शी कि वे उस जहाज़ को उड़ायें जिसमें मैं पाकिस्तान आ रहा था।

यह समझने लायक बात थी कि मेरी वह यात्रा इस मायने में महत्त्वपूर्ण थी क्योंकि उसने पाकिस्तान के निवासियों को ख़ुशी और जोश से भर दिया क्योंकि मेरी जन्मभूमि पेशावर अब उनके देश में थी। युसूफ नाम का लड़का अपने मुँडे सर और बिगाड़े गये चेहरे के साथ 1930 के दशक के मध्य में आगाजी (मोहम्मद सरवर खान) के साथ पेशावर से मुम्बई के लिए निकला था, जिनकी शहर में एक धनी फल व्यापारी के रूप में अच्छी इज़्ज़त थी। अब वह दिलीप कुमार के रूप में लौट रहा था, वह एक्टर जिसने कड़ी मेहनत की और अपने काम के लिए बड़ी इज़्ज़त कमाई। इसने पेशावर और पाकिस्तान के नागरिकों को गर्व से भर दिया जो स्वाभाविक था और ऐसे हालात में जिसकी उम्मीद भी की जा सकती थी। यह उनके नजरिये से तो सही था मगर मेरे लिए उस सफ़र का जज़्बाती मामला कुछ था तो उसका ताल्लुक उस अतीत को जीने से था जो बम्बई में मेरे पेशेवर और निजी कामों के दबाव में मेरे दिमाग़ से निकल गया था, जहाँ अरसा पहले मैंने जड़ें जमा ली थीं।

2 अप्रैल 1988 को, जो दिन मुकर्रर था, सायरा, मैं, साथ में कुछ नजदीकी दोस्त और परिवार के सदस्य और साथ में हमारे सहयोगी, कैमरे वाले, कराची के लिए उड़े। जब हम कराची एयरपोर्ट पर उतरे तो हमारा गर्मजोशी के साथ स्वागत किया गया, और उसके बाद, हर दिन हमारी गाड़ियों का काफिला जहाँ कहीं भी जाता था उसे अपने जगह पर पहुँचने में घंटों लग जाते थे क्योंकि रास्ते में लोग सुरक्षा घेरा तोड़कर उस खुली कार के पास आ जाते थे जिसमें मैं सफ़र कर रहा था। हमें उस सफ़र के दौरान जो मोहब्बत मिली, उसने मेरे साथ चल रहे सभी लोगों की, जिनमें मेरा भाई अहसान भी था, आँखों में आँसू ला दिये।

सफ़र बहुत मसरूफ़ियत भरा और थकाने वाला था, देश की तरफ़ से जिया साहब ने कई शानदार आयोजन किये थे, शानदार डिनर, लंच, चाय-पान, जाने-पहचाने लेकिन कम मशहूर जगहों की यात्रा, जैसे क़िस्सा ख्वानी बाज़ार में अपने घर की, इसके अलावा रिश्ते के भाई-बहनों और उनके परिवार के साथ मिलना-जुलना, इलेक्ट्रॉनिक और प्रिंट मीडिया के साथ बातचीत, तथा स्कूल के दोस्तों के साथ बात-मुलाक़ात जो इस बात से बिल्कुल हैरान नहीं थे कि मैं उनके नाम नहीं भूला था और न ही उनकी बदमाशियाँ! जिस बात से मुझे दिली ख़ुशी हुई वह यह कि मैं पेशावर इस उद्देश्य से जा सका कि वहाँ फातिमिद फाउंडेशन द्वारा स्थापित ब्लड बैंक और रक्तदान केन्द्र का उद्घाटन कर सका। उससे भी

1988 में अपनी पेशावर यात्रा के दौरान

ज़्यादा दिल को सुकून देने वाली बात यह थी कि जब मैं आम लोगों के सामने बोल रहा था तो मुझे जनता का भरपूर प्यार मिल रहा था और मैंने यह कल्पना की कि एक दिन ऐसा आयेगा जब दोनों देशों में दोस्ताना सम्बन्ध कायम होंगे और उनके बीच व्यापार होगा जिससे दोनों देशों की आर्थिक स्थिति सुदृढ़ होगी।

पेशावर में कोई ख़ास बदलाव नहीं दिखाई दे रहा था। हमारा पुराना घर वैसे का वैसा था और उस सड़क के और घर भी। बाज़ार में चपली क़बाब की जायक़ेदार ख़ुशबू फैली हुई थी और उस चाय की दूकान पर मेरे साथ चल रहे आदमी ने मुझे रोक लिया ताकि मैं गर्मागर्म चाय पी लूँ, वह उतना ही दोस्ताना था जैसे कि उसके पुरखे थे। चाय की दुकानों में दी जाने वाली चाय में बड़ी ख़ुशबू होती थी अब चाहे वह दूध वाली हो या बिना दूध का कहवा। जिन पुरानी जगहों पर मैं गया वहाँ ज़्यादा बदलाव नहीं दिखा सिवाय कुछ नयी इमारतें बन

गयी थीं। लेकिन कई जगहों की गगनचुम्बी इमारतों को देखकर महसूस हुआ कि आधुनिक वास्तु का नज़ारा वहाँ भी आ ही गया था।

मेन रोड से, ख़ासकर रात के समय गुज़रना, बहुत ख़ास अनुभव था। सड़कों पर कालीन बिछी हुई थी, और हर सौ फ़ीट पर मेहराब लगाये गये थे और उनसे झाड़-फानूस लटक रहे थे। ऐसा लग रहा था जैसे शहर में दीवाली मनाई जा रही हो। सड़कों के दोनों तरफ़ खड़े लोग इतने जोश में थे कि वहाँ मौजूद पुलिस वालों को उनको क़ाबू करना पड़ रहा था। वे इतने साहसी थे कि पुलिस वालों को चकमा देकर मेरे कार की बोनट पर चढ़ जाते थे मुझसे हाथ मिलाने के लिए। ऐसा लग रहा था जैसे अल्लाह के रहम से मेरा सपना पूरा हो रहा था।

जब मैं बम्बई आया तो मुझे यह दुखद समाचार मिला कि मेरा प्यारा दोस्त राज कपूर दिल्ली में अस्पताल में था। उस ख़बर से मैं टूट गया क्योंकि जब पेशावर से न्योता आया था तब मैंने उससे बात की थी और कराची जाने से पहले भी बात की थी। मैंने दिल्ली के लिए उड़ान भरी ताकि उसे अपोलो अस्पताल में जाकर देख सकूँ। मैंने अल्लाह से दुआ की कि वे उसे हमसे न छीनें। 2 जून 1988 को राज कपूर हमारे बीच से चले गये।

पाकिस्तान का मेरा दूसरा सफ़र मार्च के दूसरे सप्ताह में 1998 में हुआ, जब मुझे पाकिस्तान का सबसे बड़ा नागरिक सम्मान 'निशान-ए-इम्तियाज़' लेने जाना था। यह बहुत कुछ वैसा ही था जैसे कि आर्डर ऑफ़ ब्रिटिश एम्पायर या अमेरिकी प्रेसिडेंशियल मैडल ऑफ़ फ्रीडम है और यह महज पाकिस्तान तक ही सीमित नहीं है। इस सम्मान के साथ एक विवाद शुरू हो गया जब शिव सेना के प्रधान बाला साहेब ठाकरे ने यह घोषणा की कि मुझे यह सम्मान नहीं लेना चाहिए। उन्होंने इशारों में मेरी निष्ठा और देशभक्ति के ऊपर सवाल उठाया, जिसकी कोई ज़रूरत नहीं थी और उससे मुझे गहरी तकलीफ़ हुई। मैंने उस समय भारत के प्रधानमन्त्री अटल बिहारी वाजपेयी से सलाह माँगी और उन्होंने साफ़ कह दिया कि मुझे यह पुरस्कार लेना चाहिए। उन्होंने बहुत अर्थपूर्ण ढंग से कहा, 'आप एक कलाकार हैं और इसलिए आपको राजनीतिक और भौगोलिक सीमाओं में नहीं बाँधा जा सकता है। आपको मानवीय कामों के लिए चुना गया है और आपने दोनों देशों के बीच रिश्ते सुधारने के लिए जो काम किये हैं वे सभी जानते हैं।' अगर मैंने उस पुरस्कार को ठुकरा दिया होता, जिसका कोई राजनीतिक साम्प्रदायिक कारण नहीं था तो दोनों देशों के बीच रिश्ते और ख़राब हो जाते।

इस कहानी की ख़ुशनुमा बात यह थी, और जिसे ज़रूर कहा जाना चाहिए, कि मेरे प्यारे दोस्त सुनील दत्त मेरे घर आये और उन्होंने मुझसे यह पूछा कि क्या वे भी मेरे साथ पाकिस्तान जाकर मुझे पुरस्कार लेते हुए देख सकते थे। ज़ाहिर है, मुझे इस बात से बहुत ख़ुशी हुई और हम दोनों में यह तय

हुआ कि एक ख़ास जगह तक हम साथ-साथ सफ़र करेंगे, और उसके बाद, सुनील अपने जन्मस्थान के लिए उड़ जायेंगे, जो पाकिस्तान के पंजाब सूबे में चोटाला था, जबकि मैं पेशावर जा रहा था। इस सफ़र के दौरान मुझे लाहौर, पाकिस्तान में इमरान ख़ान के चैरिटेबल कैंसर अस्पताल का उद्घाटन करना था, जिसका नाम शौकत खानम मेमोरियल ट्रस्ट अस्पताल था, और जो उनकी माँ के नाम पर था।

मैं बुरी यादों को याद नहीं करना चाहता हूँ। बालासाहेब ठाकरे अब इस दुनिया में नहीं हैं (देहान्त 17.11.2012) और हमने अपने गिले-शिकवे भुला दिये थे और फिर से पुराने रिश्ते कायम कर लिए थे क्योंकि न तो वे न ही मैं यह चाहता था कि ख़ुद को और आसपास के लोगों को दुखी किया जाये। अपने चाहने वालों और राजनीति की दुनिया में उनको 'टाइगर' के नाम से जाना जाता था। लेकिन मुझे हमेशा यह लगा कि वे टाइगर नहीं लायन (सिंह) थे। जो अपने अनुयायियों में विश्वास, निष्ठा और प्रशंसा का भाव पैदा करते थे। हम दोनों एक-दूसरे को 1966 में उनके शिव सेना के प्रमुख बनने से पहले से जानते थे। हम दोनों एक-दूसरे के काम का सम्मान करते थे। वे बतौर एक्टर मेरे काम को पसन्द करते थे और मुझे उनके तीखे कार्टून पसन्द थे।

हमारी लम्बी, टिकाऊ दोस्ती में जो बात कायम रही वह थी एक-दूसरे के काम के प्रति सम्मान का भाव। जब हम बम्बई में उनके घर पर मिले तो हमने वे सारे गिले-शिकवे दूर कर लिए जो हमारे बीच पनप आये थे, हमें पिछले मतभेदों को भुलाने और वही विश्वास कायम करने में एक सेकेण्ड से ज़्यादा समय नहीं लगा और हमने सब कुछ पीछे छोड़ कर एक-दूसरे के लिए प्यार और सम्मान को फिर से कायम कर लिया। जब वे अपने रंग में होते थे तो ख़ूब मनोरंजन किया करते थे। वह और उनकी पत्नी मीना ताई बहुत अच्छे मेजबान थे और उनके साथ जीवन की सादगी को साझा करना बहुत अच्छा लगता था और जो समय के साथ भी नहीं बदला था और राजनीति में उनके ऊँचाई पर पहुँच जाने के बाद भी। अपने ख़ामोश तरीके से मीना ताई उनको ज़मीन पर बनाये रखती थी और सच्चाई के साथ जोड़े भी रखती थी। वह ऐसी थी जो हम जैसे पुराने दोस्तों से सम्पर्क में रहती थी, हमें अपने घर पर बुलाकर सादा खाना खिलाती थी और हमें अपनेपन के अहसास से भर देती थी। मीना ताई बहुत अच्छी महिला थी और उन्होंने उद्धव में अच्छे संस्कार दिए और बड़ों के लिए सम्मान भी।

एक मौक़े पर जब मुझे और सायरा को एक दोस्त के घर पर बुलाया गया था जहाँ ठाकरे परिवार को भी बुलाया गया था, सायरा की पीठ में बहुत दर्द हो रहा था। मीना ताई ने उसको मुश्किल में देखा तो बालासाहेब को जाकर बताया। उन्होंने पूरी पार्टी रोक दी और रसोई में गये एक खाली बोतल माँगी, एक बर्तन में पानी गर्म किया और उसे लाकर सायरा को दिया ताकि वह उसके

ऊपर पीठ सेंक सके। उनकी पत्नी और बहू ने बताया कि जब वे घर में बीमार पड़ती हैं तो वह उनके लिए भी वैसे ही चिन्तित हो जाते हैं।

हमने बालासाहेब की संवेदनशीलता और महानता तब देखी जब सुनील दत्त मुश्किल वक़्त में थे और उनका बेटा संजय* जेल में था। उन्होंने सुनील दत्त को समझदारी के साथ दिलासा दिया, जो बहुत बड़ी बात थी क्योंकि सुनील के सारे करीबी लोग उस दौर में उससे किनारा कर रहे थे।

* संजय पर यह आरोप था कि 12 मार्च 1993 को बम्बई में हुए सीरियल ब्लास्ट में वह शामिल था और उसे गिरफ्तार कर लिया गया। अक्टूबर 1995 में उसे उच्चतम न्यायालय से जमानत मिल गयी। लेकिन दिसम्बर 1995 में उसे पुनः गिरफ्तार कर लिया गया।

दूसरी पारी

'फ़िल्म 'बैराग' (1976) पूरी होने के बाद मैंने ख़ुद को एक बार फिर से चौराहे पर पाया, और इस बार मैंने यह पक्का फ़ैसला किया कि मैं सिर्फ़ काम करने के लिए काम नहीं करने वाला था जैसा कि बाकी एक्टर करते हैं जीवन के अन्य शौक़ों को पूरा करने के लिए ...इस कोशिश करने के दौर में...मनोज कुमार 'क्रान्ति' के विचार के साथ आये...जब तक क्रान्ति 1981 में रिलीज हुई तब तक मेरा मन फिर से होने लगा था कि एक्टिंग के कैरियर का पर्दा गिराकर छुट्टी पर चला जाऊँ। भाग्य, हालाँकि, मेरा साथ नहीं दे रहा था। सुभाष घई फ़िल्म 'विधाता' की कहानी के साथ आये... ।'

मुझसे अक्सर पूछा जाता है कि असित सेन के 'बैराग' (1976) के बाद से लेकर जब तक मैंने मनोज कुमार की 'क्रान्ति' (1981) साइन की तब तक मैंने पाँच साल के लिए एक्टिंग से विराम क्यों लिया था, फिर आयी सुभाष घई की 'विधाता'। जब 'बैराग' रिलीज हुई तब मैं 54 साल का हो चुका था और उसमें मैंने जो तीन रोल किये उनको अलग-अलग तरीके से करने के लिए मैंने बड़ी मेहनत की थी। मुझे ऐसा लगा कि मैंने काफ़ी काम कर लिया और अब मुझे आराम करना चाहिए। जानकारी के लिए एक बात और थी कि 'राम और श्याम' के बाद भी मैंने गम्भीरता से यह सोचा था कि अब मुझे फ़िल्मों में काम करना छोड़ देना चाहिए जबकि मेरी उम्र 44 साल से कुछ अधिक थी। जब मैंने यह बात सायरा को चुपचाप बताई तो उसको इस बात से बड़ा सदमा पहुँचा। वह मेरी इस बात से सहमत नहीं हो पा रही थी कि मैंने अपनी अचूक पहचान कायम कर ली है और मुझे इस बात के लिए इल्जाम नहीं दिया जाना चाहिए

फ़िल्म बैरागी (1976) में सायरा के साथ

कि अपने स्टारडम और लोकप्रियता का मैं फ़ायदा उठा रहा था। मैंने सायरा को यह समझाया कि अपनी मेहनत से जो कुछ भी मैंने हासिल किया है उससे मैं बहुत सन्तुष्ट हूँ और अब मैं खुद को और थकाना नहीं चाहता था। 'राम और श्याम' रेकॉर्ड तोड़ सफलता की तरफ़ बढ़ रही थी और मैं इस बात को लेकर ख़ुश था लेकिन मेरे अन्दर का जो परिपक्व कलाकार था उसे अन्दर से सन्तुष्टि नहीं हो रही थी कि 'देवदास' या 'नया दौर' या 'कोहिनूर' या 'आन' ने दर्शकों के बीच जो खलबली मचाई थी इससे नहीं मची।

सायरा अपना अलग मत रखती थी और उस बात को लेकर वह उतनी ही संजीदा थी और उसने इस बात को लेकर अपनी कोशिश नहीं छोड़ी कि मैं अपने फ़ैसले से टल जाऊँ और किसी अनजान जगह पर उसे छुट्टी पर ले जाने के अपने फ़ैसले को छोड़ दूँ। सायरा को जंगल की दुनिया उतनी पसन्द नहीं थी और ऐसी जगह चलकर रहने के ख़याल से डर जाती थी जहाँ ख़ामोशी को तोड़ने के लिए महज सिंह की दहाड़ हो, जबकि मुझे जंगल में रहना पसन्द था, और वहाँ सुन्दर चिड़िया को देखकर और उनकी आवाज़ को सुनकर जागने का मैं लुत्फ उठाता था। यह मेरी कल्पना को उससे कहीं अधिक जगाता था जितना कि किसी फ़िल्म की पटकथा को पढ़ना जिसमें किसी तरह की कोई सम्भावना ही न हो या न के बराबर सम्भावना हो।

फ़िल्म 'बैराग' (1976) पूरी होने के बाद मैंने ख़ुद को एक बार फिर से चौराहे पर पाया, और इस बार मैंने यह पक्का फ़ैसला किया कि मैं सिर्फ़ काम करने के लिए काम नहीं करने वाला था जैसा कि बाकी एक्टर करते हैं जीवन के अन्य शौक़ों को पूरा करने के लिए।

मैंने ख़ुदा का शुक्रिया अदा किया कि मुझे काम के लिए बेचैनी नहीं थी और मेरे लिए करने को और बहुत अच्छे काम थे, कई तरह की दिलचस्पियाँ थीं, जैसे पढ़ना, संगीत, नाटक, भाषाओं को पढ़ना या फिर अपनी ही पटकथा लिखना। भारतीय सिनेमा की हालत पश्चिमी या हॉलीवुड की फ़िल्मों से अलग तरह की है, वहाँ जब एक्टर की उम्र ढलने लगती है, उसका सिनेमा में अपना मकाम बन जाता है तो उसे अच्छी-अच्छी फ़िल्में मिलने लगती हैं, लेकिन यहाँ ऐसा नहीं है। इसलिए मैंने सोचा कि अपनी पटकथा लिखकर अपनी फ़िल्में बनाई जायें।

साथ ही, फ़िल्म निर्माण के क्षेत्र में अनजान चेहरे आ गये थे जो अक्सर किसी और तरह के गैर-क़ानूनी किस्म के काम में लगे होते थे जो जनता के बीच जानेमाने स्टार्स के साथ दिखना चाहते थे। चूँकि उनके पास पैसा बहुत अधिक होता था और उनको उन पैसों को नगद खपाना होता था तो वे जानेमाने एक्टर के पास घटिया पटकथाएँ लेकर जाते थे और उनको लालच देने की कोशिश करते थे और इतने पैसे देने के वादे करते थे जितने कि उन्होंने सुने भी न हों। यह हालात उनके लिए अनजाने नहीं थे।

मैं ऐसे अनजान लोगों से आँख में आँख मिलाकर बात नहीं करता था जो इंडस्ट्री में ग़लत तरीके से आते थे। एक समय वह भी था जब मेरे ऊपर एक निर्माता ए.आर. करदार ने मुक़दमा कर दिया था। जिसकी सुनवाई चलती रहती थी और मैं मुतमईन था कि इस बात को झूठा साबित करने के लिए मैं आख़िर तक लड़ूँगा। अजीब बात यह थी कि यह लड़ाई उस आदमी के चढ़ाने पर हुई थी जो जब बहुत फटेहाली में चला गया था, और जिसकी पत्नी और बच्चे मेरे घर कई बार आये कि मैं उस फ़िल्म में काम कर लूँ जो कि वह बनाने जा रहा था, और मैं एक स्टार होने के नाते जो कर सकता था मैंने किया। मैंने फ़िल्म 'दिल दिया दर्द लिया' (1966) के लिए हामी भर दी, वह भी बिना उस फ़िल्म के बारे में गम्भीरता से सोचे, जिसके लिए कि मैं जाना जाता था। मैंने उस फ़िल्म के लिए ख़ूब मेहनत से काम किया ताकि उस फ़िल्म को यादगार बना सकूँ और उस आदमी को सफल फ़िल्म निर्माताओं की क़तार में खड़ा कर सकूँ और उसके मुश्किलों के दौर का अन्त कर सकूँ। बदले में उसने मेरे साथ दगाबाजी करते हुए झूठे आरोपों में मुझे फँसा दिया।

मैं उस तरह के सब्र करने वाले लोगों में हूँ जो ज़रूरत पड़ने पर न्याय के लिए लड़ने में किसी तरह की कसर नहीं छोड़ता है। मैं उस नाशुक्रे के कारण इतना भड़क उठा कि मैंने देश में टैक्स को लेकर सारे क़ानूनों का अध्ययन

किया और जिसमें मैंने अपने दोस्त एन के पी साल्वे की मदद ली, जो इस क्षेत्र में माहिर थे और 1980 के दशक के शुरू में केन्द्र में मन्त्री भी बने।

1970 के दशक के मध्य तक जब तक कि ये चिढ़ाने वाले हालात नहीं बने थे, साल्वे साहब और मैं भारतीय क्रिकेट के शानदार भविष्य को लेकर बातें किया करते थे। अपने कॉलेज के ज़माने में साल्वे क्रिकेट खेलते थे और मैं भी। हम शाम को क्रिकेट क्लब ऑफ़ इंडिया और बम्बई जिमखाना में बैठकर जवानी के दिनों में देखे गये कुछ शानदार मैचों को याद करते थे जिनमें कुछ बेहतरीन खिलाड़ियों ने खेला था। 1982 तक साल्वे बीसीसीआई के अध्यक्ष बन गये और एक सच्चे देशभक्त और खेलप्रेमी की तरह वे यह सपना देखते थे कि भारत एक दिन एक दिवसीय मैचों का विश्व कप जीत जाये। 1983 में उनका सपना पूरा हुआ।

मुझे इस बात का पता था कि साल्वे साहब पेशे से चार्टर्ड अकाउंटेंट थे लेकिन हमारे दिमाग़ में यह बात कभी नहीं आयी थी कि एक दिन हम साथ मिलकर एक क़ानूनी लड़ाई लड़ेंगे। एक दोस्त और हितैषी के नाते साल्वे साहब मेरे साथ खड़े रहे और मुझे भरोसा दिलाते रहे कि मैं टैक्स ट्रिब्यूनल के सामने केस जीत जाऊँगा क्योंकि मैंने कोई जानबूझकर टैक्स चोरी नहीं की थी।

साल्वे साहब के क़ाबिल और जानेमाने लड़के हरीश ने उस सदमे के बारे में

सायरा और हरीश साल्वे के साथ एक समारोह में

विस्तार से लिखा है जिसकी वजह से मैं छह साल तक परेशान रहा, और अपने पेशेवर जीवन की तमाम बुरी यादों की तरह मैं इसे भी काफ़ी समय पहले भुला चुका था। जो लोग भी किताब के दूसरे हिस्से में हरीश के उस लिखे को पढ़ेंगे उनको यह समझ में आयेगा कि किस तरह से दिमाग़ी तौर पर मैं परेशान रहा बल्कि मेरी बदनामी भी हुई, उनको यह भी समझ में आयेगा साल्वे साहब, पुरोहित जी और जी. एन. जोशी और उनके द्वारा भेजे गये अच्छे लोगों ने ईमानदारी से मेरी मदद की और मुझे ईमानदार साबित करके मेरे सम्मान को वापस दिलाया।

दुःख इस बात का है, और जिस घाव का दर्द मुझे बरसों रहा है, कि पाँच सालों तक देश भर में और बाहर भी मैं परदे से ग़ायब रहा, जिसकी वजह से उन लोगों को अचरज होता था जो मेरे कैरियर पर गहरी नज़र रखते थे, लेकिन मुझे इस बात का अफ़सोस है कि मैं उन पटकथाओं के ऊपर ध्यान नहीं दे सका जो मैंने अपने और सायरा को लेकर बनाई जाने वाली फ़िल्मों के लिए लिखी थीं। उनमें सबसे दिलचस्प थी 'कश्मीर वैली', जो मेरी शादी से पहले लिखी गयी थी और जिसमें सायरा और मेरी जोड़ी काम करने वाली थी। इसकी शानदार पृष्ठभूमि की तुलना डेविड लेन (David Lane) की फ़िल्म 'डॉ. ज़िवागो' से की जा सकती थी। मैं इसे 'बैराग' के बाद बनाना चाहता था। अन्य पटकथाओं में

फ़िल्म क्रान्ति (1981) में शत्रुघ्न सिन्हा के साथ

शामिल थी 'काली सरसों', जो सायरा को ध्यान में रखकर लिखी गयी थी और काली लड़की की कहानी थी, इसके अलावा, 'काला आदमी' और 'बाबाजान' फ़िल्में थीं। मुझे इन सारी फ़िल्मों को बन्द करना पड़ा जिनके लिए फाइनांसर पैसा लगाने के लिए तैयार बैठे थे।

इस मुश्किल दौर के आख़िरी दिनों में मनोज कुमार मेरे पास 'क्रान्ति' की कहानी के साथ आये। मैं इसके बारे में पिछले अध्याय में ही लिख चुका हूँ कि मैं क्यों बिना पूरी पटकथा पढ़े ही 'क्रान्ति' में काम करने के लिए तैयार हो गया।

1981 में जब तक 'क्रान्ति' रिलीज हुई तब तक मेरा मन फिर से होने लगा था कि एक्टिंग का पर्दा गिराकर छुट्टी पर जाया जाये। लेकिन भाग्य मेरे साथ नहीं था। सुभाष घई मेरे पास आये 'विधाता' की कहानी लेकर। वह मुझसे कई दफा मिले और उन्होंने मुझे अपने काम और अपनी लगन से बहुत प्रभावित किया। उन्होंने ईमानदारी से कहा कि उनकी पिछली फ़िल्म नहीं चली थी और उन्होंने कहा कि उनको उम्मीद थी पिछली फ़िल्म की असफलता उनकी अगली फ़िल्म की सफलता का कारण बने। मुझे उनका आशीर्वाद, उनका उत्साह और उनकी धुन अच्छी लगी। कहानी दिलचस्प थी और उसमें मेरे अन्दर के एक्टर के करने के लिए कुछ बढ़िया था। इससे भी बढ़कर यह था कि 'क्रान्ति' में मेरे रोल की तरह 'विधाता' में भी मेरा रोल ज़मीन से जुड़ा हुआ था, एक रेलवे इंजिन ड्राइवर जो नायक के रूप में स्क्रीनप्ले की धुरी बन जाता है।

जब तक हमने विधाता का काम पूरा किया, तो हम उसके पूरा होने के शेड्यूल से आगे थे और सुभाष काफ़ी विजेता की तरह से लग रहा था और

फ़िल्म विधाता (1982) में अमरीश पुरी के साथ

उसकी ख़ुशी उस स्कूल जाने वाले बच्चे की तरह लग रही थी जिसे स्कूल में एक अच्छा रिपोर्ट कार्ड मिल गया हो। इसका कारण यह था कि दिलीप कुमार के साथ फ़िल्म करने में उसकी सारी जवानी, ऊर्जा चली जायेगी, और जब तक यह फ़िल्म पूरी होगी तब तक वह बूढ़ा, लड़खड़ा कर चलने वाला आदमी बन जायेगा। जबकि हुआ इसका ठीक उल्टा। उसके तथाकथित चाहने वाले मुझे ऐसे राक्षस के रूप में बता रहे थे जो उसे बर्बाद कर देता। उसने मेरे सामने इस बात का खुलासा शूटिंग के अन्तिम शेड्यूल के अन्तिम दिन किया। मैंने हँसते हुए कहा कि इससे उसे यह शिक्षा मिली होगी कि किसी के बारे में जितनी बातें कही जाती हों उनके ऊपर यक़ीन नहीं करना चाहिए और बेहतर यही होता है कि किसी इंसान को अपने आप परखना चाहिए।

जब वह फ़िल्म 1982 की सबसे ज़्यादा कमाने वाली फ़िल्म साबित हुई तो सुभाष ज़्यादा ख़ुश थे। वह हमारी लम्बी दोस्ती की शुरुआत थी जिसकी वजह से मैं ख़ुद को सहज महसूस करता था और मैंने उनके साथ दो और फ़िल्मों में काम किया, 'कर्मा' (1986) और 'सौदागर' (1991), जिनका उन्होंने निर्देशन किया था।

दिलचस्प बात यह है कि सुभाष जब भी मेरे पास आये उनके दिमाग़ में शंका बनी रही। जब उन्होंने मुझसे 'कर्मा' के लिए सम्पर्क किया, तब उनको यह डर था कि चूँकि 'विधाता' बहुत कामयाब रही है इसलिए मैं बहुत अधिक पैसों की माँग करूँगा। कुछ इधर-उधर की बातों के बाद वह मुद्दे पर आये। इससे स्वाभाविक तौर पर मुझे चिढ़ हुई क्योंकि मैं किसी निर्देशक से यह उम्मीद करता हूँ कि वह उसके बारे में बात करे कि वह पटकथा में एक्टर से क्या चाहता है

फ़िल्म कर्मा (1986) में अनुपम खेर के साथ

कि वह क्या पढ़े या वह पटकथा को कुछ अलग तरह से बनाना चाहता है। पैसे और पैसों की बात को बातचीत का हिस्सा नहीं होना चाहिए।

अब चूँकि तब तक हम दोनों में अच्छी तरह से वाक़फ़ियत हो चुकी थी और सुभाष मुझे बड़े भाई की तरह से देखता था, इसलिए मैंने इस बात का फ़ायदा उठाते हुए उसे कहा कि उसे बाज़ार के किसी व्यापारी की तरह बात नहीं करनी चाहिए बल्कि उसे एक निर्देशक के तौर पर ही बात करनी चाहिए। उसने मेरी इस हलकी-सी झिड़की को अच्छी भावना के साथ लिया और उसके बाद से इस विषय को नहीं उठाया, लेकिन उसने अपना बचाव करते हुए यह कहा कि वह तो इंडस्ट्री के तौर तरीकों का ही पालन कर रहा था। मैं उसकी बात से सहमत हुआ मगर मैंने उससे कहा कि मैं ख़ुश हूँ कि मैं इस रिवाज का हिस्सा नहीं हूँ। उसके बाद हम ख़ूब हँसे और हमारी दोस्ती और गाढ़ी हो गयी।

जब सुभाष मेरे घर 'सौदागर' के बारे में बात करने आये और उन्होंने मुझे उस दिलचस्प प्लाट के बारे में बताया जो दो गहरे दोस्तों के इर्दगिर्द घूम रही थी और जिसके ऊपर वे काम कर रहे थे, मुझे लगा कि वह कुछ बताने के लिए बेचैन था और उसे कहने के लिए सही वक़्त का इन्तज़ार कर रहे थे। ज़ाहिर है, जाते समय उन्होंने वह बात कही। उन्होंने कुछ घबराते हुए कहा कि उन्होंने मेरे दोस्त के रूप में राजकुमार के बारे में सोच रखा है जो एक नाटकीय घटनाक्रम में दुश्मन हो जाता है और यह मोड़ तब आता है जब प्लाट खड़ा होता है। उनको लगा कि मैं इसके ख़िलाफ़ कुछ कहूँगा। मैंने उनके दिमाग़ को शान्त करते हुए कहा कि राज के साथ काम करने में मुझे ख़ुशी होगी और जब भी वे 'पैग़ाम' (1959) के सेट पर आते थे तो मुझे उनका साथ अच्छा लगता था। बल्कि मैंने उनको यह सुझाया कि उनको राज से पूछ लेना चाहिए कि उनको मेरे साथ काम करने का विचार पसन्द है या नहीं। शरारतन मुसकुराते हुए सुभाष ने कहा कि वह राज से पहले ही बात कर चुके थे और वे मेरे साथ काम करने का इन्तज़ार कर रहे थे।

मेरे लिए ख़ुशी की बात यह थी कि सुभाष को भी आउटडोर शूटिंग करना पसन्द था और उन्होंने न केवल गानों की शूटिंग के लिए बल्कि कुछ और नाटकीय दृश्यों की शूटिंग के लिए आँखों को सुकून देने वाले लोकेशन तलाश किये थे। 'सौदागर' के लिए उन्होंने हिमाचल प्रदेश की कुल्लू घाटी के जंगल में लोकेशन तलाश किया था, जो कि कुछ नाटकीय दृश्यों की पृष्ठभूमि बनी, जिससे वे सीन बहुत प्रभावशाली बन पाये, अगर उनकी शूटिंग इनडोर हुई होती तो वे उतने प्रभावशाली नहीं बन सकते थे। हिमाचल में लम्बे शेड्यूल के बाद हम महाबलेश्वर (महाराष्ट्र के हिल स्टेशन) चले गये। यह एक लम्बे पिकनिक की तरह था और यह कहा जाना चाहिए कि सुभाष को इस बात का श्रेय जाता है कि वह इस बात की ज़रूरत को समझते हैं कि एक्टर्स का अच्छी तरह ध्यान

रखा जाना चाहिए और वे अपने कलाकारों का जितना ख़याल रखते हैं उतना कोई और फ़िल्मकार नहीं करता।

'सौदागर' की शूटिंग के दौरान मीडिया इस बात को लेकर चौकन्ना था मेरे और राज के बीच किसी तरह का संघर्ष हो, कारण यह था कि राज के बर्ताव को लेकर कई तरह की बेवक़ूफ़ाना कहानियाँ प्रचलित थीं। इसके ऊपर अगर सोचें तो कई अर्थों में राज हमारे दौर के कई एक्टर से अलग तरह के मिजाज़ का था। सौदागर की शूटिंग के दौरान उसने इस बात के ऊपर ज़ोर दिया कि जिस जगह को कला निर्देशक और कैमरामैन ने शूटिंग के लिए चिन्हित किया था वहाँ तक उसके पीछे-पीछे दो भरी गाड़ियाँ चलेंगी। राज कार में अकेले बैठता था, शान से अकेले, उसके साथ कोई नहीं होता था जबकि उसके पीछे जो गाड़ियाँ चलती थीं उसमें फ़िल्म में पहनने के लिए उसके लिए बनाये गये कॉस्ट्यूम होते थे और उनके साथ उसका अटेंडेंट होता था जिसकी त्योरियाँ चढ़ी होती थीं जो उन सूटकेस और ट्रंकों के साथ बैठा होता था जिनमें उसके कपड़े, जूते और विग वगैरह होते थे। इससे मुझे और बाकी लोगों को हैरानी होती थी और हम उनके पीछे तरह-तरह की बातें किया करते थे। सुभाष ने इसे अजीब मानने से इनकार कर दिया और उसने अपने सहायक को इस बात के लिए कह रखा था कि हर दिन गाड़ी तैयार रहना चाहिए और उनके कपड़े और बाकी सामान उसी तरह ले जाये जाने चाहिए जिस तरह राज चाहते थे।

फ़िल्म सौदागर (1991) में राज कुमार के साथ

वजूद और परछाईं

एक शाम महाबलेश्वर में कैमरामैन, उसके सहायक और सभी स्पॉट ब्वॉय घबराये हुए थे क्योंकि राज असली लोकेशन पर नहीं थे और उन्होंने देखा था कि वे एक पहाड़ी पर एक ख़तरनाक किनारे पर कुर्सी लगाये बैठे थे। अगर वे अपनी कुर्सी से एक क़दम भी आगे बढ़ाते तो वे नीचे गहरी खाई में गिर सकते थे। लड़के दौड़ते हुए सुभाष और हम लोगों के पास आये जो आराम से शूटिंग वाली जगह पर बैठे हुए थे, और आकर उन्होंने बताया कि उन्होंने क्या देखा था। सुभाष ने उनसे पूछा कि उनको क्या लग रहा था कि वे वहाँ क्यों बैठे हुए थे और उन्होंने कहा कि वह अपनी कुर्सी पर बैठकर दूर कोहरे को देख रहे थे।

सुभाष ने मुझसे कहा कि उस जगह तक उसके साथ चलूँ जहाँ राज बैठे हुए थे। हम वहाँ चुपचाप गये और उनके साथ बातचीत करने लगे, जिससे उनका ध्यान उस कोहरे से हट गया जिसे वे देख रहे थे। सौभाग्य से, वह हमेशा मेरी बात का दोस्ताना तरीके से जवाब देते थे। इसलिए मैं उनको बिना किसी परेशानी के शूटिंग वाली जगह पर ला पाने में कामयाब रहा।

जैसा कि मैंने राज को समझा वह सोचने वाले इंसान थे। वह कभी-कभी अकेले रहना पसन्द करते थे ताकि कुछ सोच-विचार कर सकें। वह किताबें भी पढ़ते थे और जब उनकी तबियत होती थी तो वे उसके बारे में बातचीत भी करते थे। वे अपनी सनकों के लिए जाने जाते थे मगर मैंने उनको हमेशा सामान्य और विनम्र इंसान के रूप में पाया। वह उन दोस्तों में थे जो सायरा के साथ मेरे निकाह वाले दिन मेरे घर जल्दी आये थे। जब सायरा और मैंने उनको अपनी शादी की पच्चीसवीं वर्षगाँठ पर बुलाया था तो वे अपनी बीवी के साथ पार्टी में आये थे मगर जब उन्होंने वहाँ बड़ी तादाद में फ़िल्मवालों को देखा तो वे हमसे बिना मिले ही चुपचाप चल दिये। उनको शायद लोगों से घुलना मिलना पसन्द नहीं था। उन्होंने हमारे लिए एक तोहफा छोड़ा था, चाँदी की एक ख़ूबसूरत तश्तरी जिसके ऊपर यह लिखा था—'लाले और लाले की जान के लिए, बार बार यह दिन आये!'

मैंने उस दौर में जिन फ़िल्मों का भी चुनाव किया, चाहे वह ऐतिहासिक फ़िल्म 'क्रान्ति' (1981) रही हो या विधाता (1982) या शक्ति (1982) या कर्मा (1986) या शक्ति या मशाल (1984), मैंने उनको इसलिए चुना क्योंकि उनमें मुझे प्रमुख और तसल्लीबख्श रोल दिये गये थे। 'क्रान्ति' की कहानी भारत की आज़ादी की लड़ाई के दिनों की थी जिन दिनों आम इंसानों के लिए भी देश से प्यार की भावना उसके जीवन में बाकी सभी चीज़ों से अधिक मायने रखती थी। लेकिन बाकी जिन फ़िल्मों को मैंने चुना उनकी कहानी में मुख्य किरदार के साहस की कहानियाँ थीं जो बुरे वक़्त में डटकर खड़ा हो जाता है। जब मैंने उन किरदारों के बारे में सोचा तो मुझे लगा कि अगर मैंने उनको पूरे विश्वास और सच्चाई के साथ किया तो मैं उनको प्रेरणादायक और यादगार बना सकता था।

फ़िल्म शक्ति (1982) में अमिताभ बच्चन के साथ

मुझे 'शक्ति' की बुनियादी कहानी बहुत अच्छी लगी थी जो आम लोगों द्वारा नैतिक सिद्धान्तों के धर्म के पालन के विचारों को जगाने वाला था। पटकथा में दो नायकों में से एक के माध्यम से यह सवाल उकसाने वाले ढंग से उठाया गया था, एक पुलिस अफ़सर के माध्यम से, जो अपनी ईमानदारी और मज़बूती के कर्तव्य को अपने अपहृत बेटे को अपराधियों के चंगुल से बचाने के कर्तव्य से ज़्यादा ज़रूरी मानता है।

यह प्लाट ऊपरी तौर पर साधारण दीखता है, लेकिन इसमें यह ताकत थी कि यह कई प्रसंगों के माध्यम से दर्शकों को अपने साथ बहा कर ले जाये, जिन दृश्यों में उस पुलिस अफ़सर के भावनात्मक घाव खुलकर आ जाते हैं जो धर्म पर चलने के उसकी निष्ठा के कारण उसको लगे थे। मुझे यह कहानी सलीम जावेद वाले सलीम ख़ान ने सुनाई थी।

मुझे सलीम से पता चला कि इसके निर्देशक रमेश सिप्पी होंगे। रमेश सिप्पी के पिता जी.पी. सिप्पी से मेरे बहुत करीबी रिश्ते थे, जो तब मेरे साथ थे जब मुझे अपने सहयोगियों के कई मसले इंडियन मोशन पिक्चर्स प्रोड्यूसर्स एसोसियेशन के

साथ मिलकर निपटाने थे, जिसके वे कई साल तक अध्यक्ष रहे थे। हालाँकि, मैं साफ़-साफ़ कहूँ तो शुरू में मैं इस बात को लेकर पक्का नहीं था कि मैं रमेश के साथ सहज रह पाऊँगा या नहीं क्योंकि मैं उनको ख़ास जानता नहीं था सिवाय इसके कि उनके पिता के घर में कुछ दुआ सलाम हुई थी। अपने पूरे कैरियर के दौरान मैंने ऐसे निर्देशकों के साथ काम किया जिनके साथ मेरे निजी रिश्ते थे।

मेरे अन्दर जो शुबहा था वह जल्दी ही आत्मविश्वास में बदल गया जब रमेश मुझसे मिले और उन्होंने मेरे साथ लम्बी बातचीत की, जिसके दौरान उन्होंने इस बात का खुलासा किया कि वे चाहते थे कि दूसरे हीरो के रूप में अमिताभ बच्चन को लिया जाये, पुलिस अफ़सर के न भूलने वाले बेटे के रूप में, जिसको अपराध की दुनिया में वही अपराधी लेकर आते हैं जिन्होंने उसका अपहरण करवाया था। पिता और पुत्र के बीच तनाव उबल रहा था और जो बेटा था वह हर वह काम करता था जो उसके पिता को नापसन्द था ताकि उनको इस बात के लिए सजा दी जा सके क्योंकि वे तब उसको बचाने के लिए आगे नहीं आये थे जब अपहरण करने वालों ने उसे मार देने की धमकी दी थी, इस किरदार को वह नौजवान एक्टर जिसमें बहुत काबिलियत थी परदे पर उभार कर ला सकता था। मैंने रमेश को इस बात के लिए शुक्रिया अदा किया क्योंकि उस समय कोई और एक्टर ऐसा नहीं था जो अमिताभ की तरह उस किरदार में जान डाल सकता था। ज़ाहिर है, जब फ़िल्म की कास्टिंग की घोषणा हुई तो मीडिया में इसके ऊपर ख़ूब चर्चा हुई, तरह-तरह के कयास लगाये गये।

जुहू के तट पर उस फ़िल्म के मुहूर्त को देखने के लिए सिर्फ़ मीडिया से ही लोग मौजूद नहीं थे बल्कि बड़े पैमाने पर फैन भी यह देखने के लिए आ जुटे थे कि वहाँ क्या चल रहा था। जब वे मुझे और अमिताभ को लेकर पहले शॉट की शूटिंग के लिए तैयार हुए तो मैं रमेश के चेहरे पर ख़ुशी और उत्साह को महसूस कर सकता था।

'शक्ति' और 'मशाल' दोनों में ही जो सामान्य बात थी वह थी कि उनमें मैंने जो किरदार निभाये थे उनमें ईमानदारी और हिम्मत थी। दोनों ही फ़िल्मों में कई यादगार दृश्य थे जो लोगों की यादों का हिस्सा बन गये और निर्देशकों और एक्टर्स के बीच बातचीत में मिसाल के तौर पर आने लगे। 'शक्ति' में एक प्रसंग है जिसमें अफ़सर अपराधियों के द्वारा मार डाली गयी अपनी पत्नी की लाश के पीछे खड़ा होकर बेख़याली में अपने आपसे बात किये जा रहा है, और उसके बाद की घटना वह है जिसमें उसका अलग रहने वाला बेटा अपनी माँ के अन्तिम दर्शन करने के लिए घर में आता है, उस माँ के जिसको वह बहुत अधिक प्यार करता था, तो वह अफ़सर टूट जाता है। 'मशाल' में एक सीन है जिसमें रात में सुनसान सड़क पर बारिश हो रही है, उसके बीच ईमानदार और बहादुर पत्रकार विनोद कुमार (मैं) आती-जाती गाड़ियों को रोकने की कोशिश कर रहा है ताकि

फ़िल्म मशाल (1984) में अनिल कपूर के साथ

अपनी मर रही पत्नी को अस्पताल लेकर जा सके, लेकिन उसका कोई फ़ायदा नहीं होता है। यह एक ऐसा सीन था जिसको बहुत विश्वास के साथ किये जाने की ज़रूरत थी क्योंकि इसमें आम इंसान की उस मुश्किल को दिखाया गया था कि मुम्बई जैसे निर्दय शहर में बन्द का दिन है और उसके पास अपनी कोई गाड़ी नहीं है और उसके साथ एक इमरजेंसी हो जाती है।

दोनों ही सीन मुझे अन्दर ही अन्दर कहीं गहरे ले गये ताकि मैं उस जज़्बात को अपने चेहरे पर पैदा कर सकूँ। जैसा कि पिछले अध्याय में कहा गया है कि जब मेरे भाई अयूब साहब ने अपनी आख़िरी साँस ली थी तब मैंने आगाजी के चेहरे पर जो दर्द देखा था और जब एक बार अम्मा खाँसते-खाँसते बेहोश हो गयी थी आगाजी जिस तरह से बेचारगी में डॉक्टर लाने के लिए चीखे थे, और उनके हाथ में अम्मा का बेजान शरीर पड़ा हुआ था। उस समय मेरे भीतर यही दो छवियाँ उभर कर आयी थीं जिनकी वजह से मेरे जज़्बात उबल पड़े। किसी एक्टर ने चाहे अपने भीतर देखे गये अनुभवों का कितना ही भण्डार रखा हो, जिनको वह कैमरे के सामने आने से पहले याद करता हो, लेकिन जब आख़िरी टेक देने का वक़्त आता है तो उस सीन को विश्वसनीय और शक्तिशाली तरीके से देने के लिए उसे उसके अलावा और भी बहुत कुछ देना पड़ता है। मुझे लगता है कि शक्ति का वह सीन वैसा बन पड़ा तो इस वजह से क्योंकि अमिताभ भी उस सीन में जज़्बाती हो रहे थे।

वजूद और परछाईं

'मशाल' के जिस सीन के बारे में बहुत कुछ लिखा जा चुका है वह इस कारण हुआ कि जब मैं चार दिन तक चली उस सीन की शूटिंग के पहले दिन आया था तो मुझे तेज़ बुख़ार था, उस सीन की शूटिंग बल्लार्ड इस्टेट (Ballard Estate) रोड बम्बई में बारिश से भीगी सड़क पर की जा रही थी। यश चोपड़ा ने मुझसे पूछा कि क्या मैं उस सीन को कर सकता था, तो मैंने कहा कि मैं ताज पैलेस में अपने कमरे में जाना चाहूँगा, रोज़ बान्द्रा से शूटिंग तक आने से बचने के लिए मैंने वहाँ कमरा लिया था। मुझे आराम की ज़रूरत थी क्योंकि मैंने यश से यह कह रखा था कि एक बार कैमरा रोल होने के बाद मैं वह पूरा सीन एक बार में करूँगा। मैंने अपनी बात रखी और तीसरे दिन मैंने उस सीन को बेखटके पूरा कर लिया।

जब हमारा काम ख़त्म हुआ तब तक काफ़ी रात हो चुकी थी और मैं अपने चारों तरफ़ भीगी आँखों को देख पा रहा था और वहाँ भयानक ख़ामोशी थी। मुझे एक या दो सेकेण्ड के लिए बुरा लगा। यश मेरे पास आया और मैंने देखा कि वह जो कहना चाहता था कह नहीं पा रहा था क्योंकि उसका गला भर आया था। थोड़ी देर के बाद सभी लोग सहज हुए और तब तारीफ़ें उभरकर आयीं। मेरे लिए इससे बड़ा कोई पुरस्कार नहीं होता है कि मेरे साथ काम करने वाले दिल से मेरे काम की तारीफ़ करें। यश भी बोला और अब उसने मुझे यह बात बताई कि उसे इसमें 30 साल लग गये कि वह किसी ऐसे विषय के साथ मुझसे सम्पर्क करे जिसे उसे लगे कि मैं मना नहीं करूँगा।

जैसा कि मैंने पहले ही बताया यश के साथ मेरी दोस्ती 'नया दौर'(1957) के निर्माण के दौरान शुरू हुई थी। वह अपने भाई बी. आर. चोपड़ा साहब का सहायक था। वह नौजवान था और निर्देशन के गुर सीखने में दिलचस्पी रखता था और चूँकि वह बड़े चोपड़ा साहब से बहुत छोटा था। वह काफ़ी विनम्रता के साथ रहता था और बड़े आदर से अपने बड़े भाई की बातों का पालन करता था। उसने एक निर्देश उसे यह दिया था कि वह मेरा ध्यान रखे। इसलिए वह पहली बार मेरे घर इस निर्देश के साथ तब आया था कि मुझे पूना ले जाने के लिए कार कब भेजी जाय जहाँ उस फ़िल्म का पहला शेड्यूल शुरू हो रहा था। उसने मुझे कहा कि मेरे लिए एक लिमोजीन भेज दी जायेगी और वह पीछे एक छोटी कार में रहेगा और उसे किसी चीज़ की ज़रूरत हुई तो वह उसे पूरा करने के लिए पास में ही रहेगा। मैंने उससे पूछा कि क्या मैं उसके साथ उसकी कार में जा सकता था क्योंकि अकेले कार में जाने की मेरी कोई ख़्वाहिश नहीं थी।

यश पहले तो झिझका फिर तैयार हो गया। पूना तक का सफ़र शानदार रहा और इसके बाद हम दोनों की लम्बी गहरी दोस्ती की शुरुआत हुई। हम दोनों में कई बातें आम थीं, जिनमें खाना भी था।

1970 के दशक के शुरुआत में जब यश ने अपना काम शुरू किया और एक

स्वतन्त्र निर्माता के रूप में अपनी छाप छोड़ने लगा तो मैं अक्सर उससे मिलने बम्बई के राजकमल स्टूडियो में जाता था जहाँ उसका एक छोटा-सा दफ़्तर था, जहाँ उसने अपनी ज़्यादातर फ़िल्मों की योजना बनाई। उस दफ़्तर में शूटिंग के सामान भरे रहते थे, और बड़े-बड़े डिब्बों में शूटिंग के बाद पड़ी रील। उस सब के बीच में वह पीछे एक छोटे से टेबल पर बैठता था। वह घर से लाया हुआ एक टिफिन कैरियर उसी टेबल पर खोलता था और उसी में से जल्दी-जल्दी खाना खा लेता था और ऊपर से कैंटीन से मँगवा कर छाछ पी लेता था।

ज़्यादातर नौजवान सपने देखने वालों की तरह उसके भी सपने थे, लेकिन यश में बहुत बड़ी ख़ूबी यह थी कि वह अपने उन सपनों का पीछा करता था। उसका सपना यह था कि एक ऐसा स्टूडियो बनवाया जाये जैसा कि उसने हॉलीवुड और इंग्लैण्ड में देखे थे। उस समय यश का बहुत बड़ा सपना पूरा हुआ जब उसने अपने यशराज स्टूडियो से काम करना शुरू कर दिया। उसने मुझे स्टूडियो के उद्घाटन के लिए बुलाया था। और मेरे लिए यह बहुत ख़ुशी की बात थी जब उसने बहुत जोश के साथ मुझे और सायरा को वहाँ सब दिखाया था।

हम अक्सर मिलते थे और जब भी उसे कोई गहरी बात साझा करनी होती थी तो वह बजाय किसी दोस्त के एक भाई की तरह बेहिचक फ़ोन कर देता था। इसलिए जब एक शाम वह आया और मुझे उसने 'मशाल' फ़िल्म की पटकथा देते हुए कहा कि जावेद अख़्तर ने बड़ी मेहनत से मुझे ध्यान में रखते हुए यह किरदार बनाया है, तो मुझे बड़ी ख़ुशी हुई और हैरानी भी, सालों मेरे लायक किसी सही विषय का इन्तज़ार करने के बाद उसे कोई ऐसी कहानी मिली थी जिसको लेकर वह मेरे पास आया था। 'आप पढ़ लीजिए, अच्छा लगेगा', जाने से पहले उसने कहा।

जब मैंने पटकथा को पढ़ना शुरू किया तो मैंने पाया कि बेधड़क पत्रकार विनोद कुमार का जो किरदार था उसमें मेरे किरदार का बहुत कुछ था, ख़ासकर जिस निर्भीक तरीके से मैं असामाजिक तत्त्वों का सामना करता था। उसका जो मुख्य किरदार था वह बदलाव के लिए एक अधेड़ आदमी था, एक दैनिक अख़बार का ईमानदार सम्पादक जो खोजी पत्रकारिता की नैतिकता और ज़िम्मेदारियों को समझता था और उसमें माफिया से लड़ने की कूवत थी। समाज के शक्तिशाली लोग उसे दबाने और सच का गला घोंटने की कोशिश करते हैं, जिनका खुलासा वह अपने अख़बार के पहले पन्ने पर हर दिन किया करता था। मुझे इस पटकथा में जो बात अच्छी लगी वह यह कि इसमें पत्रकारिता की भावना अन्तर्निहित थी और जिस ख़ूबी से जावेद ने कुछ अँधेरे सच्चे वास्तविक सिचुएशन के माध्यम से इसके अन्दर नाटकीयता पैदा कर दी थी।

मुझे इस बात की ख़ुशी है कि मेरे पेशेवर जीवन में जो पाँच साल का नुक़सान हुआ था उसकी कमी ऊपर बताई गयी फ़िल्मों से पूरी हुई और इनमें काम करके मुझे सुकून भी मिला।

घर-परिवार के मसले

'...जब अपने पेशे में अपने काम के लिए सम्मान हासिल करने लगा और उसमें सुरक्षित भी हो गया तो मैंने अपने लिए पहला लक्ष्य यह बनाया था...कि अपने भाई और बहनों को उनके अपने चुने गये विषय में बेहतरीन शिक्षा दी जाये, चाहे देश में हो या विदेश में इसमें कोई शक नहीं कि उनमें से सबके अन्दर अपनी-अपनी खूबियाँ थीं और उनमें जीतने की पूरी सम्भावना थी। मुझे लगा कि उन्हें ज़रूरत थी बढ़ावा और साधन देने की।'

मुझे अब याद ही नहीं कि यह सवाल कितनी दफा पूछा गया, सिर्फ़ मीडिया के द्वारा ही नहीं बल्कि मेरे साथ लम्बे सफ़र पर जाने वाले दोस्तों द्वारा भी। सवाल यह है कि क्या ऐसी कोई बात है जिसका मुझे अफ़सोस है और जिसे मैं अपने जीवन के कैनवास पर उकेरना चाहूँगा। मैंने इस सवाल का जवाब देने से गुरेज किया है एक तो इस कारण कि मुझे यह लगता है कि युसूफ ख़ान के रूप में मुझे भी अपनी निजता का हक है और अपने जीवन की कुछ घटनाओं को लोगों की निगाहों से दूर रखने का।

जो लोग भी मुझे अच्छी तरह से जानते हैं वे इस बात को मानेंगे कि मैं बातचीत में अपनी निजी बातों के बारे में नहीं बोलता हूँ। मैं हमेशा ऐसे नजदीकी दोस्तों की संगत में रहा हूँ जहाँ वे आपसी झगड़ों और जिन औरतों को वे जानते हैं उनके बारे में बातें और अभद्र ढंग से गर्व करते हैं। इस तरह के खुलासों से मुझे छटपटाहट होने लगती है और मैं कोशिश करता हूँ कि इनके ऊपर रोक लगाई जाये।

अच्छा, मेरे जीवन का एक प्रसंग है जिसे भूलना चाहता हूँ और जिसकी वजह से मुझे और सायरा को हमेशा के लिए कुसूरवार होना पड़ा, वह मेरे जीवन की एक बहुत बड़ी ग़लती थी जिसके साथ जुड़ने के लिए मेरे ऊपर दबाव डाला

गया और यह एक ग़लती मेरे जीवन में मुझसे हुई, वह थी आसमा रेहमान नामक औरत के साथ नाम जुड़ने की, जिसके साथ मैं हैदराबाद (आन्ध्र प्रदेश) में एक क्रिकेट मैच में मिला था। वहाँ वह अपने पति के साथ रहती थी। जब उसे मुझसे यह कहते हुए मिलवाया गया था कि मेरी प्रशंसिका है तब वह तीन बच्चों की माँ थी, तब वह मुझे बहुत सारे चाहने वालों में से एक लगी थी, जिनके साथ समय-समय पर मेरी बहनों फौजिया, और सईदा मुझे आम जगहों पर मिलवाया करती थीं। वह मेरी बहनों की दोस्त थी।

मेरी बहनों से अक्सर औरतें इस तरह के अनुरोध करती रहती थीं कि वे उनको मुझसे मिलवा दें, और हो सके तो थोड़ी बहुत बातचीत भी। मुझे इस तरह के हालातों की आदत थी और जिन लड़कों को मेरे भाई घर लेकर आते थे उनके साथ या जिन औरतों को मेरी बहनें घर लेकर आती थीं उनके साथ मैं कुछ अधिक ही गर्मजोशी दिखाने की कोशिश करता था।

इस मामले में, मुझे इस बात का बिल्कुल ही पता नहीं था कि अन्दर-अन्दर कोई चाल चल रही थी और इस तरह से हालात बनाये गये थे और कुछ लाभ को ध्यान में रखकर चालाकी के साथ ऐसा माहौल बनाया गया था कि मैं उसमें कुछ वायदा कर दूँ। एक बार नहीं, बल्कि कई बार मुझे इस बात के ऊपर हैरानी होती थी वह औरत और उसका पति न जाने कहाँ से आ जाते थे, यहाँ तक कि जब मैं शहर से बाहर कहीं होता था तो वहाँ पर भी वे आ जाते थे और मेरे साथ दुआ सलाम करते और आसपास मौजूद रहते थे। अजीब बात यह थी कि उनको यह भी पता होता था कि मैं कहाँ सफ़र पर जाने वाला हूँ और वहाँ मैं कहाँ-कहाँ जाने वाला होता था!

1982 में जब यह ख़बर फैली कि मैंने आसमा से शादी कर ली और यह ख़बर सायरा ने एक सनसनी फैलाने वाले अख़बार में पढ़ी, मेरे लिए यह बहुत तकलीफ़देह था कि मैं उसको किस तरह से दिलासा दिलाऊँ क्योंकि वह मेरे ऊपर आँखें मूँदकर विश्वास करती थी और मुझे बहुत चाहती थी। जब सायरा ने इस ख़बर को पढ़ा तो मैं घर में नहीं था, न तो उसको न ही नसीम आपा को इस बात के ऊपर यक़ीन हुआ कि जो उन्होंने पढ़ा था उस बात में कोई सच्चाई थी। क्योंकि उनका मेरे ऊपर पूरा भरोसा था और निकाह के समय मैंने दिल से जो वचन सायरा को दिया था कि दूसरी शादी का कोई सवाल ही नहीं उठता और उसके मुताल्लिक कोई बात नहीं की जायेगी।

मैंने सायरा का जो दिल दुखाया और उसका विश्वास मुझसे टूटा उसके लिए मैं खुद को कभी माफ नहीं कर पाऊँगा। यह कहे जाने की ज़रूरत है कि ऐसे हालात में जब कि कोई ऐसी औरत जिसमें ज़रा भी गैरत हो वह उस आदमी से नफरत करेगी जिसने उसे बेइज़्ज़त किया हो, लेकिन मेरी बीवी सायरा अपने मर्द के साथ खड़ी रही जब मैंने उससे यह कहा कि मुझसे कितनी बड़ी ग़लती

हो गयी थी और उससे कहा कि मुझे कुछ दिनों का समय दो ताकि क़ानूनी कार्रवाई करके सोलह साल की अपनी शादी की पाकीजगी को वापस ला सकूँ। मैंने सायरा से कहा कि सब कुछ सुलझाने के लिए मुझे कुछ समय दो।

बावजूद इसके कि सायरा के गर्व को ठेस पहुँची थी और उसका मेरे ऊपर जो गहरा विश्वास था वह टूट गया था, सायरा नसीम आपा और अपने भाई सुल्तान के कहने पर मेरे साथ खड़ी रही। मैंने तत्काल आपाजी और सुल्तान के विश्वास को वापस पाने के लिए सायरा को एक विश्वास का ख़त लिखकर दिया, वह भी उससे काफ़ी पहले ही जब आसमा के साथ तलाक की क़ानूनी प्रक्रिया शुरू हुई। मेरे कुछ करीबी दोस्तों ने गवाह के रूप में दस्तख़त किये थे। मुझे कुछ नामों का उल्लेख करना चाहिए, रजनी पटेल, उनकी पत्नी बकुल पटेल, शरद पवार और मामा कपाड़िया, मेरे वैसे हितैषी थे जिन्होंने अच्छी सलाह देकर और मेरी शादी को फिर से कायम करने को लेकर विश्वास जताकर उस समय मुझे संकट के उस दौर से बाहर निकाला। यही नहीं उस समय सायरा का नैतिक और जज़्बाती तौर पर साथ दिया जिसकी उसे बहुत ज़रूरत थी। फ़िल्म बिरादरी से शुक्लाजी (प्राण की बीवी) और प्रकाश जी (बी.आर. चोपड़ा की बीवी) ने मज़बूत क़दम उठाया और सायरा के साथ सख़्ती से खड़ी रहीं क्योंकि वे सच में सायरा को प्यार करती थीं और उसको महफूज रखना चाहती थीं। उन्होंने नाराज़गी जताई और मेरी असली भाभी की तरह से मुझे झाड़ लगाई और मुझसे यह कहा कि या तो हालात को ठीक कीजिए या उन सबको भूल जाने के लिए जिनको मैं अपना समझता था।

मैं इस भूली हुई बात को और जगह देना नहीं चाहता हूँ और बिना किसी झिझक के यह कहते हुए बात को समाप्त करना चाहता हूँ कि एक इंसान के बतौर मैं ऐसा नहीं हूँ जिससे कोई ग़लती ही न हो और मैं एक हालात का शिकार हो गया था जो इसलिए बनाया गया था ताकि मेरे शादीशुदा जीवन में गहरा संकट पैदा हो जाये। मैं इस बात में बड़ी शिद्दत से यक़ीन करता हूँ कि अगर कुछ बुरा होता है तो उसके पीछे भी अल्लाह की कोई ख़्वाहिश होती है। इस पूरे वाकये की वजह से हमारी नजदीकी और बढ़ी और एक-दूसरे पर हमारी जज़्बाती निर्भरता भी।

इस घटना के दौरान यह बात भी ग़लत तरीके से कही गयी कि सायरा को बच्चा नहीं हो सकता था। सच्चाई यह है कि सायरा के पेट में एक बेटा था (जिसके बारे में हम बाद में चर्चा करेंगे), 1972 में जब उसके पेट में 8 महीने का बच्चा था तब सायरा को हाई ब्लड प्रेशर हुआ और वहाँ मौजूद डॉक्टर समय पर उसका ऑपरेशन नहीं कर पाये इसलिए वे बच्चे को नहीं बचा पाये। हमने इस नुकसान को अल्लाह की इच्छा मानकर सहन कर लिया।

एक सवाल अक्सर लोग पूछते हैं कि क्या मैं इस बात से नाखुश हूँ कि

मुझे कोई बच्चा नहीं है। हाँ, यह अच्छा रहा होता अगर मुझे कोई बच्चा होता। लेकिन यह हमारे लिए कोई कमी नहीं है। अल्लाह ने हमारे घर में इतने सारे सुन्दर-सुन्दर बच्चे दिये हैं। हमारी पूरी जवानी भाइयों और बहनों के बच्चों के साथ गुज़री है जो स्कूल में छुट्टी होने पर हमारे यहाँ आकर रखते थे। हमें घर में उनका होना अच्छा लगता था, उनकी हँसी की गूँज और लड़कियों की खिलखिलाहट वे हमें जो खेल खेलने के लिए बुलाते थे हम वह खेलते थे। वे हमारे लिए काफ़ी हैं कि हम ख़ुद को अभिभावक समझें। जिन बच्चों को मेरे पास लाया जाता था उनके लिए यह लाजिमी होता था कि वे मेरी चौड़ी छाती पर गहरी नींद में वैसे सोयें जैसे कि वे गद्दे पर सोये हों। सालों पहले, मेरे बड़े भाई साहब नूर साहब के लड़के अमजद और जावेद बम्बई में किसी ट्रेनिंग के सिलसिले में आये हुए थे और काफ़ी दिनों तक थे। मैंने उनके लिए यह लाजिमी कर दिया था कि चाहे कुछ भी हो जाये वे 8 बजे मुझसे मिलने आयें। वे बेचारे नासिक से आये थे और मुझे लगा कि मुझे उनको किसी ग़लत संगत में पड़ने से बचाना चाहिए। मेरे और सायरा के लिए यह अच्छा कारण होता था कि हम सभी भतीजे-भतीजियों, भांजे-भांजियों को बुलाकर बगीचे में बैडमिंटन के खेल का लुत्फ़ उठाएँ।

यह सायरा थी जो पूरे परिवार को जुटाने की कोशिश करती थी और आज भी वह दादी-नानी बनकर सारे नाती-पोतों, पोतियों-नातिनियों को जुटाने में लगी रहती है। उनको प्यार करना और उनसे प्यार पाना और जब उनको हमारी ज़रूरत हो तो मज़बूती के साथ खड़े रहना या जब हम वैसी हालत में हों तो उनका खड़े रहना अच्छा लगता है। आज कभी-कभी हम दोनों को अपने जीवन से उनकी कमी खलती है क्योंकि हमारे सभी भतीजे-भतीजी अपने जीवन और परिवार के साथ व्यस्त हैं। हालाँकि अब कम मिलना हो पाता है मगर जब वे मिलने आते हैं तो उनके साथ बिताया गया हर पल अच्छा महसूस होता है। शायद अगर हमारे अपने बच्चे होते तो वे भी अपने सपने पूरे करने के लिए कहीं दूर चले गये होते और हम उनसे साल में एक या दो बार ही मिल पाते!

सच्चाई यह है कि जब मैं 30 साल से भी कम था तो मैं अपने बहनों-भाइयों के लिए अभिभावक बन गया। मुझे अपनी बहनों-भाइयों के बारे में लिखते हुए ख़ुशी भी होती है और दुःख भी होता है। मैंने इस विषय के ऊपर सोचा है और ख़ुद से पूछा भी है कि क्या मुझे अपनी छह बहनों और पाँच भाइयों के बारे में लिखना चाहिए जो मेरे लिए सभी कुछ थे क्योंकि मैं पठान हूँ जो ईर्ष्या के साथ अपने परिवार की रक्षा करता है और उनके ऊपर गर्व करता है, और ख़ासतौर पर औरतों को सबके सामने आने देने से बचाता भी है।

मैं उनके बारे में इसलिए ज़्यादा बात कर रहा हूँ क्योंकि अगर मैं उनके बारे में विस्तार से नहीं लिखूँगा तो मेरे जीवन की कहानी पूरी नहीं होगी

क्योंकि वे मेरी दुनिया थे और उनको लेकर मेरे जो सपने थे वे दूर-दूर तक अपने लिए नहीं थे।

हम जिस माहौल में पले-बढ़े उस माहौल में ख़ूब सारा प्यार था और भावनात्मक सुरक्षा भी। बच्चों के लालन-पालन में अम्मा-अब्बा का जो अनुशासन होता है वह भी कम नहीं था। यह शायद हमारी तकदीर में था कि मैंने अपने छोटे भाई-बहनों के लिए उस उम्र में भाई से अधिक उनका अभिभावक हो गया जिस उम्र में नौजवान लोग अपने लिए वे लक्ष्य तय करते हैं जो कि वे पाना चाहते हैं। हालात ऐसे बने कि उसकी वजह से मुझे विश्वविद्यालय में पढ़ने के बारे में भूलना पड़ा और ऑर्डर ऑफ़ ब्रिटिश एम्पायर हासिल करने के बारे में जो मेरे अब्बा का मेरे लिए सपना था। यह भी सच है, कि उनको इस बात का कोई अफ़सोस नहीं था क्योंकि उन्होंने जीते जी मुझे उस पेशे में कामयाब होते देख लिया था जो पेशा अल्लाह ने मेरे लिए चुना था। मुझे कभी यह पता नहीं चल पाया लेकिन मुझे लगता है कि वे इस बात से खुश थे और सुरक्षित महसूस करते थे कि मैंने वह आर्थिक और सामाजिक मकाम हासिल कर लिया था जिसकी वजह से मेरे अन्दर वह कूवत आ गयी थी कि मैं अपने छोटे भाइयों और बहनों को बेहतरीन सुविधाएँ दे सकूँ ताकि वे अपने चुने गये क्षेत्र में अपना मुकाम हासिल कर सकें।

...जब अपने पेशे में अपने काम के लिए सम्मान हासिल करने लगा और उसमें सुरक्षित भी हो गया तो मैंने अपने लिए पहला लक्ष्य यह बनाया था...कि अपने भाई और बहनों को उनके अपने चुने गये विषय में बेहतरीन शिक्षा दी जाये, चाहे देश में हो या विदेश में इसमें कोई शक नहीं कि उनमें से सबके अन्दर अपनी-अपनी खूबियाँ थीं और उनमें जीतने की पूरी सम्भावना थी। मुझे लगा कि उन्हें ज़रूरत थी बढ़ावा और साधन देने की। मैंने इसमें कोई कसर नहीं छोड़ी कि उनमें से सबको इसके लिए प्रेरित कर सकूँ कि वे कामयाबी के उस मुकाम पर पहुँच सकें जो कि मैंने उनके लिए सपना देखा था। मैं यह चाहता था कि वे नाम और काम में मुझसे आगे निकल जायें और जीवन में वह मुकाम हासिल करें जो अच्छी तरह से पढ़े-लिखे पेशेवर लोग करते हैं। मैं यह उम्मीद करता था कि एक दिन दिलीप कुमार को उसके भाइयों-बहनों के नाम से जाना जाये न कि उनको मेरे नाम से। अपने काम के लिए बेपनाह मशक्कत करने के बावजूद मैं यह पक्का करता था कि वे मुझसे बातचीत करें और अपनी ख़्वाहिशों के बारे में मुझे बताएँ।

इस बात को बताते हुए मुझे इस बात की ख़ुशी हो रही है कि मुझे इस बात का बहुत सुकून है कि मैं उनके ख़्वाबों को पूरा करने लायक बन पाया और उनको वहाँ भेज सका जहाँ कि वे अपनी दिलचस्पियों को पूरा करने के लिए जाना चाहते थे। इस बात को लिखने से दर्द यह हो रहा है कि मेरा मोहभंग हो

गया। मेरे सपने सपने ही रह गये। आज, मैं यह सोचता हूँ कि आख़िर क्या ग़लत हो गया और यह फ़र्क़ क्यों हुआ जबकि हम सब एक ही माहौल से आये थे।

क्या यह तकदीर थी कि मेरे लिए उसने वह राह बनाई जिसके ऊपर चलकर मैंने यह सब हासिल किया जबकि मेरी पढ़ाई महज कॉलेज तक थी और मेरे पास साधन कम थे और उस पेशे का मुझे किसी तरह का प्रशिक्षण नहीं था मैं जिसमें आया था? हाँ यह तकदीर थी और अल्लाह की मर्ज़ी, लेकिन इसके पीछे कड़ी मेहनत भी थी और अपने लक्ष्य को लेकर लगातार कोशिश, जिसका मतलब था कि हर बार ऐसा काम करना जिससे मेरे फ़िल्मों के निर्माता ख़ुश हो सकें और कमाई कर सकें। क्या मेरे भाइयों और बहनों में उन उम्मीदों पर खरा उतरने के लिए ज़रूरी मेहनत की कमी थी जो मैंने उनके लिए तय किये थे?

अपनी बड़ी बहन सकीना आपा के हालात को बदलने के लिए मैं कुछ नहीं कर सकता था, न ही मैं उसको बदल सकता था जिस तरह से मेरे बड़े भाई अपने जीवन को जीना चाहते थे। इसलिए मैंने यह जिम्मा उठाया कि अपने छोटे भाई-बहनों को लेकर सपने बुनूँ जो मेरी आँखों के सामने बड़े हो रहे थे।

मेरी बहन ताज की दिलचस्पी हमेशा से घर के कामकाज में थी, जो थोड़ी देर में ही बहुत बढ़िया खाना बना सकती थी। मुझे लगता है कि उसे अम्मा ने घर के कामकाज में माहिर बनाया था, हमेशा शान्त रहने वाली और हम लोगों को बढ़िया-बढ़िया खाना खिलाने के लिए हमेशा तैयार रहने वाली। अख़्तर स्कूल के दिनों से ही पढ़ने में बहुत अच्छी थी और भाषा की पढ़ाई में वह माहिर थी और शाइरी में उसकी गहरी दिलचस्पी थी और जिसकी वजह से अयूब साहब के बाद वह हमारे परिवार की दूसरी बौद्धिक बन गयी। उसके भीतर यह कूवत थी कि वह साहित्य की प्रोफ़ेसर बन सके। वह विदेश में पढ़ना चाहती थी और मुझे इस बात की बेहद ख़ुशी थी कि मैं उसे यह मौक़ा दूँ और उसके सपने को पूरा कर सकूँ। जब वह अमेरिका से लौटी तब मैं मुग़ले-आजम की शूटिंग कर रहा था और के. आसिफ हमारे घर आते-जाते रहते थे। मुझे इस बात का ज़रा भी इल्म नहीं था कि उन दोनों के बीच प्यार परवान चढ़ रहा था और उन्होंने मुझे बिना बताये और मेरी मर्ज़ी के बिना शादी कर ली, इस बात को अच्छी तरह जानते हुए कि मैं अपनी सबसे पढ़ी-लिखी बहन को एक ऐसे आदमी से शादी नहीं करने देता जो दो बार शादी कर चुका था और जिसकी उम्र उससे बहुत अधिक थी और जिसके ख़यालात उससे बहुत अलग तरह के थे और जिसके जीने का ढंग एकदम अलग तरह का था। अख़्तर की कमज़ोरी उर्दू शायरी थी और आसिफ का झुकाव उसकी तरह उर्दू ज़ुबान की उसकी महारत की वजह से ही हुआ।

अख़्तर ने मुझे निराश किया और उससे मेरा मोहभंग हो गया और मैंने उससे और आसिफ से कुछ सालों के लिए ख़ुद को दूर कर लिया।

सईदा अम्मा जैसी लगती थी और उसकी दुबली-पतली काया को घर में

इधर-उधर घूमते हुए देखना अच्छा लगता था और वह वैसे ही आहिस्ता-आहिस्ता चलती थी जिस तरह से अम्मा चलती थी। वह देखने में ही अम्मा की तरह प्यारी और नाजुक लगती थी बल्कि वह लोगों से बात भी उतनी ही नफासत से करती थी जिस तरह से अम्मा करती थी। उसने भी कैरियर की जगह शादी करने को चुना। फरीदा हमेशा से परिवार की टॉमबॉय थी जो यह चाहती थी कि अपने पैरों पर खड़ी हो और पत्रकारिता की दुनिया में अपना मकाम बनाये। मैं उसको प्यार से 'सनशाइन' बुलाता था क्योंकि वह हमेशा चमकती रहती थी और घर में मधुमक्खी की तरह से घूमती रहती थी। उसने टाइम्स ऑफ़ इंडिया समूह की पत्रिका 'फेमिना' में नौकरी कर ली। मुझे याद है कि फरीदा को अपने दफ़्तर जाने में हमेशा देर होती रहती थी और मुझसे कहती थी कि कार उसको दे दूँ ताकि वह दफ़्तर जा सके, जो बान्द्रा से 16 किलोमीटर दूर बोरीबन्दर में था। वह भी अपने क्षेत्र में मुकाम हासिल कर सकती थी।

फौजिया एक नौजवान से मिली और उसने उससे ग्रेजुएशन के बाद शादी करके अपना घर बसा लिया। उसका पति दिलीप सुर्वे महिंद्रा ग्रुप की किसी कम्पनी में अच्छा काम करता था।

छोटे भाइयों अहसान और असलम को बम्बई स्कॉटिश स्कूल में पढ़ने के लिए भेजा गया और बाद में उन्होंने बम्बई के सेंट जेवियर्स कॉलेज में पढ़ना सही समझा। दोनों आगे की पढ़ाई के लिए अमेरिका जाना चाहते थे। बड़ी उम्मीदों के साथ मैंने अहसान और असलम को पढ़ने के लिए विदेश भेजा। मुझे याद नहीं आता है कि मैंने कभी इस बात के लिए उनके सामने अफ़सोस किया हो कि वे मेरी उम्मीदों पर खरे नहीं उतर पाये। अपने जीवन के उतार-चढ़ावों से एक और सच्चाई मुझे यह जानने को मिली कि महत्वाकांक्षी होना और कामयाबी की उम्मीद रखना अच्छी बात है मगर यह सबकी किस्मत में नहीं होता है कि वह वह पा सके जिसकी कि उसने ख़्वाहिश की हो।

नासिर मुझसे दो साल छोटा था। वह अपनी ख़ूबसूरती और बहादुरी की वजह से लड़कियों का चहेता था। जब हम पाली माला में रहते थे तो उसकी एक लड़की से मोहब्बत थी और जब वह घर से बन-सँवर कर बाहर निकलता था तो वह उसे छिप-छिप कर देखती थी। इस बात में कोई हैरानी की बात नहीं थी कि जब 1945 में उसने फिल्मिस्तान की फ़िल्म 'मज़दूर' से अपना फ़िल्म कैरियर शुरू किया तो वह मक़बूल हो गया। उसने कुछ अच्छी हीरोइनों जैसे नर्गिस, मीना कुमारी और नूतन के साथ काम शुरू किया। उसका लगाव एक हीरोइन बेगम पारा से था। वह अच्छे तौर तरीकों वाली औरत थी और जो उसके अच्छे परिवार से आने के कारण था और उसने उससे उस वक़्त शादी कर ली जब किसी अजीब सी बीमारी की वजह से उसके सर से (नासिर के) बाल उड़ने लगे। वह बाद में फ़िल्म बनाना चाहता था और उसमें एक्टिंग

भी करना चाहता था। चूँकि फाइनांसर मेरे पीछे पैसा लगाने के लिए तैयार थे इसलिए मैंने उससे कहा कि मैं एक फ़िल्म बनाऊँगा जिससे उसे वह मंच मिलेगा जहाँ से वह फिर से अपने आपको खड़ा कर सकता था और वह मक़बूलियत हासिल कर सकता था एक जज़्बाती एक्टर होने के कारण वह जिसका हकदार था। मैंने 'गंगा जमुना' बनाई और उसके काम की ख़ूब तारीफ़ हुई, जिससे मुझे बहुत फ़ख्र हुआ। हालाँकि उसका जो इलाज हुआ, जो दवाएँ उसे दी गयीं उससे वह ठीक नहीं हो पाया। धीरे-धीरे उसे काम बन्द कर देना पड़ा।

अक्सर मुझसे यह पूछा जाता है कि अपने भाइयों अयूब साहब, नूर साहब और नासिर तथा बहनों सकीना आपा और ताज की मौत को मैंने किस तरह से लिया। मैं यही कह सकता हूँ कि हर मौत दर्दनाक होती है और मुझे इस बात को मानने के लिए बड़ी हिम्मत जुटानी पड़ी कि वे अब मेरी ज़िन्दगी में नहीं हैं।

मुझे अब भी याद आता है 1972 में एक सुबह अबरार अल्वी का फ़ोन आया था, जिसे नकी अहमद ने उठाया, वे सायरा के रिश्तेदार थे और तब हमारे साथ रह रहे थे। वह फ़ोन मेरे लिए था और उससे मुझे यह बुरी ख़बर पता चली कि नासिर का डलहौजी में इन्तकाल हो गया, वहाँ वह अपनी फ़िल्म 'ज़िद' के लिए लोकेशन की तलाश में गया था, जिसका वह निर्माण कर रहा था। 'ज़िद' फ़िल्म में सायरा और संजय ख़ान काम कर रहे थे और उसकी शूटिंग में थोड़ी देर इसलिए हो गयी थी क्योंकि सायरा को डॉक्टरों ने आराम के लिए कहा था क्योंकि उसको जो दवाएँ दी जा रही थीं उनको डॉक्टरों की कड़ी देखरेख में दिया जाना था। इस बीच, नासिर ने यह सोचा कि इस मौक़े का इस्तेमाल करके वह पंजाब में ख़ूबसूरत लोकेशन तलाश ले।

मैं तो जैसे सुन्न पड़ गया और जैसे टूट सा गया था। मुझे सायरा से इस ख़बर को बचाकर रखना था क्योंकि उसका इलाज कर रहे डॉक्टरों ने यह कहा था कि जज़्बाती तौर पर किसी तरह की तकलीफ़ उसके लिए ख़तरनाक होगी क्योंकि अभी वह अल्सर से उबरी थी और अगर वह फिर से हो जाता तो जानलेवा हो सकता था। इस बात को उससे दबाकर किस तरह रखूँ? सायरा और नासिर एक-दूसरे का सम्मान करते थे। वह मेरे परिवार का एकमात्र आदमी था जो उसे वह सम्मान और प्यार देता था जिसकी वह हकदार थी और साथ ही, वह इस बात को भी समझता था कि मेरी बहनों और अहसान की बेरुखी से उसके ऊपर क्या गुज़रती थी। नासिर की सकीना आपा से नहीं बनती थी क्योंकि उसने एक हीरोइन से शादी की थी। जब नासिर दुखी होता था तो वह तसल्ली के लिए सायरा के पास आता था।

मेरे लिए यह ज़रूरी था कि मैं सायरा के सामने इस तरह से बर्ताव करूँ जैसे कुछ ख़ास न हुआ हो और मुझे उसे यह बताना पड़ा कि नासिर को हल्का-सा दिल का दौरा पड़ा था और वह अस्पताल में था। नसीम आपा को यह पता था कि

बी.आर. चोपड़ा के साथ

क्या हुआ था और उन्होंने मुझे कहा कि जब तक मैं नासिर की मय्यत से जुड़ी ज़रूरतों को पूरा करने जाऊँ वह सायरा का ध्यान रखेंगी। मैं यह बात स्वीकार करना चाहता हूँ कि उसके सामने सामान्य दिखने के लिए मुझे अपने आपको बहुत आज़माना पड़ा जबकि मेरा दिल दुःख रहा था और आत्मा मर रही थी।

जब देर रात मैं क़ब्रिस्तान से लौटा तो मैंने पाया कि सायरा यह जानने के लिए खड़ी थी कि नासिर की हालत कैसी थी। वह इस बात पर ज़ोर देने लगी कि उसे भी अस्पताल जाकर नासिर को देखना है। मेरे लिए ख़ुद को ज़ब्त कर पाना मुश्किल हो रहा था और मैं उसके सामने बुरी तरह से फूट पड़ा।

जब हम बड़े होते हैं तो हमारे भीतर इस बात की समझदारी होती है कि हम मौत की भयानक सच्चाई को समझ सकें मगर हम नासिर के बच्चों से कैसे कहेंगे कि उसके अब्बा अब कभी नहीं आ पायेंगे?

जब मैं अपने भाइयों नूर साहब, अयूब साहब, नासिर और अपनी बहनों सकीना आपा और ताज के मौजूद न होने के बारे में सोचता हूँ तो मुझे कुछ और शानदार इंसानों की कमी खलती है जो मेरे इस सफ़र में मेरे साथ रहे, जिनमें राज कपूर, अशोक कुमार, एस. मुखर्जी साहब, महबूब साहब, नितिन दा, बिमलदा, तपनदा, बी. आर. चोपड़ा साहब, देव आनन्द, प्राण, यश चोपड़ा और निर्माता यश जौहर शामिल हैं। मैं इनकी कमी को भी वैसे ही महसूस करता हूँ जैसे अपने भाइयों की कमी महसूस करता हूँ।

वह कौन-सा मौक़ा था जब मुझे गौरव महसूस हुआ था और मेरा गला भर आया था, जिसकी वजह से कुछ देर के लिए कुछ भी कह पाना मुश्किल हो गया

'छोटी बहन' लता मंगेशकर के साथ

था? मैं कह सकता हूँ कि वह मौक़ा था जब लता मंगेशकर ने 1962 में चीन की लड़ाई के बाद 26 जनवरी 1963 को गणतन्त्र दिवस के दिन एक आयोजन में शहीदों को श्रद्धांजलि दी थी। प्रधानमन्त्री जवाहरलाल नेहरू वहाँ मौजूद थे, वह रोने लगे थे और वहाँ मौजूद सभी लोग रो रहे थे।

एक रात पहले, अशोक होटल में, जहाँ लता मंगेशकर ठहरी हुई थीं, मैं उनसे थोड़ी देर के लिए मिला था और वह शर्मीली, निरहंकारी बनी हुई थीं। दिन भर मिलने-जुलने के बाद जब मैं अपने कमरे में गया, तो मैंने लता को फ़ोन किया और कहा कि क्या वह मेरा प्रिय गीत 'अल्ला तेरो नाम'* मेरे लिए गायेंगी और वह ख़ुशी-ख़ुशी राजी हो गयीं। मैं सोने चला गया और उनकी लाजवाब आवाज़ मेरे थके दिमाग़ में गूँजती रही। मुझे कहाँ पता था कि लता 'ऐ मेरे वतन के लोगो'** दिल को छू लेने वाली आवाज़ में गाकर ख़ुद से भी आगे निकल जायेंगी।

मार्च 2014 में लता मेरे घर आयी थीं और हमने उन दिनों को याद किया जब हम बम्बई टॉकीज में मिलते थे और बटाटा वडा खाते थे और महबूब स्टूडियो की कैंटीन में चाय पीते थे जहाँ वह गाने की रेकॉर्डिंग करती थीं। वह बच्ची सी थीं जब संगीतकार अनिल विश्वास ने मुझे उनसे 1947 में मिलवाया था। वह

* फ़िल्म 'हम दोनों' (1961) के लिए साहिर लुधियानवी का लिखा गीत, जिसे जयदेव ने संगीतबद्ध किया था।

** प्रदीप (वास्तविक नाम रामचन्द्र नारायण जी द्विवेदी) का लिखा गीत, संगीतबद्ध किया था सी. रामचन्द्र ने।

उसी मुस्कान के साथ मिली थीं जो आज भी बरकरार है। उनकी आँखों में ख़ुशी के आँसू थे जिनको वह रोकने की कोशिश कर रही थीं जब उन्होंने अपना सर मेरी छाती से टिका दिया और मुझे याद आया कि वह कितनी दुबली-पतली सी थी जब लन्दन के रॉयल अलबर्ट हॉल के विशाल मंच पर 1974 में वह खड़ी थी और जब मैंने उनका परिचय करवाते हुए उसे अपनी छोटी बहन कहा था तो वह कितना शरमा रही थी।

उसने मुझे हैरत में डाल दिया और वह तब तक वहाँ एक आज्ञाकारी बहन की तरह बैठी रही जब तक कि मैंने उसे जाने के लिए नहीं कहा। अपने साथ काम कर चुके लोगों से मिलकर अच्छा लगता है, ख़ासकर उन लोगों से जो यश अर्जित करने और मशहूर होने के बावजूद बदलने से इनकार कर देते हैं।

फ़िल्में और पुरस्कार

1944 : **ज्वार भाटा**
निर्माण : बॉम्बे टॉकीज
निर्देशन : अमिय चक्रवर्ती
संगीत : अनिल विश्वास
कलाकार : दिलीप कुमार, मृदुला शमीम, आगा जान, के.एन. सिंह, पिथावाला, अरुण कुमार, खलील, बिक्रम कपूर और मुमताज अली।

1945 : **प्रतिमा**
निर्माण : बॉम्बे टॉकीज
निर्देशन : पी. जयराज
संगीत : अरुण कुमार
कलाकार : दिलीप कुमार, स्वर्णलता, ज्योति, मुमताज अली, पिथावाला, मुकरी जेबू और शाह नवाज़।

1946 : **मिलन**
निर्माण : बॉम्बे टॉकीज
निर्देशन : नितिन बोस
संगीत : अनिल विश्वास
कलाकार : दिलीप कुमार, मीरा मिश्रा, रंजना, पहाड़ी सान्याल और मोनी चटर्जी।

1947 : **जुगनू**
निर्माण : शौकत आर्ट प्रोडक्शन
निर्देशन : सैयद शौकत हुसैन रिज़वी
संगीत : फिरोज निजामी

कलाकार	:	नूरजहाँ, दिलीप कुमार, गुलाम मोहम्मद, सुलोचना सीनियर (रूबी मायर्स) लतिका, जिया, जिल्लू, आगा, शशिकला और मोहम्मद रफी।

1948	:	**अनोखा प्यार।**
निर्माण	:	अम्बिका फ़िल्म्स
निर्देशन	:	एम.आई. धरमसे
संगीत	:	अनिल विश्वास
कलाकार	:	दिलीप कुमार, नर्गिस, नलिनी जयवंत, संकटा प्रसाद, मुकरी, वेद केसरबाई, उमा दत्त, हबीब और शेख।

1948	:	**घर की इज़्ज़त**
निर्माण	:	मुरली मूवीटोन
निर्देशन	:	राम दरयानी
संगीत	:	गोबिन्दराम
कलाकार	:	दिलीप कुमार, मुमताज शान्ति, जीवन, मनोरमा, दीक्षित, सुलेमान गुलाब और गोप।

1948	:	**मेला**
निर्माण	:	वाडिया फ़िल्म्स लिमिटेड
निर्देशन	:	एस.यू. सन्नी
संगीत	:	नौशाद
कलाकार	:	दिलीप कुमार, नर्गिस, जीवन, अमर, रूप कमल, अलाउद्दीन, अब्बास नूरजहाँ, चन्दाबाई, रहमान, खलील और बेबी जुबेदा।

1948	:	**नदिया के पार**
निर्माण	:	फ़िल्मिस्तान
निर्देशन	:	किशोर साहू
संगीत	:	सी. रामचन्द्रन
कलाकार	:	दिलीप कुमार, कामिनी कौशल, माया बनर्जी, डेविड, एस.एल. पुरी, हरी शिवदासानी, सैमसन, तिवारी, कान्ता कुमारी और रानीबाला

1948 : **शहीद**
निर्माण : फ़िल्मिस्तान
निर्देशन : रमेश सहगल
संगीत : गुलाम हैदर
कलाकार : दिलीप कुमार, कामिनी कौशल, चन्द्रमोहन, लीला चिटनिस, वी.एच. देसाई और शशि कपूर।

1949 : **अन्दाज़**
निर्माण : महबूब प्रोडक्शन
निर्देशन : महबूब ख़ान
संगीत : नौशाद
कलाकार : दिलीप कुमार, राज कपूर, नर्गिस, वी.एच. देसाई, कुक्कू, मुराद, अनवरी बाई, अमीर बानू, जमशेदजी, अब्बास और वासकर।

1949 : **शबनम**
निर्माण : फिल्मिस्तान
निर्देशन : बिभूति मित्र
संगीत : एस.डी. बर्मन
कलाकार : दिलीप कुमार, कामिनी कौशल, जीवन, पारो, मुबारक, हारुन, राजेन्द्र सिंह, श्यामा और कुक्कू।

1950 : **आरजू**
निर्माण : इंडियन नेशनल पिक्चर्स
निर्देशन : शाहिद लतीफ
संगीत : अनिल विश्वास
कलाकार : दिलीप कुमार, कामिनी कौशल, गोप, कुक्कू, आरिफ, प्रेम धवन, शशिकला, सीता बोस, नीलम ख़ान, गंजू और चन्दाबाई।

1950 : **बाबुल**
निर्माण : सन्नी आर्ट प्रोडक्शन
निर्देशन : एस.यू. सन्नी
संगीत : नौशाद
कलाकार : दिलीप कुमार, नर्गिस, मुनव्वर सुल्ताना, अमर, ए. शाह और जानकी दास।

1950 : **जोगन**
निर्माण : रंजीत मूवीटोन
निर्देशन : केदार शर्मा
संगीत : बुलो सी. रानी
कलाकार : दिलीप कुमार, नर्गिस, मंजू, प्रतिमा देवी, पेसी पटेल, पूर्णिमा, बेबी तबस्सुम, अनवरी, रमेश ठाकुर, दर्पण और राजेन्द्र कुमार।

1951 : **दीदार**
निर्माण : फ़िल्मकार लिमिटेड
निर्देशन : नितिन बोस
संगीत : नौशाद
कलाकार : अशोक कुमार, नर्गिस, दिलीप कुमार, निम्मी, याकूब और बेबी तबस्सुम।

1951 : **हलचल**
निर्माण : के. आसिफ प्रोडक्शन
निर्देशन : एस.के. ओझा
संगीत : मोहम्मद शफी और सज्जाद हुसैन
कलाकार : दिलीप कुमार, नर्गिस, बलराज साहनी, याकूब, जीवन, सितारा देवी, के.एन. सिंह, गीता निजामी फैजी और कुक्कू।

1951 : **तराना**
निर्माण : कृष्णा मूवीटोन
निर्देशन : राम दरयानी
संगीत : अनिल विश्वास
कलाकार : दिलीप कुमार, मधुबाला, श्याम, कुमार, जीवन, गोप, गुलाब, देवसकर और बिक्रम कपूर।

1952 : **आन**
निर्माण : महबूब प्रोडक्शन
निर्देशन : महबूब ख़ान
संगीत : नौशाद
कलाकार : दिलीप कुमार, निम्मी, प्रेमनाथ, मुकरी, शीला नाईक, मुराद, कुक्कू, नीलम बाई, अमीर बानू और नादिरा।

1952 : **दाग़**
निर्माण : मार्स एंड मूवीज : अमिय चक्रवर्ती
निर्देशन : अमिय चक्रवर्ती
संगीत : शंकर जयकिशन
कलाकार : दिलीप कुमार, उषा किरण, निम्मी, ललिता पवार, कन्हैयालाल,जवाहर कौल, लीला मिश्रा, चन्द्रशेखर और कृष्णकान्त।

1952 : **संगदिल**
निर्माण : तलवार फ़िल्म्स लिमिटेड
निर्देशन : आर.सी. तलवार
संगीत : सज्जाद हुसैन
कलाकार : दिलीप कुमार, मधुबाला, लीला चिटनिस, प्रतिमा देवी और शम्मी

1953 : **फुटपाथ**
निर्माण : रंजीत मूवीटोन
निर्देशन : जिया सरहदी
संगीत : अनिल विश्वास
कलाकार : दिलीप कुमार, मीना कुमारी, कुलदीप कौर, अनवर हुसैन, रमेश थापर, अचला सचदेव, रमेश ठाकुर, अख़्तर, पी. कैलाश, जानकीदास, मारुति और सुमति लजमी।

1953 : **शिकस्त**
निर्माण : आशा दीप
निर्देशन : रमेश सहगल

वजूद और परछाईं

संगीत : शंकर जयकिशन
कलाकार : दिलीप कुमार, नलिनी जयवंत, मास्टर कपूर, ओम प्रकाश, दुर्गा खोटे, के.एन. सिंह, लीला मिश्रा, शामलाल और हेमावती।

1954 : अमर

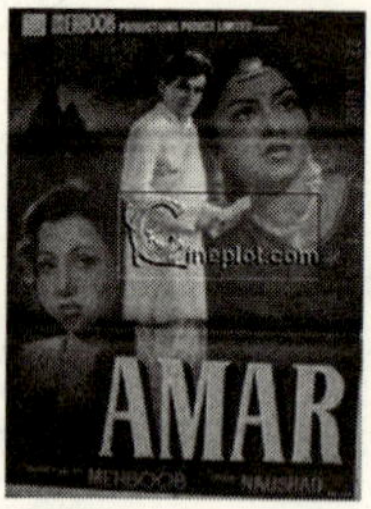

निर्माण : महबूब ख़ान
निर्देशन : अमिय चक्रवर्ती
संगीत : नौशाद
कलाकार : दिलीप कुमार, मधुबाला, निम्मी, जयंत, उल्हास, मुकरी, अमर,हुस्नबानू, मुराद और शकील नोमानी।

1955 : आज़ाद

निर्माण : पक्षीराजा स्टूडियो
निर्देशन : एस.एम.एस. नायडू
संगीत : सी. रामचन्द्र
कलाकार : दिलीप कुमार, मीना कुमारी, प्राण, ओम प्रकाश, एस. नजीर, बद्री प्रसाद, राज मेहरा, रंधीर, अचला सचदेव, मुराद, दीपा साईं, सुब्बलक्ष्मी और शम्मी।

1955 : इंसानियत

निर्माण : जेमिनी पिक्चर्स
निर्देशन : एस.एस. वासन
संगीत : सी. रामचन्द्र
कलाकार : दिलीप कुमार, देव आनन्द, बीना राय, विजयलक्ष्मी, जयराज, जयंत, शोभना समर्थ, आगा, कुमार बद्री प्रसाद, मोहना, ईश्वरलाल, और जिप्पी (चिम्पैंजी)।

1955 : उड़न खटोला

निर्माण : सन्नी आर्ट प्रोडक्शन
निर्देशन : एस.यू. सन्नी
संगीत : नौशाद

कलाकार : दिलीप कुमार, निम्मी, सूर्य कुमारी, जीवन, आगा, नवाब, रूपमाला, अमर और टुनटुन।

1955 : **देवदास**
निर्माण : बिमल रॉय प्रोडक्शन
निर्देशन : बिमल रॉय
संगीत : एस.डी. बर्मन
कलाकार : दिलीप कुमार, सुचित्रा सेन, वैजयन्तीमाला, मोतीलाल, जॉनी वाकर, नजीर हुसैन और प्राण।

1957 : **नया दौर**
निर्माण : बी.आर. फ़िल्म्स
निर्देशन : बी.आर. चोपड़ा
संगीत : ओ.पी. नैयर
कलाकार : दिलीप कुमार, वैजयन्तीमाला, अजित, चाँद उस्मानी, जीवन, मनमोहन कृष्णा, नजीर हुसैन, लीला चिटनिस, राधाकृष्णन, एस. नजीर, प्रतिमा देवी, डेजी ईरानी, एस.एन. बनर्जी और जॉनी वाकर।

1957 : **मुसाफ़िर**
निर्माण : फ़िल्म ग्रुप्स
निर्देशन : हृषिकेश मुखर्जी
संगीत : सलिल चौधरी
कलाकार : दिलीप कुमार, उषा किरण, किशोर कुमार, सुचित्रा सेन, निरूपा रॉय, शेखर, दुर्गा खोटे, डेविड, डेजी ईरानी, बिपिन गुप्ता, रशीद खान, नजीर हुसैन, राज लक्ष्मी, मोहन चोटी, केष्टो मुखर्जी, पॉल महेन्द्र और हीरा सावंत।

1958 : **मधुमती**
निर्माण : बिमल रॉय प्रोडक्शन
निर्देशन : बिमल रॉय
संगीत : सलिल चौधरी

वजूद और परछाईं

कलाकार : दिलीप कुमार, वैजयन्तीमाला, प्राण, जॉनी वाकर, जयंत, तरुण बोस, तिवारी, मिश्रा, बैज शर्मा और भूडो अडवानी।

1958 : **यहूदी**

निर्माण : बॉम्बे फ़िल्म्स

निर्देशन : बिमल रॉय

संगीत : शंकर जयकिशन

कलाकार : दिलीप कुमार, सोहराब मोदी, मीना कुमारी, निगार सुल्ताना, नजीर हुसैन, मुराद, अनवर, मीनू मुमताज, तिवारी, बेबी नाज, बिक्रम कपूर, रोमी, कुक्कू, कमला लक्ष्मण और हेलेन।

1959 : **पैग़ाम**

निर्माण : जेमिनी फ़िल्म्स

निर्देशन : एस.एस. वासन

संगीत : सी. रामचन्द्र

कलाकार : दिलीप कुमार, वैजयन्तीमाला, राज कुमार, बी. सरोजा देवी, मोतीलाल, पंढारी बाई, जॉनी वाकर, मीनू मुमताज, वसुन्धरा, डेविड, प्रतिमा देवी, बनर्जी, शिवराज, ईश्वरलाल और अमर।

1960 : **कोहिनूर**

निर्माण : रिपब्लिक फ़िल्म कॉरपोरेशन

निर्देशन : एस.यू. सन्नी

संगीत : नौशाद

कलाकार : दिलीप कुमार, मीना कुमारी, जीवन, कुमकुम, मुकरी, कुमार, लीला चिटनिस, एस. नजीर, वासी खान, अजीम, मास्टर निसार, टुनटुन और राजन कपूर।

1960 : **मुग़ले-आजम**
निर्माण : स्टर्लिंग इन्वेस्टमेंट कारपोरेशन
निर्देशन : के. आसिफ
संगीत : नौशाद
कलाकार : पृथ्वीराज कपूर, दिलीप कुमार, मधुबाला, दुर्गा खोटे, निगार सुल्ताना, अजीत, कुमार, मुराद, शीला दलाया, जलाल आगा, विजयलक्ष्मी, एस. नजीर, पॉल शर्मा, सुरेन्द्र, जॉनी वाकर और तबस्सुम।

1960 : **काला बाज़ार**
निर्माण : नवकेतन
निर्देशन : विजय आनन्द
संगीत : एस.डी. बर्मन
कलाकार : देव आनन्द, वहीदा रहमान, नन्दा, विजय आनन्द, चेतन आनन्द, लीला चिटनिस, रशीद ख़ान, किशोर साहू और दिलीप कुमार (मेहमान कलाकार)।

1961 : **गंगा जमुना**
निर्माण : सिटिजन फ़िल्म्स
निर्देशन : नितिन बोस
संगीत : नौशाद
कलाकार : दिलीप कुमार, वैजयन्तीमाला, नासिर ख़ान, अजरा, कन्हैयालाल अनवर, नजीर हुसैन, एस. नजीर, लीला चिटनिस, प्रवीण पॉल, हेलेन आकाशदीप, बेबी अरुणा और बेबी नाज।

1964 : **लीडर**
निर्माण : मुखर्जी फ़िल्म सिंडिकेट
निर्देशन : राम मुखर्जी
संगीत : नौशाद

कलाकार : दिलीप कुमार, वैजयन्तीमाला, मोतीलाल, जयंत, नजीर हुसैन, सप्रू, हीरालाल, अमर, जानकीदास, पी. कैलाश, जगदीश सेठी, लीला मिश्रा, मर्लिन और मधुमती।

1966 : **दिल दिया दर्द लिया**
निर्माण : के. प्रोडक्शन
निर्देशन : ए.आर. करदार
संगीत : नौशाद
कलाकार : दिलीप कुमार, वहीदा रहमान, प्राण, रहमान, श्यामा, रानी, सज्जन, सप्रू, आगा, मुराद और जॉनी वाकर।

1967 : **राम और श्याम** (पहली बार दोहरी भूमिका करने वाले फ़िल्म इंडस्ट्री में दिलीप कुमार थे।)
निर्माण : विजय इंटरनेशनल
निर्देशन : तापी चाणक्य
संगीत : नौशाद
कलाकार : दिलीप कुमार, वहीदा रहमान, मुमताज, प्राण, निरूपा रॉय, कन्हैयालाल, नजीर हुसैन, सज्जाद, मुकरी, अमर, लीला मिश्रा, जेबुनिस्सा, और बेबी फरीदा।

1967 : **पारी (बांग्ला)**
निर्माण : प्रोनोति घोष
निर्देशन : जगन्नाथ चट्टोपाध्याय
संगीत : सलिल चौधरी
कलाकार : धर्मेन्द्र, दिलीप कुमार, अभि भट्टाचार्य, दिलीप रॉय, केष्टो मुखर्जी और प्रोनोति घोष।

1968 : **आदमी**
निर्माण : पीएसवी फ़िल्म्स
निर्देशन : ए. भीम सिंह
संगीत : नौशाद

कलाकार : दिलीप कुमार, वहीदा रहमान, मनोज कुमार, सिमी गरेवाल, प्राण सुलोचना, उल्हास, पद्मा चव्हान, मोहन चोटी, शिवराज और आगा।

1968 : **संघर्ष**
निर्माण : राहुल थियेटर्स
निर्देशन : एच.एस. रवेल
संगीत : नौशाद
कलाकार : दिलीप कुमार, वैजयन्तीमाला, बलराज साहनी, संजीव कुमार, जयंत, दुर्गा खोटे, सुलोचना, सुन्दर, उल्हास, इफ्तेखार, सप्रू, मुमताज बेगम, पद्मा, लता सिन्हा, अंजू महेन्द्रू, रानू और देवेन वर्मा।

1968 : **साधू और शैतान।**
निर्माण : भीम सिंह-महमूद प्रोडक्शन
निर्देशन : ए. भीम सिंह
संगीत : लक्ष्मीकान्त-प्यारेलाल
कलाकार : महमूद, भारती, किशोर कुमार, ओम प्रकाश, प्राण, बेबी फरीदा,मुकरी, मंजू, राज किशोर, केष्टो मुखर्जी, टुनटुन, जानकीदास, और दिलीप कुमार (मेहमान कलाकार)।

1970 : **गोपी**
निर्माण : प्रोस्पेरिटी पिक्चर्स-टी.एस. मुथुस्वामी एवं एस.एस. पलनियप्पन
निर्देशन : ए. भीम सिंह
संगीत : कल्याणजी-आनन्दजी
कलाकार : दिलीप कुमार, सायरा बानो, ओम प्रकाश, प्राण, जॉनी वाकर, ललिता पवार, निरूपा रॉय, फरीदा जलाल, सुदेश कुमार, दुर्गा खोटे, मुकरी, तिवारी, श्यामलाल और अरुणा ईरानी।

1970 : **सगीना महतो (बांग्ला)**
निर्माण : हेमेन गांगुली और जी.एल. कपूर
निर्देशन : तपन सिन्हा
संगीत : तपन सिन्हा
कलाकार : दिलीप कुमार, सायरा बानो और अपर्णा सेन।

1972 : **अनोखा मिलन**
निर्माण : आर.जे. वजीरानी-वजीरानी मूवीज
निर्देशन : जगन्नाथ चट्टोपाध्याय
संगीत : सलिल चौधरी
कलाकार : धर्मेन्द्र, दिलीप कुमार (मेहमान कलाकार), प्रोनोति घोष, अभि भट्टाचार्य, दिलीप रॉय और केष्टो मुखर्जी।

1972 : **दास्तान (दूसरी बार दोहरी भूमिका)**
निर्माण : बी.आर. फ़िल्म्स
निर्देशन : बी.आर. चोपड़ा
संगीत : लक्ष्मीकान्त-प्यारेलाल
कलाकार : दिलीप कुमार, शर्मिला टैगोर, प्रेम चोपड़ा, बिन्दु, आई.एस. जौहर, पद्मा खन्ना, मदन पुरी, जयश्री टी., नाना पलसीकर, मनमोहन कृष्ण, इफ्तेखार, बद्री प्रसाद और केशव राणा।

1974 : **फिर कब मिलोगी**
निर्माण : हरि मेहरा शिवालय फ़िल्म्स
निर्देशन : हृषिकेश मुखर्जी
संगीत : आर.डी. बर्मन
कलाकार : माला सिन्हा, बिश्वजीत, देवेन वर्मा, बिपिन गुप्त, डेविड और दिलीप कुमार (मेहमान कलाकार)।

1974 : **सगीना (हिन्दी)**
निर्माण : जे.के. कपूर रूपश्री इंटरनेशनल
निर्देशन : तपन सिन्हा
संगीत : एस.डी. बर्मन
कलाकार : दिलीप कुमार, सायरा बानो, ओम प्रकाश, अपर्णा सेन, अनिल चटर्जी, स्वरूप दत्त, रजनी गुप्ता, के.एन. सिंह और कादर ख़ान।

1976 : **बैराग (तिहरी भूमिका)**
निर्माण : मुशीर आलम और मोहम्मद रियाज—एम. आर. प्रोडक्शन
निर्देशन : असित सेन
संगीत : कल्याणजी-आनन्दजी
कलाकार : दिलीप कुमार, सायरा बानो, लीना चंदावरकर, प्रेम चोपड़ा, नासिर ख़ान, हेलेन, नजीर हुसैन, जयराज, मदन पुरी, सुजीत कुमार, पूर्णिमा, असित सेन, लीला मिश्रा, मुकरी, कादर ख़ान, वी. गोपाल नाज, पेंटल, जानकीदास, प्रवीण पॉल, मोहन चोटी और सचिन।

1981 : **क्रान्ति**
निर्माण : वीआइपी फ़िल्म्स
निर्देशन : मनोज कुमार
संगीत : लक्ष्मीकान्त-प्यारेलाल
कलाकार : दिलीप कुमार, मनोज कुमार, हेमा मालिनी, शशि कपूर, परवीन बाबी, शत्रुघ्न सिन्हा, निरूपा रॉय, शशिकला, सारिका, प्रेम चोपड़ा, प्रदीप कुमार, मदन पुरी, मास्टर आदित्य और मास्टर कुणाल।

1982 : **शक्ति**
निर्माण : मुशीर आलम और मोहम्मद रियाज एम. आर. प्रोडक्शन
निर्देशन : रमेश सिप्पी

वजूद और परछाईं

संगीत : आर.डी. बर्मन
कलाकार : दिलीप कुमार, अमिताभ बच्चन, राखी, स्मिता पाटिल, कुलभूषण खरबन्दा और अमरीश पुरी।

1982 : विधाता
निर्माण : गुलशन राय त्रिमूर्ति फ़िल्म्स
निर्देशन : सुभाष घई
संगीत : कल्याणजी-आनन्दजी
कलाकार : दिलीप कुमार, संजीव कुमार, शम्मी कपूर, संजय दत्त, पद्मिनी कोल्हापुरे, सारिका, अमरीश पुरी, डॉ. श्रीराम लागू, सुरेश ओबेराय और मदनपुरी।

1983 : मज़दूर
निर्माण : बी.आर. चोपड़ा—बी.आर. फ़िल्म्स
निर्देशन : रवि चोपड़ा
संगीत : आर.डी. बर्मन
कलाकार : दिलीप कुमार, नन्दा, राज बब्बर, पद्मिनी कोल्हापुरे, रति अग्निहोत्री, राज किरण और सुरेश ओबेराय।

1984 : दुनिया
निर्माण : यश जौहर—धर्मा प्रोडक्शन प्राइवेट लिमिटेड
निर्देशन : रमेश तलवार
संगीत : आर.डी. बर्मन
कलाकार : अशोक कुमार, दिलीप कुमार, सायरा बानो, ऋषि कपूर, अमृता सिंह, प्रेम चोपड़ा, अमरीश पुरी और प्राण।

1984 : मशाल
निर्माण : यशराज फ़िल्म्स
निर्देशन : यश चोपड़ा
संगीत : हृदयनाथ मंगेशकर
कलाकार : दिलीप कुमार, वहीदा रहमान, रति

अग्निहोत्री, अनिल कपूर, नीलू फूले, मदन पुरी, मोहन अगाशे, सईद जाफरी, अमरीश पुरी और इफ्तेखार।

1986 : **धरम अधिकारी**
निर्माण : यू.वी. सूर्यनारायण राव
निर्देशन : के. राघवेन्द्र राव
संगीत : बप्पी लाहिरी
कलाकार : दिलीप कुमार, जीतेन्द्र, श्रीदेवी, अनुराधा पटेल, प्राण, कादर ख़ान, शक्ति कपूर, असरानी, राकेश बेदी, सुजीत कुमार, मयूर, रोहिणी हट्टंगड़ी, प्रीती सप्रू और गीता सिद्ध ार्थ।

1986 : **कर्मा**
निर्माण : सुभाष घई मुक्ता आर्ट्स
निर्देशन : सुभाष घई
संगीत : लक्ष्मीकान्त-प्यारेलाल
कलाकार : दिलीप कुमार, नूतन, जैकी श्रॉफ, अनिल कपूर, नसीरुद्दीन शाह,श्रीदेवी, पूनम ढिल्लो, अनुपम खेर, शक्ति कपूर, दारा सिंह, सत्यनारायण और बिन्दु।

1989 : **क़ानून अपना-अपना**
निर्गाण : ए.एस.आर. अन्जानेयुलू—माधवी प्रोडक्शन
निर्देशन : बी. गोपाल
संगीत : बप्पी लाहिरी
कलाकार : दिलीप कुमार, नूतन, संजय दत्त, माधुरी दीक्षित, कादर ख़ान, अनुपम खेर, गुलशन ग्रोवर, तेज सप्रू, सत्येन कप्पू, मयूर, जयश्री गडकर, मीठी, पिंकी, अभिलाषा, विजयलक्ष्मी और डिस्को शान्ति।

वजूद और परछाईं

1990 : **इज़्ज़तदार**
निर्माण : सुधाकर बोकाड़े
निर्देशन : के. बापैया
संगीत : लक्ष्मीकान्त-प्यारेलाल
कलाकार : दिलीप कुमार, भारती, गोविंदा, माधुरी दीक्षित, असरानी, टीना घई, राकेश बेदी, दिलीप धवन और शफी ईनामदार।

1991 : **सौदागर**
निर्माण : सुभाष घई मुक्ता आर्ट्स
निर्देशन : सुभाष घई
संगीत : लक्ष्मीकान्त-प्यारेलाल
कलाकार : दिलीप कुमार, राज कुमार, जैकी श्रॉफ, मनीषा कोईराला, विवेक मुशरान, दीप्ति नवल, अनुपम खेर, अमरीश पुरी, गुलशन ग्रोवर, दिलीप ताहिल, मुकेश खन्ना, दीना पाठक, आनन्द बलराज, आकाश खुराना, अभिनव चतुर्वेदी, अर्चना पूरण सिंह, मालविका तिवारी, सुचेता वाजपेयी और शुभा खोटे।

1998 : **क़िला (तीसरी बार दोहरी भूमिका)**
निर्माण : इगल फ़िल्म्स
निर्देशन : उमेश मेहरा
संगीत : आनन्द राज आनन्द
कलाकार : दिलीप कुमार, रेखा, मुकुल देव और ममता कुलकर्णी।

दिलीप कुमार की ऐसी फ़िल्मों की सूची जो बन नहीं पायीं, अधूरी रह गयीं या रिलीज नहीं हो पायीं

बैंक मैनेजर (बन्द)

निर्माण : आर.सी. तलवार
निर्देशन : आर.सी. तलवार
संगीत : मदन मोहन
कलाकार : दिलीप कुमार, मीना कुमारी

ताजमहल और आख़िरी मुग़ल (योजना बन्द)

निर्माण : के. आसिफ
निर्देशन : के. आसिफ
कलाकार : दिलीप कुमार

चाणक्य चन्द्रगुप्त (काफ़ी तैयारी के बाद नहीं शुरू हुई)

निर्माण : किशोर शर्मा
निर्देशक : बी.आर. चोपड़ा
संगीत : नौशाद
कलाकार : दिलीप कुमार, धर्मेन्द्र, हेमा मालिनी, परवीन बाबी, हेलेन और विजयेन्द्र।

हार सिंगार (कुछ रील के बाद बन्द हो गयी)

निर्माण : अलाइड आर्ट प्रोडक्शन
निर्देशन : महेश कौल
संगीत : अनिल बिश्वास
कलाकार : दिलीप कुमार, मधुबाला, कुलदीप, बेबी जुबेदा, बिक्रम कपूर और मोनी चटर्जी।

जानवर (कुछ रील के बाद बन्द हो गयी)

निर्माण : के. आसिफ
निर्देशन : के. आसिफ
कलाकार : दिलीप कुमार और सुरैया

शिकवा (कुछ रील के बाद बन्द)

निर्माण : राजेन्द्र जैन
कलाकार : दिलीप कुमार और नूतन

मेरा वतन (बन्द)
समुन्दर (बन्द)
काला आदमी (काफ़ी शोध के बाद बन्द)

निर्माण : रमेश सहगल
निर्देशन : रमेश सहगल और दिलीप कुमार
कलाकार : दिलीप कुमार

अनाम (जो मुहूर्त के बाद बन्द हो गयी)

निर्माण : नासिर हुसैन
कलाकार : दिलीप कुमार और आशा पारेख

कलिंगा (1995) (पूरी नहीं हो पायी)

निर्माण : दिव्या सिटिजेन कम्बाइन
निर्देशन : दिलीप कुमार
कलाकार : दिलीप कुमार, राज बब्बर, अमजद ख़ान और मीनाक्षी शेषाद्री

आग का दरिया (1995 में तैयार, लेकिन रिलीज नहीं हुई)

निर्माण : प्रेमालय आर. वेंकटरमन
निर्देशन : एस. वी. राजेन्द्र सिंह बाबू
कलाकार : दिलीप कुमार, रेखा, राजीव कपूर और पद्मिनी कोल्हापुरे

असर (2001) (मुहूर्त और थोड़ी शूटिंग के बाद बन्द)

निर्माण : दिनेश पटेल
निर्देशन : कुकू कोहली
संगीत : नदीम श्रवण
कलाकार : दिलीप कुमार, अजय देवगन और प्रियंका चोपड़ा

दिलीप कुमार के साथ काम करने वाली कुछ प्रमुख हीरोइनें

(जिन्होंने उनके साथ एक से अधिक फ़िल्म में काम किया)

1. नलिनी जयवंत—अनोखा प्यार (1948), शिकस्त (1953)
2. कामिनी कौशल—नदिया के पार (1948), शहीद (1948), शबनम (1949), आरज़ू (1950)
3. मधुबाला—तराना (1951), संगदिल (1952), अमर (1954), मुग़ले-आजम (1960)
4. मीना कुमारी—फुटपाथ (1953), आज़ाद (1955), यहूदी (1958), कोहिनूर (1960)
5. निम्मी—दीदार (1951), आन (1952), दाग़ (1952), अमर (1954), उड़न खटोला (1955)
6. नर्गिस—मेला (1948), अन्दाज़ (1949), बाबुल (1950), जोगन (1950), दीदार (1951), हलचल (1951)
7. नूतन—कर्मा (1986), क़ानून अपना अपना (1989)
8. रेखा—आग का दरिया (1995), क़िला (1998)
9. वैजयन्तीमाला—देवदास (1955), नया दौर (1957), मधुमती (1958), पैग़ाम (1959), गंगा जमुना (1961), लीडर (1964), संघर्ष (1968)
10. वहीदा रहमान—दिल दिया दर्द लिया (1966), राम और श्याम (1967), आदमी (1968), मशाल (1984)
11. सायरा बानो—गोपी (1970), सगीना महतो (1970), सगीना (1974), बैराग (1976), दुनिया (1984)

पुरस्कारों की सूची

1. सर्वश्रेष्ठ अभिनेता का फ़िल्मफेयर पुरस्कार–1953 (दाग़), 1955(आज़ाद), 1956 (देवदास), 1957 (नया दौर), 1960 (कोहिनूर), 1964 (लीडर), 1967 (राम और श्याम), 1982 (शक्ति)
2. पद्मभूषण–1991
3. फ़िल्मफेयर–राज कपूर लाइफटाइम अचीवमेंट अवार्ड–1993
4. दादासाहेब फाल्के–1995
5. निशान-ए-इम्तियाज़–पाकिस्तान का सर्वोच्च नागरिक सम्मान–1997
6. एन टी रामाराव पुरस्कार–1997
7. रामनाथ गोयनका पुरस्कार–1998
8. लक्स ज़ी सिने अवार्ड–1998
9. राजीव गाँधी सद्भावना पुरस्कार–2000

इनके अलावा सूची में कई और सम्मान पुरस्कार हैं।

आभार

शब्दों के माध्यम से ठीक तरह से आभार व्यक्त नहीं किया जा सकता है। लेकिन जो काम आपका सपना रहा हो और जब वह पूरा होता है तो गर्व के भाव के साथ सबसे पहला कर्तव्य यह बनता है कि उन लोगों का शुक्रिया अदा किया जाये जिन लोगों ने आपके सपने को पूरा होने में मदद की।

सबसे पहले और सबसे अधिक, मैं धन्यवाद देती हूँ सायरा के इकलौते भाई सुलतान अहमद को जिन्होंने समय निकाल कर हर अध्याय को पूरी तटस्थता के साथ पढ़ा और फिर एक अच्छे इंसान की तरह सुझाव भी दिये।

मैं शुक्रिया अदा करती हूँ मीडिया के अपने साथियों, सत्य स्वरूप (प्रबन्ध सम्पादक) और देव वरम (समूह सम्पादक) का, जो कई सालों से न्यू मीडिया समूह का जिम्मा सँभाल रहे हैं। मैं उनका दिल से आभार प्रकट करती हूँ कि उन्होंने न केवल मुझे इसके लिए बढ़ावा दिया कि मैं आगे बढ़कर इस काम को करूँ बल्कि न्यू मीडिया की रचनात्मक टीम ने मुझे इसमें पूरा सहयोग दिया, ख़ासतौर पर कला निर्देशक सन्तोष नावर ने।

मैं शुक्रगुजार हूँ प्रसिद्ध बाल कलाकार फरीदा दादी की कि उन्होंने अपनी व्यस्तताओं में से समय निकाला और सायरा की असंख्य तस्वीरों में से इस किताब के लिए ज़रूरी तस्वीरों को चुनने में मदद की। सहायक अनिल रावते का भी धन्यवाद ज़रूर दिया जाना चाहिए जिन्होंने बहुत कम समय में ही ऑडियो और वीडियो टेप के साथ-साथ तस्वीरों को भी बहुत कम समय में मुहैया करवाया।

मैं शुक्रिया अदा करती हूँ मुर्शिद अली ख़ान, जो सायरा और दिलीप साहब के सेक्रेट्री हैं, जिन्होंने कई मौक़ों पर मूल किताब तैयार करने और प्रकाशक के साथ सहयोग करने में मदद की।

मैं क़र्जदार हूँ हैजिनो दिकोस्ता (Hygino D'costa) और बशीर कोलाम्बोवाला (Basheer Colombowala) की, जो दिलीप साहब के सेक्रेटेरियट में उनके सेक्रेट्री और मैनेजर हैं, जो सुलतान भाई की देखरेख में उनके क़ानूनी काम को देखते हैं।

मैं शुक्रगुजार हूँ दिलीप साहब के ज़बरदस्त फैन हिमांशु कुमार की, जिन्होंने कोलकाता से फ़ोन पर मेरा जोश बढ़ाया।

वजूद और परछाईं

मैं शुक्रगुजार हूँ मुलुंड के भूपेन्द्र वालजी सचदे और विजय भूपेन्द्र सचदे की जिन्होंने दिलीप से अपने प्यार के कारण दशकों से उनके बारे में छपे लेखों, उनकी तस्वीरों का संकलन किया था, जो उन्होंने खुशी-खुशी साझा किया।

आख़िर में शुक्रिया नकी अहमद का जिन्होंने दिलीप कुमार के बोले खालिश उर्दू को आम बनाने में मदद की। मैं सम्मोहित जुबान पर उनके ज़बरदस्त अधिकार को सुनती रहती थी और मैंने यह साहस नहीं किया कि उनको टोक कर साहब का मूड ख़राब कर दूँ। नक़ी साहब की बड़ी कृपा है कि उन्होंने टेप को सुनकर मुझे बाद में उसके बारे में समझाया।

संस्मरण

रेहान अहमद (Raihan Ahmad)*

दिलीप कुमार। इस नाम के सुनते ही भौंहें तन जाती हैं और सम्मान में दिल की धड़कन तेज़ हो जाती है। बहुत कम सौभाग्यशाली लोग हैं जो यह जानते हैं यह एक महान शख़्सियत का ही नाम नहीं है बल्कि एक जादुई नाम है। उनमें से एक मैं हूँ जिसको इस बात का अनुभव हुआ है। उनका भतीजा होना सबसे बड़ा सौभाग्य है जो अल्लाह ने मुझे दिया है। मेरे युसूफ फूफा, जो कि उनको हमेशा बुलाता हूँ, इतने फन में माहिर हैं कि उनको शब्दों में बयां नहीं किया जा सकता है न ही एक किताब में उसको समेटा जा सकता है। उनसे जुड़े अनुभवों को लिखने के लिए कई खण्डों में लिखने की ज़रूरत पड़ेगी। उस महान शख़्सियत से जुड़ी यादों को लिख पाना मेरे लिए मुश्किल है क्योंकि मैं उनके प्यार, दुलार और बच्चों जैसी मासूमियत को याद करता हूँ तो आँसू निकल आते हैं।

युसूफ फूफाजी के साथ सफ़र करने में मौज-मस्ती तो पक्की रहती है। धूप हो या बारिश उनके साथ एक पल की भी बोरियत नहीं होती है। वह कोई बहुत मज़ेदार बात कहकर ऐसे चेहरा बनाये रहेंगे जब तक कि हँसते-हँसते आपके गालों में दर्द हो जाये। सड़कों पर उनके साथ सफ़र करना सबसे अच्छा होता था, वे हम लोगों को हर तरह का स्ट्रीट फूड खिलाते थे, और मेरी बुआ उनको रोकने की पूरी कोशिश करती थी, लेकिन कोई फ़ायदा नहीं होता था।

उन्होंने कश्मीर में इस बात पर ज़ोर दिया कि हर सुबह इडली खायेंगे, जो कि उस इलाके के खाने के लिहाज से एकदम उलटा था। वह शरारती ढंग से मुस्कुराते हुए कहते 'इडली उत्तर भारत में दक्षिण भारत से अधिक स्वादिष्ट लगती है', यह बच्चे इस बात के बारे में सोच भी नहीं सकते थे लेकिन हम उनकी बात मान लेते थे।

वे हम लोगों के साथ हमेशा शरारत करते रहते थे, हम यही सोचते रहते थे कि अब वे क्या करेंगे। उनके पास एक बहुत बड़ा बक्सा पतंगों का था, जो पतंग

* सायरा के भाई सुलतान के लड़के।

बनाने वालों ने उनके लिए ख़ासतौर पर बनाया था। उनके अन्दर यह ख़ूबी थी कि वे हर उम्र के लोगों के साथ घुल-मिल जाते। वे बच्चों के साथ बच्चों जैसे खेल करके उनका मन तुरन्त जीत लेते थे। हमें वे अपने बचपन की यात्राओं के क़िस्से सुना-सुना कर बाँधे रखते थे।

युसूफ अंकल के साथ पतंग उड़ाना एक ऐसा अनुभव था जिसके बारे में कुछ भाग्यशाली लोग ही बता सकते हैं। उनके पास बड़ा-सा बक्सा है जिसमें ख़ास पतंगें भरी हुई हैं जो उनके लिए पतंग बनाने वालों ने ख़ासतौर पर बनाई हैं। जब बच्चा था तो उनमें से एक ख़ास पतंग चुनना बहुत बड़ा सम्मान होता था। वह हमें उसमें से पतंग चुनकर उसे हमारे लिए उड़ाते थे। वह आसपास उड़ने वाली हर पतंग को काट लेते थे और जिसकी वजह से वे आकाश के भी राजा थे। वह इतनी सादगी से हार मान लिया करते थे कि जीतने वाला उनके सामने सर झुका देता था।

वह पक्के खिलाड़ी हैं, चाहे वह फ़ुटबॉल हो, बैडमिंटन हो, क्रिकेट या हॉकी, गोल्फ या शतरंज, उनकी हर खेल में महारत है। बहुत कम लोग यह जानते हैं कि वे बहुत अच्छे जादूगर भी हैं, उनके पास तरह-तरह के जादू के तरीके हैं, जिसको वे दिखाकर हम लोगों को चकित कर देते हैं।

मैं युसूफ अंकल के बारे में बातें करता ही जा सकता हूँ और हर अनुभव पिछले अनुभव से बेहतर है। वह जीवन के हर क्षेत्र में हमारे साथ रहे हैं, हमारी मदद करते हुए, हमारी रक्षा करते हुए, हमें राह दिखाते हुए और अपने महान ज्ञान से हमें शिक्षित करते हुए।

मैं हर चीज़ के लिए उनका शुक्रगुजार हूँ। मैं अल्लाह का शुक्रगुजार हूँ कि उन्होंने मुझे उनके साये में बड़े होने का मौक़ा दिया। काश मेरे अन्दर उनका थोड़ा-सा भी अंश आया होता, लेकिन मैं जानता हूँ कि कोई उनके साये के भी करीब नहीं आ सकता है। अल्लाह ने महज एक दिलीप कुमार बनाया और यह मेरी ख़ुशकिस्मती है कि मैं उनके प्यारों में हूँ। युसूफ अंकल मैं आपको प्यार करता हूँ, हमेशा करता रहूँगा।

शबाना आजमी

हमारे यहाँ यह माना जाता है कि अपने से बड़ों की तारीफ़ करना भी बदतमीजी होती है...हम कौन होते हैं तारीफ़ करने वाले? हम

तो बस सर झुकाकर अपने एहतराम का इज़हार कर सकते हैं...।

मैं इस बात से अपने आपको गौरवान्वित महसूस कर रही हूँ कि मुझे उन लोगों में शामिल होने का मौक़ा मिला जो दिलीप कुमार के बारे में लिख रहे हैं। इस किताब में मैं इसलिए शामिल नहीं हूँ कि मेरे अन्दर कोई ख़ूबी है बल्कि इसलिए कि मैं उनके व्यक्तित्व और कला की बहुत बड़ी प्रशंसिका रही हूँ।

उन्होंने भारतीय फ़िल्म उद्योग में कलाकारों की पीढ़ियों को प्रभावित किया है—कुछ तो उनकी नकल करके ही काम चलाते रहे; कुछ ने उनके असाधारण काम से प्रेरणा ली। उनको यह पता नहीं है कि मैं उस द्रोणाचार्य की एकलव्य रही हूँ। मैंने उनको दूर से देखा है और यह सीखा है कि एक एक्टर का संसाधन उसका जीवन ही हो सकता है, कि एक एक्टर को कविता और राजनीति में दिलचस्पी रखनी चाहिए और यह कि एक एक्टर में गहरी सामाजिकता भी हो।

एक्टिंग कोई घुड़दौड़ नहीं है कि इसमें सबसे तेज़ दौड़कर सीमा रेखा को छू लेने वाला विजेता होता है। एक एक्टर हेमलेट का किरदार बहुत अच्छी तरह कर सकता है मगर वह ओथेलो के रूप में ख़राब साबित हो सकता है। फिर उसका मूल्यांकन किस तरह किया जाये? निश्चित ही, कई तरह के फन में माहिर होना किसी एक्टर की सच्ची पहचान है। और जब मानदंड की बात आती है तो दिलीप कुमार बहुत बड़े नज़र आते हैं। देवदास की भावप्रवणता को कौन भूल सकता है, गंगा की निश्चिन्तता को, श्याम की अश्रद्धा को, मुग़ले-आजम के सलीम में रोमांस की गहराई को? उनका हर प्रदर्शन बहुत अच्छी तरह से किया गया है। वे संभ्रांत और गँवई किरदारों को एक समान सहजता से निभा सकते हैं। ड्रामा, कॉमेडी, रोमांस वे सबके उस्ताद हैं। मुख्यधारा सिनेमा के दायरे में काम करने वाले कलाकारों के लिए वे सन्दर्भ बिन्दु की तरह हैं, जहाँ वे जीवन से बड़े सन्दर्भों में भी सच को पाने में सफल रहे हैं। मुझे याद है कि मेरे निर्देशक विनय शुक्ल ने मुझे 'गॉडमदर' फ़िल्म के दौरान कहा था कि 'रम्भीबेन के किरदार में दिलीप कुमार के गंगा का सच लाइए वह एक बनायी गयी सच्चाई है मगर पूरी तरह से विश्वसनीय है।'

दिलीप साहब ने हिन्दी सिनेमा में एक्टिंग की धारा बदल दी, जो मोटे तौर पर एक तरह की प्रतिनिधि एक्टिंग है—जब खुश हो तो हँसो, दुखी होने पर रोओ, चकित होने पर भौंहें चढ़ा लो—जैसा कि नृत्य में होता है। दिलीप कुमार ने हमें यह दिखाया कि किस तरह उप-पाठ को खोला जाता है, किस तरह से भावना के ख़िलाफ़ काम किया जाता है, किस तरह कम में ज़्यादा का अहसास करवाया जाता है, और किस तरह से ओढ़ी गयी सहजता वास्तविक जैसी लग सकती है।

वजूद और परछाईं

एक्टर दिलीप कुमार की तारीफ़ में काफ़ी जय-जयकार हुआ है। लेकिन उनके व्यवहार में कई ऐसी खूबियाँ भी हैं जो शानदार हैं।

जब आप दिलीप कुमार के बारे में सोचते हैं तो जो पहली बात आपके दिमाग़ में आती है वह है गरिमा। वह आदर और सम्मान जगाते हैं। वह किसी कमरे में घुसते हैं तो लोग अपने आप खड़े हो जाते हैं क्योंकि उनका प्रभामंडल ऐसा है और उनकी उपस्थिति इतनी बड़ी है। वह सबसे अलग हटकर हैं क्योंकि वे लोकप्रियता के नाम पर कुछ नहीं करते हैं। उन्होंने बिना फूहड़ हुए मनोरंजन किया। यह बात हमें अच्छी तरह से सीखनी होगी।

कुल मिलाकर बात यह है। अगर आप चाहते हैं कि एक कलाकार और एक इंसान के बतौर आपको वैधता मिले, तो आप बस दिलीप कुमार के पदचिह्नों का अनुसरण कीजिए।

उनके जैसा कोई नहीं है!

वी. बाबासाहेब*

मैं यह जानता था कि यह अपने आप में मेरे लिए बहुत बड़ी उपलब्धि होती कि कोई सीक्वेंस परदे पर उसी रूप में उभर कर आ जाये जिस तरह से दिलीप कुमार ने उसको देखा था। लेकिन मेरे लिए मुश्किल यह होती थी कि उसको किस तरह से किया जाये। मैं उसके बारे में सपने में भी सोचता रहता था और सपने में मैं यह देखता था कि मैं उसमें असफल हो गया हूँ।

जब 'गंगा जमुना' के उस सीन की शूटिंग का दिन आया तो मैंने साहब से कहा कि यह मुमकिन नहीं था। तब मुझे उन्होंने दिखाया कि उन्होंने काग़ज़ पर क्या बनाया हुआ था। उन्होंने ट्रेन की गति का और घोड़े की टापों का अनुमान लगा रखा था और फिर उन्होंने मुझसे और फाइट मास्टर, अजीम भाई से महज एक सवाल पूछा था। 'क्या हम खतरे उठाने से डर गये थे?'

हम साहब के सामने खड़े थे और उनकी गहरी आँखें हमारे ऊपर टिकी हुई थीं, एक ईमानदार जवाब के इन्तज़ार में। हमने एक स्वर में जवाब दिया कि हम डर नहीं रहे थे। साहब ने तब समझाया कि वे किस तरह यह चाहते थे कि कैमरे को ट्रेन के दरवाज़े के नीचे बाँध दिया जाये ताकि भागते घोड़ों की टापों को उसमें क़ैद किया जा सके क्योंकि वे भागती ट्रेन के समान्तर दौड़ रहे थे। उन्होंने मुझे ट्रेन

* सिनेमाटोग्राफर

के डिब्बे के गेट के पास इस तरह से बाँध दिया कि ताकि मैं उस जगह से शॉट ले सकूँ। ट्रेन को एक पुल के नीचे से गुज़रना था और इस बात को लेकर कुछ चिन्ता थी कि हम घोड़ों की गति को किस तरह से जोड़ेंगे क्योंकि पुल के पास पहुँचने से पहले ट्रेन की पटरी कुछ सँकरी हो जाती थी। अजीम भाई को साहब के साथ ऐक्शन पलक झपकते ही पूरा करना था और उनको यह समझ में नहीं आ रहा था कि इसको किस तरह से किया जाये क्योंकि साहब इसके पक्ष में नहीं थे कि डुप्लीकेट का इस्तेमाल किया जाये।

हम उस सीन को ठीक उसी तरह से कर पाये जिस तरह से साहब चाहते थे तो केवल इसलिए क्योंकि उन्होंने सीन की तैयारी करते हुए गति और ऐक्शन का हिसाब किताब इतनी अच्छी तरह तैयार कर रखा था कि वह आराम से समय से पहले ही हो गया। वह भारतीय सिनेमा के सबसे चर्चित सिक्वेंस में से एक हो गया और लन्दन में पाइनवुड स्टूडियो के टेक्नीकलर लेबोरेटरी के टेक्नीशियन भी उससे हैरान रह गये।

'गंगा जमुना' में एक और सीन है जिसमें गंगा गाँव से भागता है और पूरी तेज़ी से भागता है ताकि पीछा कर रहे गाँव वालों से बच सके। साहब यह चाहते थे कि कैमरा को एक लौरी पर लगाया जाये जिससे कि वह गंगा के पैरों की तेज़ गति को पकड़ सके क्योंकि वह जंगल में पेड़ों के बीच दौड़ रहा था और उन पेड़ों पर कोई पत्ता नहीं था जो कि एक भगोड़े को छाँह दे सके। हम एक बार फिर से असम्भव को सम्भव कर पाये तो महज इसलिए कि साहब का हिसाब किताब बिल्कुल सही था। मेरे साथ लौरी में अजीम भाई थे और उनको इस बात के ऊपर यक़ीन नहीं हो रहा था कि साहब उतनी तेज़ दौड़ लगा सकते थे। बाद में, साहब ने मुझे बताया कि वे कॉलेज के ज़माने में एथलीट थे और 100 मीटर और 200 मीटर की दूरी रेकॉर्ड समय में पूरी कर सकते थे।

'गंगा जमुना' ने मुझे मौक़ा दिया कि हर दिन दिलीप साहब से कुछ नया सीख सकूँ। मैं ही नहीं, मेकअप मैन सरोश मोदी, को यह सीखने को मिला कि सिचुएशन के मुताबिक़ कलाकार के चेहरे पर किस तरह से काम करना चाहिए। गंगा जमुना और लीडर के बाद वे इंडस्ट्री के सबसे बढ़िया मेकअप मैन बन गये।

जो सीन मैं कभी नहीं भूल सकता हूँ वह गंगा के मरने का सीन है। साहब ने एक बार फिर मुझे उनकी महानता को जानने का मौक़ा दिया। उन्होंने मुझे बताया कि मैं कैमरा सेट पर गोबिन्दी* के घर के दरवाज़े से कुछ दूरी पर लगा लूँ, जो महबूब स्टूडियो में बनवाया गया था और जहाँ हमने ज़्यादातर इनडोर शूटिंग की थी। उन्होंने मुझे कहा कि जब वे उसके दरवाज़े के पास आयेंगे तो मुझे एक संकेत दिया जायेगा और उसके बाद कैमरा को आगे बढ़ते जाना चाहिए। वह पैरों पर दौड़ते हुए स्टूडियो के कई चक्कर लगाना चाहते

* यह भूमिका गंगा-जमुना की माँ थी, जिसे लीला चिटनिस ने निभाया था।

थे ताकि जब वे क्लाइमेक्स शॉट को देने के लिए घर में घुसें तो उनकी साँसें उखड़ी हुई हों। कोई रीटेक नहीं हो सकता था क्योंकि तब तक वे पूरी तरह से पस्त हो चुके होते।

हम तैयार थे और मैंने दुआ की और कैमरा को वही रखा जहाँ कि उन्होंने निशान लगाया था। मुझे संकेत मिला और जब वे दरवाज़े पर आये तो मैं तैयार हो चुका था। मैंने उनको देखा, उनके चेहरे पर ज़बरदस्त भाव था, लेकिन मुझे लगा कि मैंने वह पल खो दिया, वह इतना ज़बरदस्त पल था! पूरी युनिट हैरानी से देखती रही जब वे अन्दर आये और उस जगह पर पहुँचकर 'हे राम!' कहकर गिर पड़े। सबका गला भर आया था और बिल्कुल ख़ामोशी थी। जब साहब उस शॉट से उबरे तो मैं हिम्मत करके उनके पास गया और मैंने कहा कि यह हो सकता है कि मुझसे शुरू में छूट गया हो। वह ख़ामोश थे। मैं जानता था कि वे गुस्से में थे लेकिन उन्होंने रीटेक के मेरे आग्रह को मान लिया। उन्होंने वह सब दुबारा किया और जब दूसरी बार हमने उस सीन को शूट किया तो उसमें अधिक गहराई आ गयी थी।

अमिताभ बच्चन

फ़िल्म इंडस्ट्री में आने से पहले, मैं बम्बई छुट्टियाँ मनाने आया था और एक दोस्त मुझे एक रेस्तरां में खिलाने ले गया। मुझे बहुत हैरानी और ख़ुशी हुई कि वहाँ दिलीप साहब अपने एक दोस्त के साथ बैठे हुए थे। मैं चाहता था कि उनका ऑटोग्राफ लूँ इसलिए मैं पास के स्टेशनरी शॉप पर गया और वहाँ से मैंने एक ऑटोग्राफ बुक ख़रीदी। जब मैं लौट कर आया तो साहब अपने चाहने वालों से बातें करने में मशगूल थे जो उनको चारों तरफ़ से घेर कर खड़े थे। मुझे लगा कि यह ठीक नहीं होगा कि ऐसे में बीच में जाकर उनकी बातचीत में बाधा खड़ी की जाये। इसलिए, कुछ उदास हाल मैं अपनी मेज़ पर लौट आया।

जब मैं इस पेशे में आया तो मुझे एक जलसे में उनसे थोड़ी देर के लिए

मिलने का मौक़ा मिला। मैं उस दिन का इन्तज़ार कर रहा था जब मैं इस लायक हो सकूँगा कि उनकी मौजूदगी में कैमरे के सामने खड़ा हो सकूँ। यह एक ऐसा ख़्वाब था जो असम्भव लग रहा था क्योंकि साहब जिस पटकथा को पसन्द करते थे वही चुनते थे, जिस निर्देशक को पसन्द करते थे, जिस बैनर को वे पसन्द करते थे, और वे उन कलाकारों के साथ काम करना पसन्द करते थे जिनके साथ काम करने में उनको सहजता महसूस होती थी, वे इन सब बातों का बहुत ध्यान रखते थे। मैंने तब यह नहीं सोचा था कि एक दिन ऐसा आयेगा जब मुझे साहब के साथ एक फ़िल्म में लिया जायेगा!

जब रमेश सिप्पी की फ़िल्म 'शक्ति' की योजना बन रही थी, जिसमें एक कर्तव्यनिष्ठ पुलिस कमिश्नर के रूप में दिलीप साहब काम करने वाले थे तब लेखक सलीम जावेद ने मुझे बताया कि मुझे कमिश्नर के विद्रोही बेटे के रूप में काम दिया जायेगा, तब तक मुझे एक्टिंग का काफ़ी अनुभव हो चुका था। फ़िल्म इंडस्ट्री और सिने प्रेमियों के लिए वह कास्टिंग बहुत बड़ी घटना की तरह थी जिसकी वजह से लोगों में ख़ूब उत्सुकता जगी। यह किसी तरह से और नहीं हो सकता था क्योंकि यह किसी भी एक्टर के सामर्थ्य की बहुत बड़ी परीक्षा हो सकती थी कि वह साहब के काम की ऊँचाई को छू सके।

मैं दो वजहों से डरा हुआ था। मुझे इस बात का डर था कि मैं किस तरह से उनके शानदार व्यक्तित्व से बेपरवाह होकर उस एक्टर के सामने खड़ा हो पाऊँगा जिसको मैं बरसों से आदर्श मानता रहा हूँ । दूसरे, बेटे का जो किरदार है वह उसके मन में अपने पिता के प्रति बहुत नफ़रत थी। हालाँकि यह बनावटी थी, तब भी मैं उस आदमी का मुक़ाबला करने के लिए तैयार हो गया जिसका मैं सम्मान करता था, जिसकी तारीफ़ करता था और जिसको बहुत अधिक प्यार करता था।

जब समय में पीछे लौटता हूँ तो मैं दिलीप कुमार की एक्टिंग को 'गंगा जमुना' देखने के पहले से ही बहुत पसन्द करता था। लेकिन मेरे लिए यह फ़िल्म ख़ास बन गयी जब मैंने इस फ़िल्म में दिलीप साहब की बहुविधता देखी, इसमें वे यूपी के एक ग्रामीण बने थे और वहाँ की बोली को बिल्कुल सही तरह से बोल रहे थे। उस समय मेरे लिए यह समझ पाना असम्भव था, क्योंकि मैं यूपी का था, कि कोई ऐसा आदमी जिसका यूपी से ताल्लुक नहीं था, कोई उस किरदार को इतनी बारीकी के साथ इतनी अच्छी तरह से कर सकता था। मेरे लिए वह उनका सबसे ज़बरदस्त प्रदर्शन है, एक ऐसा प्रदर्शन जिसके लिए मैं हमेशा आनन्दित होता रहूँगा।

अब, उसी समुदाय के एक सदस्य होने के कारण मैं यह समझ सकता हूँ कि कितनी कोशिश और लगन से उन्होंने उसको साधा होगा। उनका प्रदर्शन हमेशा से त्रुटिहीन रहा है, और इसके मूल में दो बहुत बुनियाद लेकिन बहुत महत्त्वपूर्ण

पहलू रहा है—बोलने में सम्पूर्णता और सुनने की योग्यता। सही उच्चारण आप जो कुछ प्रदर्शित करते हैं उसका ध्यान रखता है। और सामने वाला किरदार क्या कह रहा है उसको सुनने की शक्ति से सिनेमा में ईमानदारी आती है। दिलीप साहब में दोनों गुण भरपूर हैं, जिसकी वजह से मैं उनकी महानता का कायल हूँ।

मैंने उनसे यह सीखा कि तब तक काम करने की ज़रूरत होती है जब तक कि सम्पूर्णता न प्राप्त हो जाये। मैंने उनसे यह भी सीखा है कि सह-कलाकारों और उनके काम की तारीफ़ करनी चाहिए। मुझे वह दोपहर याद है जब हम शक्ति में मेरे मरने के सीन की शूटिंग कर रहे थे। हम कलाकारों के लिए फ़िल्म में सबसे मुश्किल मरने का सीन करना हो सकता है। इसका कारण यह है कि हम अलग-अलग फ़िल्मों में अलग-अलग तरीकों से मरते हैं और हमें दिमाग़ी तौर पर इसके लिए तैयार रहना होता है कि उसे उस तरह से करें जिस तरह से निर्देशक ने उसे सोच रखा होता है। अब चूँकि सीन का कम से कम एक बार रिहर्सल करना था, इसलिए दिलीप साहब और मैं जुहू की हवाई पट्टी पर उस सीन का रिहर्सल कर रहे थे जहाँ कि उसकी शूटिंग होने वाली थी। युनिट के कई लोग भी शूटिंग के लिए वहाँ लोकेशन पर मौजूद थे और जैसा कि शूटिंग के दौरान हमेशा होता है, लाइटमैन और दूसरे लोगों के बीच बातचीत भी चल रही थी। दिलीप साहब ने इस बात के ऊपर ध्यान दिया, जैसी कि मेरी आदत थी मैं दिमाग़ी और भावनात्मक रूप से उस सीन के लिए पूरी तरह से तैयार होकर आया था। जब हम रिहर्सल के लिए तैयार हुए तो उन्होंने देखा कि युनिट के लोगों को रिहर्सल की ज़्यादा फ़िक्र नहीं थी और काफ़ी हो-हल्ला कर रहे थे। उन्होंने मुझे इन्तज़ार करने के लिए कहा और उन सबको एक मिनट के लिए बुलवाया। उन्होंने उन लोगों से बड़ी विनम्रता लेकिन सख़्ती के साथ कहा कि किस तरह से एक कलाकार एक्टिंग के लिए तैयारी करते हुए अपना सब कुछ उसमें झोंक देता है और उसके सहयोगियों से उसे यह उम्मीद तो होती ही है कि वे सेट पर ख़ामोश रहें और उसके काम का सम्मान करें। 'कलाकारों का सम्मान करना सीखिए', उन्होंने उनसे कहा और उनसे अपने काम ख़त्म करने के लिए कहा। मैं इस घटना से बहुत प्रभावित हुआ और युनिट के लोग भी। यह बात मायने रखती है क्योंकि वह मेरा सीन था और वे यह चाहते थे कि मैं अपना सर्वश्रेष्ठ करूँ।

दिलीप साहब बहुत अच्छे इंसान हैं। उनसे कोई भी दिशा निर्देश के लिए जाता है। वे अपने वास्तविक जीवन में उसके लिए पिता जैसे पेश आते हैं। शायद ऐसा इसलिए है कि वे घर में अपने भाई-बहनों के लिए पिता सरीखे रहे हैं। मुझे याद है कि एक रात लेखकों की जोड़ी सलीम-जावेद ने मेरे ऊपर इस बात के लिए ज़ोर डाला कि मैं बिना पहले अनुमति लिए उनके साथ साहब के घर चलूँ। मैं इस बात के लिए शर्मिंदा भी हो रहा था और हिचक भी रहा था क्योंकि यह मेरी आदत नहीं रही है कि मैं इस तरह की आज़ादी लूँ, वह भी

अपने वरिष्ठों से। उन्होंने कहा कि कोई बात नहीं। हम दिलीप साहब के बँगले पर पहुँचे लेकिन देर रात हो चुकी थी। वहाँ पहुँचने पर हमें दरबान ने बताया कि साहब अपने बेडरूम में आराम करने जा चुके थे। मैंने सलीम-जावेद से कहा कि हमें चलना चाहिए मगर उन्होंने दरबान से कहा कि साहब से जाकर वे ये बताएँ कि गेट पर उनके कुछ दोस्त मिलने आये हैं।

अगली बात हमने यह देखी कि ड्राइंग रूम की बत्ती जल गयी और उनका निजी सहायक हमें अन्दर लेकर गया। साहब अपने बेडरूम से उतर कर मुस्कुराते हुए आये और हमें देखकर वे सच में ख़ुश लग रहे थे। वे असमय भी हम लोगों का ख़ूब ध्यान रख रहे थे और पूरी तरह से गर्मजोशी दिखा रहे थे। उन्होंने हमें अपने पुराने दिनों की कहानियाँ सुनाईं और सुबह के करीब चार बजे हमने झिझकते हुए उनसे विदा ली। ऐसा है उनका दुलार और ऐसी है उनकी गर्मजोशी।

इस दुनिया में कोई भी कला न तो रह सकती है, न पनप सकती है, या जन्म भी नहीं ले सकती है जब तक कि अचेतन रूप में वे सभी प्रभाव समाहित न हो गये हों जिनकी वजह से वे कारण में आये। लेखकों, कवियों, या किसी भी तरह के कलाकार को उसको उतारना पड़ता है जिनका सामना उन्होंने रचनात्मकता के दौरान किया हो। अगर आप मुझे यह कहते हैं मेरे प्रेरणास्रोत दिलीप साहब रहे हैं तो यह सबसे बड़ी प्रशंसा होगी जो कि आप मेरी कर सकते हैं, क्योंकि मैं यह मानता हूँ कि वे जो हैं वह था और है, शुद्ध, सही और सर्वश्रेष्ठ।

भारतीय सिनेमा के इतिहास को हमेशा 'दिलीप साहब से पहले' और 'दिलीप साहब के बाद' के रूप में देखा जायेगा। जब आप किसी यात्रा को नापते हैं तो आप मील-स्तम्भ नहीं हटाते। दिलीप साहब मेरे लिए फ़िल्म इंडस्ट्री के वही मील-स्तम्भ हैं। मील-स्तम्भ चिरस्थायी होता है, चाहे आप मील की गिनती उसके पहले शुरू करें या उसके बाद करें!

कोई केवल ईश्वर की उदारता के लिए शुक्रिया अदा कर सकता है जब उसको यह लगता है कि वह जिसको अपना आदर्श मानता है और जिसकी वह बहुत अधिक प्रशंसा करता है वह उसके बारे में उतनी विनम्रता से सोचता और बोलता है। मेरे लिए दिलीप साहब केवल जबर्दस्त अभिनय करने वाले कलाकार ही नहीं हैं बल्कि एक ऐसे इंसान भी हैं जिसकी बोलने की, अपने साथी कलाकारों के ऊपर ध्यान देने की, उनके साथ सहयोग करने की असाधारण क्षमता है। वे ऐसे व्यक्तित्व हैं जिनको देखते ही सम्मान का भाव जाग उठता है!

वे मेरी फ़िल्म 'ब्लैक' (2005) के प्रीमियर पर आये और थियेटर के बाहर तब तक मेरा इन्तजार करते रहे जब तक कि मैं बाहर आया। फिर साहब चलकर मेरे पास आये और मेरे दोनों हाथों को थामकर और मेरी आँखों में ऐसे देखा जो लग रहा था जैसे अनन्त हो। उन्होंने मुझसे एक शब्द नहीं कहा लेकिन मैं आपसे यह कह सकता हूँ कि वे सबसे मुखर शब्द थे जो किसी ने मुझसे कहे

थे। बहुत-बहुत शुक्रिया दिलीप साहब और आपका शुक्रिया उस पत्र के लिए जो आपने फ़िल्म देखने के बाद मुझे लिखा था। मैंने उस चिट्ठी को फ्रेम करवाकर अपने दफ़्तर में रखा हुआ है और वह मेरे साथ हमेशा बना रहेगा।

जया बच्चन

अगर अपने पेशेवर जीवन में मुझे किसी बात का अफ़सोस है तो वह इस बात का कि मुझे दिलीप साहब के साथ काम करने का मौक़ा नहीं मिला। मुझे यह बहुत बड़ा अफ़सोस लगता है क्योंकि वही एक भारतीय अभिनेता हैं 1950 और 60 के दशक में जिनके एक के बाद एक शानदार प्रदर्शनों ने मुझे प्रेरित करने का काम किया।

फ़िल्म एंड टेलिविजन इंस्टिट्यूट, पुणे में पढ़ने जाने से पहले ही मैंने फ़िल्में देखनी शुरू कर दी थीं। जब मैं छोटी थी तो मैं अपने पापा तरुण कुमार भादुड़ी के साथ जाती थी जो दिलीप साहब के बहुत बड़े प्रशंसक थे। उसके बहुत बाद, जब मैंने सत्यजित राय की फ़िल्म 'महानगर' (1963) में काम किया, तब इस माध्यम को लेकर मैं गम्भीर हुई, जब मैंने दिलीप कुमार की फ़िल्में देखीं तो जैसे हर फ़िल्म मेरे लिए एक नये तरह की अनुभूति की तरह थी।

मैंने ध्यान से उनकी शरीर की भाषा को देखा तो पाया कि वे उसके माध्यम से ही इतना कुछ कह जाते थे कि दूसरे एक्टर शब्दों के माध्यम से भी उसको नहीं कह पाते थे, अपनी आँखों से वे जिस तरह अपने दर्द को अभिव्यक्त करते थे, जिस तरह वे अपनी आवाज़ में उतार-चढ़ाव पैदा करते थे और वे नाटकीय सीन में भी नहीं चीखते थे और जो उनका सीन होता था उसमें भी बड़ी सहजता से अपनी जगह बनाते थे। कॉमेडी के मामले में वे कोहिनूर (1960) के बाद से तो बेजोड़ रहे। उन्होंने 1950 के दशक में ही एंटी हीरो का किरदार किया था और दूसरों को वैसा करने का रास्ता दिखाया। सीन के दौरान उनकी टाइमिंग बहुत अलग तरह की थी और अनूठी थी। वे कभी एक्टिंग नहीं करते थे। एक सीन में वे अपने साथी कलाकार को सुनते हैं और जवाब में बस एक बार देख भर लेते हैं...क्या गजब!

वे बिना कहे इतना कुछ कह जाते और इस बात ने मुझे प्रेरणा दी। हो सकता है, अचेतन में, मैंने भी अपनी एक्टिंग में वैसा ही करने की कोशिश की।

वास्तव में, जब मेरे बेटे अभिषेक ने फ़िल्म अभिनेता बनने का फ़ैसला लिया तो मैंने उससे कहा कि वह दिलीप कुमार की कुछ क्लासिक फ़िल्में देख ले और बिना उनकी नकल किये उनसे एक्टिंग की कुछ बुनियादी बातें सीखने की कोशिश करे। उदाहरण के लिए, हमारे फ़िल्म के कितने कलाकार हैं जो यह जानते हैं कि ख़ामोशी के इस्तेमाल से नाटकीय या भावुक सीन में उसके स्तर को बढ़ाया जा सकता है? दिलीप साहब ने बहुत ख़ूबी के साथ ख़ामोशी की आवाज़ को अपने कुछ यादगार अभिनय में यादगार बनाया जैसा कि पहले किसी भी अभिनेता ने नहीं बनाया था। मुझे ख़ुशी है कि दिलीप कुमार की केवल एक ही फ़िल्म को दुबारा बनाया गया है (देवदास 2002 में दुबारा बनी जिसमें शाहरुख ख़ान ने काम किया था)।

पद्‌मभूषण उनके लिए छोटा ही सम्मान है। दादासाहेब फाल्के सम्मान भी उनको काफ़ी देरी से दिया गया। यह उनकी उदारता है कि उन्होंने दोनों सम्मान बिना किसी विरोध के ले लिये। वे भारत रत्न के हकदार हैं और उनको यह बहुत पहले ही दे दिया जाना चाहिए। हम सब यह जानते हैं कि उनके लिए इस तरह के सम्मान बहुत मायने नहीं रखते हैं। उनके क़द का कलाकार निश्चित ही उस यश से ऊपर हटकर होता है जो इस तरह के सम्मान दे सकते हैं। तो भी, यह उन लोगों के लिए कर्तव्य बनता है कि जो ऐसे पुरस्कार तय करते हैं कि उनको यह सम्मान देकर हमें गौरवान्वित होने का मौक़ा दें।

निजी स्तर पर, मैंने उनको हमेशा बहुत विनम्र और ख़ुशमिजाज़ पाया है। मैंने उनसे एक बार मज़ाक़ किया था कि मैं उनके ख़ुशमिजाज़ व्यक्तित्व से इतनी प्रभावित हूँ कि एक दिन मैं उनके साथ स्वस्थ ढंग से फ़्लर्ट करूँगी। वह हँसने लगे, क्योंकि उन्होंने मुझे हमेशा एक उत्साह से भरपूर, अपने ज़बरदस्त फैन के रूप में देखा था। दिलीप साहब के बारे में जो सबसे ख़ास बात है वह यह है कि उनके साथ काम करने वालों से लेकर बाद के दो पीढ़ी के कलाकार, फ़िल्म निर्माता, टेक्नीशियन एक भाव से उनको प्यार करते हैं, उनका सम्मान करते हैं। यह कहने की कोई ज़रूरत नहीं लगती है कि आने वाली पीढ़ियाँ भी उनका सम्मान करती रहेंगी। क्योंकि वे समय से परे हैं।

जिनके साथ वे ख़ुद को सहज महसूस करते हैं उनके साथ वे ख़ूब हँसी-मज़ाक़ करते हैं। एक बार मैं राजकमल स्टूडियो में किसी फ़िल्म की शूटिंग कर रही थी और दिलीप कुमार भी संयोग से वहाँ किसी और फ्लोर पर शूटिंग कर रहे थे। मैं उनसे मिलने गयी और मैंने उनसे कुछ मज़ाक़ कर दिया और उन्होंने मुझे झूठमूठ में पूरे फ्लोर पर दौड़ा दिया। उन दिनों चोर कैमरे नहीं होते थे। अगर वह आज हुआ होता तो आप कल्पना कर सकते हैं कि किस तरह के मायने निकाले जाते

और ब्रेकिंग न्यूज बन गया होता।

एक तारीफ़ जो मुझे याद रहती है वह मुझे सलीम ख़ान और जावेद अख़्तर से मिली थी। उन्होंने कहा था कि मेरे अन्दर एक्टिंग में टाइमिंग की वैसी ही समझ थी जैसी कि दिलीप कुमार में। दिलीप कुमार की एक्टिंग सच में समय से परे है और इतनी समकालीन कि आने वाले कलाकारों को उनकी फ़िल्में ज़रूर देखनी चाहिए क्योंकि मुझे लगता है कि एक्टिंग का कोई स्कूल ऐसा नहीं है जो किसी सीखने वाले को वह सिखा दे जो कि उनकी एक्टिंग सिखा सकती है। वे राष्ट्रीय धरोहर हैं, एक ऐसे संस्थान की तरह जिनको सँभाल कर रखना है ताकि आने वाली पीढ़ियाँ उनका सम्मान करें।

मोईन बेग*

मुझे युसूफ भाई के साथ कुछ बहुत अच्छे दिन सफ़र में बिताने का मौक़ा मिला है, ख़ासकर चुनावों के दौरान। पहले इन्दिरा गाँधी के लिए, फिर उनके लड़के राजीव गाँधी के लिए। वे बड़ी व्यस्तताओं भरे दिन होते थे जब हम देश भर में प्रचार करते थे, दूर-पास की यात्रा करते हुए और करीब-करीब हर तरह की सवारी से सफ़र करते हुए। हम जिस तरह के हालात में थे उसके बावजूद कई बहुत मज़ेदार मौक़े आये। इन्हीं दिनों, मुझे असली दिलीप कुमार को जानने का मौक़ा मिला। उनके असली मज़ाकिया व्यक्तित्व को। वे हमेशा बहुत छोटी-छोटी बातों का ध्यान रखते थे और उसका मज़ाकिया पहलू भी बनाये रखते थे। हमें चुनाव प्रचार के लिए जयपुर जाना था, पहले उड़कर दिल्ली जाना था और फिर उसके बाद जयपुर। हमें जयपुर के रामबाग पैलेस के सबसे शानदार सुइट में ठहराया गया था। वहाँ से हम शेखावाटी क्षेत्र के सीकर में चुनाव प्रचार के लिए कार से गये। एक मौक़ा ऐसा आया कि हमें ट्रक में बिठाया गया क्योंकि भीड़ को क़ाबू करना मुश्किल हो रहा था। गर्मियों के दिन थे और बेहद गर्मी भी थी। जब हम रैली वाली जगह पर पहुँचे तो हज़ारों लोग दिलीप कुमार, दिलीप कुमार चिल्ला रहे थे और जिसे सुनकर दिलीप साहब भी दिलीप कुमार बोलने लगे। हम एक मंच पर चढ़े जहाँ कुर्सियों की जगह दरियाँ बिछी हुई थीं! हम वहाँ बैठ गये और जिस मन्त्री के लिए हम प्रचार करने आये थे उसने माइक हाथ में ले लिया। सबसे मज़ेदार बात यह हुई कि हम मन्त्री के पीछे उसके पिछवाड़े हिस्से के पास बैठे थे। किस्मत से, मन्त्री के पिछवाड़े में खुजली होने लगी और वह वहीं

* सुल्तान के साले

उसे ज़ोर-ज़ोर से खुजलाने लगा। मन्त्री जनता के सामने था इसलिए उनको पता नहीं चला कि असल में उसको खुजली कहाँ हो रही थी, जबकि हम उसके ठीक सामने थे। हमने कुछ देर तक तो अपना चेहरा बनाये रखा फिर युसूफ भाई मेरी तरफ़ झुके और कहा : 'ये मज़े ले रहा है!' मैं हँसते-हँसते मर गया होता मगर मैंने अपना चेहरा सख्त बनाये रखा। उस दिन मुझे एक्टिंग का पहला गुर सीखने को मिला, और उस अनुभव को मैं कभी नहीं भूलूँगा। उनके इस शरारती स्वभाव को कोई भी नहीं जानता है। उनके साथ रहना इतना मज़ेदार होता है। उस समय मैं यह नहीं जानता था कि मेरे लिए ख़ज़ाने में और भी हैं। युसुफ भाई ख़ूब बोले और ज़ोरदार तालियाँ बजीं और भीड़ की प्रतिक्रिया ज़बरदस्त थी।

उस दिन धूप में बहुत थकाने वाला दिन था और हम सोने ही जा रहे थे। आह! आख़िर में मैंने सोचा! युसूफ भाई के बारे में एक बात कोई नहीं जानता है कि न तो वे कमरे में अकेले सोते हैं न ही वे बत्तियाँ बुझाकर सो सकते हैं। यह बात मुझे तब तक पता नहीं थी जब तक मैं उनके साथ होटल में नहीं ठहरा था। पूरी तरह से थका-हारा मैं चादर में अपने चेहरे को लपेटकर सो गया ताकि रौशनी से आँखों को दूर रख सकूँ। मैं करीब-करीब सो चुका था कि मुझे चपत लगाकर उन्होंने जगाया। हम जहाँ बिस्तर पर सोये थे उसके सामने एक सर लटक रहा था, बाहर की ओर निकली आँखें और बड़े-बड़े सींग! वह मुझे देख रहा है और मुझे नींद नहीं आ रही है! युसूफ भाई ने कहा कि कमरे में आओ कुछ खोजते हैं ताकि उसको ढँक सकें। मैंने परेशान होते हुए कहा, 'लेकिन हम ऐसा करेंगे कैसे?' हम दूसरे कमरे में गये और हमने वहाँ से बिस्तर का चादर उठाया। उस सर के नीचे दोनों तरफ़ दो कुर्सियाँ लगी हुई थीं। युसूफ भाई एक पर चढ़ गये और मुझे उस बिस्तर का एक सिरा देते हुए दूसरी कुर्सी के ऊपर चढ़ जाने के लिए कहा। 'अब हम लोगों को इतना ही करना है कि इस चादर को उसके ऊपर फेंक दें और चेहरा ढँक जायेगा...बस!'

जब हम यह कर रहे थे कि मन्त्री अपने अमले के साथ आ गये। बहुत अधिक थकान होने के कारण हम दरवाज़ा बन्द करना भूल गये थे। कुर्सी पर चढ़े हुए दोनों के हाथ में चादर का वह नजारा मज़ेदार था, मगर मन्त्री के चेहरे पर जो भाव था वह अमूल्य था। लेकिन बात यहीं ख़त्म नहीं हुई। यह देखकर युसूफ भाई, चादर छोड़कर कुर्सी से कूद पड़े, और फिर बड़े मासूम चेहरे से कहा, 'देखो, मुन्नू क्या-क्या करवाता है!' शर्म के मारे मैं उस कुर्सी पर चादर लिए ऐसे खड़ा था जैसे द्रौपदी अपनी कभी ख़त्म न होने वाली साड़ी लेकर।

एक और रैली में एक असम्भव बात हुई। हमें पीलीभीत में कांग्रेस के एक उम्मीदवार के लिए चुनाव प्रचार करना था, जिसके ख़िलाफ़ मेनका गाँधी खड़ी थी। एक ही जगह पर सड़क के दोनों तरफ़ दोनों पार्टियों ने रैलियों का आयोजन किया था। वे बड़े पंडाल थे, बड़े-बड़े स्पीकर लगे हुए थे और लोग बड़ी तादाद में मौजूद

थे। दिलीप कुमार को देखकर जनता घेरा तोड़कर आगे बढ़ने लगी और जब तक हम समझ पाते हमने पाया कि हम उस मंच पर थे जहाँ से मेनका गाँधी को बोलना था। लेकिन युसूफ साहब ने उदारता दिखाते हुए बड़ी सहजता से हालात को सँभाल लिया। उनको यह कहते हुए सुना गया कि मेनका गाँधी एक महान परिवार की बहू हैं और यह कि वे उसके माता-पिता को भी जानते थे। फिर वे चलकर उस मंच पर गये जहाँ से उनको भाषण देना था और उन्होंने भाषण दिया जिसके बाद ज़ोरदार तालियाँ बजीं। मुझे याद नहीं आता कि कोई इतनी गरिमा और सफाई से हालात को सँभाल सकता था सिवाय युसूफ साहब के। किसी के प्रति किसी तरह का दुराग्रह नहीं और अच्छी तरह से सँभाला गया।

महेश भट्ट

उस महान शख़्सियत के बारे में कोई किस तरह से कहानी की शुरुआत कर सकता है?

क्या मैं इससे शुरू करूँ कि मेरे मन में उनकी पहली याद 'देवदास' फ़िल्म की है, जो मैंने तब देखी थी जब मैं 6 साल का था, जिसमें उन्होंने एक त्रासद प्रेमी का रोल अदा किया था, जो रसातल में चला जाता है? अधूरे प्यार की यह कहानी सबसे त्रासद प्रेम कहानी है जो भारतीय सिनेमा के स्वर्ण युग में बनी थी। दिलीप कुमार ने देवदास को एक किरदार दिया, एक गिरते हुए आदमी को वह गरिमा दी जिसे आज तक कोई छू नहीं पाया है।

या 2004 के सितम्बर की उस ठंडी रात से शुरू करूँ, जब हम इंग्लैण्ड के ब्रेडफोर्ड में थे, वहाँ मैंगो फ़िल्म फेस्टिवल में मुझे यह मौक़ा दिया गया था कि वहाँ मुझे भारतीय, पाकिस्तानी, बांग्लादेश मूल के लोगों सहित एशिया के विभिन्न इलाकों के लोगों के सामने दिलीप कुमार से बातचीत करूँ?

'मिस्टर युसूफ ख़ान कैसा लगता है आपको दिलीप कुमार के रूप में दुनिया में लाखों लोगों के दिलों में जगह बनाने पर?' मुझे याद है मैंने उनसे पूछा था।

'आप कुछ अपने सफ़र के बारे में बतायें।'

दिलीप कुमार अपने दिलीप कुमार की मुद्रा में बैठे थे अपने हाथ से अपने चेहरे को ढँके हुए। उन्होंने एक मिनट के लिए सोचा। 'यह मोहक है, मर्मभेदी और चक्कर में डाल देने वाला', उन्होंने तुरन्त जवाब दिया, और फिर देवदास के अपने विशाल कट आउट की तरफ़ देखने के लिए मुड़े, जो हमारे पीछे खड़ा था। 'जब मैं इस इंसान को देखता हूँ जिसका नाम दिलीप कुमार है तो मुझे समझ में नहीं आता है कि यह कौन है', उन्होंने कहा। 'मुझे नहीं लगता है कि मेरे जीवन में कुछ ऐसा था जो इसके क़ाबिल था। मुझे समझ में नहीं आता है कि आप लोग मुझे इस हद तक क्यों प्यार करते हैं।' 'शायद इसलिए कि आपको चाहना लाभदायक है सर?' मैंने कहा। 'मुझे बताने दीजिए। कल सुबह मैंने ब्रैडफोर्ड से लन्दन के लिए ट्रेन पकड़ी। ट्रेन में जो अटेंडेंट था वह बांग्लादेश का था। मुझे पहचानकर, वह शर्माते हुए आगे आया और मुझसे पूछा कि मुझे खाने के लिए कुछ चाहिए। मैंने उससे सैंडविच माँगी। उसने फिर मुझसे पूछा कि मेरे हिसाब से भारत का सबसे अच्छा एक्टर कौन है। बिना एक मिनट भी झिझक दिखाए मैंने कहा : 'दिलीप कुमार, सिर्फ़ दिलीप कुमार?' वह मुस्कुराया। कुछ मिनट के बाद मैंने पूछा कि सैंडविच के लिए मुझे कितने पैसे देने हैं। 'कुछ भी नहीं', उसने कहा। 'हम दोनों एक ही प्यार को साझा करते हैं। आप भी दिलीप कुमार को प्यार करते हैं। आपके लिए यह सैंडविच मुफ्त।'

हॉल में ठहाके गूँज उठे और ज़ोरदार तालियाँ। लेकिन उस पल सबसे लौकिक था जिस तरह से दिलीप कुमार साहब उस कहानी को सुन रहे थे। जैसे मैं किसी और के बारे में बात कर रहा होऊँ और वह सिर्फ़ दर्शक हों। वे भी गर्मजोशी से मुस्कुराये और ताली बजाने लगे, लेकिन उनको ज़्यादा ख़ुशी इस बात की थी कि मैंने कितनी अच्छी तरह से वह कहानी सुनाई इस बारे में कम थी कि उस कहानी के नायक वही थे। उन लोगों के विपरीत जो अपना मिथ ख़ुद ही बनाते रहते हैं दिलीप कुमार मानो इसको थोड़ी दूरी बनाकर देखते थे, कुछ हैरत के साथ और थोड़ी उलझन के भी साथ उस महानायक को जो वे ख़ुद ही थे।

वे कहते हैं कि शब्द से काम नहीं चलता है। दिलीप कुमार मुझे महज इसलिए नहीं मोहित करते हैं क्योंकि उन्होंने 57 फ़िल्मों में काम किया, अनेक पुरस्कार अर्जित किये, एक बार मुम्बई के शेरिफ रहे, दादा साहेब फाल्के पुरस्कार के विजेता रहे, या राज्यसभा के सदस्य रहे, या वह आदमी जिसे पाकिस्तान की सरकार ने निशान-ए-इम्तियाज़ दिया। वह इन इनामों-इकरामों के अलावा भी बहुत कुछ हैं।

जो दिलीप कुमार मुझे प्रभावित करते हैं वे वास्तविक जीवन में भी नायक हैं। बहुलतावादी धरोहर, जो भारत के देश का आधार है, उनके पूरे व्यक्तित्व से वह झलकता है, केवल परदे पर ही नहीं बल्कि असली जीवन में भी।

जिस तरह से युसूफ ख़ान उर्फ़ दिलीप कुमार 'गंगा जमुना' में हे राम बोलता

है उससे पता चलता है कि उनका दिल महात्मा गाँधी के विचारों में केन्द्रित है।

लेकिन सिनेमा के अन्य नायकों की तरह जो विवादास्पद मुद्दों के आने पर चुप्पी की राजनीति को ओढ़ लेते हैं, दिलीप कुमार ने असल में उन मूल्यों के लिए लड़ाई लड़ी है जिनके लिए वे रोज़-रोज़ के जीवन में खड़े होते थे।

1998 में दिलीप साहब ने मुझे और जावेद अख़्तर को इसके लिए राजी किया कि 'फायर' फ़िल्म के ख़िलाफ़ हुए प्रदर्शनों के लिए भारत के उच्चतम न्यायालय में जनहित याचिका दायर की जाये, क्योंकि दक्षिणपंथियों की वजह से फ़िल्म को सिनेमा घरों से हटाना पड़ा था। जिसकी वजह से राज्यसभा में हंगामा हो गया, सदन की कार्यवाही को रोक देना पड़ा क्योंकि दक्षिणपंथी पार्टी के एक नेता ने अभिनेता को 'पाकिस्तानी' कह दिया था।

कहने की आज़ादी कलाकारों के वर्ग के लिए प्राणवायु की तरह होती है। हम फ़िल्मकार, कलाकार, लेखक हैं। जब आदर्शों का गला घोंटा जा रहा हो तो हम किस तरह ख़ामोश रहकर न देखने का अभिनय कर सकते हैं? उन्होंने मुझे सर्दी की उस रात यह बात कही थी जब कुछ चिन्तित फ़िल्मकारों ने हमें यह सलाह दी थी कि व्यवस्था से लड़ाई न करें। लेकिन, आख़िरकार जनतन्त्र असहमति से ही तो समृद्ध होता है, और, असहमति के माध्यम से किसी को इसके लिए तैयार रहना चाहिए कि मुश्किल आ सकती है। उस रात मैंने यह सबक अपने परदे के नायक से सीखा।

पाँच साल पहले, दिलीप कुमार के जन्मदिन के दिन मैं हमेशा की तरह उनके पाली हिल के बँगले पर उनको बधाई देने गया। उन्होंने मेरा स्वागत अपनी करिश्माई मुस्कान से किया और मेरे हाथ को ऐसे थाम लिया जैसे कोई किसी अपने का हाथ थामता है। और उस स्पर्श के साथ उन्होंने मुझ तक वह बात पहुँचा दी जो शब्द नहीं पहुँचा सकते थे। इसका मतलब इतना था, मैं तुम्हारे साथ हूँ, तुम्हारे साथ खड़ा हूँ।

वे मेरे लिए परेशानी भरे दिन थे। मैं एक तूफ़ानी दौर से गुज़र रहा था। कुख्यात डेविड हेडली (David Headley) के साथ, जिसने मुम्बई में 26/11 हमलों की योजना तैयार की थी, मेरे बेटे राहुल भट्ट के तथाकथित सम्बन्धों की वजह से रातो-रात मेरा जीवन नरक बन गया था। दक्षिणपंथी पार्टियाँ, जिनकी राजनीति का मैंने हमेशा विरोध किया था, इस मौक़े का फ़ायदा उठाकर मेरे ख़िलाफ़ माहौल बनाने में लगी हुई थीं। मैं व्यस्त था अपने बेटे की तरफ़ से इस लड़ाई को लड़ने में, यह साबित करने के लिए उसे हमारे आसपास के निहित स्वार्थों ने शिकार बनाया। चूँकि दिलीप साहब इस तरह के मसलों को समझते थे, इसलिए उनकी सहानुभूति मेरे साथ थी।

तभी, एक बड़े वकील न जाने कहाँ से वहाँ आ गये, और उन्होंने बड़े जोश के साथ दिलीप साहब को जन्मदिन की मुबारकबाद दी, यह कहते हुए कि हर

कोई उनके लम्बे जीवन और सुरक्षा की कामना कर रहा है। दिलीप साहब ने मेरी तरफ़ इशारा करते हुए कहा, 'मियाँ, मुझसे ज़्यादा इनकी सुरक्षा की फ़िक्र कीजिए। यह अकेली लड़ाई लड़ रहा है और आज हम सबके लिए लड़ाई लड़ने की कीमत चुका रहा है,' उनके ये शब्द मेरे अस्तित्व को छू गये। इसलिए नहीं कि जो उन्होंने कहा था बल्कि इसलिए कि जिस तरह से उन्होंने कहा था। अचानक मुझे लगा कि अब मैं अकेला नहीं हूँ।

मैंने उनकी आँखों में देखते हुए मुस्कुराकर कहा : 'नहीं दिलीप साहब जब आपने मेरा हाथ पकड़ रखा है तो मैं अकेले कैसे हो सकता हूँ। मैंने आपसे ही यह साहस सीखा है। पहले आप इस राह पर अकेले चलते थे। अब इसके ऊपर चलने की बारी मेरी है।' मेरे शब्द उन तक पहुँच गये थे और उन्होंने मुझे जिस तरह से मुस्कुरा कर देखा मैं उसे मरते दम तक नहीं भूलूँगा। दिलीप कुमार से जुड़ी यादें मेरे लिए जीत के ट्रॉफी की तरह हैं जिसका मैं जीवन भर आनन्द मनाऊँगा। असल में, उन्होंने मेरी मदद की कि मैं खुद को परिभाषित कर सकूँ कि मैं असल में कौन हूँ। शुक्रिया सर। आपने मेरे दिल को किस तरह से छुआ है आप कल्पना नहीं कर सकते हैं।

चन्द्रशेखर

दुनिया हो सकता है कि दिलीप कुमार को भारत के एक महान अभिनेता के रूप में जानती हो; लेकिन मैं उनको बहुत अच्छे इंसान के रूप में जानता हूँ। मैं दिलीप कुमार से एक साल छोटा हूँ, और बावजूद इसके कि अपने कैरियर के शुरुआती दिनों में मैं हीरो था, लेकिन मैं कहीं से यह दावा नहीं कर सकता हूँ कि मैं उनके क़द के आसपास भी पहुँच पाया, तो भी जब हमने साथ-साथ फ़िल्म उद्योग के कामगारों और कलाकारों के लिए काम किया तो उन्होंने मुझे जो इज़्ज़त और मान दिया वह आज भी मेरे दिल के करीब है।

मैं हीरो बनने की तमन्ना रखने वाले अनेक अभिनेताओं की तरह बम्बई टॉकीज जाता था और उनसे वहाँ मिलता था। वह सुन्दर और दुबले थे और बहुत

विनम्रता के साथ बेहतरीन अंग्रेज़ी और उर्दू में बोलते थे। अशोक कुमार जिनको फ़िल्म जगत में प्यार से दादामुनी कहा जाता था, वहाँ शूटिंग करते मिल जाते थे। उन्होंने दिलीप कुमार की तरफ़ देखकर हम लोगों से चुपचाप कहा था : 'उसको देखो, खोया खोया सा रहता है और चुप रहता है। एक दिन सबसे बड़ा स्टार होगा और उसका नाम पूरी दुनिया में फैल जायेगा।'

दिलीप साहब जो भी करते थे उसको करने का उनका तरीका तब भी वही बना रहा जब वे बड़े स्टार बन गये। वे चुपचाप बैठकर जिन फ़िल्मों की शूटिंग चलती रहती उसके एक्टर्स, निर्देशकों और टेक्नीशियन को शूटिंग में लगे देखते रहते थे। वे जो भी करते थे उसमें अपना दिल और आत्मा लगा देते थे। राष्ट्रीय मुद्दों के लिए कुछ रैलियों का आयोजन किया जाता था जिनके लिए बड़े पैमाने पर प्रबन्धन और प्रेरित करने की ज़रूरत पड़ती थी। यह सब काम दिलीप कुमार देखते थे इसलिए नहीं कि वे चर्चा में बने रहना चाहते थे बल्कि इसलिए क्योंकि वे सचमुच में उनकी फ़िक्र करते थे।

चाहे वह 1960 और 70 के दशक में बिहार में पड़ा अकाल रहा हो या महाराष्ट्र और पश्चिम बंगाल में पड़ा सूखा, उन्होंने बिना समय गँवाये इंडस्ट्री को एकजुट करके धन जुटाया। उन्होंने हम सबको प्रेरणा दी। उनके सबसे अच्छे दोस्त राज कपूर उनकी मदद के लिए हमेशा आगे रहते थे मगर उसका कामधाम दिलीप कुमार के ही जिम्मे रहता था। मुझे याद है कि जयराज, डेविड और मुझ जैसे कलाकार उनकी मदद कर रहे थे एक बेनिफिट क्रिकेट मैच के आयोजन में ताकि महाराष्ट्र के कोयना में भूकम्प पीड़ितों के लिए धन जुटाया जा सके। हमने बेघर पीड़ितों के पुनर्वास के लिए लाखों रुपये जुटाये।

वे ज़रूरतमन्द कलाकारों और कामगारों के लिए धन जुटाने के लिए भी उतने ही चिन्तित रहते थे; पहले चेक हमेशा उनकी तरफ़ से ही आता था। फ़िल्म इंडस्ट्री कल्याण कोष और बूढ़े, रिटायर कलाकारों के लिए योजनायें चलाने का प्रयास उन्होंने ही किया था। फ़िल्म उद्योग से सबसे पहले उन्होंने ही महाराष्ट्र सरकार के सामने यह प्रस्ताव रखा था कि दादासाहेब फाल्के चित्रनगरी का निर्माण करवाया जाये, जो 1978 में सामने आया। नेहरू सेंटर भी दिलीप साहब का विचार था। भारतीय फ़िल्म उद्योग को लेकर उनके बड़े ऊँचे सपने थे और उन्होंने उनके लिए स्वार्थहीन होकर काम किया। आज के एक्टरों के विपरीत जो हॉलीवुड के लालच में रहते हैं, दिलीप साहब ने डेविड लीन (David Lean) के उस प्रस्ताव को ठुकरा दिया था जब वे 'लॉरेंस ऑफ अरेबिया' (Lawrence of Arabia) में उनको लेना चाहते थे। उनको भारतीय अभिनेता होने पर गर्व था।

यश चोपड़ा

मेरे बड़े भाई बी.आर. चोपड़ा साहब दिलीप कुमार को लेकर फ़िल्म बनाने की दिली ख़्वाहिश रखते थे। बी.आर. साहब ने अशोक कुमार को लेकर सुपरहिट फ़िल्म 'अफ़साना' (1951) बनाई थी और अब वे चाहते थे कि दिलीप साहब उनके प्रोडक्शन हाउस की पहली फ़िल्म में काम करें।

दिलीप साहब के हर फ़िल्म के साथ जो सफलता उनको मिल रही थी वे उस सबसे अप्रभावित थे। वे विषय, निर्देशक और प्रोडक्शन हाउस का चुनाव बहुत सोच समझ कर करते थे। उनके बारे में यह भी प्रसिद्ध था कि वे एक समय में एक या दो ही फ़िल्मों में काम किया करते थे और इस बात को लेकर बेपरवाह रहते थे कि अपनी ज़बरदस्त लोकप्रियता को भुनाया जाये।

चोपड़ा साहब के पास 'नया दौर' की कहानी थी और उनको इस बात को लेकर पूरा आत्मविश्वास था कि दिलीप कुमार साहब इसको पसन्द करेंगे। उसमें एक सामाजिक विषय था और उस समय देश के लिए सही सन्देश भी था, जो ग्रामीण अर्थव्यवस्था में बदलाव के कगार पर था। उन्होंने दिलीप कुमार से सम्पर्क साधा जिन्होंने हाल में फ़िल्म प्रेमियों को देवदास के यादगार अभिनय से हिलाकर रख दिया था। उनका किरदार, जो प्यार की निराशा को छिपाने के लिए बेतहाशा शराब पीता है इसका युवाओं पर गहरा असर हुआ। इसका सन्देश साफ़ था। शराब का सहारा लेकर सच्चाई से नहीं भागा जा सकता। मुझे नहीं लगता है किसी और कलाकार ने यह मुकाम हासिल किया हो।

वह दिन बड़ा उत्साह भरा था जब दिलीप साहब ने बम्बई में लीडो सिनेमा के पास हमारे दफ़्तर में आने का फ़ैसला किया, कहानी सुनने के लिए। हम लोगों से यह कहा गया था कि ख़ूब अच्छी तरह से कपड़े पहन कर तैयार रहें क्योंकि दिलीप साहब ख़ूब बढ़िया कपड़े पहनते थे। ख़ूब अच्छी तरह से इस्तरी की हुई पूरी बाँह की सफ़ेद कमीज। जब वे गाड़ी से उतरे तो मैं दरवाज़ा खोलने के लिए बढ़ा, और वे मुझे देखकर मुस्कुराने लगे। उन्होंने तब चोपड़ा साहब को देखा जो उनका स्वागत करने के लिए बाहर खड़े थे, उन्होंने उनसे गर्मजोशी से हाथ मिलाया और फिर पीछे मुड़कर सभी कर्मचारियों का अभिवादन किया। कहानी सुनने के बाद दिलीप साहब ने यह कहा कि उनको कहानी पसन्द आयी लेकिन दुर्भाग्य से वे ज्ञान मुखर्जी की एक फ़िल्म करने के लिए प्रतिबद्ध हैं जिनसे

उनका सम्बन्ध बॉम्बे टॉकीज के दिनों से था। मुखर्जी की फ़िल्म पूरी करने के बाद वे ज़रूर इस फ़िल्म के बारे में सोचेंगे। जैसा कि पहले ही कहा गया है, वे एक समय में दो ही फ़िल्मों में काम किया करते थे और चाहे कितना भी अच्छा प्रस्ताव हो वे तीसरी फ़िल्म के लिए जगह बनाने के बारे में सोचते भी नहीं थे। वे इस बात का बहुत ध्यान रखते थे।

मेरे भाई कुछ दिनों तक साफ़ तौर पर दुखी रहे। उन्होंने 'नया दौर' के विषय की चर्चा उन दो लोगों से की थी जिनका वे बहुत अधिक सम्मान करते थे : पहले थे अशोक कुमार, जिन्होंने साफ़तौर पर यह कह दिया कि दिलीप कुमार के अलावा इस रोल में किसी और को लेना बेवकूफ़ी होगी क्योंकि यह रोल उनके लिए ही बना है; उन्होंने महबूब साहब से भी बात की जिन्होंने कहा कि इस कहानी में नाटकीयता ज़रा कम है और इसमें मुख्य भूमिका में दिलीप कुमार को लेना एक तरह से बर्बादी होगी। और फिर एक दुर्भाग्यपूर्ण घटना के कारण सब कुछ बदल गया। मुखर्जी का देहान्त हो गया और वह फ़िल्म बन्द हो गयी। इसलिए दिलीप साहब के उस साल के काम की योजना एक फ़िल्म के लिए जगह थी। उनके साथ बातचीत शुरू हो गयी और मैं इस बात का गवाह था कि बी.आर. चोपड़ा के युनिट में इस बात को लेकर कितनी ख़ुशी थी क्योंकि दिलीप कुमार की फ़िल्म के साथ जुड़ना एक तरह के सम्मान की बात थी।

उस समय मैं अपने भाई का तीसरा सहायक था, महज पाँच साल पहले ही बम्बई आया था। युनिट में मैं निर्देशन, निर्माण प्रबन्धन, एडिटिंग, सिनेमाटोग्राफी आदि का प्रशिक्षण ले रहा था। बी.आर. चोपड़ा के भाई होने के कारण मेरी पहुँच फ़िल्म निर्माण के सभी विभागों तक थी लेकिन युनिट में मैं आम कर्मचारी की ही तरह था।

मेरे लिए उत्साह और घबराहट का सबब यह था कि मुझे दिलीप कुमार का जिम्मा दिया गया, जिन्होंने यह सुझाव दिया कि जुहू में उनका शैक (Shack) है जिसका इस्तेमाल कहानी सुनने के लिए किया जा सकता था, और यह मेरी ज़िम्मेदारी थी कि मैं उनके साथ जाऊँ। दिलीप साहब ने पूरा महीना लेखक अख़्तर मिर्ज़ा और चोपड़ा साहब के साथ बिताया। वे हर सीन को डायलॉग के साथ लेते थे और उसका अभिनय करके यह दिखाते थे कि उनमें किस तरह नाटकीयता, भावना, हास्य, गहरी भावना है और हम देखकर अवाक् रह जाते थे। वह एक्टिंग की विविधता को दिखाते थे और हमें बहुत अच्छा लगता था। उन्होंने न केवल अपने किरदार को रूप दिया बल्कि अजीत के किरदार को भी। उन्होंने निःस्वार्थ भाव से यह पक्का किया कि अजीत का किरदार भी उतना ही मज़बूत और भावनात्मक तौर पर लिखा होना चाहिए। उतने ही ध्यान से उन्होंने हीरोइन के रोल पर भी काम किया।

वह एक महीना मेरे लिए ऐसी शिक्षा का रहा जिसको लेकर मैं जीवन भर

आनन्द मनाऊँगा। इस माध्यम के एक विद्यार्थी के लिए यह एक तरह से एक ऐसे संस्थान में जाना था जहाँ एक्टिंग, निर्देशन, लेखन और दृश्य बनाने की तकनीक को सीखा जा सके। 'नया दौर' के निर्माण के दौरान दिलीप साहब सच्चे अर्थों में मेरे गुरु बन गये।

फ़िल्म का क्लाइमेक्स अख़्तर मिर्ज़ा के लिए बड़ी चुनौती थी। वह दर्शकों को इस बात के ऊपर कैसे विश्वास दिलाये कि ताँगा मोटर कार को हरा सकता था? तो दिलीप कुमार ने ही उनको यह सुझाया कि ताँगा एक छोटे से रास्ते से दौड़ के आख़िरी मुकाम तक पहुँच जायेगा। यह तार्किक था और विश्वास करने योग्य बात भी।

'नया दौर' में दिलीप कुमार-मधुबाला की करिश्माई जोड़ी काम करने वाली थी। हालाँकि, मधुबाला के पिता अताउल्ला ख़ान ने पूना के एक शेड्यूल के लिए मुश्किल खड़ी कर दी। उन्होंने साफ़तौर पर यह कह दिया कि उनकी लड़की ऐसी फ़िल्म में काम नहीं करेगी जिसकी शूटिंग आउटडोर में हो। चोपड़ा साहब हैरान रह गये। यह ग़ैरवाज़िब माँग थी क्योंकि जब उनको पटकथा दी गयी थी तभी यह बात साफ़ थी कि इस फ़िल्म के बड़े हिस्से की शूटिंग आउटडोर होने वाली थी। साफ़ था, अताउल्ला ख़ान अपनी ही मर्ज़ी चला रहे थे, लेकिन चोपड़ा साहब मुतमईन थे कि वे बाप-बेटी को लेकर अदालत जायेंगे।

यह कोई छुपी हुई बात नहीं थी कि दिलीप कुमार और मधुबाला में प्यार था। लेकिन जब मधुबाला के ऊपर मुक़दमा किया गया तो दिलीप साहब ने चोपड़ा साहब का समर्थन किया।

अन्तिम सुनवाई से पहले अँधेरी रेलवे स्टेशन के पास एक लकड़ी की दूकान में शूटिंग थी। दिलीप कुमार शूट पर आये तो वे काफ़ी परेशान दिख रहे थे। शूटिंग के बाद उन्होंने मुझसे कहा : 'यश, मैं ख़ुश हूँ कि सब कुछ ख़त्म हो गया। दोनों तरफ़ से अब कोई कड़वाहट नहीं रहनी चाहिए।' उन्होंने चोपड़ा साहब से केस जीतने के बाद कहा : 'आपने दुनिया के सामने यह साबित कर दिया कि उन्होंने आपके साथ धोखा किया था। अब माफ कर दीजिए और इस बात को जाने दीजिए।' चोपड़ा साहब ने यही किया।

यह एक तरह से चोपड़ा साहब के लिए भाग्य की बात थी कि वैजयन्तीमाला उस फ़िल्म से जुड़ गयी। दिलीप साहब बड़े आराम से चलते रहे, उनका यह साफ़तौर पर मानना था कि यह निर्माता का हक होता है कि वह किसको फ़िल्म में ले, किस तकनीशियन का चुनाव करे। दिलीप कुमार और वैजयन्तीमाला की जोड़ी शानदार जमी।

दिलीप कुमार 'मेथड एक्टर' नहीं हैं जैसा कि अनेक सिनेमा विद्वान मानते हैं। वे सहज एक्टर हैं जो शानदार तरीके से नाटकीय सीन को करने के लिए अपने अन्दर की भावना को जगाते हैं। मैं यह बात कह रहा हूँ उनको नजदीकी

तौर पर 50 साल और उससे भी अधिक समय तक देखने के बाद। यही कारण था कि उनको मनोचिकित्सक की सलाह लेनी पड़ी थी ताकि वे उस उदासी से दूर हो सकें जो उनको शुरू में कई ट्रेजिक फ़िल्में करने के कारण हो गयी थी। निजी जीवन में सायरा से शादी करने से पहले तक वे तनहा ही थे। उनकी शामें ऐसे दोस्तों के साथ गुज़रती थीं जिनकी बौद्धिक क्षमता उनके मुक़ाबिल नहीं थी। उनके भाई-बहन उनसे अलग थे। वे बहुत अधिक समय लिखने, पढ़ने और चुने गये स्क्रीनप्ले के ऊपर काम करने और उनकी व्याख्या करने में लगाते थे।

मुझे याद है कि 'नया दौर' की शूटिंग शुरू होने वाली थी, यह मेरी ज़िम्मेदारी थी कि दिलीप साहब को बँगले से पूना शूट के लिए लेकर जाऊँ। मुझे एक छोटी कार दी गयी थी जबकि, जो उनके लिए दी गयी लिमोजीन कार के पीछे-पीछे चलने वाली थी। जब वे बाहर तैयार होकर आये तो चलने से पहले उन्होंने दोनों कारों को देखा। वे समझ गये कि लिमोजीन उनके लिए थी और छोटी कार मेरे लिए। वे छोटी कार की तरफ़ बढ़ गये, उसका दरवाज़ा खोला और पिछली सीट पर बैठ गये, और मुझे अपने बगल में बैठने के लिए कहा। मैं दुखी था क्योंकि मैं इस बात को जानता था कि अगर मैंने उनको छोटी कार में सफ़र करने दिया तो मेरे भाई मुझे झाड़ लगायेंगे। हालाँकि, जब हम कार में बैठे तो उन्होंने मुझे मुस्कुरा कर देखा और आश्वस्त किया कि वे सब सँभाल लेंगे।

हमारा पूना का सफ़र मेरे लिए बहुत यादगार है। दिलीप साहब ने मुझे बहुत सहज बना दिया और मुझे अपने जीवन की कई घटनाएँ सुनाईं, जिनमें यह भी था कि किस तरह से उन्होंने अपनी बुद्धि से आर्मी क्लब, पुणे में अपने जीवन की पहली बड़ी कमाई की थी। उन्होंने बताया कि वहाँ स्टाल लगाकर उन्होंने सैंडविच बेचे जबकि इस बीच वे मुझसे खुलकर पंजाबी में बात करने लगे।

उनके साथ रिहर्सल के दौरान लम्बा समय बिताना और और जब वह अन्त में शॉट देते थे उसकी तुलना नहीं की जा सकती है, उनके साथ बिताया गया वह समय मेरे लिए सौभाग्यशाली था। वे अपने काम को लेकर बहुत गम्भीर थे : जब वे कैमरे के सामने जाते थे तो भावनाएँ अपने आप आ जाती थीं। अन्तिम टेक में वे वही करते थे जो कि उनको सबसे अच्छा लगता था।

भोपाल में हमने एक गाँव बौदिनी (Boudini) में शूटिंग की। हम वहाँ ट्रेन से गये और और अस्पताल के लिए बनी एक नयी इमारत पूरी तरह से हमें दे दी गयी थी। दोनों आउटडोर में 250 जूनियर आर्टिस्ट थे और 100 से अधिक युनिट के लोग, जिनमें तकनीशियन और सहायक भी थे। पूना और भोपाल दोनों में शूटिंग के दौरान मैंने एक बार भी यह नहीं सुना कि दिलीप कुमार ने यह कहा हो कि उनके साथ ख़ास तरीके से व्यवहार किया जाये। अगर सहायक आउटडोर छाता लेकर आते थे तो वे कहते कि वे युनिट की महिलाओं को दे दिया जाये या जो बुजुर्ग जूनियर आर्टिस्ट हैं उनको। वे सबके साथ बैठते थे और

वही खाना खाते थे जो युनिट के लिए बनता था। शाम में पैक अप के बाद वे पहल करके मनोरंजन का इन्तज़ाम करते थे। वे फुटबॉल, बैडमिंटन, कैरम, टेबल टेनिस खेलते, गाना गाते, चुटकुले सुनाते, लोगों के अपने क़िस्से ध्यान से सुनते और ईमानदार भाईचारा दिखाते।

मैं भगवान का शुक्रिया अदा करता हूँ कि मुझे ऐसे आदमी से दोस्ती करने का मौक़ा मिला जो हर मायने में असाधारण है।

फरीदा दादी

मुझे पहली बार उस फ़िल्म में काम करने का मौक़ा मिला जिसमें दिलीप कुमार हीरो थे। वह फ़िल्मालय की फ़िल्म थी 'चैरिटी मास्टर', एस. मुखर्जी साहब जिसके निर्माता थे, उनके निर्माण में बनने वाली अगली फ़िल्म 'लीडर' से कुछ पहले। यह फ़िल्म किसी कारण से नहीं बनी। उसके बाद मुझे 'दिल दिया दर्द लिया' में बाल कलाकार के रूप में काम करने का मौक़ा मिला। अब तक मुझे इस बात का पता चल चुका था कि फ़िल्म शूटिंग का क्या मतलब होता है। वैसे तो ए. आर. कारदार को फ़िल्म का निर्देशक बनाया गया था मगर असल में फ़िल्म का निर्देशन दिलीप साहब कर रहे थे।

मैं उनको हैरानी से देखती थी जब वे शॉट के लिए छोटी-छोटी बातों का इन्तज़ाम कर दिया करते थे, और साथ ही सेट पर हर किसी का ध्यान भी रखते थे। वे हमेशा से सेट पर मौजूद सभी बुजुर्गों का इतना आदर करते थे कि मेरी माँ उनसे इस बात के लिए बड़ी प्रभावित रहती थी कि वे जिस तरह का सच्चा सम्मान उनको देते थे और उनका पूरा ख़याल रखते थे। ऐसा हर दिन नहीं होता है कि आप ऐसी बड़ी शख़्सियत से मिलें जो अपनी इंसानियत से आपको सहज बना दे। पहले दिन 'दिल दिया दर्द लिया' के लिए मेरी शूटिंग कारदार स्टूडियो में थी, मैं समय पर नहीं पहुँच पायी क्योंकि मैं मद्रास में फँस गयी थी। दिलीप साहब ने यह कहते हुए शूटिंग रद्द कर दी : 'अगर एक बड़ा आर्टिस्ट नहीं आ सकता तो शॉट कैंसिल होता है तो फरीदा के लिए भी कैंसिल हो सकता है।' यह बहुत बड़ी बात थी।

'दिल दिया दर्द लिया' की आउटडोर शूटिंग मध्यप्रदेश में माँडू के क़िले में हुई थी। माँडू में जब हम एक लोकेशन से दूसरे लोकेशन पर जाते थे, चट्टानों की पृष्ठभूमि में शूटिंग करने के बाद पठारी जगह पर उसकी शूटिंग करते थे तो

मैं यह देखती थी जिस निःस्वार्थ भाव से और बिना थके दिलीप कुमार अपनी शूटिंग में ध्यान लगाते थे उतना ही ध्यान दूसरे आर्टिस्ट के काम में भी लगाते थे ताकि वह अपना काम कर सके।

मुझे लगता है कि मैंने 'दिल दिया दर्द लिया' के सीन में दिलीप कुमार को सन्तोष देने भर का काम किया था। जब राम और श्याम की कास्टिंग शुरू हुई, तो उन्होंने प्रोडक्शन मैनेजर से कहा कि वह मुझे और मेरी माँ को लेकर उनके बँगले पर आये ताकि वे मुझे मेरे किरदार के बारे में बता सकें और उन कपड़ों के बारे में जो मेरे लिए तैयार किये जाने थे। यह मेरे लिए उपलब्धि थी कि मुझे दिलीप कुमार ने चुना।

उन्होंने मेरी माँ को शूटिंग के बारे में बताया जो मद्रास में होने वाली थी और उन्होंने आश्वस्त किया कि मेरी पढ़ाई पर इससे असर नहीं होगा और वे स्कूल के प्रबन्धकों से बात करेंगे कि वे मुझे छुट्टी दे दें। मैं और भी ज़्यादा ख़ुश इस बात से थी कि किरदार के लिए और भी कम उम्र की लड़की की ज़रूरत थी मगर दिलीप साहब ने ज़ोर दिया कि मुझे ही उस रोल के लिए लिया जाये।

मद्रास में राम और श्याम की शूटिंग यादगार रही। सभी कलाकारों को ओशियानिक होटल में ठहराया गया था और एक बार फिर दिलीप साहब ने हर चीज़ का इन्तज़ाम किया, शूटिंग के लिए सामानों से लेकर परदे और कलाकारों के कपड़ों और उनके गहनों तक का। मैं हर जगह उनके पीछे-पीछे रहती थी और मैंने यह देखा कि किस तरह से उन्होंने परदे के रंग और सोफे कवर का मिलान किया और कला निर्देशक को हैरान करते हुए दीवारों को पेंट भी किया और किसी बात का श्रेय नहीं लिया : बल्कि वह उसका श्रेय कला विभाग को जाने देते थे। उनको देखना भर मेरे लिए शिक्षा की तरह था। उससे मुझे कुछ ज्ञान हुआ कि फ़िल्म किस तरह बनती है और मैंने यह मूल्यवान बात भी सीखी व्यवहार और बातचीत में विनम्रता होनी चाहिए।

हमारी हर शाम खुले बैडमिंटन कोर्ट में बीतती थी जहाँ दिलीप कुमार हर उस आदमी के साथ बैडमिंटन खेलते थे जो उनके साथ खेलना चाहता था। वे खाली समय में 'आदमी' फ़िल्म की एडिटिंग में लगे रहते थे और मुझे लगता है कि वे शाम में खेलकर ख़ुद को तरोताज़ा रखते थे। मेरे लिए यह लाजिमी कर दिया गया था कि एक बार खेलने के बाद मैं अपनी किताब खोलकर पढ़ाई करूँ। वह इस बात का पूरा ध्यान रखते थे। दिलीप साहब हमेशा पूरी युनिट के साथ खाना खाते थे और यह देखते थे कि सभी सहज महसूस करें।

'राम और श्याम' के सेट से जुड़ी एक बात मैं कभी नहीं भूल सकती हूँ जिसका सम्बन्ध उस सीन से जिसमें प्राण साहब (जिन्होंने फ़िल्म में मेरे पिता की भूमिका की थी) जन्मदिन का केक फेंक देते हैं और मेरे ऊपर चिल्लाते हैं। जैसे ही केक फेंका जाये मुझे तुरन्त ही रोना था। जब शूटिंग का समय आया

पता नहीं क्यों आँसू नहीं निकले। मैंने कुछ मर्तबा कोशिश की और मैंने देखा कि साहब धीरज खो रहे थे। मैं उनके पास गयी और उनसे चुपचाप कहा कि जब वे अन्तिम टेक में मेरे आँखों में आँसू चाहते हैं तो उनको मेरे पास आकर कान में यह कहना चाहिए और मैं रोने लगूँगी। मैंने उनसे गुज़ारिश की कि वे सबके सामने मुझे नहीं डाँटें। वह मान गये और जैसा कि मैंने उनसे गुज़ारिश की थी वे कान में आकर फुसफुसाये और काम हो गया। उन्होंने ऐक्शन कहा और मैंने पूरी कोशिश की मगर आँसू नहीं आये। वे सच में बहुत गुस्सा हो गये और मेरे ऊपर चिल्लाते हुए वहाँ सबसे बोले कि किस तरह से मैंने उनसे गुज़ारिश की थी कि मैं न चिल्लाऊँ। बस फिर क्या था। मेरी आँखों से आँसू बहने लगे और अन्तिम टेक पूरा हो गया। जब भी मैं वह फ़िल्म देखती हूँ तो मैं अपने पोते-पोतियों से कहती हूँ कि वे इस यादगार सीन को ध्यान से देखें और उनको इस बात से बड़ी हैरानी होती है।

मुझे याद है एक शाम जब मैं दिलीप कुमार के साथ उस कमरे में गयी जहाँ 'आदमी' की एडिटिंग चल रही थी। मैं अपनी माँ को यह बताना भूल गयी। जब मैं लौटी, तो मेरी माँ हाथ में एक छड़ी लेकर बैठी थी। उन्होंने मुझे मारा लेकिन दिलीप कुमार ने बीच-बचाव नहीं किया। उन्होंने होने दिया क्योंकि उनको यह लगा कि मेरी माँ सही थी : मुझे जाने से पहले उनसे अनुमति लेनी चाहिए थी।

'राम और श्याम' की शूटिंग के दौरान दिलीप साहब ने सायरा बानू से शादी कर ली। यह एक शाही शादी की तरह थी और उसके रिसेप्शन की योजना नागी रेड्डी साहब ने बनाई थी और पूरी युनिट मीनामबक्कम हवाई अड्डे पर गयी जहाँ दिलीप साहब अपनी सुन्दर बीवी के साथ शूटिंग शुरू करने के लिए आये तो जैसे उनका शाही स्वागत किया गया। सभी कलाकार और नागी रेड्डी साहब हाथ में माला लिए जहाज़ के बाहर उनके स्वागत के लिए खड़े थे। उनके चलने के लिए गुलाब की पंखुड़ियाँ बिछाई गयी थीं और सायरा के ख़ूबसूरत चेहरे से मेरी नज़रें नहीं हटती थीं। उसके बाद कई दिनों तक उनके लिए मोगरे के फूलों का इन्तज़ाम किया गया। मैंने सुन रखा था कि सायरा घमंडी है इसलिए मैं उससे दूर ही रहती थी, बिना यह जाने कि यह बात सही नहीं थी। वह अपने आप में रहने वाली थी, बस और कुछ नहीं। तब मैं यह कहाँ जानती थी कि हम दोनों को भाग्य बहुत जल्दी अच्छी दोस्त बनाने वाला था।

सायरा के आने से सेट का माहौल अधिक जीवन्त और उत्सव जैसा हो जाता था क्योंकि दिलीप साहब हमेशा बढ़िया मूड में रहते थे और उनके और प्राण के बीच का दोस्ताना देखने लायक होता था।

समय के साथ, मैं बम्बई में सायरा के बँगले में अक्सर जाने लगी। दिलीप साहब मेरे लिए बड़े भाई जैसे थे और सायरा दोस्त से अधिक मेरी बहन जैसी हो गयी। समय के गुज़रने के साथ उन्होंने मुझे यह सिखाया कि माँ पिता की

इज़्ज़त करनी चाहिए और शायद उनके परिवार में बड़ों को लेकर जो इज़्ज़त का भाव था वह मेरे अन्दर भी आने लगा। मेरे घर में वह कोई शादी हो या कोई गम का मौक़ा वे हमेशा मेरे साथ होते थे। मुझे लगता है कि मैं ख़ुशकिस्मत थी नहीं तो मेरा जीवन में उनसे मिलना नहीं हो पाता।

धर्मेन्द्र

1952 की बात है जब मैं सेकेण्ड ईयर में पढ़ता था तो मैं पंजाब के छोटे से शहर लुधियाना से बम्बई आया। तब तक मेरी एक्टर बनने की कोई योजना नहीं थी लेकिन मैं दिलीप कुमार से ज़रूर मिलना चाहता था, 'शहीद' फ़िल्म में जिनकी एक्टिंग ने मेरे जज़्बातों को छू लिया था। पता नहीं किस कारण से मुझे यह लगने लगा था कि दिलीप कुमार और मैं भाई थे।

बम्बई पहुँचने के अगले दिन मैं साहस के साथ पाली माला में उनके घर उनसे मिलने पहुँच गया। मुझे गेट पर किसी ने नहीं रोका और मैं गेट से सीधा घर में पहुँच गया। बाहर एक लकड़ी की सीढ़ी थी जो ऊपर बेडरूम में जाती थी। एक बार फिर, किसी ने मुझे नहीं रोका, तो मैं सीढ़ियाँ चढ़कर ऊपर एक कमरे के दरवाज़े पर पहुँच गया। एक ख़ूबसूरत नौजवान बिस्तर पर सोया हुआ था। उसे यह लग गया होगा कि कोई आया है और वह अचानक कुछ हैरान से जग गये। मैं अब भी खड़ा था और मुझे यह नहीं समझ में आ रहा था कि क्या करना चाहिए। वे बिस्तर पर बैठकर मुझे देखने लगे, उनको झटका सा लगा था कि एक अनजान आदमी उनके बेडरूम के दरवाज़े के बाहर खड़ा उनको तारीफ़ की नज़र से देख रहा था। जहाँ तक मेरी बात थी, तो मुझे अपनी आँखों के ऊपर यक़ीन नहीं हो रहा था। वे दिलीप कुमार थे, मेरे आदर्श, मेरे सामने। उन्होंने ज़ोर से किसी नौकर को बुलाया। अब मैं डर गया, सीढ़ियाँ उतर कर बाहर भागा और पीछे यह देख रहा था कि कोई मेरा पीछा तो नहीं कर रहा था।

जब मैं कैफेटेरिया में पहुँचा तो मैंने एक ठंडी लस्सी की माँग की। मैं कैफेटेरिया में बैठकर यह सोच रहा था कि मैंने क्या किया था। मुझे यह समझ

में आया कि यह कितना लापरवाह क़िस्म का व्यवहार था कि मैंने एक स्टार की निजता में खलल डाली थी। क्या हुआ अगर गेट पर कोई दरबान नहीं था या घर का कोई सदस्य मुझे रोकने के लिए नहीं था? पंजाब के गाँवों में घर के दरवाज़े हमेशा हर आने वाले के लिए खुले होते थे, जो भी आना चाहे आ जाये। लोगों के बीच बड़ी घनिष्ठता होती थी और किसी भी तरह का बन्धन नहीं होता था और आप किसी के घर में बिना किसी औपचारिकता के कभी भी जा सकते थे और दिन हो या रात आपका स्वागत किया जाता था। मुझे यह देखकर बड़ी ख़ुशी हुई कि मेरा आदर्श वैसे ही रहता था जैसे हम पंजाब में रहते थे। लेकिन तब, मैंने बड़ी भारी ग़लती यह कर दी कि मैंने इसको यूँहीं ले लिया कि मुझे किसी परिचय की ज़रूरत नहीं है। वह बम्बई था, बड़ा शहर, और वह घर स्टार दिलीप कुमार का था।

छह साल के बाद मैं बम्बई लौटा यूनाइटेड प्रोड्यूसर्स और फ़िल्मफेयर टैलेंट कम्पटीशन (Filmfare Talent Competition) में हिस्सा लेने। मैं सचमुच फ़िल्म में काम करना चाहता था और मैंने अपने पिता को समझा दिया था, जो मेरे फ़िल्मों में जाने को लेकर परेशान थे। मुझे विजेता घोषित कर दिया गया और उसके बाद मुझे कहा गया कि मैं फ़िल्मफेयर के दफ़्तर में फोटो शूट के लिए जाऊँ। मुझे यह नहीं पता था कि मेकअप कैसे लगाया जाता है और फोटोग्राफर मेरे चेहरे से ख़ुश था और चाहता था कि थोड़ा सा मेकअप कर लिया जाये। एक गोरी, छरहरी सी लड़की आयी और मेरे चेहरे पर मेकअप करने लगी। उस समय फ़िल्मफेयर के सम्पादक थे एल.पी. राव, उन्होंने मुझसे बहुत आहिस्ता से पूछा कि क्या मुझे पता था कि वह लड़की कौन थी। जब मैंने कहा कि नहीं तो उन्होंने बताया कि वह फरीदा खान थी, दिलीप कुमार की बहन, जो फेमिना में काम करती थी। मैंने उसे जाते हुए देखा तो उनके पीछे-पीछे भागा यह आग्रह करने कि वे दिलीप क़ुमार से मेरी मुलाक़ात करवा दें। मैंने उससे कहा कि मुझे यह लगता है कि वे मेरे भी भाई हैं। उसको हैरानी हुई मगर उसने कहा कि अगर भाई मान गये तो वह एल.पी. राव को फ़ोन कर देंगे।

अगले दिन उन्होंने मुझे बँगले में बुलाया, 48 पाली हिल पर शाम 8.30 बजे। मेरे लिए तो जैसे समय-थम सा गया था जब दिलीप साहब बाहर आये और लॉन में मुझे अपने बगल में बैठने के लिए कुर्सी दी। उन्होंने मुझसे बड़े भाई की तरह बात की, प्यार और चिन्ता से भरपूर और मुझे बताया कि वे किस तरह से अभिनेता बने और उनके लिए शुरू-शुरू में इस पेशे की माँग को समझ पाना कितना मुश्किल होता था क्योंकि वे एक गैर-फ़िल्मी पृष्ठभूमि से आये थे। मैं उनको मन्त्रमुग्ध-सा सुनता रहा, और वे अंग्रेज़ी, उर्दू और पंजाबी में अपनी मुलायम, परिष्कृत ज़ुबान में बोलते रहे। मुझे तो यह विश्वास ही नहीं हो रहा था कि मैं उनके बगल में बैठा हुआ था और वे मुझसे बातें कर रहे थे। जब

मैं जाने लगा तो वे मुझे ऊपर अपने कमरे में लेकर गये और उन्होंने मुझे एक स्वेटर निकाल कर दिया क्योंकि बाहर ठण्ड थी और उन्होंने ध्यान दिया था कि मैंने एक पतली सी सूती शर्ट पहन रखी थी। उन्होंने मुझे गले लगाया और गेट तक आकर छोड़ दिया। मुझे अब भी उस गले लगाने की गर्मी महसूस होती है क्योंकि वह सच्चा था।

उसके बाद मैं उनसे कई मौक़ों पर मिला और वे हमेशा मेरी तरफ़ बढ़कर मेरा हाथ थाम लेते थे क्योंकि मैंने कभी यह हिमाकत नहीं की कि उनके पास समानभाव से जाऊँ। मुझे याद है कि जब मुझे बिमल राय ने बंदिनी के लिए साइन किया था मुझे महबूब स्टूडियो में बिमल दा से बात करने के लिए बुलाया गया। मैं बाहर स्टूडियो फ्लोर पर बिमल दा का इन्तज़ार करने लगा क्योंकि वे दिलीप कुमार के साथ अन्दर खाना खा रहे थे। कुछ देर बाद दोनों बाहर आये और दिलीप साहब मुझे देखते ही बड़ी गर्मजोशी के साथ मुझसे मिले और बिमल दा से कहा कि मैं उनका छोटा भाई हूँ। उस परिचय की वजह से मेरा आत्मविश्वास बढ़ा और मैं उनकी उदारता और सज्जनता को कभी भी नहीं भूल सकता हूँ।

बिना किसी अतिरंजना के मैं यह कह सकता हूँ कि इस पेशे में दिलीप कुमार के बाद आने वाले हर एक्टर ने उनकी नकल की। मैंने कभी उनकी नकल करने की कोशिश नहीं की क्योंकि मुझमें इतना साहस नहीं था। मैंने अपनी एक्टिंग की शैली ख़ुद बनाई। लेकिन मैंने कोशिश की कि उनकी सज्जनता, उनकी इंसानियत, उनकी दयालुता, उनकी गर्मजोशी, उनकी ईमानदारी और फ़िल्म में पैसे लगाने वाले प्रोड्यूसर को लेकर उनकी चिन्ता उनसे सीखूँ। जब सफलता और स्टारडम मेरे पास आया तो मुझे समझ नहीं आ रहा था कि मैं उसको किस तरह सँभालूँ तब वे मेरे लिए रौशनी के स्तम्भ बन गये। उन्होंने मुझे चेतावनी दी कि मैं झूठे प्रशंसकों से दूर रहूँ। उन्होंने कहा कि अपने परिवार के प्रति तुम्हारे प्यार की असली परीक्षा यह है जब तुम वह करोगे जो तुम्हारी ख़ुशी के लिए तुम्हें ज़रूरी लगेगा न कि वह कि वे क्या चाहते हैं कि उनकी ख़ुशी के लिए तुम क्या करो।

हो सकता है कि मैं उनसे महीनों नहीं मिल पाऊँ लेकिन मैं उनके बारे में रोज़ सोचता हूँ क्योंकि अपने माता-पिता और बेटों की तस्वीर के अलावा मेरे घर में सिर्फ़ उनकी ही तस्वीर है। जब मैं सायरा के साथ काम कर रहा था तो मैं उनको मज़ाक़ में कहता था कि युसूफ साहब को प्यार करने में मेरी उसके साथ प्रतियोगिता है।

मैंने अपने माता-पिता से यह सीखा कि जब आप मूल रूप से अच्छे हैं तो भगवान् आपको चुनिन्दा उपहार देता है। उनकी सारी अच्छाई के कारण अल्लाह ने युसूफ साहब को एक ऐसी पत्नी दी है जो उनको पागलों की तरह प्यार करती है और 24 घंटे निःस्वार्थ भाव से उनकी सेवा करती है। मैं उनकी शादी

में नहीं आ पाया था क्योंकि मैं कहीं और शूटिंग कर रहा था और मेरे निर्माता ने मुझे जाने नहीं दिया।

मैं दिलीप साहब के परिवार के बहुत नजदीक था। वे मुझे अपने भाई-बहनों के साथ कार में बिठाकर रमज़ान के महीने में रोजा खोलने के बाद मोहम्मद अली रोड पर बादशाह के यहाँ आइसक्रीम खिलाने ले जाते थे। मुझे हर बार ऐसा लगता था जैसे मैं दुनिया के ऊपर हूँ। मैं ध्यान से देखता था जब वे अपने चाहने वालों से बड़ी विनम्रता से मिलते थे। चाहे वह उनके सबसे बड़े प्रशंसक जवाहरलाल नेहरू रहे हों या स्टूडियो में काम करने वाला कोई कर्मचारी, वे सबको एक सी गर्मजोशी के साथ अपना हाथ बढ़ा देते थे। वे किसी के साथ झूठा व्यवहार नहीं करते थे, चाहे वह किसी कलाकार के काम की तारीफ़ हो या मुश्किल में पड़े किसी साथी के लिए चिन्ता।

मुझे उनके साथ काम करने का मौक़ा नहीं मिला लेकिन एक फ़िल्म में मेहमान कलाकार की भूमिका की थी जिसमें मैं हीरो था। वह फ़िल्म थी 'पारी', जिसका निर्माण अभि भट्टाचार्य की पत्नी पोरोनोति घोष ने किया था। मेरे लिए वह एक बड़ी बात थी।

सितारा देवी

मैंने पहली बार दिलीप भाई को तब देखा था जब मेरे पति के. आसिफ साहब ने उनको घर बुलाया था जब वे 'अनारकली' फ़िल्म में उनको सलीम की भूमिका देना चाहते थे, तब वे उस फ़िल्म को बनाने की योजना बना रहे थे। वह 1945 का साल रहा होगा क्योंकि लड़ाई तब ख़त्म ही हुई थी और अवसाद में डूबे समाज के लिए मनोरंजन की आवश्यकता बहुत अधिक थी। एक फाइनांसर आसिफ साहब की फ़िल्म में पैसा लगाने के लिए आगे आये और आसिफ साहब एक ऐतिहासिक विषय को लेकर देखने लायक और जज़्बातों से भरपूर फ़िल्म बनाना चाहते थे।

आसिफ साहब ने इस सुन्दर नये एक्टर के बारे में सुना था और उसने कहा कि मुझे पहले एक झलक उसकी लेने दो। उनका कहना था कि उनके दिमाग़

में सप्रू हैं लेकिन अगर अच्छा हुआ तो वे किसी नये कलाकार को मौक़ा नहीं दे सकते थे।

जब दिलीप भाई आये और ड्राइंग रूम में घुसे तो मैं एक पल के लिए अवाक् रह गयी। मैंने यह सोचा था कि एक सुन्दर सा नौजवान आयेगा लेकिन मेरे सामने जो इंसान था वह एक ऐसा नौजवान था जो न केवल सुन्दर था बल्कि बड़ा तेजस्वी था, शालीन था और देखने में और तौर तरीके में राजसी लगता था। एक झलक में ही कोई यह कह सकता था कि वह कुछ ख़ास था, कोई ऐसा जिसके ऊपर अल्लाह की मेहर है।

आसिफ साहब और दिलीप भाई में कुछ देर बातचीत हुई फिर वह चले गये। इसमें कोई शक नहीं कि आसिफ साहब प्रभावित हुए थे लेकिन उनको यह लगा कि दिलीप भाई बहुत अधिक दुबले थे। उनको यह लगता था कि सलीम का रोल उसे करना चाहिए जिसका शरीर मुग़ल शहज़ादे जैसा हो। जो उन्होंने कहा वह भविष्यवाणी की तरह सच साबित हुआ : 'दस साल के बाद मैंने सलीम और अनारकली की पटकथा दुबारा लिखी तो यही वह एक्टर होगा जिसको मैं सलीम के रूप में चुनूँगा क्योंकि यह शहज़ादों के लक्षण के साथ पैदा हुआ है लेकिन अभी यह इस रोल के लायक नहीं है।'

उसी मुलाक़ात से हमारी दोस्ती शुरू हुई। दिलीप भाई उसके बाद स्टार हो गये और आसिफ साहब ने सप्रू को उस रोल में लिया। लेकिन फ़िल्म पूरी नहीं हो पायी। भाग्य से वह रोल कई बरसों के बाद दिलीप कुमार द्वारा खेला जाना था और उसमें जादू पैदा करना था। आसिफ साहब और दिलीप भाई के बीच अच्छी दोस्ती हो गयी। जैसा कि सभी जानते हैं कि दिलीप भाई अंग्रेज़ी और उर्दू दोनों भाषाओं में समान रूप से माहिर थे। उर्दू शायरी और गद्य के ऊपर आसिफ साहब की जो पकड़ थी उसने शायद दोनों को करीब ला दिया। इसके अलावा दोनों में कुछ भी समान नहीं था। दिलीप भाई शाइस्ता थे, परिष्कृत थे, शर्मीले और तौर तरीकों और पहनने-ओढ़ने में बहुत ही सुरुचिपूर्ण थे। वे स्टार थे लेकिन उनमें उसका कोई दिखावा नहीं था। असल में, वे उस तरह के दिन थे जब इंडस्ट्री एक परिवार की तरह से काम करती थी और जब कोई टीम फ़िल्म बनाने के लिए जुटती थी तो उनमें पैसे से अधिक निजी सम्बन्धों को तरजीह दी जाती थी।

दिलीप साहब एक ऐसे स्टार के रूप में जाने जाते थे जो मेहनत से काम करते थे और एक बार फ़िल्म साइन कर लेने के बाद निर्माता को पूरी तरह से सहयोग देते थे। वे अपने निर्माता-निर्देशक बड़े ध्यान से तय करते थे और इसकी वजह से वह बड़ी ख़बर बनती थी और जो निर्माता को इसकी वजह देता था कि वह उसका जश्न मनाये कि दिलीप कुमार उसके साथ काम करने के लिए तैयार हो गये हैं। मैं, आसिफ साहब और दिलीप भाई अक्सर एक साथ

अपने दोस्तों के घर जाते थे। जब लोग बातें बनाने लगे कि हम तीन एक साथ खाना खाने जाते हैं, और इस तरह की और बातें तो मैंने उनको राखी बाँध दी, जिसको मैं आज भी निभाती हूँ। मैं हर साल रक्षाबन्धन के दिन उनके घर राखी बाँधने जाती हूँ, और मेरी प्यारी भाभी सायरा, जो एक तरह से मेरी बेटी जैसी है क्योंकि उसकी माँ नसीम बानो और मैं समकालीन थे, की वजह से हर बार वह मौक़ा मेरे लिए यादगार बन जाता है।

दिलीप भाई पहले भी शर्मीले थे और आज भी हैं। एक ही बार मुझे ऐसा लगा कि वह अपने साथ काम करने वाली किसी हीरोइन की तरफ़ आकर्षित है वह तब जब वे कामिनी कौशल के साथ काम कर रहे थे। मुझे लगा कि वह उनका पहला प्यार थी। वह पढ़ी-लिखी थी और उनकी ही तरह अच्छी तरह बात करती थी और उनके साथ बौद्धिक बातचीत कर सकती थी। उसका असली नाम उमा कश्यप था और जब उसकी बहन मर गयी तो उसने उसके पति से शादी कर ली और उसके बच्चों की माँ बन गयी। इसलिए दिलीप भाई किसी तरह उससे शादी कर सकते थे। जब लोग उनके बारे में बातें करने लगे थे—क्योंकि दिलीप-कामिनी जोड़ी शहीद, शबनम फ़िल्मों में हिट हो गयी थी—तो एक दिन मैंने यह पूछ लिया कि क्या इन अफ़वाहों में कोई सचाई है। वे कुछ देर ख़ामोश रहे और फिर उन्होंने विषय बदल दिया। कुछ महीने बाद वे अचानक आ गये। आसिफ साहब और मैंने ध्यान दिया कि वे उदास और टूटे हुए लग रहे थे और वे फूट पड़े। उनकी उम्र तब 30 से भी कम थी और तब मुझे यह समझ में आया कि यह प्यार में असफल होने का गम था। उमा (कामिनी) को उसके भाई ने चेतावनी दी थी और उसने दिलीप भाई को यह बता दिया था कि वह उनके साथ काम नहीं कर पायेगी और अब मिल भी नहीं पायेगी। जब वे हमसे कह रहे थे, तो मैंने देखा कि उनकी उदास आँखों में आँसू भर आये थे।

मेरे ख़याल से दिलीप भाई के लिए दिल को तोड़ देने वाला पल वह नहीं था कि उमा के साथ उनका रिश्ता टूट गया था बल्कि यह था कि जब उनको यह पता चला कि दिलीप भाई की बहन अख़्तर और आसिफ साहब ने भागकर शादी कर ली। तब तक मैं आसिफ साहब के जीवन से दूर जा चुकी थी और उस बदमाश आदमी ने मेरी सहेली निगार सुल्ताना को फँसा कर शादी कर ली थी। जब उसने निगार को मुग़ले-आजम में रोल दिया तो उसने ऐसा जताया कि वह मुझे ख़ुश करना चाह रहा था क्योंकि मैं और निगार अच्छी सहेलियाँ थीं। लेकिन जब उसने मुझे एक दिन यह बताया कि वह निगार से शादी करने जा रहा था तो मुझे यह समझ में नहीं आया कि कौन बड़ा बेवकूफ़ थी—मैं और निगार? मैंने निगार के साथ उसकी शादी को स्वीकार कर लिया और उस शादी से जो बच्चे पैदा हुए उनको भी स्वीकार कर लिया क्योंकि वे बच्चे मेरे पास अपने मासूम

प्यार के साथ आते रहते थे। लेकिन दिलीप भाई की पीठ में उसका छुरा घोंपना मुझे स्वीकार नहीं था। इसलिए मैंने उसको बद्दुआ दी कि दिलीप भाई को धोखा देकर उसने जो पाप किया था उस पाप के कारण उसकी मौत हो जायेगी क्योंकि दिलीप कुमार उसके ऊपर आँख मूँदकर विश्वास करते थे और उसको अपनी बहनों के साथ घुलने मिलने भी देते थे। मैंने यह कसम ली कि मैं आसिफ साहब का चेहरा दुबारा नहीं देखूँगी और उसके साथ सारे रिश्ते तोड़ लिए।

दिलीप भाई टूट गये थे क्योंकि उनको अख़्तर से बड़ी उम्मीदें थीं। सभी छह बहनें ख़ुशकिस्मत थीं कि उनको उनके जैसा भाई मिला। उसने उनको पढ़ाने और बेहतर जीवन देने की हर मुमकिन कोशिश की। केवल उनकी बड़ी बहन सकीना आपा की पढ़ाई-लिखाई नहीं हो पायी और वह कुँवारी रह गयी। मुझे पता था कि अख़्तर अमेरिका में पढ़कर आयी थी और दिलीप भाई उसके ऊपर बहुत गर्व करते थे। स्वाभाविक था कि उनको इस बात का दुःख हुआ कि उसने एक ऐसे आदमी को चुना जिसने कई शादियाँ की थीं और जो उसकी उम्र से दोगुना था।

केवल यही एक कारण था कि दिलीप कुमार 'मुग़ले-आजम' के प्रीमियर पर नहीं गये थे और उन्होंने ट्रायल शो में भी फ़िल्म देखने से मना कर दिया था क्योंकि आसिफ साहब ने उसका विश्वास तोड़ा था।

मुझे आज भी याद है वह दिन जब मैंने आसिफ साहब की मौत (9 मार्च 1971) की ख़बर सुनी थी। बम्बई के शणमुखानन्द हॉल में डांस का कार्यक्रम समेटा और घर आ गयी। सुबह के दो बजे गोपी कृष्ण के फ़ोन ने मेरी हाड़ कँपा दी। मुझे यह समझ में आ गया था कि ख़बर अच्छी नहीं थी। आसिफ साहब ने मुझे दो दिन पहले ही फ़ोन किया था और मैंने उससे यह वादा किया था कि मैं शणमुखानन्द हॉल में डांस के कार्यक्रम के बाद उससे मिलूँगी। गोपी ने मुझे यह ख़बर देते हुए कहा कि वह मेरे साथ आसिफ साहब को आख़िरी बार देखने जाना चाहते हैं। मुझे अपने कानों में मेरी अपनी आवाज़ की गूँज सुनाई दे रही थी कि मैंने उससे कहा था कि वह दिलीप भाई को धोखा देने के कारण समय से पहले ही मर जायेगा।

एम. आसिफ फारुकी*

2014 के लोकसभा चुनाव के समय मैं थोड़ा हतोत्साहित था, अपनी ऊर्जा को प्रचार के लिए बटोर नहीं पा रहा था। एक दिन, रोशन बेग (कांग्रेस पार्टी के एक नेता और कर्नाटक में कैबिनेट मन्त्री) ने मुझे फ़ोन किया और मेरा हालचाल और राजनीतिक गतिविधियों के बारे में पूछते हुए गर्मियों में होने वाली चुनावी सरगर्मी के बारे में पूछा। मैंने उनको ईमानदारी से यह बताया कि इस बार मैं असामान्य रूप से उत्साह में नहीं हूँ। उन्होंने प्यार से मुझे झिड़कते हुए कहा : 'तुमको इस बार काम करना है आसिफ। मैं उसी आसिफ को देखना चाहता हूँ जिसको पिछले चुनाव में देखा था।' 'जानता हूँ', मैंने कहा और मानो उसी भाव में यह भी कह दिया : 'दिलीप साहब राजनीतिक तौर पर सक्रिय नहीं हैं और बिना उनके दिशा निर्देश के राजनीति वही नहीं लग रही है।' रोशन बेग ने आह भरते हुए हामी भरी : 'तुम सही कह रहे हो आसिफ, तुम सही कह रहे हो। दिलीप साहब के बिना हालात वही नहीं रहेंगे जैसे कि वे पहले थे।'

दिलीप साहब मेरे रहनुमा थे, महज राजनीति में ही नहीं बल्कि ज़िन्दगी में भी। जब मैंने पहली बार कांग्रेस में शामिल होने की इच्छा जाहिर की, तो उन्होंने कहा कि सामाजिक मुद्दों से जुड़ो—कोई ऐसा काम जिसमें नीचे तबके के जीवन को बदलने की बात हो। उनके लिए राजनीति का मतलब था इंसानियत। उसका मतलब लोकप्रिय होना नहीं था। और यह उनसे सबसे महत्त्वपूर्ण सबक मैंने सीखा।

आज तक, उनको बड़े-बड़े नेताओं की सरपरस्ती हासिल है। जब स्वर्गीय सुनील दत्त 1996 में नैतिकता के आधार पर अपने संसदीय क्षेत्र से इस्तीफा देना चाहते थे तो दिलीप साहब उनके पीछे खड़े हो गये थे। इसकी वजह से सुनील दत्त साहब को वह ताकत मिली कि वे तत्कालीन प्रधानमन्त्री पी.वी. नरसिम्हा राव की नाराज़गी का ख़तरा गोल ले सकें। मैं इस सारे प्रसंग का गवाह था। सुनील दत्त साहब बहुत दुखी थे, लगातार दिलीप साहब को उनके घर पर फ़ोन कर रहे थे। जो मेरे साथ ही सफ़र कर रहे थे। 1996 में मोबाइल फ़ोन बड़ी दुर्लभ क़िस्म की चीज़ थी। मैंने तब एक ख़रीदा था। आख़िरकार सुनील दत्त साहब ने

* एक पारिवारिक मित्र और कांग्रेस पार्टी के सदस्य

दिलीप साहब को खोज ही लिया और उन्होंने मेरे फ़ोन पर उनको फ़ोन किया। दिलीप साहब यही कहते रहे : 'चिन्ता मत कीजिए, मैं आपके साथ हूँ।' और उस परीक्षा की घड़ी में हमेशा की तरह वे सुनील दत्त साहब के पीछे खड़े रहे।

दुनिया दिलीप कुमार को सुपरस्टार कहकर बुलाती है। हालाँकि, मैं यह जानता हूँ वे गंगा जमुना तहजीब के सच्चे प्रतीक हैं, जो भारत की भावना को परिभाषित करती है, एक सच्चे भद्र इंसान, एक सम्मानित इंसान और हरदिल अजीज नेताओं के नेता।

मुझे उनके साथ पिछले 30 सालों से जुड़े रहने का सौभाग्य मिला है—अपनी किशोरावस्था के दिनों से—और आज जब मैं बैठकर उनके जैसे महान इंसान और मेरे जैसे अनजान आदमी के बीच के रिश्ते के बारे में सोचता हूँ तो मेरी यादों में उथल-पुथल मचने लगती है।

'बेटा तुम्हारे लिए किसी युसूफ ख़ान का फ़ोन आया था', 1984 में किसी समय की बात जब घर पहुँचा तो मेरी माँ ने बताया। 'कौन युसूफ खान?' मैंने पूछा। मेरी माँ का जवाब था : 'पता नहीं, पर उनकी आवाज़ बड़ी भारी थी।' क्या वे दिलीप कुमार थे? मैंने ख़ुद से पूछा।

मेरे एक दोस्त डॉ. ज़ुबेर दिलीप साहब को जानते थे और वे यह चाहते थे कि मैं उनके साथ जाकर उनसे मिलूँ। मैं हिचक रहा था। 'मैं दिलीप कुमार से क्यों मिलूँ?' मैंने उनसे पूछा। मुझे फ़िल्मी दुनिया में कोई ख़ास दिलचस्पी नहीं थी क्योंकि मैं ऐसे परिवार से आया था जिसमें धर्म, परम्परा को ऊपर रखा जाता है और फ़िल्मों की मनाही थी। अगर कोई फ़िल्म देखना भी चाहता था तो उसे चोरी छिपे देखनी पड़ती थी। बहरहाल, अपने दोस्त के बहुत कहने पर मैं दिलीप कुमार से मिलने के लिए तैयार हो गया।

बाहर का कोई भी आदमी सिनेमा की दुनिया को पूर्वाग्रह के साथ देखता है। मैं उसके साथ उनके घर चला गया, बिनी किसी उम्मीद के। लेकिन वह मुलाक़ात आँखें खोल देने वाली थी, जिसके बाद जो सम्बन्ध बना वह तीस सालों से कायम है। दिलीप साहब की जो पहली छवि मेरे अन्दर बनी वह यह कि वे एक मेजबान के रूप में बहुत खुलूस वाले और उदार थे। उन्होंने हमारे बारे में पूछा और मुझे अब भी आश्चर्य होता है कि उनको ऐसा क्या लगा कि उन्होंने मेरे घर का फ़ोन नम्बर ले लिया। और फिर उन्होंने फ़ोन किया।

मैं गया और दिलीप कुमार पहली मुलाक़ात की ही तरह गर्मजोशी से भरे और उदार थे। वे मेरे बारे में जानना चाहते थे और यह कि मैं क्या हूँ। यह उस आदमी का बहुत बड़ा व्यवहार था जिससे हर कोई परिचय बढ़ाना चाहता था। लेकिन मैं उनसे बहुत प्रभावित हुआ, इस बात को समझने के लिहाज से बहुत जवान था कि इंसानी रिश्ते इसी तरह साधारण तरीके से बनते हैं और वे पूर्वग्रह और मान्यताओं की दीवार से प्रभावित नहीं होते हैं।

उनके साथ जैसे-जैसे मेरी बातचीत बढ़ी इस बात को लेकर मेरी समझ बढ़ने लगी कि दिलीप कुमार और युसूफ ख़ान में फ़र्क़ है। दिलीप कुमार वे शख़्सियत हैं जिनको जनता प्यार करती है और अपना आदर्श मानती है, युसूफ ख़ान उस इंसान का नाम है जो दुनियावी चीज़ों से ऊपर हैं। एक बार उन्होंने मुझसे कहा था : 'युसूफ ख़ान दिलीप कुमार से डरता है।' मैंने उनसे पूछा कि इस बात का क्या मतलब हुआ। मेरी आँखों में उलझन थी, तो उन्होंने कहा : 'सिर्फ़ अल्लाह ही जानता है कि दिलीप कुमार कौन है और वह क्या कर सकता है!'

मैंने उनको एक पक्के आलिम की तरह क़ुरआन पढ़ते देखा है। सबसे बड़ी बात यह है कि वे जिस तरह से क़ुरआन के सन्देश को समझने का प्रयास करते हैं। उन्होंने हर लाइन को बड़े ध्यान से पढ़कर पन्नों पर लाल, हरे और नीले रंग की स्याही से नोट बनाया। जब भी उनको किसी बात को समझना होता तो वे इस्लाम के विद्वानों से मदद लेते।

वे असल में बड़े साधारण और ज़मीन से जुड़े हुए आदमी हैं। युसूफ ख़ान के रूप में वे ड्राइवर, रिक्शेवाला या घर में काम करने वाले आदमी से भी बात कर सकते हैं और उनको ऐसा लगेगा जैसे कि वे उनमें से ही एक हैं। जबकि दूसरी तरफ़ दिलीप कुमार जिस आदमी का नाम है वह जो बिना किसी प्रयास के दुनिया के बड़े-बड़े लोगों, नेताओं सबके साथ घुलमिल सकते हैं। इन दोनों के बीच की रेखा बहुत पतली है और समझने की बात है।

मैं उनको 1991 में अपनी शादी के महज कुछ साल पहले से ही जानता था। हमारे पास शादी के लिए कार्ड छपवाने का भी समय नहीं था। मैंने उनको जुबानी ही शादी में आने के लिए आमंत्रित किया और आश्चर्य की बात यह है कि वे आ गये। वे यह सोच सकते थे : 'मैं दिलीप कुमार हूँ और इस लड़के ने मुझे कोई कार्ड भी नहीं भेजा। इसलिए, मैं क्यों आऊँ?' लेकिन उन्होंने ऐसा नहीं किया। वे हमेशा ऐसी छोटी चीज़ों से ऊपर रहे हैं। वादा निभाना हमेशा से उनकी प्राथमिकता रही है। एक बार उन्होंने मुझसे सांताक्रुज ईस्ट में किसी शादी में साथ चलने के लिए कहा। मुझे लगा कि किसी वीआईपी की शादी होगी। वह किसी ग़रीब आदमी के रिश्तेदार की शादी निकली जिनको दिलीप कुमार निजी तौर पर जानते भी नहीं थे और चूँकि उसने उनको बुलाया था इसलिए उनको लगा कि उसमें जाना चाहिए।

उनकी लोकप्रियता के बारे में सब जानते हैं, मैं उसके ऊपर ज़ोर देना नहीं चाहता हूँ। फिर भी, मुझे एक घटना याद आती है। 1998 में हम कुवैत में थे, जब दिलीप कुमार को कुवैत एयरवेज के सीईओ ने चाय पर बुलाया था। वहाँ भारत के राजदूत भी मौजूद थे और उन्होंने दिलीप साहब से पूछा कि क्या यह कुवैत की उनकी पहली यात्रा थी। सीईओ ने झट से कहा : '1963 में सर।' हम सभी उनको हैरत के साथ देखने लगे। सीईओ ने आगे कहा : 'मैं उस समय

स्कूल में पढ़ता था और हमारी छुट्टियाँ चल रही थीं। चर्चा यह थी कि भारत के एक बहुत ही मशहूर एक्टर कुवैत आने वाले हैं। मेरी ख़ुशकिस्मती देखिये कि आज 35 साल के बाद मैं आपके साथ हूँ।'

वे लोगों की चेतना का हिस्सा हैं। मैंने देखा है कि हर तरह के लोग, हर देश के लोग उनसे मिलने के लिए न सिर्फ़ हिन्दुस्तान में बल्कि युएई, यूके और अमेरिका जैसे देशों में भी बेचैन रहते हैं। मैं 2013 में उनके साथ था जब वे मक्का में पाक काबा में तवाफ के लिए गये थे और जिस तरह से लोग उनके आसपास जुटे वह देखने लायक था।

कहा जाता है कि जब आप किसी आदमी के साथ सफ़र पर जाते हैं तब आप उसको अच्छी तरह से जानते हैं। मुझे यह बात समझ में आयी कि दुनिया भर में जानी-मानी शख़्सियत होने के बावजूद वे अपने लिए कुछ भी नहीं माँगते हैं। कमज़ोर तबके के लिए उनका दिल धड़कता है। मुझे उनके साथ बहुत सारी बड़े स्तर की बैठकों में शामिल होने का मौक़ा मिला है। ऐसी एक बैठक प्रधानमन्त्री पी.वी. नरसिम्हा राव के साथ हुई थी, जब दिलीप साहब नयी दिल्ली 1992-93 में मुम्बई दंगों में विस्थापित हुए लोगों के हक की बात उठाने के लिए गये थे। इस बात के कई उदाहरण हैं जब उन्होंने दूसरों के लिए मदद माँगी जबकि अपने लिए कभी नहीं।

दिलीप साहब अक्सर मुझे पंडित नेहरू से जुड़ी अपनी ख़ास यादें सुनाया करते थे, जिन्होंने उनको सैद्धांतिक रूप से प्रभावित किया था और जिनसे मिलने का सौभाग्य उनको कई बार मिला था। मुझे लगता है उनकी राजनीतिक विचारधारा पंडित नेहरू के विचारों पर आधारित थी। उन्होंने मुझे कई बार बताया था कि नेहरू जी हम युवाओं को इसके लिए प्रेरित किया करते थे कि हम देश और देश निर्माण की चर्चा में हिस्सा लें। जैसा कि मैंने पहले ही कहा, उन्होंने मेरी राजनीतिक महत्वाकांक्षाओं को सामाजिक मुद्दों से जोड़ा। समाज और कमज़ोर तबके के लिए काम करने की भावना मैंने उनसे सीखी।

एक और बात जो मैंने सीखी वह परिवार की महत्ता थी। संयोग से, मेरे और दिलीप साहब दोनों के पाँच भाई थे। वे इस बात को बहुत पसन्द करते थे कि हम भाइयों में आपस में बनती बहुत थी, क्योंकि वे ख़ुद भी अपने परिवार के बहुत करीब थे। 'परिवार तुम्हारा सहारा है, आसिफ। इसका सहारा लो, और उसे अपना कन्धा दो, हमेशा साथ-साथ रहो।' उनकी इस सलाह का हमें हमेशा फ़ायदा हुआ।

सुभाष घई

सभी गम्भीर फ़िल्मकारों की तरह जिनका यक़ीन इस बात में होता है कि अच्छी फ़िल्म बनायें मेरा भी यह सपना था कि ऐसी फ़िल्म बनाऊँ जिसको याद किया जाये और जिसके बारे में चर्चा की जाये। और कोई ऐसा करे कैसे? ज़ाहिर है, महान दिलीप कुमार के साथ फ़िल्म बनाकर।

मेरे पास एक विषय था जो दादा और पोते को केन्द्र में रखकर था और मेरी बड़ी इच्छा थी कि उसमें दिलीप कुमार को दादा की भूमिका में लूँ। यह बात 1980 की है और मैं किसी ऐसे आदमी की तलाश में था जो मुझे दिलीप कुमार से एक गम्भीर फ़िल्मकार के रूप में मिलवा दे, और तब जाने माने फ़िल्म वितरक आर.एन. मांडरे, जो बंगलौर में रहते थे, ने कहा कि वे यह काम करेंगे। मैंने मीटिंग के लिए बैंगलोर की फ्लाइट पकड़ी; मैं उत्साहित होने से ज़्यादा घबराया हुआ था क्योंकि मैंने हाल में ही एक फ़िल्म बनाई थी जो फ्लॉप हो गयी थी और मुझे पक्के तौर पर यह लग रहा था कि दिलीप साहब ने उसके बारे में पढ़ा होगा। इसके अलावा, मेरे पास सुनाने के लिए एक कहानी थी और बाउंड पटकथा नहीं थी। मेरे कई जानने वालों ने यह कह रखा था कि दिलीप कुमार बिना बाउंड पटकथा के किसी को भाव नहीं देते हैं।

जब मेरा उनसे आमना-सामना हुआ तो वे बड़े खुलूस से और अच्छी तरह मिले। दिलीप साहब, मांडरे साहब और मैंने देश की हर बात के बारे में चर्चा की सिवाय मेरी कहानी के। मैं यह उम्मीद कर रहा था कि वे मुझसे पूछेंगे कि मैं यहाँ क्यों आया था तो मैं उनको बता दूँगा। लेकिन उन्होंने पूछा ही नहीं। तब मैंने हिम्मत करके कह दिया कि मेरे पास उनके लिए एक कहानी है। उन्होंने सुनाने के लिए कहा। मुझे सुनने के बाद, उन्होंने इसके अलावा कुछ और नहीं कहा कि वे अगले दिन मुझसे मिलेंगे।

हम अगले तीन दिनों तक मिलते रहे। यक़ीन में उन्होंने उस विषय को नहीं उठाया। चौथे दिन आख़िरकार मैंने पूछा कि उनको कहानी कैसी लगी। फिर, उन्होंने मुझे मुस्कुराते हुए कहा कि उनको कहानी में दम लगा और वे उसमें काम करने के बारे में सोचेंगे। सच में वह मेरे जीवन का एक ख़ास पल था।

मैं विजेता की तरह बम्बई लौटा, और मैंने निर्माता गुलशन राय को यह बताया कि दिलीप कुमार को विषय पसन्द आया है और वे फ़िल्म में काम करने के लिए तैयार थे। स्वाभाविक था, वे भी ख़ुश हुए।

वजूद और परछाईं

दिन गुज़रते गये और गुलशन मुझसे पूछते रहे कि वे कब फ़िल्म की घोषणा करके दिलीप कुमार का नाम चर्चा में लायें। इस बीच, लोग मुझसे पूछते कि उन्होंने जो सुना है क्या वह सही है तो मैं गर्व से हाँ कहता, लेकिन लोगों के चेहरे से ऐसा लगता जैसे कि यह मेरे कैरियर का अन्त होने वाला है। कुछ ने तो यहाँ तक कहा : 'आप जानते हैं वे कैसे हैं। वे आपको सेट के बाहर कहीं बिठा देंगे और ख़ुद ही फ़िल्म का निर्देशन करेंगे। और अन्त में आपको इस बात पर हैरानी होगी कि आपकी कहानी कहाँ गयी क्योंकि वे सब कुछ बदल देंगे। और जब तक फ़िल्म पूरी होगी आप बूढ़े हो जायेंगे क्योंकि वे फ़िल्म को पूरा करने में सालों लगा देते हैं।'

यह सब चिन्ताजनक था। जब मैं उनके बँगले में मिला तो मैं थोड़ा बेचैन था और उनके समझ में यह बात आ गयी कि मेरे दिमाग़ में कुछ चल रहा था। मैंने उनसे यह कहा कि मैं दो कारणों से फ़िक्र में था। एक, मुझे उनसे स्वीकृति चाहिए थी क्योंकि गुलशन राय को अब भी मेरे ऊपर शक था और दूसरा...मैंने गहरी साँस लेकर कहा...फ़िल्म का निर्देशन कौन करेगा—वे या मैं?

दिलीप साहब ने हलके से मुस्कुराते हुए मेरी तरफ़ उँगली उठाकर कहा : 'तुम'।

गुलशन जी बहुत ख़ुश हुए लेकिन उन्होंने मुझे यह ज़िम्मेदारी सौंप दी कि मैं दिलीप साहब से पैसों के बारे में बात कर लूँ। मैंने उनसे मिलने का वक़्त लिया और एक शाम उनके घर गया जहाँ चाय ख़ूब बढ़िया से परोसा गया था जो कि दिलीप साहब के घर का रिवाज था। सायरा जी और उनका अपने मेहमानों की ख़ातिरदारी का तरीका बहुत शानदार था। वे बड़ी ख़ुशी-ख़ुशी अपने मेहमानों को ख़ुद ही परोसते थे, और बातचीत से आपको आनन्दित भी करते थे।

मैंने फिर साहस करके पैसे की बात उठाई। उन्होंने मेरी तरफ़ एक नज़र देखा और पूछा : 'क्या आप इसीलिए मुझसे मिलने आये हैं?' मैं घबरा गया और बिना पैसों की बात किये ही चला आया। आने वाले समय में जब फ़िल्म की शूटिंग शुरू हुई तब मैं इस बात को समझ गया कि ईश्वर ने मुझे एक ऐसे आदमी की संगत में डाल दिया था जिसके लिए पैसे, स्टारडम, तमाम दुनियावी चीज़ें और सामाजिक हैसियत की चीज़ें, जो इस पेशे के और लोगों के लिए मायने रखती थीं, उनके लिए उन बातों का ख़ास मतलब नहीं था। वह किसी फ़िल्म में तभी काम करते थे जब उनको उसका विषय पसन्द आता था, और सबसे बढ़कर उनको निर्देशक और सारा माहौल पसन्द आता था। पैसों की वे ख़ास चिन्ता नहीं करते थे।

'विधाता' के निर्माण के दौरान दिलीप साहब ने मेरी शॉट योजना के ऊपर ख़ूब ध्यान दिया और इस हद तक सहयोग दिया कि फ़िल्म समय से एक महीने पहले ही पूरी हो गयी। उनके इस समर्पण से वहाँ सभी कलाकार प्रेरित हुए और जब वे काम करते थे तो पारस पत्थर की तरह होते थे।

यह फ़िल्म सुपरहिट रही और इसने मुझे फ़िल्म उद्योग में स्थापित कर दिया।

लेकिन मुझे उससे भी अधिक फ़ायदा हुआ। दिलीप साहब के साथ रहने से मैं पूरी तरह बदल गया; मैं ज़हीन हो गया, अधिक आत्मविश्वास के साथ बोलने लगा, मैंने ज्ञान पाने के हर मौक़े को हासिल करना सीखा, यह सीखा कि जब आप सफल हो जायें तो आपके पैर ज़मीन पर होने चाहिए और जो भी आपके पास मदद के लिए आये उसकी मदद करने से पीछे नहीं हटना चाहिए।

हम मिलते-जुलते रहे और करीब हो गये, और वे मुझे अपने भाई की तरह देखने लगे। यह एक ऐसा सौभाग्य था जो शायद मेरे पिछले जन्मों के अच्छे कर्मों का प्रताप था। जब मैंने कर्मा फ़िल्म की पटकथा लिखी तो मैं एक बार फिर दिलीप साहब के पास गया, लेकिन इस बार अधिक आत्मविश्वास के साथ। इस बार मैंने यह कहा कि मुझे बजट तैयार करना था और इसलिए यह बेहतर होता कि वे इस बात का अनुमान दे दें कि वे इस फ़िल्म में काम करने के लिए कितना मेहनताना लेंगे। उन्होंने मेरी तरफ़ एक बार फिर देखा और कहा : 'मुझे लगता है कि बेहतर यह होगा कि आप बनिया की तरह व्यवहार न करें।' मुझे इस बात का गर्व है कि मैंने दिलीप साहब को मुख्य भूमिका में रखकर तीन फ़िल्में बनाईं।

डॉ. श्रीकान्त गोखले

मुझे इस बात का सौभाग्य प्राप्त है कि पिछले चार दशकों से न मैं सिर्फ़ दिलीप साहब का निजी चिकित्सक हूँ बल्कि उनकी दोस्ती का भी मुझे साथ रहा है। मैं जब उनसे पहली बार मिला था तब मैं बान्द्रा में एक डॉक्टर के तौर पर अपने आपको स्थापित करने में लगा था।

दिलीप साहब का विश्वस्त काम सहायक अनवर मेरे क्लिनिक में छोटी-मोटी बीमारियों के इलाज के लिए आया करता था और उसके शर्ट की बाँह में एक सौ रुपये का नोट मुड़ा हुआ रहता था। उन दिनों हम जाँच करने और दवाई लिखने के 10 रुपये लेते थे। जब भी वह मुझे 100 रुपये का नोट देता था तो मुझे उसको 90 रुपये लौटाने में बड़ी मुश्किल होती थी क्योंकि उसका मतलब होता था कि मुझे अपनी सारे खुल्ले पैसे उसे दे देने पड़ते थे। मैं उसको सिर्फ़ अनवर के नाम से जानता था और यह सोचता था कि यह आकर्षक सा दिखने वाला आदमी कौन था लेकिन मैं उससे कभी कोई सवाल नहीं पूछता था। बिला वजह बात करना मेरी आदत नहीं थी। वह सफ़ेद कमीज और सफ़ेद पैंट पहनता था और हमेशा बड़ी शान से चलता था।

वजूद और परछाईं

एक दिन, वह अचानक आया और कुछ परेशान सा दिख रहा था। उसने कहा : 'आपको अभी मेरे साथ चलना होगा। दिलीप कुमार चाहते हैं कि आप उनकी बहन को देख लें क्योंकि उनको बहुत तेज़ बुख़ार है।'

मुझे तो जैसे झटका लगा। यह दिलीप कुमार को कैसे जानता था, जो उस समय सिनेमा के सबसे बड़े स्टार थे? तब मैंने उससे पहली बार यह पूछा कि वह कौन है और वह दिलीप कुमार को कैसे जानता था। फिर उसने कुछ लजाते हुए मुझसे कहा कि वह दिलीप कुमार का सहायक था।

इससे मुझे समझ में आ गया कि वह सफ़ेद शर्ट और पैंट क्यों पहनता था और दिखावा क्यों करता था। सबसे बड़ी सचाई यह थी कि दिलीप कुमार बड़े विनम्र थे और इतने बड़े स्टार होने के बावजूद उनके ऊपर उसका कोई प्रभाव नहीं था, लेकिन उनके आसपास जो लोग थे, जिनमें उनके भाई भी थे, वे यह जताने में कभी नहीं हिचकते थे कि वे स्टार दिलीप कुमार थे। दिलीप साहब के साथ लम्बे जुड़ाव के दौरान मैंने ऐसे अनेक लोगों को देखा जो सफ़ेद शर्ट पहनते थे, सफ़ेद लम्बे बाजू की शर्ट, अपने बाल फहरा कर दिलीप कुमार बनने की कोशिश करते थे। मैं इस बात को समझ सकता हूँ कि जिसको आप अपना आदर्श मानते हों उससे प्रभावित हो जायें। साथ ही, चाहने वाले शायद ही यह समझ पाते हैं कि दिलीप कुमार में ख़ूबसूरत दिखने के अलावा भी बहुत कुछ है।

दिलीप साहब की जिस चीज़ में असाधारण प्रतिभा थी उसके बारे में हम सब जानते हैं। ख़ास बात यह थी कि ईमानदारी, सहिष्णुता और सबके लिए सम्मान जैसे मानवीय गुणों के मामले में भी असाधारण थे। यहाँ तक कि उनका कोई साधारण प्रशंसक भी उनकी कार के गेट तक आ जाता था तो उसके साथ प्यार से अभिवादन करते थे।

जब मैं उनके बँगले में पहली बार उनकी बड़ी बहन सक़ीना आपा का इलाज करने पहुँचा तो वे अपने बड़े से बँगले के आउटहाउस में रहते थे, जबकि उन्होंने अपना सारा बँगला अपने भाइयों और बहनों को दे दिया था ताकि वे आराम और आज़ादी से रहें। वे बरामदे में मेरा इन्तज़ार कर रहे थे। मैं शरमा रहा था क्योंकि वे बहुत बड़े स्टार थे जबकि मुझे यह नहीं पता था कि ऐसे बड़े लोगों के साथ कैसे व्यवहार किया जाता है। उन्होंने मेरी शर्म को भाँप लिया और मेरे साथ मराठी में बात करने लगे। एक पल में मेरी शर्म दूर हो गयी और ऐसा लगा जैसे कि मैं अपने शहर के किसी पुराने दोस्त से मिल रहा था, किसी सुपरस्टार से नहीं। मैंने कुछ दवाएँ लिखीं और मुझे उनकी चिन्ता का अन्दाज़ा हो गया था क्योंकि वे बार-बार उनके माथे को छूते थे और जता रहे थे कि वह जल्दी ही अच्छी हो जायेंगी।

उन्होंने मुझे विदा किया और मैं अपने घर यही सोचता हुआ गया कि क्या मैं सच में दिलीप कुमार से मिला था, सुपर स्टार दिलीप कुमार से।

उसके बाद उनके भाई-बहन जब भी बीमार होते थे तो मुझे इलाज के लिए बुलाया जाता था। इस तरह से मैं उनको और अच्छी तरह जानने लगा और हम दोस्त हो गये।

मुझे यह बात समझने में अधिक समय नहीं लगा कि वे कितने अच्छे इंसान हैं। एक-दूसरे को कुछ महीने तक जानने और जब उनकी बहन का इलाज करने पहली बार गया था, जिसके लिए उन्होंने अच्छे पैसे दिये थे, कई बार उनके बँगले पर जाने के बाद, मैंने उनको यह बताया कि मैं अपनी पत्नी के साथ एक सप्ताह की छुट्टियों पर जा रहा हूँ और इस कारण से मैं मौजूद नहीं रहूँगा। वे सुनकर बहुत खुश हुए और उन्होंने कहा कि यह अच्छा रहेगा कि किसी शान्त स्थान पर जाइए और वहाँ वातावरण के बदलाव का आनन्द उठाइए। मैंने हाथ हिलाया और अपने क्लिनिक आ गया। उसी शाम को, उनके यहाँ से एक लिफ़ाफ़ा आया और उसके साथ एक नोट था, लिफ़ाफ़े में उनका साइन किया हुआ एक चेक था और नोट में लिखा था कि 'आपकी छुट्टियों को और भी ख़ास बनाने के लिए।' यह बात मुझे छू गयी।

उनके साथ मैं डॉक्टर और दोस्त की तरह कई जगहों पर गया हूँ और मुझे बहुत मज़ा आया। हर जगह उनका जिस तरह से स्वागत होता था उस बात से पूरी तरह अप्रभावित रहते हुए वे अपने साथ चल रहे सभी लोगों का पूरा ध्यान रखते थे। मैंने यह देखा है कि बड़े-बड़े राजनेता, मन्त्री, उद्योगपति उनसे मिलने को लालायित रहते थे और ऐसे हालात में उनके चेहरे पर अपने महत्त्वपूर्ण होने का कोई भाव नहीं रहता था। वे सब से उसी सम्मान और आदर से मिलते थे।

एक बार सर्दियों में, हम ट्रेन से बम्बई से रतलाम जा रहे थे। उज्जैन में एक मन्दिर में मन्नत पूरी करने, जो रतलाम से 110 किलोमीटर की दूरी पर था। उनको देखकर लोगों का जो हुजूम उमड़ा, जो अफरातफरी मची उस सबका उन्होंने बड़े आराम से सामना किया, उसके बाद हम ट्रेन पकड़कर बम्बई आ गये। दिसम्बर का महीना था और बड़ी ठंड थी। जब हम बम्बई सेंट्रल स्टेशन पहुँचे, तो उनका मन हुआ कि गर्मागर्म चाय पी जाये, मैंने उनको सुझाव दिया कि घर जाते हुए हम माहिम में एक ईरानी होटल में रुककर चाय पी सकते थे, जिसके बारे में मुझे पता था कि वह बहुत जल्दी खुल जाता था। उनको यह बात जँच गयी और हम सीधे रेस्तराँ की तरफ़ चले। जब हम अन्दर घुसे तो वेटर ठीक से जगे भी नहीं थे। इसलिए शुरू में उनको यह समझ में नहीं आगा कि उनके रेस्तराँ में कौन आया था। फिर उन्होंने दिलीप कुमार को देखा और वे मालिक को बुलाने के लिए भागे, जो हमारी मेज़ के पास आकर खड़ा हो गया और उसको इस बात का विश्वास भी नहीं हो रहा था कि वह क्या देख रहा था। दिलीप साहब ने उसको ऐसे सलाम किया जैसे हम वहाँ अक्सर आते रहे हों और उन्होंने चाय और साथ में बन मस्का के साथ ऑमलेट का ऑर्डर

दिया। दिलीप साहब ने उसके साथ असली ईरानी की तरह बातचीत की और उस आदमी की बाँछें खिल गयीं।

तब तक बात फैल गयी और बाहर थोड़ी भीड़ सी जमा हो गयी। खाने का सामान तैयार होने में वक़्त लग रहा था और इस बीच में भीड़ बढ़ गयी। पुलिस की गाड़ी भी आ गयी। बाहर लोग दिलीप कुमार दिलीप कुमार चिल्ला रहे थे और उनकी एक झलक पाने को बेचैन थे। मालिक अब थोड़ा डर गया क्योंकि बाहर लोगों की बेचैनी बढ़ रही थी। दिलीप कुमार बाहर जाकर अपने चाहने वालों से मिलने के लिए तैयार थे जो अब उनकी फ़िल्मों के गाने गाने लगे थे। तब सुबह के बस सात बजे थे। पुलिस अन्दर आयी और उसने दिलीप कुमार से यह अनुरोध किया कि वे पिछले दरवाज़े से निकल जायें लेकिन ऐसा करने से वे हिचक रहे थे। बल्कि, वे दरवाज़े पर गये और उन्होंने वहाँ मौजूद लोगों से बात की, जिनको पुलिस ने घेरा बनाकर रोक रखा था। वहाँ मौजूद लोग जल्दी ही शान्त हो गये और मैं यह देख सकता था कि दर्शक इस बात से कितने ख़ुश हुए थे कि उनका हीरो पिछले दरवाज़े से नहीं भागा।

मैंने हमेशा इस बात को देखा है कि वे अपने मिलने-जुलने वालों से बड़े सम्मान से मिला करते हैं। जब वे उन जगहों पर आकर जुटे रहते थे जहाँ वे चुनावी जनसभाओं को सम्बोधित करने जाया करते थे। वे सच्चे अर्थों में देशभक्त हैं और धर्म, जाति और भाषा के आधार पर किसी तरह का भेदभाव नहीं करते। बुज़ुर्गों का वे ख़ास ख़याल रखते हैं और बच्चों को प्यार करते हैं। जब भी हम शहर में गाड़ी से निकलते हैं तो वे मुझसे कहते : 'श्रीकान्त, हम इन ग़रीब बच्चों का जीवन कैसे बदल सकते हैं और इनको अच्छे घर कैसे दिलवा सकते हैं। नहाने के लिए हर दिन पानी, स्कूल की शिक्षा और सामान्य बचपन?' उनको यह देखकर बहुत दुःख होता है जब सड़क पर छोटे-छोटे बच्चे ट्रैफिक सिग्नल पर उनकी गाड़ी रुकने पर मुस्कुराते हुए उनकी गाड़ी के शीशे के पास आ जाते हैं और उनको पहचानते हुए कुछ सिक्कों की उम्मीद में उनकी तरफ़ देखने लगते थे। वे उनको उदारतापूर्वक देते थे। भीख माँगने वाले बच्चे यह जानते थे लेकिन वे यह नहीं जानते थे कि उनकी बुरी हालत देखकर उनको बहुत दुःख और चिन्ता होती है।

करीब 40 सालों से मैं उनका दोस्त और उनके साथ लगातार चलने वाला रहा हूँ। अपने भाई-बहनों के लिए उनका जो प्यार है उसे शब्दों में बयान नहीं किया जा सकता है। इसी तरह, सायरा जी और उनकी माँ और नानी को लेकर जो उनका प्यार था वह कहा नहीं जा सकता। उन्होंने दिलीप साहब बेटे का प्यार दिया है और पाया भी है, दामाद की तरह नहीं।

कमल हासन

मैंने हमेशा यह बात कही है कि दो एक्टर ऐसे हैं जो मेरे लिए बुनियादी ज्ञान के माध्यम रहे हैं : शिवाजी गणेशन और दिलीप कुमार साहब। मुझे इस बात का थोड़ा-सा अफ़सोस भी है कि दिलीप कुमार साहब की असाधारण एक्टिंग की ख़ूबसूरती का मुझे थोड़ी देर से ज्ञान हुआ क्योंकि तमिलनाडु राज्य में भाषा की राजनीति चल रही थी, जिसकी वजह से कोई हिन्दी फ़िल्म नहीं देख सकता था। 'सागर' फ़िल्म से पहले एक बार रमेश सिप्पी ने मुझसे बातचीत में पूछा कि क्या मैंने 'गंगा जमुना' फ़िल्म देखी थी। मैंने उनसे कहा कि मैंने दिलीप कुमार की शुरुआती सभी क्लासिक फ़िल्में देखी हैं मगर 'गंगा जमुना' नहीं देखी है। उन्होंने कहा : 'क्या बात कर रहे हैं। 'सागर' फ़िल्म में काम शुरू करने से पहले उस फ़िल्म को देख लीजिए, आपको फ़ायदा होगा।' उनका यह मानना था कि हर कलाकार को यह सीखने के लिए कि परदे पर किस तरह से नाटकीयता पैदा की जाती है 'गंगा जमुना' ज़रूर देखनी चाहिए। उस बातचीत के बाद मैंने 'गंगा जमुना' देखने में देर नहीं लगाई और वह एक नयी दुनिया के दरवाज़े खुलने जैसा था!

मैं यह कहना चाहता हूँ कि दिलीप कुमार साहब की 'गंगा जमुना', 'मुग़ले-आजम', 'देवदास', और 'कोहिनूर' जैसी कई यादगार फ़िल्मों को देखने के बाद ही मुझे बारीकी का मतलब समझ में आया। पश्चिम के कलाकारों को और उनकी एक्टिंग की बारीकी को भी मैं उनकी फ़िल्म को देखने के बाद सराहने लगा। मुझे यह बात समझ में आने लगी कि यह माध्यम इतना मुखर है कि महज एक बार देखने से या चुप्पी से ही आप बहुत कुछ कह सकते हैं। मैं इस बात से सहमत हूँ कि सभी एक्टरों के लिए यह आसान नहीं होता कि वे उस ख़ूबसूरती को हासिल कर सकें जो उन्होंने बिना किसी अधिक प्रयास के किये गये हाव-भाव से हासिल की लेकिन हर एक्टर को उसकी नकल करने की कोशिश ज़रूर करनी चाहिए। मेरी एक्टिंग वैसी नहीं हुई होती अगर मैंने दिलीप साहब की फ़िल्मों को नहीं देखा होता। उनके समय में एक्टर जिस तरह से काम करते थे उसको बहुत कुछ बदल दिया और उन्होंने बाद के एक्टर्स के लिए भी एक्टिंग के मायने बदल दिये, मैं यह मानता हूँ कि उनमें से एक मैं भी हूँ।

'गंगा जमुना' में कुछ सीन ऐसे हैं जो मेरे दिमाग़ में हमेशा के लिए घर कर गये हैं। मुझे हमेशा इस बात के ऊपर आश्चर्य होता रहा है कि जिस तरह वे दर्शकों में

भावनाओं को जगा देते थे, जैसे जब वे शहज़ादे सलीम के रूप में चुपचाप दरबार में बैठे रहते हैं, बिना कुछ बोले या बिना कुछ किये जबकि अनारकली वह गाना गाती है 'प्यार किया तो डरना क्या।' एक एक्टर के रूप में मैं यह जानता हूँ कि यह कितना मुश्किल काम होता है कि ऐसे सीक्वेंस में अपना प्रभाव पैदा करें जिसमें आपको न तो कुछ करना है न ही कुछ कहना और शहज़ादा सलीम की गरिमा को भी बनाये रखना है। मैं न जाने कितनी ही फ़िल्मों में उनके ऐसे सीक्वेंस के बारे में बता सकता हूँ। एक विद्यार्थी के रूप में मैंने उनसे काफ़ी कुछ सीखा भी है। वे ऐसे एक्टर हैं जो फ्रेम को अपने पूरे क़ाबू में रखते हैं जिसे फ़िल्म 'शक्ति' में देखा जा सकता है। रमेश जी ने मुझे बताया कि वे दो ऐसे एक्टर को साथ लेकर आये जिनमें फ्रेम को थाम कर रखने की कूवत है, जो कि 'शक्ति' के कई दृश्यों में दिखाई भी देता है, जिनके बारे में बात भी हुई। दिलीप साहब से यह सीखने को मिलता है बिल्कुल शान्त रहने में कितनी ताकत होती है यह कहा जाता है कि ख़ामोश पानी जो होता है वह गहरा होता है।

मैं बिना किसी संकोच के यह बात कहूँगा कि मेरे घर की कुछ ईंटें शिवाजी सर की हैं तो कुछ दिलीप साहब की। मैं जब भी दिलीप साहब से मिला तो मैंने उनकी इंसानियत और उनकी गर्मजोशी में कोई अन्तर नहीं पाया। मुझे याद है कि दिलीप साहब 'एक दूजे के लिए' 1981 में प्रदर्शित फ़िल्म के सिल्वर जुबिली समारोह में आये थे। मुझे याद है कि जब मेरी फ़िल्म 'थेवर मगन'* की सिल्वर जुबिली की ट्रॉफी दी जा रही थी तो वे वहाँ मौजूद थे। मैंने उनके पास जाकर कहा : 'सर, कितनी अच्छी फ़िल्म थी।' उनको कुछ हैरानी हुई और उनको यह समझ में नहीं आया कि मैं किस फ़िल्म के बारे में बात कर रहा था। तब, मैंने कहा कि मैं 'गंगा जमुना' फ़िल्म की बात कर रहा था।

उनको आपके बारे में सब कुछ याद रहता है और आप जब भी उनसे मिलें वे बड़ी ख़ुशी-ख़ुशी आपके साथ समय बिताते हैं। मैं उनसे दो साल पहले मिला था और वे इतनी गर्मजोशी और प्यार से मिले कि उनसे विदा लेकर घर जा पाना मुश्किल हो गया था। पहले, उन्होंने पेशावर में अपने बचपन के बारे में कुछ बताया था। कई बातें उन्होंने इतनी अच्छी तरह से बताई थीं कि मेरी यादों में वह हमेशा बने रहेंगे। उन्होंने जो विवरण दिया था उसको मैंने 'विश्वरूपं' फ़िल्म में साकार करने की कोशिश की है। कला और साहित्य का उनका ज्ञान कमाल का है।

मुझे उस किताब का हिस्सा बनकर बहुत ख़ुशी हुई जो कि आप लिख रही हैं। मैं इसे अपने हाथ में लेने के लिए और इन्तज़ार नहीं कर सकता हूँ।

* 1992 में बनी इस फ़िल्म का निर्माण कमल हासन ने किया था और इसमें उन्होंने अपने आदर्श शिवाजी गणेशन के साथ अभिनय किया था।

फरीदा जलाल

मेरे परिवार में मेरा भाई खालिद, मेरी माँ और मैं सभी तभी से दिलीप कुमार के बहुत बड़े प्रशंसक रहे हैं जब से उनकी फ़िल्म देखनी शुरू की। खालिद और मैं दिलीप साहब की एक्टिंग के बारे में इतने जोश के साथ बातें करते थे कि कई बार हम खाना खाना भी भूल जाते थे। उनके बारे में बातें करना और उनकी फ़िल्मों के दृश्यों को याद करने से ही हमारा पेट भर जाया करता था। मैं यह सब इसलिए बता रहा हूँ ताकि आपको उस बात का प्रभाव समझ में आ सके जब एक सुबह मुझे फ़ोन आया, तब मैं 1960 के दशक के आख़िर में राजेश खन्ना और शर्मिला टैगोर के साथ एक फ़िल्म की शूटिंग कर रही थी। फ़ोन खालिद का था जिसको कुछ विश्वस्त सूत्र से पता चला था कि दिलीप कुमार फ़िल्म 'गोपी' में अपनी बहन की भूमिका के लिए मेरे बारे में सोच रहे थे। पहले तो मुझे लगा कि खालिद मुझे उल्लू बना रहा था। फिर, जब खालिद ने ज़ोर देकर यह कहा कि उसे यह बात एक ऐसे दोस्त ने बताई है जिसकी ऐसी वैसी बातें बताने की आदत नहीं है, मैं अपनी ख़ुशी रोक नहीं पायी। वह सारा दिन मेरे लिए ऐसे बीता जैसे कि कोई सपना देख रही हूँ, जब मैं पीछे मुड़कर सोचती हूँ तो मुझे यह समझ में नहीं आता है कि उस दिन का सीन मैंने कैसे किया था।

वह बात सही थी। मैं जैसे ही बम्बई पहुँची मुझसे यह बताया गया कि मैं दिलीप कुमार से उनके बँगले में जाकर मिलूँ। उत्साह और घबराहट के साथ मैं अपनी माँ के साथ निकल पड़ी। जब वे आये और मुझसे और मेरी माँ से बातें करने लगे तो हमें सहज होने में एक मिनट से अधिक का समय नहीं लगा। वे इतने सहज थे और मेरी माँ से इतनी विनम्रता के साथ बात कर रहे थे कि मेरे जैसे नये कलाकार के लिए यह विश्वास करने लायक बात नहीं थी।

उन्होंने मुझे रोल के बारे में समझाया, और सबसे मज़ेदार बात यह हुई कि सायरा जी की माँ नसीम बानो कमरे में आयीं और मुझे उनसे मिलवाया गया। उन्होंने कहा कि उस फ़िल्म में मेरे पहनने के लिए जो गाँव के कपड़े बनने थे वे वही बनाने वाली थी। मुझे यह विश्वास नहीं हो रहा था कि यह सब हो रहा था।

'गोपी' मेरे लिए सीखने वाला अनुभव था, केवल काम के लिहाज से ही नहीं बल्कि निजी तौर पर भी। आत्मविश्वास के साथ एक्टिंग करने को लेकर मेरे अन्दर जो भी अहंकार था वह तब टूट गया जब मैंने यह देखा कि किस इंसानियत के साथ दिलीप साहब युनिट के हर आदमी से बातचीत किया करते थे और काम में

सम्पूर्णता लाने के लिए वे कड़ी मेहनत करते थे। कभी-कभी मुझे बड़ी हैरानी होती थी जब मुझे उनके साथ सीन करना होता था और वे रीटेक के लिए कहते थे। मैं यह सोचती थी कि इतना बड़ा एक्टर इतने रीटेक क्यों कर रहा था। मैंने जब उनके सहायक को यह बात बताई तो उसने हँसते हुए कहा कि वे सभी रीटेक मेरे लिए थे। वे यह चाहते थे कि मेरी प्रतिक्रिया में कुछ और निखार आये और जैसा वे चाहते हैं वैसा निकल कर आये। मैंने उनसे यह महानता सीखी कि कोई सीन तब तक ऊँचाई पर नहीं पहुँचता है जब तक कि उसमें शामिल कलाकार अपना बेहतरीन नहीं देता है। ज़्यादातर एक्टर जो होते हैं उनको अपने काम के स्तर की ही फ़िक्र होती है, वे उस सीन में मौजूद दूसरे एक्टर के स्तर की ज़रा भी परवाह नहीं करते हैं।

मैंने दिलीप साहब से कहा कि क्या मैं उनको भाईजान कह सकती हूँ तो उन्होंने जवाब दिया कि हाँ, क्यों नहीं। तब से मैं उनको भाईजान बुला रही हूँ। मैं उस बँगले में जाती थी जहाँ भाईजान और सायरा जी मद्रास में रुके हुए थे और मेरा गर्मजोशी से स्वागत किया जाता था। देखते-देखते सायरा बी और मेरी दोस्ती हो गयी। मैं यह समझती थी कि वह दोस्त कम ही बनाती थी। वे दोनों एक साथ इतने प्यारे लगते हैं।

'गोपी' के बाद मैंने कई फ़िल्में साइन कीं। एक बार, कोल्हापुर में गोपी की शूटिंग थी और मैं देर से पहुँची तो भाईजान नाराज़ थे। उन्होंने कहा : 'यह याद रखो कि किसी एक्टर के जीवन में सफलता सबसे अधिक माँग करने वाली होती है। आप जितनी ही सफलता पाते हैं आपको उतना ही अधिक काम करना पड़ता है, उतना ही ज़िम्मेदार, विनम्र और प्रतिबद्ध होना होता है। इसे दिमाग़ से मत निकलने दो यह उससे पहले ही आपको गिरा भी सकता है जब तक कि आप उसके बारे में जान पाते हैं।'

बम्बई में मैं सायरा बी के बँगले के पास एक अपार्टमेंट में रहती थी। मुझे कभी भी उनके घर में आने जाने की आज़ादी थी क्योंकि सायरा बी और मेरी दोस्ती बरकरार रही। उस घर में कितनी चहलपहल रहती थी, और भाई जान के सभी भतीजे-भतीजियाँ वहीं रहते थे, कभी साथ में बैडमिंटन खेलते हुए, या कभी ड्राइंग रूम में उनके साथ शतरंज खेलते हुए। रसोई से सबके खाने के लिए बढ़िया-बढ़िया चीजें आती रहती थीं और भाईजान अपनी प्लेट भरने से पहले हम लोगों की प्लेटें भर दिया करते थे। वे एक ऐसे आदमी हैं जो पाने से अधिक देने में विश्वास रखते हैं। यह काम उन्होंने अपने पूरे जीवन किया है, केवल अपने परिवार में ही नहीं बल्कि उन सबके लिए जो कि उनका परिचित हो।

अनिल कपूर

मैं यह लेख नहीं लिख रहा होता अगर मैंने दिलीप कुमार के साथ तीन ख़ास फ़िल्मों में काम नहीं किया होता। सुभाष घई और मैं इस इंडस्ट्री में दो ही ऐसे लोग हैं जो इस ख़ासियत के बारे में बढ़-चढ़ कर कह सकते हैं।

मेरे एक्टिंग के कैरियर में दिलीप कुमार का योगदान इतना बड़ा है कि मैं यहाँ तक कह सकता हूँ कि अगर मैं इंडस्ट्री में पूरी निष्ठा और लगन के साथ आज भी काम कर पा रहा हूँ तो इस वजह से कि जो कुछ मैंने उनसे अप्रत्यक्ष रूप से सीखा है और जो उन्होंने मुझे हीरो के रूप में अपनी पहली फ़िल्म 'मशाल' से आज तक सिखाया है।

मैं हमेशा 'शक्ति' के बारे में यह कहता हूँ कि वह मेरी पहली फ़िल्म थी जिसमें एक नये कलाकार के रूप में मेरे ऊपर ख़ास ध्यान गया। मुझे उस दिन की हलकी सी याद है जिस दिन उस सीन की शूटिंग होने वाली थी। मैं बहुत उत्साहित भी था और घबराया हुआ भी। मुझे लाइनें बोलनी थीं और मुझे डर इस बात का था कि दिलीप कुमार साहब कि मौजूदगी में मेरी घिग्घी न बँध जाये। साथ में मैं यह भी चाहता था कि उनको प्रभावित कर लूँ और उस पल का आनन्द जीवन भर मनाऊँ। इसलिए आप इस बात को समझ सकते हैं कि मैंने उस शॉट में उनके सामने खड़े होने के लिए कितनी हिम्मत जुटाई होगी।

उस दिन शूटिंग के लिए अमिताभ बच्चन की ज़रूरत नहीं थी लेकिन किसी कारण से उनको रमेश सिप्पी ने सेट पर आने के लिए कहा था। मेरे लिए यह दोहरा दबाव था—दिलीप साहब मेरे सामने, हमेशा की तरह शॉट के लिए पूरी तरह तैयार, और अमिताभ बच्चन गम्भीरता से दूर से देखते हुए। मुझे कुछ याद नहीं है कि मैंने अपनी लाइनें किस तरह से बोलीं। मुझे तो बस अपने दिल की धड़कन सुनाई दे रही थीं और अचानक मैंने युनिट के लोगों और वहाँ मौजूद लोगों की तालियों की गड़गड़ाहट सुनी। तब मुझे समझ में आ गया कि मैंने अपना पहला शॉट दे दिया था।

दिलीप साहब ने मेरा ख़ूब उत्साह बढ़ाया क्योंकि वे मेरे पिता सुरेन्द्र कपूर को अच्छी तरह जानते थे, क्योंकि वे 'मुग़ले-आजम' में के. आसिफ के असिस्टेंट थे। मैं तब छोटा बच्चा था, और मुझे याद है कि कोई शाम ऐसी नहीं बीतती थी जब मेरे पिता दिलीप साहब के काम की तारीफ़ न करते हों। डैड बहुत अच्छी

तरह बताते थे कि किस तरह का सीन था और दिलीप साहब ने कैसी तैयारी के साथ वह सीन किया था, और वह काम कितना अच्छा बन पड़ा था, हम उत्साहित होकर सुनते थे। डैड हमें साहब की इंसानियत, धीरज, उनके लगन, उनकी निष्ठा के बारे में बताया करते थे। उन्होंने बताया था कि शीशमहल का सेट तैयार करने में छह महीने का वक़्त लग गया था और जब शूटिंग शुरू हुई तो उसमें और देरी हुई क्योंकि निर्देशक ने जो कैमरा क्रू इंग्लैण्ड से बुलवाया था उससे वह नहीं ले पा रहे थे जो वह चाहते थे। दिलीप साहब ने एक बार भी न तो कोई शिकायत की न ही अपना आपा खोया।

अपने शुरुआती सालों से, इसीलिए मैं एक तरह से दिलीप कुमार को जीता था और मेरी एक ही ख़्वाहिश थी कि बड़ा होकर दिलीप साहब के काम को देखूँ। और वह मौक़ा आया 'मशाल' के साथ। शुरू में मुझे मुख्य रोल के लिए नहीं चुना गया था। मुझे उन लड़कों में से एक लड़के की भूमिका निभानी थी। फिर, एक दिन यश जी ने मुझे फ़ोन करके बताया कि मुझे उनके साथ बैंगलोर जाना था। उन्होंने मुझे यह नहीं बताया था कि वे दिलीप कुमार से मिलकर उनकी अनुमति लेना चाहते थे कि वे मुझे मुख्य भूमिका में रख सकें। दिलीप साहब उस समय जिंदल हेल्थ रिसॉर्ट में थे और बड़ी सख़्ती से वज़न कम करने की कोशिश कर रहे थे; उन्होंने मुझे तुरन्त पहचान लिया और हाँ कर दी।

जैसे-जैसे 'मशाल' का पहला शेड्यूल नजदीक आता जा रहा था वैसे-वैसे घबराहट और उत्साह के मारे मुझे रातों को नींद नहीं आती थी। उस शेड्यूल के दौरान एक सीन कैंटीन में फ़िल्माया जाना था जिसमें मैं अपने टपोरी दोस्तों के साथ बैठा हुआ था कि दिलीप साहब मुझे खोजते हुए आते हैं। हम लोगों को ऐसे जताना था कि हमारे ऊपर कोई फ़र्क़ नहीं पड़ता जबकि हम यह अच्छी तरह जानते थे कि वे गुस्से में होंगे क्योंकि हमने उनके घर की खिड़की के शीशे तोड़ दिये थे और उनकी पत्नी को झिड़क दिया था।

रिहर्सल शॉट में दिलीप साहब कैंटीन में तेज़ी से आये और अपने डायलॉग बोलने लगे। मैं उनको नज़रअन्दाज़ करता रहा कि अचानक मैंने सुना : कट कट कट! मैं उनके पास गया और उन्होंने कहा : 'जब मैं तुमसे बात कर रहा हूँ तो तुम मेरी तरफ़ क्यों नहीं देख रहे हो?'

मैंने कहा : 'सर, मेरा किरदार ऐसा है जो बदतमीज है, इसलिए मैंने सोचा कि जब आप बोल रहे हों तो मैं आपको सीधे न देखूँ।'

दिलीप साहब ने तत्काल यशजी की तरफ़ मुड़कर कहा : 'ठीक है, इस तरह से सीन को कर लेते हैं। मैं कैंटीन में जाता हूँ, सीधा अनिल के पास जाता हूँ, उसके शर्ट की कॉलर पकड़ कर उसे उठा लेता हूँ, उसे अपनी तरफ़ घुमा कर उससे बातें करने लगता हूँ।' मुझे और यश जी दोनों को लगा कि यह सही था। उन्होंने यश जी से यह अनुरोध किया कि क्या हम सीधे टेक के लिए जा

सकते हैं। पूरी युनिट को यह बता दिया गया कि सीधा टेक लिया जायेगा, कोई रिहर्सल नहीं होगा, एकदम ख़ामोशी छा गयी। दिलीप साहब तेज़ी से आये, अपने मज़बूत पठानी हाथों से मेरे कॉलर को पकड़ कर उठा लिया और मेरा दम घुट रहा था और मैं काँप रहा था और मैंने उनकी भेदती आँखों में देखा। टेक हो गया! ख़ूब तालियाँ बजीं क्योंकि वह शॉट बहुत शानदार हुआ था। और मेरे चेहरे का हावभाव उससे वास्तविक नहीं हो सकता था। लेकिन मुझे पसीने आ रहे थे और अब भी मेरा दम घुट रहा था। साहब ने मेरी हालत देखी और मुझे एक कोने में ले जाकर कहा कि उनको अफ़सोस है लेकिन कभी-कभी इससे अच्छा हो जाता है अगर ऐक्शन थोड़ा वास्तविक हो जाये। उन्होंने कहा : 'जब तुम इस सीन को परदे पर देखोगे और जब इसके लिए तुम्हारी तारीफ़ की जायेगी तब तुमको समझ में आयेगा कि मेरा क्या मतलब था।' और वे एकदम सही थे!

'मशाल' के दौरान मुझे यह देखने का सौभाग्य मिला कितनी मेहनत और लगन के साथ वे अपना काम करते थे। मेरे लिए वे संस्थान, मेरी किताब और मेरे एन्साइक्लोपीडिया सब हो गये थे। मैं कभी नहीं भूल सकता हूँ जब रात को मुम्बई की खाली सड़क पर सबसे यादगार सीन की शूटिंग थी जब वे आसपास गुज़रती गाड़ियों से यह मिन्नत कर रहे हैं कि वे उनकी मरणासन्न पत्नी को अस्पताल ले जायें। दिलीप साहब उस रात ताज होटल में रुके थे और जब वे आधी रात को शूटिंग के लिए आये तो वे सामान्य थे। मस्त, उत्साह से भरपूर और प्यार से भरे हुए। जब कैमरा रोल हुआ तब जो हुआ वह हाड़ कँपा देना वाला था, एक असहाय आदमी किसी तरह अपनी मरती पत्नी को बचाने के लिए कोशिश में लगा हुआ है और जिसको निर्दयता से एक गाड़ी वाला धक्का दे देता है। हम अवाक्, हैरान और आँसुओं में डूबे थे। केवल दिलीप कुमार ही वैसा कर सकते थे।

'कर्मा' की शूटिंग में बड़ा मज़ा आया था और मुझे उसकी कई यादगार घटनाएँ याद हैं। मैंने दिलीप कुमार का मौज मस्ती वाला रूप देखा था, जब वे ब्रेक के दौरान हमें अपने बचपन और लड़कपन की मज़ेदार कहानियाँ सुनाया करते थे। मेरे पिता सेट पर आते थे और यह देखकर बहुत अच्छा लगता था जब वे अपने पुराने दिनों को याद किया करते थे। एक बात मेरे पिता दिलीप कुमार के बारे में अक्सर कहा करते थे कि वे अपने पुराने दोस्तों और सहयोगियों को कभी नहीं भूलते थे और उनको उससे मिलकर बड़ी खुशी मिलती थी चाहे उनका वह दोस्त या सहयोगी इस दौरान जीवन में किसी भी दर्ज़े में हो। मेरे डैड तब तक के कामयाब निर्माता बन चुके थे लेकिन और लोग भी थे उस दौरान जो बाद में जीवन में बड़ा नहीं कर पाये। मेरे पिता ने मुझसे यह भी कहा था दिलीप साहब कभी बेकार की बातों में समय नहीं गँवाते हैं। वे अपना समय लेखकों और बौद्धिक लोगों के बीच बिताना पसन्द करते थे जिनके साथ वे सार्थक, गम्भीर बातचीत कर सकें, और मुझे उनसे यह सीखना चाहिए।

असल में डैड ने मुझे यह भी बताया था कि दिलीप साहब के अधिक दोस्त इंडस्ट्री से बाहर हैं क्योंकि उनको बेकार की बातें करना पसन्द नहीं हैं और वे लगुओं भगुओं को बढ़ावा नहीं देते हैं।

आज मैं अपने बच्चों को यह बताता हूँ कि मैंने दिलीप साहब से वह सीखा जो मेरे पिता उनके बारे में हमें तब बताया करते थे जब मैं और बोनी बच्चे थे। मैं हमेशा अपनी फ़िल्मों के प्रीमियर के लिए दिलीप साहब और सायरा जी को निजी तौर पर बुलाने जाता हूँ क्योंकि उनका आशीर्वाद मेरे लिए बहुत मायने रखता है। मुझे याद है कि जब हमने 'पुकार' फ़िल्म का ख़ास ट्रायल दिलीप साहब के लिए रखा था। जब शो ख़त्म हुआ तो वहाँ इतने लोग उनके आसपास थे कि मैं उनके पास नहीं पहुँच पाया। घर आकर मैं अपने स्टडी में बैठकर यह सोच रहा था कि मेरे काम के बारे में दिलीप कुमार क्या सोच रहे होंगे कि जब मुझे बताया गया कि दिलीप कुमार का फ़ोन था। उन्होंने करीब एक घंटे तक मुझसे बात की, मेरी तारीफ़ों के पुल बाँधते हुए और एक कलाकार के बतौर कुछ मूल्यवान सुझाव देते हुए। उनको मेरा काम पसन्द आया था और यह कहने में उन्होंने कोई कंजूसी नहीं की। उस फ़िल्म में काम के लिए बाद में मुझे राष्ट्रीय पुरस्कार भी मिला था, लेकिन उससे भी बड़ा पुरस्कार वह था जो उस रात दिलीप साहब ने मेरे काम की तारीफ की थी। आज भी मैं दुनिया में कहीं शूटिंग कर रहा हूँ और जब मैं कैमरे का सामना करने के लिए तैयार होता हूँ तो वह बातचीत आज भी मेरे कानों में गूँजने लगती है।

ऋषि कपूर

युसूफ अंकल न तो मुझे ऋषि बुलाते थे न ही चिंटू। उनके लिए तो मैं 'सन्नी बॉय' था। मेरे दिमाग़ में बचपन की यादें हैं जिनमें युसूफ अंकल चेम्बूर में मेरे घर आते थे, हर महीने के दूसरे इतवार को, जब फ़िल्म के कामगार अपने काम से छुट्टी लेते थे और स्टार्स को भी अपने घर में ही रहना पड़ता था। वे अक्सर मेरे सामने से गुज़रते थे जहाँ मैं

अपने दोस्तों के साथ खेल रहा होता था। वे आते मेरे बालों को उड़ा कर पूछते थे, 'कैसे हो सन्नी बॉय?'

मुझे यह पता था कि वे सुपरस्टार दिलीप कुमार थे और यह भी वे और पापा पेशे में एक जैसे ही थे। मेरे दोस्त उनको देखते थे और वे उनको देखकर बड़े प्यार से मुसकुराते थे। मैं सुनता था पापा उनका स्वागत करते हुए कहते थे : 'लाले तूने देर कर दी। मैं सुबह से इन्तज़ार कर रहा हूँ...' वे एक-दूसरे के गले लगते और दोपहर में एक-दूसरे के साथ खो जाते थे।

युसूफ अंकल और पापा में अटूट भाईचारा था, जिसके बारे में न कोई सोच सकता था, न जिसके बारे में कोई विश्वास कर सकता था। स्टार के रूप में वे एक-दूसरे के मुक़ाबिल होते थे तो भी वे एक-दूसरे से ऐसे प्यार करते थे जैसे एक ही माता-पिता की सन्तान हों। जब पापा और युसूफ अंकल साथ होते थे तो घर में जैसे उत्सव का माहौल हो जाता था। चूँकि दोनों को खाना बहुत पसन्द था इसलिए मेरी माँ सुबह से रसोई में यह बताती रहती थी कि दिन के खाने में क्या बनेगा और फिर चाय में क्या बनेगा। पापा पठानी कपड़े पहनकर ऐसे तैयार रहते थे जैसे कोई उत्साही बच्चा। मुझे लगता है कि दोनों को ही पेशावर में बिताये अपने बचपन के दिनों को याद करके अच्छा लगता था या उन दिनों को जब वे खालसा कॉलेज में पढ़ते थे या जो दिन उन्होंने बम्बई टॉकीज में अपने शुरुआती दिनों में गुज़ारे थे।

मुझे लगता है कि राज कपूर उनको उसी तरह से प्यार करते थे जिस तरह से वे अपने भाइयों शम्मी और शशि को प्यार करते थे। शायद वे अपनी भावनाएँ और अपनी गुप्त इच्छाओं को घर में किसी से भी अधिक युसूफ अंकल के साथ साझा करते थे।

उनके बीच ज़ाहिर है पेशेवर प्रतिस्पर्धा थी। अगर वे पेशेवर तौर पर एक-दूसरे के मुक़ाबिल नहीं आते तो यह असामान्य बात होती। उस प्रतिस्पर्धा की सबसे ख़ूबसूरत बात यह थी कि दोनों में से कोई यह नहीं चाहता था कि कोई सुपरस्टार से नीचे आये। उन दोनों को एक-दूसरे के ऊपर गर्व था और मुझे याद है कि उन दोनों ने आरके के मिनी थियेटर में मेरी पहली फ़िल्म 'बॉबी' के रशेज देखे थे या फ़िल्म 'मेरा नाम जोकर' के, जिस दौरान ये फ़िल्में बनाई जा रही थीं। पापा युसूफ अंकल की बातों को बहुत महत्त्व देते थे। मुझे यह भी याद है कि जब देश में कोई आपदा आयी थी तो वे पापा के ऑफिस में बैठकर सरकार के लिए धन उगाही के लिए योजनाएँ बनाते थे। जब वे सारी गतिविधियों को आगे बढ़कर चलाते थे तो उसका मतलब यह होता था कि शत-प्रतिशत भागीदारी। उन दोनों को न कौन कह सकता था?

बड़े होने के बाद की मेरी तीन यादें हैं जिनको मैं बिना किसी हिचक के साझा कर रहा हूँ। पहली, वह याद जो आज भी मेरा पीछा करती है। यह तब की

बात है जब पापा आख़िरी बार अस्पताल में भर्ती हुए थे और इंडस्ट्री का लगभग हर जाना-माना आदमी हमें भावनात्मक समर्थन देने के लिए वहाँ आया था। युसूफ अंकल पाकिस्तान में सम्मान समारोह में गये हुए थे जब पापा को दिल्ली में दिल का दौरा पड़ा था और उनको अपोलो अस्पताल में भर्ती किया गया था। जिस दिन युसूफ अंकल मुम्बई आये उन्होंने दिल्ली की फ्लाइट पकड़ ली और अस्पताल में भागकर आये। मुझे साफ़ याद है कि वे किस तरह से उस कमरे में आये जहाँ पापा अचेत पड़े हुए थे और उनके बिस्तर के पास कुर्सी लगाकर बैठ गये और हाथ में पापा का हाथ लेकर बातें करने लगे, 'राज आज भी मैं देर से आया। माफ़ कर दो मुझे। मुझे पता है कि तुमको लाईमलाइट में रहना पसन्द था और चाहते थे कि सबका ध्यान तुम्हारे ऊपर रहे। बहुत हो गया। उठो और बैठकर मेरी बातें सुनो। मैं अभी पेशावर से आया हूँ और तुमको लुभाने के लिए चपली कबाब की ख़ुशबू लाया हूँ। हम दोनों साथ-साथ चलेंगे और बाज़ार में चलकर वैसे ही कबाब और रोटी खाएँगे जैसे हम खाते थे। राज अब उठो और यह एक्टिंग बन्द करो। मैं जानता हूँ कि तुम महान अदाकारा हो। राज, मैनू ले जाना है तुसी पेशावर दे घर दे आँगन विच।' जब वे बोल रहे थे तो उनकी आवाज़ भर्रा रही थी और आँखों से आँसू निकल रहे थे।

रणधीर और मैं चुपचाप खड़े थे। मैं युसूफ अंकल की उस कातर पुकार को कभी नहीं भूल सकता हूँ और न ही उसको जिस तरह से उन्होंने हिचकते हुए कमरे को छोड़ा था, और दरवाज़े पर जाकर आख़िरी बार अपने सबसे प्यारे दोस्त को घूम कर देखा था जो बिस्तर पर अचेत पड़ा था।

एक और याद है आरके स्टूडियो की, जब हम 'प्रेम रोग' फ़िल्म की शूटिंग कर रहे थे। मुझे अपने चेहरे पर निराश प्रेमी का भाव लाना था, और मैं उसे लाने की बहुत कोशिश कर रहा था। निर्देशक राज कपूर को वह भाव नहीं मिल पा रहा था जो उनको चाहिए था, और इस वजह से वे चिढ़ रहे थे। फिर उन्होंने पूरी युनिट के सामने कहा, 'मुझे युसूफ चाहिए। मुझे वह भाव चाहिए जो ऐसे सिचुएशन में युसूफ ने दिया होता। मुझे वह भाव चाहिए जो उसकी आँखों में तब होता था जब वह प्यार, उसकी गहराई और उसकी असलियत को दिखाता था।'

युनिट ख़ामोश था। किसी को इस बात के ऊपर यक़ीन नहीं हो रहा था कि वे अपने पेशेवर प्रतिद्वन्द्वी दिलीप कुमार के बारे में बात कर रहे थे। मुझे लगता है कि यह एक्टर-निर्देशक राज कपूर का युसूफ अंकल के उस बेमिसाल अदाक़ारी का सबसे बड़ा स्वीकार था जब वे प्यार को उसकी सारी पीड़ा और तीव्रता के साथ अभिव्यक्त करते थे। यह इसलिए सम्भव था क्योंकि वे दोनों एक-दूसरे का सच्चा सम्मान करते थे। क्या आप आज यह सुनते हैं कि शाहरुख ख़ान ने सलमान ख़ान के बारे में ऐसा कहा हो या सलमान ख़ान ने शाहरुख ख़ान के लिए?

एक और घटना वह है जिससे यह पता चलता है कि वे दोनों एक-दूसरे के

दिल में किस हद तक थे जब पाकिस्तान की सरकार से 'निशाने इम्तियाज़' लेने के कारण बाला साहेब ठाकरे उनका विरोध कर रहे थे, जो पूरी तरह राजनीति से प्रेरित था। उनके बँगले के बाहर भद्दा प्रदर्शन हुआ था और हमारे इंडस्ट्री के संवेदनहीन व्यवहार के अनुरूप ही हमारी बिरादरी से कोई भी शिव सेना को उसकी जगह बताने के लिए नहीं निकला था। उस समय युसूफ अंकल ने एक इंटरव्यू दिया था जिसमें उन्होंने कहा था 'ऐसे मौक़े पर मैं अपने दोस्त राज कपूर को बहुत याद कर रहा हूँ जो मेरे या किसी भी कलाकार के ख़िलाफ़ हुए प्रदर्शन का जवाब ज़रूर देता। वह मेरे साथ ऐसा नहीं होने देता।'

तब पापा नहीं थे लेकिन उसकी वजह से हमें गर्व हो रहा था कि युसूफ अंकल जैसा विद्वान हमारे पिता को याद कर रहा था और उनको इस बात का श्रेय दे रहा था कि वे किसी से डरने वाले आदमी नहीं थे और हर वक़्त कलाकारों के हित में खड़े रहते थे।

हम युसूफ अंकल और सायरा आंटी से फ़ोन पर सम्पर्क में रहते हैं और पर्व-त्योहारों पर मिलते भी हैं। मुझे याद है मैं और रणधीर अपने छोटे भाई चिम्पू (राजीव कपूर) की शादी के लिए उनको न्योता देने गये थे। युसूफ अंकल हम लोगों को देखकर इतने ख़ुश हो गये कि हम बड़ी देर तक बैठकर बातें करते रहे और सायरा आंटी चाय और स्वादिष्ट नाश्ता पेश करती रहीं। युसूफ अंकल की बातों से हमेशा कुछ न कुछ सीखने को मिलता था। जब हम देव आनन्द साहब से मिलने आनन्द स्टूडियो में उनके पेंट हाउस में गये थे और उस सुन्दर मुलाक़ात के बाद यह मुलाक़ात एक अलग तरह का ही अनुभव था। वे खड़े होकर उत्साह के साथ कमरे में इधर-उधर घूमते हुए बातें कर रहे थे। 'हाँ चिंटू क्या चल रहा है, और डब्बू तुम्हारा नया क्या चल रहा है...' हम लोगों को देखकर वे उत्साह से भर गये थे और बहुत ख़ुश थे। इससे मैं यह सोचने लगा कि वे कितने अलग थे—भारतीय सिनेमा के तीन महान अभिनेता और तीन सच्चे सुपरस्टार।

मेरी ख़ुशकिस्मती रही है कि मुझे 'दुनिया' (1984) में युसूफ अंकल के साथ काम करने का मौक़ा मिला, जिसमें अशोक कुमार और प्राण भी थे। एक दिन बहुत मज़ेदार घटना घटी जब मेरे और युसूफ अंकल के बीच एक नाटकीय सीन की शूटिंग होने वाली थी। वे मेरे पिता की भूमिका कर रहे थे और उस सीन में उनको मेरे ऊपर गुस्सा दिखाते हुए यह कहना था कि मेरे घर से निकल जाओ। सब कुछ तैयार था और युसूफ अंकल भी अपनी लाइनों के साथ पूरी तरह से तैयार थे। पूरी तरह से ख़ामोशी थी और युसूफ अंकल चाहते थे कि सीधा टेक लिया जाये। क्लैप बोर्ड की आवाज़ आयी और निर्देशक रमेश तलवार ने 'ऐक्शन' कहा। जब युसूफ अंकल अपनी लाइनें बोलने ही वाले थे कि अशोक कुमार ने उनके ऊपर चिल्लाते हुए कहा, 'युसूफ, मैंने सुना कि तूने दूसरी शादी कर ली। अरे भाई, आदमी एक बीवी को तो मुश्किल से सँभालता है और तुम दो-दो

बीवियों को सँभालने निकले। अरे वाह!' पूरी युनिट तनाव में आ गयी जबकि युसूफ अंकल ने अशोक कुमार की तरफ़ देखा जो पूरी तरह सहजता से बैठे दिखाई दे रहे थे। युसूफ अंकल ने मुस्कुराते ही बड़ी विनम्रता से चिल्लाकर कहा, 'अशोक भैया, क्या इस मसले पर हम सीन के बाद चर्चा कर लें? मैं मानता हूँ कि यह चर्चा का मुद्दा है लेकिन मुझे लगता है हम इतना इन्तज़ार कर सकते हैं!'

हँसी की धारा फूट पड़ी और हम सुन सकते थे कि प्राण और अशोक कुमार दिल खोल कर हँस रहे थे। यह युसूफ अंकल हैं—एक ऐसे इंसान जिनका सेन्स ऑफ ह्यूमर बहुत बढ़िया है और एक ऐसे आदमी जो अपने साथी कलाकारों का बहुत सम्मान करते हैं। अशोक कुमार, युसूफ अंकल और प्राण के बीच का दोस्ताना 'दुनिया' की शूटिंग के दौरान देखने लायक था। वह मेरे लिए सीखने के क़ाबिल था।

मैं यह बात पूरी ईमानदारी से कहना चाहता हूँ कि हम राज कपूर के बेटे-बेटियाँ उनको युसूफ अंकल बुलाते हैं, लेकिन वे हम सबके लिए पिता समान हैं, और हमेशा रहेंगे।

आमिर ख़ान

जब मैं छोटा बच्चा था तबसे ही युसूफ साहब के काम को परदे पर देखने लगा था। मैं उनकी बेहतरीन अदाकारी के बारे में घर में अपने पिता ताहिर

हुसैन, चाचा नासिर हुसैन, और उनसे मिलने आने वाले इंडस्ट्री के लोगों के बीच चर्चाएँ सुनता रहता था। मैं इतना बड़ा नहीं हुआ था कि उनकी एक्टिंग की खासियत को समझ पाता, लेकिन इतना तो समझ में आता ही था कि वे बाकी एक्टर की तरह नहीं थे जो उस किरदार को निभाने के लिए बहुत दबाव में नज़र आते हैं। दिलीप कुमार लाखों देखने वालों के वही किरदार होते थे जो वे परदे पर निभाते थे और मुझे इस बात के ऊपर बहुत आश्चर्य होता था कि उनको देखकर ऐसा लगता ही नहीं था कि वे एक्टिंग कर रहे थे। यह तब की बात है जब मैं दस साल का था।

जब मैं कुछ बड़ा हुआ और मेरी सिनेमा की समझ कुछ विकसित हुई तो

मैं उनकी फ़िल्मों को उस आदमी की नज़र से देखने लगा जो फ़िल्मों में एक्टर बनना चाहता था। तब मुझे यह बात समझ में आयी कि भारतीय सिनेमा में अदाकारी की दुनिया में उनका योगदान कितना बड़ा रहा है। मैं इस बात को स्पष्ट करूँगा कि मेरा मतलब क्या है।

जब मैं इस पेशे में आया तब तक भारतीय सिनेमा 75 साल का हो चुका था। अब मैं इस पेशे में करीब 25 सालों से हूँ। इसलिए जब युसूफ साहब इस पेशे में आये तब भारतीय सिनेमा महज 25 साल पुराना था; यह माध्यम तब अपना रूप ले ही रहा था और उस समय जो कलाकार थे वे नाटकों की तरह से किरदारों को निभाते थे।

युसूफ साहब एक ऐसे परिवार से आये थे जिसका कोई सम्बन्ध किसी दृश्य कला से नहीं था और उनके लिए सन्दर्भ केवल उनके पहले के कलाकार ही थे। मेरे ख़याल से उनके देखने के लिए अशोक कुमार, मोतीलाल और शायद के.एल. सहगल के ही काम थे। यहाँ तक कि उस समय तकनीक जैसे—कैमरा, साउण्ड, लाइट भी उतनी उन्नत नहीं थी। ऐसे हालात में वे एक ऐसे कलाकार के रूप में सामने आये जिनकी कला सबसे अलग थी और जो यथार्थ के बहुत करीब भी थी। उन्होंने अपने आपको पश्चिम की सिनेमा के किसी कलाकार के अनुसार नहीं गढ़ा, या भारतीय सिनेमा के ही किसी कलाकार के अनुरूप नहीं गढ़ा। वे अपने आप में सबसे अलग थे और उनकी शैली नयी थी।

राज कपूर चार्ली चैपलीन की नकल कर रहे थे। देव आनन्द ग्रेगरी पेक के जैसी एक्टिंग कर रहे थे, लेकिन युसूफ साहब अपनी सहजता के अनुसार काम करते थे, और हम जैसे कलाकारों के लिए जिन्होंने उनकी कला का अनुसरण किया। आश्चर्य की बात यह है कि वे जिस किरदार को निभाते थे उसमें पूरी शिद्दत से यक़ीन करते थे। मुझे बाद में यह बात समझ में आयी, जब मैं अपनी शुरुआती फ़िल्मों में कैमरे के सामने आया कि यह न तो उतना आसान था न ही उतनी कम कोशिश वाला जितना कि लगता था। मुझे यह बात समझ में आयी कि एक एक्टर को अपने आपको इस बात के लिए काफ़ी समझाना पड़ता है और उसे भावनात्मक रूप से काफ़ी तैयारी करनी पड़ती है इस बात में यक़ीन करने के लिए कि वह स्वयं नहीं है बल्कि वह किरदार है और उसे उसके ऐसे अनुभवों से गुज़रना पड़ता है जो अनुभव उसके अपने जीवन में नहीं हुए होते हैं।

मैंने यह पाया कि मैं उनकी फ़िल्मों को बहुत आनन्द के साथ देखता था, और दिमाग़ में इस बात को दर्ज़ करता चलता था कि वे किस विश्वसनीयता के साथ देवदास, गंगा, शहज़ादा सलीम जैसे किरदारों में विश्वसनीयता पैदा करते थे, और मैं यह देख सकता था कि वे कितनी शिद्दत से उन किरदारों में विश्वास करते थे जिनको वे परदे पर ज़िन्दा कर देते थे। इसका श्रेय मैं दे सकता

हूँ : (क) उस किरदार को निभाने के लिए उनकी तैयारी और कड़ी मेहनत; (ख) उनकी अतुलनीय मानसिक और भावनात्मक शक्ति और (ग) अल्लाह की दी हुई प्रतिभा और क्षमता को।

यह उनके लिए कितना मुश्किल रहा होगा ऐतिहासिक किरदार शहज़ादा सलीम के किरदार को निभाना और वह भी शहंशाह अकबर के रूप में पृथ्वीराज कपूर की मज़बूत मौजूदगी के बावजूद। कोई और एक्टर रहा होता तो वह पृथ्वीराज जी की गुँजाने वाली संवाद अदायगी का मुक़ाबला करने के लिए चीखने-चिल्लाने लगा होता। लेकिन युसूफ साहब ने उसके विपरीत रास्ता निकाला, अपनी आँखों से अधिक प्रकट करते हुए और अपनी मुलायम और परिष्कृत आवाज़ में शानदार संवाद अदायगी से। अगर आप ध्यान से उनकी मुस्कान और उनकी चाल को देखें, जो कि उन्होंने नाटकीय दृश्यों में अपनाये हैं, तो वह सब इतना स्वाभाविक लगता है कि आपको यह विश्वास होने लगता है कि वे सच में रोमांटिक शहज़ादा सलीम हैं जो हिन्दुस्तान की बादशाहत के लिए अपने प्यार को कुर्बान करने के लिए तैयार नहीं है।

उनके लिए गंगा का किरदार निभाना भी कितना मुश्किल रहा होगा और उस ज़ुबान में बोलना जिसमें उन्होंने बोला है। मेरे ख़याल से मुग़ले-आजम और गंगा जमुना दोनों की शूटिंग साथ-साथ ही हुई होगी और यह उनके लिए कितना मुश्किल रहा होगा। मैं अपनी मुश्किल को बयान कर सकता हूँ जब हाल में ही मैं दो अलग तरह की फ़िल्मों की शूटिंग साथ-साथ कर रहा था—धूम-3 और पीके। पीके में मैं भोजपुरी ज़ुबान बोलता हूँ और जब धूम-3 के लिए रिहर्सल करते हुए जब मैं अचानक भोजपुरी बोलने लगता था तो धूम-3 के निर्देशक संजय गढ़वी को बड़ी हैरानी होती थी। इसलिए मुझे बड़ा आश्चर्य होता है कि युसूफ साहब, जो इसके लिए जाने जाते थे कि वे अपने काम के प्रति पूरी तरह समर्पित रहते थे और एक समय में एक ही फ़िल्म के ऊपर ध्यान लगाते थे, ने किस तरह से दो अलग-अलग तरह के किरदारों को एक समय में साधा होगा—एक गाँव का किरदार जो क़ानून का भगोड़ा है और दूसरा मुग़ल शहज़ादा!

मुझे 'गंगा जमुना' के एक सीन की हलकी सी याद है जिसमें वे भागे जा रहे हैं, गाँव से भागे जा रहे हैं और उनको गाँववालों ने घेर रखा है जो उनको पकड़ने आये हैं। वे असहाय महसूस कर रहे हैं कि वे एक बन्दूक छीन लेते हैं और ग़लती से उसका ट्रिगर दबा देते हैं और गाँववालों के ऊपर उसका प्रभाव दिखाई देता है जो अब उनसे दूर भागने लगते हैं और वे एक ही साथ आश्चर्यचकित हो जाते हैं और ख़ुशी के मारे उछल पड़ते हैं। तभी दूसरी तरफ़ से वैजयन्तीमाला दौड़ती हुई आती हैं और वे उनकी बाँहों में गिरकर सुबकने लगते हैं और उसे बताते हैं कि किस तरह से गाँववालों ने उनको कुत्ते की तरह से खदेड़ा। मुझे नहीं लगता कि दुनिया में लम्बे समय तक कोई भी ऐसा एक्टर

हो सकता है जो वैसा ज़बरदस्त प्रभाव पैदा कर सकता है जैसा कि उन्होंने उस सीन में अपनी नियन्त्रित अदाकारी से पैदा किया।

कुल मिलाकर वे अपने समय से बहुत आगे थे और मुझे लगता है कि हम एक्टर जो विश्वस्तरीय बनने की कोशिश कर रहे हैं वे उनसे बहुत पीछे हैं। उन्होंने ऐसी पटकथाएँ और भूमिकाओं को चुनने में भरपूर साहस दिखाया जो एक-दूसरे से बिल्कुल अलग थीं। एक हीरो के रूप में उन्होंने ट्रेजेडी से कॉमेडी का रुख किया और 'राम और श्याम' फ़िल्म के बाद फ़िल्म में काम करने वाले नायकों के लिए यह परिपाटी बनाई कि वे अपनी भूमिका में कॉमेडी को भी जोड़ें। उन्होंने जिस भी फ़िल्म का चुनाव किया वह बहुत ध्यान से किया और अपनी शर्तों पर किया। उन्होंने जानबूझकर अपनी परदे की छवि को लेकर ख़तरा उठाया और उस समय हीरो की भूमिका करने वाले कलाकारों के लिए जो भी अलिखित नियम थे उनको तोड़ कर रख दिया। इसके लिए हिम्मत और अपने ऊपर भरपूर विश्वास की ज़रूरत होती है। हर बार उन्होंने अनजान समुद्र में गोता लगाया और वहाँ से मोती लेकर निकले।

मुझे लगता है कि वे यह सब इसलिए कर पाये क्योंकि पैसा उनके लिए एकमात्र उद्देश्य नहीं था। साथ ही, वे उस दबाव के सामने भी नहीं झुके जो स्टारडम के आने पर ज़्यादातर एक्टर्स को महसूस करना पड़ता है। वह दबाव यह होता है कि उस समय जो भी प्रस्ताव आ रहे हों उन सबको इस डर से स्वीकार कर लेना कि कहीं दौड़ में पिछड़ न जायें या अगर यह सफलता लम्बे समय तक नहीं टिकी तो कहीं गुम न हो जायें। एक एक्टर के रूप में उन्होंने खुद को कभी असुरक्षित महसूस नहीं किया और इस बात से उनके ऊपर कोई फ़र्क़ नहीं पड़ता था कि वे कितने बड़े स्टार हैं और कितने समय तक बने रहने वाले हैं। मुझे लगता है कि उनके लिए यह बात मायने रखती थी कि उनके हाथ में जो काम है वे उसे कितनी ईमानदारी और शिद्दत के साथ कर पाते हैं। बाद में जब उन्होंने बूढ़े किरदार करने शुरू किये तब भी अपना चुनाव बहुत ध्यान से किया। हम उनके कुछ चुनावों से असहमत हो सकते हैं लेकिन इस बात की तारीफ़ की जानी चाहिए कि उन्होंने उन फ़िल्मों में इसलिए काम किया क्योंकि वे करना चाहते थे और पैसे या किसी और प्रलोभन के लिए नहीं किया। और उन सभी फ़िल्मों में वे शानदार लगे थे। चाहे मशाल हो या सौदागर, शक्ति या उस दौर की कोई और फ़िल्म, वे कहानी के केन्द्र में थे, हीरो थे। लोग लाइन लगाकर उनको परदे पर देखने के लिए आते थे जबकि उन फ़िल्मों में और लोकप्रिय कलाकार भी होते थे। इसलिए मैं यह नहीं कहूँगा कि दूसरे दौर में उनका काम कमतर था या वे चरित्र अभिनेता के रूप में थे।

मैंने निश्चित तौर पर उनके काम से सीखा है और जिस तरह से वे परदे के बाहर अपना बर्ताव रखते हैं, हर काम बड़ी गरिमा और आत्म सन्तुष्टि के

भाव से करना। वे भारत के सबसे बड़े सुपरस्टार बने हुए हैं और मुझे शक है कि हम में से कोई उनकी बराबरी भी कर सकता है चाहे हम भविष्य में कितना ही अच्छा काम कर लें।

अयूब ख़ान*

युसूफ अंकल के साथ गुज़ारे वक़्तों की यादें ये रही...

इससे पहले मैं अपने बचपन के बारे में कुछ बताना चाहता हूँ ताकि आपको इस बात का अन्दाज़ा हो जाये कि मेरे अंकल के साथ किस तरह के रिश्ते थे, मेरे पिता के बड़े भाई के साथ, हिन्दी फ़िल्म इंडस्ट्री के अब तक के सबसे बड़े सुपर स्टार के साथ, करिश्माई दिलीप कुमार के साथ, मेरे युसूफ अंकल के साथ।

एक घटना है जो सबसे अलग है और जिसका मेरे ऊपर बहुत गहरा प्रभाव पड़ा वह यह है कि जब मैं महज 5 साल का था मेरे पिता (नासिर ख़ान) का देहान्त हो गया। मुझे दिलासा देते युसूफ अंकल की यादें इतनी साफ़ हैं। मुझे याद है कि एक दिन मैं अपने आप को किसी तरह अपने पिता के न होने के लिए दिलासा देने की कोशिश कर रहा था, तो युसूफ अंकल ने खेल-खेल में मुझे आसमान की तरफ़ देखने का इशारा किया, आकाश में ऊदी घटाएँ थीं, उन्होंने सबसे बड़े सफ़ेद बादल की तरफ़ इशारा किया। उन्होंने मुझे कहा कि मेरे अब्बा उसी बादल के पीछे थे, और उन्होंने मेरे लिए आकाश में इतने बादल बिखेर दिये हैं। उन्होंने यह कहते हुए मुझे दिलासा देने की कोशिश की कि मेरे अब्बा हर दिन मेरे लिए आकाश को सजाने में लगे रहते हैं।

मैं अवाक् रह गया, मैं अपने प्यारे चाचा से यह नहीं कह सका, जिन्होंने मुझे इतनी अच्छी कहानी से दिलासा दिलाने का काम किया था, मुझे सचाई का अच्छी तरह से पता था। सबसे राहत की बात यह थी कि वह इंसान जिसे पूरा देश आदर्श मानता था उसके दिल में मेरे प्यारे अब्बा के लिए बहुत गहरा सम्मान था। यह इतनी बड़ी जानकारी थी और देश के लोग भी इस बात को जानते थे कि अब्बा और युसूफ अंकल के बीच बड़ा गहरा रिश्ता था। जब भी वे एक की बात करते तो दूसरे को नहीं भुलाते थे। इस दौरान, मैं जहाँ भी गया, लोगों ने उन दोनों के बीच के गहरे रिश्ते के बारे में बात की।

* दिलीप कुमार के भतीजे, नासिर ख़ान के पुत्र।

युसूफ अंकल के साथ रहने में किसी तरह का बन्धन नहीं होता है। वे हमेशा अपने आसपास के माहौल को जीवन्त बनाये रखते हैं और जब हमारे आसपास बच्चे होते हैं तो बच्चों जैसा माहौल बनाये रखते हैं लेकिन चूँकि मेरा बचपन भावनाओं के उथल-पुथल वाला रहा है इसलिए मैं अक्सर अपने अन्दर की भावनाओं को जल्दी नहीं प्रकट करता हूँ। मैं जहाँ कहीं भी गया, चाहे फ़िल्म इंडस्ट्री हो या बाहर, हैरान से लोग मेरे आसपास बच्चों की तरह आकर बैठ गये, यह सुनने के लिए कि मैंने अपने रहस्यमय अंकल के साथ कैसा समय बिताया।

उनके साथ रिश्ते की परिवार के ऊपर बहुत गहरी छाप है, और फ़िल्म इंडस्ट्री हो या उसके बाहर की दुनिया उसका हमारे सामाजिक स्तर पर गहरा असर रहा है। लोग हमें राजाओं की तरह से देखते हैं क्योंकि युसूफ साहब ने बड़ी मशक्कत से यह दर्ज़ा हासिल किया है।

युसूफ अंकल और सायरा आंटी इस बात को पक्का करती हैं कि जब भी वे हमसे मिलें तो हमारे रिश्ते के बीच में उनकी लोकप्रियता या उनका सामाजिक स्तर न आ पाये, वे बहुत सहजता से मिलते हैं, बातें करते हैं। और अगर वह मुलाक़ात यूँही चलते फिरते हो गयी हो तब भी उसकी अमिट छाप पड़ती है।

जब मैं उनसे जुड़ी अपनी शुरुआती यादों के बारे में सोचता हूँ तो सिनेमा की तरह से दिमाग़ में छवियाँ आने जाने लगती हैं। जो सबसे पहली छवि मेरे दिमाग़ में आती है वह है कि मैं सायरा आंटी की छत पर अपने अब्बा के साथ चल रहा हूँ और युसूफ अंकल एक बड़ी-सी पतंग उड़ा रहे हैं। मेरे अब्बा और अंकल के लिए पतंग उड़ाना बहुत बड़ा शौक था। मेरे साथ जो भावना आज भी जुड़ी हुई है वह यह कि हम यह चाहते थे कि मौज-मस्ती में भी हमारे अंकल करिश्माई लगें। उनकी पतंग आकाश में उड़ती थी, सभी पतंगों को काटते हुए न जाने पतंगबाजी की कितनी लड़ाइयाँ उन्होंने जीतीं, और जब भी वे जीतते तो मुझे उनकी ठहाकेदार हँसी सुनाई देती थी, जो पूरी छत में फैल जाती थी, और मुझे और भी मंत्रमुग्ध कर जाती थी।

मुझे याद है कि हम सभी भाई-बहनों को बान्द्रा बैंडस्टैंड के एक खुले रेस्तराँ में दावत दी जाती थी जबकि युसूफ अंकल और असलम अंकल के बीच में सीटी बजाने की प्रतियोगिता होती थी। मुझे साफ़ याद है कि युसूफ अंकल ने सीटी बजाने की वह प्रतियोगिता भी जीत ली थी।

मुझे अच्छी तरह से याद है कि हम सारे बच्चों को वे जादू का खेल दिखाने के लिए ले गये थे। मरीन ड्राइव के एक ऑडिटोरियम में पी.सी सरकार का खेल चल रहा था। हम बच्चों को आगे बैठने की जगह दी गयी थी और हमें जादूगर की मर्जी से स्टेज पर जाकर कुछ जादू के खेल में भाग लेने का मौक़ा भी दिया गया था : उस महान आदमी के रिश्तेदार होने के कई फ़ायदों में से एक फ़ायदा यह भी था। जब युसूफ अंकल ने हम बच्चों की तरफ़ सर उठाकर देखा तो उनका भतीजा होने के ऊपर गर्व हो आया था।

वजूद और परछाईं

मुझे यह बात ज़रूर कहनी चाहिए कि अब्बा युसूफ अंकल और सायरा आंटी के दिल के बहुत करीब थे। मेरे सामने जो फ़िल्में पड़ी हुई हैं उनमें मेरी आँखें 'गंगा जमुना' के ऊपर ठहर जाती हैं। यह एक महान फ़िल्म है जिसमें मेरे अब्बा और अंकल ने काम किया था और इस फ़िल्म के माध्यम से अंकल ने मेरे अब्बा के कैरियर को मज़बूत बनाने की कोशिश की थी। मैं यह कहना चाहता हूँ कि मुझे यह फ़िल्म देखना अच्छा लगता है। वह पल कैसा रहा होगा कि अपने महान अंकल के पीछे बैठकर मैंने अपने अब्बा और अंकल को एक ही फ़िल्म में काम करते देखा। हालाँकि, अब्बा और उनके प्यारे भाई को एक साथ देखना मेरे युवा दिल के लिए बहुत अधिक था। मैं रोने लगा था।

ईद के दिन हम सारे भाई-बहन युसूफ अंकल और सायरा आंटी के घर पर जुटते थे। ख़ूब बड़ी ईदी लेकर हम बच्चे बँगले के बगीचे में चोर-सिपाही का खेल खेलते थे। उस समय दिल में यही भाव होता था कि ईद के दिन इस बँगले से बेहतर कोई जगह नहीं है।

हम भाई-बहन जब बच्चे थे तब बँगले में एक साथ जुटकर गीत संगीत की महफिल सजाते थे। हम में से कुछ बच्चे युसूफ अंकल की बैठक को उनके लिए ऑडिटोरियम में बदल देते थे। जब वे आते तो उनको खींचकर हम उनको जज की कुर्सी पर बिठा देते थे और फिर हम खिड़की के पास के परदे के पीछे से निकल-निकल कर आते थे और गीत या क़व्वाली गा-गाकर युसूफ अंकल को प्रभावित करने की कोशिश करते थे। ज़ाहिर है हमारा मक़सद यह होता था कि युसूफ अंकल अपना बटुआ ढीला करें और हमारे लिए किसी शो का टिकट ख़रीद दें, जो कि उनको ख़रीदनी पड़ती थी। इसके पीछे चाल यह होती थी कि घर के हर सदस्य के लिए उनको टिकट ख़रीदनी पड़ती थी, जिसमें नौकर चाकर भी शामिल रहते थे। अगर हमारा बस चलता तो पूरे इलाके के लिए टिकट ख़रीदवा लेते।

मैंने जब पहली फ़िल्म साइन की तो अंकल को यह बताने के लिए गया कि मैंने एक्टर बनने का फ़ैसला किया है।

मुझे याद है कि मैं निर्माता और निर्देशक को सायरा आंटी के घर युसूफ अंकल से मिलवाने के लिए ले गया था। जब मैं युसूफ अंकल और सायरा आंटी के ऊपर उनके कमरे से निकल कर नीचे बैठक में आने का इन्तज़ार कर रहा था तो मेरी सिट्टी-पिट्टी गुम थी।

मुझे याद है कि जब मैं बगीचे की तरफ़ खुलने वाली खिड़की की तरफ़ देखता कमरे में इन्तज़ार कर रहा था तो मुझे पैरों की आहट सुनाई दी, जो मेरे निर्माता और निर्देशकों की थी जो कमरे में युसूफ अंकल के आने पर खड़े हो गये थे। दुआ सलाम के बाद मेरी टीम ने अंकल को जल्दी से यह बताना शुरू कर दिया कि उनकी योजना क्या थी : कहानी, शूटिंग का शेड्यूल, प्रचार-प्रसार, वगैरह। जिस बात ने मेरा ध्यान खींचा वह यह कि युसूफ अंकल लगातार मेरी

तरफ़ देख रहे थे। उनकी आँखें इतनी स्पष्टता से मुझसे बातें कर रही थीं। मैं यह समझ सकता था कि मुझे लेकर उनकी चिन्ता थी जिसकी वजह से वे मेरी तरफ़ देख रहे थे।

बिना एक भी शब्द कहे यह बात दिखाई दे रही थी कि मैं फ़िल्म इंडस्ट्री में उनकी विरासत का प्रतिनिधि बनता जा रहा हूँ। और मेरे दिल में कहीं गहरे यह बात बहुत स्पष्ट है कि मेरे अंकल की महानता की कोई बराबरी नहीं कर सकता है, मैं क्या हूँ, लेकिन मुझे कम से कम उन सिद्धान्तों को अपनाना होगा जो युसूफ अंकल के महान काम में शामिल रहे हैं ताकि कम से कम कुछ सार्थक कर सकूँ, अगर कभी मेरा नाम इंडस्ट्री में उनके नाम के साथ लिया गया।

जल्दी ही फ़िल्म का मुहूर्त हुआ और युसूफ अंकल ने क्लैप दिया। सब बहुत धुंध भरा था। इतना कुछ हो रहा था। मेरी अम्मा और दोस्त, परिवार के लोग सब उस दिन की घटनाओं को देख रहे थे। मेरे साथ जो रह गया वह युसूफ अंकल की नज़र थी जो मेरे ऊपर पड़ी थी। मुझे समझ में नहीं आ रहा था कि क्या वे इस रास्ते की बाधाओं या ताकत को देख पा रहे थे जो मेरे उस रास्ते में आने वाली थीं जिसको मैंने चुना था।

मेरे जीवन में उतार-चढ़ाव आते रहे। मैं आगे बढ़ता गया और अंकल से सम्पर्क बना रहा। एक बात जो इससे अलहदा है वह मेरी पहली शादी को लेकर है। सायरा आंटी और युसूफ अंकल ने अपने बँगले में मेरे लिए जलसा किया था। इस जलसे के दौरान न तो उन्होंने अपनी कोई ख़्वाहिश मेरे ऊपर थोपी थी न ही उन्होंने मुझे कुछ करने के लिए दबाव डाला। मैं ज़िम्मेदारियों की दुनिया में जा रहा था और मेरे पास बहुत सीमित साधन थे। जिस बात ने मुझे बहुत साहस दिया वह बात थी कि मेरे जीवन की सबसे बड़ी घटना में मेरे अंकल और आंटी ने मुझे जो सम्मान दिया। जितनी सहजता से वे मेरे और मेरी अम्मा के साथ खड़े थे और उसने हमें जो सहयोग दिया उसका मुक़ाबला कुछ भी नहीं कर सकता है।

सायरा आंटी ने हमेशा मेरे अंकल के साथ मेरे सम्बन्धों में सहयोग दिया है। उन्होंने हमेशा इस बात की ताकीद की है कि मैं उनके जलसों का हिस्सा रहूँ। हाल में जब दिल की बीमारी की वजह से युसूफ अंकल अस्पताल में भर्ती हुए थे तब सायरा आंटी ने यह पक्का किया कि मैं उनके साथ शाम में अपने काम से लौटने के बाद बैठूँ, उन्होंने हमेशा इस बात का ख़याल रखा है कि हमारे बीच बातचीत में कोई बाधा नहीं आये।

सच में, सायरा आंटी इस बात को पक्का करती हैं कि युसूफ अंकल अपने तरफ़ के परिवार के साथ जुड़े रहें, जिसके लिए मैं हमेशा उनका आभारी रहूँगा।

वजूद और परछाईं

सलीम ख़ान

मैं हमेशा सोचता था कि महान इंसान के बारे में लिखना आसान होता है, ख़ासकर दिलीप कुमार के बारे में क्योंकि उनसे जुड़ी घटनाओं, बचपन से लेकर आज तक के संस्मरणों के रूप में उनके बारे में इतनी सामग्री मौजूद है। लेकिन जब मैं यह लेख लिखने के लिए बैठा तो मुझे समझ में नहीं आया कि शुरू कहाँ से करूँ। बहरहाल, मैं पूरी ईमानदारी से कोशिश कर रहा हूँ।

दिलीप साहब के अब्बा मोहम्मद सरवर ख़ान साहब, जो प्रसिद्ध अभिनेता पृथ्वीराज कपूर के पड़ोसी थे, वे फ़िल्मों को नापसन्द करते थे इसलिए वे उनको मौलाना अबुल कलाम आज़ाद के कहने पर बम्बई सेंट्रल स्टेशन पर खींच कर ले आये। आज़ाद ने सरवर खाँ साहब की बातों को ध्यान से सुना और फिर दिलीप साहब से कहा : 'नौजवान, जो भी करो पूरी ईमानदारी और शिद्दत से करो, जैसे नमाज़ अदा कर रहे हो।' दिलीप साहब ने वही किया। उन्होंने अदाकारी में ख़ुदाई पाकीजगी पैदा की, अपने पेशे को इबादत बना दिया।

दिलीप साहब ने अपनी अदाकारी के फन को धीरे-धीरे कड़ी मेहनत और भरपूर लगन से सान चढ़ाया। उन्होंने अपने पेशे में ऐसी महारत हासिल की जैसे कि कोई हाल में हो। मिसाल के लिए, उनको 'कोहिनूर' में एक गाने में सितार बजाना था। उन्होंने एक उस्ताद से महीनों सितार बजाना सीखा। अपने फन को बेहतर बनाने के लिए उन्होंने अनेक ज़ुबानें सीखीं। वे अंग्रेज़ी, हिन्दी, उर्दू, बांग्ला, मराठी और पश्तो भाषाओं में बात कर सकते हैं। उनकी अदाकारी के बारे में मैं उनके बचपन के दोस्त, उनके सबसे बड़े प्रतिद्वन्द्वी का हवाला देना चाहता हूँ, जिन्होंने रमेश सिप्पी की फ़िल्म 'शक्ति' देखकर उनको बैंगलोर से फ़ोन किया और बोले : 'लाले, आज फ़ैसला हो गया : तुम सबसे बड़े अदाकार हो।' प्रसंगवश, मैंने और जावेद अख़्तर ने शक्ति फ़िल्म लिखी थी, जिसमें दिलीप साहब, अमिताभ बच्चन, राखी और स्मिता पाटिल ने काम किया था। जब हमने दिलीप साहब को पहले पटकथा सुनाई थी, तो दिलीप साहब ने खुलासा किया कि ख़ुदा ने उनको एक्टिंग का हुनर दिया था, वे कभी लिखना नहीं चाहते थे, लेकिन कुछ पटकथाएँ और कुछ डायलॉग इतने बुरे थे कि उनको लिखना पड़ गया। फिर उन्होंने कहा कि हमने बहुत अच्छा काम किया था। हमने बाद में 'क्रान्ति' फ़िल्म लिखी थी जिसमें उनकी अहम भूमिका थी।

जब देविका रानी, बॉम्बे टॉकीज की महारानी ने 'ज्वार भाटा' में हीरो के लिए उनको चुना तो उस बड़े से स्टूडियो में सब सदमे में आ गये क्योंकि तब

के मानकों से वे सुन्दर नहीं माने गये थे, लेकिन जल्दी ही उनको ज़बरदस्त कामयाबी मिली।

जब दिलीप साहब 1944 में फ़िल्मों में आये तो उन्होंने पाया कि फ़िल्मों में जो अदाकार होते थे वे बड़े लाउड और नाटकीय होते थे, उनके ऊपर पारसी थियेटर का असर था। वे उन पहले अदाकारों में थे जिन्होंने संयत तरीके से भूमिका निभाना सीखा और अपनी अदाकारी में बारीक नुस्खों को उभार कर लाये : मिसाल के लिए, दो लाइनों के बीच में लम्बी चुप्पी और जानबूझकर चुप रह जाने की उनकी अदा का दर्शकों के ऊपर बड़ा अजीब सा प्रभाव पैदा होता था। मुझे लगता है कि उन्होंने जवाहरलाल नेहरू के भाषणों को सुना था, जो अंग्रेज़ी में सोचते थे और हिन्दुस्तानी में बोलते थे : इसलिए उनको अनुवाद करने में पल भर लगता था जिसकी वजह से थोड़ी देर की चुप्पी पैदा हो जाती थी। नेहरू की जो देशव्यापी लोकप्रियता थी वह दिलीप कुमार का सिनेमा के दर्शकों के ऊपर गहरे प्रभाव से मेल खा गयी। बाद के सालों में, दोनों एक-दूसरे का सम्मान करने लगे और एक-दूसरे के प्रशंसक हो गये। नौजवान दिलीप कुमार एमिली ब्रोंटे के 1847 में लिखे गये उपन्यास 'वुदरिंग हाइट्स' से बुरी तरह प्रभावित थे। बाद में, उन्होंने ए. आर. करदार की फ़िल्म 'दिल दिया दर्द लिया' में काम किया, जो उसी उपन्यास के ऊपर आधारित था।

दिलीप कुमार हमेशा से बहुत ही संवेदनशील किस्म के इंसान थे और आत्मपरीक्षण ऐसा नहीं था जिसे वे कभी-कभार करते हों, उनके मन में वह हमेशा चलती रहने वाली प्रक्रिया थी। गहरी भावुकता उनकी जन्मजात विशेषता थी, जो कि उनके काम में लगातार दिखाई देती थी। उनका ज़बरदस्त अभिनय जो बेलगाम गुस्से से भरा हुआ था, जिसके कारण उनकी 1961 की फ़िल्म 'गंगा जमुना' हमेशा बेमिसाल रहेगी। अनेक स्वयम्भू स्टार ने गुस्से को दिखाया, लेकिन अगर उनकी दिलीप कुमार से तुलना करें तो वे सभी क़ाग़ज़ी शेर नज़र आते हैं।

दिलीप कुमार को ऐसे संस्थान का दर्ज़ा दिया जाता है जिसके सभी कुछ वही थे। उनके अनेक समकालीनों और उनके बाद के कई कलाकारों ने उनकी नकल करने की कोशिश की लेकिन कोई उनकी बराबरी नहीं कर सका। उनको नकल करने की कोशिश करते-करते कई एक्टर सुपर स्टार हो गये। यह कम आश्चर्य की बात नहीं है करीब छह दशक के कैरियर में उन्होंने साठ से कम ही फ़िल्मों में काम किया? आज, नौजवान छह साल में ही 60 फ़िल्में कर लेते हैं। दिलीप साहब ने जितनी फ़िल्में कीं उससे ज़्यादा के लिए उन्होंने न कह दिया, लेकिन तीन फ़िल्मों में काम न कर पाने का उनको अफ़सोस रहा : 'बैजू बावरा' (1952), 'प्यासा' (1957) और हमारी (सलीम-जावेद) 'ज़ंजीर'। अनेक कलाकार अपनी असुरक्षा और डर की वजह से बहुत सारी फ़िल्में साइन कर लेते हैं। एक

बार उन्होंने कहा था कि सिर्फ़ प्रतिभा और ईमानदारी ही डर और सभी प्रकार की असुरक्षा को दूर भगा सकती है।

मैं छह दशक से फ़िल्म उद्योग में हूँ और अनेक तरह के लोगों से मिलना हुआ है लेकिन मैं कभी किसी ऐसे आदमी से नहीं मिला जो दिलीप कुमार जैसा हो। वे बहुत गहरे तौर पर सुसंस्कृत इंसान थे, काफ़ी पढ़े-लिखे और हद दर्जे के ईमानदार। उनके निजी रिश्ते भावनाओं पर आधारित होते थे जैसे प्यार, वफ़ादारी और विश्वास। मुझे इस बात के ऊपर गर्व है कि मैं न केवल उनको जानता था बल्कि मैंने उनके साथ काम भी किया था और वे मुझे हमेशा अपना छोटा भाई समझते थे।

युसूफ ख़ान बिन मोहम्मद सरवर ख़ान, उर्फ़ दिलीप साहब ने बरसों पहले दर्शकों के साथ एक भावनात्मक रिश्ता कायम किया था जिसने जाति, मज़हब, देश, भाषा और क्षेत्र की सभी दीवारों को तोड़कर रख दिया था। जनता के साथ जुड़ाव की इस परिघटना की वजह से जनता ने उनको करीब 60 साल तक सुपरस्टार बनाये रखा। फ़िल्म के दर्शक धर्मनिरपेक्ष होते हैं और पक्के भारतीय भी। दिलीप साहब की परिघटना भारत की धर्मनिरपेक्षता का प्रतीक है, जो भारत की अन्दरूनी ताकत रही है।

मुझे यह बात यहाँ कहने दीजिए : दिलीप साहब सर्वकालिक महान कलाकार हैं। दिलीप साहब ने अपने फैन्स, प्रशंसकों को, जिनमें मैं भी शामिल हूँ, इतनी अधिक ख़ुशी दी है कि हम सब उनके क़र्ज़दार हैं और मैं अल्लाह से यह दुआ करता हूँ कि वह उनके हर प्रशंसक के जीवन का ज़रा सा हिस्सा उनको दे दे ताकि उनकी उम्र दराज हो और वे लम्बे अरसे तक हमारे साथ रहें।

मनोज कुमार

यह बात सभी जानते हैं कि मनोज कुमार दिलीप कुमार का शिष्य है। मैंने अनेक इंटरव्यू में यह बात कही है कि दिलीप साहब मेरे लिए प्रेरणा के स्रोत रहे हैं। मैं इस लेख में इस बात को सामने रखना चाहता हूँ जो बात सिनेमा के इतिहास का हिस्सा

हो जायेगी वे बातें हैं उनके सामान्य इंसानी पहलू जिनको मैंने बरसों बरस के दौरान महसूस किया और जो कि उनको भारतीय सिनेमा को सबसे प्यारा और सम्मानित शख़्सियत बनाता है।

सबसे पहले, मैं तहेदिल से यह बात कहना चाहता हूँ कि मेरे माता-पिता और मेरे परिवार के अलावा जिस इंसान ने मुझे प्यार और भावनात्मक सुरक्षा प्रदान की है वह दिलीप साहब हैं। जब मैं पहली बार उनसे अँधेरे सिनेमा हॉल में मिला था तब से उन्होंने मुझे एक समान प्यार और कौटुम्बिक सुरक्षा प्रदान की है।

मेरी पहली मुलाक़ात ही अपने आप में यादगार है और मेरे दिमाग़ में गहरे रची हुई है। मैं तब बम्बई में संघर्ष कर रहा था। मेरे पास कुछ ही बुश्शर्ट थे और जिनको पहनकर मैं कहीं भी जाता था और मैं चप्पल पहनता था क्योंकि जूते महँगे होते थे। मीडिया के लोगों के द्वारा एक फ़िल्म शो का आयोजन किया गया था और उस समय फ़िल्मफेयर मैगजीन के सम्पादक एल.पी. राव इंडस्ट्री में नये लोगों के साथ अच्छा बर्ताव करते थे, इसलिए, उन्होंने मुझे भी उस शो में बुलाया था। मैं थियेटर में देर से पहुँचा और मैं एक सीट की तलाश में था कि एक हाथ मेरी तरफ़ बढ़ा, और जिसने मुझे खाली सीट की तरफ़ रास्ता दे दिया। मैं उस सीट पर बैठ गया और जब मैं यह देखने के लिए मुड़ा कि बगल में कौन बैठा हुआ था तो मुझे जैसे अपनी आँखों के ऊपर विश्वास ही नहीं हुआ। वे दिलीप कुमार थे। वे उस अँधेरे में भी मुझे देखकर मुस्कुरा रहे थे। मैंने देखा कि उनकी आँखों में स्वाभाविक अच्छाई की झलक थी। थोड़ी देर में उनकी बहन फरीदा दौड़ती हुई अपनी सीट पर बैठने के लिए आयी जो शायद लेडीज रूम में गयी हुई थी। उसकी भौंहें चढ़ गयीं, यह देखकर कि एक अजनबी उनके मशहूर भाई के बगल में आ बैठा था। दिलीप साहब ने उसको झुकते हुए कहा कि वह पीछे की क़तार में अपने लिए सीट खोज ले और उसने तत्काल उसका पालन किया।

जैसे-जैसे वह फ़िल्म 'द स्टोरी ऑन पेज वन' की कहानी खुलती जा रही थी, जिसमें रीटा हेवर्थ ने काम किया था दिलीप साहब मुझसे ऐसे बातें कर रहे थे जैसे कि हम एक-दूसरे को बरसों से जानते हों। जब फ़िल्म समाप्त हुई और बत्तियाँ जलीं तो उन्होंने मुझे अगली सुबह अपने बँगले पर नाश्ते के लिए आमन्त्रित किया! कल्पना कीजिए कि सबसे बड़ा सुपरस्टार एकदम नये-नये आये कलाकार को अपने घर नाश्ते के लिए बुलाये! मैं अगली सुबह उनके बँगले पर गया तो मैंने देखा कि वे कितने साधारण तरीके से अपने बड़े परिवार के साथ रहते थे और वे मेरे प्रति इतने दोस्ताना और गर्मजोशी से भरे थे। यह विश्वास करने लायक बात नहीं थी। उन्होंने मुझसे मेरी पृष्ठभूमि के बारे में पूछा, मेरे माता-पिता के बारे में, वगैरह; उन्होंने कहा कि उनको मेरे पिताजी से मिलकर खुशी होगी जब मैंने उनको यह बताया कि मेरा जन्म अविभाजित उत्तर-पश्चिम सीमा प्रान्त में हुआ था। उन्होंने मुझे बताया कि वे उन दिनों 'गंगा जमुना' फ़िल्म

बनाने में व्यस्त थे और उन्होंने कहा कि मैं जब भी चाहूँ उनको फ़ोन कर सकता था। उस सुबह को मैं कभी नहीं भूल सकता हूँ।

अगली बार मैं दिलीप साहब के घर तब गया जब मैं उनको 'काँच की गुड़िया' फ़िल्म के प्रीमियर के लिए आमंत्रित करने गया था, जिसमें मुझे हीरो के रूप में काम करने को मिला था। स्वाभाविक रूप से, मैं उत्साहित था। दिलीप साहब से मिलने कोई ख़ास आदमी आये हुए थे जिनके साथ वे अगले दिन के कार्यक्रम को तय कर रहे थे और वहाँ मैं था, अगली शाम होने वाले प्रीमियर के लिए उनको निमन्त्रण देने गया था। मुझे दुःख हुआ यह सोचकर कि वे मेरे निमन्त्रण को स्वीकार नहीं करेंगे क्योंकि कल के लिए सब कुछ पहले से ही तय हो चुका था।

मैं इस बात को समझ सकता था कि वे सचमुच 'गंगा जमुना' के रिलीज को लेकर काफ़ी व्यस्त थे। जब उन्होंने मुझे देखा तो उन्होंने मेरा अभिवादन किया और पूछा कि सब कुछ ठीक तो है। मैंने कुछ अजीब ढंग से कहा कि मैं उनसे यह आग्रह करने आया था कि वे मेरी फ़िल्म के प्रीमियर में आयें। मैंने उनसे कहा कि फ़िल्म के निर्देशक एच.एस. रवेल उनसे सम्पर्क करने की कोशिश कर रहे थे और मैं हिम्मत करके आख़िरी मिनट में उनके पास आ गया क्योंकि यह मेरी दिली ख़्वाहिश थी कि वे उस शो में आयें। उन्होंने कहा : 'भाई, आपने अभी सुना कि मैंने कल शाम का कार्यक्रम तय कर लिया है।' मेरा दिल टूट गया।

फिर, मेरे चेहरे पर निराशा देखकर उन्होंने कहा : 'मुझे एक मिनट का समय दो, मैं ऊपर जाकर आता हूँ।' वे एक मिनट में लौटकर आये और उन्होंने अपने छोटे भाई अहसान को फ़ोन लगाकर कहा कि अगले दिन का कार्यक्रम कैंसिल कर दे। 'मैं तुम्हारे साथ रहूँगा', उन्होंने कहा और मेरी पीठ को थपथपा दिया। कहने की ज़रूरत नहीं है कि वे प्रीमियर के सबसे बड़े आकर्षण थे। उनके इस बर्ताव को मैं कभी नहीं भूल सकता हूँ।

उनको करीब एक दशक तक जानने के बाद मुझे उनके साथ पहली बार काम करने का मौक़ा मिला फ़िल्म 'आदमी' (1968) में। वैसे तो फ़िल्म के निर्देशक भीम सिंह थे मगर फ़िल्म को असल में रूप देने का काम दिलीप साहब कर रहे थे। हम लोग कोयम्बतूर में शूटिंग कर रहे थे जब दिलीप साहब को निजी काम से बैंगलोर जाना पड़ गया। उन्होंने मुझे लोकेशन पर अपनी तरफ़ बुलाकर कहा कि अगले दिन कुछ सीन की शूटिंग थी और उनको बैंगलोर जाना था। उन्होंने मोटे तौर पर उन सीन्स को लिखा था और वे चाहते थे कि मैं उन सीन को शूट करूँ। अगले दिन मैंने सीन को शूट किया। उनका मेरे ऊपर इतना विश्वास था। 'आदमी' फ़िल्म के बाद मैं उनको अक्सर राजा साहब कहकर बुलाया करता था, जो उस फ़िल्म में उनके किरदार का नाम था।

दिलीप साहब की सबसे बड़ी ख़ूबी यह है कि पेशे में किसी की भी कामयाबी की वे दिल खोलकर तारीफ़ करते हैं। जब हम लोग 'क्रान्ति' में कुछ सीन की

शूटिंग जहाज़ पर कर रहे थे, तो एक पत्रकार दिलीप कुमार का इंटरव्यू लेने आया। मैंने सुना कि दिलीप कुमार ने अपना नहीं बल्कि राज कपूर का उदाहरण दिया जिनको आने वाली पीढ़ियों को आदर्श के रूप में देखना चाहिए। हमारे इस पेशे में जहाँ बहुत भयानक प्रतिस्पर्धा है वहाँ इस तरह से किसी साथी कलाकार की उपलब्धियों की तारीफ़ करना बहुत दुर्लभ किस्म की बात है। केवल दिलीप कुमार जैसा प्यारा इंसान ही ऐसा कर सकता है।

मैं यह बात ज़रूर कहना चाहता हूँ कि वे इस बात से किस कदर अप्रभावित थे जब उनको बम्बई का शेरिफ बनाया गया था। जब यह ख़बर बम्बई में फैली और इंडस्ट्री के दोस्त उनको फ़ोन करने लगे तो उस समय वह अपनी छत पर पतंग उड़ाकर उसका आनन्द ले रहे थे। दिलीप साहब ऐसे ही हैं—किसी भी तरह के सम्मान, किसी पुरस्कार से उनके पाँव ज़मीन से नहीं उखड़ते।

मैं उनसे मिलने का समय लेकर फ़िल्म 'क्रान्ति' की कहानी के साथ मिला। वह उनसे मिलने का सही वक़्त नहीं था क्योंकि उनके भाई नूर साहब उसी दिन अस्पताल में भर्ती किये गये थे और उनको वहाँ जाने की जल्दी थी। उन्होंने कहा : 'मुझे नहीं लगता कि आज मैं कहानी सुनने के लिए तीन घंटे निकाल पाऊँगा।' मैंने उनसे कहा : 'जो कहानी तीन घंटे लेती है सुनाने में, वो कहानी कहानी नहीं होती है। मैं सिर्फ़ पन्द्रह मिनट लूँगा।' वे बैठ गये और पन्द्रह मिनट तक सुनते रहे। फिर वे अपनी कुर्सी से उठ खड़े हुए, मुस्कुराये और बोले : 'ज़मीन बहुत उपजाऊ है।' मैं इस बात को समझ गया कि उनको कहानी का सार पसन्द आया था। फिर मैंने कहा : 'अगर हल अच्छा चलायेंगे तो फ़सल भी अच्छी हो सकती है।' उन्होंने मुझे आगे बढ़ने का संकेत दे दिया।

'क्रान्ति' फ़िल्म के निर्माण के दौरान उन्होंने सभी कलाकारों को अपने समर्पण और प्रतिबद्धता से प्रेरित करने का काम किया और उन्होंने न तो संवाद में न ही पटकथा में एक भी शब्द का बदलाव किया। यह एक बार फिर मेरे काम में उनका विश्वास था।

उनकी मेरे पिताजी से अच्छी बनती थी। मेरे पिता उनको पसन्द करते थे और उनके साथ अपनी जन्मभूमि के बारे में बातें करके उनको अच्छा लगता था। एक बार जब मेरे पिताजी अस्पताल में थे तो दिलीप साहब उनसे मिलने गये थे और उन्होंने उनके साथ वहाँ बातें करते हुए कुछ समय बिताया था। जब तक दिलीप साहब ने वहाँ से विदा ली तब तक मेरे पिताजी बेहतर महसूस करने लगे थे।

दिलीप साहब की जो सबसे अच्छी याद है वह तब की है जब सायरा को अल्सर हो गया था। वह लन्दन के अस्पताल में सायरा के बिस्तर के बगल में बैठे रहते थे। उस समय मैंने सायरा को मुख्य भूमिका में लेकर 'पूरब और पश्चिम' फ़िल्म की घोषणा की थी। मैं दिलीप साहब के चेहरे पर बेचैनी को पढ़ लेता था और मुझे वहाँ के डॉक्टर्स से यह पता चला कि वे पहले हफ्ते के दौरान एक

मिनट के लिए भी नहीं सोये थे जब हालत ठीक नहीं थी। वह अब उनका ध्यान पूरी श्रद्धा के साथ रख रही है। दिलीप साहब और सायरा दोनों एक-दूसरे के लिए ईश्वर का तोहफा हैं। वे आदर्श जोड़ी हैं, एक-दूसरे का ध्यान रखने वाले, और बुरे समय में एक-दूसरे को सहारा देने वाले।

हेमा मालिनी

भारतीय सिनेमा के रत्न, एक ऐसी परिघटना जो कभी-कभी घटित होती है, जैसा कि उनको हमेशा एक्टिंग का संस्थान कहा जाता है।

दिलीप साहब के साथ मेरा जुड़ाव फ़िल्मों में कम और व्यक्तिगत तौर पर अधिक रहा है। वे बहुत उदार किस्म के इंसान हैं, उनके व्यक्तित्व में ज्ञान, आकर्षण और सहिष्णुता का समावेश था। मुझे उनके साथ काम करने का मौक़ा बस एक बार मिला 1981 की फ़िल्म 'क्रान्ति' में (हालाँकि यह उनकी हीरोइन का रोल नहीं था) और शूट के समय उनकी उपस्थिति जादुई होती थी, उन्होंने अपने प्रोडक्शन के लिए मेरा निर्देशन भी किया था, वह एक टीवी सीरियल था, मैंने महसूस किया कि उनके भीतर कितनी गहराई थी। उनके साथ काम करना अपने आप में एक अनुभव था, यह कुछ ऐसा है जो मैं अपने जीवन के लिए अमूल्य ख़ज़ाने की तरह सहेज कर रखूँगी।

उन्होंने मेरे जीवन के हर क़दम पर मेरा उत्साह बढ़ाया और ज़हीन बने रहे। मैं इस बात को कभी नहीं भूल सकती हूँ जब मद्रास में मेरी पहली फ़िल्म 'सपनों का सौदागर'* का 1968 में प्रेस सम्मेलन हुआ था, जिसे फ़िल्म के निर्माता बी. अनन्तस्वामी ने आयोजित किया था, और जिसमें दिलीप साहब और सायरा जी शामिल हुए थे। सालों पहले, मुझे याद है दिलीप साहब ने आगे बढ़कर कितनी गर्मजोशी से मेरा ध्यान रखा था जब मैंने उनके दोस्त राज कपूर की बेटी नन्दा की शादी में अपना कार्यक्रम पेश किया था, उसकी शादी राजन नन्दा के साथ

* हेमा मालिनी की पहली फ़िल्म, जिसमें राज कपूर हीरो थे।

हुई थी। मैं तब नयी थी और वहाँ बहुत भारी भीड़ थी।

1990 के दशक के आख़िर में हम उनके घर पर मिले थे जब हमने उनके अपने प्रोडक्शन हाउस के टीवी सीरियल 'इस दुनिया के सितारे' की पटकथा और उसके विषय के बारे में बात की थी, जो एक साक्षात्कार आधारित कार्यक्रम था, उन्होंने कहा था कि इसका आधार शास्त्रीय नृत्य को बनाकर कार्यक्रम के साथ आगे काम करो। वह मेरे दिल के इतने क़रीब था कि हमने उसी हिसाब से शूट किया, जिसमें मुझे घर में भरतनाट्यम का अभ्यास करते हुए दिखाया गया था और फिर इंटरव्यू के लिए जाते हुए। यह सफल रहा। एडिटिंग के दौरान, उन्होंने मेरी फ़िल्म मृगतृष्णा के नृत्य के साथ इंटर कट किया, जो कि परदे पर मेरे शानदार प्रदर्शनों में से एक था। जब उस सीरियल की शूटिंग मेरे घर में हो रही थी तो मेरी माँ जया चक्रवर्ती, जो कि दिलीप कुमार की बहुत बड़ी प्रशंसिका थी, को जब यह पता चला कि दिलीप कुमार हमारे घर आ रहे हैं तो वह इतनी उत्साहित हो गयी कि उन्होंने ख़ासतौर पर उनके लिए पंजाबी खाना बनाने के लिए खानसामों को कहा।

वे इतने भद्र इंसान थे, कि उन्होंने हर चीज़ को बहुत पसन्द किया, लेकिन हम लोगों को इसके बारे में उतना पता नहीं था कि मद्रास में रहने और हर दक्षिण भारतीय चीज़ को पसन्द करने के कारण उन्होंने रवा मसाला डोसा और सांभर, चटनी को अधिक पसन्द किया होता।

हम अलग-अलग फ़िल्म समारोहों में एक-दूसरे से मिलते रहे और उस दिन मेरी खुशी की कोई सीमा नहीं रही जब उन्होंने कहा कि उनको राजिंदर सिंह बेदी के प्रसिद्ध उपन्यास पर बनी फ़िल्म 'एक चादर मैली सी' में मेरा अभिनय पसन्द आया था। हम लखनऊ में भी एक-दूसरे से मिलते रहे जब हम चुनाव के दौरान प्रचार कर रहे थे। साहब कांग्रेस के लिए कर रहे थे और मैं भाजपा के लिए।

भरतनाट्यम की डांसर होने के कारण जब मैंने पहली बार अपने नये बैले 'द्रौपदी' में कत्थक डांस को भी शामिल किया था तो मैंने दिलीप साहब और सायरा जी को उसमें ख़ासतौर पर आमंत्रित किया था, कि वे आकर इसका प्रीमियर देखें। वे पूरे बैले के दौरान बैठे रहे और उन्होंने उसकी तारीफ़ भी की। जून 2012 में जब मेरी बेटी इशा की शादी भरत तख़्तानी के साथ हुई थी तब दिलीप साहब और सायरा जी तमाम ट्रैफिक जाम के बावजूद उसमें शामिल होने आये थे, जिसकी वजह से धरम जी*, जो कि उनको अपने भाई की तरह से मानते हैं, और मैं बहुत भावुक हो गये थे। हमारे लिए यह बात बहुत मायने रखती थी कि हमारे बच्चों को दिलीप साहब और सायरा जी का आशीर्वाद मिला।

मुझे सचमुच में इस बात की बड़ी खुशी है कि दिलीप साहब दुनिया को

---

* हेमा मालिनी के पति धर्मेन्द्र।

अपने शानदार जीवन को लेकर एक दुर्लभ किताब देने वाले हैं।

मैं उनको और सायरा जी को जीवन में शुभकामनाएँ देती हूँ।

मुमताज

बॉलीवुड में अदाकारा और स्टार के बतौर मेरा मुकाम बना तो इसका श्रेय जाता है दिलीप साहब को। जब कॉमेडियन महमूद ने मेरा नाम दिलीप साहब को फ़िल्म 'राम और श्याम' की एक भूमिका के लिए सुझाया तब तक मैंने अधिकतर दारा सिंह और महमूद की फ़िल्मों में ही काम किया था। व्यावसायिक शब्दावली में दारा सिंह की फ़िल्में 'सी' वर्ग की मानी जाती थीं। जिसका नतीजा यह था कि ऐसे हीरो जो कहीं से भी दिलीप कुमार के आसपास भी नहीं थे मेरे साथ काम नहीं करना चाहते थे। जिनमें जीतेन्द्र, धर्मेन्द्र और शशि कपूर जैसे कुछ नाम थे, जो उन निर्देशकों को यह कहते थे कि किसी और हीरोइन का नाम सोचिए, जो मेरा नाम बतौर हीरोइन सुझाते थे। अगर मुझे जीतेन्द्र के साथ 'बूँद जो बन गयी मोती' फ़िल्म में काम करने का मौक़ा मिला तो वह इस कारण से क्योंकि वरिष्ठ निर्माता-निर्देशक वी शान्ताराम ने जीतेन्द्र से कह दिया था कि अगर जीतेन्द्र को मेरे साथ काम करने में परेशानी है तो वे किसी और को उस फ़िल्म में हीरो ले लेंगे।

हालत यह थी कि महमूद मेरी फ़िल्मों की रील लेकर मद्रास गये थे दिलीप साहब को दिखाने के लिए जो कि राम के किरदार के साथ काम करने के लिए गाँव की लड़की का किरदार निभाने वाली एक लड़की की तलाश कर रहे थे। महमूद ने बड़ी परेशानी उठाई जबकि मेरी और महमूद की जोड़ी सफल जोड़ी बन चुकी थी और सामान्य हालात में कोई भी एक्टर ऐसा नही करता है कि वह अपनी सफल टीम को तोड़कर अपनी हीरोइन का नाम सुपर स्टार को जाकर सुझाये और उसकी सफलता के लिए रास्ता बनाये।

मैं बहुत भाग्यशाली थी कि दिलीप साहब को उस फ़िल्म में मेरा काम पसन्द आया जो उनको दिखाई गयी थी और उनको लगा कि 'राम और श्याम' में राम की गोलमटोल और ज़िन्दादिल प्रेमिका के रूप में मैं ठीक लगूँगी। ज़रा उस हालत की कल्पना कीजिए कि जिस अभिनेत्री को ए श्रेणी के कई अभिनेताओं

ने ठुकरा दिया हो उसका चयन महान अभिनेता दिलीप कुमार ने अपने साथ काम करने के लिए कर लिया। यह बहुत बड़ी ख़बर थी।

मैं इसके लिए दिलीप साहब की हमेशा आभारी रहूँगी कि उन्होंने मेरे कैरियर की दिशा को बदल कर रख दिया। जब उस फ़िल्म की कास्टिंग की ख़बर मीडिया में आयी तो रातोरात मेरी माँग बढ़ गयी। मेरे अन्दर इतनी परिपक्वता और बुद्धिमानी थी कि मैं सतह पर धीरज के साथ रहूँ, क्योंकि मैं जानती थी कि जो लायक होते हैं उनको अपने लक्ष्य तक पहुँचने के लिए ईश्वर मौक़ा देता है। सचाई यह है कि मुझे हमेशा इस बात के ऊपर भरोसा था कि अगर मैंने अपने काम के ऊपर ध्यान दिया और ईमानदारी से काम किया तो मेरा दिन भी आयेगा। 'राम और श्याम' में काम मिलने के बाद पुरस्कार के रूप में कई फ़िल्मों के लिए ऑफर मिले।

दिलीप साहब ने जब मुझे 'राम और श्याम' में शामिल किया तो वे यह देखने के लिए नहीं रुके कि मैंने किस हीरो के साथ काम किया था। उनकी चिन्ता बस यही थी कि मैं देखने में उस रोल के लायक लगूँ और अपनी अदाकारी से गाँव की उस लड़की को जीवन्त कर दूँ जिसको राम प्यार करता था। यह रोल जो था वह उस शहरी, अमीर लड़की (वहीदा रहमान) के एकदम विपरीत था जो श्याम को शहर में जाने पर मिलती है।

'राम और श्याम' फ़िल्म की शूटिंग मेरे लिए एक सपने की तरह थी। पन्हाला में आउटडोर शूटिंग के दौरान दिलीप साहब और सायरा की तब नयी-नयी शादी हुई थी, और हम सबने वहाँ अच्छा समय बिताया। मुझे याद है कि 11 दिसम्बर 1966 को पूरी युनिट उनके उस बँगले के बाहर जमा हुई थी जहाँ वे ठहरे हुए थे, दिलीप साहब का जन्मदिन मनाने, और वहाँ चर्चा चल रही थी कि क्योंकि दोनों ने ऊपर के कमरे से नीचे आने में काफ़ी समय लगाया था। सायरा और मेरे बीच दोस्ती हो गयी और हम एक-दूसरे से अपनी बातें साझा करने लगे। आउटडोर शूट के बीच हम लोगों के बीच मज़ेदार बातें होती थीं, जबकि मुकरी अपने क़िस्सों से पूरे युनिट का मनोरंजन करते थे। बाद में, जब 1974 में मैंने मयूर माधवानी से शादी की तो मुझे यह देखकर बहुत अच्छा लगा कि बावजूद इसके कि डॉक्टर्स ने उस समय सायरा को बिस्तर पर आराम करने की सलाह दे रखी थी, तब भी सायरा और दिलीप साहब मेरी शादी के रिसेप्शन में आये थे। कुछ ही दिन पहले मैं काफ़ी दिन बाद उनके यहाँ गयी थी और हमने काफ़ी ख़ुशनुमा शाम साथ-साथ गुजारी थी।

दिलीप साहब की महानता उनकी इंसानियत में है और इसमें भी कि वे अपने साथ काम करने वाले कलाकारों को सँवारने में मशक्कत करते हैं। 'राम और श्याम' में कास्टिंग के बाद न केवल मेरा दर्ज़ा बढ़ गया बल्कि बड़े-बड़े निर्देशकों ने मुझे उसके बाद आगे बढ़कर अपनी फ़िल्मों में काम दिया।

आख़िरकार, मुझे वही लोग अपने साथ काम करने के लिए खोजने लगे जो पहले मेरे साथ काम करने से मना कर देते थे और मैं भगवान को धन्यवाद ही दे सकती थी कि उन्होंने मुझे जो ख़ुशी दी। निर्माता-निर्देशक एल.वी. प्रसाद ने कई नामों को छोड़कर मुझे फ़िल्म 'खिलौना' के लिए चुना, जिसके लिए मुझे सर्वश्रेष्ठ अभिनेत्री का फ़िल्मफेयर पुरस्कार भी मिला। शशि कपूर ने बड़ी तत्परता से मेरे साथ एन.एन.सिप्पी की फ़िल्म 'चोर मचाये शोर' साइन की और धरम जी ने ख़ुशी-ख़ुशी 'लोफर' में मेरे साथ काम किया।

इन सब बातों से मुझे इस बात की शिक्षा मिली कि आत्मविश्वास और विश्वास सच में पर्वत को भी हिला सकता है। जब मैं अपने स्टारडम के शिखर पर थी तब मैंने मयूर माधवानी के साथ शादी की और इंडस्ट्री को छोड़ दिया। मैं करीब 40 सालों से चमकती रोशनियों की दुनिया से दूर हूँ। मैंने जानलेवा बीमारी से लड़ाई लड़ी और एक बार फिर भगवान मेरे साथ रहे। जीवन आपको इस बात की शिक्षा देने से नहीं रोकता कि किस तरह रहना चाहिए और जो तोहफ़े आपको मिले हैं उसके लिए आभारी रहें।

लता मंगेशकर

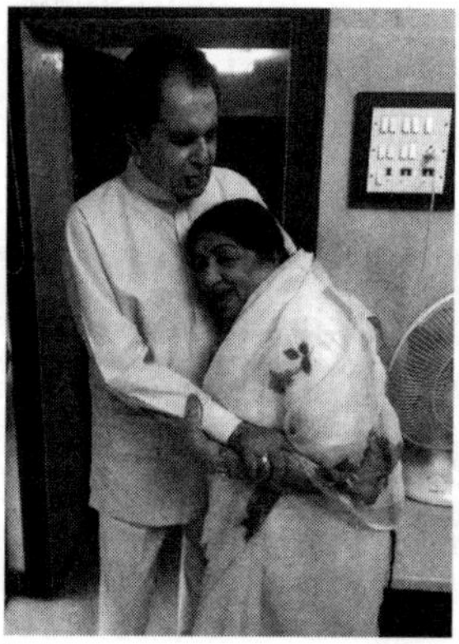

मुझे युसूफ भाई से जाने माने संगीतकार अनिल विश्वास ने 1947 में किसी समय एक लोकल ट्रेन में मिलवाया था। अनिल दा मुझे लेकर बॉम्बे टॉकीज जा रहे थे, और जब हम ट्रेन में चढ़े तो युसूफ भाई पहले से ही उस डिब्बे में थे। अनिल दा उनको बहुत अच्छी तरह से जानते थे, इसलिए वे एक-दूसरे से बड़ी गर्मजोशी से मिले। मैंने युसूफ भाई के बारे में सुन रखा था लेकिन वे मेरे बारे में कुछ भी नहीं जानते थे। इसलिए अनिल दा ने उनसे मेरा परिचय करवाते हुए कहा : 'यह लता हैं, बहुत अच्छा गाती हैं।' युसूफ भाई ने कहा : 'अच्छा, कहाँ की हैं?' तब अनिल दा ने उनको मेरा पूरा नाम बताया, लता मंगेशकर।

जब युसूफ भाई को यह पता चला कि मैं महाराष्ट्र की हूँ तो जो बात

उन्होंने कही थी वह कुछ ऐसी है जिससे मैं खुश हुई क्योंकि उसकी वजह से मैंने अपनी हिन्दी और उर्दू के उच्चारण को ठीक किया जिसमें तब मैं कमज़ोर थी। उन्होंने बहुत सचाई के साथ कहा कि जो गायक-गायिकाएँ उर्दू ज़ुबान से जानकार नहीं होते हैं उनका उर्दू शब्दों का उच्चारण सही नहीं होता है और जिसकी वजह से ऐसे सुनने वालों का मज़ा किरकिरा हो जाता है जो संगीत के साथ-साथ गीतों में भी दिलचस्पी रखते हैं। पहले तो मुझे इस बात का दुःख हुआ कि उनको ऐसा लग रहा था कि मेरे गाने में कोई कमी थी। बाद में मैंने जब उस टिप्पणी के बारे में सोचा और तब मुझे समझ में आया कि वे सही कह रहे थे कि अगर मैं अपने आपको बेहतर करना चाहती हूँ तो मुझे अपने उच्चारण के ऊपर ध्यान देना चाहिए।

जब मैं घर गयी तो मैंने एक पारिवारिक दोस्त को बुलवाया जो कि उर्दू के माहिर थे और उनसे तत्काल आने के लिए कहा और यह कहा कि मैं तुरन्त उर्दू सीखना शुरू करना चाहती हूँ। मेरे पारिवारिक दोस्त शफी इमाम, जो मेरे लिए भाई जैसा दर्ज़ा रखते हैं, ने एक मौलाना* का इन्तज़ाम किया। जैसे-जैसे मैं उर्दू सीखती गयी वैसे-वैसे मैंने पाया कि मेरी तारीफ़ और अधिक होने लगी। इस तरह पहली मुलाक़ात में ही युसूफ भाई ने बिना जाने और बिना किसी झिझक के मुझे एक तोहफा दे दिया।

उन दिनों हम अक्सर नहीं मिलते थे। हालाँकि, जब भी महबूब स्टूडियो में किसी गाने की रेकॉर्डिंग होती थी और युसूफ भाई वहाँ शूटिंग कर रहे होते थे, तो मैं उनसे मिलने का मौक़ा कभी नहीं छोड़ती थी। वे एक सुपरस्टार थे, और मैं एक गायिका के रूप में अपना मुकाम बना रही थी, लेकिन जब हम मिलते थे तो वे मुझे अपने कलेजे से ऐसे लगा लेते थे जैसे कोई बड़ा भाई लगाता है और मुझे जो प्यार और इज़्ज़त वे देते थे वह कोई उनके जैसा सच्चे दिल वाला ही दे सकता था।

एक और प्रतिभाशाली संगीतकार सलिल चौधरी ने मुझे मुसाफ़िर फ़िल्म में युसूफ भाई के साथ गाने का मौक़ा दिया**, और यह यादगार अनुभव रहा कि बिना किसी ग़लती के गाने के लिए उन्होंने कितनी मेहनत की। उनकी बड़ी बहन सकीना आपा मुझे बहुत पसन्द करती थीं और मैं उनसे मिलने अक्सर जाती थी। कभी-कभार युसूफ भाई वहाँ होते थे तो यह समझ में आता था कि वे अपने परिवार को कितना प्यार करते थे और अपनी बहनों को ख़ुश रखने के लिए वे किसी भी सीमा तक जा सकते थे। मिसाल के लिए, मुझे याद है कि एक शाम कल्याणजी भाई के दफ़्तर में नाश्ते के बाद पान लाया गया, जब मैंने मौक़ा देखकर युसूफ भाई को पान खाने के लिए कहा तो उनके चेहरे की

---

* इस्लामिक विद्वान।

** शैलेन्द्र के लिखे इस गीत की पहली पंक्ति थी : 'लागी नाही छूटे रामा!'

रंगत बदल गयी। उन्होंने कहा : 'तुम्हारा ऐसा कहना ठीक नहीं है। आगे से ऐसा कभी मत करना।'

मुझे झटका लगा क्योंकि तब तक मुझे इस बात का कोई इल्म नहीं था कि किसी सभ्य महिला का किसी मर्द को पान खाने के लिए कहना उचित नहीं होता है। मुझे यह भी याद है जब 1974 में लन्दन के रॉयल अलबर्ट हॉल (Royal Albert Hall) में मेरा कार्यक्रम था। युसूफ भाई ने मुझसे कहा कि मैं उनको उन गानों की सूची दे दूँ जो कि मैंने गाने के लिए चुने थे। मैंने बहुत ध्यान से चुना था क्योंकि वह विदेश में मेरा पहला शो था। उस सूची में पहला गाना था—इन्हीं लोगों ने ले लीना दुपट्टा मेरा...,जो फ़िल्म 'पाकीजा' का है। एक बार फिर, मैंने देखा कि उनके माथे पर चिन्ता की लकीरें उभर आयी थीं और उन्होंने पूछा : 'तुम यह गाना क्यों गाना चाहती हो?' मैंने उनसे कहा कि यह एक लोकप्रिय गीत है और एशियाई सुनने वालों को यह गीत सुनकर मज़ा आयेगा। वे कुछ देर चुप रहे और फिर अचानक कुछ और बात करने लगे। मैं यह समझ गयी कि उनको इसलिए मेरे उस गाना को गाने के ऊपर आपत्ति थी कि उस गाने के बोल ऐसे थे कि वे नहीं चाहते थे कि उनकी बहन उस गाने को गाये।

रॉयल अलबर्ट हॉल (Royal Albert Hall) में युसूफ भाई ने जो भाषण दिया वह अद्‌भुत था। उसके बाद कई बोलने वालों ने उन्हीं अल्फ़ाजों को अपने भाषण में बोलने की कोशिश की लेकिन कोई उनके बोलने के अन्दाज़ और करिश्मा को छू नहीं सकता है। उन्होंने बड़े आदर के साथ मुझे अपनी छोटी बहन के रूप में बताया और फिर उसी हिसाब से उन्होंने एक-एक शब्द बड़े ध्यान से बोला।

जो बात युसूफ भाई को बाकी स्टार्स से अलग करती है वह है उनकी अप्रभावित इंसानियत और हर व्यक्ति को वे अपने तरीके से जो अपनापन देते हैं। वह जो अपनापन देते हैं वह इतना सच्चा और उनके दिल की गहराइयों से निकला होता है। तहजीब, तौर तरीका, और जो गर्मजोशी उनमें दिखाई देती है वह आजकल मुश्किल से मिलती है और यहाँ तक कि पहले के ज़माने में भी दुर्लभ चीज़ थी। मुझे याद है कि पद्‌मिनी कोल्हापुरे के माता-पिता ने एक पाँच सितारा होटल में उसकी शादी का रिसेप्शन दिया था, जिसमें मैंने उनको नमस्कार किया उन्होंने बड़ी गर्मजोशी से मेरे नमस्कार का जवाब दिया और मेरी बहन की बेटी रचना* को पहचान भी लिया, जो मेरे साथ वहाँ थी, उससे उसके भाई के बारे में पूछा और कुछ देर तक हम लोगों से बात की। उनसे मिलने वाले ज़्यादातर लोगों के लिए इस बात में विश्वास कर पाना मुश्किल होता है कि उनके जैसा महान व्यक्तित्व, जिसके चाहने वाले दुनिया भर में हैं वह इतना सादगी से भरा हो सकता है।

---

* मीना मंगेशकर की पुत्री।

एक दिन उन्होंने मेरे एक ग़ज़ल अल्बम को सुनकर फ़ोन किया और कहा कि उनको सुनकर कितना अच्छा लगा। कुछ महीने के बाद मेरा एक और अल्बम आया और जिसके ऊपर उनका ध्यान गया और उन्होंने उसे भी सुना। उन्होंने सुना तो उनको अच्छा नहीं लगा। उन्होंने निराशा व्यक्त करने के लिए फ़ोन किया। युसूफ भाई ऐसे ही हैं : बच्चों जैसे, ईमानदार, साधारण और दिल के साफ़।

आख़िर में, जिस बात से उनको बहुत ख़ुशी होती है वह यह बात है कि उनकी शादी एक ऐसी औरत से हुई है जो उनकी अर्द्धांगिनी ही नहीं है बल्कि उनके जीवन की सबसे बड़ी बात है। वे दोनों एक-दूसरे के लिए बने हैं।

राम मुखर्जी

यह सच में मेरा सौभाग्य था कि शशिधर मुखर्जी साहब ने मुझे 'लीडर' फ़िल्म के निर्देशन का जिम्मा दिया क्योंकि यह हर निर्देशक का सपना होता है कि वह दिलीप कुमार को निर्देशित करे।

दिलीप साहब शशिधर मुखर्जी साहब को बहुत प्रिय थे। वे हर पेशेवर और निजी मसले पर एक-दूसरे से राय लेते थे और यह साफ़ था कि उन्होंने 'हम हिन्दुस्तानी' में मेरे काम के बारे में चर्चा की थी और उनको मेरा काम पसन्द आया था।

मुखर्जी साहब का मुझसे कहना था कि जितना सम्भव हो सके उतना समय दिलीप साहब के साथ बिताओ। उन्होंने कहा : 'अगर ज़रूरी लगे तो उनके साथ रहो; जितनी देर जगे रहते हो उनके साथ मिलकर एक स्क्रीनप्ले तैयार करो। जब वह स्क्रीनप्ले तैयार करते हैं तो कमाल का होता है और यह तुम्हारा सौभाग्य है कि तुमको उनके साथ काम करने का मौक़ा मिला।'

मैं दिलीप साहब के पाली हिल के बँगले पर हर दिन जाने लगा। कुछ दिन तक वे जहाँ भी जाते मैं उनके साथ जाता था, किसी से मिलने के लिए या यूँ ही मोहम्मद अली रोड पर गाड़ी से भटकते हुए, अपनी पसन्दीदा दूकान पर रुककर मीट कबाब पैक करवाते हुए, जो वे बड़ी उदारता से मेरे साथ साझा भी करते थे। लोग उनकी गाड़ी के आसपास जुट जाते थे और वे उन सबसे बिना किसी परेशानी के बातें करते थे। मैं उन लोगों की आँखों में ख़ुशी और सच्ची ख़ुशी को महसूस कर सकता था जो इस आशंका के साथ उनके पास आते थे

कि या तो उनको भगा दिया जायेगा या उनको गाड़ी के पास जुटने के कारण बेइज़्ज़त किया जायेगा।

दिलीप कुमार अपने प्रशंसकों को जितना प्यार करते थे उतना न तो उनके समय का कोई स्टार न ही बाद का कोई स्टार कर पाया। एक बार उन्होंने मुझसे कहा : 'जानते हो रामू, जब कोई अनजान हाथ मेरे हाथों से आकर मिलता है और उन हाथों में जब मैं ईमानदार प्यार की गर्मी देखता हूँ तो मुझे यह गहरे महसूस होता है कि मुझे अपने काम के लिए की गयी कड़ी मेहनत का वह पुरस्कार मिल गया जो किसी भी पुरस्कार से हासिल नहीं हो सकता है। यह सही है कि मंच पर बुलाकर आपको पुरस्कार दिया जाता है और हज़ारों हाथ आपके उस सम्मान के लिए तालियाँ बजाते हैं कि आपने जो हासिल किया है अपनी लगन से हासिल किया है। लेकिन अगर आप इस बात की तुलना उस ग़रीब आदमी से करें जो आपके पास आता है, उसकी गीली आँखों में इतना कुछ होता है कि मुझे लगता है कि सच्चा पुरस्कार वही है।'

दिलीप साहब पटकथा और स्क्रीनप्ले के ऊपर बिना थके मेहनत करते थे। लिखना, फिर लिखना, मेरे साथ सीन की समीक्षा करना; सेट, कॉस्ट्यूम, मेकअप, पृष्ठभूमि, आउटडोर और इनडोर के बारे में चर्चा करना। कई रात मैं उनके घर में ही रुक जाता था जबकि वे लगातार लिखते रहते थे। जब देर रात उनको नींद आती थी तब मैं गाड़ी से घर जाकर सो जाता था। तब मुझे समझ में आया कि मुखर्जी साहब ने क्यों मुझसे कहा था कि उनके साथ हर वक़्त रहो; यह मेरे शिक्षण के लिए था—उस आदमी की लगन और उसकी शिद्दत से परिचित करवाने के लिए जो अपने काम में सम्पूर्णता लाने के लिए बिना थके, बिना रुके काम करता था।

'लीडर' फ़िल्म की पहले दिन की शूटिंग के लिए फ़िल्मालय स्टूडियो में आने पर मैंने पाया कि जो ख़ास मेकअप रूम दिलीप साहब के लिए सुरक्षित रखा गया था वह वहाँ शूटिंग कर रहे किसी और स्टार को दे दिया गया था। स्टूडियो का मैनेजर वहाँ आया हुआ था। मैं इतना घबराया हुआ था कि मुझे लग रहा था कि शूटिंग को रोकना पड़ेगा। इस बीच, दिलीप साहब आये और अपनी आदत के मुताबिक़ मुखर्जी साहब के दफ़्तर में गये। अब इस बात का कोई सवाल ही नहीं उठता था कि मैं वहाँ जाऊँ और उनको यह बताऊँ कि वहाँ क्या हुआ था।

दिलीप साहब को किसी तरह इस बात का पता चल चुका था; वे दफ़्तर से चुपचाप आये और मेरी तरफ़ बढ़े। मुझे अपने माथे पर पसीने की बूँदें महसूस हो रही थीं, क्योंकि तमाम चीज़ों के बावजूद यह मेरी ज़िम्मेदारी थी कि मैं इस बात को सुनिश्चित करूँ कि वह मेकअप रूम किसी और को न दिया जाये। उन्होंने चुपचाप उस कम्पाउंड में खड़े एक पीपल के पेड़ की तरफ़ इशारा करते हुए

कहा : 'मेरे लिए एक कुर्सी और मेज़ वहाँ लगवा दो। अगर मैं अपना मेकअप वहाँ करूँगा तो तुम्हें कोई परेशानी तो नहीं होगी?' उन्होंने पूछा।

मुझे तो कोई शब्द ही नहीं सूझ रहा था। मुझे सबसे पहले यह सूझा कि मुखर्जी साहब को कैसा लगेगा कि उनके अपने ही स्टूडियो में सबसे बड़े स्टार के लिए उनकी अपनी ही फ़िल्म के लिए कोई मेकअप रूम नहीं है। उन्होंने मेरी उलझन को समझते हुए मुस्कुराकर कहा : 'सब मेरे ऊपर छोड़ दो, मेरे लिए टेबल और कुर्सी का इन्तज़ाम करो और थोड़ा सा साफ़ पानी भी।'

शूटिंग का पहला दिन अपने आप में ख़ास था। दिलीप साहब की ख़ुशी का हम सबके ऊपर असर हुआ, और हमें ऐसे लगा जैसे मिलजुल कर पिकनिक पर आये हों।

दिलीप साहब के सहयोग से मेरा काम आसान और आनन्ददायक हो गया। उनके पास हर समस्या का समाधान होता था। हालाँकि, उन्होंने ख़ुद को उससे दूर कर लिया जब उनको वैजयन्तीमाला के साथ समस्या होती थी, जो हमारी शूटिंग के लिए देर से आने लगी क्योंकि वह राज कपूर की फ़िल्म 'संगम' के लिए भी उसी समय शूटिंग कर रही थी। उन्होंने इस मसले को निपटाने के लिए मुखर्जी साहब के ऊपर छोड़ दिया, जो कि फ़िल्म के निर्माता थे क्योंकि वे राज कपूर के दोस्त थे और यह नहीं चाहते थे कि किसी तरह की ग़लतफ़हमी पैदा हो।

दिलीप साहब के साथ काम करके जितनी ख़ुशी निर्माता को होती थी निर्देशकों के लिए भी उनके साथ काम करने से उनका सपना पूरा होता था। उन्होंने कभी भी किसी निर्माता को नीचा नहीं दिखाया न ही उसके अधिकार को चुनौती दी। उन्होंने निर्माताओं के ख़र्चे बचाये और शायद ही कभी यह कहा कि उनका ख़ास ध्यान रखा जाये। जब हम उदयपुर में जहाँ शूटिंग कर रहे थे तो महल के बाहर बड़ी भीड़ जमा हो गयी थी। उनकी चिन्ता पूरे युनिट की सुरक्षा को लेकर थी और ख़ासतौर पर वैजयन्तीमाला की। उन्होंने मुझे बताया : 'हम पठान हमेशा इस बात की फ़िक्र करते हैं कि औरत और बच्चे सुरक्षित रहें। इसी माहौल में मैं बड़ा हुआ हूँ।'

जब हमारा काम पूरा हुआ तो हमने सुना कि भीड़ बेक़ाबू हो रही थी और वहाँ की पुलिस को उनको क़ाबू में रख पाना मुश्किल हो रहा था। वे दिलीप साहब को देखना चाहते थे। मुझे लगा कि यह सुरक्षित नहीं होगा कि वे बाहर जायें और भीड़ का अभिवादन करें लेकिन उन्होंने कहा कि यह उनका अधिकार है कि वे फ़िल्म स्टार को देखने की माँग करें। उन्होंने वहाँ मौजूद लोगों का अभिवादन किया और माइक लगाकर उनको सम्बोधित भी किया। जब उन्होंने विनम्रता से उनको जाने के लिए कहा तो लोग जाने लगे। स्टार्स के लिए दो कार का इन्तज़ाम किया गया था। दिलीप साहब मेरे साथ एक कार में थे और वैजयन्तीमाला और उनकी नानी दूसरी कार में। जब उनकी गाड़ी बाहर निकली तो एक आदमी अपनी साइकिल से उनकी गाड़ी के सामने इसलिए फिर गया

ताकि वह नजदीक से उनको देख सके या उनको छू सके। सौभाग्य से, ड्राइवर ने सही समय पर ब्रेक लगा दिया; पहले तो दिलीप साहब उस नौजवान के ऊपर बहुत नाराज़ हुए लेकिन उन्होंने पुलिस को उसको कुछ करने से रोक दिया। जब दिलीप कुमार उस आदमी की खड़े होने में मदद कर रहे थे, तो वह उनको देख रहा था और हैरानी से सर हिला रहा था।

'लीडर' के लिए हमने जहाँ कहीं भी शूट किया, चाहे वह आगरा में हो या जयपुर में, लोगों को दिलीप कुमार के बारे में पता चल जाता था और वे लोकेशन पर आ जुटते थे। हम एक ऐक्शन सीन की शूटिंग कर रहे थे जिसमें दिलीप कुमार एक बुर्ज पर चढ़ गये थे और युनिट के लोग और वहाँ मौजूद देखने वाले साँसें रोके देख रहे थे। उन्होंने ज़्यादातर महत्त्वपूर्ण सीनों के लिए डायलॉग शूटिंग के वक़्त ही लिखे थे। उनकी राजनीतिक चेतना ऐसी थी कि उन्होंने अपने लिए ऐसे डायलॉग लिखे जैसे कि उनके लिए किसी ने भी नहीं लिखे थे।

अगर आप आज 'लीडर' देखें तो आप पायेंगे कि उसमें दिलीप साहब की बोली हुई कई लाइनें आज के राजनीतिक हालात में भी बहुत प्रासंगिक लगती हैं। इससे यह बात साबित होती है कि एक बुद्धिजीवी के रूप में उनकी नज़र कितना आगे देख लेती थी।

नन्दा

मैं इस बात को कभी भी नहीं भूल सकती हूँ जब मैं पहली बार दिलीप साहब से मिली थी। मैं एक पार्टी में थी, जो भारतभूषण जी ने फ़िल्म 'साक्षी गोपाल' के रिलीज से पहले दी थी, और अचानक दिलीप साहब आ गये।

जब दिलीप कुमार कमरे में आये तो स्वाभाविक था कि सबका ध्यान उनकी तरफ़ चला गया। यह मेरे लिए सपने के पूरे होने जैसा था कि उनको मैं साक्षात् देख रही थी लेकिन मुझे बहुत शर्म आती थी और मैं कभी भी उनके पास एक फैन की तरह जाकर नहीं मिल सकती थी, नयी आयी हीरोइन के रूप में छोड़ ही दीजिए, जिसने हाल में ही फ़िल्म 'तूफ़ान और दिया' से सबको प्रभावित किया था। मैंने भूषण जी से यह अनुरोध किया कि वे उनसे मुझे मिला दें, तो उन्होंने

यह कहा कि उनके आसपास की भीड़ छँट जाने दो। मुझे पता था कि यह होने वाला नहीं था क्योंकि लोग उनको कभी अकेला नहीं छोड़ने वाले थे। वे बहुत बड़े स्टार थे और ऐसे आदमी जिनको लोगों के साथ घुलना-मिलना बहुत पसन्द था।

मैं निराश-सी एक कोने में खड़ी थी, कि मुझे अपनी आँखों के ऊपर भरोसा ही नहीं हुआ जब मैंने देखा कि दिलीप कुमार मेरी तरफ़ बढ़े आ रहे थे और उनकी आँखों में मुझे पहचानने का भी भाव था। मेरे पास आते हुए उन्होंने पूछा : 'क्या तुम मास्टर विनायक की बेटी नहीं हो?'

मेरा दिल धड़कने लगा और मैंने कहा : 'जी।'

उन्होंने मुस्कुराते हुए मराठी में मेरे पिता के एक फ़िल्म का डायलॉग दोहराया– धोंडा असेल तर माज्या डोक्यावर मार। मुझे बड़ी ख़ुशी हुई और मैं अवाक् रह गयी। उन्होंने इतनी सादगी के साथ कहा था कि मेरी ज़ुबान खुल गयी और मैंने कहा कि मैं उनकी फैन थी और यह कि मेरे परिवार में उनकी ही फ़िल्में देखी जाती हैं, वगैरह...

दिलीप साहब मुझे लेकर हमेशा बहुत रक्षात्मक रहते थे क्योंकि उनके मन में मेरे पिता के लिए गहरा आदर था। जब भी वे मुझसे इंडस्ट्री के किसी कोष इकट्ठा करने के आयोजन में, या किसी और बेनिफिट कार्यक्रम में भाग लेने के लिए कहते थे तो वे अपने सचिव प्रेमजी को मुझे लेने के लिए भेजते थे और इस बात का ख़याल रखते थे कि मेरा ठीक तरह से ध्यान रखा जाये। मुझे लगता है कि इंडस्ट्री की महिलाओं और बुज़ुर्गों को लेकर उनके मन में जो आदर था उसका कुछ न कुछ लेना-देना उनकी पारिवारिक पृष्ठभूमि और उनकी परवरिश से था। वे अपने भाइयों और बहनों के लिए पिता समान थे और उसी वजह से शायद वे विनम्र और दूसरों को लेकर सम्मान के भाव से रहते थे।

मेरी बहन मीना की शादी सी.वी.के. शास्त्री से हुई थी, जो बी.आर. चोपड़ा के निर्माण सलाहकार थे। दिलीप साहब शास्त्री जो को बढ़िया से जानते थे और जब वे 'गंगा जमुना' का निर्माण कर रहे थे तो वे निर्माण से जुड़े कई मसलों के ऊपर उनसे सलाह-मशवरा करते थे। इसलिए मेरे और दिलीप साहब के परिवार और सायरा जी के बीच का बन्धन और मज़बूत हुआ। समय के साथ, सायरा, जो काफ़ी कम उम्र की थी, मेरी दोस्त हो गयी और उनके घर मेरा आना-जाना बढ़ गया। असल में, जब मीना और शास्त्री जी के बीच शादी की सालगिरह पर धार्मिक आयोजन हुआ तो दिलीप साहब परिवार के सदस्य की तरह खड़े रहे।

मैंने अपने तरीके से ख़ुद को इंडस्ट्री में स्थापित किया और अपने ज़माने के हर बड़े अदाकार के साथ काम किया। बस एक स्टार दिलीप कुमार के साथ मैं काम नहीं कर सकी और मुझे लगता है कि यह दुर्भाग्यपूर्ण था। यह बस हो नहीं पाया। मैं इस बात के लिए कितनी दुआ करती थी कि मुझे दिलीप कुमार

के साथ काम करने का मौक़ा मिल जाये क्योंकि यह सफलता का सबसे बड़ा पैमाना होता था कि आप दिलीप कुमार के साथ काम कर लें।

जब मैंने 1974 में फ़िल्मों से संन्यास ले लिया तो दिलीप कुमार ने मुझसे पूछा कि मैंने काम करना बन्द क्यों कर दिया। मैंने कहा कि मुझे लगा कि जब सूरज चमक रहा है तब ही विदा ले लेनी चाहिए। वे मुस्कुराये और उन्होंने कुछ नहीं कहा। बान्द्रा में मेरे पेरी क्रोस वाले घर के पास जब एक सड़क का नाम मेरे पिता मास्टर विनायक के नाम पर रखा गया तो उन्होंने उसका उद्घाटन किया। मेरे भाई जयप्रकाश ने उनसे आग्रह किया और वे तुरन्त मान गये। वे जब अपने शिखर पर थे तब भी उनसे मिलने में कोई परेशानी नहीं होती थी। वे जो उनकी एक्टिंग की नकल करते हैं वे उनसे इंसानियत और अच्छाई नहीं सीख पाये।

मैं राज कपूर की फ़िल्म 'प्रेम रोग' में कैमरे के सामने आयी उस समय बी. आर. चोपड़ा साहब 'मज़दूर' फ़िल्म की पटकथा लिख रहे थे। उन्होंने मुझसे पूछा कि क्या मैं दिलीप साहब के सामने एक छोटा-सा रोल करना चाहूँगी। मैंने उस मौक़े को तुरन्त पकड़ लिया। मैंने चोपड़ा साहब से कहा कि अगर पूरी फ़िल्म में दिलीप साहब के साथ एक सीन भी होगा तब भी मैं करूँगी। मैंने 'मज़दूर' फ़िल्म में दिलीप साहब के साथ काम किया और खुद से कहा : 'अब तुम्हारा ट्रैक रेकॉर्ड पक्का हो गया, नन्दा!'

निम्मी

मुझे इस बात की बड़ी मज़ेदार याद है जब मैंने पहली बार दिलीप कुमार को देखा था, मैं तब 'अन्दाज़' के सेट पर थी, जहाँ महबूब ख़ान राज कपूर और दिलीप कुमार के बीच एक नाटकीय दृश्य की शूटिंग कर रहे थे। मैं उत्तर प्रदेश के एक छोटे-से शहर अबोटाबाद (Abbottabad) जहाँ अपनी माँ की अचानक मौत के बाद मैं जाकर रहने लगी थी, वहाँ से आकर किसी तरह मुम्बई में रहने लगी थी। मेरे मन में फ़िल्मों में काम करने की तमन्ना थी और मेरी मौसी ज्योति, जो फ़िल्मों में काम करती थी, ने महबूब ख़ान से इस बात की चुपचाप अनुमति ले ली थी कि मैं अन्दाज़ के सेट पर जा सकूँ, जिसकी शूटिंग ताड़देव के सेंट्रल स्टूडियो में चल रही थी।

वह आज़ादी के बाद का दौर था और दिल्ली और उत्तर प्रदेश में महात्मा गाँधी की हत्या के बाद दंगे-फसाद हो रहे थे। बम्बई में भी कर्फ्यू लगा हुआ था और आने-जाने पर पाबन्दी लगी हुई थी। राज कपूर और दिलीप कुमार दोनों ही उस समय के बड़े लोकप्रिय सितारे थे और उनको अपने सामने देखकर मुझे बहुत ख़ुशी हो रही थी।

इसलिए मैं पूरी तरह से ध्यान लगाकर देख रही थी जब महबूब साहब राज कपूर को कुछ समझा रहे थे। हालाँकि, वे दिलीप कुमार को नहीं समझा रहे थे, और न वे एक्टिंग ही कर रहे थे! उनका चाल-ढाल, देखने और आहिस्ता से बोलने का अन्दाज़ देखकर ऐसा नहीं लगता था कि वे एक्टिंग कर रहे थे। मैं और मेरी नानी दोनों ही इस बात पर हैरान थे कि महबूब साहब ने ऐसे अभिनेता का चुनाव किया था जो यह जानता ही नहीं था कि एक्टिंग कैसे की जाये।

जब वह फ़िल्म रिलीज हुई, तो हमने उसे पहले ही दिन देखा। मैं न सिर्फ़ दिलीप कुमार को तारीफ के भाव से देख रही थी बल्कि जिस तरह से उन्होंने परदे पर किरदार को ज़िन्दा किया था उसको हैरानी के साथ देख रही थी क्योंकि हर सीन में उन्होंने जैसे दर्शकों को बाँध रखा था, जबकि उनके ऊपर एक्टिंग का कोई दबाव भी नहीं दिखाई दे रहा था। तब मुझे समझ में आया कि मैं कितनी बड़ी बेवकूफ़ थी और एक्टिंग या फिर सिनेमा के बारे में मैं कितना कम समझती थी।

'अन्दाज़' के सेट पर जाने के कारण राज कपूर का ध्यान मेरे ऊपर गया और उन्होंने मुझे 'बरसात' फ़िल्म में दूसरी नायिका की भूमिका दी, जिसके लिए उनको गाँव की सीधी-सादी लड़की की तलाश थी। उन्होंने स्क्रीन टेस्ट के लिए चार लड़कियों का चुनाव किया था और आख़िर में उन्होंने मुझे चुना क्योंकि मैं उनको उस भूमिका के लिए एकदम माकूल लगी।

अब मुझे एक्टिंग करनी थी और मैंने यह फ़ैसला किया कि दिलीप कुमार की तरह से मैं भी एक्टिंग नहीं करूँगी। वह बहुत बड़ी ग़लती थी। राज कपूर मेरे घर कलावा लेकर आये, जो कि पूजा में इस्तेमाल किया जाता है, और मुझसे कहा कि मैं बाँध लूँ। मैंने पूछा कि यह क्यों और उनका जवाब था, 'आज से तुम मेरी बहन हो। भगवान के लिए एक्टिंग करो और अपने भाई की फ़िल्म को बर्बाद मत करो' उससे काम हो गया। मुझे यह बात समझ में आ गयी कि दिलीप कुमार होना इतना आसान नहीं है। दिलीप कुमार को अल्लाह ने ख़ासतौर पर बनाया था और उनके अन्दर जो हुनर था वह कम लोगों में होता है। मुझ जैसे कमतर कलाकारों को एक्टिंग करनी पड़ती है।

मुझे जिस तरह से राज कपूर ने कहा मैंने उसी तरह से एक्टिंग की। दर्शकों और फ़िल्मी दुनिया के लोगों ने मेरा स्वागत किया और मुझे फ़िल्मों में हीरोइन के रूप में काम मिलने लगा। अब मेरी ख़्वाहिश थी दिलीप कुमार के साथ काम करने की और सौभाग्य से मेरी दूसरी ही फ़िल्म उनके साथ हुई!

वजूद और परछाईं

वह 'आन' थी, भारत की पहली टेक्नीकलर फ़िल्म। एक अदाकारा और एक औरत के रूप में मेरी असली शिक्षा 'आन' के साथ शुरू हुई, क्योंकि मैंने एक एक्टर और शानदार इंसान के रूप में दिलीप कुमार की महानता को देखा था।

कास्टिंग की शुरुआत में ही उन्होंने महबूब ख़ान से कहा कि प्रेमनाथ को खलनायक के रूप में ले लें। उस समय प्रेमनाथ बड़े लोकप्रिय हीरो थे और ज़ाहिर था कि उन्होंने मना कर दिया। लेकिन युसूफ साहब कि दिली इच्छा थी कि वे उनको उस भूमिका में लें इसलिए वे उनके घर गये और उनको समझाया कि वे एक बार खलनायक के रूप में काम करके देखें। उन्होंने उनसे यह वादा किया कि पटकथा इतनी अच्छी थी कि उनकी वह खलनायक की भूमिका भी फ़िल्म जगत में चर्चा का विषय बन जायेगी। इस तरह से प्रेमनाथ 'आन' फ़िल्म का हिस्सा बन गये और मुझे याद है कि सीलोन में जहाँ 'आन' का प्रीमियर हुआ था वहाँ उन्होंने सबके सामने दिलीप साहब का शुक्रिया अदा किया था कि उन्होंने उनको उस फ़िल्म का हिस्सा बनने के लिए तैयार किया।

जो बात मैं कहना चाहती हूँ वह यह कि युसूफ साहब शायद अकेले ही ऐसे एक्टर हैं दुनिया में जो यह चाहते हैं कि उनके सामने कूवत वाले कलाकार आयें। सामान्य परिस्थितियों में, एक्टर यह चाहते हैं कि उनके सामने कोई कमज़ोर एक्टर काम करे ताकि सारा ध्यान उनके ऊपर ही बना रहे।

हम सबको 'आन' से बड़ा फ़ायदा हुआ, उसी दिन से जिस दिन से वह सेट पर गयी। महबूब ख़ान यह चाहते थे कि फ़िल्म को टेक्नीकलर में शूट किया जाये लेकिन समझ नहीं पा रहे थे कि कैसे किया जाये। उस समय ठीक से कैमरे भी नहीं थे, प्रोसेसिंग लन्दन में करवानी पड़ती थी, जो कि बहुत महँगी थी और असम्भव भी। युसूफ साहब कई बार फर्दून ए. ईरानी से मिले और उन्होंने उस कुशल कैमरामैन को यह बात समझाई कि वह इस तरह के कैमरामैन हैं जो पूरी फ़िल्म 16 एमएम पर शूटिंग करके उसे 35 एमएम तक ले जा सकते हैं। फर्दून ईरानी ने युसूफ साहब की इस चुनौती को स्वीकार कर लिया।

जब 'आन' लन्दन के टेक्नीकलर लैब में गयी तो वहाँ के जो चीफ़ टेक्नीशियन थे उन्होंने फर्दून ईरानी से मिलने की इच्छा प्रकट की ताकि वे उनको इस बात के लिए बधाई दे सकें कि उन्होंने इतने पुराने ढंग के कैमरे से फ़िल्म की शूटिंग इतनी अच्छी तरह से की। जब उस फ़िल्म को 35 एमएम तक किया गया तो किसी को भी यह समझ में नहीं आया कि उस फ़िल्म की शूटिंग 16 एमएम के कैमरे से की गयी थी। अपने जीवन भर ईरानी लोगों से यही कहते रहे कि अगर युसूफ साहब ने मेरा उत्साह नहीं बढ़ाया होता तो वह कभी वैसा नहीं कर पाते।

यह युसूफ साहब की बहुत बड़ी खासियत थी। वे लोगों को बहुत अच्छी तरह से प्रेरित किया करते थे। वे हर वह काम करते थे कि जिससे उनके साथ

काम करने वाले एक्टर और तकनीशियन असम्भव को हासिल कर सकें। 'आन' फ़िल्म पूरी दुनिया में सफल रही। लन्दन में जब फ़िल्म का प्रीमियर हुआ तो ब्रिटेन के कलाकार और निर्देशक युसूफ साहब से इतने प्रभावित हुए कि उन्होंने युसूफ साहब से यह कहा कि वे वहीं आकर बस जायें और अंग्रेज़ी फ़िल्मों में काम करें। मुझसे भी यह कहा गया कि क्या मैं इंग्लिश फ़िल्मों में काम करना चाहूँगी लेकिन परदे पर चुम्बन के दृश्य और प्यार-मोहब्बत के सीन की वजह से मेरा बिल्कुल मन नहीं हुआ।

'आन' फ़िल्म का सीलोन में जो प्रीमियर हुआ था वह सबसे बड़ा इस लिहाज से था क्योंकि एयरपोर्ट से लेकर हमारे होटल तक लोग सड़कों के दोनों किनारे पर खड़े थे। वे सभी दिलीप कुमार के फैन थे। लोगों में ऐसा पागलपन था कि लोगों ने उनसे मिलने के लिए एयरपोर्ट पर पुलिस का घेरा तोड़ दिया और होटल में सुरक्षा को तोड़ दिया। इस तरह का पागलपन मैंने कभी नहीं देखा था।

'आन' फ़िल्म की सफलता उन आलोचकों के मुँह के ऊपर बहुत बड़ा तमाचा थी जो फ़िल्म की शूटिंग शुरू होने पर यह कहते थे कि 'महबूब ख़ान पागल हो गया है। ट्रेजेडी किंग दिलीप कुमार के हाथ में तलवार दे दी।' 'आन' में दिलीप कुमार ने एक ग़रीब गाँववाले का रोल किया था जो तलवारबाजी में माहिर था। फ़िल्म के लन्दन वितरक ने दिलीप कुमार से यह पूछा था कि उन्होंने तलवारबाजी के सीन इतनी अच्छी तरह से कैसे किये थे। वह इतना प्रभावित हुआ था कि वह उसके ठीक बाद भारत आया था और महबूब साहब ने 'अमर' फ़िल्म के क्लैप देने के लिए उनको बुलाया था।

मैंने युसूफ साहब के साथ पाँच फ़िल्मों में काम किया था : 'आन', 'अमर', 'दाग', 'उड़न खटोला' और 'दीदार'। पत्र-पत्रिकाओं में यह कयास लगाये जाते थे कि इसी हीरोइन के साथ वे बार-बार काम कर रहे थे। वे सुन्दर थे, ज़हीन थे, पढ़े-लिखे थे और आने वाले समय के सबसे बड़े सुपर स्टार थे। वे देखने में शहज़ादों जैसे लगते थे और अंग्रेज़ी और उर्दू दोनों एक जैसी महारत के साथ बोल सकते थे। यह स्वाभाविक था कि उनकी असंख्य महिला प्रशंसिकाएँ थीं बल्कि उनके साथ काम करने वाली हीरोइनों के मन में उनसे शादी करने की ख़्वाहिश रहती थी।

मुझसे अक्सर यह बात इधर-उधर पूछी जाती थी कि क्या मैं भी उनमें से एक थी जिसने इस ख़्वाहिश में अपनी नींदें ख़राब कीं वे मुझे शादी के लिए पसन्द कर लेंगे। सचाई यह है कि मैं इस बात को जानती थी कि मेरी दाल वहाँ गलने वाली नहीं थी क्योंकि उनके दिलो-दिमाग़ में मधुबाला थी, बल्कि मैं तो यह चाहती थी कि एक बढ़िया पारिवारिक मित्र रहूँ और एक साथी कलाकार जो उनको मेहनत के साथ काम करके खुश रखे। युसूफ साहब हमेशा यह चाहते थे कि उनके साथ काम करने वाले कलाकार भी उसी लगन के साथ काम करें।

अपने काम की उनके मुँह से तारीफ़ सुनकर ऐसा लगता था जैसे ग्रेजुएशन की डिग्री मिल गयी हो।

मधुबाला के साथ उनका सम्बन्ध टूटना तभी तय हो गया था जब हमने 'अमर' की शूटिंग पूरी की थी। मुझे लगता है कि युसूफ साहब को इस बात का पता चल गया था कि मधुबाला और प्रेमनाथ के बीच साथ काम करने वाले कलाकार से ज़्यादा कुछ था। युसूफ साहब ने कभी अपनी भावनाओं को सामने नहीं रखा था और हमेशा कम बोलने के कारण वे काम के अलावा और किसी बात के बारे में कम ही बोलते थे।

मैं उनकी बहनों के नजदीक थी ख़ासतौर पर सकीना आपा के। मुझे यह पता था कि वे अपने भाई-बहनों से कितना प्यार करते थे। मैं उनकी एकमात्र हीरोइन थी जो उनकी बारात में गयी थी, जबकि बाकी सारी दुःख के आँसू रो रही थीं। मुझे सायरा और युसूफ भाई दोनों की तरफ़ से बुलाया गया था क्योंकि सायरा की माँ नसीम बानो मेरी अच्छी दोस्त थी। उन्होंने मुझे बड़ी गर्मजोशी के साथ बुलाया था लेकिन मैं 48 पाली हिल से 34 पाली हिल तक बारात में शामिल होकर गयी थी।

सायरा बहुत सुन्दर और मासूम लग रही थी और उसकी आँखें इस ख़ुशी से चमक रही थीं कि उसकी शादी उस आदमी के साथ हो रही थी जिससे वह 12 साल की उम्र से प्यार करती थी। मुझे लगता है अब जब मैं यह देखती हूँ कि सायरा जिस प्यार और समर्पण से उनकी देखभाल करती है तो उससे मुझे लगता है कि युसूफ साहब ने कोई नेकी की होगी कि उनको ऐसी बीवी का इनाम मिला।

बकुल पटेल

मेरे पति रजनी पटेल और दिलीप कुमार पहली बार तब मिले थे जब रजनी पटेल कांग्रेस पार्टी के वी.के. कृष्णमेनन के चुनाव प्रभारी थे, जब 1962 के लोकसभा चुनाव में वे उत्तरी बम्बई से प्रत्याशी थे। यह भारतीय चुनाव के इतिहास में सबसे चर्चा वाला चुनाव था क्योंकि लड़ाई थी कांग्रेस पार्टी के कृष्णमेनन और आचार्य कृपालानी में।

उसी दौरान रजनी और दिलीप कुमार की अटूट दोस्ती शुरू हुई। उसके बाद रजनी दिलीप भाई के बिना कुछ भी करने के बारे में नहीं सोचते थे। कांग्रेस पार्टी के पक्के समर्थक होने के कारण कांग्रेस पार्टी के लिए रजनी कोई भी आन्दोलन चलाता था या कोई और काम करता था तो उसमें दिलीप भाई हमेशा रजनी के साथ खड़े रहते थे। दिलीप कुमार को जवाहरलाल नेहरू का प्यार और विश्वास प्राप्त था। और बाद में इन्दिरा गाँधी ने पाया कि वे पूरी तरह से स्वार्थ रहित थे, और जब भी राहत की ज़रूरत होती थी तो वे कांग्रेस पार्टी के कहने पर आ जाते थे। रजनी और दिलीप दोनों ही जवाहरलाल नेहरू के पक्के प्रशंसक थे और इसी वजह से उनके बीच ख़ूब छनती थी, दोनों में चुनाव लड़ने को लेकर कोई महत्वाकांक्षा नहीं थी। वे भारी बहुमत से जीत सकते थे और संसद में जा सकते थे, लेकिन दिलीप साहब ने कृष्णमेनन जैसे उम्मीदवारों को समर्थन देने का फ़ैसला किया और कांग्रेस पार्टी की जीत में एक से अधिक चुनावों में अपनी हिस्सेदारी जताई। उनका लक्ष्य भी एक ही था कि आम आदमी की सेवा करना और शिक्षा के माध्यम से लोगों को सशक्त बनाना।

इस बात को कम ही लोग जानते हैं कि वर्ली का नेहरू सेंटर रजनी और दिलीप भाई के दिमाग़ की उपज थी। उन्होंने उसका खाका तैयार किया और केन्द्र सरकार की मदद ली। नेहरू सेंटर जवाहरलाल नेहरू और आधुनिक भारत के लिए उनके विचारों को समर्पित था। उसके वास्तुकार भी हमारे सामान्य दोस्त आई.एम. कादरी थे।

दिलीप भाई ने अपने आप को कभी फ़िल्मों और एक्टिंग तक ही महदूद नहीं रखा। वे ख़ूब पढ़ाकू थे और कलाओं में उनकी गहरी रुचि थी और उनके हर क्षेत्र के लोगों से दोस्ती थी। इन्हीं मुलाक़ातों के दौरान उनको यह लगा कि एक कल्चर सेंटर होना चाहिए। उन्होंने शास्त्रीय संगीत, डांस, नाटक, साहित्य, संगीत, तथा शोध कर आ रहे दोस्तों से इसके बारे में जानकारी ली और फिर खाका तैयार किया। चूँकि रजनी और दिलीप दोनों ने ही नेहरू की 'डिस्कवरी ऑफ़ इंडिया' पढ़ रखी थी इसलिए दोनों इस बात को लेकर उत्साहित थे कि इसके एक पूरे हिस्से का नाम 'डिस्कवरी ऑफ़ इंडिया' रखा दिया जाये।

नवम्बर 1972 में उसके शिलान्यास के लिए इन्दिरा गाँधी आयी थीं, और रजनी के घर में पार्टी थी, जिसमें रजनी के कुछ करीबी दोस्त और दिलीप भाई आये थे। उस दिन मेरा जन्मदिन था और रजनी ने कहा कि वह मेरा जन्मदिन मनाने जा रहा था। मैं वहाँ उस पार्टी में रजनी के सहयोगी और दोस्त के रूप में थी—तब मैं वकालत करती थी—वहाँ तब उसने दिलीप भाई से कहा कि वह मुझसे शादी करना चाहता है, और उन्होंने कहा कि ठीक है। और रजनी ने मुझे प्रस्ताव दिया, यह कहते हुए कि शादी उसी रात में होगी। मैं हैरान रह गयी और किसी भी तरह से उसका दिमाग़ नहीं बदला। आधी रात हो चुकी थी और मैंने

अपने माँ पिताजी को बुलाया और अब असली चुनौती इस बात की थी कि इतनी रात में पंडित कहाँ से लाया जाये जो शादी की रस्म पूरी करवा सके। दिलीप भाई ने किसी को पंडित लाने का काम सौंपा। अन्त में बाबुलनाथ मन्दिर के पास एक पंडित को जगाया गया, उसके बाद उन्होंने किसी दूकान को खुलवाया और ज़रूरी सामान ख़रीदा। शादी सम्पन्न हुई जिसमें दिलीप भाई हम दोनों को बड़े भाई की तरह से आशीर्वाद दे रहे थे।

प्यारेलाल*

साहब के कपड़ों को बहुत ध्यान से धोने की ज़रूरत होती है क्योंकि वे सफ़ेद कपड़े ही पहनते थे और उनको सूती शर्ट पहनना पसन्द था जिसमें एकदम सही मात्रा में माड पड़ी होनी चाहिए और उनके कॉलर में क्रीज नहीं होनी चाहिए।

साहब के पाली माला वाले घर के पास एक अब्दुल भाई रहते थे जो कभी-कभार साहब के बाल काटते थे। अब्दुल भाई को इस बात से बड़ी हैरानी होती थी कि साहब के बाल इतनी जल्दी-जल्दी कैसे बढ़ जाते थे। और वह उन्हें कितनी भी सफाई से काटते थे माथे के पास बाल खड़े हो जाते थे। जब एक नौजवान उनकी दूकान में आया और बोला कि मुझे दिलीप कुमार जैसा बाल काट दो तो वे बहुत चिढ़ गये और वे उनकी बात के ऊपर विश्वास नहीं करते थे जब वे कहते थे कि उनके बालों को वे कोई ख़ास स्टाइल नहीं देते थे—वह अपने आप किसी जादू से वैसा हो जाता था।

साहब जब भी मुझसे मिलते बड़े अपनापन से मिलते थे, हमेशा मेरे परिवार के बारे में पूछते थे। वे सुपरस्टार थे और मुझे याद है कि उनकी फ़िल्म बान्द्रा टॉकीज में पूरे एक साल तक चली थी और हम उनकी फ़िल्म के रिलीज होने का इन्तज़ार कितनी शिद्दत के साथ करते थे क्योंकि वे साल में बस एक ही फ़िल्म बनाते थे। उनके फैन पहले पाली माला और बाद में 48 पाली हिल के बाहर खड़े रहते थे। जब वे अपने घर के गेट पर गाड़ी रोकते थे तो कभी इस बात से नहीं चिढ़ते थे। वे उनको देखने देते थे और कभी-कभी उनसे कुछ बातचीत भी कर लिया करते थे।

* निजी धोबी

मैं साहब और सायरा जी के साथ 50 साल से हूँ। साहब ने मुझे हाल में ही कहा—'हमको कभी छोड़ के नहीं जाना। मेरे भाई जैसे हो तुम।' मुझे उस दिन इतनी ख़ुशी हुई कि रात में नींद नहीं आयी।

वीरा राव

मैं एक शर्मीली-सी लड़की थी, प्रतिष्ठित टाटा इंस्टिट्यूट ऑफ़ सोशल साइंसेज से जब दिलीप साहब ने नेशनल एसोसियेशन ऑफ़ ब्लाइंड की अध्यक्षता सँभाली तब मैं पोस्ट ग्रेजुएट की डिग्री लेकर यह चाहती थी कि समाज सेवा और समाज सुधार के क्षेत्र में अपना मुकाम बनाऊँ। वे एक सुपरस्टार थे और हर कोई यह पूछता था कि एनएबी जैसे संस्थान के लिए एक एक्टर क्या करेगा? वे कहते अधिक से अधिक साल में एक बार आयेंगे और ऐसे जतायेंगे कि जैसे उनको इसकी कदर है। वे सामान्य अनुभव से यह बात कर रहे थे और उनको ज़ाहिर है यह नहीं पता था कि बाकी स्टार और दिलीप कुमार में क्या फ़र्क़ था।

जब दिलीप कुमार ने एनएबी के अध्यक्ष के रूप में काम सँभाला तो सबसे बड़ी चुनौती यह थी कि काम चलाने के लिए किस तरह से धन जुटाया जाये और हमारे एजेंडा में यह था कि नेत्रहीन लोगों की हालत को सुधारा जाये और उनको विशेष तरह की शिक्षा दी जाये। उन्होंने सभी पदाधिकारियों के साथ एक बैठक की और मैंने वहाँ अपना आइडिया पेश किया जिसको पहले वहाँ के पदाधिकारियों ने मना कर दिया था।

मेरा आइडिया यह था कि जिन दिनों पूना में डर्बी रेस का आयोजन होता है उन दिनों एक विशेष ट्रेन चलाई जाये और जिसका किराया आम ट्रेन से दोगुना हो और उसका नाम रखा जाये 'एनएबी ट्रेन'। मेरे दिमाग़ में यह आइडिया तब आया जब मैं एक बार डर्बी के दिनों में पूना गयी हुई थी और मैं वहाँ एक तरह से फँस सी गयी थी क्योंकि वहाँ से आने के लिए कोई सवारी नहीं मिल रही थी।

मुझे उसी दिन लौटकर आना था क्योंकि मैं अपने छोटे बच्चे को पीछे माँ की देखरेख में छोड़ कर आयी थी। ख़ैर वहाँ के स्टेशन मास्टर ने एक भीड़ भरी ट्रेन में मुझे बैठने के लिए जगह दिला दी।

मैंने एक ट्रेन के बारे में पढ़ रखा था जो क्रिसमस के दिनों में लन्दन में चलती थी, जिसमें उन यात्रियों को ले जाया जाता था जो आख़िरी वक़्त में क्रिसमस की ख़रीदारी करते हैं, उससे जो पैसा आता है उसको दान में खर्च किया जाता

है। मैंने दिलीप साहब के सामने यह आइडिया रखा और बहुत डरते हुए सुझाया कि यह अच्छा रहेगा कि एनएबी ट्रेन चलाई जाये जिसमें लोगों को दिलीप कुमार के साथ सफ़र करने का मौक़ा दिया जाये। दिलीप कुमार को इस आइडिया के लिए हाँ कहने में एक मिनट से अधिक का समय नहीं लगा और उन्होंने कहा कि मैं इसके ऊपर काम शुरू कर दूँ।

वह ट्रेन पहले साल ही ख़ूब सफल रही। दिलीप साहब इस ट्रेन में विक्टोरिया स्टेशन पर चढ़े और हरी झंडी दिखाकर ट्रेन को रवाना किया। उन्होंने यह घोषणा की इसमें पहला चंदा वे अपनी तरफ़ से 50 हज़ार रुपये का दे रहे हैं और वे ट्रेन में एक सिरे से दूसरे सिरे तक चल कर गये उन उत्साहित यात्रियों से बातचीत करते हुए जिन्होंने टिकट ही इसलिए ख़रीदी थी ताकि दिलीप कुमार के साथ सफ़र किया जा सके। बात फैल गयी और हर साल लोग इस विशेष ट्रेन का इन्तज़ार करते थे। दिलीप साहब के लिए लोग इसलिए इतना ध्यान नहीं देते थे कि वे सबसे बड़े स्टार थे बल्कि इसलिए क्योंकि वे इतने विनम्र थे और यात्रियों से आराम से घुलमिल जाते थे। वे इतना ध्यान रखने वाले थे कि ऐसे किसी भी यात्री को नज़रअन्दाज़ नहीं करते थे जो उनसे बात करना चाहता था। अगर कोई पिछले साल का यात्री अगले साल भी सफ़र करता था तो वे उसे पहचान लेते थे और जहाँ पिछले साल बातचीत का सिरा छूटा था वहीं से बात शुरू कर देते थे।

यह ट्रेन दस साल तक चली और दिलीप साहब ने कभी भी हमें निराश नहीं किया। उससे जो धन इकट्ठा हुआ उसका उपयोग करके कई तरह के उपकरण ख़रीदे गये, किताबें ख़रीदी गयीं। दिलीप साहब ने नेत्रहीनों की नौकरी के लिए कई तरह के विचारों के ऊपर काम किया, उनको समाज की मुख्यधारा में लाया जाये इसके लिए सामाजिक आन्दोलन की शुरुआत की गयी।

जब भी हम दिलीप साहब से किसी अच्छे उद्देश्य के लिए सम्पर्क करते थे तो वे तुरन्त तैयार हो जाते थे। वे किसी तरह के बहाने नहीं बनाते थे। वे हमेशा पहला चंदा अपनी जेब से ही देते थे। ब्रेबोर्न स्टेडियम में बच्चों के एक बड़े कार्यक्रम में हमने दिलीप साहब और कुछ नये स्टार्स को पुरस्कार वितरण के लिए बुलवाया था। मैंने ध्यान दिया कि दोपहर होने के कारण सभी ने काले चश्मे लगा रखे थे। सिर्फ़ दिलीप साहब ने धूप का चश्मा नहीं लगा रखा था। मुझे समझ में आया कि दिलीप साहब ने कभी काले चश्मे नहीं पहने। मैंने उनसे पूछा कि वे अपनी आँखों को धूप से क्यों नहीं बचाते हैं और उनका जवाब था : 'मुझे लोगों के साथ बातचीत करना पसन्द है वह भी बिना आँख चुराये।'

मैं समाज सेवा के क्षेत्र में दशकों से हूँ। मैं आज तक ऐसे किसी और आदमी से नहीं मिली जो उतना ही सच्चा और स्वार्थहीन हो जैसे कि दिलीप साहब।

वहीदा रहमान

दिलीप कुमार साहब के साथ मेरी पहली फ़िल्म थी 'दिल दिया दर्द लिया'। मुझे याद है कि उनके काम करने की शैली के साथ मेल बिठाने में मुझे कुछ समय लगा था। मैंने गुरु दत्त और देव आनन्द के साथ काम किया था और जो अपने काम के लिए जाने माने थे। दिलीप कुमार के साथ फ़र्क़ यह था कि वे बहुत अधिक तैयारी करते थे और सीन को लेकर सबसे चर्चा करते थे, छोटी-छोटी बातों का ध्यान रखते थे, और तब जाकर वे शॉट के लिए तैयार होते थे। मैं एक सहज अभिनेत्री थी और ज़्यादा तैयारी नहीं करती थी। कुल मिलाकर, मैं उनके काम करने के तरीके से परिचित हो गयी और सब सहज हो गया।

जब मैंने दिलीप कुमार के साथ पहली बार कैमरे का सामना किया तो मेरे पिता की एक सलाह मेरे काम आयी। जब मैं बहुत छोटी थी तो उन्होंने कहा था कि एक कलाकार जब किसी बड़े कलाकार के साथ काम करता है तो उसे उसकी मौजूदगी के प्रभाव में नहीं आना चाहिए। उन्होंने मुझे यह सलाह तब दी थी जब मुझे भारत के गवर्नर जेनरल राजगोपालाचारी के सामने कार्यक्रम पेश करना था। मैं घबराई हुई थी, लेकिन उन्होंने मुझे यह सुझाव दिया कि मैं अपने काम के ऊपर ध्यान दूँ और इस बात को लेकर सजग न होऊँ कि वहाँ पर गवर्नर जेनरल मौजूद थे। मैंने वही किया।

मैं इस बात से तो परिचित हो गयी कि दिलीप साहब एक्टिंग में वास्तविकता पैदा करने के लिए बड़ी मेहनत करते थे लेकिन मैं अपने ही ढंग से काम करती रही, मैं सीन या रोल में तभी घुसती थी जब लाइट्स जलते थे और ऐक्शन कहा जाता था। जब हम 'आदमी' के लिए शूट कर रहे थे तो यह रिवाज था कि सीन और डायलॉग एक दिन पहले दे दिये जाते थे ताकि हम काम के लिए पूरी तरह से तैयार रहें। वैसे निर्देशक तो भीम सिंह थे मगर दिलीप साहब ही काम की निगरानी करते थे। इसलिए, जब एक दिन पैकअप के बाद मुझे सीन और डायलॉग नहीं दिया गया तो मैंने दिलीप साहब से पूछा कि मुझे कुछ क्यों नहीं दिया गया। क्या मुझे कल नहीं आना था। उन्होंने कहा : 'तुमको आना है लेकिन शॉट में तुमको एक्टिंग नहीं करनी है बल्कि तुमको उसी तरह से प्रतिक्रिया देनी है जैसे कि तुम असली ज़िन्दगी में करती हो अपने हाथ हिलाकर और अपने उत्साह को जताने के लिए आँखों से कहने की अदा।'

मुझे कुछ समझ में नहीं आया। अगले दिन जब मैं शॉट के लिए सेट पर आयी तब उन्होंने मुझे यह याद दिलाया कि मुझे उसी तरह से करना है जिस

तरह से असली जीवन में वैसे हालात में मैं करती। उन्होंने कहा : 'तुम्हारी यह आदत है कि जब तुम बात करती हो तो हाथ नचाती हो और चेहरे के हावभाव से बात करती हो। मुझे शॉट में वही चाहिए।' यह मेरे लिए एक नया तजुर्बा था और न केवल मैंने उस सीन को अच्छे से किया बल्कि उस सीन के लिए मुझे दोस्तों और बुजुर्गों की तारीफ़ भी मिली। मेरे ख़याल से 'आदमी' फ़िल्म का यह वह सीन है जिसमें मैं दिलीप कुमार की गाड़ी की तरफ़ इशारा करके टीन का डिब्बा हटाओ कहती हूँ, जिसमें दिलीप साहब अपने घर के पास टहल रहे होते हैं और मुझे लगता है वे कोई बाहरी आदमी हैं।

मेरे लिए यह रहस्य था कि दिलीप कुमार ने फ़िल्म की क्रेडिट में अपना नाम निर्देशक के रूप में क्यों नहीं दिया जबकि कैमरे के पीछे उन्होंने बहुत अधिक मेहनत की थी, वे तकनीशियनों और कलाकारों को इसके लिए प्रेरित करते रहते थे कि वे अपना बेहतरीन काम करें। अगर उनके साथ काम करने वाला कोई कलाकार अपनी क्षमता से बेहतर काम कर रहा हो तो इसका मतलब यह होता था कि वे उसको अपने स्तर के काम से चुनौती देते थे और कड़ी मशक्कत वे अपने काम में करते थे।

हमारे वक़्त में, हम जिम वगैरह नहीं जाते थे, लेकिन दिलीप साहब इतने शानदार खिलाड़ी थे कि वे कभी भी काम के बाद बैडमिंटन का खेल नहीं छोड़ते थे, जब भी हम आउटडोर शूटिंग के लिए शहर से बाहर जाते थे वे हमेशा पूछते थे कि हमें कौन-सा खेल पसन्द है, वे हमें खेलने के लिए इसलिए नहीं प्रेरित करते थे कि हम चुस्त-दुरुस्त रहें बल्कि इसलिए भी कि युनिट में टीम भावना आये। हम मद्रास में लम्बे समय के लिए रहते थे, कभी-कभी एक साथ दो-दो महीने, 'राम और श्याम' और आदमी की साथ-साथ शूटिंग करते थे और हम सब एक ही जगह पर रहते थे, जिसका मतलब था कि काम के बाद भी हम एक-दूसरे से मिलते रहते थे। एक नेता की तरह वे यह देखते थे कि किसी को कोई परेशानी न हो, और सब एक-दूसरे के साथ बेहतर ढंग से रहें, एक-दूसरे का सम्मान करें। उनकी सभी फ़िल्मों में सेट पर लोकतान्त्रिक माहौल बना रहता था। वे खाने में हमारे साथ बैठते थे और फिर अचानक उठकर सहायकों के बीच यह देखने के लिए चले जाते थे कि वे क्या खा रहे थे।

एक बार हम ऊटी (हिल स्टेशन अब तमिलनाडु में है) में थे और मौसम अचानक ख़राब हो जाने के कारण हम पूरे सप्ताह शूटिंग नहीं कर पाये। हमारे पास कमरे में बैठने के अलावा कोई चारा नहीं था। दिलीप साहब आधे दिन के लिए ग़ायब हो गये और किसी को नहीं पता था कि वे कहाँ गये थे। उनके दोस्त प्राण साहब बहुत परेशान थे। बाद में दोपहर को देर से बहुत सारी किताबें लेकर लौटे। उन्होंने फ़ैसला किया कि हम सब को किताबें बाँटी जायें ताकि हम उसमें डूब जायें। जो कहानी पसन्द करते थे उनके लिए कहानियाँ थीं, जो वर्ग

पहेली सुलझाने में यक़ीन रखते थे उनके लिए वैसी किताब थी, चुटकुलों की किताब उनके लिए जिनको उसमें मज़ा आता था...

दिलीप साहब के शानदार कैरियर को लेकर मेरे मन में दो अफ़सोस हैं। जब मैं सत्यजित राय के साथ 'अभिजन' फ़िल्म कर रही थी तो मिस्टर रॉय ने पूछा कि क्या मैं दिलीप कुमार से बात कर सकती हूँ कि मेरे पास एक कहानी है जो दिलीप साहब के लायक है। मैंने दिलीप साहब से बात की लेकिन उन्होंने कोई जवाब नहीं दिया। वे बस सोच रहे थे। इसलिए मैंने मिस्टर राय से कहा कि वे उनसे बात करें। बाद में मुझे यह पता चला कि दिलीप साहब इसलिए तैयार नहीं हुए क्योंकि उस फ़िल्म में उनको खुले बदन आना था। दूसरा अफ़सोस यह है कि दिलीप कुमार और गुरु दत्त 'प्यासा' (1957) में साथ-साथ काम नहीं कर पाये। वह तब आज से भी बड़ी क्लासिक फ़िल्म साबित हुई होती।

हरीश साल्वे

जब सायरा जी ने मुझसे कहा कि 1975 की गर्मियों में दिलीप साहब को जिन तकलीफ़देह हालात से गुज़रना पड़ा था मैं उसके बारे में लिखूँ, तो इससे वे यादें उभर आयीं जो मेरे दिमाग़ में गहरे गुँथी हुई हैं—कुछ साझा खुशियाँ, कुछ साझा दुःख, कुछ साझा गुस्सा, कुछ साझा निराशा।

मैं दिलीप साहब से 1970 में मिला था। मई की गर्म सुबह थी, मेरी बहन ने मुझे छुट्टियों की गहरी नींद से जगाते हुए कहा कि मैं उस महान आदमी से मिल लूँ जो वहाँ ख़ुद आये थे, मैं इस बात को नहीं भूल सकता हूँ जब मैं उनसे पहली बार मिला था। मैंने जैसा उनके बारे में सोचा था वे वैसे ही थे—बेहद ज़हीन।

जब बातचीत आगे बढ़ी तो यह समझ में आया कि ऊपर से उनका शान्त दिखने वाला रूप अन्दर से कितना चिढ़ा हुआ था।

उनकी परेशानी तब शुरू हुई जब आयकर विभाग ने यह तय किया कि वे इस बात की जाँच करेंगे कि उनके पास काला धन है, जिसके लिए बॉलीवुड के लोग बदनाम माने जाते रहे हैं। अगर जाँच होती तो न केवल टैक्स न देने के बदले उनके ऊपर भारी जुर्माना भी किया जाता, और टैक्स चोरी के लिए सजा भी हो सकती थी।

वजूद और परछाईं

ऊपर जिस विभाग की चर्चा की गयी वह अपने न्याय के लिए नहीं जाना जाता है, बल्कि भारत के व्यापारियों ने यह मान लिया है कि भारत में व्यवसाय करने के लिए ये सभी बातें जुड़ी हुई हैं। एक संवेदनशील कलाकार जीवन को दूसरे तरीके से देखता है।

मैं देश के एक बड़े टैक्स एकाउंटेंट के घर में बड़ा हुआ था और किसी को टैक्स चोरी के आरोप में घिरे देखना कोई नयी बात नहीं थी। दिलीप साहब ने आने वाले सालों में मुझे उन लोगों की भावनाओं से भर दिया जो इस तरह के आरोपों को तिरस्कार की नज़र से देखते हैं।

मैंने इस बात के ऊपर नज़र रखी कि आने वाले सालों में क्या हुआ–हंगामेदार सत्तर का दशक जून 1975 की घटनाओं का कारण बना।

मैंने चार्टर्ड एकाउंटेंट के आर्टिकलशिप के लिए काम शुरू किया था और टैक्स क़ानून के विद्यार्थी होने के कारण मुझे उस समस्या की बारीकी समझ में आ रही थी। 'दिल दिया दर्द लिया' के असन्तुष्ट निर्माता के यहाँ छापा पड़ा (जो साफ़तौर पर उसने ख़ुद करवाया था), जिसमें इस बात के सबूत मिले कि उसके द्वारा एक गुप्त खाता का संचालन किया जा रहा था जिसमें डीके नाम से 10 लाख रुपये का भुगतान दर्ज़ था। इस बात का कोई सबूत नहीं दर्ज़ था कि उसने जो दिया था उसे दिलीप साहब ने लिया था; न ही कोई ऐसा सबूत मिला था कि निर्माता ने नगदी 10 लाख रुपये दिलीप साहब को दिये थे (जो उस समय के हिसाब से बहुत बड़ी रकम थी)। तो भी इस तरह के आरोप लगाये गये कि दिलीप साहब के पास गुप्त धन था; पेनल्टी लगाई गयी और इस बात का ख़तरा था कि सजा हो सकती थी।

जब आकलन का काम शुरू हुआ तब दिलीप साहब दिल्ली में उन लोगों के पास पहुँचे जो दोस्त होने का दावा करते थे, उनको उन्होंने अपनी बेगुनाही के बारे में बताया और यह कहा कि इन आरोपों के पीछे ग़लत धारणा थी और उनसे उन्होंने कहा कि उनको इस परेशानी से बचा लिया जाये।

मैंने उनको दिल्ली में अक्सर देखा था–कभी उम्मीद में, कभी परेशान हाल, कभी उदासीन, कभी गुस्से में! यह सीखने वाला अनुभव था–एक बात मुझे बहुत कम उम्र में समझ में आ गयी कि राजधानी में कोई दोस्त नहीं होता है!

आकलन हो गया। उन्होंने बड़ी होशियारी के साथ क़ानूनी कार्रवाई का सहारा लिया, और कुछ राहत की बात यह थी कि ग़लत तरीके से जो उनका आकलन किया गया था उसके ख़िलाफ़ अपील को मंजूरी दे दी गयी।

दिल्ली में जो सत्ता थी, उसने इस बीच, दिलीप साहब से यह वादा किया कि अगर पहली अपील उनके पक्ष में गयी तो व्यवस्था न्याय दिखाते हुए उनके ऊपर से सभी आरोपों को हटा लेगी। यह एक चाल साबित हुई।

1974 के साल उन लोगों को जेल में भेज दिया गया जिन लोगों के ऊपर

आर्थिक अपराध थे। निजी स्वतन्त्रता को समाजवाद की दिशा में बढ़ते क़दम के कारण बन्धक बना दिया गया और जिन लोगों के ऊपर आर्थिक अपराध के आरोप थे उनके ख़िलाफ़ अभियान चलाये गये।

ऐसे सरगर्म माहौल में तर्कसंगत और मानवीय समाधान के वादे वैसे ही उड़ गये जैसे कि गर्मी के मौसम में सुबह की ओस उड़ जाती है।

1975 के आते-आते मुझे याद है कि मेरे पिता एन.के.पी. साल्वे (बाद में केन्द्रीय मन्त्री बने) ने गुस्से में दिलीप साहब से कहा कि उनको लड़ाई के लिए तैयार रहना चाहिए और इनकम टैक्स ट्रिब्यूनल में उनको अपील करनी चाहिए।

मैंने अपना ग्रेजुएशन 1975 में पूरा कर लिया और मेरे पिता ने मुझे इस बात की अनुमति दे दी कि जब तक मैं चार्टर्ड एकाउंटेंट नहीं हो जाता तब तक उनके साथ फाइल लेकर ट्रिब्यूनल में जा सकता था। और मेरा पहला केस था इनकम टैक्स विभाग बनाम दिलीप कुमार उर्फ़ युसूफ ख़ान, जिसकी सुनवाई जून 1975 में रोज़ के आधार पर होने वाली थी।

सुनवाई जून के दूसरे हफ्ते के लिए तय की गयी। सुनवाई से पहले के दो हफ्ते हम बम्बई के ओबेराय होटल के सुइट में बैठकर उस केस की तैयारी करने वाले थे। उस टीम का नेतृत्व मेरे पिता करने वाले थे, उनके साथ उनके विश्वस्त सहयोगी अजय ठाकोर थे, जो कि कुशल टैक्स एकाउंटेंट माने जाते थे।

फिर जी.एन. जोशी थे—दिलीप साहब के विश्वस्त एकाउंटेंट।

एक आदमी जो मुझे बड़े प्यार से याद आते हैं वे थे पुरोहित जी—एक होशियार बुजुर्ग जो फ़िल्म फाइनांस के काम से जुड़े थे, लेकिन वे दिलीप साहब को पिता की तरह से प्यार करते थे।

हमारी बैठक सुबह के 11 बजे शुरू हो जाती थी और जब वह समाप्त होती थी तब तक सूरज को अरब सागर में डूबे बहुत देर हो चुकी होती थी। दिलीप साहब सारा दिन वहाँ बैठते थे, सभी लोगों की बातचीत को ध्यान से सुनते हुए। और जब एकाउंटेंट खुद को किसी मुश्किल में पाते थे तो वे उसका समाधान सुझाते थे—कभी खालिश उर्दू में और कभी ऐसी अंग्रेज़ी में कि जिसके ऊपर रिचर्ड बर्टन भी शर्मिन्दा हो, जो कि प्रसिद्ध ब्रिटिश अभिनेता थे और अपनी बेहतरीन अंग्रेज़ी के लिए जाने जाते थे। उनके साफ़ विचार बहुत शानदार तरीके से मुखर होते थे।

सुनवाई शुरू हुई और विभाग के प्रतिनिधियों ने—वरिष्ठ और अनुभवी लोगों ने—बड़ी मेहनत से इस बात की कोशिश की।

और तभी कयामत आ गयी।

उन्हीं दिनों इलाहाबाद उच्च न्यायालय ने प्रधानमन्त्री इन्दिरा गाँधी के 1971 के लोकसभा चुनाव को रद्द कर दिया और उच्च न्यायालय के जस्टिस कृष्णा अय्यर ने अपने साहस के अनुरूप उसके ऊपर स्टे देने से मना कर दिया। 25

जून को कुख्यात आपातकाल लागू कर दिया गया। मेरे पिताजी को कुछ दिन का स्थगन लेना पड़ा क्योंकि (कांग्रेस के सांसद होने के कारण) उनको एक या दो दिन के लिए दिल्ली जाना था।

मेरा युवा गुस्सा इस बात से और बढ़ गया कि इस महान भारतीय के साथ अन्याय हो रहा था और मुझे लगता था कि संख्या और नारों के शोर में बेईमानी से जनतंत्र को स्थगित किया गया था—मैं इस बात के ऊपर आज भी कायम हूँ।

ऐसे सरगर्म माहौल में सुनवाई तीन हफ्ते तक चली।

अपने मुवक्किल की बोलने की सम्मोहित कर देने वाली क्षमता को देखते हुए, ज़ाहिर है मेरे पिता ने यह फ़ैसला किया कि किसी समय ट्रिब्यूनल के ऐसे सदस्यों से बात की जाय जिनको सन्देह नहीं है (हालाँकि, उन्होंने किया नहीं क्योंकि एक चतुर बात करने वाले ने हमारे सामने उनकी मंशा का खुलासा कर दिया)।

यह मौक़ा एक पल में आ गया जब ट्रिब्यूनल के एक सदस्य ने मेरे पिता से पूछा कि किसी फ़िल्म का निर्माण कैसे किया जाता था। मेरे पिता ने विदा माँगी और अपने मुवक्किल से यह कहा कि वे इस प्रक्रिया को समझाएँ—इसने विभाग के केस को कमज़ोर बना दिया।

उन बेचारों के लिए क्या मौक़ा हो सकता था—जब एक उम्र में उन्होंने हो सकता है अपनी जवानी के दिनों में सुहाना सफ़र गाना गुनगुनाया हो—उस दृश्य के सामने जो उसके बाद उनके सामने खुला।

वह दिन पूरा होते-होते उस केस की किस्मत तय हो चुकी थी हालाँकि बहस चलती रही। दिलीप साहब 40 मिनट तक इस बारे में बोलते रहे कि फ़िल्में किस तरह से बनती हैं और किस तरह से उनको सार्वजनिक तौर पर दण्डित किया गया। इसके बाद दो मिनट की ख़ामोशी रही—मानो उस विभाग के केस की मौत पर मातम मनाया जा रहा हो।

दिलीप साहब ने फ़ैसला किया कि उसके जश्न में डिनर का आयोजन किया जाये—हालाँकि एक दिन की सुनवाई और बाकी थी। मैं यह बात समझ गया था कि एक आदमी के सम्मान को चोट पहुँचाने के लिए की गयी कड़ी मेहनत का क्या नतीजा था।

वह शाम जादुई रही। पुरोहित जी ने एक और आश्चर्य पेश किया—वे अपने साथ अपने दो बेटों को लेकर आये जो बहुत अच्छी ग़ज़ल गाते थे।

सायरा जी हमेशा की तरह अपने बेहतरीन रूप में थीं। एक बेहतरीन मेज़बान एक रूप में।

और एक व्यक्तिगत बात यह कि मैं दिलीप कुमार के एक ख़ास दोस्त स्वर्गीय सतीश भल्ला से मिला, बाद में उनकी भतीजी मीनाक्षी से 1981 में मेरी शादी हुई।

मैंने 1980 में वकालत शुरू की—और उच्चतम न्यायालय में जिस पहले मुक़दमे के लिए मैं गया था वह था इनकम टैक्स विभाग द्वारा दिलीप कुमार के

पक्ष में ट्रिब्यूनल के फ़ैसले के ख़िलाफ़ अपील का। मेरे लिए ख़ुशी की बात यह थी कि करीब 2 मिनट में ही जज ने उसे ख़ारिज कर दिया।

कड़े वक़्तों में जो दोस्ती होती है वह लम्बे समय तक कायम रहती है—दिलीप साहब मेरे पिता के सबसे नजदीकी दोस्तों में एक थे। मेरी माँ को इंसानों की परख थी और उन्हें प्रभावित कर पाना बहुत मुश्किल काम था—वह हमेशा दिलीप साहब और सायरा जी से मिलकर बहुत ख़ुश होती थीं।

1983 में इन्दिरा गाँधी के मन्त्रिमंडल में मन्त्री बनने के बाद मेरे पिता नयी दिल्ली के औरंगज़ेब रोड पर रहने लगे। पिता के घर में संगीत, शायरी और दिलीप साहब और सायरा जी के साथ की अनेक स्मृतियाँ हैं।

उसके बाद हम अक्सर मिलते रहे, और जब मेरी शादी मीनाक्षी जी के साथ हुई तो हमारे रिश्ते ख़ास हो गये। सायरा जी और मीनाक्षी बहुत गहरे तौर पर जुड़ी हैं।

दिलीप साहब बहुत बड़े इंसान हैं—एक बड़ी शख़्सियत तो भी दोस्त। उनकी कई यादें हैं—यह सही ही कहा गया था—

ईश्वर ने अपने बच्चों को याद किया
जिससे जीवन की बगिया में हो सकता है
दिसम्बर में जून हो जाये...

सायेशा (Sayasha)

महान शख़्सियत के साथ नाचते हुए...फुफोनाना। मेरे लिए डांस करना वैसे स्वाभाविक है जिस तरह साँस लेना और मैं घर में पक्की डांस करने वाली हूँ। मैं पाँच साल की उम्र से सहज रूप से अपने नाना-नानी और माँ के सामने डांस करती रही हूँ और वे भावविभोर होकर देखते रहे हैं। तब मैं यह कहाँ जानती थी कि वह आदमी जो तालियाँ बजाकर, सीटियाँ बजाकर मेरा जोश बढ़ाता है और जिसे मैं आदर से बड़े दादा कहती हूँ, वे भारतीय सिनेमा के सबसे बड़े अदाकार थे! कितनी ऐसी लड़कियाँ हैं जो यह कह सकती हैं कि, परदे पर नहीं बल्कि असल ज़िन्दगी में उनको दिलीप

कुमार के साथ डांस करने का मौक़ा मिला! कोई नहीं! सिर्फ़ मैं। यह मुझे ख़ास बनाता है!

वे सबसे प्यारे, बच्चों को प्यार करने वाले दादाजी हैं और अक्सर मुझे अपनी मर्सिडीज में बिठाकर घुमाने ले जाते हैं, कार के पीछे पुलिस की गाड़ी होती है, कभी-कभी सायरन बजाकर रास्ता साफ़ करती हुई। मेरे बच्चों सी कल्पना उस समय उफान पर होती है, और मुझे लगा कि यह सारा तामझाम मेरे ही लिए था! मुझे सच में ऐसा लगा जैसे कि मैं कोई राजसी हूँ! जब वे बान्द्रा के जॉगर्स पार्क में टहलने जाते हैं, मैं उनका हाथ थाम कर उनके साथ चलने की कोशिश करती हूँ। मैं हमेशा इस बात के ऊपर ध्यान देती हूँ कि मेरी दादी पीछे हट जाती ताकि मैं हाथ पकड़ सकूँ। मैंने अपने पति के लिए वैसा समर्पण नहीं देखा जैसा कि फुफोनानी का है। मुझे ऐसा कोई भी दिन याद नहीं आता है जब वे दोनों एक-दूसरे से अलग होते हों। जिसकी वजह से उनका रिश्ता अतुलनीय हो जाता है।

मैं उनके और अपनी परनानी के साथ हाथ में हाथ डाले मुग़ले-आजम फ़िल्म के रंगीन रूप के प्रीमियर में गयी थी, तब मुझे यह समझ में आया कि उनको लेकर इतना पागलपन क्यों है, और लोग उनका कितना सम्मान करते हैं। इतनी बड़ी शख़्सियत होने के बावजूद ऐसी विनम्रता ने मुझे मंत्रमुग्ध कर दिया। उस दौरान मुझे समझ में आया कि फुफोनाना मेरे परनाना के अलावा बहुत बड़ी चीज़ हैं।

जब मैं बड़ी हुई तो मैंने कुछ बहुत अच्छे उर्दू के अल्फाज उनसे सीखे—उम्दा! मेरे लिए सबसे अच्छा गाना है उनकी फ़िल्म 'दिल दिया दर्द लिया' का 'कोई सागर दिल को बहलाता नहीं, इस गाने को मैंने उनके साथ न जाने कितनी दफा गाया है। उनकी आवाज़ बहुत ख़ूबसूरती के साथ उनकी आँखों के हावभाव से मेल खाती है और एक लफ़्ज़ भी वे धुन से बाहर नहीं गाते।

हाल में मैंने उनकी फ़िल्म 'मशाल' देखी, और उसका वह मशहूर सीन जिसमें वे आने-जाने वाली गाड़ियों को रोकने की कोशिश कर रहे हैं ताकि अपनी मर रही पत्नी अस्पताल लेकर जा सकें। फिर मैंने 'गंगा जमुना' देखी और उनके मरने का सीन देखकर मेरा दिल बैठ गया। मेरे प्यारे और, ज़हीन नाना कुछ सेकेण्ड में ही इतने बढ़िया अदाकार में बदल जाते थे। उनके लिए कोई सन्दर्भ नहीं था, बस अपने बल पर पढ़ाई करके, विश्वास नहीं होता है। वैसे तो उनको परदे पर सबसे बड़े ट्रेजेडी किंग के रूप में माना जाता था, असल में फुफोनाना को मौज मस्ती पसन्द है, बच्चों जैसे हैं और हमेशा खेलकूद के लिए तैयार रहने वाले। उनका सेन्स ऑफ़ ह्यूमर बड़ा ख़तरनाक है, जो वे अचानक दिखा देते हैं और वह भी बिना पकड़ में आये।

मुझे याद है कि उन्होंने मुझे सलाह दी है कि धीरे-धीरे बोलो और हमेशा चेहरे पर मुस्कराहट बनाये रखो। उनको मेरे चेहरे पर तनाव बिल्कुल पसन्द नहीं

है और वे तुरन्त मेरी खिंचाई कर देते हैं। उनकी इस तरह की बातें मेरी यादों में हमेशा बनी रहेंगी।

मैं इसके लिए अल्लाह का शुक्रिया ही अदा कर सकती हूँ कि मेरा जन्म ऐसे समय में हुआ जब मैं उस महान अभिनेता...अपने प्यारे फुफोनाना दिलीप कुमार को देख पायी!

आई लव यू!
सायेशा

शाहीन*

युसूफ अंकल और मैं...

दिलीप कुमार : महान शख़्सियत, रहस्यमयी व्यक्तित्व, अदाकार, ट्रेजेडी किंग; उनको बयान करने के कितने सारे शब्द हैं! हालाँकि, करीब 12 साल की उम्र तक मैंने कभी इस बात को महसूस भी नहीं किया कि मैं इतनी महान शख़्सियत के साथ उसी घर में रह रही हूँ। मेरे लिए, वे अंकल हैं जिन्होंने मेरी बुआ सायरा से शादी की और मेरे लिए पिता जैसे बन गये। ऐसे हैं युसूफ अंकल! उनके साथ मेरा रिश्ता बड़ा ख़ास है, क्योंकि मैं उनके सामने बड़ी हुई हूँ। मैंने उनके साथ अपने सारे राज साझा किये हैं, अपने नखरे, अपनी चाहतें, और वे मेरे लड़कपन के दिनों में मेरे राजदार रहे हैं।

उनसे जुड़ी मेरी पहली याद धुँधली है, मगर कहते हैं न कि छोटे बच्चे की याद कभी-कभार अजीब-अजीब बातें याद कर लेती है, मुझे याद आता है कि वे मुझे अपनी हथेलियों पर बिठाकर अपने सर के ऊपर ले जाकर घुमा रहे हैं और मेरी बुआ डर के मारे चीख रही हैं : 'वो गिर जायेगी, वो गिर जायेगी!' मेरी बुआ बहुत शाइस्ता हैं, दो बच्चों में से एक, वे निश्चित ही हुल्लड़बाज हैं, ऐसे परिवार से आने वाले जहाँ इतने लोग थे कि कोई गिनती नहीं कर सकता था!

हममें से बहुत लोगों के लिए स्विट्ज़रलैंड का मतलब यश चोपड़ा की फ़िल्में हैं। लेकिन मेरे लिए यह वह जगह है जहाँ मैंने अपने परिवार के साथ स्कूल की

* सुलतान की बेटी और सायेशा की माँ।

छुट्टियाँ बिताई हैं। युसूफ अंकल के साथ लेक जेनेवा में नाव में चढ़ना, सचाई यह है कि वे किसी भी चीज़ के लिए पूरे पैसे लेकर नहीं चलते हैं और अगर मेरी बुआ उनके बटुए को हमेशा देखती न रहें तो वे हर जगह फँस जायें, क्योंकि उनको नम्बर याद नहीं रहते हैं और जाहिर है हम लोग उन दिनों की बात कर रहे हैं जिन दिनों किसी ने मोबाइल फ़ोन के बारे में सुना भी नहीं था।

मुझे एक घटना याद है जब वे इस बात पर ज़ोर देने लगे कि उनकी फ्रेंच इतनी अच्छी है कि फ्रेंच बोलने वाले उसके ऊपर रश्क करें, और वे मुझे अपने साथ गाड़ी में जेनेवा घुमाने ले गये। किस्मत से, हमारी टैक्सी एक ऐसी औरत चला रही थी जिसको अंग्रेज़ी का एक लफ़्ज़ नहीं आता था। युसूफ अंकल की फ्रेंच कुछ बेहतर थी, और जल्दी ही हम उस महाद से काफ़ी दूर निकल आये जिसके लिए हमने कहा था, पूरे रफ़्तार में अनजान जगह पर! उस समय मैं पन्द्रह साल की थी, वैसे शायद मैं उससे बड़ी दिखती थी, और उस टैक्सी ड्राइवर ने यह समझ लिया कि एक कम उम्र की लड़की उनके साथ रोमांटिक सफ़र पर थी! भूख, थकान और निराशा के मारे हमने उससे कहा कि वह हमें किसी रेस्तराँ में लंच के लिए ले जाये। जब हमने नदी के किनारे के एक कैफे में मछली के कुछ टुकड़े ही खाये थे कि हमें यह समझ में आया कि उस ड्राइवर ने हमें एक टॉपलेस बीच पर रोक दिया था। युसूफ अंकल की सारी बहादुरी धरी की धरी रह गयी और उन्होंने मुझसे कहा कि जल्दी से टैक्सी की तरफ़ भागो, ऐसी हालत में भतीजी के साथ! उनकी हालत देखने लायक थी।

मैं चाहती थी कि मेरा बेटा उनके जैसा हो। युसूफ अंकल ख़ास इंसान हैं, मर्दाने, आँखें ऐसी कि किसी का भी दिल पिघल जाये। उनको खेल पसन्द है, वह कि क्रिकेट मैच या फुटबॉल का खेल कभी नहीं छोड़ते। मेरा बचपन उनकी फिरकी पकड़ने में बीता है जबकि वे पतंग उड़ाते थे। मैंने उनसे पतंग उड़ाना सीखा, हालाँकि मैंने बड़ी कोशिश की लेकिन उनको कभी पतंगबाजी में हरा नहीं पायी। वे ऑमलेट ऐसे बनाते हैं कि अच्छे-अच्छे बनाने वाले खानसामे को पैसों की कमी पड़ जाये; उनकी अपनी ख़ास चीज़ों की सूची है जो उनके ऑमलेट को ख़ास बनाता है : जैसे ऑमलेट में अदरख काली मिर्च के साथ! वह औरतों के लिए जिस तरह से साड़ी ख़रीदते हैं वैसे कोई भी नहीं ख़रीद सकता है। साथ ही एकदम मर्दों की तरह उनको न तो जन्मदिन याद रहता है न ही एनिवर्सरी। जब अन्य दोस्तों के बुके आने लगते हैं तब उनको याद आता है कि आज वह दिन है कि उनको भी अपने पैसे खर्च करने चाहिए! तब वे मुझे बैंडस्टैंड के फूल वाले के पास भेजते, 'शाहीन, मैं तो भूल गया था, ऐसा करो, ज़रा जल्दी जाओ, कुछ फूल बनवा लो, फिर मुझे बुला लेना!' अनन्त बातों का ध्यान रखना पड़ता था ताकि फूलों का बड़ा-सा गुलदस्ता बनवाया जाये, ज़्यादातर ऑर्किड जो उन दिनों में कम आते थे। मुझे उसमें घंटों

लग जाते थे। फिर मैं उनको लैंडलाइन से फ़ोन करती, फिर वे बाहर निकल कर आते और बुके को देखते। आगे दो-एक घंटे दिलीप कुमार के निर्देशन में बीतते थे, जो उस समय ऐसे व्यवहार करते थे जैसे वे सीधे इकेबाना के क्लास से आये हों। अच्छी तरह से बुके बनवाकर हम घर पहुँचते और बहुत ही नाटकीय अन्दाज़ में बुआ को फूल दिये जाते, जैसे कि वे कोई सरप्राइज देना चाह रहे हों और वह दिन तो वे कभी भूले ही नहीं थे। मेरी बुआ, जो उनके प्यार की भूखी हैं, हर साल उसके बाद यही कहती कि साहब ने कितना सोच समझ कर दिमाग़ लगाया है।

बच्चे उनको पसन्द हैं। जब मेरी बेटी सायेशा पैदा हुई उन्होंने मुझे कहा कि वे हमेशा सोचते हैं कि बिस्तर में लेटी वह क्या सोचती रहती है, यह सोचते कि काश उसके सपने को देख पाते! किस वजह से वह सोते में मुस्कुराती है। उनका यही उत्सुकता भरा स्वभाव है जिसने लगता है उनको वह बनाया जो कि वे आज हैं।

उनकी एक आदत है जिससे परिवार के सभी लोग आदी हो चुके हैं कि घर में जब भी कोई पार्टी होती है तो घर के फर्नीचर को फिर से ठीकठाक करना। युसूफ अंकल हमेशा घर बहुत सारे मेहमानों को लेकर आ जाते हैं, जो कि ज़ाहिर है रात के खाने के लिए रुकते। मेनू साधारण रहता था लेकिन ख़ूब सारी चीज़ें। होटल से खाना मँगवाने का तो सवाल ही नहीं उठता।

मेरी सोलहवीं सालगिरह मेरे लिए सबसे यादगार रहेगी, परिवार के लिए डिनर आयोजित किया गया था, और वे घर आये थे मेरे लिए करीब 100 मोगरे के गजरे लेकर। यह उनका प्यार था। बंगलौर की भी ख़ास यादें हैं! मेरी बुआ और फूफा अच्छे अभिभावकों की तरह मुझे एम. जी. रोड पर आइसक्रीम पार्लर लेकर जाते थे। वह वे दिन थे जब फ़िल्म जगत पर उनका राज चलता था। वे बहुत बड़े थे। यह कहना बेकार है कि जब वे आइसक्रीम पार्लर में जाते थे तो बाहर भीड़ जमा हो जाती थी! हमें बाहर भागना पड़ा, और हम पाते कि हमारा ड्राइवर ग़ायब है! युसूफ अंकल को कभी विचारों की कमी नहीं पड़ती। उन्होंने एक टैक्सी रोकी उसमें ड्राइवर की सीट पर बैठ गये और लोगों को हैरान करते हुए तेज़ी से गाड़ी दौड़ा कर निकाल ली। वह मेरा सबसे अच्छा टैक्सी सफ़र था।

मैं तो लिख ही सकती हूँ लेकिन मैं हर बात साझा नहीं करना चाहती हूँ। उनके साथ लाखों लोगों की दुआएँ हैं और अल्लाह का आशीर्वाद है। हम खुशकिस्मत हैं कि हमारे जीवन में वे हैं।

युसूफ अंकल मैं आपको हमेशा प्यार करती रहूँगी।

वजूद और परछाईं

सलीम शरीफ़ी*

मैं दिलीप साहब के साथ अपने रिश्ते के बारे में यही कह सकता हूँ कि यह किस्मत की बात है। मैं बचपन के दिनों से ही साहब का फैन था और उनसे व्यक्तिगत रूप से मिलना सपने के सच होने जैसा था। मैंने अपने एक पारिवारिक दोस्त से यह बात कही जो दिलीप कुमार को बहुत अच्छी तरह से जानते थे। उन्होंने कहा कि जब वे बम्बई में रहेंगे तब वे मुलाक़ात करवाने की कोशिश करेंगे। उन्होंने साहब से यह बात की होगी कि मैं उनका बहुत बड़ा फैन हूँ और मेरी ख़्वाहिश है कि मैं साहब से मिलूँ। और फिर एक दिन मेरे जीवन की सबसे यादगार बात हुई जब मैं बम्बई में किसी ज़रूरी काम से गया हुआ था और दक्षिण मुम्बई के ताज होटल में ठहरा हुआ था। मेरी डायरी में साहब का नम्बर था और मैंने घुमा दिया और दूसरी तरफ़ साहब थे। मैंने अपना परिचय दिया और उन्होंने मुझे फौरन दुबई के नौजवान बैंकर के रूप में पहचान लिया। उन्होंने कहा कि वे दक्षिण मुम्बई में उस दिन किसी से मिलने वाले थे और उन्होंने मुझसे पूछा कि क्या वे मुझसे मिलने आ सकते थे। मुझे कुछ समझ में नहीं आ रहा था और मैंने एक शब्द भी नहीं कहा। फिर मैंने उनको कहा कि यह मेरे लिए गौरव और सम्मान की बात होगी और उन्होंने मेरी आवाज़ में ख़ुशी और घबराहट को भाँप लिया होगा। उन्होंने अपनी ज़हीन आवाज़ में बस इतना ही कहा कि 'जैसे ही मेरी मुलाक़ात ख़त्म होगी मैं आ जाऊँगा।'

जब मैं कमरे में साहब का इन्तज़ार कर रहा था तो मैं अपने उत्साह को रोक नहीं पा रहा था। मुझे यक़ीन नहीं हो रहा था कि मेरे साथ यह हो रहा था। वादे के मुताबिक़ साहब आये और जब मैंने दरवाज़ा खोला और उनको मैंने सच में अपने सामने पाया, सफेद शर्ट और पैंट पहने तो मेरी ख़ुशी का जैसे ठिकाना नहीं रहा।

हमने एक घंटे बातचीत में गुजारे और मैं अपने आप से यही पूछता रहा कि क्या यह मेरे साथ हो रहा है?

जिस बात ने मुझे गहरे मुतास्सिर किया वह साहब की गर्मजोशी और उनकी इंसानियत थी और जब मैं उनकी कार तक उनको छोड़ने गया तो उन्होंने कहा : 'हम बातचीत करते रहेंगे और फिर मिलेंगे।' मुझे तो अपने कानों के ऊपर विश्वास नहीं हो रहा था।

साहब मेरे लिए बड़े भाई जैसे हैं। मुझे लगता है कि हमारा मिलना भाग्य में बदा हुआ था। मुझे याद नहीं आता कि ऐसा कोई ख़ास मौक़ा रहा हो जब मैं उनके भाइयों के साथ उनके बगल में बैठकर बँगले में मौजूद नहीं रहा होऊँ।

* एक पारिवारिक मित्र और दिलीप कुमार के सच्चे प्रशंसक।

जब कभी-कभार वे हमें यह सौभाग्य देते हैं कि दुबई में हमारे छोटे से घर में आकर हमें मेहमाननवाज़ी का मौक़ा देते हैं तो बहुत ख़ुशी होती है क्योंकि वे बड़ी सहजता से हम लोगों में से एक बन जाते हैं। मेरे बच्चे उनके आमद पर उससे अधिक ख़ुश होते हैं जितना कि अपने दादाजी के आने से।

साहब को अलग-अलग तरह की जगहों पर जाकर छुट्टियाँ बिताने का शौक़ है। एक बार उन्होंने मुझसे जैसलमेर के सरकारी गेस्टहाउस से बात की थी और वे बच्चों जैसे उत्साहित थे। उनको जगह बहुत पसन्द आयी थी और वे उसका भरपूर लुत्फ़ उठा रहे थे। एक बार और मुझे उनकी ओर से न्योता आया कि मैं उनके और सायरा जी के साथ मरकारा में जाऊँ, जो कर्नाटक में कूर्ग ज़िले में है। उनको वहाँ की ख़ूबसूरती बहुत पसन्द आयी और उनको इस बात से बड़ा मज़ा आ रहा था कि बड़ी-बड़ी तितलियों को देखकर सायरा जी को डर लग रहा था।

यहाँ तक कि मुम्बई में भी जब मैं उनसे बान्द्रा में मिलने जाता हूँ तो वे तुरन्त यह सुझाव देते हैं कि लम्बी ड्राइव पर चला जाये और लौटते में ताज में जल्दी डिनर लिया जाये। उनको घर वालों को और करीबी दोस्तों को ताज मुम्बई के किसी रेस्तराँ में अचानक पार्टी देना अच्छा लगता है। जब पहली बार साहब मुझे ताज के रांदेवू में लेकर गये थे तो मैं दंग रह गया था क्योंकि जो लोग अपनी-अपनी टेबल पर बैठकर खाना खाने और बातचीत का लुत्फ़ उठा रहे थे उन्होंने खाना छोड़ दिया और उन सबका सर हमारी तरफ़ घूम गया। अब मुझे इस बात की आदत पड़ चुकी है कि साहब जहाँ कहीं भी जाते हैं लोग उसी तरह से देखने लगते हैं। चाहे वह दुबई हो या मुम्बई उनकी मौजूदगी हर जगह के माहौल को बदल देती है। वे शाहाना मिजाज़ के आदमी हैं और जब से मैं उनसे मिला मेरा अपना तौर-तरीका, पहनना-ओढ़ना बदल गया है।

मेरा कोई भी दिन बिना दिलीप कुमार की फ़िल्म देखे नहीं गुज़रता है। मेरे पास उनकी हर फ़िल्म है। मेरी पसन्दीदा 'गंगा जमुना' है। न जाने कितनी बार उस फ़िल्म को देख चुका हूँ मगर आज भी जब उसमें मरने का सीन देखता हूँ तो मेरा गला भर आता है।

डॉ. आर.सी. शर्मा

मुझे सायरा जी से उनकी कत्थक गुरु रोशन कुमारी जी ने मिलवाया था। यह 1987 की बात है। मुझे सायरा जी की नानी का इलाज करना था। जब मैं

वजूद और परछाईं

सायरा जी के बँगले में पहुँचा तो मुझे ऊपर अम्मा जी के कमरे में ले जाया गया। डाइनिंग रूम में मैंने देखा कि दिलीप कुमार साहब टेबल पर बैठकर सायरा जी और उनकी प्रसिद्ध माँ नसीम बानो के साथ लंच कर रहे थे। वे अपने पहनावे-ओढ़ावे से इतने साधारण लग रहे थे कि फ़िल्म वालों को लेकर मेरे दिमाग़ में जो भी बातें थीं वे सब हवा हो गयीं। आम आदमी हमेशा इस बात की कल्पना करता है कि स्टार जो होता है वह हमेशा ही स्टार की तरह से रहता है और यहाँ मैं खड़ा हूँ देश के सबसे आदरणीय स्टार के सामने जो हम लोगों की ही तरह हँस रहा है, मज़ाक़ कर रहा है और उँगलियों से खा भी रहा है।

दिलीप साहब मुझसे गर्मजोशी से मिले, मुझसे माफ़ी माँगी और अपने कमरे में चले गये। मैंने अम्माजी का इलाज किया, उनके लिए दवाएँ बतायीं और अपने घर आ गया। जब मैं उनसे अगली बार मिला तब मुझे यह पता चला कि वे किस तरह के इंसान थे। अम्माजी को अचानक कोई मुश्किल आ गयी और मुझे रात के दस बजे बुलवाया गया। जब मैं बँगले में पहुँचा तो वहाँ सबसे बेचैन इंसान दिलीप कुमार थे। वह उनके बिस्तर के बगल में खड़े थे, उनके माथे को सहलाते हुए उनसे धीरे-धीरे बातें करते हुए। मैंने एक दवा बताई जो संयोग से आसपास किसी दवा की दूकान में मौजूद नहीं थी। दिलीप साहब ने मेरा हाथ थाम लिया और कहा : 'डॉक्टर साहब, मैं आपके साथ आ रहा हूँ, मुझे पता है कि कहाँ मिलेगी, आइये चलते हैं।'

हम दवा लेकर लौटे और उनको खिलाया। साहब तब तक चैन से नहीं बैठे जब तक अम्माजी बेहतर महसूस नहीं करने लगीं। उस रात मैंने दिलीप कुमार को नहीं देखा बल्कि एक ऐसे प्यारे इंसान को देखा जो उसके लिए बहुत फ़िक्रमन्द थे जो उनके लिए बहुत मायने रखती थी।

जैसे-जैसे साल गुज़रते गये मुझे उस शानदार एक्टर के कई और रूप देखने को मिले जिनको मैं कॉलेज के दिनों से बहुत पसन्द करता था। वे अपने परिवार, सायरा जी के परिवार और साथ ही नौकरों और ऑफिस में काम करने वाले सबकी चिन्ता किया करते थे। उन्होंने मुझे एक बार से अधिक शुक्रिया कहा जब मैं रात में उनके इमरजेंसी के बुलावे पर उनके बँगले पर गया। जब मैंने कहा कि मैं तो अपना कर्तव्य पूरा कर रहा हूँ तो उन्होंने कहा : 'डॉक्टर, आप नहीं जानते कि इस बात से कितना सुकून मिलता है कि अगर किसी को कुछ गम्भीर हो जाये तो कोई डॉक्टर है जो आ जायेगा।'

वे ख़ूब पढ़ते हैं, हर विषय की किताबें जिनमें मेडिसिन की किताबें भी होती हैं। उन्होंने एक बार डॉक्टर्स के एक सम्मेलन को सम्बोधित किया था

और हम सभी डॉक्टर मन्त्रमुग्ध होकर उनके भाषण को सुनते रहे, जिसमें इस बात की तमाम सूचनाएँ थीं कि इस क्षेत्र में हाल में क्या-क्या हुआ है। कोई यह नहीं कह सकता था कि वे डॉक्टर नहीं थे और यह उनका क्षेत्र नहीं था।

1999 में हमको इस बात का फ़ैसला लेना था कि उनके ओपन हार्ट सर्जरी के लिए किस अस्पताल का चुनाव किया जाये। उनके सभी दोस्तों ने अमेरिका, इंग्लैण्ड, कनाडा के अस्पतालों के बारे में सुझाव दिये। दिलीप साहब अड़ गये कि उनका ऑपरेशन भारत में ही होगा। उन्होंने कहा : 'मैं हिन्दुस्तानी हूँ और हमारे डॉक्टर दुनिया में बेहतरीन हैं।' फिर मुम्बई के कई अस्पतालों की तरफ़ से आग्रह आया कि उनको वहाँ दाखिल करवाया जाये। उन्होंने लीलावती अस्पताल का चुनाव किया और वहाँ डॉ. रमाकान्ता पाण्डा ने उनका ऑपरेशन किया। उन्होंने उस पूरी प्रक्रिया का लुत्फ़ उठाया और अपने दिल के बारे में हमसे मज़ाक़ भी किया। सच में, उनका दिल सोने का है—24 कैरेट शुद्ध!

मैं उनके साथ लगभग हर दिन बान्द्रा के जॉगर्स पार्क में टहलने जाया करता हूँ। हम देर से जाते हैं, 9 बजे, ताकि भीड़भाड़ से बचा जा सके। यहाँ तक कि उस समय भी उनको देखने के लिए लोग खड़े रहते हैं। वे एक दिलदार इंसान हैं जो कभी भी ऐसे आदमी की बात को अनसुनी नहीं करते हैं जो उनसे कुछ कहना चाहता हो। गेट पर उनका पर्स ज़रूर कुछ ढीला हो जाता है क्योंकि कोई न कोई दुखी इंसान उनसे मदद माँगने आ जाता है। जब लोग उनकी तारीफ़ करते हैं तो वे और भी विनम्र हो जाते हैं।

एक बार मैं उनके साथ जयपुर में था। सायरा जी ने मुझे उनका ध्यान रखने के लिए भेजा था क्योंकि वे पूरी तरह से ठीक नहीं थे। वहाँ मुझे यह बुरी ख़बर मिली कि मेरी दादी गुज़र गयीं। उन्होंने तत्काल मेरे लिए गाड़ी का इन्तज़ाम किया और मुझे राजस्थान के उस गाँव में लेकर गये जहाँ उनका इन्तक़ाल हुआ था। उन्होंने मुझे कभी अपने परिवार के ऐसे डॉक्टर के रूप में नहीं देखा जिसको पैसे दिये जाते थे। बल्कि परिवार के एक सदस्य के रूप में देखा। वे मेरे घर के सारे आयोजनों में आये और मेरे नजदीकी सम्बन्धियों को भी जानते हैं।

वे ऐसे आदमी हैं जिन्होंने जवाहरलाल नेहरू के साथ कदमताल किया, ऊँचे-ऊँचे सम्मान पाये और आज भी दुनिया उनके क़दमों में है जबकि उन्होंने करीब दो दशकों से फ़िल्मों को स्वीकार करना छोड़ दिया, लेकिन उन्होंने आम लोगों से मेलजोल नहीं छोड़ा।

वजूद और परछाईं

रमेश सिप्पी

जब मैं छोटा था और फ़िल्मों के आश्चर्यलोक से जुड़ना चाहता था तो मेरे दिल में एक तमन्ना थी कि एक फ़िल्म का निर्देशन करूँ जिसमें दिलीप कुमार एक्टिंग करें। अपनी पीढ़ी के अन्य लोगों की तरह मैं 'गंगा जमुना', 'देवदास', 'आज़ाद', 'कोहिनूर' आदि फ़िल्मों को देखते हुए बड़ा हुआ था, और इस बात के ऊपर हैरान होता हुआ कि उन्होंने कितनी अच्छी एक्टिंग की थी।

कुछ फ़िल्में बनाने के बाद, और 'शोले' फ़िल्म से पहचान बनाने के बाद मुझे लगा कि मैं अब इसके लिए तैयार हो गया हूँ कि दिलीप कुमार से सम्पर्क करूँ और उनको निर्देशित करूँ। वे और मेरे पिता जी.पी. सिप्पी अच्छे दोस्त थे और जब भी वे मेरे घर आते थे तो मुझे ख़ूब गर्मजोशी से अभिवादन करते थे; वे मेरे बारे में तो पूछते थे मगर कभी मेरे काम के बारे में नहीं, इसलिए मुझे यह समझ में नहीं आता था कि वे मुझे निर्देशक के रूप में कैसा मानते थे।

'शोले' के लेखक सलीम जावेद के पास एक विषय था जो कि उन्होंने तमिल फ़िल्म के आधार पर तैयार किया था और मुझसे कहते रहते थे कि यह फ़िल्म तभी बन सकती थी अगर इसमें दिलीप कुमार पिता की भूमिका करने के लिए तैयार हो जायें। निर्माताओं मुशीर-रियाज को विषय पसन्द था और वे मुझसे कहते रहते थे कि मैं दिलीप कुमार से उसके बारे में बात करूँ।

कुछ झिझक के साथ मैंने साहब से सम्पर्क किया और ऐसा लगा कि उनको कहानी के बारे में पता था, शायद सलीम ख़ान ने उनको इसके बारे में बताया था। कुछ इधर-उधर की बातचीत के बाद साहब इस विषय के बारे में विचार करने के लिए तैयार हो गये और वे लेखकों से मिलना चाहते थे। मैं इतना खुश हुआ और घर इस भाव के साथ गया जैसे मैंने दुनिया जीत ली हो, इसलिए उतना नहीं कि मिशन पूरा हो गया था बल्कि इसलिए कि साहब ने इस बात की तरफ़ इशारा कर दिया था कि उनको इस बात के ऊपर भरोसा था कि मेरे अन्दर इतना हुनर था कि उस विषय में जो भावनात्मक संघर्ष था मैं उसके साथ न्याय कर सकता था।

हमने साहब को बताया कि हम फ़िल्म में किन कलाकारों को लेना चाहते थे और उन्होंने कहा कि हमें जो भी उस रोल के लायक लगे उनको वह मंजूर होगा। हमने अमिताभ बच्चन का नाम लिया और उन्होंने कहा कि उनको पता है कि वह एक अच्छा अभिनेता है।

जब आपकी फ़िल्म में दिलीप कुमार जैसा एक्टर हो तो आपको बाकी एक्टर्स

को अधिक कुछ बताना नहीं होता। साहब की इज़्ज़त और उनके लिए प्रशंसा इतनी अधिक है कि एक्टर यह चाहते हैं कि उनके साथ फ़िल्म में आ जायें।

मीडिया में इस बात को लेकर ख़ूब चर्चा थी कि दिलीप कुमार के सामने अमिताभ बच्चन काम करने जा रहा है। मैं इसके उलटी बात कहता हूँ, चूँकि अमिताभ को ऐसे बेटे की भूमिका निभानी थी जिसके भीतर गहरा गुस्सा था और विद्रोह था और उसको अपने पिता के ख़िलाफ़ खड़ा होना था, जो रोल साहब करने वाले थे। उत्सुकता की बात यह थी कि क्या अमिताभ में वह कूवत थी कि वह अपने पिता के ख़िलाफ़ खड़े होने की भूमिका की चुनौती में खरा उतर सके, जबकि पिता का रोल कहानी में केन्द्रीय था।

फ़िल्म का मुहूर्त शॉट जुहू के पास समुद्र के किनारे लिया गया जिसमें अमिताभ बच्चन और साहब थे। केवल भारत के ही नहीं बल्कि कई विदेशी मीडिया के लोग भी उस ऐतिहासिक पल के साक्षी बनने आये थे कि दिलीप कुमार और अमिताभ बच्चन को एक साथ काम करते देख सकें।

दिलीप साहब ने अपना ही एक सूट पहन रखा था और उनके लिए जुहू बीच के एक होटल में कमरा बुक था। अमिताभ बच्चन ने, जो साहब की दिल से इज़्ज़त करते थे और उनके बहुत बड़े प्रशंसक भी थे, अपने कमरे में मेकअप के लिए जाने से पहले उनके कमरे में जाकर उनका अभिवादन किया। अपने अनेक इंटरव्यू में उन्होंने कहा है कि वे जिस एक्टर को आदर्श मानते थे और जिनका आदर करते थे उनके साथ कैमरे का सामना करने में उनको घबराहट हो रही थी। लेकिन तब निश्चित वे वैसे नहीं लग रहे थे जब मैंने उनको उस भीड़भाड़ के बीच, जबकि इतने लोगों का ध्यान उनके ऊपर था, उनको सीन समझाया। वह शॉट ऐसा था कि उसके लिए दोनों से ही सही टाइमिंग और गति बनाये रखने की ज़रूरत थी। इस शॉट में अमिताभ एक हेलिकॉप्टर से उतर कर दिलीप साहब की तरफ़ बढ़ रहा है और समुद्र की तरफ़ से तेज़ हवा बह रही थी जिसकी वजह से उसकी चाल लड़खड़ा रही थी। साहब जहाँ खड़े थे उनको वहीं रहना था। जैसा कि हम सभी अनुभव से जानते थे कि दिलीप साहब को बोलने के लिए शब्दों की ज़रूरत नहीं पड़ती थी। फ्रेम में उनके होने भर से सीन में जान आ जाती थी। सभी नज़रें अमिताभ के ऊपर टिकी थीं और वे इस बात को जानते थे।

मैं आपसे यह कह सकता हूँ कि उनसे कोई कमतर एक्टर होता तो उतनी उम्मीदों और नज़रों के सामने ठीक से काम नहीं कर पाता। अमिताभ को इस बात का श्रेय जाता है कि उसने भरपूर आत्मविश्वास के साथ काम किया था और वहाँ मौजूद लोग पागल हो उठे थे जब उन्होंने बिना रिटेक के उस सीन को पूरा किया था।

इंडस्ट्री में इस बात को लेकर कई हफ्ते तक चर्चा हुई थी। फ़िल्म के निर्माण के दौरान अमिताभ उनको लेकर बहुत सम्मान के भाव में था और साहब उनको

लेकर बहुत लगाव रखते थे। जब भी कोई गहरा सीन हो जाता तो साहब चुपचाप मुझसे यह कहते थे कि अमिताभ में गजब की बात है और एक दिन यह इस इंडस्ट्री पर राज करेगा।

पहले ही दिन से अमिताभ को यह पता था कि उसका किरदार कैसा था और दिलीप कुमार को यह पता था कि उनको अपना किरदार किस तरह से निभाना था। इसको लेकर किसी तरह का ऊहापोह नहीं था। मैं ऐसा इसलिए कह रहा हूँ क्योंकि इस तरह के कयास लगाये जा रहे थे कि अमिताभ बच्चन इस बात को लेकर ख़ुश नहीं थे कि उनका किरदार सही तरीके से नहीं बनाया गया था। उनको कभी किसी तरह की ग़लत जानकारी नहीं दी गयी थी। यह सब मीडिया का बनाया हुआ मिथ है। इसके विपरीत, वह इस बात से बहुत ही ख़ुश थे कि उनको जाने माने आलोचकों से संयत अभिनय के लिए बहुत तारीफ़ मिली थी और दिलीप साहब के साथ एक्टिंग करते हुए वे जिस तरह से उस स्तर पर खरे उतरे थे जैसी कि उनसे उम्मीद की जा रही थी। जैसे कि वह सीन जिसमें जब बेटा घर आता है और उसको बताया जाता है कि उसकी माँ की मौत हो गयी है और वह देखता है कि उसके पिता इससे पूरी तरह से टूट गये हैं। यह एक ऐसा सीन था जिसमें कोई डायलॉग नहीं है। मुझे याद है कि साहब ने रशेज देखकर कहा था कि अमिताभ की एक्टिंग देखकर कितना अच्छा लग रहा था। साहब ने कहा, 'जानते हो रमेश, इतने साल इस इंडस्ट्री में हो गये मगर कोई ऐसा एक्टर नहीं देखा जिसने इतनी होशियारी और जज़्बात के साथ कैमरे का सामना किया हो। यह बहुत बड़ी बात होती है कि आप कैमरा के सामने काम कर रहे हों और आपका अवचेतन उसकी तेज़ गति को ध्यान में रख रहा हो।'

मेरे लिए अपने कैरियर का यह सबसे बड़ा अनुभव था कि मैंने साहब को निर्देशित किया। वे समयबद्ध, सहयोग करने वाले, हँसी-मज़ाक़ करने वाले, और एक स्टार के रूप में किसी तरह का नखरा न दिखाने वाले शख़्स हैं। सायरा जी के घर से उनके खानसामे का बनाया हुआ खाना उनके लिए हर रोज़ आता था और हम सबको उसमें भाग लेने का न्योता मिलता था। उनकी अपनी यह शानदार आदत थी कि वे युनिट के लिए लगाये गये टेबल पर जाकर खाना खाते थे और युनिट के लोगों के साथ मज़ेदार बातें भी करते थे। वे उनको बहुत प्यार करते थे और हर दिन उस मौक़े का इन्तज़ार करते थे।

केवल एक बार उन्होंने मुझे सीन को बदल देने के लिए कहा और जब मैंने उनको यह बताया कि उसका मतलब किस तरह से कुछ सीन के बाद आने वाले सीन से था तो वे मुस्कुराये और उन्होंने मेरे कन्धे पर धौल जड़ दिया। वे अक्सर अपने लिए तो रिहर्सल करते ही थे बल्कि दूसरे एक्टर के फ़ायदे के लिए भी रिहर्सल करते थे और कभी भी जब दूसरे एक्टर की वजह से रीटेक लेना होता था तो उससे कभी थकते भी नहीं थे। इनडोर शूटिंग के पहले दिन उनका एक

सीन राखी के साथ था। यह सीन था जिसमें वह पुलिस कमिश्नर की रसोई में खाना बना रही हैं और वे भी रसोई में ही हैं कि ड्राइंग रूम में फ़ोन बज उठता है। वे कुछ कहते हैं और फ़ोन का जवाब देने चले जाते हैं। उनको उस सीन का 30 बार रीटेक लेना पड़ा था क्योंकि फ़ोन के साथ कुछ न कुछ गड़बड़ हो जाता था। जैसा कि अक्सर शूट के पहले दिन हो जाता है, इसमें कुछ समय लग गया जब तक कि उसको टेक्नीशियन ने आकर ठीकठाक किया। लेकिन साहब हम सबके साथ धीरज के साथ बैठे रहे और टेक्नीशियन के साथ कुछ हँसी-मज़ाक़ भी करते रहे ताकि उनको किसी तरह का तनाव न हो।

जिस समय 'शक्ति' बन रही थी उस समय साहब के जीवन में उथल-पुथल मची हुई थी। उन्होंने दूसरी शादी कर ली थी और यह बहुत बड़ी ख़बर बन गयी थी। लेकिन वे सेट पर इस सबसे बिना प्रभावित हुए रहते थे, और ज़ाहिर है कि उनसे सवाल पूछने की हिम्मत तो किसी को थी नहीं। उन्होंने मुझसे यह अनुरोध किया था कि चौथे खम्भे को वहाँ से दूर रखा जाये और मैंने ख़ुशी-ख़ुशी वह किया।

शर्मिला टैगोर

कुछ लोग जीवन में ऐसा मुकाम बना लेते हैं कि वह अतुलनीय होता है। दिलीप कुमार इस ख़ास तबके से आते हैं। एक बहुत बड़े अदाकार, महान शख़्सियत, हरफनमौला, करिश्माई—दिलीप कुमार यह सब हैं और इन सबसे अधिक भी।

उनकी पहली फ़िल्म 'ज्वार भाटा' (1944) को आये सात दशक हो गये और आख़िरी बार वे 16 साल पहले किसी फ़िल्म में परदे पर दिखाई दिये थे, लेकिन आज भी उनकी बात फ़िल्म एक्टिंग में आख़िरी समझी जाती है, जिनका नाम प्रेरणा देता है और सम्मान पैदा करता है। यह मूल रूप से इस कारण है कि दिलीप कुमार के भीतर सम्पूर्णता की गजब भूख है और अपनी कला के प्रति गजब का समर्पण है। उदाहरण के लिए, अपने कैरियर में बहुत शुरू में ही उन्होंने यह फ़ैसला कर लिया था कि वे एक समय में एक ही फ़िल्म में काम करेंगे, अपना पूरा ध्यान उस एकमात्र फ़िल्म में लगाये रखेंगे। हमें यह बात भी ध्यान रखना चाहिए कि

उस समय फ़िल्म की मार्केटिंग आज की तरह नहीं होती थी, और उनके ज़्यादातर समकालीन कलाकार अपनी सुरक्षा के लिए एक साथ कई फ़िल्मों में काम करते थे। अब चूँकि दिलीप कुमार राज कपूर और देव आनन्द की तरह निर्देशक-अभिनेता नहीं थे, इसलिए यह तरीका बहुत लोगों को बेवकूफी भरा लग सकता था, लेकिन यह बताता है कि दिलीप साहब का अपने ऊपर कितना भरोसा था। वे सबसे पहले एक एक्टर थे न कि व्यवसायी। कई उदाहरणों से यह समझ में आता है कि सम्पूर्णता को पाने के लिए वे कितने सजग रहते थे—कुछ लोगों को यह अच्छी तरह याद होगा कि 1960 की फ़िल्म 'कोहिनूर' में 'मधुबन में राधिका नाचे रे' गाने में सितार बजाने के लिए उन्होंने उस्ताद अब्दुल हालिम जाफर ख़ान के साथ किस तरह का प्रशिक्षण लिया था। वे आसानी से उसमें दिखा दे सकते थे, जैसा कि अनेक कलाकारों ने किया था, लेकिन उन्होंने शूटिंग से पहले सितार सीखना ज़रूरी समझा। हर चीज़ को सही ढंग से करने की उनकी इच्छा ही थी जिसकी वजह से उनकी एक्टिंग में विश्वसनीयता पैदा हुई। उनका समर्पित दर्शक वर्ग इस बात को समझता था और इसलिए उनको और भी पसन्द करता था।

मोतीलाल और अशोक कुमार जैसे अभिनेता 1940 के दशक के अन्त तक एक्टिंग से नाटकों के पहलू को पहले से दूर करने में लगे हुए थे, लेकिन दिलीप कुमार के बाद वह परिपाटी हो गयी। उन्होंने यह दिखाया कि सुनाई दे इसके लिए आवाज़ ऊँची करने की कोई ज़रूरत नहीं होती है। उन्होंने दिखाया कि शरीर की भाषा कितनी स्वाभाविक हो सकती थी, और कई बार चुप्पी से नाटक के हज़ारों हावभाव से अधिक बताया जा सकता था। उन्होंने एक नये ढंग की शुरुआत की जैसे महत्त्वपूर्ण सीन को करते हुए कैमरे की तरफ़ पीठ कर लेना, केवल अपनी आवाज़ का इस्तेमाल करना। उस समय के जो दर्शक थे वे मेलोड्रामा को देखने के आदी थे, उनको हावभाव अधिक पसन्द थे, उनके लिहाज से तो यह क्रान्तिकारी बात थी। अगर वे दुख के भावों को—जैसे दिल का टूटना, दुःख, फुटपाथ और 'देवदास' जैसी फ़िल्मों में सहजता से कर सकते थे तो 'आज़ाद', 'कोहिनूर' और 'राम और श्याम' जैसी फ़िल्मों में कॉमेडी के रोल में भी जान डाल सकते थे। उन्होंने अभिनय को परतदार बनाया, जो आज तक भी आत्म सजग अभिनय के रूप में देखा जाता है। बीते सालों में अनेक कलाकारों ने उनकी एक्टिंग की शैली की नकल करने की कोशिश की, और मुझे लगता है कि यह उचित भी है क्योंकि उनकी एक्टिंग में सीखने लायक काफ़ी कुछ था।

जब मैं पहली बार बम्बई आयी तो मेरे जो दोस्त बने उनमें युसूफ साहब का छोटा भाई अहसान भी था। मेरी पहचान उसकी बहनों फरीदा और सईदा से हुई। मैं अक्सर युसूफ साहब के पाली हिल वाले घर पर जाती थी, जहाँ वे सारे रहते थे। लेकिन मैंने उनको शायद ही कभी देखा। और अगर कभी मैं उनके

सामने पड़ जाती थी तो शर्म के मारे मैं उनसे बात भी नहीं कर पाती थी। बाद में, जब मैं कलाकार के रूप में जम गयी, और मैं खंडाला में 'अनुपमा' फ़िल्म के गाने 'कुछ दिल ने कहा' गाने की शूटिंग कर रही थी तो हृषी दा ने टाइगर (मंसूर अली ख़ान पटौदी) को लोकेशन पर बुलाया। वहाँ, उस होटल में जहाँ हम ठहरे थे वहीं दिलीप कुमार और सायरा बानो भी ठहरे थे। यह बहुत अच्छा मौक़ा था जिसे खोया नहीं जा सकता था। टाइगर ने उनको एक नोट भेजा कि उनसे मिलना था। और युसूफ साहब ने फौरन हाँ कह दिया। वह एक ख़ुशनुमा शाम थी जिसमें हमने कविता, संगीत, साहित्य सबको लेकर बातचीत की। टाइगर थोड़ा दुखी हो गये कि उनके मेज़बान ने उनको शतरंज के खेल में हरा दिया।

युसूफ साहब को क्रिकेट की न सिर्फ़ अच्छी जानकारी थी बल्कि वे अच्छी तरह से खेल भी सकते थे। मुझे 'दास्तान'(1972, हमने एक ही फ़िल्म में काम किया और जो हमारा बेहतरीन नहीं है) की शूटिंग के दौरान इस बात का पता चला कि वे कितने अच्छे बैडमिंटन खिलाड़ी थे। बी.आर. चोपड़ा के घर के पीछे एक बैडमिंटन कोर्ट था (जो बाद में रेकॉर्डिंग स्टूडियो बन गया), और चूँकि उस फ़िल्म के कई सारे सीन उस घर में भी शूट होने वाले थे इसलिए हम अक्सर पैकअप के बाद वहाँ बैडमिंटन खेलते थे।

बैडमिंटन खेलने का यह हुनर युसूफ साहब के बहुत काम आया। जब उनका नाम बम्बई जिमखाना की सदस्यता के लिए आया, तो कई सवाल उठे : दिलीप कुमार को सदस्यता क्यों दी जाये? इस तरह की ऊँची संस्थाओं का सदस्य कोई अभिनेता कैसे हो सकता है? क्या वह कोई खेल खेलते हैं? जिमखाना क्लब इस बात का बहुत ध्यान रखता है कि उसके सदस्य कम से कम एक खेल का हिस्सा ज़रूर बनें। टाइगर और उनके कुछ दोस्तों ने युसूफ साहब के लिए ख़ूब बात कही। युसूफ साहब को सदस्यता देने से कैसे मना किया जा सकता है? उनका यह कहना था। एक तो वे बहुत बड़ी शख़्सियत थे और दूसरे वे बैडमिंटन भी बहुत अच्छा खेलते थे।

मेरे लिए, वे तहजीब के पुराने दौर ज़ुबान की ख़ूबसूरती और उसकी शुद्धता के प्रतीक थे। वे हमेशा से एक बहुत अच्छे वक्ता थे जो उर्दू ज़ुबान के ऊपर अपनी ज़बरदस्त पकड़ के कारण सुनने वालों को मन्त्रमुग्ध कर लेते थे। असल में, वे कई ज़ुबानों में अच्छी तरह बोलते थे। उनको ठेठ पंजाबी बोलते हुए देखना भी बहुत अच्छा लगता था। उनमें और राज कपूर में बड़ी कड़ी प्रतियोगिता थी मगर इससे उनके आपसी रिश्ते ख़राब नहीं हुए। आख़िरकार दोनों एक ही शहर पेशावर से आते थे और एक ही ज़ुबान बोलते थे। हाँ यह ज़रूर है कि युसूफ साहब थोड़े निजी क़िस्म के इंसान थे जबकि राज जी ख़ूब मिलनसार थे।

जब टाइगर का देहान्त हुआ (22 सितम्बर 2011) तो युसूफ साहब पहले इंसान थे जिन्होंने संवेदना की चिट्ठी भेजी और यह जहमत भी उठाई कि वह मेरे

पास हाथ से पहुँचाई जाये। सिवाय इसके कि हमने 'दास्तान' फ़िल्म में साथ-साथ काम किया था हम शायद ही कभी मिले थे, और एक ही बार हमने ख़ूब बात की थी जब एक शाम हम खंडाला में साथ-साथ थे। लेकिन मैं उनको हमेशा अपना हमदर्द समझती थी।

यह दुःख की बात है कि जब उनको पाकिस्तान का सबसे बड़ा नागरिक सम्मान 'निशान-ए-इम्तियाज़' दिया गया तो उनको स्वयंभू राष्ट्रवादियों द्वारा राष्ट्रद्रोही तक कहा गया और जिसकी वजह से वे विवादों में घिर गये थे। उनके जैसी महान शख़्सियतों को भूगोल में नहीं क़ैद किया जा सकता है, वे सीमाओं को पार कर जाते हैं। वे सबके होते हैं, चाहे कोई भी संस्कृति हो, जाति हो या नस्ल।

भारतीय सिनेमा को दिये गये अपने अतुलनीय योगदान के कारण दिलीप कुमार अमर रहेंगे।

मणि तलाती*

'केम छे दिकरा' (कैसी हो बच्ची?) दिलीप साहब जब मेरे घर किसी आयोजन में अपनी हमेशा मुस्कुराने वाली पत्नी सायरा के साथ मेरे घर आते थे तो मेरा इन्हीं शब्दों से इस्तक़बाल करते थे। उनके आते ही कम्पन होने लगती थी और थोड़ी देर में लहर बन जाती थी, या तूफ़ान आ जाता था, जिससे वहाँ मौजूद हर आदमी उसके असर में आ जाता था। उनके चाहने वालों का हुजूम उनकी एक झलक पा लेना चाहता था, उनका अभिवादन करते हुए या अक्सर अपनी किसी याद से बोर करने के लिए। जो भी दिलीप कुमार को दुआ सलाम करता है उनके पास सबके लिए मुस्कान होती है। वे यही 60 साल से कर रहे हैं।

मुझे याद है मेरी माँ के लिए अन्तिम प्रार्थना पारसी अग्नि मन्दिर में थी। जैसी कि प्रथा है, गैर-पारसियों को उसमें नहीं जाने दिया जाता है। दिलीप साहब

* सायरा जी की एक नजदीकी दोस्त।

को इस बात का पता था, लेकिन तो भी वे सायरा के साथ आये और मन्दिर के बाहर बैठे रहे। पहली बार पारसी मन्दिर का कम्पाउंड गेट दिलीप साहब के लिए खोला गया था। जब यह बात फैली कि दिलीप साहब आये थे, सब उनसे दुआ सलाम करने के लिए दौड़े, इस बात को भूलते हुए कि वे वहाँ आख़िरी प्रार्थना में हिस्सा लेने आये थे। मुख्य पुजारी की पत्नी ने उनको ख़ुद ही चाय और आलू के चिप्स खाने के लिए दिये जिनको उन्होंने और सायरा जी ने बड़े प्यार से ले लिया और वे दोनों मेरी माँ को याद करते रहे, शायद मृतात्मा को अन्तिम विदा देने का यह सबसे अच्छा तरीका था।

जिस दिन उनकी शादी की 18वीं सालगिरह थी उस दिन उनको यह पता चला कि मेरी बहन की तबियत ठीक नहीं थी उन्होंने कोशिश की उसके सही इलाज के लिए क्या हो सकता है, उन्होंने डॉक्टर और होमियोपैथी की दवाइयों के बारे में बताया। अपनी शादी की सालगिरह के जलसे को भूल गये। जब उनकी प्यारी पत्नी कमरे में यह कहने के लिए आयी कि उनको तैयार हो जाना चाहिए तो मज़ाक़ करते हुए गाने लगे : 'साला मैं तो डॉक्टर बन गया'।

मुझे उनको पारसी गुज़राती में बोलते हुए सुनना अच्छा लगता है। उनके पास मेरी हर समस्या का समाधान होता है। कल्पना कीजिए कि दिलीप कुमार रात के दो बजे तक बैठकर मेरे ऑफ़िस के काग़जात तैयार कर रहे हैं, या मेरी बीमार माँ से मिलने जा रहे हैं ताकि उनके चेहरे पर मुस्कान आ जाये, या अपने घरेलू डॉक्टर को भेज रहे हैं मेरे पूरे परिवार की बीमारियों के इलाज के लिए। बकरी ईद के दिन वे बहुत सारा खाने का सामान भिजवाते थे। वे एक ऐसे इंसान हैं जो देने में यक़ीन करते हैं कुछ भी लेने की उम्मीद नहीं करते हैं। अपने जन्मदिन के दिन भी मैं जो बर्थडे कार्ड उनके लिए लेकर जाती थी उसको लेकर वे मज़ाक़ किया करते थे। 'अच्छे वाले मेरी बीवी के लिए होते हैं, बचे हुए मेरे लिए, केमरे दिकरा बो बेइंसाफी छे।'

वे पक्के बहादुर हैं, और मैं उनके लिए यह बात कुछ मज़ाक़ में कह रही हूँ। दिल के ऑपरेशन के बाद जब हम उनसे मिलने के लिए अस्पताल में गये मुझे लग रहा था कि सर्जरी के कारण वे उदास होंगे, लेकिन मुझे तब अच्छा लगा जब मैंने यह पूछा कि क्या हाल है, उनका जवाब था : 'अब मैं दिल से 30 साल जवान हो गया हूँ', और सायरा के चेहरे पर शर्म फैल गयी।

उनके बंगले 34बी पाली हिल में हर आयोजन में, जिसमें बड़े-बड़े लोग मौजूद रहते थे, वे हम लोगों का ख़याल रखते, अपने ख़ास पारसी गुजराती में हमारा हाल पूछते। ऐसे आयोजनों में वे अक्सर कहा करते थे : 'आज ज़िन्दगी का मज़ा ले लो, ये दिन फिर नहीं आयेंगे।'

अंग्रेज़ी के शब्दकोश में 1 लाख सत्तर हज़ार शब्द हैं जिनमें से करीब 50 हज़ार शब्द ऐसे हैं जो किसी इंसान के सकारात्मक पहलुओं के लिए हैं। मुझे

वजूद और परछाईं

कहा गया है कि उस महान इंसान के बारे में 1000 से कम शब्दों में लिखूँ। जब उस महान इंसान के बारे में लिखने की बात है तो मैं महज एक शब्द कहना चाहूँगी : उस व्यक्ति को जिसको हम दिलीप कुमार के नाम से जानते हैं उसके लिए 50 हज़ार शब्द भी कम पड़ जायेंगे।

वैजयन्तीमाला

मैं पूरी ईमानदारी के साथ यह बात कहना चाहती हूँ कि जब तक मैंने दिलीप कुमार के साथ फ़िल्म 'देवदास' में काम नहीं किया था तब तक मुझे उससे पहले की फ़िल्मों में डांस के लिए ही जाना जाता था। मुझे अभिनेत्री के रूप में गम्भीरता से नहीं लिया जाता था। देवदास से मुझे पहचान मिली और अच्छी अभिनेत्री के रूप में मेरी सम्भावनाओं को देखा जाने लगा क्योंकि यह किसी उपलब्धि से कम नहीं थी कि मुझे दिलीप कुमार के साथ एक भावप्रवण फ़िल्म में काम करने के लिए चुना गया था, जिसे बिमल रॉय ने निर्देशित किया था। सच्चाई यह है कि बिमल दा मेरे घर आये और उन्होंने कहा कि वे चाहते हैं कि मैं 'चन्द्रमुखी' की भूमिका करूँ उनकी फ़िल्म देवदास में, और फिर उन्होंने हलके से कहा कि उस फ़िल्म में देवदास का रोल दिलीप कुमार कर रहे हैं तो मैं बहुत ख़ुश हुई और डर भी गयी। ख़ुश इसलिए क्योंकि यह हर हीरोइन का सपना होता था कि अपने फ़िल्म कैरियर में कम से कम एक बार दिलीप कुमार के साथ काम करने का मौक़ा मिले और डर इसलिए क्योंकि वे अपने ज़माने के सबसे बड़े हीरो थे और उनके साथ कैमरे के सामने सीन करने के लिए कुछ आत्मविश्वास की ज़रूरत थी।

मैंने बिमल दा से पूछा कि क्या मैं महत्त्वपूर्ण सीन में दिलीप कुमार के सामने चन्द्रमुखी के रूप में उनकी अपेक्षाओं पर खरा उतर पाऊँगी। बिमलदा मुस्कुरा दिये और जवाब में बोले उनको मेरे ऊपर विश्वास है तभी तो वे मेरे पास आये हैं। मुझे इस जवाब से अच्छा लगा। इसका कारण यह था कि उस समय तक मुझे अपने डांस की वजह से तारीफ़ मिल रही थी और मैंने सच में गम्भीर एक्टिंग की कोशिश नहीं की थी। अब मैं पीछे मुड़कर देखती हूँ तो मुझे बड़ा आश्चर्य

लगता है कि मैंने दिलीप कुमार के साथ सात सफल फ़िल्मों में काम किया और वे फ़िल्में महत्त्वपूर्ण भी थीं।

मैंने फ़िल्म देवदास में जिस पहले सीन में दिलीप कुमार के साथ एक्टिंग की थी उसके बारे में बताना चाहती हूँ। वह दिन आया और मेरे पेट में गुदगुदी हो रही थी लेकिन मैं ऊपर से यह दिखाने की कोशिश कर रही थी कि मैं पूरे आत्मविश्वास के साथ थी। उस सीन में मेरे लिए बड़े आसान डायलॉग थे। लाइन इस तरह से थी : 'और मत पियो देवदास'। मुझे यह लाइन तब कहनी थी जब देवदास नशे में धुत्त होकर आता है। कैमरे में पहले देवदास को आना था फिर उनके पीछे-पीछे चलता हुआ जब उसका फोकस मेरे ऊपर आता तो मुझे वह लाइन बोलनी थी, चेहरे पर असहायता और दुःख के साथ। चूँकि मैं डांसर थी इसलिए मेरे चेहरे पर भाव आसानी से आते थे और मैं उसे अच्छी तरह से कर लूँगी। जब टेक्निशियंस ने यह घोषणा की कि वे शूटिंग के लिए तैयार थे और बिमल दा ने मुझे कुछ शिकायती लहजे में देखते हुए कहा कि क्या मैं तैयार थी। तब मुझे समझ में आया कि दिलीप कुमार सेट पर नहीं थे।

'वे कहाँ हैं?' मैंने एक सहायक से पूछा और उसने फुसफुसाते हुए कहा कि वे स्टूडियो में तेज़ी से चक्कर लगा रहे थे ताकि उनके चेहरे पर उदासी, थकान का भाव आ सके। और उन्होंने कैमरामैन को यह कह रखा था कि वह कैमरा तैयार रखे जब वे माथे पर पसीने की बूँदें और थकान के भाव के साथ आयें। जब मैंने असिस्टेंट से यह सुना तो मैं घबरा गयी। यहाँ वह एक्टर है जो एक्टिंग में यथार्थ को पैदा करने के लिए इतनी परेशानी उठाता है और एक मैं थी जिसने किसी तरह की तैयारी नहीं की थी और एक ज़बरदस्त एक्टर के साथ कैमरा के सामने काम करने के लिए तैयार थी। जब कैमरा शुरू हुआ और मैंने दिलीप साहब के चेहरे पर, उनकी एक्टिंग में ऐसी पूर्णता देखी तो मैंने बेचारगी में अपनी लाइनें बोल भर दीं : 'और मत पियो देवदास।' वही बेचारगी का भाव बिमल दा चाहते थे और वह स्वाभाविक रूप से आ गया।

मुझे दिलीप कुमार और बिमल दा से बधाई मिली लेकिन अपने अन्दर से मैं यह जानती थी कि मुश्किल परीक्षा आने वाली थी। अगर मुझे अपनी एक्टिंग का स्तर दिलीप साहब जैसा करना है तो मुझे कड़ी मेहनत करनी होगी और कोई कसर नहीं छोड़नी होगी। यह मेरे लिए शिक्षा थी। मैं देखती थी किरदार में रस पैदा करने के लिए वे इतनी कड़ी मेहनत करते थे और पूरी लगन के साथ काम करते थे। मैंने उनसे यही सीखा कि उन्होंने जो तरीका अपनाया हुआ था उसकी वजह से ही सारा फ़र्क़ पैदा होता था। मैंने उनसे यह सबक़ सीखा।

यह मेरी ख़ुशकिस्मती है कि मुझे दिलीप साहब के साथ अलग-अलग तरह के रोल करने को मिले। वे अपने साथी कलाकारों की बहुत मदद करते थे

और कभी रिहर्सल से नहीं थकते थे और अपने साथी कलाकार को वह भाव पैदा करने का भरपूर मौक़ा देते थे जो कि महत्त्वपूर्ण सिचुएशन में ज़रूरी होता था। गम्भीर नाटकीय दृश्यों में और प्यार के सीन में वे सेट पर माहौल बनाने के लिए पूरी मशक्कत करते थे, जिससे हर कोई सहज हो जाता था। किसी भी तरह, वे प्यार के सीन में इस बात का ध्यान रखते थे कि भाव अच्छी तरह से आयें न कि शारीरिक निकटता को दिखाया जाये। 'पैग़ाम' का प्रसिद्ध सीन इसका उदाहरण है। उन्होंने वह सीन ख़ुद लिखा था और सिचुएशन को मज़ेदार बनाया था। फिर भी, उसमें हीरो और हीरोइन का एक-दूसरे के लिए अबोला प्यार झलकता है।

मैं एक उदाहरण बिमल दा की फ़िल्म 'मधुमती' से देना चाहती हूँ यह बताने के लिए कि उन्होंने कितने भावपूर्ण ढंग से एक्टिंग की थी। सीन यह है कि जब वह एक आवाज़ सुनते हैं और वे यह खोजते रहते हैं कि वह आवाज़ कहाँ से आयी है। धुन्ध से एक लड़की का चेहरा उभरता है और वे पूछते हैं कि तुम कौन हो? वह जवाब देती है : मधुमती। मेरे ख़याल से यह सीन जिस तरह से किया गया है वह ज़बरदस्त था। दिलीप साहब हमेशा अपनी आवाज़ का बहुत अच्छा इस्तेमाल करते थे, सिचुएशन के हिसाब से आवाज़ के उतार-चढ़ाव का ध्यान रखते थे।

दिलीप साहब के साथ मेरी सबसे अच्छी फ़िल्म 'गंगा जमुना' है। मैंने उस फ़िल्म में उनकी पत्नी धन्नो का रोल किया है। वे मेरे डायलॉग टेप पर रेकॉर्ड करके दे देते थे ताकि मैं उसको ध्यान से सुनूँ। वे इस बात को समझते थे कि मेरे लिए भोजपुरी बोल पाना कितना मुश्किल काम था। इसलिए वे पहले उन डायलॉग को मुझे अध्ययन करने के लिए देते थे और फिर वे बोलकर सुनाते थे कि हर शब्द को किस तरह से बोलना है और चेहरे पर भाव किस तरह के लाने थे। इससे बहुत मदद मिली। आप जानते हैं कि मैं दक्षिण भारत से हूँ और मेरे लिए उस बोली को समझ पाना कितना मुश्किल काम था। बिना उनकी मदद के मैं नहीं कर सकती थी।

मुझे निजी तौर पर वह सीन पसन्द है जहाँ वह अपनी पत्नी धन्नो की मौत पर टूट जाते हैं। उनकी एक्टिंग से जो करुणा पैदा हुई है वह कमाल की है। उनकी सबसे बड़ी ताकत यह थी कि वे हर किरदार का गहराई से अध्ययन करते थे। हर सीन में वे जिस तरह से सम्पूर्णता लाते थे उसको शब्दों में नहीं बताया जा सकता है। हर पीढ़ी के ऊपर उनका प्रभाव इस तरह का है कि भारतीय सिनेमा के हर सफल अभिनेता में एक दिलीप कुमार है। फिर भी उनका कोई जोड़ नहीं है। यह उनके समर्पण, ईमानदारी और शिद्दत के कारण हुआ और उसकी नकल नहीं की जा सकती है।

सच्चाई यह है कि वे पढ़ाकू थे और अलग-अलग देशों के साहित्य को पढ़ते

थे। मुझे लगता है कि उनके अवचेतन में किरदारों का भण्डार था जो उन्होंने प्रसिद्ध लेखकों की किताबों में पढ़े थे।

उनके सभी अनुयायियों की तरह मुझे भी वे जिस तरह से निजी जीवन में बोलते हैं वह पसन्द है। जब वे सहजता से बात करते हैं तब जिस तरह से वे शब्दों का चुनाव करते हैं वह अच्छा है। उन्होंने कभी किसी के बारे में अशोभनीय या घटिया शब्दों का इस्तेमाल नहीं किया। दिलीप क़ुमार सच में ख़ास हैं और जीती-जागती किंवदंती हैं।

जोहा*

युसूफ मामू के बारे में एक या दो पैराग्राफ़ लिखना वैसे ही है जैसे एक गिलास पानी में समुद्र की जटिलता बताने के लिए कहा जाये। वे बान्द्रा में माउंट मेरी रोड पर हमारे घर आया करते थे। कभी शूट के बाद या पास के बेकरी से गरम-गरम ब्रेड लेकर आते थे जो तब भी गर्म होता था। ऐसा हर मौक़ा ख़ास हुआ करता था इसलिए नहीं क्योंकि वे प्रसिद्ध एक्टर दिलीप क़ुमार थे बल्कि वे इसलिए क्योंकि वे हमेशा अपने साथ कुछ नया लाते थे, कुछ नयी सम्भावना। जब वे आसपास होते थे तो मैं ख़ुद को सुरक्षित महसूस करती थी। वे हँसते और भौंहें ऊपर चढ़ाते...और कहीं के लिए ड्राइव पर ले जाते, कोई स्मृति साझा करते या कविता सुनाते...जीवन की भूली हुई सुन्दरता को पहचान मिलती, उनको समझाया जाता और उनकी खोज की जाती थी। उनके आसपास जीवन हमेशा प्यार से भरा होता था, सुन्दर होता था।

वे हमारे घर आते और हमें अपने साथ ड्राइव पर चलने के लिए कहते। ड्राइवर अब्दुल को यह कह दिया जाता था कि वह गाड़ी धीरे चलाये ताकि हम खिड़की के बाहर का नजारा ले सकें। हम बैंडस्टैंड, बान्द्रा में गाड़ी से घूमते थे, सड़क के आख़िर में चर्च तक झाँक आते थे। हम मछुआरों द्वारा तंगी गयी मछलियों के बीच से डूबते सूरज का नजारा लेते थे, और अगर चाँद दिखाई देता था तो युसूफ मामू कोई कविता सुनाते, और अपनी मुलायम आवाज़ में उसके मानी समझाते थे, या कोई शास्त्रीय राग गाते थे। हम रुककर गंडेरी (गन्ने का टुकड़ा) ख़रीदते थे, पेट्रोमैक्स की रौशनी में गंडेरी के ठेले लगाये हुए आदमी से।

* दिलीप कुमार की सबसे छोटी बहन ताज की बेटी।

ऐसे रेहड़ी वालों को मामू बड़े अदब से सलाम करते थे, कभी-कभार उनके नाम याद करते थे और उनके घर-परिवार के बारे में पूछते थे।

शानदार मौक़े, जिनके बारे में रंगीन पत्र-पत्रिकाओं में छपा करते थे, मुझे युसूफ मामू उसकी वजह से प्यारे नहीं थे; बल्कि उनकी यह ख़ूबी कि वे साधारण चीज़ों का भी मज़ा उठाते थे, उनके बात करने का सलीका मुझे अच्छा लगता है, एक बच्चा, जो मेरे दिल में रह गया है।

❑❑